Marita Bromberg
Dirk Kruse-Etzbach

USA-Süden

IWANOWSKI'S REISEBUCHVERLAG

Im Internet:

www.iwanowski.de

Hier finden Sie aktuelle Infos zu allen Titeln, interessante Links – und vieles mehr!

Einfach anklicken!

Schreiben Sie uns, wenn sich etwas verändert hat. Wir sind bei der Aktualisierung unserer Bücher auf Ihre Mithilfe angewiesen: **info@iwanowski.de**

USA-Süden
11. Auflage 2013

Salm-Reifferscheidt-Allee 37 • 41540 Dormagen
Telefon 0 21 33/26 03 11 • Fax 0 21 33/26 03 33
info@iwanowski.de
www.iwanowski.de

Titelfoto: Andreas Iwanowski

Alle anderen Farbabbildungen: siehe Bildnachweis Seite 602
Layout: Ulrike Jans, Krummhörn
Karten: Thomas Vogelmann, Mannheim; Astrid Fischer-Leitl, München
Titelgestaltung: Point of Media, www.pom-online.de

Gesamtherstellung: Werbedruck GmbH Horst Schreckhase
Printed in Germany

ISBN: 978-3-86197-067-5

Inhaltsverzeichnis

Reiserouten

Reiserouten

Weiterführende Informationen:

Karten:

Interessantes

Karten in den Umschlagklappen:

Legende

- Kirche
- Denkmal
- Information
- Camping
- Pass
- Aussichtspunkt
- Sehenswürdigkeit
- Krankenhaus
- Rangerstation
- Schloss
- Bahnhof
- Bibliothek
- Bus/Busbahnhof
- Fähre
- Leuchtturm
- Museum
- Theater
- Übernachten
- Essen
- Einkaufen
- Reiten

Einleitung

Ziel dieses Reisehandbuches ist es, Ideen und Tipps zu vermitteln, was Sie im Süden der USA erwartet und wie Sie eine schöne und vor allem eindrucksvolle Reise durchführen können. Alle Angaben beruhen auf persönlichen Erfahrungen und können somit nicht als „Enzyklopädie der Südstaaten" gewertet werden, sondern stellen oft eine subjektive Meinung dar. Trotzdem hoffe ich, dass nun diese Mischung aus nützlichen Tipps und Erläuterungen sowie Beschreibungen und dem einen oder anderen Geheimtipp einen guten Wegbegleiter für Sie darstellen und auch bei der Planung zu Hause einen nützlichen Dienst erweisen wird.

Das Reisen durch die Südstaaten der USA bietet etwas ganz anderes, als es z. B. die viel bereisten Gebiete im Westen, im Südwesten oder im Nordosten tun. Nicht die landschaftlichen Höhepunkte stehen hier im Vordergrund, sondern die Lebensart der Menschen, die Musikkulturen, der langsame Wandel der lange kritisierten reaktionären weißen Gesellschaft, die wirtschaftliche Entwicklung, die Mischung aus französischer, spanischer und englischer Kolonialgeschichte und, und, und ...

Kurz: Den Süden muss man nicht nur sehen, sondern ihn erleben – und das stellt Sie als Reisenden vor eine nicht ganz einfache Aufgabe: Gute Musikclubs verstecken sich häufig in wenig empfehlenswerten Stadtteilen, der Wandel der Gesellschaft zeigt sich nicht selten gerade in sterbenden Städten im alten Cotton-Belt, und um die Kultur der Schwarzen zu erkunden, muss man sich in alten Kirchen oder in Hinterhofmuseen umtun usw.

Das soll aber jetzt nicht heißen, dass der Süden landschaftlich nichts zu bieten hat. Das zu behaupten, wäre ungerecht. Riesige weiße Sandstrände in Nord-Florida, eindrucksvolle und z. T. unheimliche Sumpfgebiete im Mississippi-Delta, endlose Waldgebiete in den südlichen Appalachen, eine parkähnliche Landschaft in Tennessee und vieles mehr sprechen auch für einen Besuch. Zudem ist eine Reihe von Städten architektonisch einmalig, allen voran natürlich New Orleans mit seiner großenteils französischen Baustruktur, aber auch Savannah und Charleston möchte ich bereits an dieser Stelle diesbezüglich hervorheben.

Typisch für die Südstaaten sind nun auch die zahlreichen Antebellum-Villen, meist hochherrschaftliche Gebäude in Weiß, die ehemals den reichen Plantagenbesitzern als Wohnstätte gedient haben. Die meisten von ihnen werden auch heute noch bewohnt, andere dienen nur noch als Museum. Sie alle von innen zu besichtigen ist natürlich nicht möglich, besonders deswegen, weil sie nur im Rahmen von Führungen zu betreten sind, und die dauern in der Regel eine Stunde. Konzentrieren Sie sich auf ein paar wenige, so z.B. die wichtigsten in Natchez und dann noch zwei bis drei in anderen Gebieten.

Wie bereits angedeutet, sollte sich ein wesentliches Kernelement der Reise mit der Geschichte der Musikrichtungen des 19. und 20. Jh. beschäftigen. Aus den Bergen entstammte die Hillbilly-Musik, ein wesentlicher Vorreiter der heutigen Country-Musik, und noch viel wichtiger: Im Mississippi-Delta-Gebiet südlich von Memphis wurde der Jazz geboren, der sich fortsetzte und ausbreitete als Dixie, später als Blues und in der Mitte des 20. Jh. auch als Rock. Hier auf den Baumwollplantagen waren es die schwarzen Landarbeiter, die die erste Saat ausstreuten für diese erst viel später bekannten Musikrichtungen. Elvis Presley z.B. „lernte“ sein Handwerk von Bluesmusikern in der Beale Street in Memphis und wurde dadurch einer der Gründungsväter der Rockmusik. Eine weitere bekannte Musik des Südens ist die der Cajuns um LaFayette, der sog. Zydeco, eine Mischung aus Jazz und Tanzmusik, bei der Instrumente wie Geigen und das Schifferklavier gemeinsam aufspielen.

Ein weiterer wesentlicher Bestandteil des Südens ist seine kurze – und für manch Reisenden mit Sicherheit langweilige – Geschichte, die scheinbar nur aus „vor dem Bürgerkrieg und die Zeit danach“ besteht. Für die Amerikaner aber ist dieser Krieg von größter Bedeutung gewesen und hat ihren „Schmelztiegel“ endgültig zusammengeschweißt. Noch heute sind die Südstaatler stolz auf ihre militärischen Leistungen. Zahlreiche Monumente und herausgeputzte Kriegsschauplätze erinnern an diese Zeit. Ich bin in diesem Buch nur auf die entscheidenden Punkte dieser Zeit eingegangen, doch werden Sie in jedem Bürgerkriegsmuseum ausreichend Zusatzliteratur finden, falls es Sie besonders interessieren sollte.

Planen Sie am besten zu Hause bereits eine Route, die Sie entweder in New Orleans oder in Atlanta beginnen lässt. Ich persönlich empfehle Ihnen New Orleans als Startpunkt – auch wenn der Anflug etwas teurer ist – denn diese Stadt sowohl am Anfang als auch am Ende einer Reise zu erleben – also zweimal – werden Sie bestimmt nicht bereuen. Sollten Sie nicht ganz so viel Zeit haben, können Sie ja auch zu einer Stadt hin und von der anderen zurückfliegen. Die Einwegmiete kostet Sie dann aber extra für den Mietwagen.

Grundsätzlich empfehle ich, nicht zu lange Strecken einzuplanen und sich Spielraum für eigene und spontane Erkundungen einzuräumen (behalten Sie dabei eine vorher entschiedene Hauptrichtung aber im Auge, um sich nicht zu verzetteln). Der Süden soll ja schließlich „erlebt“ werden. Es ist kein Reisegebiet zum Abhaken! Folgen Sie also nicht immer diesem Buch, sondern lassen Sie auch Ihrer eigenen Inspiration freien Lauf. Denn nicht selten mag Ihnen Amerika zu amerikanisch werden. Dann brauchen Sie nur auf eine kleine Nebenstraße in den ländlichen Gebieten abzuzweigen, und der „Alte Süden“ mit seiner Gemütlichkeit und der „stehen gebliebenen Zeit“ drängen sich wieder in den Vordergrund. Es müssen auch nicht nur die weltbekannten Metropolen sein, denen Sie folgen, unbekanntere Städte wie z. B. Birmingham, Chattanooga und das kleine Selma empfehlen sich durchaus mit ihren Eigenarten. Und wenn Sie nicht alle Höhepunkte der Südstaaten auf einer Reise schaffen können, kommen Sie einfach noch mal wieder oder haben Sie Mut zur Lücke. Lassen Sie sich also von der Philosophie „Weniger ist mehr“ leiten. Kehren Sie zur Lunchpause auch mal in einer der Country-Bars, der Tankstellen-Restaurants in Provinznestern oder der überaus guten BBQ-Imbisse ein. Die Atmosphäre spricht für sich, die Preise sind ehrlich und die Menschen herzlich. Als Richtlinie empfehle ich eine Tagesleistung von 300–350 km.

Das Wetter in den Südstaaten ist unberechenbar. Eines ist aber sicher: Die Sommer sind heiß und schwül. Dafür regnet es aber auch häufiger mal. Doch subtropische Regenfälle halten ja bekanntlich nur relativ kurz an und treten in der Regel nachmittags auf. Trotzdem sollten Sie Regenzeug im Gepäck haben.

Absolute Höhepunkte auf einer Reise durch den Süden sind die Städte New Orleans, Atlanta, Savannah, Charleston und Memphis. Und wer etwas mit Countrymusik anfangen kann, der darf auch Nashville nicht auslassen. Landschaftlich stechen die gesamte Küstenregion und die Smoky Mountains heraus, wobei eine Strecke in Tennessee auch die parkähnliche Farmlandschaft „abdecken" sollte. Unvergesslich wird Ihnen auch ein Besuch der Okefenokee Swamps in Süd-Georgia bleiben, besonders dann, wenn Sie mit einem Kanu über die pechschwarzen Sumpfgewässer gleiten und die Alligatoren Sie umkreisen (ungefährlich!).

Bitte bedenken Sie, dass Sie auch im Ortsnetz die Vorwahl wählen müssen. Diese habe ich nicht bei jeder Adresse hinzugefügt. In diesem Fall finden Sie die entsprechende Vorwahl entweder bei den Hoteladressen oder bei größeren Städten auch unter den „Reisepraktischen Hinweisen".

Abschließend möchte ich all denen meinen Dank aussprechen, die mich bei meiner Arbeit unterstützt haben.

Ich denke hierbei besonders an Swantje Stadelbauer und Sabine Krieter. Ihnen möchte ich danken für die tatkräftige Unterstützung bei den ersten Recherchereisen. Markus Jäger und besonders Marita Bromberg waren mir eine große Hilfe bei den letzten großen Recherchen. Dr. Margit Brinke, Dr. Peter Kränzle und Michael Iwanowski möchte ich dafür danken, dass sie mir großzügigerweise erlaubt haben, einige Abschnitte aus ihrem „Reisehandbuch USA/Ostküste" zu übernehmen. Natürlich möchte ich auch den einzelnen Touristenämtern und deren Agenturen in Deutschland danken, die mich mit vielen Informationen „gefüttert" haben und ausnahmslos auch vor Ort zur Stelle waren, wenn es einmal Probleme gab.

So, wie heißt es nun so schön:
„Get your Mojo working" – viel Spaß in den Südstaaten!

Dirk Kruse-Etzbach

Die USA auf einen Blick	
Fläche	9.809.155 km², inkl. Alaska, Hawaii sowie den Wasserflächen (Weltrang: 3)
Einwohner	ca. 314 Mio. (2012), fast 80 % städtische Bevölkerung, 31 Städte mit mehr als 500.000 Einwohnern; Einwohnerdichte: ca. 33 E./km². Sehr ungleichmäßig verteilt
Bevölkerung	68 % Weiße (Caucasians), 14 % Hispanics, 13 % Schwarze (African Americans), 4,8 % Asiaten, 1 % Indianer (Native Americans), Inuit, Hawaiianer, 4,2 % Angehörige mehrerer ethnischer Gruppen (Summe über 100 %, da z. T. Mehrfachnennungen)
Staatssprache	Englisch, wobei ca. 20 Mio. Amerikaner kaum Englisch sprechen können (vorn. zugewanderte Hispanics)
Hauptstadt	Washington D.C. (602.000 E.)
Religionen	Protestanten 52 %, Katholiken 25 % Juden 2 %, Orthodoxe Kirchen 1 %, Mormonen 2 %, Muslime 1 %, Buddhisten 1 %, andere 7 % (zahlreiche Splittergruppen und Sekten), keine Religionszugehörigkeit 9 %
Flagge	13 waagerechte abwechselnd rote und weiße Streifen für die 13 Gründerstaaten, im blauen oberen Eck 50 weiße Sterne, welche die Bundesstaaten repräsentieren
Nationalfeiertag	4. Juli (Tag der Unterzeichnung der Unabhängigkeitserklärung)
Regierungsform	Präsidialrepublik mit einer bundesstaatlichen Verfassung, wobei der Präsident Kabinettsmitglieder ernennen und entlassen kann. 2-Kammer-Parlament: Senat und Repräsentantenhaus
Regierungschef	Barack Obama (Demokrat, vorm. Senator aus Illinois)
Städte-Auswahl	(Einwohnerzahlen innerhalb der offiziellen Stadtgrenzen; in Klammern Einwohner im Großraum/Metropolitan Area), New York: 8,2 Mio. (18,9 Mio.), Los Angeles: 3,85 Mio. (12,9 Mio.), Chicago: 2,75 Mio. (9,75 Mio.), Houston: 2,1 Mio. (5,9 Mio.), Philadelphia: 1,5 Mio. (5,7 Mio.), Dallas 1,25 Mio. (Großraum Dallas-Fort Worth: 6,4 Mio.), Jacksonville: 835.000 (1,4 Mio.), Memphis 650.000 (1,25 Mio.), Nashville 630.000 (1,67 Mio.), Atlanta 420.000 (5,7 Mio.), New Orleans 344.000 (1,31 Mio.).
Wirtschaft	Import größer als Export. Das jährl. Handelsbilanzdefizit schwankt mittlerweile um 1.000 Mrd. US$ im Jahr (!). Regional sehr unterschiedliche Wirtschaftsstruktur – hoher Anteil des Dienstleistungssektors (73,3 %), Industrie (24,3 %), Landwirtschaft (2,4 %).
Bruttoinlandsprodukt (BIP)	US$ 15.609 Mrd., US$ 49.681 pro Kopf
Wichtigste Exportgüter	Maschinen, Elektronik, Waffen, Flugzeuge, Stahl, Nahrungsmittel, Chemikalien und Arzneimittel.
Wichtigste Handelspartner	China, Kanada, Mexiko, Japan, Deutschland, Großbritannien
Problematiken	Wachsendes Handelsbilanzdefizit und Staatsverschuldung, Bewältigung der fortlaufenden Finanzkrise, Immobilienkrise, niedriger allgemeiner Bildungsstandard, immer weiter klaffende Sozialschere, Anzahl illegaler Einwanderer, hohe Jugendarbeitslosigkeit, hoher Energieverbrauch, hohe Umweltbelastung in Ballungsräumen

Die Staaten des Reisegebiets im Überblick

GEORGIA	
Abkürzung	GA
Beiname	„Empire State of the South", auch als „Peach State" bezeichnet (peach = Pfirsich)
Namensherleitung	nach dem englischen König Georg II. benannt
Staat seit	2. Januar 1788 (4. Staat)
Höchster Berg	Brasstown Bald Mountain – 1.460 m
Staatsblume	Cherokee Rose
Staatsbaum	Eiche
Fläche	154.000 km²
Einwohner	9,7 Mio. (davon 29 Prozent Schwarze/African-Americans)
Einwohnerdichte	63 E/km²
Hauptstadt	Atlanta (420.000 E.; Metropolitan Atlanta: 5,7 Mio.)
Weitere Städte	Augusta (195.000 E.), Columbus (190.000 E.), Savannah (136.000 E.), Athens (115.000 E.), Macon (90.000 E.)
Wichtigste Wirtschaftszweige	Landwirtschaft: Der traditionelle Baumwollanbau weicht zunehmend dem Anbau von Getreide und den Sonderkulturen (Gemüse, Obst, Erdnüsse; ferner Schweine- und Geflügelhaltung. Die Industriestruktur ist sehr differenziert: Papier- und Holzindustrie, Textilwerke, Nahrungsmittel-Weiterverarbeitung, Rüstungsindustrie sowie High-Tech-Firmen. Bodenschätze, Kaolin, Marmor, Granit, Bauxit.
Touristisches Potenzial	Im Norden locken die Blue Ridge Mountains, im Süden liegt das große Naturschutzgebiet der Okefenokee Swamps (= größtes Moorgebiet in den USA). Die Atlantikküste mit den vorgelagerten Inseln bietet hervorragende Bade- und Erholungsmöglichkeiten an. Alte Städte wie vor allem Savannah lassen den Zauber des Alten Südens spüren und sind ein architektonisches Kleinod.
Interessantes zu Georgia	Das Weihnachtslied „Jingle Bells" wurde von James L. Pierpont in Savannah geschrieben. Varsity in Atlanta ist der größte Fastfood-Imbiss in der Welt. Täglich werden 2 Meilen Hot Dogs serviert sowie 1,3 Tonnen Kartoffeln für Speisen präpariert. Martin Luther King Jr. erhielt 1964 als erster Einwohner Georgias den Friedensnobelpreis. Es gibt 51 Salamander- und 27 Schildkrötenarten in Georgia.

ALABAMA	
Abkürzung	AL
Beiname	„Heart of Dixie"

Namensherleitung	Von den urspr. am oberen Alabama River lebenden Alabama-Indianern
Staat seit	14. Dezember 1819 (22. Staat)
Staatsblume	Kamelie
Staatsvogel	Goldammer
Fläche	135.765 km²
Einwohner	4,8 Mio., Anteil der Schwarzen (African-Americans): 27 Prozent
Einwohnerdichte	36,5 E./km²
Hauptstadt	Montgomery (206.000 E.)
Weitere Städte	Birmingham (212.000 E., Großraum 1,13 Mio. E.), Mobile (195.000 E., Großraum 410.000 E.), Huntsville (180.000 E.), Tuscaloosa (90.500 E.)
Wichtigste Wirtschaftszweige	Holzindustrie; Landwirtschaft (Sojabohnen, Mais, Baumwolle, Erdnüsse); Bergbau: Erdöl, Erdgas, reiche Kohle- und Erzlagerstätten; Stahlindustrie in Birmingham; Aluminiumindustrie in Mobile
Touristisches Potenzial	Golfküstenstrände; viele historische Plätze im gesamten Staat, Rocket Center in Huntsville; Bürgerrechtsgeschichte der Schwarzen

MISSISSIPPI

Abkürzung	MS
Beiname	„Magnolia State“
Namensherleitung	Der Mississippi-River stand Pate
Staat	seit 10. Dezember 1817 (20. Staat)
Höchster Berg	Woodall Mountain – 246 m!
Staatsblume	Magnolie
Fläche	125.500 km²
Einwohner	3,0 Mio., Anteil der Schwarzen (African-Americans): 37 Prozent
Einwohnerdichte	25,5 E/km²
Hauptstadt	Jackson (173.000 E.)
Weitere Städte	Biloxi (45.000 E., Großraum 250.000 E.), Greenville (34.000 E.), Hattiesburg (52.000 E.), Gulfport (67.000 E.)
Wichtigste Wirtschaftszweige	Wichtigster Wirtschaftszweig ist die Landwirtschaft (Baumwolle, Mais, Getreide, Südfrüchte); Erdöl- und Erdgasförderung; Verarbeitende Industrie: Nahrungsmittel-, Textil- und Möbelindustrie

Touristisches Potenzial	Die Strände am Golf von Mexiko; große Waldgebiete (über die Hälfte des Staatsgebietes ist mit Wald bedeckt); Strecke entlang dem Mississippi mit der Stadt Natchez als Höhepunkt (viele alte Südstaaten-Villen)

LOUSIANA

Abkürzung	LA
Beiname	„Bayou State"/„Sportsmen's Paradise"
Namensherleitung	Zur französischen Kolonialzeit hieß das Gebiet (damals mit anderen, weiteren Grenzen) Louisiane – zu Ehren des französischen Königs Louis XIV.
Staat seit	30. April 1812 (18. Staat)
Höchster Berg	Driskill Mountain – 160 m!
Staatsblume	Magnolie
Staatsvogel	Brauner Pelikan
Fläche	134.264 km²
Einwohner	4,6 Mio., Anteil der Schwarzen (African-Americans): 32 Prozent
Einwohnerdichte	34 E/km²
Hauptstadt	Baton Rouge (230.000 E., Großraum 770.000 E.)
Weitere Städte	New Orleans (340.000 E., Greater New Orleans 1,3 Mio. E.), Shreveport (200.000 E.), LaFayette (121.000 E.), Lake Charles (72.000 E.), Bossier City (61.500 E.)
Wichtigste Wirtschaftszweige	Erdöl- und Erdgasförderung, petrochemische Industrie, Schwefelgewinnung, Fischerei (26 Prozent des gesamten amerikanischen Fangertrages), Tourismus und Landwirtschaft (Baumwolle, Zuckerrohr, Reis und Tabak)
Touristisches Potenzial	New Orleans, besonders das Gebiet des „French Quarter" mit seinen Musikkneipen und den Häusern aus der französischen Kolonialzeit; die hochherrschaftlichen Südstaaten-Plantagen, die besonders entlang dem Mississippi zwischen New Orleans und Baton Rouge zu sehen sind; die Bayous/Swamps (Sümpfe) des Mississippi-Delta, in dessen tiefstem Inneren die Zeit stehengeblieben zu sein scheint; Fahrten mit den Mississippi-Schaufelraddampfern.

SOUTH CAROLINA

Abkürzung	SC
Beiname	„Palmetto State" (nach der Palmetto-Palme)
Namensherleitung	nach dem englischen König Karl I. benannt
Staat seit	23. Mai 1788 (8. Staat)
Staatsblume	Gelber Jasmin
Höchster Berg	Sassafras Mountains – 1.085 m

Fläche	80.582 km²
Einwohner	4,7 Mio., Anteil der Schwarzen (African-Americans): 28 Prozent
Einwohnerdichte	60 E/km²
Hauptstadt	Columbia (130.000 E.)
Weitere Städte	Charleston (120.000 E.), North Charleston (98.000 E.), Mt. Pleasant (68.000 E), Rock Hill (66.000 E.), Greenville (59.000 E.), Spartanburg (38.000 E.)
Wichtigste Wirtschaftszweige	Landwirtschaft: Tabak, Baumwolle und Sojabohnen; ferner Südfrüchte, Erdnüsse, Getreide sowie Fischfang. Industrie: Textil-, Papier- und Holzindustrie. Bodenschätze: Steine, Sand, Kies und Kaolin
Touristisches Potenzial	historische Innenstadt von Charleston; herrliche Küstenstrände am Atlantik mit vielen Badeorten und vorgelagerten Inseln; alte Hafenstadt Georgetown; Smoky Mountains; Cherokee Ind. Reservat; Blue Ridge Mountain Parkway; Plantagenhäuser an der Küste, Myrtle Beach als das „Mallorca der Südstaaten".
TENNESSEE	
Abkürzung	TN
Beiname	„Volunteer State"
Namensherleitung	Es ist nicht sicher geklärt, wo der Name herkommt. Eine Vermutung geht dahin, dass er dem Namen der alten Hauptstadt der Cherokee angelehnt wurde, die Tenasseee, Tanasi, Tanassee oder Tansi geheißen hat.
Staat seit	1. Juni 1796 (16. Staat)
Staatsblume	Iris (Schwertlilie)
Höchster Berg	Clingman's Dome – 2.023 m
Fläche	109.152 km²
Einwohner	6,4 Mio., Anteil der Schwarzen (African-Americans): 16,7 Prozent
Einwohnerdichte	60 E./km²
Hauptstadt	Nashville (630.000 E., Großraum 1,6 Mio. E.)
Weitere Städte	Memphis (650.000 E., Metrop. Area 1,25 Mio. E.), Knoxville (179.000 E.), Chattanooga (155.000 E., Metrop. Area 659.000 E.)
Wichtigste Wirtschaftszweige	Landwirtschaft: hauptsächlich Maisanbau, dazu Weizen, Gerste und verschiedene Gemüse; außerdem Rinderhaltung und Forstwirtschaft. Industrie: Metallverarbeitung im Raum Knoxville, Chemiewerke – die „Tennessee Valley Authority" hat mit einem groß angelegten Energiesystem in den letzten Dekaden für die Ansiedlung von ca. 1.600, zumeist mittelständischen Unternehmen gesorgt. Fremdenverkehr im Aufschwung. Bodenschätze: Kohle, Erze, Phosphate und Steine.

Touristisches Potenzial	Die Waldregionen, deren touristischer Mittelpunkt durch den „Great Smoky Mountains National Park" gebildet wird; Nashville, die Hauptstadt der Countrymusik; Memphis, die Heimatstadt von Elvis Presley und deren Beale Street auch heute noch zahlreiche Musikkneipen aufweist; die „Eisenbahnerstadt" Chattanooga („Chattanooga Choo-Choo") und Pigeon Forge, das Mekka der Countrymusik-Shows
ARKANSAS	
Abkürzung	AR
Beiname	„Land of Opportunity", „The Natural State"
Namensherleitung	Nach einem Indianerstamm des Siouan-Volkes benannt
Staat seit	15. Juni 1836 (25. Staat)
Staatsblume	Apfelblüte
Höchster Berg	Magazin Mountain – 838 m
Fläche	137.754 km^2
Einwohner	2,94 Mio., Anteil der Schwarzen (African-Americans): 14,3 Prozent
Einwohnerdichte	21,8 E/km^2
Hauptstadt	Little Rock (194.000, Metrop. Area: 700.000 Einwohner)
Weitere Städte	Fort Smith (87.000 E.), Jonesboro (68.000 E.), Fayettville (74.000 E.), Pine Bluff (51.000 E.), Hot Springs (36.000 E.)
Wichtigste Wirtschaftszweige	Landwirtschaft: Große Spannbreite (Reis, Gemüse, Getreide, Tabak, Viehwirtschaft, Hühnerzucht); Industrie: Raffinerien, holzverarbeitende Industrie, Textilindustrie; Bergbau: 96 Prozent der US-Bauxitförderung, im Süden Erdöl und Erdgas
Touristisches Potenzial	Die heißen Quellen und Wanderwege im Hot Springs National Park; die Wälder der Ozark- und Quachita- (Wichita-) Mountains mit viel Wild und guten Angelmöglichkeiten

I. USA-Süden: Land und Leute

Geschichtlicher Überblick

(von Sabine Krieter)

Die ersten Bewohner Amerikas: die Indianer

Die Indianer als Ureinwohner Amerikas verdanken ihren Namen dem Irrtum eines Europäers. Als Christoph Kolumbus 1492 auf den Bahamas landete, glaubte er, die Ostküste Indiens erreicht zu haben, und gab den Einwohnern einen entsprechenden Namen. Hinter dem Wort Indianer verbirgt sich heute ein Sammelbegriff für Menschen unterschiedlichsten Aussehens und unterschiedlichster Kultur. Man denke nur an die Bewohner des peruanischen Hochlandes oder die seit langer Zeit als Nomaden lebenden Stämme der nordamerikanischen Wüstengebiete.

Steinbruch der frühen Indianer

Gemeinsam haben die Indianer ihren asiatischen Ursprung. Vor mehr als 10.000 Jahren, möglicherweise sogar schon vor 30.000 Jahren, setzte eine **Wanderbewegung** von Asien ein. Diese führte über die damals aufgrund eines niedrigeren Meeresspiegels zu einem Teil aus Land bestehenden Kontinentalverbindung zwischen Asien und Amerika (im Bereich der Behringstraße). Diese Völkerwanderung setzte sich von Alaska aus entlang den Rocky Mountains in Nordamerika über Mittel- und Südamerika fort und zog sich über viele Jahrtausende hin, z.T. aber nur in Schüben und mit jahrhundertelangen Pausen. Wahrscheinlich hat es auch mehrere Jahrtausende gedauert, bevor die ersten Indianer die Südspitze Südamerikas erreicht hatten. Man schätzt, dass es zur Zeit von Christoph Kolumbus etwa 15 bis 20 Millionen Indianer auf dem amerikanischen Kontinent gab. Davon bewohnte allerdings nur ein sehr geringer Anteil die Gebiete der heutigen Vereinigten Staaten. Schätzungen gehen von ungefähr 850.000–1.000.000 Indianern aus.

Heute leben in den USA ca. 1,9 Millionen Indianer, was einem Anteil an der Gesamtbevölkerung von nicht einmal 1 Prozent entspricht (die Zahlenangaben schwanken).

Die Ursprünge der indianischen Kultur

Theorien des 19. Jh., dass die Indianer von den Ägyptern abstammen, oder dass es sich bei ihnen um versprengte Stämme des Volkes Israel handle, sind natürlich schon lange nicht mehr haltbar, aber sie zeigen, zu welchen Fantasien die Frage des Ursprungs der Indianer Anlass gegeben hat. Archäologische Funde lassen darauf schließen, dass die ersten Indianer – allgemein als Paläo-Indianer bezeichnet – Jäger waren, denn es wurden Speer- und Pfeilspitzen aus Steinen sowie Steinmesser zum Häuten und Partieren der erlegten Tiere gefunden. Zu den ältesten Funden zählen die Speerspitzen von Sandia Cave bei Albuquerque in New Mexico, deren Alter auf ca. 20.000 Jahre veranschlagt wird. Anfänge des **Ackerbaus** sind in einer Zeit von ca. 5000 v. Chr. anzusiedeln.

Southeast-Kultur

Die Southeast-Kultur ist für das Reisegebiet dieses Buches interessant, da unter diesem Begriff die Indianerkultur zusammengefasst ist, die schon lange vor der Zeitwende im Südosten von Nordamerika lebte. Die klimatischen und geologischen Voraussetzungen für Ackerbau waren auch schon zu jener Zeit ideal, sodass die Indianer der Southeast-Kultur sesshaft waren und ein hochorganisiertes **Dorfleben** entwickelten. Die unterschiedlichen Stämme schlossen sich sogar zu Gemeinschaften zusammen. Sowohl in der Tatsache, dass sie als einzige Kultur auf dem nordamerikanischen Kontinent ein Gesellschaftssystem mit einem absoluten Herrscher entwickelten, als auch der Umstand, dass ein Teil der Stämme Tempel auf Hügel baute, lässt darauf schließen, dass diese Kultur **mittelamerikanisch** beeinflusst war. Die historischen Zeugnisse dieser Kultur, die bis auf den heutigen Tag überdauert haben, sind nicht so alt wie diejenigen der südwestlichen Indianerkulturen. Man geht jedoch davon aus, dass der Höhepunkt dieser Kulturen um 1300 n. Chr. erreicht war. Die Städte dieser Indianer umfassten häufig eine Anzahl von 1.000 Behausungen, die um einen Hügel in ihrer Mitte, auf dem häufig Spuren eines hölzernen Tempels gefunden wurden, errichtet waren. Diese Eigenart der Bebauung war auch der Grund für die Namensgebung der entsprechenden Kultur. Sie wurden als **Temple Mound Builder** (Tempelhügelbauer) bezeichnet. Außer der Kultivierung von Mais und Sonnenblumen war bei ihnen der Anbau von Tabak weit verbreitet. Den ersten Kontakt mit Weißen hatten Indianer dieser Kultur 1513, als Juan Ponce de León von Puerto Rico (1460–1521) die Küste Floridas erkundete.

Verwandt mit den Indianern Südamerikas

Die Entdecker Amerikas

Auf der Suche nach einem neuen Lebensraum: die Wikinger

Jahrhunderte vor Christoph Kolumbus, der lange als Entdecker Amerikas galt, gingen unter der Führung von Leif Eriksson die Wikinger an der Ostküste Amerikas an Land. Etwa um 1000 n. Chr. erreichten sie das Mündungsgebiet des St. Lorenz-Stroms und erkundeten die Küste hinunter bis zum heutigen Bundesstaat Massachusetts. Ob sie diesen Landstrich allerdings aufgrund seiner Fruchtbarkeit oder tatsächlich wegen der damals möglicherweise dort wachsenden Weintrauben „Vinland“ nannten, ist bis heute ungeklärt. Ihr Wissen um die Existenz Amerikas ist nach der Aufgabe der grönländischen Siedlungen, von denen aus sie den anderen Kontinent erreicht hatten, nur in einer Saga überliefert, deren Inhalt lange Zeit für die Ausgeburt dichterischer Fantasie gehalten wurde.

Sagenhaftes „Vinland“

Die Entdeckung „Indiens“: Christoph Kolumbus

Der gebürtige Italiener Christoph Kolumbus (1451–1506) hegte schon zu der Zeit, als er noch auf portugiesischen Schiffen segelte, den Plan, die Ostküste Asiens mit dem Schiff zu erreichen, was die damals beschwerliche Reise auf dem Landwege überflüssig gemacht hätte. 1492 erhielt er schließlich nicht die Unterstützung des portugiesischen, aber des spanischen Königshauses für seinen Plan, den Seeweg nach Asien zu entdecken.

Kolumbus' erste Landung in Amerika

An Bord der Santa Maria, die noch von zwei weiteren Schiffen begleitet wurde, erreichte Kolumbus am 12. Oktober des gleichen Jahres eine Insel, die die Eingeborenen Guanahani nannten und die von Kolumbus den Namen **San Salvador** erhielt. Obwohl er somit die Bahamas entdeckt hatte, erlag Kolumbus dem Irrglauben, sich auf indischem Boden zu befinden. Dementsprechend nannte er die Einwohner dort Indianer. Ein Name, der auch heute noch fälschlicherweise die Sammelbezeichnung für die Ureinwohner Amerikas ist. Kolumbus starb sogar in dem Glauben, die Ostküste Asiens entdeckt zu haben. Seinen Namen erhielt Amerika aber von einem anderen Entdecker im Kielwasser Kolumbus': **Amerigo Vespucci** (1451–1512). Ihn schickte die spanische Krone 1497 zum ersten Mal in die neue Welt, wo er die Amazonas-Mündung und die Küste Brasiliens „entdeckte“. Weitere Entdecker waren Giovanni Caboto (1450–1498) und Ponce de León (1460–1521).

Die „Neue Welt“ wird kolonisiert

Europäischer Machtkampf

Nach der Entdeckung Amerikas rangen mehrere europäische Mächte um die **Vormachtstellung** in der Neuen Welt. Spanier, Portugiesen, Franzosen und Engländer bestimmten fast drei Jahrhunderte lang die Geschicke der eroberten Gebiete. Die Regierungsgeschäfte wurden entweder über das Mutterland abgewickelt, oder es wurde über Handelskompanien Einfluss auf die Kolonien genommen, bevor die Amerikaner sich 1776 einen unabhängigen Staat erkämpfen konnten. Auch die Niederländer und Schweden versuchten ihr Glück auf dem nördlichen Kontinent der Neuen Welt, erlangten dort aber keine Bedeutung als Kolonialmächte. Auch Portugals Einfluss blieb unwesentlich. Eine Folge der Kolonisation war der **Sklavenhandel**. 1850 arbeiteten ca. 2.800.000 Sklaven in der Landwirtschaft, 1.800.000 davon auf Baumwollplantagen.

Die Spanier als Herren der ersten Stunde

Während des 16. Jh. dominierten die Spanier und Portugiesen, die von 1580 bis 1640 sogar zu einem Königreich zusammengefasst waren, die Kolonisation der Neuen Welt und betrieben dort eine expansive Siedlungspolitik. Um 1575 gab es bereits etwa 200 Siedlungen in Amerika. Die Eroberer (Konquistadoren) machten sich bei der Ausnutzung der Bodenschätze die Arbeitskraft der einheimischen Indianer zunutze und versuchten durch Erforschung immer neuer Gebiete ihren Einflussbereich zu erweitern. Ihr Hauptinteresse galt **Bodenschätzen** wie Gold und Silber sowie Agrarprodukten aus dem tropischen Bereich. Die bekanntesten Konquistadoren sind Vasco Nunez, Ponce de León, Hernando Cortez (1485–1547) und Hernando de Soto (1500–1542), der den südöstlichen Teil des nordamerikanischen Kontinents erschloss.

Traum vom Gold

Die Sage vom heute auch im Deutschen noch sprichwörtlichen „**El Dorado**", wo man riesige Mengen Gold vermutete, trieb die ersten Konquistadoren in die Gebiete nördlich von Mexiko. Francisco Vasquez Coronado (1510–1544) startete 1540 eine Reise in den heutigen Südwesten der Vereinigten Staaten und erforschte dort das „Neue Mexiko", das von 1606 an von der Hauptstadt „Villa Real de la Santa Fe de San Francisco" (Santa Fe) aus verwaltet wurde. Die Indianer dort wurden christianisiert und zur Zwangsarbeit herangezogen. Da die **Kirche** bei der Kolonisation eine große Rolle spielte, richtete sich die Feindseligkeit bei Aufständen wie der Pueblorevolte auch vornehmlich gegen klerikale Einrichtungen wie Klöster und Kirchen. Am berühmten Indianeraufstand im Jahre 1680 waren die Stämme des Rio-Grande-Gebietes beteiligt.

Französische Aktivitäten in Nord und Süd

Frankreich begann sich ernsthaft erst nach dem Frieden von Cambrai (1529), der die langwierigen Auseinandersetzungen zwischen Frankreich und Spanien um Italien beendete, für Eroberungen in der Neuen Welt zu interessieren. Zwar erforschte der Italiener Giovanni da Varrazano (1480–1527) mit einer französischen Crew die Hudson-Mündung und segelte die nordamerikanische Küste bis Maine herunter. Gründungen von Niederlassungen wurden zu diesem Zeitpunkt aber noch nicht in Erwägung gezogen. Erst zu Regierungszeiten von Heinrich IV. jedoch wurden Anstrengungen unternommen, auch wirtschaftlichen Nutzen aus den Gebieten der Neuen Welt zu ziehen. Zu Beginn dieser Kolonisationsperiode wurden nur **hugenottische Handelskompanien** aktiv, die auch die ersten französischen Niederlassungen gründeten.

Die zweite Kolonisationsperiode begann 1664, als Jean Baptiste Colbert (1619–1683) die „**Französisch-Westindische Handelskompanie**" gründete, die das Monopol für den französischen Amerikahandel bekam. Von 1673 an beanspruchten die Franzosen die gesamten Gebiete entlang dem Mississippi, des St.-Lorenz-Stroms sowie das Land um die großen Seen für sich. Entscheidend beteiligt waren an diesen Gebietsansprüchen Jacques Marquette (1687–1675) und Louis Joliet (1645–1700).

Jean Baptiste le Moyne, der Gründer von New Orleans

Das Flussbecken der Mississippimündung erreichte 1682 Robert Cavelier de la Salle (1643–1687), der es nach dem französischen Souverän Ludwig XIV. „La Louisiane“ nannte. Hier gründete Jean Baptiste le Moyne (1680–1768) im Jahre 1718 „**La Nouvelle Orleans**“, das heutige New Orleans, dem auch heute noch ein französisches Flair anhängt.

Englischer Machtgewinn

Die Engländer setzten sich schon relativ früh im Nordosten Amerikas fest. Sie beanspruchten nicht nur weite Teile des heutigen Kanadas für sich, sondern brachten auch Gebiete der heutigen Bundesstaaten Washington, Oregon, Idaho, Montana und Wyoming in ihren Herrschaftsbereich. Aufgrund der Nähe zu den französischen Niederlassungen und der daraus resultierenden Streitigkeiten gab es heftige Auseinandersetzungen mit den Franzosen, deren Kolonie Louisiane, die damals auch Teile von Wyoming, Montana und Colorado umfasste, den Engländern ein Dorn im Auge war. Diese Auseinandersetzungen kulminierten im **Siebenjährigen Krieg** (1756–1763), bei dem die Engländer ihren Einflussbereich bis zum Mississippi ausdehnen konnten. Indianer kämpften bei diesem Konflikt hauptsächlich auf Seiten der Franzosen.

Machtgerangel mit Frankreich

Erst **Königin Elizabeth I.** (1533–1603) drängte auf eine Kolonisierung der Neuen Welt, für die sie nach dem englischen Sieg über die spanische Armada (1588) auch die machtpolitische Stellung in Europa errungen hatte. Unter dem Kommando von **Sir Francis Drake** (1540–1596) und Sir John Hawkins (1532–1595) griffen die Engländer spanische Niederlassungen und Schiffe an. In diesem Zusammenhang gelang es auch, das spanisch-portugiesische Monopol im einträglichen Sklavenhandel zu brechen. Als erste feste Siedlung gilt Jamestown in Virginia, das 1607 im Auftrag der Londoner Virginia-Kompanie gegründet wurde. Eine andere Glaubensgemeinschaft, nämlich die **Quäker**, gründeten 1681 Pennsylvania. Der Name dieser Kolonie geht auf ihren Gründer William Penn zurück.

Zwei Jahre später siedelten sich hier auch viele Deutsche, anfangs vorwiegend Mennoniten aus dem Rheinland und der Pfalz, an. Weitere Siedlungsgebiete deutschsprachiger Einwanderer waren Philadelphia, New York, Maine und Georgia. Von etwa 100.000 Deutschstämmigen, die Mitte des 18. Jh. in Nordamerika siedelten, lebten jedoch ungefähr 70.000 in Pennsylvania. Diese Siedler gründeten allerdings keine Kolonien im eigentlichen Sinn, da sie nicht als Vertreter eines Staates Land für diesen beanspruchten, sondern sich aus anderen Gründen ansiedelten.

Deutsche Auswanderer

Der Kampf um die Freiheit

In ihrem Unabhängigkeitskrieg gegen das englische Mutterland (1775–1783) erstritten die 13 Ostkolonien die staatliche Autonomie. Ausgelöst wurde dieser Krieg durch die **Unabhängigkeitserklärung** des Kongresses am 4. Juli 1776, der bis heute der Nationalfeiertag der Vereinigten Staaten ist. Auch die 13 Querstreifen der amerikanischen Flagge, die die 13 Gründerstaaten symbolisieren, erinnern an diesen Tag.

Die Ursachen für die Freiheitsbestrebungen der Siedler lagen schon Jahrzehnte zurück. Abgesehen von dem **Einfuhrverbot** amerikanischer Textilwaren in das Königreich durften ab 1750 auch keine Erzeugnisse der Eisenverarbeitung mehr von den Oststaaten nach England exportiert werden (*Iron Act*). 1764 wurde die Gesetzgebung dahingehend verschärft, dass in den Kolonien kein eigenes **Geld** aufgelegt werden durfte (*Currency Act*), und ein Jahr später wurde das Stempelgesetz (*Stamp Act*) eingeführt, in dem verfügt wurde, dass alle Druckerzeugnisse mit einer Gebührenmarke beklebt werden mussten. Im gleichen Jahr wurde ebenfalls verfügt, dass ein Drittel der Kosten für das **englische Militär** von den Kolonien selbst zu tragen sei (*Quartering Act*).

Britische Repressalien

Die gesetzgebende Macht über die Kolonien hatte sich das Mutterland bereits 1707 durch einen Parlamentsbeschluss gesichert. Als dann 1767 **Einfuhrzölle** für viele Waren wie Glas, Tee oder Papier erhoben wurden (*Townshend Act*), führte das zu großem Unmut gegenüber den Regierenden in London. Einige Jahre später führten diese Zölle zur ersten weittragenden Aktion der Amerikaner. Sie versenkten 1773 drei Schiffsladungen Tee im Bostoner Hafen. Unter dem Begriff „**Boston Tea Party**“ ist diese Demonstration gegen die Ausbeutung der Kolonien durch das Mutterland in die Geschichte eingegangen. Die englische Krone reagierte auf diesen Protest mit der Sperrung des Hafens und der Verhängung des Ausnahmezustandes. Ein Jahr später tritt der erste **Kontinental-Kongress** mit Delegierten aus allen 13 Neu-England-Staaten zusammen, der die Wiederherstellung der Rechtslage von vor 1763 beschließt.

Rebellion gegen die britische Krone

Die 13 Staaten waren Massachusetts, New Jersey, New York, Rhode Island, Connecticut, New Hampshire, Pennsylvania, Delaware, Virginia, Maryland, North Carolina, South Carolina und Georgia. Die bewaffneten Auseinandersetzungen begannen dann ein Jahr später am 18. April 1775 mit dem ersten Zusammenstoß von amerikanischer Miliz und britischen Truppen. Der zweite Kontinental-Kongress im gleichen Jahr ernannte **George Washington** zum Oberbefehlshaber der amerikanischen Truppen, die den britischen Kolonialtruppen und einigen mit den Engländern verbündeten Indianerstämmen gegenüberstanden. North Carolina stellte sich als einziger Bundesstaat auf die Seite der Engländer. Organisiert wurde die amerikanische Armee von dem preußischen General Baron von Steuben (1730–1794). Auch andere bekannte Europäer wie der französische Marquis de la Fayette (1757–1834) und der Pole Tadeusz Kosciusko (1746–1817) kämpften auf amerikanischer Seite.

1777 erklärte Frankreich den Engländern den Krieg. Auch die Niederlande (1780) und Spanien (1781) traten gegen die Engländer in den Krieg ein. 1781 mussten die Engländer dann nach der Niederlage bei Yorktown kapitulieren, was 1783 die **Anerkennung der Unabhängigkeit** der Vereinigten Staaten zur Folge hatte. Etwa 100.000 Loyalisten, die auf der Seite Englands gestanden hatten, wanderten aufgrund der englischen Niederlage nach Kanada aus. Zu dieser Zeit lebten ungefähr drei Millionen Siedler in Nordamerika. Die **Kriegsopfer** beliefen sich auf ca. 70.000 Menschen.

Die Errichtung des Staatssystems

Die Verfassungsgebung

Der Verfassungskonvent in Philadelphia verabschiedet 1787 die Verfassung der Vereinigten Staaten von Amerika, die jedoch erst 1789 rechtsgültig wurde. Die Einzelstaaten, die seit 1781 durch die „Articles of Confederation" zu einem losen **Staatenbund** zusammengefasst waren, konnten sich nur zögernd zu einer Anerkennung durchringen, da es Unstimmigkeiten darüber gab, ob der Staat eher zentralistisch oder eher föderalistisch organisiert werden sollte.

Verfassungskompromiss zwischen Zentralisten und Föderalisten

Letztendlich kommt dieser Konflikt auch in der durch die Verfassung festgelegten Staatsform der **präsidialen Bundesrepublik** zum Ausdruck, die ja bis heute im Wesentlichen unverändert ist. Man denke an die relativ große Machtbefugnis des Präsidenten auf der einen Seite sowie an die teilweise recht unterschiedliche Gesetzgebung in den Einzelstaaten auf der anderen. Insofern ist die amerikanische Verfassung eine **Kompromisslösung**, die sowohl den föderalistischen als auch den zentralistischen Forderungen Rechnung trägt.

Die USA um 1850

Mit der Einführung der Gewaltenteilung in Exekutive, Legislative und Jurisdiktion, d.h. der Trennung von ausführender, gesetzgebender und rechtsprechender Macht, ist die amerikanische Verfassung **Grundlage der modernen Demokratie**. Darüber hinaus führt sie die Trennung von Kirche und Staat und „last but not least" die Volkssouveränität ein, die durch die demokratischen Grundrechte (**Virginia Bill of Rights**), an deren Formulierung Thomas Jefferson (1743–1826) federführend beteiligt war, gewährleistet wird.

info

Thomas Jefferson

Thomas Jefferson (1743–1826), der vornehmlich als **Autor der Unabhängigkeitserklärung** in die Geschichte Amerikas einging, konnte während seiner Präsidentschaft (1801–1809) einen weiteren Erfolg verbuchen, der sein Land um mehr als das Doppelte vergrößerte und von sehr weitreichender Bedeutung werden sollte. Die Vereinigten Staaten kauften nämlich 1803 die Kolonie Louisiane von Napoleon, unter anderem, um eine ungehinderte Schifffahrt auf dem Mississippi zu gewährleisten.

Dieser Landkauf ergab darüber hinaus Siedlungsmöglichkeiten auf einem sehr großen Territorium (Louisiana war damals wesentlich größer als der heutige Bundesstaat mit gleichem Namen) sowie die darauf folgende wirtschaftliche Ausnutzung von Bodenschätzen und eine landwirtschaftliche Nutzung im großen Stil.

Jefferson wurde in der Nähe von Shadwell (Virginia) geboren, wo er zwischenzeitlich auch als Rechtsanwalt tätig war. Seine Funktion als Politiker übte er als Mitglied der Bürgerversammlung von Virginia, des Kontinentalkongresses in Philadelphia und als Gouverneur von Virginia aus. Darüber hinaus war er Gesandter in Paris (1785–1789), Außenminister der Vereinigten Staaten (1790–1793) und Vizepräsident (1797–1801). Er war **demokratischer Republikaner** und wurde 1801 zum 3. Präsidenten der Vereinigten Staaten gewählt. Dieses Amt hatte er bis 1809 inne und setzte danach als Berater der nachfolgenden Präsidenten seine politische Tätigkeit fort.

Übrigens machte er sich auch als Architekt verdient und plante u.a. das Virginia State Capitol in Richmond und war maßgeblich beteiligt an der Stadtplanung von Washington. Thomas Jefferson starb 1826 in **Monticello** (Virginia).

Thomas Jefferson Memorial in Washington

Regierung und Präsident

Nach dem amerikanischen System ist der Präsident sowohl Staatspräsident, was im deutschen System dem Bundespräsidenten entspricht, als auch entsprechend eines Bundeskanzlers in der Bundesrepublik Deutschland Ministerpräsident.

Der Präsident wird nicht direkt vom Volk, sondern indirekt über **Wahlmänner** für vier Jahre gewählt, die in jedem Bundesstaat in direkter Wahl bestimmt werden. Ihre Zahl pro Bundesland ist entsprechend der jeweiligen Einwohnerzahl festgelegt. Nach einer Wahl ist es die Aufgabe des Präsidenten, eine Regierung zusammenzustellen, die auch aus Mitgliedern anderer Parteien als der eigenen oder aus parteilosen Politikern bestehen kann. Die einzige legale Möglichkeit, einen amerikanischen Präsidenten abzusetzen, ist die Staatsanklage. Kontrolliert wird er jedoch im verfassungsrechtlichen Sinne über den Obersten Gerichtshof und auf parlamentarischer Ebene über den Kongress. *Wahlsystem*

Der Kongress

Der Kongress setzt sich aus **zwei Kammern** zusammen: dem Senat und dem Repräsentantenhaus.
Die Mitglieder des Repräsentantenhauses werden auf zwei Jahre direkt gewählt. Jeder Bundesstaat entsendet eine seiner Einwohnerzahl entsprechende Anzahl gewählter Kandidaten, die dann die Interessen dieses Bundesstaates vertreten sollen. Insgesamt sind im Repräsentantenhaus heute 435 Sitze zu vergeben. Auch die Senatoren werden direkt vom Volk, allerdings für sechs Jahre, gewählt. Jeder Bundesstaat entsendet entsprechend zwei Senatoren an den Senat, der somit eine Mitgliederzahl von 100 aufweist.
Da der Präsident nur mit einer Zweidrittelmehrheit dieser Kammer internationale Verträge abschließen darf, hat sie auf die Außenpolitik einen großen Einfluss.

Oberster Gerichtshof (Supreme Court)

Die neun Richter des Obersten Gerichtshofes werden vom Präsidenten in Übereinstimmung mit dem Senat auf **Lebenszeit** gewählt. Sie haben die Aufgabe, Gesetzgebung und andere politische Entscheidungen auf ihre verfassungsrechtliche Korrektheit hin zu überprüfen, wenn dieses beantragt wird. Insofern fungieren sie als Kontrollinstanz gegenüber dem Präsidenten und dem Kongress. *Richter auf Lebenszeit*

Die Erweiterung des Staatsgebiets der Vereinigten Staaten

Die 1793 gegründete **Hauptstadt Washington D.C.** (District of Columbia) ist seit 1800 Sitz der Regierung und des Parlaments. Der Präsident residiert seitdem im Weißen Haus, und der Kongress hat seinen Sitz im Capitol. George Washington (1732–1799) war **erster Präsident** der Vereinigten Staaten (1789–1797). Sein Nachfolger **John Adams** (Präsident von 1797–1801) ist heute nicht mehr so be-

Präsidenten der Vereinigten Staaten von Amerika

Nr.	Name	Amtszeit	Partei
1	George Washington (1732–1799)	1789–1797	Föd.
2	John Adams (1735–1826)	1797–1801	Föd.
3	Thomas Jefferson (1743–1826)	1801–1809	Dem.-Rep.
4	James Madison (1751–1836)	1809–1817	Dem.-Rep.
5	James Monroe (1758–1831)	1817–1825	Dem.-Rep.
6	John Quincy Adams (1767–1848)	1825–1829	Dem-Rep.
7	Andrew Jackson (1767–1845)	1829–1837	Dem.
8	Martin van Buren (1782–1862)	1837–1841	Dem.
9	William Henry Harrison (1773–1841)	1841–1841	Whig
10	John Tyler (1790–1862)	1841–1845	Whig
11	James Knox Polk (1795–1849)	1845–1849	Dem.
12	Zachary Taylor (1784–1850)	1849–1850*	Whig
13	Millard Fillmore (1800–1874)	1850–1853	Whig
14	Franklin Pierce (1804–1869)	1853–1857	Dem.
15	James Buchanan (1791–1868)	1857–1861	Dem.
16	Abraham Lincoln (1809–1865)	1861–1865**	Rep.
17	Andrew Johnson (1808–1875)	1865–1869	Dem.
18	Ulysses Simpson Grant (1822–1885)	1869–1877	Rep.
19	Rutherford Birchard Hayes (1822–1893)	1877–1881	Rep.
20	James Abram Garfield (1831–1881)	1881–1881*	Rep.
21	Chester Alan Arthur (1830–1886)	1881–1885	Rep.
22	Stephen Grover Cleveland (1837–1908)	1885–1889	Dem.
23	Benjamin Harrison (1833–1901)	1889–1893	Rep.
24	Stephen Grover Cleveland (1837–1908)	1893–1897	Dem.
25	William McKinley (1843–1901)	1897–1901**	Rep.
26	Theodore Roosevelt (1856–1919)	1901–1909	Rep.
27	William Howard Taft (1857–1930)	1909–1913	Rep.
28	Thomas Woodrow Wilson (1856–1924)	1913–1921	Dem.
29	Warren Gamaliel Harding (1865–1923)	1921–1923*	Rep.
30	Calvin Coolidge (1872–1933)	1923–1929	Rep.
31	Herbert Clark Hoover (1874–1964)	1929–1933	Rep.
32	Franklin Delano Roosevelt (1882–1945)	1933–1945	Dem.
33	Harry S. Truman (1884–1972)	1945–1953	Dem.
34	Dwight David Eisenhower (1890–1969)	1953–1961	Rep.
35	John Fitzgerald Kennedy (1917–1963)	1961–1963**	Dem.
36	Lyndon Baines Johnson (1908–1973)	1963–1969	Dem.
37	Richard Milhous Nixon (1913–1994)	1969–1974	Rep.
38	Gerald Rudolph Ford (1913–2006)	1974–1977	Rep.
39	James Earl Carter (1925–)	1977–1981	Dem.
40	Ronald Wilson Reagan (1911–2004)	1981–1989	Rep.
41	George Bush (1924–)	1989–1993	Rep.
42	Bill Clinton (1946–)	1993–2001	Dem.
43	George W. Bush (1946–)	2001–2009	Rep.
44	Barack Obama (1961–)	2009–2017	Dem.

* im Amt verstorben, ** während der Amtszeit ermordet
Föd. = Föderalisten; Dem.-Rep. = Demokratische Republikaner, Dem. = Demokraten; Rep. = Republikaner; Whig = gegr. von Gegnern des Demokraten Andrew Jackson

Das Weiße Haus in Washington

kannt wie der dritte Präsident **Thomas Jefferson** (Präsident von 1801–1809), unter dessen Regierung die Vereinigten Staaten ihr Staatsgebiet durch Ankauf von Land verdoppelten. Für 15 Millionen Dollar wurde damals **Napoleon** 1803 Louisiane abgekauft, das das Gebiet der heutigen Bundesstaaten Arkansas, Nebraska, Missouri, Iowa, South Dakota sowie Teile von Oklahoma, Kansas, North Dakota, Montana, Wyoming, Colorado, Minnesota und Louisiana umfasste. Dieser Landerwerb ermöglichte eine **freie Schifffahrt** auf dem Mississippi sowie seinen Nebenflüssen und förderte somit eine weitere Besiedlung des Kontinents, die in den Nordwest- und Mississippi-Territorien schon 1887 eingesetzt hatte und zur Gründung folgender Bundesstaaten führte: Kentucky 1792, Tennessee 1796, Ohio 1803, Louisiana 1812, Indiana 1816, Mississippi 1817, Illinois 1818 und Alabama 1819.

Neue Bundesstaaten durch Napoleons Landverkauf

Wirtschaftlich gesehen bekamen die Amerikaner große Schwierigkeiten, als sie aufgrund der europäischen Auseinandersetzungen, die die Kontinentalsperren (1806) und die entsprechenden Gegenreaktionen der Engländer ein Jahr später zur Folge hatten, wichtige Häfen in Europa nicht mehr anlaufen konnten. Mit den Engländern kam es sogar zu kriegerischen Auseinandersetzungen (1812–1814), als die Vereinigten Staaten versuchten, Kanada in ihr Staatsgebiet einzugliedern. Washington wurde während dieses Krieges zerstört, jedoch konnten sich die amerikanischen Truppen bei New Orleans durchsetzen. Im Frieden von Gent 1814 wurde auch mit Rücksicht auf die Lage in Europa der Vorkriegszustand wieder hergestellt.

Blick von Fort Sumter auf Charleston

Die erste wichtige Schlacht an der **Potomac-Front** verloren die Nordstaatler bei Manassas (I. Bull Run) im Juli 1861 unter General McDowell. Es folgten weitere Gefechte, in denen mal die eine mal die andere Seite siegte. Doch als Wendepunkt im Bürgerkrieg wird in vielen Geschichtsbüchern die **Schlacht bei Gettysburg** im Juli 1863 angesehen, die die Unionstruppen unter General Meade nach erbitterten Kämpfen und mit hohen Verlusten auf beiden Seiten zu ihren Gunsten entscheiden konnten. Entscheidend für den Ausgang des Krieges waren jedoch auch in hohem Grade die ab 1863 effektiver werdende **Blockade** der Seehäfen der Südstaaten, die Nachschublieferungen aus dem Ausland, auf die der an Ressourcen arme Süden angewiesen war, sowie die Ausfuhr von Baumwolle als wichtigstem Handelsgut des Südens sehr stark einschränkte. New Orleans als wichtiger Umschlagplatz für Handelswaren war schon seit dem Frühjahr 1862 in den Händen der Nordstaatler. Nachdem der Südstaatengeneral Lee im Frühjahr nach erbitterten Kämpfen im Mississippi Valley 1865 einsehen musste, dass weitere militärische Aktionen der Konföderierten zwecklos waren, kapitulierte er am 9. April am Appomattox Court House.

Die Südstaaten verlieren den Bürgerkrieg

Unions-General Sherman, der den Befehl über die Truppen an der Südfront von General Grant übernommen hatte, zog mit seinen Truppen nach dem Fall von Atlanta im Juli 1864 durch Georgia in Richtung Savannah. Die Unionstruppen hinterließen bei diesem Zug, der auch „**Sherman's March to the Sea**" genannt wird, nur verwüstetes Land. Der Widerstand der Zivilbevölkerung sollte mit allen Mitteln gebrochen werden. Nach der Einnahme von Savannah im Dezember 1864 setzten die Unionstruppen ihren Kriegszug durch South und North Carolina fort, ohne dass die Konföderierten sie hätten stoppen können. Erst am 18. April 1865 wurden die Kampfhandlungen offiziell beendet. Im gleichen Jahr wurde Präsident Lincoln im Ford Theater von einem fanatischen Südstaatler erschossen.

Abschaffung der Sklaverei

Am 1. Januar 1863 hatte Abraham Lincoln die **Befreiung aller Sklaven** proklamiert, sodass nun nach dem Sieg der Nordstaaten die Südstaaten gezwungen waren, die Sklaverei abzuschaffen. (Über die weitere Entwicklung bezüglich der Bürgerrechte der afroamerikanischen Bevölkerung wird im Abschnitt „Gesellschaft" näher eingegangen.) Da etwas mehr als ein Drittel der Südstaatenbevölkerung Afroamerikaner waren (ca. 3.500.000 von ca. 9.000.000 Gesamtbevölkerung), hatte das für den wirtschaftlich durch den Krieg ohnehin ruinierten Süden katastrophale Folgen. Das Land war zum Teil völlig verwüstet, und die Plantagenbesitzer hatten kein Geld, um Arbeitskräfte zu bezahlen. Insgesamt ließen ca. 620.000 Menschen in diesem Krieg ihr Leben.

Indianerkriege

Der Amerikanische Bürgerkrieg war allerdings nicht die einzige kriegerische Auseinandersetzung zu jenem Zeitpunkt. Bedingt durch die immer weiter nach Westen fortschreitende Besiedlung durch Weiße und die Vergrößerung des Territoriums der Vereinigten Staaten nach dem Amerikanisch-Mexikanischen Krieg (1846–1848) kam es zu Konflikten mit den Indianern, die jahrzehntelang nie völlig beigelegt werden konnten. In Texas kam es wiederholt zu **erbitterten Kämpfen** zwischen Kiowa, Komanchen und Apachen auf der einen und texanischen sowie US-Truppen auf der anderen Seite. Dieser Krieg konnte erst 1867 beendet werden, nachdem die Kiowa und Komanchen dazu „überredet" werden konnten, nach Alabama, das damals als Indianerterritorium galt, überzusiedeln. Aber auch dort wurden sie von den Weißen nicht in Ruhe gelassen, sodass es unter dem berühmten Komanchenhäuptling **Quanah Parker** erneut zu kriegerischen Auseinandersetzungen kam. Im Gebiet zwischen den Rio-Grande-Pueblos und Kalifornien waren es hauptsächlich die Navajo und Apachen, die sich gegen die weißen Siedler zur Wehr setzten. Colonel Kit Carson besiegte in einem Krieg von 1863–1864 die Navajo, verwüstete Felder und Behausungen und vertrieb die Navajo nach New Mexico. Vier Jahre später bekamen sie dann ein Reservat im Norden Arizonas, aus dem sie ursprünglich auch kamen.

Apachen kämpfen gegen Siedler

Die **Apachen** leisteten am längsten Widerstand gegen die Siedler, mit denen sie anfangs gute Beziehungen hatten, da sie die Feinde der Spanier und Mexikaner waren, gegen die die Apachen vor dem Amerikanisch-Mexikanischen Krieg gekämpft hatten. 1862 brach jedoch ein Krieg aus, der bis 1871 nie richtig beendet werden konnte. Zu jenem Zeitpunkt übernahm General George Crook das Kommando über die Truppen in Arizona. Die Apachen wurden von ihm in ein Reservat verdrängt, jedoch konnte ihr Widerstand bis 1886 nicht vollständig gebrochen werden, da unter der Führung des Häuptlings Geronimo eine rege **Guerillatätigkeit** organisiert werden konnte. Erst mit Geronimos Gefangennahme und Deportation nach Florida gaben die Apachen auf.

ziert. Der westliche Teil des Staates war von Indianern besiedelt. Dieses Gebiet trat Georgia 1802 unter der Prämisse, dass der Stamm der **Creek** umgesiedelt würde, an die Bundesregierung ab. Die Vertreibung erfolgte jedoch erst 1832 unter großen Verlusten für die Indianer. Die Cherokee wurden 1838 vertrieben. Inzwischen hatten **Goldfunde** das indianische Territorium interessant gemacht. Seit Ende des 18. Jh. wurde in Georgia Baumwolle angebaut, und in relativ kurzer Zeit wurde sie zum wichtigsten Wirtschaftsfaktor. Aus der landwirtschaftlichen Krise der 1840er-Jahre ging Georgia letztendlich als reichster Staat des Südens hervor und wurde dementsprechend „**Empire of the South**" genannt. Für die gute wirtschaftliche Entwicklung war in Georgia unter anderem die gute Infrastruktur verantwortlich. Bereits 1933 war die „Georgia Railroad" als Eisenbahnverbindung gebaut worden, sodass zusätzlich zu den Handelsverbindungen auf den großen Flüssen eine Strecke über Land für den Transport bereitstand.

„Empire of the South"

Georgia trat 1861 zu den Konföderierten Staaten über und wurde anfangs von den Kriegshandlungen weitgehend verschont. Gegen Ende des Sezessionskrieges jedoch zogen ca. 100.000 Soldaten der Unionstruppen unter General Sherman durch das Gebiet und ließen nur **verwüstetes Land** hinter sich. Die entscheidenden Schlachten fanden im Mai 1864 um Atlanta, das völlig niedergebrannt wurde, und bei Savannah im Dezember des gleichen Jahres statt.

Louisiana

Durch den **Louisiana Purchase** 1803 sicherten sich die Vereinigten Staaten für einen Betrag von 15 Millionen Dollar ein großes Gebiet von den Franzosen, das

In den Südstaaten zeugen imposante Plantagenhäuser vom einstigen Reichtum

sich vom heutigen Bundesstaat Louisiana bis an die kanadische Grenze erstreckte. Zur großen Enttäuschung der Südstaatler erhielt durch den Territorial Act von 1804 eine großer Teil des heutigen Louisiana südlich des 33. Breitengrades lediglich den Status eines Territory (of Orleans). Nach Revolten im Jahre 1810 östlich des Mississippi entstand dort für kurze Zeit die Republik **West-Florida**, die diesem Territorium zugeschlagen wurde. 1812 war endlich der Status des Bundesstaates erreicht. Wirtschaftlich gesehen entwickelten sich bis Mitte des 19. Jh. die Zucker- und Baumwollproduktion in Form von Plantagenwirtschaft zu den Hauptstützen dieses Bundeslandes. Darüber hinaus wurde New Orleans hinter New York zum zweitgrößten **Hafen** der gesamten Union. Hier konnten durch die günstige geografische Lage in der Nähe des Mündungsgebietes des Mississippi sowohl Binnen- als auch Seeschifffahrt im großen Stil miteinander kombiniert werden.

Wichtiger Hafen

1861 existierte Louisiana nach dem Austritt aus der Union kurzfristig als eigenständiger Staat, bevor es den Konföderierten Staaten beitrat. Während des Sezessionskrieges befand sich der westliche Teil Louisianas unter der Verwaltung der Konföderierten, während der östliche Teil unter der Militärverwaltung der Unionstruppen stand. New Orleans fiel 1862 an die Unionstruppen.

Mississippi

Zu Beginn des 19. Jh. waren die Verhältnisse des Gebietes, das heute den Bundesstaat Mississippi umfasst, von Auseinandersetzungen zwischen den Vereinigten Staaten und Spanien, die jeweils einen Teil des Landes unter ihrer Kontrolle hatten, gekennzeichnet. Darüber hinaus rebellierten im spanischen Gebiet englischsprachige Siedler, die zu einem großen Teil protestantisch waren, gegen die katholischen Spanier und erklärten ihre Unabhängigkeit. Das entsprechende Gebiet wurde dann von den Vereinigten Staaten annektiert. 1817 wurde der westliche Teil von Mississippi als 20. Bundesstaat eingegliedert. 1822 wurde **Jackson** dann nach **Natchez** Hauptstadt. Die Baumwolle drängte sich zu diesem Zeitpunkt immer mehr in den wirtschaftlichen Vordergrund. Tabak und Indigo verloren in dieser Hinsicht zusehends an Bedeutung. In den 1820er-Jahren gehörte Mississippi zu den führenden Baumwollstaaten des Südens. Politisch dominierten die kleinen und mittleren Farmer, die die Indianer trotz der Verträge über Landbesitz verdrängten.

Rebellion gegen spanische Siedler

Aufgrund der Baumwollproduktion gab es in Mississippi einen zunehmenden Anteil von Afroamerikanern am Bevölkerungsanteil. 1860 gab es in diesem Bundesstaat sogar mehr Afroamerikaner (437.000) als Weiße (354.000). Die Afroamerikaner waren mit Ausnahme von ungefähr 1.000 Sklaven. Es ist daher nicht verwunderlich, dass sich Mississippi 1861 dazu entschloss, den Konföderierten Staaten beizutreten. Dieses Bundesland stellte sogar den Präsidenten Jefferson Davis, der während der Zeiten der Union U.S.-Senator war.

Am Sezessionskrieg waren aus Mississippi etwa 80.000 Soldaten beteiligt. Die entscheidende Schlacht fand auf dem Gebiet dieses Bundesstaates bei **Vicksburg** im Juli 1863 statt. Die Konföderierten wurden dort von den Unionstruppen empfindlich geschlagen.

North Carolina

Wirtschaftlich unterentwickelt

Im Jahre 1789 wurde North Carolina 12. Bundesstaat der Vereinigten Staaten. Bis Mitte der 30er-Jahre des 19. Jh. galt es jedoch als der wirtschaftlich am wenigsten entwickelte Staat und wurde deshalb sogar „das Irland von Amerika" genannt. Das Bruttosozialprodukt wurde zu 90 Prozent auf dem landwirtschaftlichen Sektor erwirtschaftet, und der Ausbau der Infrastruktur ließ sehr zu wünschen übrig. Ab 1835 wurde in dieser Hinsicht mehr investiert, was die sozialen Umstände verbesserte und zu einer verminderten Abwanderung der Bevölkerung führte, die in den Jahrzehnten davor für ein Sinken der Einwohnerzahl gesorgt hatte. Auf dem industriellen Sektor wurde die baumwollverarbeitende Industrie vorangetrieben, während auf landwirtschaftlichem Gebiet der **Tabakanbau** intensiviert wurde.

Im Mai 1861 trat North Carolina den Konföderierten Staaten bei und hob ein großes Kontingent an Soldaten aus. Unter den Toten des Sezessionskrieges sind allein 40.000 aus dem Bundesstaat North Carolina zu beklagen. Ab 1862 war der Nordosten unter die Herrschaft der Unionstruppen gefallen. Bis zur Invasion durch General Sherman 1865 ist jedoch keine kriegsentscheidende Schlacht auf dem Boden von North Carolina zu verzeichnen. Im April kapitulierte der Südstaatengeneral Johnston bei Durham, sodass der Sezessionskrieg auch südlich von Virginia ein Ende fand.

South Carolina

South Carolina wurde 1788 8. Bundesstaat der Union. Zu dieser Zeit war ebenso wie zur Kolonialzeit schon Baumwolle dort angebaut worden, aber eine große wirtschaftliche Bedeutung nahm sie erst im 19. Jh. ein. Ab 1833 wurde South Carolina durch den Bau der Bahnlinie Hamburg – Charleston wirtschaftlich unabhängiger von Georgia, da es auf Savannah als Seehafen nicht mehr angewiesen war.

Hinweis
Hamburg, SC, liegt am Savannah River, gegenüber der Stadt Augusta, GA, und ist heute vollkommen integriert in die Stadt North Augusta.

Umgehung von Gesetzen

Um eine größere Unabhängigkeit, allerdings in staatsrechtlichen Dingen, ging es in dem Schriftstück „South Carolina Exposition and Protest", in dem 1828 das Recht auf Verweigerung von Gesetzen des Kongresses gefordert wurde, wenn sie von dem betreffenden Bundesstaat als verfassungswidrig angesehen wurden. Da South Carolina inzwischen von der **Baumwollproduktion** abhängig geworden war, bestand ein großes Interesse daran, Bundesgesetze und Verordnungen, die die entsprechende Besteuerung und die Politik im Zusammenhang mit der Abschaffung der Sklaverei betrafen, zu eigenen Gunsten umgehen zu können. In beiden Fragen rang man sich zu Kompromisslösungen durch, die letztendlich jedoch nicht befriedigend waren, sodass South Carolina sich 1860 als erster Staat von der Union löste und 1861 mit dem Angriff auf **Fort Sumter** außerhalb von Charleston, das zu dem Zeitpunkt noch mit Unionstruppen besetzt war, den Beginn des Bürgerkrieges provozierte. Vor welche wirtschaftlichen und sozialen Probleme die Abschaffung der Sklaverei zu diesem Zeitpunkt die Pflanzer gestellt hätte, lässt sich erahnen, wenn man sich vergegenwärtigt, dass 1860 60 Prozent der Bevölkerung von South Carolina afroamerikanische Sklaven waren.

Bis zur Endphase des Sezessionskrieges blieb South Carolina mit Ausnahme heftiger Angriffe auf Charleston weitgehend von Kampfhandlungen verschont. General Sherman richtete mit seinen Unionstruppen allerdings noch kurz vor Kriegsende erhebliche Verwüstungen an.

Tennessee

Tennessee wurde bereits 1796 als 16. Bundesstaat in die Union aufgenommen. Zu diesem Zeitpunkt gehörte offiziell ein großer Teil des Landes den Indianern. Die Landansprüche der **Chickasaw** auf den westlichen Teil von Tennessee wurden 1818 annulliert. Bezüglich der Ansprüche der **Cherokee** auf den Südosten wurde diesen im Vertrag von New Echota (Georgia, wo der größte Teil des Stammes siedelte) 1835 ein Verzicht aufgezwungen. Da ein großer Teil des Stammes diesen Verzicht nicht akzeptierte und dementsprechende Unruhen entstanden, wurden die Cherokee drei Jahre später zwangsumgesiedelt und mussten den „**Trail of Tears**“ (Weg der Tränen) wie viele ihrer Leidensgenossen anderer Stämme in Richtung Oklahoma zurücklegen. Da inzwischen die Baumwollproduktion im Westen und in der Mitte von Tennessee einen agrarwirtschaftlichen Boom erlebte, war dieser Teil des Landes für die Sklavenhaltung eingenommen. Im Osten des Landes, der keine entsprechende Plantagenwirtschaft entwickelt hatte, vertrat man die Meinung, dass die Sklaverei abgeschafft werden sollte. Bedingt durch diese Spaltung des Bundesstaates trat Tennessee erst nach der Mobilmachung der Unionstruppen nach dem Angriff auf Fort Sumter im Mai 1861 den Konföderierten Staaten bei. Ost-Tennessee versuchte erfolglos, einen unabhängigen an der Union orientierten Staat zu bilden.

Zwangsenteignung der Cherokee

Tennessee war außer Virginia der vom Bürgerkrieg am meisten betroffene Staat. Auf seinem Boden fanden alleine **450 Schlachten** und kleinere Gefechte statt. Von den 145.000 Soldaten, die Tennessee stellte, kämpften 30.000 auf der Seite der Union. Die entscheidenden Schlachten waren die von Chattanooga, Fort Donelson, Fort Henry und Shiloh.

Arkansas

Nachdem Frankreich 1803 weite Gebiete um den Mississippi und dessen Nebenflüsse an die Vereinigten Staaten abgetreten hatte, stand Arkansas unter der Verwaltung vom Louisiana Territory. Nachdem Louisiana 1812 offiziell Bundesstaat geworden war, wurde Arkansas als County des Territoriums Missouri verwaltet und erreichte 1819 selbst den Status eines Territory. Dass Arkansas erst 1836 Bundesstaat der Union wurde, ist nicht verwunderlich, wenn man bedenkt, dass in diesem Gebiet 1810 nur **1.062 Menschen** lebten. Nach und nach zogen immer mehr Farmer zu und machten das Land urbar, sodass 1835 etwa 50.000 Menschen dort lebten. Im Zuge der Besiedlung wurden in den 1830er-Jahren die Indianer enteignet und des Landes verwiesen. Zu dieser Zeit zogen auch unzählige Indianer, die aus

Dünn besiedelt

Nachstellung einer Bürgerkriegsszene im Prairie Grove Battlefield State Park, Arkansas

anderen Bundesstaaten nach Oklahoma (das damals offiziell als Indianerterritorium galt) zwangsumgesiedelt wurden, durch Arkansas. Dieser „Trail of Tears“ (Weg der Tränen) ging als eines der dunkelsten Kapitel in die amerikanische Geschichte ein.

Wirtschaftlich gesehen entwickelte sich in Arkansas sowohl der landwirtschaftliche Zweig mit der Verbreitung von Baumwollplantagen als auch der industrielle Zweig bezüglich der baumwollverarbeitenden Industrie wie auch der Förderung von Rohstoffen wie Kohle. Die Bevölkerungszahl von 1860, als bereits fast 440.000 Bürger in Arkansas lebten, zeigt, wie schnell sich dieses Gebiet wirtschaftlich entwickelt hatte.

Im Mai 1861 trat Arkansas im Bürgerkrieg den Konföderierten bei. 1863 war jedoch der größte Teil des Bundesstaates von den Unionstruppen eingenommen worden. Die verlustreichste Schlacht auf dem Boden von Arkansas war die von Pea Ridge 1862. Für den Ausgang des Bürgerkrieges fanden jedoch keine entscheidenden Kampfhandlungen in diesem Bundesstaat statt.

Wiederaufbau nach dem Bürgerkrieg (Reconstruction)

Nach Beendigung des Bürgerkrieges waren nicht nur über 600.000 Tote zu betrauern, sondern es musste auch eine desolate Wirtschaft wieder in geordnete Bahnen gelenkt werden. Diese Phase der amerikanischen Geschichte wird allgemein als Reconstruction-Phase (Wiederaufbauphase) bezeichnet.

Veränderung der Agrarstruktur

Durch die **Abschaffung der Sklaverei** waren die Großgrundbesitzer gezwungen, ihre Plantagenwirtschaft, durch die sie zu reichen Männern geworden waren, in anderer Form weiterzuführen oder sie völlig aufzugeben. Die Agrarstruktur veränderte sich dementsprechend in den ersten zehn Jahren nach dem Bürgerkrieg radikal. Viele ehemalige Sklaven und auch weniger betuchte Weiße kauften Land, das die Großgrundbesitzer nicht mehr halten konnten, und bauten sich ihre eigene Existenz auf kleinen landwirtschaftlichen Betrieben auf. Eine interessante Zahl ist in diesem Zusammenhang die enorme Verminderung der Durchschnittsbetriebsgröße von über 1.000 Morgen vor 1861 auf 153 Morgen 1875. Da häufig keine ausreichenden finanziellen Mittel zur Verfügung standen, um die benötigten Arbeitskräfte zu bezahlen, wurden diese mit Anteilen von der Ernte, Kost und Unterkunft vergütet. Aus einem gesellschaftlichen System, für das krasse Unterschiede zwischen einer rechtlosen Unterschicht und einer sehr dünnen Oberschicht charakteristisch war, entwickelte sich so im Laufe der Jahre eine Gesellschaft, in der die **Mittelklasse** dominierte.

Jedoch ergab sich diese Entwicklung nicht ohne politische Konflikte. Als Folge der in einigen Gebieten durch zahlenmäßige Überlegenheit bei der Einführung des Wahlrechtes für die befreiten Sklaven an die Macht gekommenen Schwarzen gründeten Weiße den berüchtigten Geheimbund **Ku-Klux-Klan**, der mit seinen Anschlägen auf schwarze Mitbürger und Sympathisanten der Sklavenbefreiung diese in Angst und Schrecken versetzte. Offiziell löste sich dieser Geheimbund mit dem Abzug der letzten Unionstruppen 1877 auf, die Agenten aus dem Norden – sogenannte **Carpetbaggers** – gedeckt hatten. Die Carpetbaggers nutzten die zum größten Teil in Unwissenheit gehaltenen Schwarzen für ihre politischen Ziele und zu ihrem persönlichen wirtschaftlichen Vorteil aus. Korruption und Missbrauch von öffentlichen Ämtern waren an der Tagesordnung.

Rassistischer Geheimbund

Um eine derartige Willkürherrschaft zu unterbinden, wurde ebenfalls 1877 das **Berufsbeamtentum** mit einer entsprechenden Eignungsprüfung eingeführt. Die schwarze Bevölkerung hatte insofern das Nachsehen bei den Bemühungen, die öffentliche Ordnung wiederherzustellen, als für sie spezielle Wahlklauseln wie z. B. ein Intelligenztest eingeführt wurden. Man wollte damit die Ausnutzung ungebildeter und weitgehend analphabetischer Wähler verhindern, degradierte aber gleichzeitig die Schwarzen, indem man aufgrund ihrer Hautfarbe ihre Bürgerrechte einschränkte, zu Bürgern zweiter Klasse. Diese Entwicklung setzte sich in der Einführung und Handhabung der Rassentrennung weiter fort.

Wirtschaftlicher Aufschwung und Industrialisierung (Gilded Age)

Auf den Wiederaufbau folgte eine Blütezeit der Wirtschaft, die besonders im **industriellen Bereich** sichtbar wurde. Eine Intensivierung des Tabakanbaus sowie ein Aufschwung in der Textilindustrie, der eine stetig größer werdende Nachfrage nach Baumwolle zur Folge hatte, brachte den Süden der Vereinigten Staaten wirtschaftlich wieder auf die Beine und verringerte die durch den Bürgerkrieg entstandene Diskrepanz zwischen Norden und Süden im wirtschaftlichen Bereich. Da es in der freien Marktwirtschaft der Staaten keine wirtschaftlichen Begrenzungen gab, entstanden mächtige Trusts. Zwar hoben die Massengüter, die man nun in der Lage war zu produzieren, den allgemeinen Wohlstand, aber der Umstand, dass kurz vor dem I. Weltkrieg zwei Prozent der Amerikaner 60 Prozent des Einkommens verdienten, führte zu Spannungen auf wirtschaftlichem Gebiet. Dieser Entwicklung sollte durch die Anti-Trust-Gesetze entgegengewirkt werden. Ab 1913 wurden dann progressive **Steuern** eingeführt und die Schutzzölle gesenkt. Federführend war hierfür **Woodrow Wilson** (1856–1924).

Freie Marktwirtschaft

Als Arbeitnehmerorganisation wurde 1886 ein Dachverband für alle **Gewerkschaften**, die „Federation of Labor", gegründet, die sich für kürzere Arbeitzeiten

Zeugt von den goldenen Zeiten des Baumwollhandels und Textilindustrie – Börse in Savannah

und ein Verbot der Kinderarbeit einsetzte. Die Zahl der Arbeiter stieg von 1860 bis zu Beginn des I. Weltkrieges um 700 Prozent, sodass diese Bevölkerungsschicht auch eine eigene Interessenvertretung benötigte.

Erste außenpolitische Ambitionen einer Wirtschaftsmacht

Bedingt durch die **Monroe-Doktrin** des gleichnamigen amerikanischen Präsidenten von 1823 waren die Vereinigten Staaten in außenpolitischer Hinsicht im 19. Jh. sehr zurückhaltend, da der Inhalt dieser Doktrin war, sich nicht in europäische Angelegenheiten einzumischen. Gebrochen wurde diese Doktrin erst mit der Kriegserklärung an Spanien 1898 aufgrund der Versenkung eines amerikanischen Schiffes im Hafen von Havanna. Spanien verzichtete im gleichen Jahr auf Kuba, Puerto Rico und Guam (Friede von Paris). Puerto Rico wurde ebenso wie die Hawaii-Inseln im gleichen Jahr annektiert, und Guam sowie die Philippinen wurden als Stützpunkte angegliedert. Die Politik der Einmischung betraf Lateinamerika sehr stark – Besetzung der Dominikanischen Republik (1914–1924); Interventionen in Mexiko (1914/17), Guatemala (1921), Honduras (1911, 1913, 1924/25) und Nicaragua (1912/1925). In Asien beteiligten sich die USA an der Niederwerfung des chinesischen Boxeraufstandes (1900).

Innenpolitisch gesehen verschlechterten sich die Zustände in diesem Zeitraum, da **Arbeitslosigkeit**, ein ungenügendes Sozialsystem und die uneingeschränkten Wettbewerbsbedingungen innerhalb des Wirtschaftssystems zu erheblichen sozialen Spannungen führten.

Erster Weltkrieg

Von 1914–1917 sympathisierten die Vereinigten Staaten zwar mit den Alliierten, blieben jedoch vorerst neutral und versuchten unter Präsident Wilson zwischen den kriegsführenden Parteien zu vermitteln. Dieses änderte sich 1917 nach der Versenkung mehrerer amerikanischer Schiffe durch deutsche U-Boote. Im Februar 1917 brachen die USA die diplomatischen Beziehungen zu Deutschland ab und traten am 6.4.1917 in den Krieg ein. Deutschland hatte den totalen U-Boot-Krieg erklärt und versucht, Mexiko zu einem Krieg gegen die USA zu überreden. Unter dem Befehl von General John Joseph Pershing (1860–1948) kämpften etwa 2 Milli-

Eingriff der USA

onen amerikanische Soldaten auf der Seite der Alliierten, von denen 120.000 auf dem Schlachtfeldern Europas fielen. Für die Zivilbevölkerung hatte der 1. Weltkrieg die Rationierung von Lebensmitteln und Kraftstoff zur Folge. Präsident Woodrow Wilson entwickelte 1918 ein 14-Punkte-Programm für die Umgestaltung der politischen und wirtschaftlichen Verhältnisse im durch den Krieg zerrütteten Europa, worin er u. a. die Einrichtung des Völkerbundes forderte. Diesem traten die Vereinigten Staaten nicht bei, da der Senat seine Zustimmung hierfür verweigerte und der Versailler Vertrag von den Vereinigten Staaten nicht ratifiziert werden konnte. 1921 schlossen die Vereinigten Staaten einen Separatfrieden mit dem Deutschen Reich, in dem weder die Völkerbundsatzung noch der Kriegsschuldartikel aufgenommen waren.

Gründung eines Völkerbundes

„The Fabulous Twenties“ (Die goldenen Zwanziger)

Die Periode der „Goldenen Zwanziger“ ist geprägt von außenpolitischer und wirtschaftlicher Isolation (hohe Schutzzölle auf ausländische Waren) der Vereinigten Staaten, sozialen Spannungen und **uneingeschränkter Konkurrenz** im wirtschaftlichen Bereich. Nicht umsonst war der Multimillionär Andrew W. Mellon, von 1921–1932 Finanzminister der USA. Für ihn stand das „**Big Business**“ im Vordergrund, und er bewirkte eine entsprechende Wirtschaftspolitik: Er erreichte eine Senkung der Steuern für Großverdiener sowie eine teilweise Aufhebung der Antimonopol-Gesetze, sodass die Bildung großer Gesellschaften wieder möglich wurde. Bedingt dadurch konzentrierte sich das Kapital in wenigen Händen. Demgegenüber stand die durch ein Überangebot auf dem Agrarmarkt bedingte **Verarmung** der Farmer.

Kapitalismus pur

In dem Klima der sozialen Verarmung wurden auch die Einwanderungsmöglichkeiten beschränkt. Der National Origins Act (1924) verfügte, dass nur 2 Prozent der Anzahl Einwohner einer Nationalität, die 1890 Bürger der Vereinigten Staaten waren, pro Jahr eine **Einwanderungsgenehmigung** bekamen. Diese Bestimmung richtete sich offensichtlich gegen die Einwandererströme aus Süd- und Osteuropa. Chinesen und Japaner wurden von der Einwanderung ausgeschlossen. Interessanterweise erhielten die Indianer im gleichen Jahr (1924) die amerikanische Staatsbürgerschaft.

Auch die gesellschaftlichen Spannungen dieser Epoche waren groß. Der 1915 neu gegründete Ku-Klux-Klan zählte 1924 ungefähr 5 Millionen Mitglieder. Ihre Aktionen richten sich jedoch nicht nur gegen Schwarze, sondern auch gegen Juden, Katholiken und Intellektuelle, die ein Leben wider die engen Moralvorstellungen der Anhänger dieser Organisation führten. Im Zeichen der **Prohibition** kämpfte der Ku-Klux-Klan auch gegen die „Nassen“ („Wet“), die trotz des Verbotes Alkohol tranken. Die Prohibition währte von 1920–1933 und hatte – wie so häufig bei restriktiven Verboten – die Verkehrung ins Gegenteil der angestrebten Richtung zur Folge. Schmuggel im großen Stil, Schwarzbrennerei und die Bildung von Gangsterbanden sowie die Ausbildung einer entsprechenden **Kriminalität** führten die Pro-

Alkoholverbot

hibitionsgesetze ad absurdum. Allein in den Jahren 1924–1925 wurden 20.000.000 Gallonen Alkohol beschlagnahmt und 77.000 Personen aufgrund eines Verstoßes gegen das Prohibitionsgesetz verhaftet.

Der „Schwarze Freitag" und seine Folgen

Zusammenbruch der Börsen

Bedingt durch Unverhältnismäßigkeiten auf dem Kreditmarkt und einer Übersättigung des amerikanischen Binnenmarktes fielen 1929 die Aktienkurse. Der Tag des Zusammenbruchs der New Yorker Börse (24.10.1929) ging als „Schwarzer Freitag" in die Geschichte ein. Die Geschehnisse dieses Tages brachten den Motor der Wirtschaft, die Industrie, zu Fall. Die **Wirtschaftskrise** schuf Zahlen von bis zu 15 Millionen Arbeitslosen und ließ Bürger des modernsten Industrielandes verhungern oder erfrieren, obwohl die Vorräte an Getreide und Baumwolle wuchsen. Den Weg aus der Krise fand Franklin D. Roosevelt (1882–1945), nachdem er sich 1932 als Präsidentschaftskandidat gegen Herbert Hoover durchsetzen konnte. Er entschloss sich mit seinem „**New Deal Program**" (Neuverteilung der Spielkarten) als erster Präsident der Vereinigten Staaten dazu, die Wirtschaft durch weitreichende staatliche Eingriffe zu beeinflussen.

In diesem Programm wurden in einer ersten Phase (1933–1935) unter anderem verschuldete Farmer und Hausbesitzer entlastet und verboten, Gold oder Devisen in großen Mengen anzuhäufen. Dazu kam die Schließung aller Banken für einen kurzen Zeitraum und Wiedereröffnung von ca. 75 Prozent dieser, die dann aber an das Federal Reserve System angeschlossen wurden. Der Dollar wurde um 50 Prozent abgewertet, Maximalarbeitszeiten und **Mindestlöhne** eingeführt. Neben Arbeitsbeschaffungsmaßnahmen durch öffentlich finanzierter Bauvorhaben (Staudammbau, Anlegen von Bewässerungsanlagen, Industrieanlagen und Erosionsbekämpfung durch Aufforstungsprojekte) wurde beim Wiederaufbau der Industrie darauf geachtet, Preisabsprachen zu verbieten und Produktionsmengen zu beschränken. In einer zweiten Phase (1935–1939) folgte u.a. eine Verbesserung der Sozialgesetzgebung (Social Security Act), Einführung einer Invaliden-, Alters-, Arbeitslosen- und Hinterbliebenenversicherung. Zudem wurde das **Streikrecht** zugesichert.

Erfolgreiches New Deal Program

Trotz starker Anfeindungen durch politische Gegner, die Roosevelt als Vertreter einer dirigistischen Wirtschaftspolitik diffamierten und aus dem Amt zu drängen versuchten, setzte Roosevelt sich durch und wurde dreimal als Präsident wiedergewählt. Sein New Deal Program brachte die amerikanische Wirtschaft schließlich wieder auf die Beine.

Zweiter Weltkrieg

Die Vereinigten Staaten erklärten zwar 1939 ihre Neutralität in Bezug auf den europäischen Kriegsschauplatz, gaben diese jedoch 1941 auf, nachdem die deutschen Truppen auch Dänemark, Norwegen, die Niederlande und Frankreich erobert und mit Japan und Italien den **Drei-Mächte-Pakt** geschlossen hatten. 1941 erklärte

Präsident Roosevelt in seiner Neujahrsansprache, dass die Vereinigten Staaten als Garant der „Vier Freiheiten" (der Rede und Meinungsäußerung, der Religionsausübung, der Freiheit vor Hunger und der vor Not und Furcht) ihre Neutralität aufgeben müssen. Der Lend-Lease Act ermöglichte eine Versorgung der Alliierten mit kriegswichtigem Material ohne Bezahlung. Im Dezember 1941 traten die USA nach dem überraschenden Angriff der Japaner auf **Pearl Harbor**, bei dem die dort stationierten Schiffe der amerikanischen Marine zerstört wurden, in den Krieg mit Japan ein. Einige Tage später erfolgte die Kriegserklärung an Deutschland und Italien. Um den Krieg möglichst effektiv durchführen zu können, wurde die allgemeine **Wehrpflicht** eingeführt und die Produktion von zivilen Gütern zugunsten von militärischen verringert. Es kam zu einer Lebensmittelrationierung, und 1942 wurde eine staatlich gelenkte Preisbindung eingeführt. Darüber hinaus wurde eine Nachrichtenzensur verhängt.

Angriff auf Pearl Harbor

1942–43 stimmten die Vereinigten Staaten ihre Kriegshandlungen auf verschiedenen Konferenzen mit den anderen Alliierten ab. Die 1. Washington-Konferenz (1941–1942), deren Ergebnis eine Erklärung von 26 kriegsbeteiligten Ländern beinhaltete, keinen Separatfrieden zu schließen, legte den Grundstein für die **Vereinten Nationen**.

Seit 1943 operierten die Alliierten Streitkräfte unter dem Oberbefehl von General Eisenhower. Die Landung in der **Normandie** gelang 1944. Zu diesem Zeitpunkt wurden schon konkrete Überlegungen angestellt, wie mit Deutschland nach der Kapitulation zu verfahren sei. Die Unterschrift unter den Morgentau-Plan, der eine

Denkmal für die im 2. Weltkrieg gefallenen amerikanischen Soldaten in Savannah

Zerstückelung Deutschlands und die Verwandlung in einen Agrarstaat vorsah, zog Roosevelt jedoch wieder zurück. Auf der **Konferenz von Jalta** im Februar 1945 wurde dann die Aufteilung Deutschlands in Besatzungszonen, die Festlegung der zukünftigen Grenzen, Demontage- und Reparationsfragen sowie die Bildung eines Kontrollrates zur Wahrnehmung der Regierungsgeschäfte des besetzten Gebietes beschlossen. Die definitive Aufteilung Deutschlands erfolgte auf der Potsdamer Konferenz (17.7.–2.8.1945). Der 2. Weltkrieg endete am 2.9.1945 mit der Kapitulation Japans, fast einen Monat nach dem Abwurf von amerikanischen **Atombomben** auf Hiroshima und Nagasaki.

Aufteilung Deutschlands

Von über 72 Millionen Soldaten, die am 2. Weltkrieg teilnahmen, wurden mehr als 16 Millionen als tot oder vermisst gemeldet, davon ca. 545.000 Amerikaner. Ungefähr 700.000 Amerikaner wurden bei den Kampfhandlungen verwundet. Der Krieg kostete die Vereinigten Staaten ca. 370 Milliarden Dollar.

Neuordnung der Welt

Bestimmend für die amerikanische Außenpolitik in der Nachkriegszeit wurde die **Truman-Doktrin** (1947), in der allen Ländern zur Bewahrung ihrer nationalen Unabhängigkeit militärische und wirtschaftliche Hilfe von Seiten der USA zugesagt wurde. Die Vereinigten Staaten gingen mit dieser Doktrin von ihrem Isolationismus ab und schafften die Grundlage für ein Eingreifen in die Angelegenheiten anderer Staaten im Sinne einer Ordnungsmacht. In Europa schwebte den USA der Aufbau eines kapitalistischen Wirtschaftssystems unter der Führung Amerikas vor, was natürlich bei der kommunistisch ausgerichteten Sowjetunion auf wenig Gegenliebe stieß.

Positionierung als Ordnungsmacht

Der politische Gegensatz zwischen den Vereinigten Staaten und der den Osten Europas beherrschenden Sowjetunion führte zum sogenannten „**Kalten Krieg**" und der daraus resultierenden Aufrüstung auf beiden Seiten. 1949 gründeten die USA zusammen mit 10 europäischen Staaten die **NATO** (North Atlantic Treaty Organization), der 1954 auch die Bundesrepublik Deutschland beitrat. Die NATO diente dazu, die westlichen Staaten im Kriegsfalle gemeinsam verteidigen zu können.

Wettrüsten mit der Sowjetunion

Der Kalte Krieg beschränkte sich nicht nur auf ein Wettrüsten der Führungsmächte der Blöcke in großem Stil, sondern setzte sich auch auf dem technologischen Sektor fort. Besonders spektakulär gestaltete er sich auf dem Gebiet der **Raumfahrt**. Der UdSSR gelang es 1957, den ersten Satelliten ins Weltall zu schicken (Sputnik I), dem ein Jahr später der amerikanische Explorer I folgte. Auch in der bemannten Raumfahrt war der Ostblock den USA noch um einen Monat voraus. Juri Gagarin erreichte am 12. April 1961 als erster Mensch das Weltall, während der Amerikaner Alan B. Shepard am 5. Mai folgte. Den Vereinigten Staaten gelang es jedoch, 1969 den ersten bemannten Raumflug zum Mond durchzuführen.

Außenpolitische Krisen der Vereinigten Staaten

Koreakrieg: Die Unstimmigkeiten zwischen den USA und der UdSSR über die politische Gestaltung des von ihnen nach dem 1945 besetzt gehaltenen Korea führten 1950 zum Koreakrieg. UN-Truppen kämpften unter amerikanischer Führung für Südkorea. Im Laufe der Kampfhandlungen mischte auch China sich ein. Nach dem Waffenstillstand von Panmunjom wird Korea 1953 offiziell in zwei Länder geteilt.

Unterstützung Südkoreas

Kubakrise: Nach Abbruch der diplomatischen Beziehungen zu Kuba 1961 verhängten die Vereinigten Staaten 1962 ein Handelsembargo, bei dessen Durchführung ein amerikanisches Kriegsschiff von einem kubanischen beschossen wurde. Ebenfalls 1962 machte die UdSSR ihr Interesse an einer Stationierung von Nuklearwaffen auf der Insel deutlich. Die USA verhängten eine Teilblockade über Kuba und kündigten an, alle Schiffe, die kubanische Häfen anliefen, von Marineeinheiten kontrollieren zu lassen. Die Welt stand am Rande eines 3. Weltkrieges. Gewissermaßen in letzter Minute einigten sich John F. Kennedy und Nikita Chruschtschow auf den militärischen Rückzug der UdSSR aus Kuba.

Vietnamkrieg: Wohl als eines der einschneidendsten Ereignisse bezüglich der amerikanischen Außenpolitik im 20. Jh. ist der Vietnamkrieg zu sehen. Nordvietnam wurde von der Sowjetunion und China unterstützt, während in Südvietnam die Franzosen in den Indochinakriegen versucht hatten, eine Okkupation Südvietnams durch den Norden zu verhindern. Die Vereinigten Staaten griffen erst 1964 ein, um die Einflussnahme des kommunistischen Systems in Indochina zu stoppen. Innenpolitisch führte der Verlauf des Krieges zu weitreichenden **Protestaktionen**, nachdem die amerikanischen Streitkräfte gegen die Guerillataktik der nordvietnamesischen Truppen wenig ausrichten konnte. Präsident Nixon zog 1973 die restlichen amerikanischen Truppen ab. Zwei Jahre später kapitulierte Südvietnam bedingungslos, was die Wiedervereinigung von Nord- und Südvietnam 1976 zur Folge hatte.

Kampf gegen den Kommunismus

Insgesamt mussten im Vietnamkrieg 56.000 amerikanische Soldaten ihr Leben lassen. Die Befugnisse des amerikanischen Präsidenten, einen Einsatzbefehl für amerikanische Truppen zu geben, wurden aufgrund der Erfahrungen im Vietnamkrieg mit dem War Powers Act (1973) erheblich eingeschränkt und sind von jenem Zeitpunkt ab in größerem Maße von der Zustimmung des Kongresses abhängig. Für das Selbstbewusstsein der USA waren die Misserfolge im Vietnamkrieg ein harter Schlag.

Niederlage in Vietnam

Nach dem Vietnamkrieg

Bedingt durch die zunehmende Entschärfung des Ost-West-Konfliktes – nicht zuletzt durch deutsche Bemühungen – kam es zu einer Abrüstungspolitik, die sicherlich auch durch die wirtschaftlichen Probleme der beiden Weltmächte USA und

UdSSR forciert wurde. Zwischen 1972 und 1985 wurden allein fünf Rüstungsbeschränkungsverträge geschlossen. Seit der Neuordnung der Welt 1990 und der Auflösung des kommunistischen Systems in der UdSSR kooperieren die beiden Blockmächte sogar, was das Austragen von kriegerischen Konflikten betrifft. Man denke an den ersten Golfkrieg oder den Jugoslawienkonflikt.

Gründung der NAFTA

Bedingt durch die wachsende Wirtschaftskraft Japans, Koreas, Chinas, Indiens und der EU schrumpfte die wirtschaftliche Vormachtstellung der Vereinigten Staaten auf dem Weltmarkt. Als Folge davon verlor der Dollar erheblich an Wert gegenüber den anderen großen Währungen. Dieser Wertverlust ist einer sich vermindernden Konkurrenzfähigkeit der amerikanischen Wirtschaft zuzuschreiben, die auch auf innenpolitische Defizite zurückzuführen ist. Als Folge wurde mit Mexiko und Kanada die zweitgrößte Freihandelszone der Welt – die NAFTA – geschaffen, der sich später auch andere Pazifikanrainerstaaten anschlossen.

Der Golfkrieg und die New Economy

Seit dem Ende des „Kalten Krieges", der zunehmende Entschärfung des Ost-West-Konflikts und der demokratischen Entwicklungen in Osteuropa suchten die USA nach neuen Formen der Außenpolitik und kooperierten mit UN-Truppen in Auseinandersetzungen, so z.B. im ersten Golfkrieg oder im Jugoslawienkonflikt.

Wirtschaftsboom der 1990er-Jahre

In den 1990er-Jahren kam es zu einem Wirtschaftsboom, der insbesondere der florierenden **High-Tech-Branche** zu verdanken war. Er machte vor allem viele reiche Amerikaner noch reicher. Das Land erlebte eine Blütezeit und die Staatsverschuldung sank. Die liberale Wirtschaftspolitik setzte sich durch, das Nordamerikanische Freihandelsabkommen (North American Free Trade Agreement, NAFTA) führte dazu, den Handel zwischen den nordamerikanischen Staaten zu verstärken, und der Handel mit ostasiatischen Ländern nahm zu.

Innenpolitische Schwierigkeiten Ende des 20. Jahrhunderts

Gleichberechtigung nur auf dem Papier

In den 1960er und zu Beginn der 1970er Jahre erschütterten zahlreiche Rassenunruhen die Vereinigten Staaten. Viele schwarze Mitbürger hatten im Jahrzehnt davor das Vertrauen in die Regierung verloren. Zwar hatte bereits 1954 das Oberste Bundesgericht entschieden, dass Rassentrennung (z.B. in Schulen oder öffentlichen Verkehrsmitteln) gegen den Gleichheitsgrundsatz verstieß, aber dieses Urteil hatte vor allen Dingen im Süden der USA keine Folgen, denn es wurde von den Weißen boykottiert. Zu ersten folgenschweren Ausschreitungen kam es 1957 in Little Rock (Arkansas), im gleichen Jahr wurde das Gesetz zum Schutz des **Wahlrechts der Schwarzen** verabschiedet. Die offensichtlichen Missstände jedoch, die in Bezug auf Gleichbehandlung von schwarzen und weißen Bürgern herrschten, führten bis Ende der 1960er Jahre immer wieder zu Unruhen und eskalierten zu blutigen Auseinandersetzungen. Im Sommer 1967 ließen bei Straßenschlachten in Newark

(New Jersey) und Detroit (Michigan) 66 Menschen ihr Leben. **Martin Luther King** gehörte zu den schwarzen Bürgerrechtlern, die auf friedliche Weise versuchten, eine Gleichbehandlung von Schwarz und Weiß zu erreichen. Er organisierte Protestmärsche und versuchte die Menschen in seinen Reden von seiner Sache zu überzeugen. 1968 wurde er in Memphis (Tennessee) erschossen.

Watergate-Affäre

Die **Watergate-Affäre**, bei der 1972 enge Mitarbeiter Präsident Nixons und seines Wahlkomitees in das Wahlkampfhauptquartier der Demokraten einbrachen, erschütterte die Nation und das Vertrauen der Bürger in ihre Regierung. Obwohl *Nixon* seine Unschuld und sein Unwissen beteuerte, wurde er durch die Beteiligten schwer belastet und trat 1974 von seinem Amt zurück.

Innenpolitische Defizite gefährdeten in den 1980er Jahren die wirtschaftliche Vormachtstellung der USA in der Welt: Da die USA weder ein staatliches energiepolitisches Konzept entwickelten noch energiebewusstes Verhalten der Bürger förderten, kam es zu einer großen Abhängigkeit der USA vom **Erdöl** der Nahost-Staaten. Außerdem wurden das Fehlen einer soliden Technologie- und Industriepolitik, eine verminderte Konkurrenzfähigkeit sowie eine verfehlte Einwanderungspolitik, die eher ungelernte Arbeiter als qualifizierte Fachkräfte anzog, für das Handelsdefizit und die Verschärfung der sozialen Gegensätze verantwortlich gemacht. Die wirtschaftlichen Probleme und die Vernachlässigung der sozialen Absicherung der dadurch betroffenen Bürger speziell in der Reagan-Ära führten zu einem weiteren Anwachsen der Drogenprobleme und der Kriminalitätsrate.

Die USA im 21. Jahrhundert

Am 11. September 2001, der in die Geschichte als „**Nine Eleven**" eingegangen ist, wurde Amerika das Opfer des größten Terroranschlages seit Bestehen der Nation. Zwei Flugzeuge, von islamischen Terroristen entführt und gesteuert, flogen in die beiden Türme des World Trade Center in New York City und brachten sie zum Einsturz. Ein weiteres Flugzeug stürzte Minuten später in einen Flügel des Pentagon in Washington. Ein viertes Flugzeug, wahrscheinlich mit Ziel Camp David oder Weißes Haus, stürzte nahezu zeitgleich bei Pittsburgh ab. Bei diesen Anschlägen kamen mehr als 3.000 Menschen ums Leben. Die Grausamkeit, die Zahl der Opfer und die Tatsache, dass die Selbstmordattentäter das „Herz der westlichen Welt" getroffen haben, erschütterte die gesamte Welt.

Krieg im Irak und in Afghanistan

Präsident George W. Bush reagierte nach einer Trauerphase mit dem Aufruf zum Krieg gegen den Terrorismus und begann Aktionen gegen das Taliban-Regime in Afghanistan. Mit der Begründung, Massenvernichtungswaffen eliminieren zu müssen, griff die USA mit Hilfe der Briten und gegen die Kritik der Weltöffentlichkeit und vieler Amerikaner im März 2003 den Irak an. Kurze Zeit später war Iraks Präsident Saddam Hussein entmachtet und der offizielle Krieg gewonnen. Die Bemühungen um Frieden und Demokratisierung im Irak und in Afghanistan erweisen sich jedoch als sehr schwierig und Kritik gegen die fortlaufende Stationierung von Truppen in diesen Gebieten und Stimmen für den Abzug aller Truppen wurden immer lauter. Mittlerweile sind die Truppen aus dem Irak abgezogen, Afghanistan wird folgen.

Die verlustreichen Kriege, der Eingriff in uramerikanische Bürgerrechte und schließlich eine der schwersten **Finanzkrisen** brachten viele Amerikaner in Rage. Die Konflikte im Mittleren Osten sowie die immensen Energie- und Rohstoffpreise stürzten die USA und mit ihnen die ganze Welt Ende 2008 in eine schwere Finanz- und Bankenkrise, die sogar den sonst so kapitalistischen Staat zum Eingreifen und zu Bereitstellung von Milliarden Dollar für eine schwindende Industrie und Bankwesen zwang. Im November 2008 wurde Bush als Präsident mit den schlechtesten Umfragewerten aller Zeiten abgewählt. Die Hoffnung und Begeisterung für den ersten afroamerikanischen Präsidenten **Barack Obama** waren hingegen mindestens ebenso riesig wie die zu bewältigenden Probleme des Landes. Trotz vieler Enttäuschungen konnte Obama im März 2010 gegen den geballten Widerstand der Republikaner ein Programm für die gesetzliche Krankenversicherung für alle Amerikaner im Kongress durchsetzen. Auch außenpolitisch hat es der Präsident nicht leicht gehabt. Der Abzug der Truppen aus dem Irak verzögerte sich immer wieder, der Verteidigungsetat stieg in bisher nie dagewesene Dimensionen. Und das gigantische Konjunkturpaket, das der Wirtschaft auf die Beine helfen sollte, hat nur zögernd eine Erholung aus der Krise hervorgerufen, dafür steigt das Haushaltsdefizit in astronomische Höhen. Trotzdem wurde Obama bei den Wahlen am 6. November 2012 für weitere vier Jahre ins Amt gewählt.

Probleme für Präsident Obama

Landschaftlicher Überblick

Allgemeiner Überblick

Begrenzt werden die USA im Norden durch Kanada, im Süden durch Mexiko, im Osten und Südosten durch den Atlantischen Ozean und schließlich im Westen durch den Pazifischen Ozean (Alaska und Hawaii ausgenommen). Die größte Ost-West-Ausdehnung erreicht **4.500 km**, was etwa der Entfernung vom Nordkap bis Kairo entsprechen würde. Von Norden nach Süden erstreckt sich das Land auf bis zu 2.600 km.

Die USA sind mit einer Landfläche von 9.372.614 km^2 der viertgrößte Staat der Erde (berechnet man die Wasserfläche hinzu, landen die USA auf Rang 3). Mit ca. 314 Mio. Einwohnern bedeutet das eine Einwohnerdichte von etwa 33 Einwohnern pro km^2 (zum Vergleich: Bundesrepublik Deutschland 230 E/km^2, Schweiz: 174 E/km^2, Österreich 97 E/km^2). Die Einwohnerdichte verteilt sich aber sehr ungleichmäßig über das Land. In den Küstenstaaten des Ostens beträgt die Zahl zwischen 100 und 300 E/km^2, während sie in den Präriestaaten nur bei etwa 20 E/km^2 liegt und in den Wüstenstaaten des Südwestens aber auch in Montana und Wyoming unter 10 rutscht.

Dicht besiedelte Küsten

Das **Reisegebiet Süden** umfasst etwa 870.000 km^2 und hat bei einer Einwohnerzahl von etwa 40 Mio. eine Bevölkerungsdichte von etwa 46 E/km^2. Dabei liegt die

Einige geografische Daten im Überblick

- Durchschnittliche Höhe über dem Meeresspiegel: 750 m
- Höchster Punkt: Mt. McKinley (Alaska): 6.200 m
- Niedrigster Punkt: Death Valley: 85 m
- Längster Fluss: Mississippi (zus. mit dem Missouri): 6.420 km
- Staatsland: 31,9 Prozent im Besitz des Staates
- Land in Nationalparks (inkl. von Nationalpark-Behörde geleitete Parks): 340.200 km², davon Nationalparks: 210.000 km²
- Jährliche Bodenerosion: 3.101.200.000 t

Dichte in folgenden Gebieten am höchsten: Mississippi-Delta, Georgia, Atlanta, am Mississippi, um Memphis und zwischen Montgomery und Nashville.

Man kann die USA in sieben markante geografische **Regionen** gliedern:

① die **atlantische Küstenebene**, die sich vom Kap Cod im Norden bis Florida im Südosten zieht. Sie erreicht kaum Höhen über 100 m. Der Norden weist ein Moränenrelief auf, während sich weiter im Süden Lagunen und Ästuare finden. Dieser geschützte Bereich wird als Intracoastal Waterway genutzt. Die Sümpfe auf der Halbinsel Floridas haben sich hauptsächlich aufgrund mangelnder Entwässerung gebildet. *Intracoastal Waterway*

② das **Appalachengebirge**, das sich parallel zur Atlantischen Küstenebene erstreckt. Es ist untergliedert in mehrere verschieden hohe Gebirgszüge, die im Norden nur Höhen von 750 m erreichen. Das eigentliche Appalachengebirge liegt westlich dieser Linie und hat hier Höhen von bis zu 2.000 m. Der höchste Berg ist der Mt. Mitchell nordöstlich von Asheville.

③ das **zentrale Tiefland** und die **Golfküstenebene**: Dieses relativ kleine Gebiet folgt dem Mississippital und beginnt im Norden am Zusammenfluss von Missouri und Mississippi. Es ist etwa 800 km lang und zwischen 40 und 200 km breit. Hier hat sich der Untergrund gesenkt, und die großen Flüsse haben das Becken mit Sedimenten bedeckt.

④ die **Prärien** und die **Great Plains**, welche bestimmt sind durch eine nur leicht hügelige Landschaft. Das Gebiet steigt vom Osten her langsam von 400 m auf 1.500 m unterhalb der westlich angrenzenden Rocky Mountains an. Im nördlichen Schichtstufenland hat durch Monokulturen auf großen Flächen eine starke Erosionstätigkeit eingesetzt. Die Amerikaner bezeichnen diese Gegenden bereits als „Badlands“. Diese Landschaft wurde maßgeblich durch die Eiszeiten während der letzten 25.000 Jahre geformt. Die Gletscher sind auch dafür verantwortlich zu machen, die guten Böden aus dem kanadischen Bereich nach Süden getragen und die „Great Lakes“ geschaffen zu haben. *„Badlands“*

⑤ die **Rocky Mountains**, die den Ostteil der nordamerikanischen Kordilleren einnehmen, Höhen von bis zu 4.400 m (Mt. Elbert) aufweisen und sich auf amerikanischer Seite etwa 2.250 km von NNW nach SSO ziehen. Wie die Alpen sind die Rockies verhältnismäßig jungen Ursprungs. Man nimmt an, dass sie vor etwa 100 Mio. Jahren entstanden sind. Tertiäre Hebungen und Aufwölbungen sowie Brüche und Aufschiebungen haben sie geformt. Flüsse, wie z. B. der Colorado, haben sich in das Gestein geschnitten und Canyons gebildet.

„Ol' Man River": der Mississippi

⑥ die **„intermontanen Becken"** (**Great Basins**) liegen zwischen den Rocky Mountains und dem pazifischen Gebirgssystem. Diese Beckenlandschaft ist nahezu abflusslos, und Flüsse, die sie durchqueren, trocknen fast ganz aus (Fremdlingsflüsse: z. B. der Colorado). In diesem Becken gibt es auch eine Reihe von Salztonebenen, die davon zeugen, dass es hier früher Seen gegeben hat, die mittlerweile gänzlich ausgetrocknet sind. Dieses Schicksal droht auch dem Great Salt Lake.

⑦ das **pazifische Gebirgssystem**, welches sich in zwei Hauptketten gliedert: die inländischen Gebirgszüge Cascade Range und Sierra Nevada (höchste Erhebung: Mt. Whitney mit 4.418 m) und den Küstengebirgszug Coastal Range (höchste Erhebung: Thompson Peak mit 2.744 m). Zwischen diesen Gebirgen erstreckt sich das kalifornische Längstal, das sich im Norden im Williamettetal und dem Puget Sound fortsetzt.

Bei einer Reise durch den Süden der USA erwartet Sie:

- Eine interessante Küstenlandschaft mit vorwiegend Stränden und Sümpfen
- Dahinter das flache Küstenland, welches teilweise noch bewaldet und ansonsten am dichtesten besiedelt ist
- Die Mittelgebirge mit Wäldern, Seen und Flüssen
- Schließlich die weiten Ebenen der östlichen Prärien und Plateaus, durch die sich der Mississippi mit seinen großen Nebenflüssen zieht

Vegetation

Die ersten Siedler trafen an der Ostküste noch auf große Waldbestände, die sich bis hin zu den Prärien zogen. Ihr süßlicher Duft bot ihnen immer wieder ein herzliches Willkommen. Doch im Laufe der folgenden Jahrhunderte wurden diese

Baumregionen – im Norden boreale Nadelwälder, weiter südlich Misch- und Laubwälder – immer weiter ausgeschlagen. Der Landhunger, besonders im zuerst entdeckten Osten, kannte keine Gnade. Nur in den unzugänglicheren Appalachen konnten sich noch weite Gebiete sommergrüner Laubwälder halten. Auch die weiten Grasflächen der Prärien mussten den Menschen weichen und auf riesigen Feldern wurde Getreide angebaut. Dieses geschah in einem so großen Ausmaß, dass die Farmer hier heute über starke Bodenerosion klagen. Welch Wunder bei offenen Feldern von mehreren hundert Hektar Größe. Im südwestlichen Texas und im „intermontanen Becken", wo die Niederschläge nur noch sehr gering sind, herrscht eine Halbwüstenvegetation mit Dornsträuchern und vereinzelten Zwergsträuchern vor.

Interessantes zum Mississippi

info

Warum ändern sich die **Mündungsströme** des Mississippi andauernd und nehmen immer wieder ganz andere Richtungen ein Der Golf von Mexiko hat einen nur sehr geringen Tidenhub. Dadurch setzt der Mississippi die mitgeführten Sandmengen vor der Mündung ab, kann aber ohne Tide zu keiner Zeit „darüber hinwegfließen".

Im Laufe der Jahre blockiert sich der Fluss so seinen eigenen Abfluss, staut sich zurück, bis sich dann ein anderer, für das Wasser bequemerer Lauf „gefunden" hat. Die vor dem alten Lauf gelagerte Sandbank wird zur Insel und das Delta wächst. In heutiger Zeit aber werden die großen Läufe immer wieder ausgebaggert, sodass diese Tendenz nur bei Nebenläufen weiterhin zu verfolgen ist. Übrigens: Das Delta des Mississippi befand sich einst bei Cairo im Staate Illinois!

„Sawyers", nach denen Mark Twain seinen Titelhelden benannt hatte, waren gefürchtete Schlingwurzeln im Mississippi, die bis Mitte des 19. Jh. die Schifffahrt stark beeinträchtigten bzw. in den Nebenflüssen nahezu unmöglich machten. Sie hießen u. a. auch „Planters". Ab 1830 setzte man dann sog. „Snag-Boats" regelmäßig gegen die Pflanzen ein, die diese entfernten und bereits an Bord verarbeiteten, sodass ab 1840 fast alle Wasserwege frei waren.

s.a. Kapitel „Der Mississippi und seine Nebenflüsse"

Die **Rocky Mountains** sind vorwiegend mit Laubmischwäldern besetzt, da diese Region wegen mangelnder Infrastruktur erst sehr spät und damit auch sehr dünn besiedelt wurde. Durch Anlage vieler Nationalparks und verschiedener Schutzgebiete hat der Staat mittlerweile dafür Sorge getragen, dass diese Gebiete in Zukunft geschont werden.

In den **pazifischen Gebirgszügen** reicht das Spektrum von borealem Nadelwald (Sitkafichte und Douglasie) im Norden bis hin zu Mischwäldern im Süden, wobei besonders im Küstenraum Koniferenarten gehäuft auftreten. Charakteristisch für die Sierra Nevada ist übrigens der Mammutbaum. Er ist, wie einige andere Arten der kalifornischen Bäume, ein widerstandsfähiges Hartholzgewächs. Das kalifornische Längstal ist heute maßgeblich landwirtschaftlich bewirtschaftet, was kaum

In den Sümpfen von Georgia

noch etwas von den ursprünglichen Baumbeständen hier ahnen lässt. Florida und die Südküste bis Louisiana sind aufgrund hoher Niederschläge mit **subtropischen** Pflanzen bestanden. Hier finden sich Farne, Lianengewächse, Zypressen und Mangroven.

info

Informationen zum Spanischen Moos

In vielen Gegenden der Südstaaten hängen schleierartig Pflanzen an Bäumen herunter, die etwas melancholisch, ja fast gespenstisch wirken. In der Umgangssprache bezeichnen die Amerikaner sie als „Spanish Moss" (= Spanisches Moos). Botanisch exakter ist die Bezeichnung Epiphyten. Damit sind Gewächse gemeint, die auf anderen Pflanzen, bevorzugt Bäumen, wachsen, ohne diesen allerdings Nährstoffe zu entziehen. Die Epiphyten haben Systeme entwickelt, die es ihnen ermöglichen, selbst Wasser und Humus zu speichern. Es gelangt zu den Pflanzen durch den Wind und – kaum vorstellbar – durch die nicht sichtbaren Minipartikelchen, die die feuchte Luft mit sich trägt.

Hier in Amerika sind die Epiphyten mit der Ananaspflanze verwandt und nicht, wie man dem Namen nach vermuten würde, dem Moos. Da die Pflanze sich selbst versorgt, ist sie kein Schmarotzer. Wird aber das „Gehänge" zu schwer und zu dicht, kann es den Baum allmählich abwürgen, weil es ihm Licht und Luft wegnimmt.

Zum „Spanischen Moos" gibt es einen kleinen Mythos: Einst habe sich ein spanischer Eroberer in ein indianisches Mädchen verliebt. Er kaufte es, doch die Schöne mochte den Konquistador nicht leiden. Sie flüchtete auf einen Baum, doch der Verehrer folgte ihr. Von oben ließ sie sich in einen kristallklaren Teich fallen. Als der Spanier ebenfalls vom Baum ins kühle Nass springen wollte, verfing sich sein Bart im Geäst und blieb als „Spanisches Moos" zurück...

Klima

Klimatisch sind die USA wesentlich von den von Norden nach Süden ausgerichteten **Gebirgszügen** bestimmt. Sie halten, besonders in Kalifornien, die Regenwolken zurück, sodass der gesamte westliche Teil der USA ungenügend Regen erhält. In den Halbwüsten Nevadas fallen gerade einmal 120 mm/Jahr. In diesen Gebieten ist Landwirtschaft kaum möglich und wenn doch, nur mit künstlicher Bewässerung. Östlich der Rocky Mountains fallen dann wieder etwas mehr Niederschläge, wobei aber die für die Landwirtschaft erforderliche (regelmäßige) Menge von über 500 mm nur in den östlich des Mississippi gelegenen Staaten niedergeht. Zwischen den Rocky Mountains und dem Mississippi gibt es für zwei bis drei Jahre ausreichende Niederschläge, während es dann ein bis zwei Jahre kaum regnet.

Ungleiche Verteilung der Niederschläge

Diese Ungewissheit ist mit ein Grund für das große Farmensterben in dieser Region. Ausreichende Niederschläge fallen dann besonders an der Süd- und Ostküste, wobei gerade im Reisegebiet Süden östlich vom Mississippi großenteils über 1.000 mm pro Jahr niedergehen. Im Süden fallen die Niederschläge hauptsächlich in den Monaten März bis September, während an der Ostküste und im Landesinneren die Maxima im Winter liegen. In den Sommermonaten (Kernzeit: Anfang August bis Mitte September) können an der Küste zwischen Texas und South Carolina Wirbelstürme (Hurrikans) vorkommen. Diese Wirbelstürme sind tropischen Ursprungs, entstehen zumeist im karibischen Tiefdruckgebiet und ziehen nordwestwärts in Richtung Florida sowie zu den Golfstaaten, wo sie sich dann aufteilen. Sobald sie an der Atlantikküste in den Bereich der Westwindzone gelangen, drehen sie dann nach Osten auf den offenen Ozean ab. Diese Hurrikans können einen beträchtlichen Schaden anrichten, wie es z. B. der Hurrikan „Katrina" Ende August/ Anfang September 2005 getan hat.

Verheerende Hurrikans

Für das **Reisegebiet Süden** bedeutet das bzgl. der Reisezeit: In der Regel warmes Urlaubswetter, wobei im Sommer und Herbst punktuell mit Niederschlägen und seltener auch mit Wirbelstürmen zu rechnen ist. Wer nun aber das gesamte Gebiet bereisen möchte, kann dem einen oder anderen Regenschauer sowieso kaum entgehen. Irgendwo werden Sie immer auf Regen treffen. Dieser geht kurz und heftig nieder, sodass nach ein bis zwei Stunden wieder die Sonne scheinen wird.

Die Temperaturen werden im östlichen Reisegebiet maßgeblich von den Appalachen beeinflusst, die die Luft durch ihre Höhen (und teilweise auch durch die Winde) abkühlen. Trotzdem bieten sich auch hier während des Sommerhalbjahres angenehme Reisetemperaturen. Für Campingtouren sollte wegen der Regenhäufigkeit eine gute Ausrüstung gewählt werden, sonst tropft es dann doch noch auf die Schlafsäcke nach einem starken Guss. Ab Ende Oktober bis März ist das Campen aus klimatischen Gründen auch nicht zu empfehlen.

Klima bestimmt durch die Appalachen

Wer vornehmlich den „absoluten Süden" (Louisiana, Alabama, Mississippi, Florida) bereisen möchte, sollte sich überlegen, ob er nicht die schwülen Sommermonate umgehen kann.

Asheville	Temperatur in °C mittl. tägliches Maximum/ Minimum	Niederschlag in mm mittl. Monatsmenge/mittl. Anzahl der Niederschlagstage	mittlere Luftfeuchtigkeit in % (rel. Feuchtigkeit) morgens/ nachmittags	Sonnenscheindauer Mittel pro Tag in Stunden
Januar	8,6/-2,4	81/10	86/60	4,5
Februar	9,7/-2,3	77/9	82/55	5,9
März	13,4/0,6	95/11	85/51	6,8
April	19,5/5,6	81/10	88/52	8,1
Mai	24,2/10,2	73/12	92/55	8,7
Juni	27,3/14,5	89/12	97/61	9,1
Juli	28,6/16,3	109/14	97/66	8,1
August	28,1/15,8	92/13	99/64	7,8
September	25,3/12,3	71/10	99/65	7,5
Oktober	20,2/6,2	63/10	96/61	6,6
November	13,5/0,4	56/8	90/57	6,1
Dezember	9,1/-2,6	74/9	86/60	4,3
Jan.–Dez.	19,0/6,2	961/128	91/59	6,9/2.519

Atlanta	Temperatur in °C mittl. tägliches Maximum/ Minimum	Niederschlag in mm mittl. Monatsmenge/mittl. Anzahl der Niederschlagstage	mittlere Luftfeuchtigkeit in % (rel. Feuchtigkeit) morgens/ nachmittags	Sonnenscheindauer Mittel pro Tag in Stunden
Januar	10,4/-0,8	133/9	79/59	4,8
Februar	12,5/1,2	110/9	76/55	5,7
März	17,0/4,9	122/10	77/50	6,9
April	23,1/10,7	125/11	80/52	7,9
Mai	27,5/13,1	134/10	83/54	8,6
Juni	32,0/20,0	92/8	86/60	9,7
Juli	33,7/21,8	85/8	90/64	7,9
August	33,5/21,2	72/7	91/62	8,2
September	30,2/16,8	82/7	89/60	7,5
Oktober	24,4/10,1	73/6	84/53	7,1
November	16,3/3,1	105/8	82/54	6,2
Dezember	11,2/-0,2	104/9	80/60	4,4
Jan.–Dez.	22,7/10,3	1237/102	83/57	7,2/2.628

Little Rock	Temperatur in °C mittl. tägliches Maximum/ Minimum	Niederschlag in mm mittl. Monatsmenge/mittl. Anzahl der Niederschlagstage	mittlere Luftfeuchtigkeit in % (rel. Feuchtigkeit) morgens/ nachmittags	Sonnenscheindauer Mittel pro Tag in Stunden
Januar	10,4/-0,8	133/9	81/61	4,1
Februar	12,5/1,2	110/9	79/57	5,9
März	17,0/4,9	122/10	77/54	6,3
April	23,1/10,7	125/11	81/56	7,6
Mai	27,5/13,1	134/10	87/57	8,4
Juni	32,0/20,0	92/8	87/54	10,0
Juli	33,7/21,8	85/8	88/58	9,6
August	33,5/21,2	72/7	89/57	9,3
September	30,2/16,8	82/7	90/58	8,6
Oktober	24,4/10,1	73/6	86/50	7,7
November	16,3/3,1	105/8	83/56	5,9
Dezember	11,2/-0,2	104/9	81/62	4,4
Jan.–Dez.	22,7/10,3	1.237/10	84/57	7,3/2.665

New Orleans	Temperatur in °C mittl. tägliches Maximum/ Minimum	Niederschlag in mm mittl. Monatsmenge/mittl. Anzahl der Niederschlagstage	mittlere Luftfeuchtigkeit in % (rel. Feuchtigkeit) morgens/ nachmittags	Sonnenscheindauer Mittel pro Tag in Stunden
Januar	17,5/9,1	98/8	86/67	5,0
Februar	19,2/10,2	101/7	85/63	5,8
März	21,7/12,7	136/7	84/60	6,8
April	25,4/16,6	116/7	88/60	8,0
Mai	28,8/20,2	111/7	89/59	9,0
Juni	31,9/23,6	113/10	90/62	9,8
Juli	32,4/24,3	171/13	91/66	7,9
August	32,5/24,6	131/13	91/66	7,7
September	30,7/23,0	128/9	89/65	7,8
Oktober	26,7/18,6	72/5	87/59	7,7
November	21,3/12,6	85/6	86/59	6,4
Dezember	18,2/9,7	104/8	86/67	4,5
Jan.–Dez.	25,5/17,1	1.366/100	88/63	7,2/2.628

Wirtschaftlicher Überblick

Allgemeiner Überblick

Das Wirtschaftssystem der USA basiert auf dem Prinzip der **freien Marktwirtschaft**. Bis in die 1930er-Jahre hinein herrschte das Motto „Laisser faire" in allen Bereichen der Wirtschaft vor. Diese Tatsache lockte unzählige Abenteuerlustige aus allen Teilen der Welt in die USA, um dort ihr Glück zu versuchen. Vielen gelang dieses, da sich in dem immer noch nicht ganz erschlossenen Land laufend neue Märkte anboten und Lücken auftaten, die dem erfindungsreichen Geist neue Möglichkeiten eröffneten.

Kapitalistische Gesellschaft

Seit Ende des 19. Jh. aber bildeten besonders die Schwerindustrien in den Bereichen Maschinen- und Fahrzeugbau, Brückenbau, Eisen- und Stahlindustrie die Triebfeder für die Wirtschaft. Später kam auch noch die Rüstungsindustrie hinzu, die durch die beiden Weltkriege, den Kalten Krieg und den Vietnamkrieg immer mehr an Bedeutung gewann. Seit der Weltwirtschaftskrise Anfang der 1930er-Jahre mischte sich dann auch in den USA der Staat, wie bereits in Europa, immer mehr in die Geschehnisse der Wirtschaft ein, und die „Keynessche Beschäftigungstheorie" (Probleme der Vollbeschäftigung, Verhältnis zwischen Investieren, Verschulden und Sparen) gewann auch hier zusehends an Bedeutung. Doch blieb das wirtschaftliche Klima in den USA auch bis heute rauer, da die Gesellschaft einfach viel stärker vom kapitalistischen Denken geprägt ist. Heute sind die USA mit Abstand die größte Industrienation der Erde, wenn auch der Abstand zu den nachfolgenden Staaten langsam geringer wird und China in einigen Jahrzehnten die USA überrunden wird.

Natürliche Ressourcen und die Industrialisierung

Schon die ersten Siedler vor zwei- oder dreihundert Jahren fanden ein vielversprechendes Land vor. Die natürlichen Grundlagen sowohl für eine gute Landwirtschaft als auch für den produzierenden Sektor waren vorhanden. Gute Böden, ausreichender Regen, Bodenschätze, aber vor allem: Platz, der Anbau- und Industrieflächen gewährleistete.

Somit waren die Grundvoraussetzungen gegeben, diesen Kontinent zu einem leistungsfähigen Wirtschaftsgebiet aufzubauen. Schon früh begann man damit, Waren

i Bergbauerzeugnisse im Jahr 1920

(in Prozent der Welterzeugung)

Kohle:	39 Prozent	Blei:	36 Prozent
Erdöl:	37 Prozent	Zink:	36 Prozent
Kupfer:	60 Prozent	Schwefel:	51 Prozent

nach Europa zu exportieren, da mehr produziert wurde, als man in der Neuen Welt verbrauchen konnte. Im Laufe des 19. Jh. entwickelte sich das Land dann immer weiter vom kolonialen Agrarstaat zum modernen Industriestaat.

Mit der Erschließung von bedeutenden **Bodenschätzen** wie Kohle (und später Erdöl), aber auch von Eisenerzen und anderen Metalle begann das Zeitalter der Schwerindustrie. Kein Land der Erde verfügte zum Ende des 19. Jh. über eine so große Spannbreite an eigenen (bekannten) Rohstoffen. Dieses ermöglichte der Industrie für einige Jahrzehnte ein grenzenloses Wachstum, bei dem die Industrienationen in Europa nur neidisch zusehen konnten. Die Gunstfaktoren zogen dann auch immer mehr Facharbeiter aus Europa ab, was in vielen Regionen der Alten Welt zu einem reinen Kahlschlag führte, wie z. B. in Irland.

Reich an Rohstoffen

1920, kurz nach dem 1. Weltkrieg, waren die USA der größte Produzent der wichtigsten Bergbauerzeugnisse.

Die **industrielle Revolution** in England brachte der Wirtschaft in den USA in der 2. Hälfte des 19. Jh. einen Boom. In diesen zukunftsträchtigen Markt flossen auch zunehmend europäische Investitionen, während die Amerikaner sich über die eigenen Landesgrenzen ausdehnten. Paul Getty hatte z. B. sein Imperium in China aufgebaut. Nachdem er dort in den 1920er-Jahren mit seiner Firma Standard Oil Ölvorkommen gefunden hatte, war er aber auch daran interessiert, einen Teil dieses Öls in China selbst zu verkaufen. Da es in China aber so gut wie keine Fahrzeuge gab, musste er sich etwas einfallen lassen. Ihm kam die Idee, die für die arme Landbevölkerung immer noch erschwinglichen Petroleumlampen einzuführen. Ein Boom setzte ein, und die Nachfrage nach Petroleum war gesichert. Mit solchen Aktionen begannen die USA, sich den Ruf des „Neokolonialisten" zu verdienen. Auch das Wort „Dollarimperialismus" wurde immer häufiger genannt.

„Dollarimperialismus"

Mit Ende des 1. Weltkrieges waren die USA anerkanntermaßen die größte Weltmacht. Erst mit ihrem Einzug ins Kriegsgeschehen 1916/17 erlangten die Alliierten dann die Oberhand. Dieses war nicht unbedingt den amerikanischen Soldaten zu verdanken, sondern vor allem der Wirtschaftskraft der USA, die große Mengen an Kriegsmaterial an die Fronten schickte. Die darauf folgenden Jahre, auch die „Golden Twenties" genannt, brachten den vom Krieg relativ wenig gebeutelten Amerikanern weitere Boomjahre, wobei sich in dieser Zeit die Zweiklassengesellschaft immer deutlicher herauskristallisierte.

Erst der Börsenkrach 1929 und die Weltwirtschaftskrise ließen auch die erfolgsverwöhnte amerikanische Wirtschaft aufwachen. Hohe Arbeitslosenquoten, lange Schlangen vor den Suppenküchen, unzählige Firmenzusammenbrüche bewegten nun auch die Arbeitgeber zum Umdenken. Ihnen wurde klar, dass nicht nur ein Teil der Bevölkerung „einfach nur arm" war, sondern dass ihnen nun auch ein großer Teil der Konsumenten verloren ging. In den 1930er-Jahren begann man deshalb auch mit der Einführung von umfangreichen Sozialmaßnahmen.

Erste soziale Gesetzgebung

Gleichzeitig lehrten diese Ereignisse sowie die Zeit nach dem 2. Weltkrieg, dass die amerikanische Wirtschaft nicht unverwundbar war. Die Industrie war mittlerweile so stark gewachsen, dass bestimmte Bodenschätze knapp wurden. Das verlangte auch eine politische Neuausrichtung.

Öffnung der Wirtschaft

Ölkrisen, Sicherung der Transportwege nach Amerika und Wirtschaftsembargos bildeten fortan Schlüsselthemen der amerikanischen Außenpolitik, um den eigenen Rohstoffbedarf zu decken. Damit aber musste sich das Land immer mehr öffnen für die Weltwirtschaft, die von nun an immer mehr Rohstoffe, aber vor allem auch Waren, in die USA exportierte. Auf diese Weise entstand bereits in den 1970er-Jahren ein **Handelsdefizit**, das sich seitdem immer weiter vergrößert hat. Die Zeit des alleinigen Marktes, der „Insel des Konsums eigener Waren", ist seitdem endgültig vorbei.

Zweiter Weltkrieg und Neuorientierung

Mit dem Angriff der Japaner auf Pearl Harbor 1941 konnten sich die USA nicht mehr länger aus dem aktiven Geschehen des 2. Weltkrieges heraushalten. Auch jetzt war es wieder die Wirtschaftsleistung der Amerikaner, die die Alliierten am Ende zu einem Sieg führte. Die **Rüstungsindustrie** versorgte nicht nur die eigenen Truppen mit Material, sondern unterstützte, neben England, vor allem die Russen mit Kriegsgütern. Alleine im ersten Jahr nach Kriegseintritt verschiffte die USA mehr als 4.000 Panzer und 3.000 Flugzeuge nach Russland. Ohne diesen wirtschaftlichen Kraftakt hätte der Krieg vielleicht sogar einen anderen Ausgang gehabt.

Hilfe beim Wiederaufbau Europas

Nach dem Krieg stand Europa vor einem Scherbenhaufen, während die USA nun politisch und wirtschaftlich den Wiederaufbau in der Alten Welt leiteten. Diesmal galt es, den eigenen Wirtschaftsraum für die Zukunft zu schützen und sich die Märkte in Westeuropa langfristig zu sichern. U. a. der Marshall-Plan, gewährleistet von der amerikanischen Finanzwelt, war ein wesentliches Instrument zur Erlangung dieses hochgesteckten Zieles.

In den 1950er- und 60er-Jahren erlebte die Wirtschaft erneut einen Höhenflug:

- Während Europa und Japan damit beschäftigt waren, ihre Länder wieder aufzubauen, konnte man sich in den USA bereits damit beschäftigen, industrielle Produkte weiterzuentwickeln.
- Die Reparationszahlungen, die Übergabe von technischen Entwicklungsplänen (z. B. das Raketenbauprogramm der Deutschen) und die Übernahme von Industrieanlagen verschafften einen weiteren Wettbewerbsvorsprung.
- Der **Autoboom** setzte ein und ließ auch eine Reihe von Zulieferindustrien boomen (z. B. Metallverarbeitung, Erdölkonzerne).
- Die Länder Lateinamerikas kauften fast ausschließlich Waren in den USA.
- Auch die europäischen Länder benötigten eine Reihe von Industriegütern, um ihre Wirtschaften wieder in Gang zu bekommen.
- Die Rüstungsindustrie florierte (dank dem Kalten Krieg und der Militäreinsätze in Korea und Vietnam).
- Doch vor allem ein Punkt war entscheidend: der Glaube der amerikanischen Gesellschaft an die Stärke ihrer Nation. Es wurde konsumiert, sich verschuldet und nur im eigenen Interesse gehandelt.

Überfluss und paradiesische Verhältnisse fanden aber durch den Vietnamkrieg, die Ölkrise von 1973 und die steigende **Staatsverschuldung** Mitte der 1970er-Jahre ein jähes Ende. Als auch noch die EU-Länder und vor allem Japan begannen, den amerikanischen Markt mit nicht nur billigeren, sondern auch z. T. besseren Produkten zu überschütten, rutschte die Handelsbilanz ins Negative, und der bis dato zu hoch angesetzte Dollar verlor drastisch an Wert. Nun erst erkannten auch die USA, dass sie ihre Wirtschaft umorientieren und auf neue Zielwerte eichen mussten, wie z. B. sparsamere Autos, mehr Umweltschutz, Loslösung von der Abhängigkeit von Rüstungsexporten usw. Deutlich wird dieses besonders bei der Automobilindustrie. Amerikanische Fahrzeuge lassen sich noch immer schwer im Ausland verkaufen, wobei besonders japanische und koreanische Fahrzeuge den eigenen Markt überschwemmen.

Negative Handelsbilanz

Seit der Jahrtausendwende, mit den Folgen des 11. September 2001, dem zweiten Golfkrieg, dem rasanten Wachstum der chinesischen Wirtschaft und der Finanz- und Immobilienkrise seit 2008 ergeben sich neue Probleme für die amerikanische Wirtschaft:

- Die **Rohstoffpreise** steigen aufgrund des hohen Bedarfs in China.
- Die immer stärker werdenden asiatischen Länder, allen voran China, exportieren deutlich mehr in die USA als diese ihnen liefert. Das Handelsbilanzdefizit wächst und wächst.
- Kosten für die Staatssicherung und die Kriegs- und Nachkriegshandlungen im Mittleren Osten reißen ein tiefes Loch in die amerikanische Staatskasse.
- Der amerikanische Einfluss im sich zwar nur langsam erstarkenden EU-Europa verliert an Boden.
- Die Banken- und Immobilienkrise hat die amerikanischen Konsumenten verunsichert. Kredite, mit denen Häuser oft zu 100 Prozent finanziert wurden, übersteigen oft den gesunkenen Wert der Immobilie.

Landwirtschaft

Eigentlich stellt die Landwirtschaft nur eine untergeordnete Rolle im Wirtschaftsgeschehen der USA dar, aber weil sie besonders im Reisegebiet Süden von größe-

i Einige interessante Daten

Anzahl der landwirtschaftlichen Betriebe: ca. 1.900.000 (1978: 2.258.300)
Durchschnittliche Farmgröße: 200 ha
Farmland (1982–2004): -2,7 Prozent
Rinderbestand auf Farmen: 104 Mio. Stück (1979: 112 Mio.)
Maisproduktion: 240 Mio. t
Weizen: 65 Mio. t
Zuckerrohrproduktion: 7,5 Mio. t
Anteil am BIP: 1,6 Prozent
Anteil an der Gesamtzahl der Erwerbstätigen
(inkl. Forstwirtsch. u. Fischerei): 2,4 Prozent

rer Bedeutung ist und auch besonders ins Auge fällt, soll dieses Thema kurz angerissen werden.

Von der Selbstversorgung zur Weltmarkt-Produktion

Die USA haben als reines Agrarland begonnen und konnten sich bereits früh selbst versorgen. Diese Tatsache beruhte in frühen Jahren alleine darauf, dass mangelnde Verkehrsverbindungen die Siedler dazu zwangen, zuerst genügend für den Eigenbedarf, später dann zumindest genügend für die Region erzeugen zu müssen. Erst danach wurde mit marktorientierter Produktion im großen Stil begonnen. Von der Kolonialzeit bis 1920 wurden zur Schaffung von Agrarflächen etwa 130 Mio. ha **Wald** gerodet (die dreieinhalbfache Fläche von Deutschland). In den 1930er-Jahren gab es über 6,5 Mio. landwirtschaftliche Betriebe. Seither sorgte ein Konservierungsprogramm von Seiten des Staates dafür, dass nicht mehr Land gerodet wurde und auch weitere Erosion verhindert wurde.

Kapital-intensive Landwirtschaft

Nach dem 2. Weltkrieg wurde die Landwirtschaft erheblich kapitalintensiver, und die Zahl der Betriebe nahm allein von 1950 bis 1980 um 60 Prozent ab. Diese Tendenz setzt sich, wenn auch mittlerweile verlangsamt weiter fort. Auch die bebaute Fläche nahm zwischen 1950 und 1980 ab, und zwar um 13,6 Prozent. Dieses liegt an den sinkenden Weltmarktpreisen, die überschuldete Farmer oder Farmen mit schlechten Böden zur Aufgabe zwangen. Denn mittlerweile herrschte auf dem Weltmarkt ein Überangebot an bestimmten Nahrungsmitteln. Da etwa 60 Prozent der Farmen über die Hälfte ihrer Einnahmen aus einem Bereich (Milchviehwirtschaft, Sojabohnen etc.) schöpfen, sind diese besonders anfällig gegen sinkende Preise. Häufig können sie auch gar nicht umsatteln auf ein anderes Marktprodukt, da die Lieferwege zu einem Verarbeitungsbetrieb oft zu weit sind. Viele Regionen werden nur von einem Verarbeitungsbetrieb bedient, und der verarbeitet nur ein Produkt.

Im Süden der USA, dem ehemaligen **Cotton Belt** (Baumwollgürtel) wird heute hauptsächlich Grünlandwirtschaft betrieben, direkt an der Golfküste zwischen Texas und Florida nehmen mittlerweile auch Zitrusfrüchte, Zuckerrohr (Mississippi-Delta) und Reis (Küstenebene von Texas) einen hohen Stellenwert ein. In den Prairies (Arkansas, Tennessee und den nördlichen Golfstaaten) sowie im Südwesten dagegen überwiegen die Mastviehhaltung und in besser beregneten Gegenden vor allem der Getreideanbau, der hier in riesigen Monokulturen betrieben wird, was immer noch starke Erosionsschäden hervorruft.

Besonders der Mittlere Westen lebt von der Landwirtschaft

In den Staaten der Atlantikküste beeindrucken neben riesigen Getreidefeldern vor allem die Sonderkulturen, wie z. B. Erdnüsse, Gemüse (auch Wassermelonen und verschiedene Kohlsorten) und die großangelegte Haltung von Kleintieren (Hühner, Fasane u. a.). *Sonderkulturen*

An der **Golfküste** lässt sich noch ein interessanter Aspekt erkennen: Während westlich des Mississippi große Ranchen und Farmen das Landschaftsbild charakterisieren, gibt es östlich des Flusses überwiegend kleinparzellige Ländereien. Diese gehören oft den Schwarzen, deren Vorfahren sich zur Zeit der Sklavenbefreiung hier niedergelassen haben. Der Westen war damals davon noch nicht betroffen, und somit konnten sich die erst allmählich vorrückenden weißen Siedler hier auf größeren Gebieten niederlassen.

Die wirtschaftliche Öffnung des Südens

Noch heute gilt der Süden in den Augen vieler Amerikaner als das „Stiefkind der Nation". Dieses Urteil hat aber seit längerem keine Gültigkeit mehr. Mit der **Industrieproduktion** für den 2. Weltkrieg nämlich wurde von Seiten des Staates viel Geld in die Entwicklung der Südstaaten gepumpt. Riesige Industriegebiete entstanden – nicht nur um die Ballungsgebiete herum.

Damit hat der Süden den Anschluss an die Nordstaaten gewonnen und sich bis in die heutige Zeit schneller weiterentwickelt als die meisten anderen Bundesstaaten und damit deutlich aufgeholt. Städte wie **Atlanta** zum Beispiel ziehen mittlerweile ganze Scharen von Facharbeitern und Wirtschaftsunternehmen aus dem Norden und Kalifornien ab, und heute gilt der Süden als das „Gebiet mit dem größten noch freien Wirtschaftspotential in den USA". Doch hat die Wirtschaftskrise auch den Süden hart getroffen, sodass einige Regionen weiter prosperieren, andere aber komplett ins Abseits geraten. *Positive Entwicklung in den Südstaaten*

Diese wirtschaftliche Öffnung nach außen bzw. Durchmischung hat dann auch dazu geführt, dass die weiße Gesellschaft sich von ihrer erzkonservativen Einstellung zum großen Teil befreit hat. Natürlich sind nicht alle Spuren des Rassismus ausgemerzt, doch hat sich seit den Konflikten während der 1950er- und 60er-Jahre diesbezüglich einiges zum Positiven gewandelt. Jetzt steht das Geld im Vordergrund, und das ermöglicht auch vielen Schwarzen, an dem Wohlstand teilzuhaben. Doch die schwarze Armut ist noch lange nicht überwunden …, aber ein entscheidender Schritt nach vorne ist bereits unternommen worden. So zählt Atlanta heute z. B. mehr als 1.300 schwarze Millionäre!

Die Warenkreditgesellschaft (Commodity Corporation) nimmt in den USA den Platz einer Einkaufsgenossenschaft ein und lagert Waren während einer Zeit des Überangebots ein, um sie dann während eines schlechten Erntejahres wieder zu verkaufen. Anders als in vielen Ländern Europas aber, vor allem der EU, variieren die gezahlten Preise erheblich, sodass die Farmer häufig nicht auf ihre Kosten kommen. Daher hat die Regierung bereits in den 1930er-Jahren die Festsetzung von Garantiepreisen und Produktionsquoten eingeführt, aber diese Hilfe von Seiten des Staates ist minimal im Gegensatz zu den EU-Hilfen. Kein Wunder also, dass die

Kaum Subventionen

Farmer gegen die Subventionspolitik der EU oder die Einfuhrbeschränkung nach Japan (z. B. für Reis) so wettern. Während der 1980er-Jahre wurde ein Teil der Überproduktion an Getreide durch Lieferungen von 9–13 Mio. t jährlich in die UdSSR abgebaut. Doch mit dem Zerfall der Sowjetunion und durch den Wertverfall des Rubels wurden diese Lieferungen fast ganz eingestellt oder „umgemünzt" in Hilfssendungen, die dem amerikanischen Staat aber kein Geld einbringen.

Ausblick

Schon seit der Jahrhundertwende (19./20. Jh.) ist der Trend zu erkennen, dass der produktive Sektor abnimmt und der Dienstleistungsbereich stetig wächst. 1993 entfielen nur noch 32 Prozent des Bruttoinlandsproduktes auf den produzierenden Sektor, während die **Dienstleistungsunternehmen** 66 Prozent erwirtschafteten. Heute sind die Zahlen noch drastischer: 24 Prozent bzw. 74 Prozent). Bereits seit 1981 arbeiten mehr Menschen in Dienstleistungsbetrieben als in der Industrie. Diese postindustrielle Tendenz nimmt noch weiter zu. Industrieunternehmen unterliegen dem gleichen Trend und diversifizieren ihre Strukturen. Lange nicht mehr ist ein Stahlmulti nur mit der Stahlerzeugung beschäftigt. High-Tech-Produktionen, Immobiliengeschäfte, Autoverleihe u. a. unterliegen mittlerweile bestimmten Unternehmensbereichen.

Zukunftsweisende Industrie ist u. a. der **High-Tech-Bereich**, der noch immer die große Hoffnung der amerikanischen Wirtschaft ist. Kommen doch viele neuen Ideen auf diesem Sektor immer noch aus Amerika. Diese Industrie wies bisher jedes Jahr eine positive Handelsbilanz auf. Die „alten" Industrien befinden sich zurzeit in einer Phase des Umbruchs. Wie schon oben erwähnt, diversifizieren sie ihre Unternehmensstrukturen. Aber auch in den klassischen Sparten tut sich etwas. Besonderes Ziel ist es, die Produktivität zu steigern.

Das ging und geht, wie auch bei uns, zu einem großen Teil auf Kosten der Arbeiter, denn die zunehmende Automatisierung und die Konkurrenz aus Fernost lässt viele von ihnen den Job verlieren. Ganze Städte leiden darunter, wie z. B. Detroit, die Hochburg des Fahrzeugbaus. Obwohl die Handelsbilanz mit den Ländern in Ostasien deutlich negativ ausfällt, hoffen die USA, wie auch die Europäer auf die stetig wachsende Märkte dort, besonders die von China und Indien. Deren rasantes Wachstum wirft aber auch Probleme auf für die USA: Zum einen das wachsende Handelsbilanzdefizit, zum anderen die steigenden Rohstoffpreise aufgrund der starken Nachfrage.

Wachsendes Handelsdefizit

Eine weitere Bedrohung existiert seit der Jahrtausendwende, mit den Folgen des 11. September 2001, dem zweiten Golfkrieg sowie den Krisen im Nahen und Mittleren Osten (Afghanistan, Iran, Syrien etc.): Die Kosten für die Staatssicherung und die Kriegs- und Nachkriegshandlungen im Mittleren Osten reißen ein tiefes Loch in die amerikanische Staatskasse.

Gesellschaftlicher und kultureller Überblick

Bevölkerung

Bevölkerungsgruppen

Heute leben in den USA 314 Millionen Menschen. Die größte Bevölkerungsgruppe stellen die Weißen mit etwa 228 Mio. Bürgern. Das sind mehr als zwei Drittel der Gesamtbevölkerung. Sie stammen aus vielen verschiedenen Ländern der Erde. Die drei Hauptgruppen sind allerdings von englischer (21,8 Prozent), deutscher (21,7 Prozent) und irischer (17,7 Prozent), d.h. nord- (bzw. mittel-)europäischer, Herkunft. Eine weitere große Bevölkerungsgruppe ist die der African-Americans mit etwa 40 Millionen Bürgern. Darüber hinaus leben knapp 45 Millionen Menschen mit lateinamerikanischem Ursprung und des Weiteren über 15 Millionen Menschen, die zu einer anderen Minderheit gehören, in den Vereinigten Staaten (Summe über 314 Mio., da z. T. Mehrfachnennungen).

Eine weitere Minderheit – wenn auch wesentlich kleiner an Anzahl – prägt besonders im Westen und Südwesten der USA die Bevölkerungsstruktur, nämlich die Indianer. Hinter Kalifornien mit mehr als 200.000 indianischen Bürgern folgen Oklahoma (170.000), Arizona (160.000) und New Mexico (110.000) in der Statistik, was den Indianeranteil betrifft. Insgesamt machen die Indianer (inkl. Inuit und Hawaiianer) allerdings mit ca. 2,3 Millionen (Angaben schwanken) noch nicht einmal 1 Prozent der Gesamtbevölkerung der USA aus.

Minderheiten

African-Americans

In den USA sind Bürger mit schwarzer Hautfarbe dazu übergegangen, sich nicht mehr als Schwarze über ein sichtbares Merkmal zu definieren, sondern entsprechend ihres Ursprungs vom afrikanischen Kontinent über ihre Herkunft und werden nun also grundsätzlich „African-Americans" genannt. Mit ihren 13 Prozent Bevölkerungsanteil und trotz gleicher Rechte vor dem Gesetz haben sie durchschnittlich betrachtet nicht die gleichen Chancen wie hellhäutige Bürger. Zwar wurde als Folge der ab 1955 aktiven **Bürgerrechtsbewegung** mit den Civil Rights Acts von 1964, 1965 und 1968 eine Gleichheit vor dem Gesetz festgelegt bzw. Ungleichheiten beseitigt, aber der Traum („I have a dream ...") des bekanntesten Vertreters dieser Bürgerrechtsbewegung Martin Luther King Jr. ist, was die realen Verhältnisse betrifft, noch nicht in Erfüllung gegangen.

Kampf für die Bürgerrechte

Inzwischen gibt es zwar eine schwarze Mittelschicht, und einige African-Americans schafften den Sprung auch in die oberste Gesellschaftsschicht, für die meisten aber haben Quotenregelungen und Bildungsförderungsprogramme nicht viel an ihrem Leben geändert. Ein großer Anteil dieser Bevölkerungsgruppe lebt in Ghettos mit hoher Arbeitslosigkeit, Analphabetentum und der entsprechenden Kriminalität.

Das Civil Rights Memorial in Montgomery, Alabama

30 Prozent aller African-Americans leben sogar unter der offiziellen Armutsgrenze. Es erübrigt sich fast, zu erwähnen, dass die durchschnittliche Lebensqualität dieser Bevölkerungsgruppe unter dem Durchschnitt liegt und die Aufstiegschancen vieler African-Americans gering sind. Nach der Abschaffung der Sklaverei 1863 in den Unionsstaaten unter Präsident Lincoln, die auf die Südstaaten infolge des Ausganges des Amerikanischen Bürgerkrieges 1965 übertragen wurde, erhielten sie 1867 die amerikanischen **Bürgerrechte**. Diese wurden durch Sondergesetze der einzelnen Bundesstaaten insbesondere im Süden und durch die praktische Handhabung unterlaufen. Darüber hinaus wurden African-Americans durch die Schikanen von Geheimorganisationen wie dem Ku-Klux-Klan unter Druck gesetzt. In den 1870er-Jahren war dann die erste **Abwanderungswelle** von Afroamerikanern von Süden in den industrialisierten Norden zu beobachten. Die Betroffenen tauschten jedoch ihr Schicksal als Landarbeiter, die häufig nur für Naturalienlohn arbeiten mussten, gegen eine Existenz als schlecht bezahlte Industriearbeiter ein. Zwar waren die Lebensbedingungen für sie im Norden nicht so hart, aber von Gleichberechtigung konnte nicht die Rede sein.

Abwanderung in den Norden

Von den Gewerkschaften waren Schwarze in der Regel ausgeschlossen und konnten somit ihre Forderungen im Arbeitsbereich schlecht durchsetzen. Häufig organisierten sie sich in rein schwarzen kirchlichen Organisationen. 1883 hob der Supreme Court das Bürgerrechtsgesetz von 1875 auf, sodass daraufhin eine Politik des „**separate but equal**" (getrennt, aber gleich) verfolgt werden konnte. Schwarze hatten somit theoretisch zwar die gleichen Rechte wie die Weißen, konnten sie aber nur innerhalb ihrer „Gesellschaft" ausüben. Regierungs- und Verwaltungsämter blieben bis auf Ausnahmen den Weißen vorbehalten, die an einer realen Gleichstellung der African-Americans nicht interessiert waren. Im Süden der Vereinigten Staaten wurden um 1900 sogar Bundesstaatengesetze verabschiedet, die ihnen das

Wahlrecht absprachen. In den Städten des Nordens kam es Anfang des Jahrhunderts zu **Aufständen** gegen die schlechten Lebensbedingungen. Trotzdem gab es während des 1. Weltkrieges eine zweite Zuwanderungswelle von Schwarzen in die nördlichen Staaten. Hier fanden sie nicht zuletzt wegen der prosperierenden Rüstungsindustrie zumindest einen Job in der Industrie. Der Kampf um Gleichberechtigung zog sich jedoch weiterhin erfolglos wie ein roter Faden durch die folgenden Jahrzehnte.

Weltweit beachtete Protestaktionen

Mit dem von Martin Luther King initiierten **Bus-Boykott** in Montgomery (Alabama) 1956 wurde eine neue Ära eingeläutet. Martin Luther King und seine Anhänger vertraten den Standpunkt, dass mit passivem Widerstand in geballter Form eine Verbesserung der Lebensbedingungen der African-Americans in den Vereinigten Staaten zu erreichen sei. Ausgehend von dieser berühmt gewordenen Aktion in Alabama entwickelte sich bis 1960 eine Bewegung, die mit Boykottierung von Geschäften und öffentlichen Einrichtungen durch Schwarze internationales Aufsehen erregte. Ein Ableger der Busaktionen in Montgomery wurde die „Freedom-Rider-Bewegung", die landesweit gleiche Rechte in der Beförderung in öffentlichen Verkehrsmitteln durchzusetzen versuchte. Welche Ausmaße diese Bewegung erreichte, lässt sich schon an der Tatsache beleuchten, dass 1961 allein in Jackson (Mississippi) 290 Aktivisten festgenommmen wurden. 1957 und 1960 versuchte die amerikanische Regierung die Durchsetzung des Wahlrechtes von African-Americans in den Südstaaten zu verbessern. Doch Gesetze allein halfen nicht, die soziale Situation zu verändern. Als weitere Waffe des **friedlichen Widerstandes** wurden ab 1962 große Aufmärsche organisiert. Die erste dieser Versammlungen, die in die Geschichte einging, fand 1962 in Albany (Georgia) statt. Ein Jahr später führte die

Der Busboykott von 1956 – nachgestellte Szene im Rosa Parks Museum

Zunächst nur friedliche Demonstrationen

Aufforderung Martin Luther Kings in Birmingham (Alabama), 40 Tage lang zu demonstrieren, zu ca. 2.500 Festnahmen. Diese Aufmärsche waren rein friedlicher Natur. Ebenfalls 1963 kamen 200.000 Demonstranten nach Washington, um vor Ort für ihre Rechte zu streiten. Zu dieser Zeit formierten sich jedoch auch die „**Black Muslims**", die meinten, ihre Rechte mit Gewalt durchsetzen zu müssen. Der Anführer einer Splittergruppe dieser Bewegung wurde unter dem Namen Malcolm X bekannt. Als erste Reaktion der amerikanischen Regierung auf die verschärften Proteste ist sicherlich das Bürgerrechtsgesetz von 1964 zu sehen. Jedoch waren die realen Veränderungen zu wenig spürbar, als dass der gewaltsame Flügel der Bürgerrechtsbewegung zufrieden gestellt gewesen wäre.

Ab Mitte der 1960er-Jahre rückte die „**Black Panther Party**" immer mehr in den Vordergrund des Geschehens. Sie forderte, dass die African-Americans in den Gettos sich eigenverantwortlich verwalten sollten. Im Sommer 1965 kam es in Los Angeles zum sogenannten Watts-Aufstand, der 34 Todesopfer und über 1.000 Verletzte forderte. 1967 gab es in Newark und Detroit gewaltsame Auseinandersetzungen, die viele Opfer forderten. Ein Jahr später löste die Ermordung Martin Luther King's Jr. Protestaktionen im ganzen Land aus. Die Schwarzen in den Vereinigten Staaten pochten auf eine schnelle Änderung ihrer sozialen Benachteiligung, die jedoch auch ein Bürgerrechtsgesetz bezüglich der freien Wahl der Wohnung des gleichen Jahres nicht aufheben konnte. Heute sind African-Americans zwar laut Gesetz gleichgestellt, jedoch zeigen die realen sozialen Verhältnisse, dass eine solche Gleichberechtigung in der Realität nicht immer existiert.

Bürger lateinamerikanischen Ursprungs

Von den über 44 Millionen Menschen aus Lateinamerika (bzw. lateinamerikanischem Ursprungs), die in den Vereinigten Staaten leben, sind ungefähr 40 Prozent Einwanderer mexikanischen Ursprungs. Sie leben hauptsächlich im Westen und Südwesten der USA, während sich die übrigen Lateinamerikaner („Latinos"/„Hispanics") aus anderen Ländern, wie die Puertoricaner, eher im Osten angesiedelt haben. Bedingt durch die schlechten wirtschaftlichen Verhältnisse in **Mexiko** und die relativ lange Grenze (über 3.000 km) zwischen diesem Staat und den USA, die sich in ihrer Gesamtheit schlecht überwachen lässt, sehen viele Mexikaner in einem illegalen Grenzübertritt in Richtung USA eine Chance, ihre Lebensqualität zu verbessern.

Illegale Grenzgänger

Jährlich werden mehr als 600.000 illegale Grenzgänger auf dem Weg von Mexiko in die USA von der Grenzpolizei erwischt und wieder zurückgeschickt. Es wird geschätzt, dass weitaus mehr Mexikanern – wahrscheinlich mehr als 1 Million – pro Jahr der Grenzübertritt glückt. Diejenigen, die es geschafft haben, versuchen bei Landsleuten am Stadtrand von Los Angeles, San Diego, Tucson, San Antonio oder Phoenix Unterschlupf zu finden, um sich dann eine Arbeit zu suchen. Zwar sind sie gezwungen, für verhältnismäßig wenig Geld zu arbeiten, was den US-Standard betrifft, da sie keine Arbeitserlaubnis haben und in der Regel nicht einmal Englisch sprechen, aber sie verdienen immer noch mehr als in ihrem Heimatland Mexiko. In einigen Gebieten des Südwestens hat sich daher inzwischen sogar eine spanisch-englische Zweisprachigkeit durchgesetzt.

Da der Strom dieser Wirtschaftsflüchtlinge aus Mexiko in absehbarer Zeit nicht abreißen wird und die Geburtenrate aller lateinamerikanischen Familien weit über dem amerikanischen Durchschnitt liegt, wird die **spanischsprachige Minderheit** in den USA auch weiterhin überproportional zur Gesamtbevölkerung anwachsen. Die allgemeine Situation dieser Minderheit wird das nicht verbessern, da viele Menschen aufgrund ihrer illegalen Einreise keine Rechte haben und nur Schwarzarbeiten verrichten können. Häufig sind sie schon auf der Flucht als Drogenschmuggler ausgenutzt worden, und häufig bleibt ihnen später auch nur die Kriminalität als Einnahmequelle.

Keine Arbeitserlaubnis

Ob im Rahmen des NAFTA-Abkommens, das u.a. Kanada, die USA und Mexiko zu einer Freihandelszone zusammenfasst, eine Lösung des Wanderungsproblems zu erreichen ist, bleibt abzuwarten. Ein interessanter Aspekt aber ist z.B. die Tatsache, dass amerikanische Unternehmen begonnen haben, in grenznahen, mexikanischen Städten große Betriebe zu gründen, sodass sie ganz legal von den niedrigeren Löhnen profitieren können und für viele Mexikaner so kein Bedarf mehr besteht, in die USA überzusiedeln. Bisher ist dieses aber nur ein Tropfen auf dem heißen Stein.

Indianer

Die Angaben darüber, wie viele Indianer es in den Vereinigten Staaten heute gibt, variieren stark. Die jeweils angegebene Zahl ist davon abhängig, wer als Indianer gezählt wird. Eng gefasste Definitionen berücksichtigen nur diejenigen, die in Reservaten und indianischen Lebensgemeinschaften leben. Fasst man die Bürger zusammen, die sich selbst als Indianer bezeichnen und entsprechende Angaben bei den Behörden gemacht haben, so leben etwa 2,9 Millionen (einschließlich ca. 50.000 Inuit sowie den Hawaiianern) in den Vereinigten Staaten. Doch auch bei dieser Rechnung soll es eine Dunkelziffer von ca. 1 Million geben. Durch eine relativ hohe Geburtenrate wuchs die Zahl der Indianer seit der Jahrhundertwende (ca. 237.000 registrierte Indianer) doch wieder auf eine beträchtliche Anzahl, auch wenn ihr Anteil an der Gesamtbevölkerung, wie bereits erwähnt, heute nicht einmal 1 Prozent beträgt. Wie viele Indianer es vor den Vernichtungsaktionen durch die Weißen ursprünglich einmal auf dem nordamerikanischen Kontinent gegeben hat, gab zu vielen Spekulationen Anlass. Schätzungen zwischen 1–2 Millionen sind in der Literatur am häufigsten zu finden. Heute sind 266 Stämme offiziell registriert. Ungefähr die Hälfte der Indianer lebt in Reservaten, die zum Teil autonom verwaltet werden und dem Bureau of Indian Affairs unterstehen.

Touristenattraktion: Alligatoren-Wresteln in Florida

Die größten **Reservate** sind das Navajoreservat, das sich über Gebiete der Bundesstaaten Arizona, New Mexico und Utah erstreckt, sowie das Papago- und das Hopireservat, die beide in Arizona liegen. Da diese Reservate in der Regel weder landwirtschaftlich noch industriell in großem Stile genutzt werden können, da der Boden ungeeignet, die Infrastruktur schlecht und Bodenschätze nicht ausreichend vorhanden sind, müssen die Bewohner auf andere Wirtschaftszweige, wie z.B. den Tourismus, ausweichen, um ihren Lebensunterhalt zu sichern. Darüber hinaus werden die Reservate mit staatlichen Mitteln gefördert. Nachdem 1988 durch ein Gesetz (Indian Gaming Regulatory Act) die Eröffnung von **Spielcasinos** auf dem Gebiet von Indianerreservaten legalisiert wurde, versuchen viele indianische Gemeinschaften, diese Geldquelle zu nutzen. Bereits 1994 hatten mehr als die Hälfte und heute schon drei Viertel der 280 Reservate ein Casino eröffnet. Der Jahresumsatz beläuft sich schätzungsweise auf US$ 7 Milliarden. Ob diese Geldquelle jedoch nur von wenigen angezapft werden wird oder die Situation der Indianer im Allgemeinen verbessert wird, lässt sich schwer sagen. Doch stets ist die Selbstmordrate bei Indianern doppelt so hoch wie beim amerikanischen Durchschnittsbürger. Die Sterblichkeit aufgrund von Alkoholmissbrauch überschreitet den Durchschnitt sogar um ein Mehrfaches. Diese Tatsachen lassen Rückschlüsse auf die schlechte soziale Situation und ungenügende medizinische Versorgung der indianischen Bevölkerung ziehen.

Einnahmequelle Casino

Asiaten

Einen Bevölkerungsanteil von knapp 5 Prozent stellen Amerikaner asiatischer Herkunft, die hauptsächlich an der Westküste der Vereinigten Staaten oder auf Hawaii leben. Aber auch in großen Städten des Ostens, wie z.B. in New York und Atlanta, gibt es Enklaven von Asiaten. Die größte Gruppe unter den Asiaten wiederum bilden die **Chinesen**, die auch die älteste Einwanderungsgruppe sind. Bereits im 19. Jh. kamen die ersten Chinesen in die USA, um sich hier niederzulassen. Von einer Einwanderungswelle kann man auch im Zusammenhang mit der Zeit nach dem Zweiten Weltkrieg sprechen, nach dem die Einwanderungsbeschränkungen für Asiaten aufgehoben wurden. Heute wohnen fast 4 Mio. Chinesen bzw. Menschen chinesischen Ursprungs in den USA, 16 Prozent davon allein in New York.

Ebenfalls nach dem Zweiten Weltkrieg wanderten viele **Japaner** in die Vereinigten Staaten ein bzw. blieben als ehemalige Kriegsgefangene gleich hier. Die Zahl japanischstämmiger Menschen in den USA beläuft sich heute auf über eine Million. Die zweitgrößte asiatische Gruppe bilden jedoch die Filipinos mit einer Anzahl von über 3 Millionen. An dritter Stelle rangieren die Inder mit 2,8 Millionen. Als Folge der Kriege, an denen die USA im Fernen Osten beteiligt waren, kamen dann viele Koreaner und Vietnamesen nach Amerika. Heute gibt es knapp 1,8 Millionen Vietnamesen und 1,7 Millionen Koreaner. Auch viele Inder und Pakistani leben im Land.

Asiatische Bevölkerungsgruppen

Typisch für die meisten asiatischen Einwanderer ist der Zusammenschluss mit Landsleuten. Auch heute noch gibt es in amerikanischen Großstädten ganze Wohnviertel, in denen fast ausschließlich Asiaten wohnen und arbeiten. Die Bezeichnung „Chinatown" für solche Viertel ist zu einem festen Begriff geworden. Hier bekommt man als Tourist das Gefühl, in einer anderen Welt zu sein, da die asiatischen

Lebensgewohnheiten mit nach Amerika „importiert" wurden. Dieser Umstand zeugt von einer starken kulturellen Eigenständigkeit der Asiaten in den USA, der sich auch auf sprachlichem Gebiet beobachten lässt. Obwohl der Integrationsgrad der Asiaten auf kulturellem Gebiet weit geringer ist als der anderer Minderheiten, sind bei ihnen als Gruppe die wenigsten Probleme im beruflich-wirtschaftlichen Bereich zu konstatieren.

Soziale Verhältnisse

Eigenverantwortung wird gefordert

Die Einstellung der Amerikaner zu ihrem sozialen System ist auch heute noch geprägt von den Lebensbedingungen der Pioniere, die den nordamerikanischen Kontinent erschlossen haben. Für Generationen von Siedlern und Pionieren waren **Eigeninitiative**, Ehrgeiz, Beharrlichkeit und Selbstverantwortung die Eigenschaften, die geschätzt wurden, um den harten Lebensbedingungen standzuhalten. Vielen Amerikanern ist der Gedanke immer noch fremd, auf Hilfe vom Staat zu bauen, eher verlässt man sich auf persönlichen Einsatz und erwartet dasselbe von seinen Mitmenschen. Wesentlich größer ist der Anteil der Kirchen und gemeinnützigen Organisationen mit unzähligen Freiwilligen an der „Sozialarbeit" und Unterstützung in Notlagen. Noch heute sorgt ein Netz von Spenden, Hilfsorganisationen und Öffentlichkeitsarbeit dafür, dass die, die es am Nötigsten haben, unterstützt werden. Die Gesamtsituation von Menschen in sozialer Not verändert diese Hilfe jedoch nicht, so effektiv sie im Einzelfall auch sein mag.

Krankenversicherung

Da in den USA bislang keine Versicherungspflicht besteht und viele Arbeitnehmer und Arbeitgeber (besonders kleine und mittlere Betriebe) die hohen Versicherungskosten nicht tragen können, ist immer noch ein großer Teil der amerikanischen Bevölkerung ohne Absicherung im Krankenfall. Um eine Reform des Gesundheitswesens hatte sich bereits die Regierung Bill Clintons bemüht, jedoch mit nur geringem Erfolg. Ein neuer Gesetzentwurf, eingeführt von Präsident Obama, wurde im 2010 nach heftigen Diskussionen im Kongress angenommen. Er sieht eine allgemeine Versicherungspflicht vor (derzeit sind über 40 Mio. Amerikaner unversichert) und soll sicherstellen, dass jeder Amerikaner im Krankheitsfall abgesichert ist. Viele Berufstätige sind über Beiträge in eine betriebliche Krankenversicherung versorgt, bei der es sich meistens um Gruppenverträge mit Versicherungsgesellschaften handelt, für die entweder Arbeitgeber und Arbeitnehmer oder nur der Arbeitnehmer

Heftig umstritten war und ist die Einführung einer gesetzlichen Krankenversicherung

Beiträge bezahlt. Diese Absicherung ist jedoch in vielen Fällen nur in größeren Firmen oder für Staats- oder Stadtbedienstete gewährleistet.

Geringe Rente

Für die medizinische Versorgung von Armen, Rentnern und Behinderten sind 1965 zwei soziale Programme eingerichtet worden. Die medizinische Versorgung von Armen wird durch Medicaid finanziert, ein vom Bund und von den einzelnen Staaten getragenes Programm. Für Rentner und Behinderte wurde Medicare eingerichtet, ein Programm, das durch Beiträge der Versicherten, Sozialversicherungsabgaben und staatliche Zuschüsse finanziert wird.

Rentenversicherung

Unter Franklyn D. Roosevelt wurde 1935 mit dem **Social Security Act** eine staatliche Rentenversicherung eingeführt. Die Renten werden in den USA durch die Social-Security-Steuer finanziert, die zu gleichen Teilen von den Arbeitnehmern und Arbeitgebern zu entrichten ist. Selbständige haben die Möglichkeit, durch Zahlung der Social-Security-Steuer im Alter ebenfalls eine entsprechende Rente zu beziehen. Bei entsprechender Zahlungsdauer werden etwas weniger als die Hälfte des letzten Nettoeinkommens als Rente ausgezahlt. Generell ist das Rentenalter auf 65 Jahre angesetzt, wobei es auch Ausnahmen gibt, allerdings meist nur bei Verzicht auf einen gewissen Prozentsatz. Diejenigen, die es sich finanziell leisten können, schließen darüber hinaus noch eine private Rentenversicherung ab.

Arbeitslosenversicherung

Die Höhe der Arbeitslosenversicherung ist abhängig von dem Bundesstaat, in dem sie ausgezahlt wird und auch der Prozentsatz differiert erheblich. So werden entsprechend dem Wohnort zwischen 30 und 50 % des letzten Arbeitslohnes ausgezahlt. Die Zahlungen werden bis zu 39 Wochen nach dem Zeitpunkt der Kündigung geleistet. Die Situation der Arbeitslosen in den USA ist also immer noch schlechter als hierzulande. Diese Tatsache ist insofern nicht verwunderlich, als die Finanzierung der Arbeitslosenunterstützung auf einer Steuer basiert, die allein vom Arbeitgeber zu entrichten ist.

Sozialhilfe

Schlecht bezahlte Jobs

Sozialhilfe (*welfare*) wird allen Bürgern der Vereinigten Staaten gewährt, deren Einkommen unter der offiziell festgelegten Armutsgrenze liegt, aber die Leistungen werden nicht für unbegrenzte Zeit gewährleistet. Nach zwei Jahren Sozialhilfe sind Empfänger dazu verpflichtet, zumindest eine Teilzeitarbeit anzunehmen, was Betroffene in schlecht bezahlte Jobs zwingt. Immerhin ist in den USA ein landesweiter **Mindestlohn** gesetzlich festgelegt, der zurzeit bei $ 7,25/Std. liegt, aber auch für dieses Gesetz gibt es Ausnahmen und Unterschiede in verschiedenen Gegenden des Landes.

Fast ein Drittel der African-Americans und ein Viertel der Lateinamerikaner sind auf Sozialhilfe angewiesen. Aber auch durch zusätzliche Sozialleistungen wie Medicaid, Mietzuschüsse und Ausgaben von Lebensmittelmarken können die sozial bedingten Missstände nicht behoben und der Teufelskreis sozialer Verelendung nicht durchbrochen werden. Schlechte Schulbildung, Arbeitslosigkeit, oder schlecht bezahlte Arbeit wiederholen sich. Die Kluft zwischen arm und reich wird immer größer.

Kluft zwischen Arm und Reich

Einem Prozent der Haushalte gehören 42 Prozent des amerikanischen Reichtums. Die Zahl der Milliardäre wuchs seit 1982 von 13 auf heute 415! Gleichzeitig ist das (inflationsbereinigte) Einkommen nur geringfügig gestiegen. Das Durchschnittseinkommen der ärmsten Haushalte ist sogar gesunken. Offiziell leben 15 Prozent der Amerikaner unterhalb der Armutsgrenze (dazu zählen auch Geringverdiener).

Bildungswesen

In den USA ist der Bildungsweg in mehrere Abschnitte gegliedert. Schulpflicht besteht ab dem 6. Lebensjahr, Kinder können aber schon ab 5 Jahren in den Kindergarten, was in Deutschland einem Vorschuljahr entspricht. Von der 1. bis zur 8. Klasse (amerik.: *grade*) besuchen Schüler eine Primary oder Elementary School, an die meist ab der 6. oder 7. Klasse eine Middle bzw. Junior High School angegliedert ist. In großen Städten sind die Junior High Schools oft separate Schulen. I.d.R. besuchen amerikanische Schüler von der 9. bis zur 12. Klasse die High School.

Große Qualitätsunterschiede bei der Bildung

Was die öffentlichen Schulen betrifft, so besteht in den USA ein sehr großer **Qualitätsunterschied**, der durch den Umstand bedingt ist, dass die Schulen über die Grundstückssteuer finanziert werden. Somit sind Schulen in „reichen" Gegenden i.d.R. wesentlich besser ausgestattet. Aber nicht nur dieser Unterschied in der Ausstattung der verschiedenen Schulen hat zur amerikanischen Bildungsmisere geführt. Der Umstand, dass amerikanische Schüler durchschnittlich 40 Tage im Jahr weniger zur Schule gehen als in Europa, ein nicht abnehmender Zustrom von Einwandererkindern, die oft die Sprache kaum beherrschen, und die zunehmenden Probleme mit Gewalt und Drogen im Schulbereich haben ihren Anteil daran.

Nach dem High-School-Abschluss folgt für viele Schüler das meist vierjährige Studium an einem College, das i.d.R. einer Universität angeschlossen ist. Das College gleicht eher einem Grundstudium, höhere Abschlüsse sind hier nicht möglich. Nach dem College-Abschluss haben Studenten die Wahl, an eine Universität zu gehen, um ihre akademische Ausbildung abzuschließen. Für viele Berufe ist der College-Abschluss eine Voraussetzung oder vergrößert die Chancen auf eine Arbeitsstelle. Eine „Lehre" im deutschen Sinne existiert in den USA nicht. Berufsbildende Schulen sind weitgehend unbekannt. Man lernt einen Beruf durch Mitarbeit in der jeweiligen Branche, eventuell besucht man berufsbegleitende Kurse.

Da es neben öffentlichen Schulen und Universitäten auch viele private Einrichtungen gibt, die durch Schulgeld oder Studiengebühren (und Spenden „Ehemaliger") finanziert werden, ist die Spanne des Bildungsniveaus in Amerika weit gefächert.

Historische Architektur des Südens

Viele Städte des „Alten Südens“, besonders aber Savannah und Charleston, verweisen auf die Entwicklung der Architektur Amerikas. Gerade in Charleston lassen sich verschiedene Stilepochen und Bauelemente exemplarisch beobachten. Im Folgenden möchte ich Ihnen die wichtigsten Stilelemente vorstellen:

- **Colonial Style**: Dies sind Häuser aus der frühen Siedlungsperiode zwischen dem 16. und 17. Jh. Es handelt sich stets um rechteckige Grundrisse, die Häuser sind aus Holz gebaut und besitzen einen gemauerten Kamin. Später wurde unter dem Einfluss holländischer und deutscher Siedler aus Ziegelsteinen gebaut.
- **Georgian Style**: In diesem Baustil wurden die vornehmeren Häuser vor allem in den Südstaaten gebaut, wo die Pflanzer und Kaufleute zu großem Reichtum kamen. Es handelt sich um dunkle Backsteinbauten mit hellen Fenstern und Türen.
- **Federal Style**: So nannte man den Georgian Style nach der Unabhängigkeit. Viele Häuser wurden weiter vorwiegend aus Holz gebaut. Raffinierte Anstriche vermittelten den Eindruck von „Mauern“. Manchmal wurden den Holzhäusern Ziegelwände vorgeblendet, um den Eindruck von „Solidität“ vorzutäuschen.
- **Palladio**: Dieser Baustil fand vor allem im 17. und 18. Jh. seine Verbreitung in Holland und Frankreich, gelangte dann nach England und etwas später nach Amerika. Charakteristika: von Säulen gestützte Dreiecksgiebel, Kolossalanordnung von Säulen, die oft über mehrere Stockwerke greifen sowie Freitreppen. Thomas Jefferson und sein von ihm entworfenes „Monticello“ gelten als erste überzeugende und berühmte Beispiele dieses Stils. Der Palladio-Stil selbst geht zurück auf Andrea Palladio, einen venezianischer Baumeister und Architekten (1508–1580). Er griff antike Bauregeln, z. B. aus der griechischen Tempelarchitektur, auf und transferierte sie auf weltliche Bauten.
- **Piazza**: Typisch für die Häuser des Alten Südens ist der z. T. über mehrere Stockwerke reichende Säulenumgang. Zwischen ihm und den Hausmauern gibt es die wunderschönen, luftigen Veranden. In Charleston z. B. ist dieser Stil häufig vermengt worden mit englischen Stilelementen, denn eine schmale Häuserfront bedeutete dort niedrigere Steuern. Es wurde also in die Tiefe ge-

Kennzeichnend für den Greek Revival Style sind die Säulen

baut, die Hauptveranda an die Seite gesetzt – nicht nach vorne ausgerichtet – und unter ihr der Garten angelegt.

- **Greek Revival**: Damit bezeichnet man die Bauperiode der sog. „Antebellum-Häuser", jener Bauten, die vor dem Amerikanischen Bürgerkrieg entstanden sind. Hier wurden klassische altgriechische Architekturelemente wie Säulen, Portikus und Architrave aufgegriffen und bei öffentlichen Gebäuden sowie herrschaftlichen Plantagenhäusern umgesetzt.
- **Gothic Revival**: Damit bezeichnet man die Wiederverwendung gotischer Bauelemente, was vor allem Niederschlag bei Kirchen, öffentlichen Gebäuden (z.B. Universitäten und Bahnhöfen) sowie Hotels fand.

Kurzer Abriss der Musik des Südens

Blues- und Jazz-Musik

Die Wurzeln des **Jazz** reichen auf der einen Seite zu den Ursprüngen der Kultur in Westafrika zurück. Zwar war den aus Afrika importierten Sklaven lange Zeit das Spielen ihres wichtigsten Instrumentes, der Trommel, auf den Plantagen in Nordamerika untersagt, da die damit verbundene Musik häufig einen religiösen Charakter hatte, den die christlichen Weißen nicht duldeten. In der Vokalmusik jedoch konnten sich noch recht ursprüngliche Formen der afrikanischen Musik halten.

Gesänge, die bei der Arbeit auf den großen **Plantagen** gesungen wurden, und sog. *field hollers*, das waren gesungene Begrüßungen und Zurufe der Sklaven untereinander, ließen das afrikanische Element der afrikanisch-amerikanischen Kultur überleben. Der Charakter dieser Musik orientierte sich an ihrer Funktion. Sie wurde durch den Arbeitsrhythmus bestimmt. Diese Formen der **Vokalmusik** gelten als Vorläufer des Blues, der als eine Mischung aus afrikanischer und europäischer Musik gilt. Der europäische Einfluss macht sich in der Übernahme des Systems von sieben Tönen, der Harmonie, die allerdings nach afrikanischem Musikverständnis phrasiert wurde, und der Instrumentierung geltend. Der Rhythmus zeigt sowohl europäische als auch afrikanische Einflüsse.

Durch Arbeitsrhythmus bestimmt

Auf geistlicher Ebene hatten sich die **Spirituals** entwickelt, die, an protestantischen Kirchenliedern orientiert, den Gottesdienst mit ihrem Wechselgesang zwischen Prediger und Gemeinde bestimmten. Die Texte waren christlichen Ursprungs, während im **Blues** weltliche Elemente, wie Sexualität, Arbeitsbedingungen und deren kritische Betrachtung Hauptthemen wurden. Das Leiden der schwarzen (afrikanisch-amerikanischen) Bevölkerung fand in ihm seinen Ausdruck. Wegen der stark sexuellen Färbung galten die Texte des Blues häufig als anstößig.

Der sog. Urblues stammt aus dem Landstrich südlich von Memphis – dem sog. **Mississippi-Delta**. **W.C. Handy**, der als „Vater des Blues" bezeichnet wird, hat den Blues zuerst in Memphis salonfähig gemacht, und zwar in Form einer „Werbemusik" für die Bürgermeisterwahl von 1912. Nach der gewonnenen Wahl wurde sein Werbelied so populär, dass es den Namen „Memphis Blues" erhielt. Der Blues entwickelte sich in New Orleans, das als große Stadt mit internationalen Verbindun-

Jazz-Denkmal in New Orleans, nahe der Spanish Plaza

gen eine tolerante Atmosphäre und viele neue Einflüsse bot, dann weiter. Hier spielte auch der französische Einfluss auf den Jazz eine große Rolle. Neben der Blues-Musik gab es sog. **Brass Bands**, die Straßenmusik machten und auf Festlichkeiten, wie Picknicks und Tanzvergnügen, aber auch auf Beerdigungen spielten. Ihre Musik war deutlich von Marschmusik und französischer Tanzmusik, wie der Quadrille, beeinflusst und hatte ihrerseits wiederum einen entscheidenden Einfluss auf den **Ragtime**. Der Trompeter **Buddy Bolden** war in der Ära um die Jahrhundertwende der bekannteste Jazzmusiker der Brass Bands.

Zeit des Ragtime

Über den Süden hinaus fand als erste Jazzrichtung der Ragtime seine Verbreitung, der von etwa 1890 bis zum Ersten Weltkrieg eine entscheidende Rolle spielte. In dieser Zeit wurde der Begriff Ragtime auch als Synonym für Jazz gebraucht. Der Einfluss der **Marschmusik** ist bei dieser Form des Jazz sehr deutlich. Die Musik wurde in der Regel nach einem gewissen Schema komponiert und bot wenig Raum für Improvisationen. Als weiteres Zentrum des Ragtime galt St. Louis, und **Tom Turpin** sowie **Louis Chauvin** wurden als herausragende Pianisten dieser Richtung angesehen. **Scott Joplin** galt als einflussreichster Komponist in St. Louis. Dokumentiert ist der Ragtime in der Regel heute jedoch nur auf Klavierrollen, die zu der damaligen Zeit auch für die weite Verbreitung dieser Musik wichtig waren.

Ein Paradies für Jazzpianisten war damals auch Storyville, das Rotlichtviertel von New Orleans, in dem sich die Jazz-Musik bis zur „Schließung" dieses Viertel 1917 ungehindert weiterentwickeln konnte. Nach dem Ende Storyvilles gingen viele gute Musiker, die in New Orleans sozusagen über Nacht arbeitslos geworden waren, auf Tourneen, was als wichtiger Faktor für die Verbreitung des Jazz in den Vereinigten Staaten angesehen wird. Feste Engagements bekamen sie zu dieser Zeit eher im Norden. Die South Side von Chicago wurde Zentrum für die Jazz Musik im sog. **Chicago-Stil**, die dort auch von weißen Musikern aufgenommen und beeinflusst wurde. Entsprechend entwickelte sich eine Musik mit immer größer werdenden Orchestern, die komponierte Arrangements mit einzelnen Soli spielten. Diese Big Bands führten den Jazz in seine nächste Phase, die **Swing-Musik**. Die erste Schallplattenaufnahme wurde 1917 aufgenommen von der **Original Dixiland Jazz Band** und erregte sogar in New York Aufsehen.

Erste Schallplattenaufnahmen

Entscheidend prägten den neuen Stil Musiker aus der alten New Orleanser Garde, wie **Jelly Roll Morton** und **Louis Armstrong**, der uns auch heute ein Begriff ist. Unter vielen anderen sind hier auch noch **King Oliver, Jimmi Noone, Baby Dodds, Kid Ory** und der Saxophonist **Sidney Bechet**, der besonders den kreolischen Einfluss geltend machte, zu erwähnen. Die Musik der großen Orchester nahm das „Frage-Antwort-Prinzip" der Spirituals in Form von Orchester-Arrangement und Solo wieder auf. Ein New Yorker Ableger entwickelte sich mit dem sog. **Harlem Stride**, dessen bekanntester Vertreter **Fats Waller** ist. Außer Chicago und New York galt damals Kansas City als Metropole des Jazz.

Bevor sich diese Musik jedoch zu ihrem Höhepunkt entwickeln sollte, spielte der Blues vornehmlich in seiner Form des **Boogie-Woogie-Pianoblues** in den 1920er-Jahren eine große Rolle. Die erste Bluesaufnahme, die gepresst wurde, war von **Mamie Smith**. Sie wurde im ersten Monat in einer Auflage von 75.000 Platten verkauft und verhalf dem Blues zum Durchbruch. Weitere Produktionen waren jedoch anfangs durch Proteste gegen die „anstößigen" Texte erschwert. Das im Norden der USA zunehmende schwarze (afrikanisch-amrikanische) Publikum, das wegen der schlechten sozialen Verhältnisse im Süden abgewandert war, konnte sich mit den Texten, die natürlich nicht nur von Sex, sondern auch von ihren persönlichen Schwierigkeiten als in Gettos lebenden Industriearbeitern handelten, identifizieren. Sie waren der Markt für diesen Blues, der sich aufgrund der Produktionsbedingungen der Plattenfirmen zu einer recht standardisierten Form entwickelte, die Vaudeville-**Blues** nach den Vaudeville-Theatern genannt wurde, in denen sich diese Bluesform als Blues und Theatersongs entwickelt hatte. Auch Schlagerelemente standen Pate für diese populäre Form des Blues. Die erfolgreichen Sängerinnen dieser Blues-Ära waren **Bessie Smith, Ma Rainey, Ida Cox** und **Clara Smith**.

Durchbruch des Blues

Der ursprüngliche Blues der Südstaaten ließ sich als Massenware nicht so gut vermarkten, entwickelte sich jedoch in seiner Region weiter. Als bekannteste Richtung gilt heute der **Mississippi-Blues**, der seine Heimat als **Country Blues** südlich von Memphis hat. Nachdem der Blues vom Swing in seiner Popularität abgelöst wurde, erlebte er unter anderem mit dem **Roll and Tumble Blues** eines **Muddy Waters** in den 1950er-Jahren eine Renaissance, und als Country-Blues stand diese Richtung des Jazz Pate für den Rock'n'Roll sowie für die Rockmusik der 1960er- und 1970er-Jahre. Der Chicago Blues, auf den auch die Musik von Muddy Waters zurückgeht, wurde in den 1960er-Jahren von Rockgruppen wie Cream wiederaufgenommen.

Der **Swing**, dessen Wurzeln im **Chicago-Stil** um 1920 herum liegen, entwickelte sich in den 1930er-Jahren in seiner typischen Form und wurde damals auch hauptsächlich gespielt. Die Bands waren wesentlich größer, die Arrangements entsprechend festgelegter und die Soli bekamen eine herausragende Position. Swing wurde als Tanzmusik komponiert und bot außer den Soli für Improvisationen keinen Raum. Entsprechend hing der Erfolg einer Swing-Band auch von der Qualität der Solisten ab. Eine der bekanntesten Stilrichtungen innerhalb des Swing war der Fletcher-Henderson-Stil, der nach dem entsprechenden Orchesterleiter benannt wurde. **Benny Goodman** als weitere Größe dieser Musikform kam erst Mitte der 1930er-Jahre ins Spiel. **Count Basie** begann in Kansas-City seine Karriere und entwickelte eine eigene Note in dieser Musikrichtung.

Tanzmusik

Während die Anfänge des Swing auf schwarze (afrikanisch-amerikanische) Musiker der South Side in Chicago sowie **Louis Armstrong** zurückgingen, wurde der weiße Einfluss auf diese Musik in den 1930er-Jahren zunehmend größer. **Glenn Miller**, der erst Ende der 1930er-Jahre groß herauskam, beherrschte den Swing bis Mitte der 1940er-Jahre. Vergessen werden dürfen natürlich nicht die großen Sängerinnen, die mit dem Swing große Erfolge feierten und auch heute noch sehr populär sind; nämlich **Ella Fitzgerald** oder **Billie Holliday**. **Duke Ellington** darf an dieser Stelle ebenso wenig unerwähnt bleiben. Abschließend sei zum Swing noch bemerkt, dass er sich durch Radioshows und das Kino gut verbreiten konnte. Diese Medien standen den Vorgängern dieser Stilrichtung nicht zur Verfügung.

Auf den Swing folgte als neue Stilrichtung Ende der 1940er-Jahre der **Bop** oder **Bebop**, die jedoch nie die Verbreitung und Popularität des Swing erlangte. Dieser Umstand ist zum einen dadurch bedingt, dass der Bebop nicht den Tanzmusikcharakter des Swing hatte, der letzteren in allen Bevölkerungsschichten beliebt machte. Zum anderen war der Bebop eine Musikrichtung, deren wichtigstes Element die Improvisation war, die sich zwar noch innerhalb der gewohnten Tonleiter und der entsprechenden Harmonien bewegte, für ein ungeschultes Ohr jedoch recht fremd klang. Als herausragende Vertreter dieses Stils gelten **Charlie Parker**, **Dizzie Gillespie** und **Miles Davis**, der innovative Veränderungen dieses Musikstils mittrug. Eine Richtung der Bops ist der Modern Bop, der sich besonders durch die hervorgehobene Stellung des Tenorsaxophons auszeichnete. In diesem Zusammenhang ist als wichtiger Vertreter sicher **John Coltrane** zu nennen, der in seiner Musik Anfang der 1960er-Jahre zum Free Jazz überging.

Improvisation wichtiges Element

Der **Free Jazz** ist als Weiterentwicklung des Bops zu sehen. Kennzeichnend für diesen Jazzstil sind die Hinwendung zu Musikelementen der Dritten Welt, das Einsetzen amelodischen Spiels, das Fehlen eines festen Themas sowie das Durchbrechen des Solo-Begleitschemas. Die Musiker reagieren mit ihrem Spiel spontan auf das Spiel der anderen Musizierenden. Musik wird so zum freien kommunikativen Element. Nicht jedes Stück des Free Jazz weist aber alle hier angeführten Elemente auf. Entscheidend ist jedoch der Bruch mit den formalen Traditionen der „klassischen" Jazzmusik. Als wichtige Musiker dieser Jazzrichtung sind sicher der Pianist **Cecil Taylor** und der Altsaxophonist **Ornette Coleman** anzuführen.

Cajun-Musik

Cajun-Musik ist ursprünglich auf die Akadier zurückzuführen, die als **französische Siedler** 1755 das Gebiet südöstlich des St.-Lorenz-Stroms verlassen mussten, weil die Engländer diesen Teil des heutigen Kanada 1713 im Frieden von Utrecht zugesprochen bekommen hatten. Eine große Gruppe dieser Akadier siedelte sich daraufhin in Louisiana westlich des Mississippi an und entwickelte unter dem Einfluss deutscher, spanischer und kreolischer Zuwanderer eine Kultur, die als Cajun bezeichnet wurde. In Bezug auf den Musikstil ist diese Kultur auch heute noch sehr lebendig. Die klassischen Volkslieder, die von zwei Fiedeln, einer Triangel und nach 1800 einem Akkordeon begleitet wurden, erfreuen sich immer noch großer Beliebtheit. Die Instrumentierung ist allerdings im 20. Jh. um einige Instrumente erweitert worden. So kann man bei Cajun-Gruppen auch Gitarre und Schlagzeug antreffen. Das Schlagzeug ist häufig durch einfache Percussion-Instrumente ersetzt. Es wird auch schon mal zu profanen Esslöffeln gegriffen, um den Takt zu schlagen. Seltener ist das Akkordeon durch ein Klavier ersetzt.

Lebendige Kultur

Während in den 1930er- und -40er-Jahren der Einfluss des Blues und des Western Swing das Akkordeon in den Hintergrund drängten, orientieren sich die Cajun-Musiker von heute eher an der traditionellen Form. Eine Ausnahme ist hier der sogenannte „**Zydeco**", der sich als Mischform von schwarzem Cajun und Rockmusik in den letzten Jahrzehnten entwickelte und immer häufiger gespielt wird. Die Themen der Cajun-Musik kreisen um Essen, Trinken, Schlägereien und Mädchen, und die Refrains sind eingängig und einfach, was diesem Musikstil häufig Verachtung eingebracht hat.

Da Cajun-Musik jedoch Volksmusik ist, verwundert weder die Themenwahl noch die Schlichtheit des Aufbaus. Sicher ist, dass es sich nach dieser Musik hervorragend tanzen lässt. Die Texte sind auch heute noch zum größten Teil auf **Französisch**, auch wenn einige Cajun-Gruppen dazu übergegangen sind, ihre Lieder ins Englische zu übersetzen oder zumindest den Refrain auf Englisch zu singen. Französischsprachige Zuhörer werden möglicherweise auch nicht alles verstehen, da das Cajun-Französisch eine recht eigenwillige Aussprache aufweist und sich im Laufe der Jahrhunderte auch bezüglich der Wortwahl und -bedeutung verändert hat.

Countrymusik

Die europäischen Wurzeln der Countrymusik in Amerika gehen auf Volksmusik in Wales und Schottland zurück. Gospeleinflüsse sowie Jazz und vor allem Blues waren es dann, die der Countrymusik vorausgingen. Davon ist jedoch heute nicht mehr viel zu erkennen, da die Countrymusik seit Jahrzehnten hauptsächlich im **Nashville-Sound** in dieser Stadt in Tennessee produziert, und man könnte fast auch sagen, „gebastelt" wird. Nashville ist in diesem Sinne das Hollywood der Countrymusik, auch wenn Knoxville und die Region der nördlichen Appalachen (Smoky Mountains) es eigentlich waren, in denen der Country-Sound seine ersten eigenen Schritte und Entwicklungen gemacht hat. In riesigen Aufnahmestudios mit allen technischen Finessen wurden und werden in Nashville Lieder nach einem bestimmten Strickmuster in großer Anzahl produziert und auf den Markt geworfen.

„Hollywood der Countrymusik"

Mit den Smoky-Mountain-Balladen der 1920er und -30er-Jahre, in denen sich angelsächsisches Liedgut mit Merkmalen der Spirituals (bzw. Gospel) vermischte und die in der Regel nur von einem Gitarristen begleitet wurden, haben diese Songs heute kaum noch etwas gemeinsam.

Wurzeln der Countrymusik

Die **Balladen der Smoky Mountains** gelten als frühe **Hillbilly-Musik**, die in ihren Texten sehr erdverbunden ist. In der Entwicklung der Countrymusik spielten allerdings auch Einflüsse von Arbeitern im Süden der Staaten und im Rahmen des Western die Musik der Cowboys der großen Ebene eine Rolle. Letztere zeugt nicht nur inhaltlich von der Lebensweise dieser Leute, sondern auch in der Instrumentierung. Häufig hatte eben nur eine Mundharmonika Platz im Gepäck eines Cowboys. Eine weitere Wurzel der Countrymusik ist der **Bluegrass**, bei dem Sänger zu Saiteninstrumenten meist im Duett oder Trio alte Balladen singen. Die Form des Country, mit der die elektrische Gitarre in dieser Musikrichtung gesellschaftsfähig wurde, ist der sogenannte **Rockabilly**, der als Mischung traditioneller Countrymusik und Rhythm'n'Blues von Elvis Presley berühmt gemacht wurde. Berühmte Country-Sänger wie Johnny Cash, Jimmy Dean oder Marty Robbins entwickelten in einem gewissen Sinne auch ihren Stil, aber da sie in der Maschinerie der Country-Produktion in Nashville Grenzen fanden, entwickelten sie keine neue Richtung, die dem Rockabilly vergleichbar wäre.

In den 1960er-Jahren tauchten auch die schwarzen Musiker mit ihren Blues-Klängen wieder auf in der Country-Szene, besonders Dank einer Sendung, die den Namen „**Nighttrain Nashville**" trug und sehr beliebt war. Weiße Musiker, unter anderem auch **Jimi Hendrix**, Bill Cox, Bob Dylan, Joan Baez sowie viele andere kamen zu dieser Zeit nach Nashville. Zusammen mit den Bluesmusikern traten sie in dem Club „Bijou" nahe dem State Capitol auf (dieser musste später einer Straße weichen). In dieser Ära und aus dieser Musik heraus entwickelte sich später der Rhythm and Blues sowie z.T auch die Rockmusik. Letztere fand ihre Wurzeln aber auch an vielen anderen Stellen.

„Saubere" Musik

Musiker wie z.B. Willie Nelson („Crazy", „Out on the Road again"), eigentlich ein Bluessänger, und **Dolly Parton** waren es dann, die der Countrymusik ab Ende der 1970er-Jahre schließlich zum großen Durchbruch verhalfen. Damit kamen die großen Produzenten und Musikfirmen in die Stadt und ihnen folgten zahlreiche kleine Aufnahmestudios. Nun wurde die Musikrichtung definitiv „von oben" bestimmt und gesteuert: eine bestimmte Zielgruppe wurde erkannt, der Sound verfeinert sowie unverwechselbar gestaltet und die Texte durften von nun ab bestimmte Themen nicht mehr anschneiden (z.B. harte Drogen, Sexualität). Eine „saubere und ehrliche Musik" sollte es sein.

Ab Mitte der 1990er-Jahre dann rückten die Sängerinnen wieder weiter in den Mittelpunkt, nachdem die Legenden wie Patsy Cline (1950er-Jahre), o.g. Dolly Parton u.a. musikalisch bereits im Abseits standen. Es begann die große Zeit von Martina McBride und Trisha Yearwood, der Dixie Chicks und vor allem von Shania Twain, die nun auch international Furore machten mit ihren Liedern über die Macho-Welt der Cowboys. Entscheidend für die weite Verbreitung des Country sind heute neben Radio und Fernsehen auch das Internet sowie die Smart-Phones, denn die Vermarktung ist hochprofessionell und modern. Es erübrigt sich fast zu erwähnen, dass auch hier Nashville führend ist. Da Countrymusik ein Begriff ist, der, wie in diesem Abschnitt deutlich wird, sehr unterschiedliche Entwicklungsformen dieser Richtung zusammenfasst, ergeben sich häufig Schwierigkeiten bei einer genauen Definition des Begriffs „Country". Viele verbinden hiermit nur die modernere Variante des Nashville-Sounds (s. hierzu ab S. 470).

Rock'n'Roll

Die Wurzeln des Rock'n'Roll gehen einerseits auf den Rhythm'n'Blues afroamerikanischer Musiker und andererseits auf die Countrymusik weißer Musiker zurück. Geografisch gesehen hat sich der Rock'n'Roll entsprechend seiner Wurzeln vom Süden her mit seiner Blues-Tradition, und vom südlichen Mittleren Westen der Vereinigten Staaten mit dem für diese Gegend typischen Country, ausgebreitet.

Memphis gilt als die Stadt, in der die entscheidende Geschichte des Rock'n'Roll geschrieben wurde. Jedoch auch Chicago und Detroit galten als frühe „Brutstätten" des Rock'n'Roll. Der Name dieser Musikrichtung ist eine Verkürzung der im Blues häufig gesungenen Zeile „Rock me, roll me, all night long", die mit „wiege mich, schaukel mich, die ganze Nacht lang" übersetzt werden kann und entsprechend als sexuelle Anspielung zu verstehen ist. Im frühen Rock'n'Roll spielt die erste „große" Liebe bezüglich der inhaltlichen Themen ebenfalls eine große Rolle. Darüber hinaus wurden Probleme mit der Schule und den Eltern ebenso besungen wie schnelle Autos. Diese Themenmischung war insofern nicht verwunderlich, als dass sich das Publikum des Rock'n'Roll zum größten Teil aus Jugendlichen zusammensetzt. So war diese Musik auch eng mit jugendlichen **Protestkulturen** wie Rockern oder Teddyboys verbunden, die sich nicht nur durch ihre Kleidung, sondern auch durch die Musik von den älteren Generationen – die den Rock'n' Roll mit seiner Lautstärke und seinem schnellen Tempo oft als Krach empfanden – absetzen. Rock'n'Roll ist in dieser Hinsicht also mehr als nur Musik, er spiegelte von Anfang an auch das Lebensgefühl junger Menschen durch die Generationen wieder.

Musik der jungen Menschen

Die Standardbesetzung einer Rock'n'Roll-Band ist ein Sänger, jeweils ein Solo-, Rhythmus- und Bassgitarrist, ein Schlagzeuger und ein Tenorsaxophonist. Als erster Rock'n'Roll-Star wurde **Bill Haley** (1927–1981) berühmt, der ab 1954 in großem Stil Platten aufnahm und Millionenauflagen davon verkaufte. Außer ihm gilt **Chuck Berry** (geb. 1931) als Star der ersten Stunde. **Elvis Presley** (1935–1977), der durch seine Musik zur Legende wurde, stieg ab 1956 in das Rock'n'Roll-Geschäft ein und landete mit seinem Song „Heartbreak Hotel" gleich einen Hit, der auch heute noch zu den Klassikern dieser Musikrichtung zählt.

Elvis wurde zur Legende

Anfang der 60er-Jahre verschwand der Rock'n'Roll fast ganz von der Musikszene und wurde vom Rock abgelöst, der gewisse Elemente des Rock'n'Roll, wie zum Beispiel die Besetzung einer Band, die Rolle der Leadgitarre oder die Art und Weise, dieses Instrument zu spielen, aufnahm und weiterentwickelte. Musikhistorisch wird das Ende der ersten Rock'n'Roll-Ära 1962 mit dem Bekanntwerden der Beatles angesetzt. In den 1970er-Jahren erlebte der Rock'n'Roll eine neue Blütezeit, als man die sogenannten Revivals spielte.

Küche und Getränke

Die amerikanische Küche ist weit mehr als Fastfood. Wer in den südlichen Staaten der USA reist, sollte sich folgende Dinge nicht entgehen lassen:

- Ein **saftiges Steak** ist ein Muss in Amerika. Sparen Sie sich genügend Appetit dafür auf. Die Steaks, besonders die T-Bone-Steaks, sind um einiges größer als bei uns und hängen zumeist sogar über den Tellerrand hinaus. Die besten Steaks gibt es in den kleineren Städten auf dem Lande oder in einem teuren Restaurant.
- An der Küste steht natürlich **Seafood** ganz oben auf der Wunschliste. Hier gehören der Crawfish (große Krabbe) und die Shrimps (Krabben) zu den Grundnahrungsmitteln. In Pubs und Kaschemmen in Louisiana und Alabama werden sie sogar als „Arme-Leute-Essen" serviert, eingewickelt in eine Zeitung. Zusammen mit Brot oder Kartoffeln werden sie dann verzehrt. Fische sind natürlich auch zu empfehlen.

Kulinarische Vielfalt

- Eine besonderen Reiz bietet die **Cajun-Küche** (Kreolische Küche). Sie besteht aus verschiedenen Grundlagen: Meistens bilden Meeresfrüchte und Hühnchen die Grundlage. Die Gewürze und die dazu gebotenen Saucen geben dem Essen eine sehr schmackhafte Note, z. T. ungeahnt scharfe Variante.
- In Florida (aber nur bedingt im Norden) hat sich u. a. die kubanische Küche durchgesetzt, die mit vielerlei Exotischem aufwartet, so z.B. mit Kochbananen und schwarzem Pfeffer. Safran darf an den meisten Gerichten auch nicht fehlen.
- In den Städten, besonders denen der westlich gelegenen Staaten des Südens, findet sich dann noch eine Reihe von mexikanischen Restaurants bzw. Imbissbuden.

Vor allem an der Küste, wie hier in Savannah, gibt es hervorragendes Seafood

Einiges Wissenswertes

- Anders als in Europa, **verweilt man nicht ewig** im Restaurant.
- Beim Eintritt in ein Restaurant wartet man meist, bis man **einen Platz zugewiesen bekommt** (wait to be seated).
- Die Amerikaner essen zwar auch mit Messer und Gabel, legen aber meist nach jedem Schnitt das Messer ab, nehmen die Gabel in die rechte Hand und essen dann nur mit der Gabel weiter.
- Der **Kaffee ist sehr dünn**, wird aber oft kostenlos nachgeschenkt.
- Das **Trinkgeld** ist wichtig, auch in Pubs. **15–20 %** werden erwartet, da die Bezahlung der Kellner sehr niedrig ist und es grundsätzlich erwartet wird, dass man Trinkgeld gibt. Zahlen Sie mit einer Kreditkarte, befindet sich eine Extraspalte für das Trinkgeld auf dem Kreditkartenbeleg, in den Sie die von Ihnen gewählte Summe eintragen. In Restaurants, in denen Sie am Ausgang an der Kasse zahlen, lassen Sie das Trinkgeld für den Kellner gesondert auf dem Tisch liegen. Achtung: In manchen Restaurants wird eine „service charge" gleich mit auf die Rechnung gesetzt. Schauen Sie sich Ihre Rechnung genau an und hinterlassen Sie nur dann Trinkgeld, wenn die „service charge" nicht aufgeführt ist.
- Die **Portionen sind häufig sehr groß**. Achten Sie am besten beim Betreten des Restaurants schon darauf, ansonsten sind Sie bereits beim Auftischen satt.
- **„Early Bird Specials"** werden häufig zwischen 16 und 18 Uhr, manchmal auch bis 19 Uhr angeboten. Dabei essen Sie z.T. zum halben Preis.

• An der Atlantikküste gibt es neben Seafood vor allem auch englische Küche, die aber durchaus schmackhaft sein kann, da das Fleisch besser zubereitet wird als in England und den Gewürzen des Südens Einzug gewährt wurde.

Frühstück

Wer in der Stadt oder einem größeren Hotel übernachtet, ist häufig besser beraten mit einem Frühstück in einer Cafeteria oder einem besseren Fastfood-Laden. Damit entgeht man der faden Auswahl von Continental oder American Breakfast. Ausnahme bieten nur die Frühstücksbuffets, die einige größere Hotels anbieten sowie natürlich das bessere Frühstück in einer B&B-Unterkunft.

• Continental Breakfast: meist nur aus Muffins oder Croissants, Marmelade, Saft und Kaffee/Tee.
• American Breakfast: Eine Kalorienbombe – Eier (meistens gleich 3), Schinken, Speck, Cornflakes, Saft, Kaffee/Tee und häufig auch noch Kuchen oder Waffeln mit Sirup. Davon wird man mehr als satt, kämpft aber noch Stunden mit dem überladenen Magen.
• Mexican Breakfast: Selten vorzufinden, aber besonders im äußersten Süden beliebt. Typisch ist hier das Gericht „Huevos Rancheros" – Eier auf Tortillas und dazu eine (meist scharfe) Sauce.

Lunch

Das Mittagessen hat in den USA wenig Bedeutung. Die Amerikaner essen zu dieser Zeit hauptsächlich in Fastfood-Restaurants. Wer trotzdem gut zu Mittag essen möchte, bekommt in den besseren Restaurants zu dieser Zeit Mahlzeiten zu deutlich günstigeren Preisen geboten („Lunch specials"/„Daily specials").

Dinner

Das Dinner bildet die zweite große Mahlzeit. Es besteht mindestens aus Vorspeise, Hauptgericht und Nachspeise. Da das üppige Frühstück bereits eine ganze Weile zurückliegt, wird früh zu Abend gegessen. Die Restaurants öffnen um 18, aber ab 20 Uhr (in der Regel aber 21 Uhr) kann es bereits passieren, dass die Küche kalt ist. Wer spät essen möchte, erkundige sich vorher über die Küchenzeiten.

Tipp

Sie werden schnell feststellen, dass Essen gehen in den USA sehr hektisch werden kann. Kaum sitzt man, geht es bereits los: „Was möchten Sie trinken", dabei wird die Speisekarte gereicht, und der Kellner wartet ungeduldig auf die Bestellung. Zwischen den Gerichten geht es ebenso rasant zu. Nichts mit 10 Minuten „Verdauungspause" dazwischen. Und kaum, dass der letzte Bissen im Mund verschwindet, wird auch schon der Teller abgeräumt und die Rechnung serviert. In Amerika bedeutet guter Service „schneller Service", und Essengehen wird nur als kurzes Vergnügen angesehen. Zum Reden und Trinken geht man nach dem Essen in eine Bar. Entsprechend werden aber auch reservierte Restaurantplätze ausgegeben. 1 bis maximal 2 Stunden – Letzteres nur in Top-Restaurants – ist alles, was Ihnen zugestanden wird. Danach ist der Tisch bereits weitergegeben. Der Tipp für Gäste, die es gerne etwas geruhsamer zugehen lassen möchten, ist daher:

- *Lassen Sie sich dem **„Second Seating"** (in der Regel 20.30 Uhr) zuweisen. Danach folgen Ihnen keine weiteren Gäste mehr.*
- *Sagen Sie bereits bei der Reservierung, dass **Sie gerne länger und in Ruhe speisen möchten**, und*
- *Haben Sie den Mut, einer allzu eifrigen Bedienung zu sagen, wenn Sie etwas **mehr Zeit haben möchten**. Dafür hat man Verständnis. Falls Sie dieses nicht tun, dann denkt die Bedienung halt, es muss alles flott gehen.*

Kleine kulinarische Sprachhilfe

Teigwaren	
biscuit	weiche Brötchen (süßlich)
cornbread	Maisbrot
danish pastry	Blätterteigstückchen
hush puppies	Pfannkuchen aus Maismehl
pancake	Pfannkuchen
rolls	Brötchen (weich)
rye bread	Roggenbrot
shortcake	Mürbeteigküchlein mit Früchten und manchmal Sahne
white bread	Weißbrot
crispies	knusprige Getreideflocken
Belag/Beilagen	
bologna sausage	Mettwurst
butter	meist salzige Butter
cottage cheese	Hüttenkäse (eher unserem Quark ähnlich)
jam	Marmelade
jelly	Gelee
maple syrup	Ahornsirup
peanut butter	Erdnussbutter
hash browns	geschnetzelte und gebratene Kartoffeln
Eierzubereitungen	
bacon and eggs	Eier mit Schinkenspeck
ham and eggs	Eier mit Schinken
scrambled eggs	Rührei
fried eggs	Spiegeleier, dabei gibt es folgende Varianten: „over" = auf beiden Seiten fest gebraten, das Eigelb ist hart; „over easy" = auf beiden Seiten leicht knusprig gebraten, das Eigelb ist leicht angebraten; sunny side up = nur auf einer Seite gebraten, das Eigelb ist weich
Vorspeisen (starters/appetizers)	
crab bisque	Krabbencremesuppe
cole slaw	roher, geschnitzelter Kohl in saurer Sahnesauce
Hauptgerichte (entrees/main course)	
besondere Arten und Zubereitungen von Fleisch	
prime rib of steak	Rinder-Rippenstück
spareribs	Schweinerippchen (hier nagt man Rippenknochen ab)
steaks	Steaks
sirloin steak	Lendensteak (äußerst zart), ähnlich dem Rumpsteak
tenderloin steak	sehr feines Filet
T-bone steak	Steak mit T-förmigen Knochen

Kleine kulinarische Sprachhilfe

club steak	aus dem Mittelrücken
roundsteak	aus der Keule
Zubereitung	well done = ganz durchgebraten, medium = halb durchgebraten, innen rot-rosa, rare = innen ganz roh, nur außen gebraten (häufig verwendet man auch die Bezeichnung medium-rare)
Fisch	
seafood	Fischgerichte/Meeresfrüchte allgemein
fish chowder	Fischcremesuppe (meist mit Gemüseeinlage)
clams	Herz-Muscheln
crab	Krabbe/Krebs
king crab	große Alaskakrebse
crayfish	Languste (große Krabbe)
catfish	Wels (Süßwasserfisch)
scallops	Jakobsmuscheln
Cajun- (Kreolische) Spezialitäten	
andouille	würzige, grobe Wurst. Wird meist mit Red Beans auf Reis serviert.
boudin	Schweinefleisch, scharf gewürzt und mit Zwiebeln auf Reis serviert
cafe brulo	starker Kaffee, versetzt mit Gewürzen und einem Likör. Wird gerne nach einem mächtigen Dinner getrunken
chicory	Zichorie. Wird zum Würzen von Pulverkaffee verwendet.
crawfish	Languste, krebsartige Krabbe. „Mudbugs" genannt, da sie im Schlamm der Flüsse leben.
etoufee	Dressing, meist auf Tomatenbasis. Gut gewürzt. Wird vor allem zu Crawfish serviert.
grillades	in Würfel geschnittenes und gegrilltes Fleisch
gumbo	dick angemachte Suppe (z.B. Shrimp-gumbo)
jambalaya	eine Art Eintopf, in dem der Koch „Reste" verwertet. „Nationalgericht" der Kreolen
plantain	Kochbanane. Nicht so süß wie die uns bekannte Banane. Wird als Beilage serviert.
po'boy	Sandwich, ehemals für die „armen Jungs" (poor boys). Sehr dick belegt, z.B. mit Shrimp oder Roastbeef
Spezialitäten Floridas	
catfish	Wels. Ein Süßwasserfisch
conch powder	Dicke Suppe aus Milch, Kartoffeln und Muscheln. Kräftig gewürzt
grits	Hafergrütze fürs Frühstück
grouper	Barsch
key lime pie	Dessert. Dünner Teigboden, belegt mit dicker Schicht aus gelben Zitronenbaisers
pompano	Goldmakrele. Mit Shrimps gefüllt und dann in Folie im Ofen gebacken
spotted sea trout	Seeforelle. Gebraten und oft mit Mandeln serviert

Kleine kulinarische Sprachhilfe

stone crabs	Steinkrebse. Das beste Fleisch befindet sich in den Scheren.
Kubanische Spezialitäten	
arroz con pollo	Huhn und Safranreis
malanquitas	knusprige Kartoffelscheiben
palomilla	kubanisches Steak
sopa de frijoles negros	schwarze Bohnensuppe, mit viel Knoblauch, Oliven und Schweinefleisch
sopo'n marinero	Suppe mit Schalentieren, Reis, Erbsen, scharfen Pfefferschoten
tocino del cielo	Nachtisch aus Zucker und Eigelb
tostones	gebratene Kochbananenstreifen
tres leches	leichter Biskuitkuchen, der mit Milch durchtränkt ist
Mexikanische Spezialitäten	
burritos	zugedeckte Tortillas mit Hackfleisch und Bohnen
chilli relleno	mit Käse gefüllte Pfefferschoten
enchiladas	gerollte Tortillas mit Chili und Fleisch
blue corn tortillas	Tortillas aus blauem Mais
tamales	Maisblätter mit Füllung

Partystimmung herrscht ab dem frühen Abend im French Quarter in New Orleans

Allgemeine Reisetipps A–Z

Hinweis

In den Allgemeinen Reisetipps finden Sie – alphabetisch geordnet – reisepraktische Hinweise für die Vorbereitung Ihrer Reise und für Ihren Aufenthalt im Süden der USA. In den Kapiteln 3–8 finden Sie dann bei den jeweiligen Orten und Routenbeschreibungen detailliert Auskunft über Infostellen, Sehenswürdigkeiten, Adressen und Öffnungszeiten, Unterkünfte, Essen und Trinken, Verkehrsmittel, Einkaufen und Sportmöglichkeiten.

Abkürzungen

Im Folgenden sind die wesentlichsten Abkürzungen aufgeführt, auf die man während einer Reise durch die USA immer wieder treffen wird (z. B. in Karten, auf Straßenschildern oder auch in diesem Buch).

Ave./Av.	Avenue
B.	Beach/Strand
Bldg.	Building/Gebäude
Blvd.	Boulevard
Cr.	Creek/Bach
CVB	Convention & Visitors Bureau (Fremdenverkehrsamt)
Dept.	Department/im Amerik.: Behörde, Abteilung
Dr.	Drive
Fwy.	Freeway
Ft.	Fort
H.M.	Historical Monument/Historisches Denkmal
H.P.	Historical Park/Historischer Park
Hts.	Heights/Höhen
Hwy.	Highway
I	Interstate/Autobahn
Ind. Res. (auch **I.R.**)	Indian Reservation/Indianerreservat
Int.	International
L.	Lake/See
Ln.	Lane
Mph	miles per hour (1 mi = 1,6 km)
M.R.	Military Reservation/Militärgebiet
Mt., Mtn.	Mount, Mountain/Berg
Mts.	Mountains/Berge
Mun.	Municipal/städtisch
Nat.	National
N.B.	National Battlefield/Nationales Schlachtfeld
Nat'l Rec. A. (**N.R.A.**)	National Recreational Area/Erholungsgebiet
N.F. oder **Nat. For.**	National Forest/Wald
N.M.	National Monument/Nationaldenkmal
N.P.	Nationalpark
N.S.	National Seashore/Nation. Küstenschutzgebiet
N.W.R.	National Wildlife Refuge/Naturschutzgebiet
Pk.	Peak/Gipfel
Pkwy.	Parkway
Pl.	Place
R.	River/Fluss
Rd.	Road
Res.	Reservation oder Reservoir/Reservat oder Stausee
RV	Recreational Vehicle/Campingmobil
S.P.	State Park
Spr., Sprs.	Spring, Springs/Quelle, Quellen
Sq.	Square
St.	State oder Street/Staat oder Straße

Abkürzungen der Staaten des Südens			
Louisisana	**LA**	South Carolina	**SC**
Mississippi	**MS**	North Carolina	**NC**
Alabama	**AL**	Tennessee	**TN**
Florida	**FL**	Arkansas	**AR**
Georgia	**GA**		

Alkohol

Bier und leichte Alkoholika erhält man in Supermärkten und kleineren Geschäften. Wein und Spirituosen gibt es dagegen nur in speziellen „**Liquor Stores**", wobei Wein auch in einigen Supermärkten erhältlich ist. In Cafés und Rasthäusern entlang den Highways gibt es fast nie Alkohol, und auch nicht alle Restaurants haben eine volle Alkohollizenz (auch für harte Alkoholika). Solche mit dieser Lizenz sind mit „fully licensed" gekennzeichnet.

Besonderheiten:
In einigen Bundesstaaten gelten besondere **Alkoholgesetze** und es gibt es sogenannte *Dry Counties*. Zudem ist es üblich, an Sonn- und Feiertagen keinen Alkohol vor 12 Uhr mittags zu verkaufen oder auszuschenken. In den Indianerreservaten darf überhaupt **kein Alkohol** ausgeschenkt werden.

Für den **Erwerb von Alkohol** ist das Mindestalter von 21 Jahren (selten 18 bzw. 19 Jahre) angesetzt. Dieses wird streng kontrolliert („Picture I.D., please!"). Deshalb sollte man ständig ein offizielles Ausweispapier mit Geburtsdatum mit sich führen (Reisepass oder Führerschein).

Anreise

Mit dem Flugzeug:
Das Angebot an Flügen in die USA wird immer größer und unübersichtlicher. Auf eine Auflistung aller in Frage kommenden Airlines soll daher verzichtet werden. Am besten informiert man sich im Internet (z. B. www.flug.de, wwwbilligfluege.de, www.opodo.de oder www.followme.de) bzw. im Reisebüro. Lohnend ist auch ein Preisvergleich, z. B. mit einem der **Billigfluganbieter**. Die **Internetanbieter** sind oft billiger als die **Reisebüros**, aber auch **nicht zwangsläufig**. Achten Sie auf evtl. **Umbuchungsmöglichkeiten**. Häufig sind die preisgünstigeren Internetflüge nicht mehr umbuchbar. Auch auf den Internetseiten der Airlines selbst findet man gelegentlich ein Schnäppchen. Möchte man ein Paket mit Anschlussflügen, Mietwagen und Hotels schon in Europa buchen, empfiehlt sich ein Reisebüro. Wichtig ist, besonders in den Sommermonaten (Hauptsaison), früh zu buchen.

Die **größten Flughäfen** im Süden sind Memphis, New Orleans und vor allem Atlanta, das u.a. als Drehscheibe für die hier ansässige Delta Airlines fungiert. Weitere große Flughäfen, die über einen Cityhopper-Service an das internationale Netz angeschlossen sind: Little Rock, Tallahassee, Mobile, Jacksonville, Columbus, Chattanooga und Nashville. Grundsätzlich gilt: Landet man z.B. in New York oder Atlanta zwischen, kann man von dort ohne Probleme zu jedem Flugplatz im Süden weiterreisen. Lassen Sie sich bei der Flugbuchung also nicht von den Namen der großen Metropolen blenden. Ein gezielter Anflug zu einer kleineren Stadt kann so manchen unnötigen Kilometer ersparen.

Tipp: Individuell Reisen

America Unlimited ist ein kleiner Nordamerika-Spezialist, der Mietwagenrundreisen durch die USA mit und ohne Flug anbietet. Die Routen können individuell abgeändert werden. Info: America Unlimited, Leonhardtstraße 10, 30175 Hannover, ☎ 0511 37444750, www.america-unlimited.de.

Seit den Anschlägen vom September 2001 und Beginn des Irak-Krieges wurden die **Sicherheitsvorkehrungen** verstärkt, besonders an den Flughäfen. Die Präsenz und der Einfluss des *Department of Homeland Security* ist vielerorts allgegenwärtig. Bedenken Sie, dass es zu erhöhten Wartezeiten kommen kann und erscheinen Sie rechtzeitig vor dem Abflug am Flughafen. Taschenmesser, Nagelfeilen und andere spitze Gegenstände gehören grundsätzlich nicht ins Handgepäck. Auch Flüssigkeiten aller Art werden streng kontrolliert und gegebenenfalls konfisziert.

Mit dem Schiff:

Schiffsreisen (auch Frachtschiffreisen) sind viel teurer als das Fliegen, aber bieten auch etwas Besonderes. Von Hamburg oder Bremerhaven aus gibt es immer noch einen Schiffsdienst nach New York, der aber nicht regelmäßig bedient wird und häufig mit einer kleinen Kreuzfahrt verbunden ist. Nähere Auskünfte gibt es im Reisebüro.

Eine **Alternative** wäre aber die Anreise mit einem Frachtschiff. Dabei stehen Touristen ein paar Kabinen auf einem Frachter zur Verfügung, und man lebt und isst zusammen mit dem Personal. Die Kabinen sind in der Regel sehr komfortabel. Frachtschiffe laufen aber nicht immer die großen Städte an, sodass Sie sich rechtzeitig um einen Weitertransport kümmern sollten. Nähere Auskünfte über Frachtschiffreisen erteilt: **Frachtschiff-Touristik**, Kapitän Zylmann, Mühlenstr. 2, 24376 Kappeln, ☎ 04642/96550, www.zylmann.de.

Antebellum-Häuser

Viele Antebellum-Häuser sind heute als Museen eingerichtet und stehen der Öffentlichkeit zur Besichtigung offen. Da in vielen aber auch heute noch Familien leben, hat eine Reihe von Gemeinden – in Vereinbarung mit den Bewohnern – einen relativ kurzen Zeitraum im Jahr festgelegt (meist Frühjahr oder Herbst), in dem ein Einblick in diese Häuser gewährt wird. In dieser Zeit – auch „**Pilgrimage**" (Pilgerzeit) genannt – führen als „Southern Belles" kostümierte junge Damen durch die Gebäude. Nähere Auskünfte erteilen die Touristenbüros der jeweiligen Orte.

Einige der Pilgrimagedaten und Orte	
Athens, Georgia	Mitte Apri
Beaufort, South Carolina	3. od. 4. Märzwochenende bzw. erstes Oktoberwochenende
Küstenabschnit zwischen Bay St. Louis und Biloxi (hier Infos), Mississippi	Anfang April
Charleston, South Carolina	Ende März bis Mitte April sowie Anfang Oktober
Georgetown, South Carolina	Ende März
Huntsville, Alabama	Mitte April
Mobile, Alabama	Anfang/Mitte März
Natchez, Mississippi	Mitte März bis Anfang April
Savannah, Georgia	erste Aprilwoche
Vicksburg, Mississippi	Ende März bis Anfang April

Diese Zeiten können nur als Richtlinien angesehen werden und variieren teilweise jedes Jahr um ein bis zwei Wochen. Wer zielgerichtet zu einer Pilgrimage anreisen möchte, sollte unbedingt vorher das entsprechende Touristenbüro konsultieren! Infos u.a. unter www.antebellumtrail.org, www.natchezpilgrimage.com.

Auto fahren und besondere Verkehrsregeln

In den USA gelten auf den Highways der meisten Bundesstaaten unterschiedliche Geschwindigkeitsbegrenzungen, die zwischen 60 mph (96 km/h) und 75 mph (120 km/h) liegen, letztere aber nur auf den 4-spurigen Interstates. Die zulässigen Höchstgeschwindigkeiten sind im Allgemeinen gut ausgeschildert. Die Geschwindigkeit wird streng kontrolliert, und die Strafen sind bei Übertretungen hoch (zahlbar an Ort und Stelle in bar)!

Langsames Fahren prägt das Fahrverhalten der Amerikaner: Es ist bei Weitem weniger hektisch als das der Europäer, aber dafür fahren die Amerikaner oft auch unaufmerksamer. Es wird in der Regel der Tempomat („cruise control") eingeschaltet und dann seelenruhig über das Asphaltband dahingeglitten. Auch wenn einem dieses Tempo doch etwas langsam vorkommt, das Fahren ist angenehmer und entspannter.

Das Tanken ist in den USA immer noch billiger als bei uns. Gemessen wird das Benzin in Gallonen (ca. 3,78 l), das Motorenöl in Quarts (ca. 1 l).

Einige wichtige Verkehrsregelungen:

- Es gilt **rechts vor links**. Eine Besonderheit ist der 4-Way-Stop, wo an einer Kreuzung an jeder Straße ein Stoppschild steht. Hier gilt, dass derjenige zuerst fahren darf, der an der Haltelinie seiner Straße zuerst zum Stehen gekommen ist.
- Das **Rechtsabbiegen an roten Ampeln** ist in den meisten Staaten **erlaubt**. Nur an wenigen Ampeln gilt diese Regel nicht, dies wird dann aber angezeigt („right turn only on green arrow" oder „no right turn on red"). Beim Abbiegen müssen Sie aber trotzdem auf die Vorfahrt der anderen und Fußgänger achten.

- In der **Nähe von Schulen** sind die Höchstgeschwindigkeiten herabgesetzt. Dieses wird durch ein Schild angezeigt und streng kontrolliert. Meistens gelten diese deutlich herabgesetzten Geschwindigkeiten aber nur, wenn gleichzeitig ein gelbes Blinklicht aufleuchtet.
- **Schulbusse** (gelb) dürfen nicht überholt werden, solange sie den Blinker gesetzt haben. Auch hier geht es sehr streng zu, weil Kinder involviert sind. Hinter einem blinkenden, stehenden Schulbus hält man dementsprechend an.
- Das Anlegen von **Sicherheitsgurten ist Pflicht**.
- **Falsch geparkte Fahrzeuge werden rigoros abgeschleppt**! Achten Sie also besonders darauf, dass Sie nicht neben einem roten bzw. blauen Kantstein parken, nicht direkt vor einem Hydranten für die Feuerwehr und nicht unter einem „No-Stopping- or-Standing"-Schild.
- Falls Sie im Rückspiegel ein **Polizeifahrzeug mit eingeschaltetem Blinklicht** sehen, halten Sie am Straßenrand an, bleiben Sie im Fahrzeug sitzen, und machen Sie keine hektischen Bewegungen.

Hinweis

Häufig kommen Verkehrszeichen in Schrift- statt Symbolform vor, z. B.:
Yield – Vorfahrt achten
Stop – Anhalten
Speed Limit/Maximum Speed – Höchstgeschwindigkeit
Dead End – Sackgasse
Merge – Einfädeln, die Spuren laufen zusammen
No U-Turn – Wenden verboten
No passing/Do not pass – Überholverbot
Detour – Umleitung
Road Construction oder Men working – Baustelle
Alt Route – Alternate Route/Umleitungsstrecke
Railroad X-ing (crossing) – Bahnübergang
Ped X-ing (crossing) – Fußgängerüberweg

Autokauf in den USA

Wer einen längeren Aufenthalt in den USA plant, sollte in Betracht ziehen, ein Fahrzeug zu kaufen, da Autos (inklusive Gebrauchtwagen) in den USA billiger sind. Für den Kauf und Verkauf eines Fahrzeuges sollte man jeweils eine Woche einplanen.

Kfz-Steuern sind **günstiger** als bei uns, aber leider ist es schwieriger und deutlich teurer, eine Versicherung in den USA abzuschließen, wenn man keinen amerikanischen Führerschein besitzt. Alternativ kann man sich eine Blankoversicherung in Deutschland ausstellen lassen, in die man nach dem Kauf alle zusätzlich notwendigen Daten einträgt. Alle in Frage kommenden Fahrer sollten mit in die Versicherungspolice aufgenommen werden. Informationen zu Versicherungen in Deutschland:

- **Tour Insure GmbH**, Herrengraben 5, 20459 Hamburg, ☎ (040) 251 72150, www.tourinsure.de
- **American International Underwriters** – Nowag Versicherungen, Platanenring 15, 63110 Rodgau, ☎ (06106) 16960, nowag@t-online.de

Beim Kauf eines Fahrzeuges sollte man versuchen ein Fahrzeug zu bekommen, das nicht älter als fünf Jahre und nicht mehr als 70.000 Meilen gefahren ist. Denn obwohl es in den USA mit Sicherheit genügend Werkstätten gibt, „pflegen" die Amerikaner ihre Fahrzeuge nicht so, wie wir es meist von Europa gewohnt sind. Prüfen Sie das Wunschfahrzeug also vorher genau, und achten Sie dabei auch auf Dinge wie Reifenabnutzung, Bremsbelagstärke und auf die Kupplung. Auch wenn es etwas teurer wird, empfiehlt es sich, ein Fahrzeug bei einem **Händler** zu kaufen. Hier ist die Chance auf ein besseres Auto größer, und man hat in der Regel auch ein Rückgaberecht während der ersten Tage. Ein Händler kann außerdem einigen Papierkram abnehmen, z. B. die Anmeldung und die Beschaffung der Nummernschilder. Übrigens, handeln ist auch bei den Händlern üblich!

Eine weitere Kaufvariante ist, sich an eine europäische Firma zu wenden, die sich mit dem Kauf und Versichern von Fahrzeugen auskennt und alle Formalitäten erledigt. Für den Autokauf käme dabei die Firma **Transatlantic RV**, www.transatlantic-rv.com, in Frage, die sich auf den Verkauf und Rückkauf sowie das Leasing von Campern, Wohnmobilen und Kombis („Stationwagon") spezialisiert hat. Es werden aber auch normale Kraftfahrzeuge und Motorräder angeboten. Die Fahrzeugausgabe und Abgabe ist allerdings nur in der Nähe von New York, in Los Angeles oder Vancouver/Kanada möglich. Die Firma kauft das Fahrzeug nach der Reise wieder zurück, Versicherungsabgelegenheiten und andere Formalitäten werden übernommen, inkl. Garantie. Natürlich ist dieser Kauf teurer, als wenn man das selbst in die Hand nimmt, aber dafür hat man auch eine gewisse Garantie und nicht die Laufereien.

- **Agentur Deutschland**: Ernst Muller, 1245 Park Street, Peekskill, NY 10566, muller@transatlantic-rv.com.
- **Agentur Schweiz**: Paul Müller, Rothenstein 3, CH-9056 Gais, Schweiz, ☎ (071) 999 3038, transatlantic@bluewin.ch.

Was benötigt man für den Autokauf und danach?

- **Title Card:** Diese weist Sie als Fahrzeughalter aus. Man erhält dieses Dokument unter Vorlage des Kaufvertrages beim staatlichen „Department of Motor Vehicle" (*DMV*). Die Ausstellung dauert einige Wochen, sodass Sie sich die Card an eine verlässliche Stelle nachschicken lassen müssen (das kann ein Hotel oder auch der Händler sein, bei dem Sie das Fahrzeug wieder verkaufen wollen). Aber die Adresse muss in den USA sein! Ohne diese Card können Sie das Fahrzeug nicht wiederverkaufen!
- die **Nummernschilder** (*license plates*) erhalten Sie sofort nach Vorlage der Versicherungspolice.
- die **Entrichtung der Steuern** in o.g. staatlicher Behörde, dem *DMV*.
- Abschluss einer **Versicherung** (teuer und schwierig für alle, die keinen amerikanischen Führerschein besitzen).
- ein **Abgas**- und **Fahrtüchtigkeitstest** des Wagens muss häufig beim Besitzerwechsel vorgenommen werden. Man erhält dann das „State Test Certificate" (variiert von Bundesstaat zu Bundesstaat).

Automobilclub

Der größte amerikanische Automobilclub heißt „**American Automobile Association**" (abgekürzt „AAA", gesprochen „Triple A"). Im Falle einer Panne hilft er ausländischen Touristen dann kostenlos, wenn man Mitglied in einem assoziierten heimischen Automobilclub (z. B. ADAC, ÖAMTC oder TCS) ist.

Im Faller einer Panne wird man über die Nummer 1-800-222-4357 zur nächstgelegenen Pannenhilfe durch Vertragswerkstätten weitergeleitet. Sollte man in einen Unfall verwickelt sein, verständigt man besser auch den Notruf unter 911. Bitte beachten, dass im Falle einer Panne oder eines Unfalls mit dem Mietwagen auch die Mietwagenfirma informier werden muss.

Informationen über die nächstgelegenen Niederlassungen des AAA gibt es in den örtlichen Telefonbüchern, die Auskunft „411" oder unter www.aaa.com (für Mitglieder). Auf dieser Webseite stehen unter dem Button „AAA Locations", unter Angabe der Postleitzahl (zip code) den Standort in der Nähe.

Anschriften der Hauptniederlassungen oder Geschäftsstellen in der Reiseregion:
- **Louisiana: AAA Louisiana**, 5454 Bluebonnet Rd., Suite M, Baton Rouge, LA 70809-2121, ☎ (225) 293-1200
- **Mississippi: AAA Mississippi**, 900 E.County Line Rd., Ridgeland, MS 39157, ☎ (601) 957-8484. Dieser Ort liegt bei Jackson, MS.
- **Alabama: AAA Alabama**, Birmingham Headquarters Office, 2400 Acton Road, Birmingham, AL 35243, ☎ (205) 978-7000
- **Florida: AAA Auto Club South**, AAA Tallahassee, 2910 Kerry Forest Pkwy D1, Tallahassee 32309, ☎ (850) 907-1000
- **Georgia:**
- **AAA Auto Club South**, AAA Sandy Springs, 4540B Roswell Rd., Atlanta, GA 30342, ☎ (404) 843-4500
- **AAA Auto Club South**, AAA Savannah, 712 Mall Blvd, Savannah, GA 31406, ☎ (912) 352-8222
- **North & South Carolina:.**
- **AAA Carolinas**, Charlotte Branch, 6600 AAA Drive, Charlotte, NC 28212, ☎ (704) 569-3600
- **AAA Carolinas**, Charleston Branch, 2031 Sam Rittenberg Blvd., Charleston, SC 29407, ☎ (843) 766-2394
- **Tennessee: AAA East Tennessee**, Headquarters Branch Office, 100 W. Fifth Avenue, Knoxville, TN 37917, ☎ (865) 637-1910
- **Arkansas: Automobile Club of Missouri** (Zusammenschluss), 9116 Rodney Parham Rd., Little Rock, AR 72205, ☎ (501) 223-9222, 1-800-632-6808

In den örtlichen Büros gibt es ebenfalls Informationsmaterial (Campführer, Tourbooks, Karten, Motelverzeicnisse etc.) und weitere Auskünfte zu regionalen AAA-Stellen. Bei allen größeren **ADAC-Stellen** in Deutschland erhalten Sie in der Touristikabteilung allgemeines Informationsmaterial für Autoreisen in den USA.

Autoverleih

Das Reisen mit einem Mietwagen in den USA ist unbedingt den öffentlichen Verkehrsmitteln vorzuziehen. Amerika ist ein Autofahrerland, und es ist kaum möglich, von Busstationen einen Weitertransport in die Nationalparks bzw. zu den einzelnen Sehenswürdigkeiten zu finden. Auch ist das städtische Nahverkehrssystem mit wenigen Ausnahmen sehr rudimentär. Sie haben kaum eine Chance, mit öffentlichen Verkehrsmitteln zu touristischen Zielen zu gelangen. Sparen lohnt sich hier also kaum. Am Ende kommt es ohne Auto ebenso teuer und/oder man muss eine Reihe interessanter Punkte auslassen.

Es empfiehlt sich, bereits in Deutschland in Verbindung mit dem Flugticket ein Auto zu mieten. Zum einen erhält man dabei in der Regel günstigere Tarife, da in Europa die Versicherungspauschale im Preis inbegriffen ist, zum anderen hat man bei der Ankunft keine Laufereien.

Wer nicht zu tief in die Tasche greifen möchte und zu zweit unterwegs ist, sollte sich für ein Fahrzeug der unteren Klassen (**Economy**, **Compact**) entscheiden. Hierbei handelt es sich um Fahrzeuge in der Größenordnung eines VW-Golfs oder Ford Fiesta. Wer es etwas komfortabler möchte, kann sich ein Fahrzeug der Klasse **Intermediate** mieten. Diese haben nützliche Ausstattungen wie z. B. „cruise control" (Tempomat) und Klimaanlage und sind meistens die beste Alternative, berücksichtigt man das Preis-Leistungsverhältnis. Wer noch mehr Platz braucht, weil er mit Familie reist, sollte sich für eine Limousine (**Full-Size-Car**) oder am besten einen Station Wagon (**Kombi**) entscheiden. Am teuersten schließlich sind die Kleinbusse (**Mini-Van**), die für eine große Familie am geeignetsten sind.

Ein **Campmobil** hat den Vorteil der Unabhängigkeit, ist aber unter dem Strich um einiges teurer als ein Mittelklassewagen inkl. günstiger Hotelübernachtungen. Vor allen Dingen ist die Miete des Campers um ein wesentliches höher und ein Campmobil verbraucht auch mit Sicherheit das Doppelte an Kraftstoff. Außerdem darf man nicht „wild" campieren, und die Campingplätze mit den nötigen Anschlüssen für ein solches Fahrzeug sind auch nicht ganz billig.

Die Preise für alle Mietwagen variieren je nach Reisezeit, Ort der Anmietung und eventueller Extraleistungen (z. B. ein anderer Abgabeort). Mit etwas Glück erhalten Sie Fahrzeuge günstiger zu sogenannten Holidaytarifen und oft sind die Mietpreise in Florida niedriger als in anderen Staaten.

Abgesehen von den großen Anbietern wie **Hertz, Avis, Budget, Alamo, Dollar** und **National**, gibt es Mietwagen-Broker, die oft günstige Konditionen anbieten. Informationen im Internet (z.B. unter www.adac.de/autovermietung, www.holidayautos.de, www.sunnycars.de oder www.driveFTI.de) oder im Reisebüro. Alle oben genannten Firmen sind den meist günstigeren lokalen Anbietern vorzuziehen, da sie dafür sorgen, dass Sie im Falle einer Panne überall einen Ersatzwagen gestellt bekommen. Wer nur im Umkreis einer Stadt reisen möchte, kann sich anhand der Gelben Seiten (*Yellow Pages*) im Telefonbuch über andere Verleihfirmen erkundigen. Wer noch mehr Geld sparen möchte, kann sich ein „Wrack" leihen. Die Firmen bezeichnen sich als „Rent-A-Wreck“ (www.rentawreck.com), doch die Autos sind keine Wracks, sie haben meist nur schon mehr Kilometer gefahren und es handelt sich oft um weniger attraktive Modelle.

Bei der Anmietung müssen Sie unbedingt mit angeben, ob Sie z.B. nach Mexiko einreien wollen. Häufig bekommen Sie dafür eine spezielle Versicherungsklassifikation und müssen eine Zusatzversicherung abschließen. Außerdem ist wichtig, ob Sie das Fahrzeug im selben Staat und am selben Ort wieder abgeben werden, ansonsten werden in der Regel Einwegzuschläge fällig.

Wichtig ist, dass Sie sich vorab erkundigen, welche **Versicherungen** Sie bereits beim Anmieten mitbekommen und ob eine Zusatzversicherung überhaupt nötig ist. Leicht versichert man sich doppelt. Viele Kreditkarten beinhalten auch einige Versicherungen für Mietwagen, in der Regel müssen Sie den Wagen aber auch mit dieser Kreditkarte bezahlen. Oft gibt es Konfusion über zusätzliche Gebühren. Diese Zusatzversicherungen werden in der Regel erst am Schalter der Mietwagenfirma angeboten. Vergewissern Sie sich genau über den Versicherungsschutz und lehnen Sie Zusatzleistungen, die nicht notwendig sind, ab.

Wichtig ist weiterhin:

- Ohne gängige Kreditkarte (Mastercard, Visa, American Express, Diners) ist das Anmieten eines Wagens nicht möglich.
- In vielen Staaten muss der Mieter mind. 25 Jahre alt und der Fahrer mind. 21 Jahre alt sein, häufig sogar 25. Für Fahrer unter 25 wird oft ein Zuschlag be-

Gängige Versicherungen/Steuern/Abkürzungen

- **CDW** (Collision Damage Waiver) und LDW (Loss Damage Waiver) – Vollkasko mit Haftungsbefreiung für Schäden am Mietwagen und Diebstahl.
- **ALI** (Additional Liability Insurance) – pauschale Erhöhung der Haftpflicht-Deckungssumme auf einen 7-stelligen Betrag und ist damit ebenfalls sinnvoll.
- **LIS** (Liability Insurance Supplement) – Analog zu ALI mit zusätzlichem Schutz für Personenschäden bei unversicherten Unfallgegnern.
- **UMP** (Uninsured Motorist Protection) Zusatzversicherung bei Unfall, Verletzung oder Tod von unversicherten/flüchtigen Unfallgegnern.
- **PAI** (Personal Accident Insurance) – Insassenversicherung bei Verletzung oder Tod.
- **PEP** (Personal Effects Protection), PEC (Personal Effects Coverage) – Gepäckversicherung. Die Höchstsumme ist für das gesamte Fahrzeug begrenzt, also nachfragen. Nur im Zusammenhang mit PAI buchbar. Alle Schäden unterliegen in der Regel einer Selbstbeteiligung.
- **PERSPRO/CCP** (Carefree Personal Protection) – Personen- und Gepäckversicherung, nur USA, Schutz für Mieter und Mitfahrende, sowie beim Ein- und Aussteigen, zudem Deckung für einige Notfalldienste. Lohnt meist nicht, da o.g. Versicherungen oder zu Hause abgeschlossene Auslandskranken- und Gepäckversicherungen diese Fälle abdecken.

rechnet. Beim Buchen unbedingt das Alter des Mieters angeben und bei der Abholung die Führerscheine aller möglichen Fahrer vorlegen.

- Geben Sie das Auto nur mit vollem Tank wieder ab, ansonsten berechnet die Mietwagenfirma fürs Auffüllen einen deutlich erhöhten Benzinpreis. Mittlerweile werden Ihnen auch schon Fahrzeuge vermietet, bei denen der Tankinhalt im Preis inbegriffen ist. Achten Sie darauf, sonst tanken Sie evtl. „umsonst“ kurz vor Abgabe voll.
- Wenn Sie erst vor Ort mieten, achten Sie auf Sondertarife, wie z.B. Wochenendrabatte.

Wie bekomme ich mein Mietfahrzeug?
Die Mietwagenfirmen in den USA haben ihre Fahrzeuge meist nicht direkt am Flughafengebäude. Dafür hat jede größere Firma einen Shuttleservice mit einem Bus eingerichtet, der Sie vom Ankunftsgebäude kostenlos zum Depot bringt und am Ende der Reise vom Depot zur Abflughalle zurückfährt. Bei der Abholung muss man auf jeden Fall den Voucher, die Führerscheine aller Fahrer und eine Kreditkarte zur Hand haben.

Die wichtigsten Autovermieter sind (zentrale Reservierungen – gebührenfreie Telefonnummern innerhalb der USA):

- **Alamo**: ☎ 1-877-222-9075, www.alamo.com
- **Avis**: ☎ 1-800-230-4898, www.avis.com
- **Budget**: ☎ 1-800-527-0700, www.budget.com
- **Dollar**: ☎ 1-800-800-3665, www.dollar.com
- **Enterprise**: ☎ 1-800-261-7331, www.enterprise.com
- **Hertz**: ☎ 1-800-654-3131, www.hertz.com
- **National**: ☎ 1-877-222-9058, www.nationalcar.com
- **Rent-A-Wreck**: ☎ 1-877-877-0700, www.rentawreck.com
- **Thrifty Rent-A-Car**: ☎ 1-800-847-4389, www.thrifty.com

Automatikgetriebe
Mietwagen in den USA haben fast alle ein Automatikgetriebe. Die Gänge sind:

P Parken. Das Getriebe ist geblockt. Nur in diesem Gang startet der Wagen und nur dann können Sie den Zündschlüssel abziehen!

N Neutral. Leerlauf

R Reverse. Rückwärtsgang

D Drive. In diesem Gang fahren Sie auf normalen Straßen und in der Ebene. Beim Beschleunigen müssen Sie schnell das Gaspedal ganz heruntertreten und das Getriebe schaltet automatisch in den nächstunteren Gang.

2 Der 2. Gang. In diesen müssen Sie bei mittleren Steigungen schalten. Auch bei abschüssigen Strecken sollten Sie zur Schonung der Bremsen (könnten heiß laufen) diesen Gang wählen.

1 Der 1. Gang für steile Streckenabschnitte.

Banken

In der Regel sind die Banken in den USA von 9 bis 14 (15) Uhr geöffnet, selten nachmittags bis 16 Uhr. In den Großstädten gelten häufig längere Öffnungszeiten und manche Banken sind auch am Samstagvormittag geöffnet. Beachten Sie bitte, dass die meisten Banken, besonders in ländlichen Regionen, **kein Bargeld wechseln**. Dafür gibt es in den größeren Städten Wechselstuben. Sie können sich aber in jeder Bank problemlos mit einer gängigen Kreditkarte Geld auszahlen lassen. Fragen Sie aber vorher nach den Gebühren und haben Sie den Reisepass dabei. Die einfachste Methode, Geld zu besorgen, ist aber eine mit dem blau-roten Maestro Zeichen versehene Bankcard. Sie wird an fast jedem Geldautomaten (ATM = *Automated Teller Machine*) akzeptiert. Aber auch hier entstehen Gebühren.

Behinderte

In den gesamten USA gibt es besondere Einrichtungen für Behinderte (**persons with a disability**): Rollstühle an den Flughäfen, extra ausgewiesene Parkplätze, Toiletten, Auffahrrampen zu Gebäuden, Telefonzellen etc. Weil es umfangreiche Gesetze für den Schutz und die Eingliederung von Menschen mit Behinderungen gibt, kann man wirklich sagen, dass hier bereits mehr unternommen worden ist als in Europa. Und überall tritt man den Behinderten freundlich und hilfsbereit gegenüber.

Benzin

Es gibt in den USA drei Sorten Benzin, die in unterschiedlichen Staaten und Tankstellen verschieden benannt werden, sich aber nur in der Oktanzahl unterscheiden. Meist ist von „**Regular**“ (= Normal), „**Premium**“ (= Super) und „**Ultra**“ die Rede. Alle Sorten sind bleifrei. Diesel hat sich in den USA noch nicht so richtig durchgesetzt und wird nicht an allen Tankstellen angeboten. Das Handbuch zum Auto wird Hinweise auf das angeratene Benzin geben.

Große Tankstellen bieten sowohl Selbstbedienung, als auch Service (*Full Service*) an, wobei der Service meist extra kostet. Achten Sie also darauf, an welche Säule Sie fahren. Bei der Selbstbedienungssäule („Self Service“) müssen Sie häufig vor dem Tanken die gewünschte Zahlungsart wählen. Abends wird an vielen Tankstellen aus Sicherheitsgründen nur die Kreditkarte akzeptiert bzw. Sie müssen vor dem Tanken zahlen oder Geld hinterlegen. Da die Benzinpreise sehr variieren können, sollten Sie vor allem Preise vergleichen.

Botschaften und Konsulate

Hinweis
Informationen zu den US-Botschaften finden Sie unter www.usembassy.gov.

Amerikanische Botschaften und Konsulate/Konsularabteilungen

in Deutschland:

- **Amerikanische Botschaft**, Pariser Platz 2, 10117 Berlin, ☎ 030/83050, www.germany. usembassy.gov, Konsularabteilung: Clayallee 170, 14195 Berlin, www.usembassy.de. Aktuelle Visainformationen erhalten Sie unter der kostenpflichtigen Telefonnummer 0900-185-0055 (teuer!)

- **Generalkonsulat Hamburg**: Alsterufer27/28, 20354 Hamburg, ☏ (040) 411 71-100, www.hamburg.usconsulate.gov;
- **Generalkonsulat Frankfurt/Main**: Giessener Str. 30, 60435 Frankfurt am Main, ☏ (069) 7535-0, www.frankfurt.usconsulate.gov
- **Generalkonsulat Düsseldorf**: Willi-Becker-Allee 10, 40227 Düsseldorf, ☏ (0211) 788-8927
- **Generalkonsulat Leipzig**: Wilhelm-Seyfferth-Straße 4, 04107 Leipzig, ☏ (0341) 213-840, www.leipzig.usconsulate.gov
- **Generalkonsulat München**: Königinstraße 5, 80539 München, ☏ (089) 2888-0

in Österreich: Amerikanische Botschaft: Boltzmanngasse 16, 1090 Wien, ☏ (01) 31339-0, www.usembassy.at. Visaabteilung: Parkring 12A, 1010 Wien, www.consulateVienna.state.gov.

in der Schweiz: Amerikanische Botschaft: Sulgeneckstr. 19, 3007 Bern, ☏ (031) 357-7011, www.bern.usembassy.gov.
Konsularagentur: America Center, Rue Versonnex 7, 1207 Genf; ☏ (022) 840 51 60,
Konsularagentur: Dufourstraße 101, 8008 Zürich; ☏ (043) 499 29 60

Ausländische Botschaften in den USA

Hinweis
Informationen zu deutschen, österreichischen und schweizerischen Botschaften und Konsulaten im Ausland finden Sie unter www.auswaertiges-amt.de, www.bmaa.gv.at und www.eda.admin.ch.

für Deutschland:

- **Embassy of the Federal Republic of Germany**: 2300 M St., N.W., Washington D.C. 20003, ☏ (202) 298-4000, 🖷 (202) 298-4249, www.germany.info, www.washington.diplo.de.
- ATLANTA: **Consulate General**, Marquis Two Tower, Suite 901, 285 Peachtree Center Ave., N.E., Atlanta, GA 30303-1221, ☏ (404) 659-4760/61/62, 🖷 (404) 659-1280, www.atlanta.diplo.de.
- MIAMI: **Consulate General**, 100 N. Biscayne Blvd., Suite 2200, Miami, FL 33132, ☏ (305) 358-0290, 🖷 (305) 358-0307, www.miami.diplo.de
- BIRMINGHAM (Honorarkonsulat): **Honorary Consulate**, 569 Colonial Brookwood Center, Suite 910, Birmingham, AL 35209, ☏ (205) 458-9421
- CHARLOTTE (Honorarkonsulat): **Honorary Consulate**, 1910 Abbot Street, Suite 201, Charlotte, NC 28203, ☏ (704) 372-2172, 🖷 (704) 372-2039.
- JACKSON (Honorarkonsulat): **Honorary Consulate**, c/o AmSouth Bank, 49 Eastbrooke Street, Jackson, MS 39216, ☏ (601) 354-8283, 🖷 (601) 354-8192.
- NASHVILLE (Honorarkonsulat): **Honorary Consulate**, Sun Trust Building, 201 Fourth Avenue North, Suite 1420, Nashville, TN 37219, ☏ (615) 251-5447, 44, 🖷 (615) 251-5453.

- NEW ORLEANS (Honorarkonsulat): **Honorary Consulate**, c/o Leake. Anderson & Mann, 1100 Poydras Street, Energy Center, Suite 1700, New Orleans, LA 70163-1701, ☏ (504) 585-7500, 🖷 (504) 585-7775.

für die Schweiz:
- **Swiss Embassy**: 2900 Cathedral Ave., N.W., Washington D.C. 20008, ☏ (202) 745-7900, 🖷 (202) 387 2564, www.swissemb.org.
- ATLANTA: **Swiss Consulate General**, 1349 W Peachtree Street NW, Suite 1000, Atlanta, GA 30309, ☏ (404) 870-2000, 🖷 (404) 870-2011, www.eda.admin.ch/atlanta.
- CHARLOTTE: **Consulate**, 12333 Old Prairie Road, Charlotte, NC 28277, ☏ (704) 292-1041
- MIAMI: **Consulate**, The Four Ambassadors, 825 Brickell Bay Drive, Suite 1450, Miami, FL 33131, ☏ (305) 377-6700, 🖷 (305) 377-9936.
- NEW ORLEANS: **Consulate**, 322 Lafayette, 2nd floor, New Orleans, LA 70130, ☏ (504) 566-8212, 🖷 (504) 566-8997.

für Österreich:
- **Austrian Embassy**: 3524 International Court N.W., Washington D.C. 20008, ☏ (202) 895 6700, I (202) 895-6750, www.bmaa.gv.at. Konsularabteilung: 3524 International Court N.W., Washington D.C. 20008, ☏ (202) 895-6720, 6743, 🖷 (202) 895-6773, www.austria.org.
- ATLANTA (**Honorarkonsulat**): Honorary Consulate, 3333 Riverwood Parkway, SE Suite 200, Atlanta, GA 30339, ☏ (404) 264-9858, 🖷 (404) 266-3864
- MIAMI (**Honorkonsulat**): 2445 Hollywood Blvd., Hollywood, FL 33022, ☏ (954) 925-1100, 🖷 (954) 925-1101
- NEW ORLEANS (**Honorarkonsulat**): Honorary Consulate, 755 Magazine St., New Orleans, LA 70130, ☏ (504) 581-5141, 🖷 (504) 566-1201.

Busse

Während die innerstädtischen Bussysteme oft zu wünschen übrig lassen und einem selten von Nutzen sind (es gibt nur ein dünnes Streckennetz, und die Busse verkehren häufig nur zu den Spitzenzeiten), ist das überregionale Bussystem gut ausgebaut. Dieses System berührt alle Städte der USA und die meisten Orte und bietet eine Alternative zum Fliegen. Es ist gut geeignet, um eine Strecke von einer Großstadt zur nächsten zurückzulegen, aber nicht, um touristische Sehenswürdigkeiten „anzusteuern". Steigt man einmal irgendwo in einem kleinen Nest aus, wo es vielleicht etwas für ein paar Stunden anzusehen gibt, kommt der nächste Bus häufig erst am nächsten Tag. In den großen Städten wiederum liegen die Busterminals nicht unbedingt in der Nähe der gewünschten Unterkunft.

Die Busse sind alle klimatisiert, Verpflegung gibt es aber nur an den Haltestellen. Je nach Distanz werden mehrere, auch längere Pausen eingelegt, meist an einem Fast-Food-Restaurant. Das Fotografieren aus dem Busfenster ist kaum möglich, da die Scheiben als Sonnenschutz stark gefärbt sind. Größter Anbieter von Busreisen ist **Greyhound**. Das Busunternehmen bietet u.a. auch günstige Langzeittickets und

Reisepakete an. Unter www.greyhound.com sind Informationen über Strecken, Preise und aktuelle Angebote erhältlich und es können auch Tickets online gebucht werden.

Camper

Das Reisen mit einem Campmobil ist in Amerika sehr populär weshalb eine rechtzeitige Buchung (mindestens 3 Monate im Voraus) essentiell ist.

Vorteile
- Größere **Unabhängigkeit** bezüglich Zeiteinteilung, Verpflegung und Pausen.
- Mehr **Stauraum** für das Gepäck.
- Es müssen **nicht** jeden Tag die Koffer **gepackt** und **geschleppt** werden.

Nachteile
- Das Reisen ist **teurer** als mit einem Mietwagen inkl. Hotelübernachtungen, da höhere Kosten für die Anmietung und für Benzin entstehen. Außerdem kommen hinzu die Kosten für die nicht immer ganz billigen Campingplätze, sowie die Grundausstattung für den Abwasch und das Saubermachen.
- Sie reisen **langsamer** und haben oft Parkplatzprobleme, besonders im Stadtbereich. Außerdem ist das Fahren mit einem großen Camper nicht immer einfach.
- Die Pflege (saubermachen, Wassertanks auffüllen, Abwasser ablassen etc.) ist sehr **zeitaufwändig**.

Ein Campmobil sollten Sie, wie einen Mietwagen, auch bereits zu Hause buchen. Infos im Internet z.B. unter www.cruiseamerica.com oder www.roadbearrv.com.

Bei der Abholung eines Campmobils ist Folgendes zu beachten:
- Nicht alle Vermieter bringen Sie vom Flughafen zum Standort des Fahrzeugs (meist im Vorstadtbereich). Zudem sind Campmobilvermieterfirmen nur zu den normalen Zeiten geöffnet (Mo–Sa 9–17 Uhr, So. geschlossen). Flüge aus Europa kommen meist aber in den Abendstunden an. Somit müssen Sie mit einer Übernachtung rechnen.
- Während der Hauptreisezeit werden die Fahrzeuge oft erst ab 13 Uhr ausgehändigt, da sie am gleichen Tag vom Vormieter bis 11 Uhr abgegeben werden und dann noch gesäubert werden müssen. Fragen Sie also vorher nach der Abholzeit. Verspätete Abgaben schlagen ordentlich zu Buche und werden oft pro Stunde berechnet.
- Kontrollieren Sie das gesamte Fahrzeug und machen Sie auf versteckte Schäden, so klein sie auch sein mögen, aufmerksam. Das gilt auch für verschmutzte Partien.
- Lassen Sie sich alles am Fahrzeug genau erklären, besonders wie die Tanks gereinigt und entleert werden.
- Besorgen Sie sich einen Campingführer, der auf Versorgungsanlagen für Campmobile hinweist (zur Wasserentsorgung, Strom etc.)
- Bei der Übernahme müssen Sie ein Ausrüstungspaket (convenience kit) bezahlen, welches Geschirr und Kochutensilien beinhaltet und Sie müssen für die Grundreinigung und Kochgasfüllung bezahlen. Zudem ist eine relativ hohe Kaution zu hinterlegen, meist auf der Kreditkarte.

- Die Preisgestaltung der verschiedenen Anbieter variiert sehr. Vergleichen Sie also und machen Sie sich vorher einen Plan, wie viele Kilometer Sie voraussichtlich fahren werden. Unterschätzen Sie die Entfernungen nicht und die oft vergessenen Zusatzkilometer, z.B. für Umwege, Stadtrundfahrten etc. Eventuell ist ein Komplettpaket (Miete + freie KM + Teilkasko) um einiges billiger als die einzeln abgerechneten Posten.

Folgende **Camper/Motorhome Typen** werden angeboten:
- **Van Conversion**: größer als der VW Camper und stärker motorisiert.
- **Pick-up-Camper**: 8–10 ft lang. Das Wohnteil ist auf die Ladefläche eines Kleinlastwagens aufgebaut.
- **Mini-Motorhomes**: 17 ft lang, Stehhöhe 1,80–1,90 m, Durchgang zur Fahrerkabine.
- **Motorhome**: 19–21 ft lang, komfortabel ausgestattet mit Dusche, Toilette, Waschraum. Starker Motor, aber hoher Benzinverbrauch.
- **Full-Size Motorhome**: 23–40 ft lang, riesiges Gefährt, mit allem Komfort ausgestattet (Toilette, Waschraum, Dusche, Backofen etc.), sehr hoher Benzinverbrauch.

Camping

Campen ist in den USA ein Volkssport. Dementsprechend gibt es unzählige Campingplätze, die aber in der Saison teilweise recht voll sein können. Dafür sind die meisten sehr großzügig angelegt, sodass das „Sardinengefühl" europäischer Anlagen nicht aufkommt.

Neben einer Reihe von kommunalen und staatlichen (in den National- und State Parks) Campingplätzen gibt es vor allem viele private Plätze, die zu einem großen Teil an Franchise-Ketten angeschlossen sind. Der größte Anbieter ist **KOA** (Kampgrounds of America, www.koa.com). Den kostenlosen Campingführer können Sie, gegen Bezahlung des Portos, über das Internet bestellen, dort einsehen oder als Datei herunterladen. Weitere hilfreiche Campingführer sind die *AAA CampBooks* für die verschiedenen Regionen, der *Rand McNally Campground & Trailer Guide*, und die *Campground Directory* unter www.camping-usa.com.

Tipps für Camper

Reservierungen in den National Parks und den National Forests sind ratsam, da die Plätze sehr beliebt sind. Reservierungen können Sie unter telefonisch unter 1-877-444-6777 oder unter www.recreation.gov vornehmen. Die Campingausrüstung kann man gut in den USA kaufen, da man auf diese Weise Fluggepäck einspart und Camping-Equipment dort auch billiger ist.

Eigenheiten der Gesellschaft

Die amerikanische Lebensweise, deren Grundgedanke das Recht des Einzelnen ist, gilt in vielem als fortschrittlich, ist aber auch in unzähligen Punkten konservativer als die mitteleuropäische. Häufig werden zu schnell gegenseitige Vorurteile gefällt und alle Amerikaner werden in einen Topf geschmissen und als „überzogen" oder „oberflächlich" abgestempelt. Das Klischee vom typischen Amerikaner existiert im Großen und Ganzen nicht mehr und es ist die enorme Vielfalt des Landes, die den Reisenden beeindruckt. Wenn sich auch im Laufe der Geschichte der USA so einige Eigenarten der Gesellschaft herauskristallisiert haben, die sich von der mitteleuropäischen Kultur unterscheiden, so sind diese im Zuge der Globalisierung weniger auffällig geworden.

Individualismus spielt in der Gesellschaft eine herausragende Rolle – soweit es ums **Geschäft** geht. Die Wurzeln hierfür findet man bei den ersten Siedlern, die ganz auf sich alleine gestellt überleben mussten, aber gegenseitig auf sich angewiesen waren. Damit war der Grundpfeiler für ausgeprägtes Konkurrenzdenken, aber auch Hilfsbereitschaft Fremden gegenüber gesetzt.
„**Free enterprise**" (freies Unternehmertum) bildete schon früh ein Schlagwort im Wirtschaftsleben. Daraus resultiert der amerikanische Gedanke, dass Fleiß immer belohnt wird („**effort optimism**"). An dieser Haltung mag man kritisieren, dass sie zu einer Unterschätzung sozialer Probleme und einer Überschätzung alles Materiellen führt. Dennoch sollte man nicht den Fehler begehen, Vorurteile zu fällen. Folgende Beispiele mögen Ihnen den Umgang mit den Amerikanern erleichtern:

Begrüßung
Nur selten schüttelt man die Hand bei der Begrüßung und wenn, dann nur bei der ersten Vorstellung. Das europäische „Sie" existiert in der englischen Sprache nicht und oft nennt man sich beim Vornamen. Doch sollte man dies nicht mit europäischen Maßstäben bewerten. Es ist eine Grundhaltung, hat aber mit persönlicher Sympathie und bewusster „Vertraulichkeit" nichts zu tun. Auch die Tatsache, dass beim ersten Gespräch über persönliche Dinge, wie z. B. Beruf und Familie geredet wird, hat keine weit reichenden Konsequenzen.

Demokratie
Die Amerikaner bezeichnen ihr politisches System gerne als die beste Demokratie der Welt. Hierbei haben sie aber nur in einem Recht: jeder kann wählen. Doch von einem Sozialstaat ist das System noch weit entfernt und auch hier macht sich das individualistische Denken wieder bemerkbar. Kein Amerikaner möchte sich vom Staat vorschreiben lassen, wen er unterstützt. Anders als in Europa gibt es in den USA einen starken Hang zur „Basisdemokratie", sodass sich einzelne Gruppen bzw. Personen für die schwächeren einsetzen oder gegen eine „Ungerechtigkeit" angehen. Entsprechend sieht man immer wieder im Straßenbild protestierende Gruppen und unzählige Bürgerinitiativen.

Dienstleistung
Der Dienstleistungssektor ist immer noch sehr groß in den USA. Immer wieder steht jemand zur Verfügung, der Sie berät, Sie zu bestimmten Punkten hinbegleitet, das Fahrzeug parkt, den Koffer trägt oder ausgiebigst ein Produkt erläutert.

Einladung
Bereits nach einer kürzeren Unterhaltung kann es vorkommen, dass Sie eingeladen werden zu einem Besuch. Vergewissern Sie sich, wie ernst diese Einladung gemeint

ist und lehnen Sie gegebenenfalls dankend ab, oder entschuldigen Sie sich mit zeitlichen Problemen. Das nimmt Ihnen keiner übel.

Einstellung zu Besuchern

Die Einstellung der Amerikaner zu **deutschen Besucher** ist meist sehr positiv. Jeder sechste Amerikaner hat deutsche Vorfahren, dem Deutschen werden Werte wie Fleiß, Tüchtigkeit, Disziplin und Wissensdrang zugesprochen und man schwärmt von deutschen Autobahnen und Autos, von deutschem Bier und dem Oktoberfest.
Schweizer Staatsbürger werden von den Amerikanern als „Bewohner eines Musterstaates" gesehen, in dem Fleiß und stete politische Unabhängigkeit zu einem bemerkenswerten „Puppenhaus" geführt haben.
Österreicher haben es etwas schwerer, weil sie eher mit verschnörkelten Häusern aus dem vorletzten Jahrhundert und Walzermusik in Verbindung gebracht werden. Erst mit *Arnold Schwarzenegger* ist das moderne Österreich den Amerikanern ein wenig näher gebracht worden.

Freundlichkeit

Wer das erste Mal nach Amerika kommt, wird über die stets präsente Freundlichkeit positiv erstaunt sein, sei es die Bedienung, der Busfahrer, die Angestellten an der Hotelrezeption. Dem netten Umgang miteinander mag nach einer Weile die Ernüchterung folgen, dass es sich dabei um einen Ausdruck der vielen Konformismen handelt, die Amerika und seine vielen Menschen funktionieren lassen. Natürlich kann man die Grundhaltung der Amerikaner hinterfragen und als oberflächlich abtun, doch ob diese Einstellung schlechter ist als unsere, sollte man nicht beurteilen. Sie ist Spiegel einer anderen Mentalität.

Sport und Sportlichkeit

Auch wenn es in Amerika mehr dickleibige Menschen gibt als in Europa, haben die meisten Amerikaner einen Hang zur sportlichen Betätigung. Nicht ohne Grund finden viele Outdoorsportarten und vor allem fast alle Arten der Fitnesswelle ihren Ursprung hier. Sah man gestern noch die halbe Nation früh morgens durch den Stadtpark joggen, nimmt der Trend, sportliche Aktivitäten „indoor" zu verlegen, immer mehr zu. Überall findet man Fitness Studios („gyms"), die ein z.T. reichhaltiges Angebot, von Gerätetraining, über Yoga und Pilates, zu Tai Chi und Body Building, vorweisen können. Während der Schulzeit betätigen sich die meisten amerikanischen Kinder und Jugendliche in einer Sportart und im Urlaub gehört für die ganze Familie ein Sportprogramm dazu, so z.B. eine längere Wandertour, Kajaken oder Reiten.
Sport spielt im Alltag der Amerikaner ebenfalls eine wesentliche Rolle, obwohl es meist in einer passiven Rolle geschieht. Jede Stadt, Region und Universität wird von lokalen Anhängern in entsprechender Kleidung unterstützt und die großen Sportarten Baseball, Basketball, American Football und Eishockey werden während des ganzen Jahres auf lokaler und nationaler Ebene verfolgt.

Weltbild

Das Weltbild der Amerikaner ist sehr zentriert auf den nordamerikanischen Kontinent. Das politische Interesse, so lange es nicht ganz speziell das eigene betrifft, ist eher eingeschränkt und daher informieren die Medien auch sehr oberflächlich, besonders was Auslandsthemen angeht. Bereits in der Schule wird das Ausland nur sekundär behandelt und auf die Aufarbeitung von speziellen Problematiken kaum Wert gelegt.

Einkaufen

Hinweis
Aktuelle Infos, was und wie viel man einführen darf, unter www.zoll.de (s. S. 140).

Es gibt genügend interessante Dinge, das man aus den USA mitbringen kann. Hier nur ein paar Tipps:

Verlockend sind die zum Teil niedrigen Preise bei Elektrogeräten. Denken Sie aber daran, dass die Geräte auf 110 V eingestellt sind. Ein Adapter ist in besser sortierten Elektrogeräteläden erhältlich. Zu Hause müssen Sie dann nur noch den Stecker ändern. Ein Umpolen der Geräte durch einen deutschen Fachmann lohnt finanziell nicht!

Lohnend ist teilweise noch der Kauf von elektronischen Geräten wie Computern und Zubehör, Fotoapparaten und Videorekordern, iPhones und Spielkonsolen, die häufig auch nur über 110 Volt Akku-Ladegeräte verfügen. Vergleichen Sie unbedingt vorher die Preise und achten Sie auf Sonderangebote. Niemand in Amerika kauft zum normalen Ladenpreis.

Bedenken Sie auch, dass Sie in Deutschland meist **keine Garantie** auf in den USA erworbene Geräte haben oder dass es sehr umständlich und zeitaufwändig ist, diese Geräte reparieren zu lassen.

Schmuck, der als echte Silberarbeit verkauft wird, besteht häufig nur aus billigem Eisenmaterial und wird z.T. in Fernost und nicht mehr von den Indianern hergestellt. Um wirklich gute Ware zu bekommen, lohnt sich die Mehrausgabe und Fachberatung in den Juweliergeschäften.

Textilien lohnen sich fast immer und wirkliche Schnäppchen lassen sich in den sog. **Factory Outlet Malls** erzielen. Sie liegen meist zwischen zwei großen Städten bzw. weit außerhalb einer Stadt an einem Interstate oder einem viel frequentierten Highway. Die größten Betreiber solcher Malls sind Premium Outlets (www.premiumoutlets.com), The Mills (www.simon.com), Tanger (www.tangeroutlet.com) und VF (www.vfoutlet.com). In diesen Malls gibt es zwischen 50 und 100 Geschäfte aller Arten, u.a. auch *Levis*, *Nike* und *Ralph Lauren*. Ein Tipp ist der sich immer weiter ausbreitende **Bass-Shop**, der sich von einem Angelausrüster zu einem Eldorado für Outdoorfreunde (Kleidung, Kanus, Zelte usw.) entwickelt hat.

Hinweis
Unter www.outletbound.com lassen sich die auf der Reiseroute gelegenen Malls erkunden.

Einreise

Als Teil des **Programms für visumfreies Reisen** (*Visa Waiver Program*) gilt ab Januar 2009 für die Einreise in die USA das Electronic System for Travel Authorization (ESTA). Deutsche, österreichische und schweizer Staatsangehörige, deren Aufenthalt im Rahmen eines Besuches ist und nicht 90 Tage überschreitet, benötigen eine Genehmigung für die Einreise in die USA über das elektronische Reisegenehmigungssystem. Die Genehmigung für jeden Reisenden, auch allein- oder mitreisende Kinder, muss spätestens 72 Stunden von der Abreise beantragt werden. Dafür müssen sich Reisende über das web-basierte ESTA einloggen und online einen Antrag mit ihren persönlichen Daten ausfüllen. Auch eine Adresse in den USA müssen Sie auf dem Antrag angeben, halten Sie die Adresse des ersten Hotels bereit.

Mit dem Antrag ist eine Art Einreisegebühr von $ 10 fällig, die zusammen mit der Bearbeitungsgebühr von $ 4 nur über Kreditkarte entrichtet werden kann. Die ESTA-Genehmigung gilt für zwei Jahre. Die Internetseite www.usa-esta.de informiert über die elektronische Registrierung zur Einreise in die USA. Neben dem direkten Link zum ESTA-Formular auf der Internetseite des amerikanischen Ministeriums für innere Sicherheit (Homeland Security, **www.esta.cbp.dhs.gov**) gibt es hier zusätzliche Informationen zum Reisen in den USA.

Man muss ein gültiges Rückflugticket besitzen und der maschinenlesbare bordeauxrote Reisepass muss noch mindestens 6 Monate gültig sein. Neu ausgestellte Reisepässe müssen den letzten Bestimmungen der elektronischen Lesbarkeit entsprechen. **Achtung:** Auch Kinder unter 12 Jahren benötigen einen maschinenlesbaren Reisepass. Ein Kinderpass bzw. ein Eintrag bei den Eltern wird nicht akzeptiert!

Jeder Passagier muss der Fluggesellschaft vor dem Abflug eine Adresse in Amerika angeben, manchmal wird danach auch schon bei der Buchung gefragt. Daher sollte man sich die Adresse der ersten Unterkunft (inklusive Postleitzahl) notieren.

Über die endgültige Einreise und Aufenthaltsdauer wird erst bei Ankunft am Flughafen entschieden. Bei Ablehnung muss der Rückflug umgehend auf eigene Kosten erfolgen. Es gibt eine Reihe von Ablehnungsgründen, wie z.B. politisch unerwünschte Personen, gesundheitliche Gründe oder aber auch nur „unzureichende finanzielle Mittel". In einer oft langen Schlange muss sich jeder Reisende bei einem *Immigration Officer* anstellen (Familien können sich auch gemeinsam anstellen), der den Reisepass jedes Reisenden einscannt. Ein paar Fragen, meist bzgl. des Zwecks und der Länge der Reise, werden ebenfalls gestellt. Außerdem wird ein digitaler Abdruck aller zehn Finger genommen und ein digitales Porträtfoto erstellt.

Hinweis

Aufgrund der wechselnden Einreisebestimmungen in die USA sollten Sie sich die neuesten Informationen über das Internet (www.germany.usembassy.gov, http://austria.usembassy.gov/, www.bern.usembassy.gov, www.auswaertiges-amt.de) einholen.

Eisenbahn

Das Eisenbahnnetz in den Vereinigten Staaten ist relativ dünn und die Züge brauchen meist länger als Busse. Dafür reist man aber ausgesprochen komfortabel und inzwischen ist diese bequeme Art, lange Strecken zurückzulegen, wiederentdeckt worden.

AMTRAK (www.amtrak.com) bietet verschiedene Langstreckenverbindungen an und offeriert auch spezielle und regionale Angebote. Für europäische Touristen ist z.B. der **USA Rail Pass** interessant. Den Pass gibt es für 15 (8 Abschnitte), 30 (12 Abschnitte) oder 45 Tage (18 Abschnitte) und er kostet zwischen $ 430 und $ 830. Mit dem USA Rail Pass können Sie, mit bestimmten Einschränkungen und für eine Anzahl von Abschnitten alle AMTRAK Züge benutzen. Man benötigt für die gewünschte Route ein Ticket und eine Reservierung. Während der Hauptreisezeit ist eine rechtzeitige Reservierung dringend notwendig.

Interessante **Zugverbindungen** im Reisegebiet sind:
- **Carolinian and Piedmont**: Charlotte, NC – Raleigh, NC – New York City
- **City of New Orleans**: Chicago – Memphis, TN – New Orleans, LA
- **Crescent**: New York City – Atlanta, GA – New Orleans, LA
- **Silver Service**: New York City – Savannah, GA – Tampa oder Miami

Informationen und Verkauf des *USA Rail Pass* unter www.amtrak.com, im Reisebüro oder bei
- **North America travelhouse**, CRD International, Stadthausbrücke 1–3, 20355 Hamburg, ☎ (040) 300-6160, www.crd.de
- **MESO Amerika – Kanada Reisen**, Wilmersdorfer Str. 94, 10629 Berlin, ☎ (030) 212-3419-0, www.meso-berlin.de.

Fahrrad fahren

Fahrrad fahren wird in den USA immer populärer, und so manch einer verbringt den gesamten Urlaub auf dem Sattel eines Drahtesels. Doch sollten lange Strecken nur von geübten Radlern zurückgelegt werden. Die Steigungen und vor allen Dingen die Hitze in diesem Reisegebiet sollten nicht unterschätzt werden.

Es gibt in den USA mittlerweile eine Reihe von Organisationen, Herstellern, Clubs und Vereinen zum Thema „biking“, die jedoch meist als Lobbyisten für Fahrradfahrer und Fußgänger auftreten, Städte und Gemeinden beim Ausbau von Fahrradwegen beraten, oder lokale Veranstaltungen organisieren. Wer nur mal einen Tag herumfahren möchte, bekommt Fahrräder über spezielle Vermieter in fast jedem Ort oder auch mal in Hotels.

Gut sortiert und informiert zum Thema „Fahrrad fahren“ sind zudem die lokalen sowie staatlichen **Touristenämter**, über die man **eigene Broschüren** mit Routenvorschlägen bekommt. Auch in den Nationalparks gibt es zahlreiche Radwanderwege.

Feiertage

Mit wenigen Ausnahmen (z.B. Neujahr, 4th of July) sind Feiertage in den USA in ein Wochenende integriert. Anders als hierzulande ist an Feiertagen in Amerika nicht alles geschlossen, Supermärkte und Restaurants sind meist auf. Erkundigen Sie sich jedoch sicherheitshalber im Voraus nach Öffnungszeiten von Museen etc.

Gesetzliche Feiertage

Die gesetzlichen Feiertage (public holidays) in den USA (es gibt dazu noch einige regionale Feiertage):

1. Januar	New Year's Day (Neujahr)
Dritter Montag im Januar	Martin Luther King Jr. Day
Dritter Montag im Februar	President's Day (es werden die Geburtstage von Lincoln und Washington gefeiert)
Letzter Montag im Mai	Memorial Day (Gedenktag für alle Gefallenen)
4. Juli	Independence Day (Unabhängigkeitstag, Nationalfeiertag)
Erster Montag im September	Labor Day (Tag der Arbeit)
Zweiter Montag im Oktober	Columbus Day (Erinnerung an die Entdekkung Amerikas)
11. November	Veteran's Day (Gedenktag für alle Veteranen)
Vierter Donnerstag im November	Thanksgiving Day (Erntedankfest)
25. Dezember	Christmas Day (Weihnachten)

Fotografieren

Vergessen Sie nicht das Ladegerät (mit Adapter!) für die Digitalkamera, eine zusätzlichen Speicherkarte und das Überspielkabel, um evtl. Bilder schon mal nach Hause zu senden oder auf einen USB-Stick zu übertragen. Achten Sie darauf, dass die Speicherkapazität ausreicht. Viele Copy-Shops und Fotoläden kopieren auch digitalen Bilder auf Stick oder auf eine DVD. In Fotoläden, Elektronikshops, und auch in den Fotoabteilungen von Drugstores und Einkaufsmärkten können Sie Speicherkarten, Akkus und Speichersticks kaufen.

Kameras und Zubehör sind in den USA preiswerter als bei uns, wenn Sie einen Neukauf vornehmen, achten Sie dabei auf eine weltweite Garantie. Es ist oft schwierig, einen defekten Apparat in Europa zu reklamieren oder reparieren zu lassen.

Hinweis

In manchen Museen und Sehenswürdigkeiten sowie im Umkreis militärischer Anlagen ist das Fotografieren verboten, bzw. nur ohne Blitz erlaubt. Bei Personenaufnahmen ist Respekt oberstes Gebot und Sie sollten gegebenenfalls um Erlaubnis fragen.

Fremdenverkehrsamt

Ein amerikanisches Fremdenverkehrsamt gibt es nicht mehr, allgemeine Informationen findet man unter www.usa.de. Beim **Visit USA Committee** (Mainzer Landstr. 176, 60327 Frankfurt/Main, ☎ 0700/ 8474 8872, www.vusa-germany.de), ein Zusammenschluss von Fachleuten und Veranstaltern der Touristikbranche erhalten Sie u.a. deutsche Adressen touristischer PR-Agenturen von Staaten, Städten und Regionen.

Hinweis

Die einzelnen Bundesstaaten verfügen an allen wesentlichen Einfallstraßen (Interstates und US-Highways) – meist kurz hinter der Bundesstaatgrenze – über gesonderte Besucher- oder Informationszentren (Visitors Center), die i.d.R. bis 17 Uhr geöffnet sind. Hier erhalten Sie Karten, individuelle Anregungen, haufenweise Prospektmaterial und auch Couponheftchen, mit denen Sie in einigen Hotels und Motels günstiger übernachten können.

Hinweise zu den einzelnen Staaten finden Sie außerdem bei den folgenden Adressen:

- LOUISIANA: **Louisiana Office of Tourism**, P.O. Box 94291, Baton Rouge, LA 70804, ☎ (800) 99 GUMBO, (225) 342-8100, www.louisianatravel.com, www.deep-south-usa.com
- MISSISSIPPI: **Division of Tourism Development**, P.O. Box: 849, Jackson, Mississippi 39205, ☎ (601) 359-3297, Broschüren: (866) 733-6477, www.mississippi.org, www.visitmississippi.org, www.memphis-mississippi.de, www.deep-south-usa.com.
- ALABAMA: **Alabama Bureau of Tourism & Travel**, 401 Adams Ave., Suite 126, P.O. Box 4927, Montgomery, AL 36103-4927, ☎ (800) 252-2262, (334) 242-4169, www.alabama.travel.com, www. deep-south-usa.com.
- ARKANSAS: **Arkansas Dept. of Parks and Tourism**, 1 Capitol Mall, Little Rock, AR 72201, ☎ (501) 682-7777, www.Arkansas.com.
- FLORIDA: **Visit Florida,** P.O. Box 1100, Tallahassee, FL 32302-1100, ☎ (850) 488 5607, www.visitflorida.com.
- GEORGIA: **Georgia Dept. of Economic Development**, Technology Square, 75 Fifth Street, N.W., Suite 1200, Atlanta, GA 30308, ☎ (404) 962 4000, (800) 847 4842, www.exploregeorgia.org, www. georgiaonmymind.de, www.deep-south-usa.com.
- SOUTH CAROLINA: **Department of Parks, Recreation & Tourism**, 1205 Pendleton St., Columbia, SC 29201, ☎ (866) 224-9339, (803) 734-1700, www.discoversouthcarolina.com.
- NORTH CAROLINA: **The Travel & Tourism Division**, 301 North Wilmington St., Raleigh, NC 27601, ☎ (800) 847-4862, (919) 733-8372, www.visitnc.com.
- TENNESSEE: **Department of Tourist Development**, Wm Smodgrass/ Tennessee Tower, 312 Rosa Parks Ave, 25th Floor, Nashville, TN 37243, ☎ (800) 462 8366, (615) 741-2159, www.tnvacation.com, www.tn.gov/tourdev, www. deep-south-usa.com.

Führerschein

In der Regel genügt in den USA der nationale Führerschein, obwohl die eine oder andere kleine Mietwagenfirma auch den internationalen Führerschein verlangt. Zur Sicherheit mitnehmen.

Geld/Zahlungsmittel

In den USA sind folgende **Banknoten** im Umlauf: 1-, 2- (sehr selten), 5-, 10-, 20-, 50-, 100- sowie nahezu gar nicht im Umlauf 500- und 1.000-US$-Noten. Am gängigsten sind Scheine im Wert von $ 1, $ 5, $ 10 und $ 20. Die 50- und 100-US$-Scheine werden ungern angenommen wegen der Gefahr von Fälschungen und da oft nicht genügend Wechselgeld zur Verfügung steht. Geldautomaten geben in der Regel nur 20-$-Scheine aus. Sie sollten darauf achten, nicht allzu viele große Scheine zu haben.

Alte Scheine sind gleich groß und gün und unterscheiden sich nur im Wertaufdruck und dem Aufdruck verschiedener Persönlichkeiten des (vergangenen) politischen Lebens. Neue Scheine unterscheiden sich etwas mehr und sind auch häufiger im Umlauf.

Als **Münzen** gibt es: 1 Cent (Penny), 5 Cent (Nickel), 10 Cent (Dime), 25 Cent (Quarter), 50 Cent (half Dollar, sehr selten) und US$ 1 (selten).

Obwohl Reiseschecks immer noch angeboten werden, sind Aufwand und Kosten für die Bestellung und Einlösung inzwischen kaum noch rentabel. In den USA ist es – mehr als bei uns – üblich, mit Kreditkarten zu bezahlen. D.h. Beträge über ca. US$ 15 werden fast ausschließlich mit Karte bezahlt. Auch die Debit Card (die hiesige BankCard) wird von den Amerikanern immer häufiger benutzt, auch für kleine Beträge. Wenn Sie beim Bezahlen mit einer Kreditkarte gefragt werden, ob es sich um eine debit oder eine credit card handelt, antworten Sie mit „credit".

Ohne Kreditkarte geht es in den USA nicht! Hotels und Mietwagenfirmen nehmen sehr selten oder gar kein Bargeld. Die fast überall akzeptierten Kreditkarten sind **Mastercard**, **Visa**, **American Express** und **Diners**, wobei die letzteren beiden seltener genommen werden. Besonders *American Express* wird von vielen Ladenbesitzern aufgrund der hohen Gebühren für das Geschäft boykottiert. Vergewissern Sie sich im Voraus, welche Kreditkarten im Geschäft, Restaurant oder Tankstelle angenommen werden.

Mit einer Kreditkarte kann man sich an den meisten Bankschaltern Geld auszahlen lassen. Einfacher ist es jedoch, mit der BankCard an einen Geldautomaten (ATM = *Automated Teller Maschine*) zu gehen und mit Hilfe der PIN (*Personal Identification Number*) Bargeld abzuheben. Achten Sie darauf, das die ATM das Maestro-Zeichen aufweist. Wenn die ATM Sie fragt, ob es sich um ein checking oder savings account handelt, ist es meist egal, welche Taste Sie drücken. Bitte beachten, dass für jede

Transaktion eine Gebühr entsteht, unabhängig vom Betrag. Die Post-Sparcard ist an VISA-Plus-Automaten einsetzbar.

Ratsam für eine Aufteilung der Reisekasse ist es, etwas amerikanisches Bargeld für die ersten Tage mitzunehmen (auch etliche 1-US$-Scheine zwecks Trinkgeld), die BankCard und ein, besser zwei Kreditkarten dabeizuhaben.

Hinweis
Bei Verlust der Kreditkarte oder der BankCard sollten Sie sie sofort sperren lassen. Siehe Notrufnummern unter „Kreditkarten".

Geschäfte

Es gibt kein Ladenschlussgesetz in den USA, viele Geschäfte sind von 9 bis 21 Uhr (oft auch bis 22 Uhr) geöffnet. Auch an Sonntagen hat eine Reihe von Geschäften geöffnet, besonders in den vorörtlichen Shopping Malls. Diese Shopping Malls bieten neben großen Supermarktketten auch Friseursalons, Boutiquen, Coffee Shops, Freizeitbekleidungsgeschäfte etc. – und das alles unter einem Dach und mit ausreichender Parkfläche. Damit eignen sich solche Malls gut für den Provianteinkauf vor der großen Tour.

Gesundheit

Hinweis
Leitungswasser kann überall bedenkenlos getrunken werden. Dies gilt jedoch nicht für Wasser aus Flüssen und Seen.

Reisende sind in den USA **keinen besonderen Gesundheitsrisiken** ausgesetzt und Impfungen sind für die Einreise in die USA nicht vorgeschrieben (auch nicht für Mexiko). Trotzdem sollten Sie folgende Punkte bedenken:

- Der **Zeitunterschied** kann einem doch zu schaffen machen, gehen Sie die Umgewöhnung langsam an. Bedenken Sie den Zeitunterschied vor allem dann, wenn Sie regelmäßig Medizin einnehmen müssen. Das **Klima** ist z.T. schwül-heiß, und die Sonne brennt, vor allem in den Sumpfgebieten der Golfküste. Sonnenschutzcreme, Hut und genügend Wasser sind ein Muss. **Mücken** gibt es nur in den Sumpfgebieten und an den tiefer gelegenen Seen, Borreliose-übertragende Zecken („ticks") sind selten in diesem Reisegebiet. Insektenschutzmittel können problemlos in den USA gekauft werden.
- **Arzt-** und **Krankenhausbesuche** sind in den USA nicht ganz billig und müssen vor Ort bezahlt werden. Schließen Sie also vorher eine Reisekrankenversicherung ab, und achten Sie dabei auch darauf, dass Sie für die gesamte Dauer des Aufenthaltes abgesichert sind, die höheren amerikanischen Kosten vollständig abdeckt sind und für alle Fälle eine Rücktransportversicherung eingeschlossen ist.
- Für rezeptpflichtige Medikamente gehen Sie in eine **Apotheke** („Pharmacy), die sich meist in einem Drugstore befindet. In den Drugstores erhalten Sie auch problemlos „over-the-counter" Medikamente, z. B. Schmerzmittel. Die **Rezept-**

pflicht wird sehr streng gehandhabt. Nehmen Sie am besten nötige Medikamente bereits von zu Hause mit. Für die Einfuhr benötigen Sie aber eine ärztliche Verordnung in englischer Sprache. Dieser kann auch bei eventuellen Arztbesuchen helfen. Im **Notfall** ruft man die Ambulanz (911) oder fährt zur Notaufnahme (*emergency room*) eines Krankenhauses.

Kartenmaterial

Neben der diesem Buch beigefügten Reisekarte empfehlen wir „**Hildebrand's Straßenatlas, USA-Osten**". Für die gesamten USA empfiehlt sich der „**Rand McNally**", der in den USA in verschiedenen Versionen (einfacher Straßenatlas, Atlas mit Adressen für Touristen etc.) erscheint und in Europa vom Hallwag-Verlag herausgegeben wird. Vom ADAC erhalten Sie Karten und allgemeine Informationen zu Autoreisen in den USA. Karten der einzelnen Staaten sind in den jeweiligen Visitors Centers erhältlich, in den AAA Büros bekommen Sie kostenlos *State* und *City Maps* zusammen mit den TourBooks und CampBooks.

Es gibt inzwischen einige zuverlässige Websites, um Adressen und Straßen zu ermitteln, Pläne auszudrucken oder Streckenbeschreibungen zu erhalten. **Mapquest** (www.mapquest.com) und **Rand McNally** (www.randmcnally.com) sind nur zwei Beispiele.

Vergleichbar mit den Gelben Seiten im Internet, jedoch mit einem größeren Serviceangebot sind die **Superpages** (www.superpages.com) und die **Yellow Pages** (www.yellowbook. com). Wer ein wenig Lust auf „Spielerei" im Internet hat, sollte die Internetseite www.nationalatlas.gov besuchen. Die Seite ist nicht sehr übersichtlich, gibt jedoch die eine oder andere Anregung.

Kinder

Die USA sind ein kinderfreundliches Land, was man an den vielen Spielplätzen und den Kindermenüs auf den Speisekarten erkennt: Auch in vielen Museen gibt es eigens für Kinder organisierte Touren, Aktivitäten oder Videovorträge, einziger Nachteil ist das alles meist nur in englischer Sprache angeboten wird. Und noch etwas macht eine USA-Reise für die Kleinen zum besonderen Erlebnis: die Kultur der zahlreichen Freizeitparks. Dem einen oder anderen Erwachsenen mag dieses zwar nicht sehr behagen, aber diese Parks bieten unzählige Attraktionen für die Kleinen.

Kleidung

Das Klima, besonders in den Sommermonaten, kann in diesem Reisegebiet sehr heiß und schwül werden. Mit Tagestemperaturen von über 30 °C müssen Sie rechnen. Diese Aussicht mag das Urlauberherz höher schlagen lassen, kann aber auch sehr lästig werden, wenn man nicht die richtige Kleidung mitgenommen hat. Nehmen Sie für den Tag lockere, luftige Kleidung mit, am besten aus Baumwolle oder Leinen. Und besonders wichtig ist der Hut gegen die Sonne. Wer wandern möchte, darf natürlich seine Wanderschuhe (auch für kleine Strecken ist gutes Schuhwerk wichtig!) nicht vergessen. Aber auch an den Regenschutz sollte man denken.

Nachts können die **klimatischen Verhältnisse sehr unangenehm sein**, besonders in den Bergen wird es kühl. Nehmen Sie auf jeden Fall einen **Pullover** oder auch eine **Allzweckjacke** mit, am besten eine, aus der man das Futter herausnehmen kann und die auch dem Regen standhält. Das Prinzip der „multiple layers“, mehrere Lagen von Kleidung, die man an- und ausziehen kann, bewährt sich in diesen Gebieten. Auch sollten Sie sich überlegen, einiges an Kleidungsstücken in den USA kaufen. In den größeren Städten gibt es Spezialgeschäfte, und die Preise sind, bei guter Qualität, meist günstiger als bei uns (siehe unter Stichwort „Einkaufen“).

Geschäftsleuten oder Reisenden, die auch einmal „repräsentieren“ müssen, sei noch ein Tipp mit auf den Weg gegeben: Auch wenn die Amerikaner selbst in besseren Hotels oft hemdsärmelig herumlaufen und sie sogar zum Abendessen schon mal in Shorts erscheinen, ist für das offizielle Treffen oder das Geschäftsgespräch der Anzug bzw. Kostüm (am besten ein dunkler) und Krawatte ein Muss. Selbst wenn der Dresscode als informell angekündigt wird, sind Jeans und Pullover nicht angebracht. Ein Jackett oder Hemd und Krawatte und eine Stoffhose sollten es schon sein.

Kreditkarten

Für den Fall, dass es Probleme mit der Kreditkarte geben sollte, bieten die großen Kreditkartenunternehmen für den Notfall in den USA einen kostenlosen 24-Stunden-Service an.

American Express: 1-800-528-4800, www.americanexpress.com
Diners Club: 1-800-234-6377, www.dinersclub.com
Master Card: 1-800-MASTERCARD, www.mastercard.com
Visa: 1-800-VISA 911, www.visa.com

Falls Sie das Kreditkarteninstitut telefonisch nicht erreichen können, rufen Sie die zentrale Notrufnummer an +49-1805 021 021 (gebührenpflichtig aus dem Ausland). Dieser zentrale Sperrannahmedienst ist rund um die Uhr erreichbar und nummt die Information per Sprachcomputer auf. Für diesen Anruf benötigt man eine Kontonummer und die Bankleitzahl.

Bei Kartenverlust oder Diebstahl gibt es für beinahe alle Arten von Karten und Banken (einschließlich Kreditkarten und BankCards) in Deutschland eine einheitliche Sperrnummer (116 116). Aus dem Ausland rufen Sie unter der Nummer +49-116 116 oder +49 (30) 4050-4050 an. Im Internet: www.sperr-notruf.de. Die Notrufnummern der Karten von nicht angeschlossenen Kreditinstituten und für österreichische und Schweizer Karten entnehmen Sie bitte den für diese Karten gültigen Merkblättern oder fragen Sie die Bank.

Tipp
Machen Sie sich eine Kopie der Vorder- und Rückseite der Bank- und Kreditkarten. Dort sind ebenfalls wichtige Telefonnummern aufgelistet und Sie haben im Problemfall die Kartennummern parat.

Weitere Informationen zu Kreditkarten unter dem Stichwort „Geld".

Kriminalität

Wenn auch deutlich niedriger als vor Jahren, ist die Kriminalitätsrate in den USA immer noch relativ hoch. Die Kriminalität verteilt sich jedoch sehr unterschiedlich auf Stadt und Land. Auch wenn die USA nicht gefährlicher sind als andere Regionen, ist Vorsicht natürlich geboten.

Einige Vorsichtsmaßnahmen:
- Tragen Sie niemals zu viel Geld bei sich und verteilen Sie dieses im Portemonnaie, in Kleidungsstücken und in einem nicht sichtbaren Geldgürtel. Nehmen Sie nur eine Kreditkarte mit und notieren Sie sich die Notrufnummer der Kreditkartenfirma, sodass Sie die Karte bei Verlust oder Diebstahl unverzüglich sperren lassen können.
- Führen Sie nur Kopien von Papieren bzw. den Personalausweis mit. Das Original und/oder den Pass mit Einreisestempel verwahren Sie an einem sicheren Ort.
- Nutzen Sie die Hotelsafes, von denen es in vielen Hotels auch welche im Zimmer gibt.
- Achten Sie bei dem Mietauto auf einen geschlossenen Kofferraum und lassen Sie Dinge wie Kameras, Handtaschen, etc. nicht offen im Auto liegen.
- Keinen teuren Schmuck mitnehmen.

Es ist schwierig, „den Urlauber zu verbergen". Aber machen Sie es den Dieben nicht zu leicht: Bauchgürteltaschen und Handtaschen mögen bequem sein, doch sehen diese nun wirklich nach einem interessanten Inhalt aus und letztere sind leicht aus der Hand zu reißen. Lassen Sie diese, besonders abends, im Hotelzimmer oder packen Sie wenig hinein. Tragen Sie Bauchgürtel versteckt oder andere „unauffällige" Taschen.

Erkundigen Sie sich besonders in großen Städten im Touristenbüro oder an der Hotelrezeption danach, wohin Sie besser nicht gehen („No-Go-Areas") oder ob Sie dort eher mit einem Taxi hinfahren sollten.

Wenn Sie einmal wirklich Probleme haben sollten, lautet die Notrufnummer der Polizei (gilt auch für Feuerwehr und Krankenwagen) in den USA und in Kanada 911.

Maßeinheiten

Abmessungen	1 fluid ounce	=	29,57 ml
	1 pint (16 fl. oz.)	=	0,47 l
	1 quart (2 pints)	=	0,95 l
	1 gallon (4 quarts)	=	3,79
	1 barrel (42 gallons)	=	158,97 l
Flächen	1 square inch (sq.in.)	=	6,45 cm^2
	1 square foot (sq.ft.)	=	929 cm^2
	1 square yard (sq.yd.)	=	0,84 m^2
	1 acre (4.840 sq.yd.)	=	4.046,8 m^2 o. 0,405 ha
	1 sq.mi. (640 acres)	=	2,59 km^2
Längen	1 inch (in.)	=	2,54 cm
	1 foot (ft.)/12 in.	=	30,48 cm
	1 yard (yd.)/3 ft.	=	0,91 m
	1 mile/1.760 yd.	=	1,61 km
Gewichte	1 ounce	=	28,35 g
	1 pound (lb.)/16 oz.	=	453,59 g
	1 ton/2.000 lb	=	907 kg

Temperaturen

23 °F	=	-5 °C	68 °F	=	20 °C
32 °F	=	0 °C	77 °F	=	25 °C
41 °F	=	5 °C	86 °F	=	30 °C
50 °F	=	10 °C	95 °F	=	35 °C
59 °F	=	15 °C	104 °F	=	40 °C

Bekleidung

Herren

Herrenhemden

D	36	37	38	39	40/41	42	43
USA	14	14,5	15	15,5	16	16,5	17

Herrenschuhe

D	39	40	41	42	43	44	45
USA	6,5	7,5	8,5	9	10	10,5	11

Damen

D	36	38	40	42	44	46
USA	6	8	10	12	14	16

Damenschuhe

D	36	37	38	39	40	41	42
USA	5,5	6	7	7,5	8,5	9	9,5

Kids

D	98	104	110	116	122
USA	3	4	5	6	6x

Medien

Fernsehen

Millionen von Fernsehern flimmern täglich in den Wohnstuben, Bars, selbst in Restaurants. Tausende von verschiedenen Fernsehstationen werden fast jedem (amerikanischen) Bedürfnis gerecht, und große Firmen bzw. Hotelketten bieten obendrein noch interne Programme. Fernsehen hat aber einen **anderen Stellenwert** als bei uns. Häufig dient es nur als Geräuschkulisse, und sollten Sie einmal bei einer Familie zu Besuch zu sein, bewerten Sie es nicht als unhöflich, wenn der Fernseher weiter läuft und die Gastgeber gelegentlich mal hinschauen.

Es gibt in den USA neben den kommerziellen und den Bildungssendern unzählige andere Sender, die sich z.B. religiösen oder anders-sprachigen Themen widmen oder sich nur auf das Einkaufen oder das Wetter konzentrieren. Meistens handelt es sich aber um Berieselungsprogramme, gespickt mit Unmengen von Werbespots. Die großen, überregionalen Sender sind: **ABC**, **CBS** und **NBC**. Weitere überregionale Sender sind **FOX** und **UPN**. Daneben bietet **PBS** (Public Broadcasting Service) auch anspruchsvollere Sendungen, kann aber nicht überall empfangen werden. Der „Discovery Channel" und „National Geographic Channel" fokussieren ihre Programme auf Natur, Technik und Wissenschaft, der „History Channel" auf Geschichte, meist mit militärischem Hintergrund. Der Nachrichtensender **CNN** bietet Informationen rund um die Uhr.

Größere Hotels sind auch an ein Kabelnetz angeschlossen, bei dem man gegen Gebühr einen Spielfilm nach Wahl (ohne Werbung) sehen kann. Man programmiert den Fernseher im Zimmer nur mit dem entsprechenden Code ein und zahlt zusammen mit der Hotelrechnung. Spielfilme ohne Werbung bietet auch der Sender HBO, den eine Vielzahl von Hotels kostenlos anbietet.

Internet

Internet Cafés sind weit verbreitet. Neben den Cafés bieten auch viele Copy Shops Zugang zum Internet an. Die Preise sind allerdings sehr unterschiedlich. Große Hotels bieten im sogenannten Businesscenter ebenfalls Zugang zum Internet, manche Visitor's Center bieten ihn auch kostenlos an. Wer den eigenen Laptop mithat, dem stehen in vielen Hotels und Cafés kostenlose WLAN-Verbindungen zur Verfügung.

Rundfunk

An die 10.000 Rundfunksender gibt es in den USA, wie beim Fernsehen mit nationalen und regionalen Sendungen. Auch hier gibt es viel Werbung, die nach spätestens drei Titeln eingeblendet wird. Von Vorteil ist aber, dass sich wegen der enormen Konkurrenz viele Sender auf eine bestimmte Musikrichtung eingestellt haben. Hat man also einmal Lust auf Oldies oder Country Music, stellt man sich den entsprechenden Sender ein. Reklameplakate an den Highways geben nähere Auskünfte über einzelne Sender.

Zeitungen

Überall erhältlich ist die bunte Tageszeitung „USA Today", die vor allem Landesthemen behandelt und eine gute Wetterseite aufweist, aber dabei im Politischen sehr oberflächlich bleibt. Die renommiertesten Tageszeitungen sind die „New York Times" und die „Washington Post" sowie das wirtschaftsorientierte „Wall Street Journal", die es nur in größeren Städten gibt. Als **Wochenzeitschriften** empfehlen sich vor allem die „Newsweek" und das „Times" Magazine für politische Berichte und „Forbes", „The Economist" und die „Business Week" für den Wirtschaftsbereich. Ausländische, besonders deutschsprachige Zeitungen und Zeitschriften findet man kaum. In den meisten größeren Ort gibt es eine Tageszeitung, die über das Wesentliche an lokalen und überregionalen Neuigkeiten, inklusive Veranstaltungen, informiert. Die Tendenz ist jedoch eher, dass Zeitungen, wie die „Times Picayune" in New Orleans nur 3x wöchentlich erscheinen.

Nationalparks, State Parks u.Ä.

Das amerikanische Natinalparksystem umfasst neben den 58 Nationalparks hunderte von National Monuments, Battelfields, Recreation Areas, Historic Sites und andere geschützte Gebiete. Im Süden der USA gibt es nur zwei Nationalparks, Great Smoky Mountains NP und Hot Springs NP, dafür aber eine Reihe von National Monuments, State Parks und National Historic Sites, die zu einem großen Teil an Schlachten des Bürgerkrieges erinnern. Die jeweiligen Park-Adressen stehen bei den Regionalen Reisetipps.

Allgemeine Informationen und Unterkunftsverzeichnisse der einzelnen Parks gibt es unter: **United States Department of the Interior**, National Parks Service Headquarters, 1849 C Street NW, P.O. Box 37127, Washington, D.C. 20240, ☏ (202) 208-6843, oder im Internet unter www.nps.gov. Hier kann man auch Unterkünfte in den Parks buchen.

Unter www.recreation.gov finden sich hilfreiche Beschreibungen und Informationen nicht nur zu den Nationalparks, sondern auch zu den Historic Sites, National Monuments und staatlichen Erholungseinrichtungen. Weitere Informationen, jedoch einfacher gestaltet, unter www.areaparks.com.

Lohnend, besonders für den Fall, dass man mehrere Nationalparks besuchen möchte (z.B. Weiterfahrt in den Südwesten der USA), ist das Angebot einer **Jahreseintrittskarte** (*America The Beautiful National Parks and Federal Recreation Lands Pass* oder *Interagency Annual Pass*), die erheblich günstiger ist als die Summe der Eintrittskosten. Den Pass gibt es an den Eingangstoren bzw. Visitor Centers in den Parks, er ist für den Inhaber und bis zu drei weiteren Insassen eines Fahrzeuges gültig.

Zu Beginn des Besuchs lohnt in jedem Fall ein Stopp im Besucherzentrum (Visitor Center), wo man detaillierte Informationen zu dem jeweiligen Park erhält. Wenn Sie planen, längere Wanderungen im Park zu unternehmen, informieren Sie vorher unbedingt den Ranger, für den Fall, dass etwas passieren sollte.

Weitere Hinweise für den Besuch der Nationalparks

Parkeingang
Hier entrichtet man die Einlassgebühr und erhält bereits Informationsmaterial, inklusive einer detaillierten Karte.

Besucherzentrum/Visitor Center
Hier gibt es ausführliches Informationsmaterial, und hier stehen Ihnen auch Ranger oder andere Parkangestellte für Fragen zur Verfügung. Ein kleines Museum, Erfrischungen, Souvenirs, Literatur und Toiletten gibt es hier auch.

Übernachtung
Zu empfehlen sind die Unterkünfte in den Parks, aber sie sind meist in der Zahl begrenzt. In diesem Reisegebiet sind Unterkünfte, meist aus Holz gebaute Lodges bzw. Hütten (cabins), nur im Great Smoky Mts. NP vorhanden. Die Einrichtung ist rustikal. Alternativ gibt es vor den Toren der Parks Motels bzw. Rasthäuser und Hotels. Es ist in jedem Fall dringend anzuraten, besonders während der Ferienzeit (Juli/August) und an Wochenenden (bes. Mai–Oktober), die Zimmer vorher zu buchen. Die Campingplätze sind gut ausgestattet, und jeder bekommt einen nummerierten, großzügig angelegten Stellplatz zugewiesen, sodass es niemals ein Gedränge gibt. Man kann die Plätze nicht vorbuchen, und mittags sind auch sie während der Ferienzeit häufig bereits vergeben. Also spätestens gleich nach der Ankunft zuerst den Campingplatz reservieren und belegen.

Wandern
Hierzu laden **unzählige Wanderwege** (*trails*) ein, die gut markiert sind. Beim Ranger kann man sich über den Schwierigkeitsgrad der Strecke erkundigen. An den Ausgangspunkten der einzelnen Wege erhält man spezielle Broschüren. Neben Wanderschuhen (oder zumindest festes Schuhwerk) und Proviant ist vor allen Dingen an genügend Trinkwasser zu denken (mindestens 3 Liter für eine Tagestour pro Person). Bedenken Sie die Hitze und die schwüle Luft, gerade im Süden der USA, dazu die zumeist ungewohnte Anstrengung. Mehrtägige Touren, dies gilt auch für andere Aktivitäten, sollte man nicht alleine unternehmen. Für schwierige Trails müssen Sie sich beim Ranger eintragen.

Straßen in den Parks
Sie sind gut und mit allen Fahrzeugen (Ausnahmen gelten z.T. für größere Camper) ohne Probleme zu befahren. Ausgenommen hiervon sind die so genannten „Jeep Trails", die man wirklich nur mit einem geländegängigen Fahrzeug befahren kann. Für deren Nutzung ist eine Anmeldung beim Ranger notwendig.

Weitere Aktivitäten in den Parks
- **Veranstaltungen**: Von der Parkverwaltung werden verschiedene Kurse, Diskussionen, Filmvorführungen etc. angeboten. Dabei kann man einiges hinzulernen, was Geschichte, Flora und Fauna des Parks angehen. Infos hierzu erhalten Sie in den Visitor Centers.
- **Angeln**: Für den Volkssport der Amerikaner ist eine „fishing license" erforderlich. Erhältlich bei der Parkverwaltung.
- **Reiten**: Die Pferde bzw. Maulesel sind sehr zahm, bieten also auch weniger Geübten eine Gelegenheit zum Reiten. Eine Jeans und feste Schuhe sollte man dabeihaben. Auf Reitstiefel kann man meistens verzichten.
- **Rad fahren/Mountainbiking**: Der Radsport wird immer populärer, und mittlerweile haben private Anbieter in vielen umliegenden Orten auch Fahrräder zum Ausleihen.

Notfall/Unfall/Notruf

Die allgemeine **Notrufnummer** (kostenlos) in den USA lautet **911**.
Sie können auch über den **Telefon-Operator** (kostenlos mit „0" anwählbar) mit der Polizei, Notarzt, Krankenhaus oder Feuerwehr verbunden werden. Bei Diebstahl oder Verbrechen sollte man sofort auf dem nächsten Polizeirevier (police precinct oder police station) Anzeige erstatten, da Versicherungen nur bei Vorlage eines Polizeiprotokolls den Verlust ersetzen. Bei schweren Erkrankungen, Unfall oder schwerwiegenden Verbrechen sind außer dem Notfallservice der Versicherung ggf. das Konsulat oder die Botschaft zu informieren. Diese stellen auch ein Ersatzdokument aus, falls der Pass verloren gegangen oder gestohlen worden ist. Es ist hilfreich, in diesem Fall seine Identität nachweisen zu können (z.B. durch den Personalausweis).

Little Rock
Juni bis Oktober, wobei es besonders in den Hochsommermonaten sehr heiß werden kann und am wenigsten regnet.

Great Smoky Mountains
Mai bis September, wobei es zwischen Juni und August plötzliche Niederschläge geben kann. April bzw. Oktober sind besonders in den Morgen- und Abendstunden relativ kühl, tagsüber aber immer noch angenehm. Der Winter ist hier nicht zu empfehlen.

Atlanta
April bis September. In den Sommermonaten kann es heiß und schwül werden, morgens kann es auch dann kühl und neblig sein. Im Spätsommer und Frühherbst gibt es häufig Stürme.

Schaufelraddampferfahrten

Nachdem 2008 die Reederei Majestic America Line ihren Betrieb einstellte, schien auch die Epoche romantischer Raddampferfahrten vorüber zu sein. Die *Delta Queen* liegt als Hotelschiff in Chattanooga vor Anker. Doch die neugegründete Reederei **Great American Steamboat Company** hat die *American Queen* zurückgebracht und bietet Fahrten mit drei bis elf Übernachtungen an. Neben Memphis und New Orleans sind Chattanooga, Vicksburg, Pittsburgh und Louisville die Ziele. Buchungen direkt bei der Reederei unter www.americanqueensteamboat company.com.

Eine weitere Reederei, **American Cruise Lines**, bietet mit der „Queen of the Mississippi" ebenfalls Raddampfer-Kreuzfahrten an: www.americancruiselines.com.

Sport und Sport ansehen

Das Reisegebiet USA-Süden bietet sich besonders für Outdoor-Aktivitäten wie Wandern, Kajak fahren, Reiten, Tauchen, Segeln und Golf spielen an. Golffreunde werden in jeder kleineren Stadt Golfplätze vorfinden, und besonders entlang den Küstenregionen sind mittlerweile viele Plantagen zu vornehmen Golf-Resorts ausgebaut worden. Größere Hotels haben in der Regel einen Fitnessraum, ein Schwimmbad und häufig auch einen eigenen Tennisplatz.

Sie sollten unbedingt versuchen, ein sportliches Ereignis live mitzuerleben. Je nach Jahreszeit bieten Sportarten wie Baseball, Basketball und Football bei größeren Spielen ein echtes Happening. Falls Sie gerade kein Stadion in der Nähe haben oder einfach nicht so recht loskommen, versuchen Sie es einmal in einem Pub, der meistens schon außen mit der Liveübertragung von Spielen wirbt (in jeder Ecke steht ein Fernseher). Stimmung kommt hier immer auf. Hilfreich ist, wenn man sich vorher ein bisschen mit den Regeln vertraut gemacht hat.

Golf

Golfplätze finden sich in den USA immer häufiger. Die schönsten Plätze in den Südstaaten gibt es mit Sicherheit entlang den Küsten, dort, wo Reisende Bade- und Golffreuden gleichzeitig genießen können. Häufig wurden ehemalige Plantagen zu luxuriösen Golfanlagen umgebaut, wie z.B. das Litchfield Beach und Golf Resort, oder große Hotels haben sich mit schönen Golfplätzen umgeben, wie z.B. das Windham Bay Point Resort in Panama City. Billig ist die Nutzung dieser Anlagen dann aber nicht und manchmal sind diese Golfplätze auch nur für Mitglieder des „Country Club" zugängig oder eine geringe Anzahl von Gästen. Günstiger spielen Sie da in einfachen Orts-Clubs.

Hier eine Aufzählung der besten Plätze zu bieten, übersteigt den Rahmen dieses Buches (... und unserer Golfkenntnisse), aber in jedem größeren Buchladen finden sich zahlreiche Golfführer. Zudem informieren die Touristenämter ausführlich. Bei den großen Hotelanlagen aber ist im Reiseteil eine entsprechende Empfehlung beigefügt.

Kanu-, Kajak-, Floß- und Wildwasserfahrten

Das Angebot ist riesig und für jede Alters- und Geschmacksrichtung ist etwas dabei. Hier eine ausführliche Liste von Anbietern vorzustellen, ist also unmöglich. Das Beste ist, Sie erkundigen sich aktuell bei den lokalen Touristenbüros, was gerade angeboten wird. Auch bei der **American Canoe Association**, 108 Hanover Street, Fredericksburg, VA 22401; ☎ 540-907-4460, www.americancanoe.org, gibt es nützliche Informationen.

Um es vorweg zu nehmen: Es lohnt sich, und eine Bootsfahrt durch die Bayous wird mit Sicherheit einer der Höhepunkte einer Reise durch den Süden darstellen.

Folgende Dinge sollten Sie für einen eintägigen Bootstrip mitnehmen bzw. bedenken:

- **Zusatzkleidung**, falls eine Garnitur nass wird
- ein **Handtuch** zum Abtrocknen
- **Badekleidung**, falls die Aussicht auf ein erfrischendes Bad besteht
- Sonnenhut, Sonnenbrille und wasserfeste **Sonnenschutz**creme
- **leichte Schuhe** für den Ausstieg in steinige Flussbetten
- Getränke (nicht zu wenig) und anderen **Proviant**
- Plastiktüten als **Nässeschutz**
- **Insektenschutzmittel** gegen Mücken

Die Mitnahme des **Fotoapparats** ist nur empfehlenswert für Kanu- bzw. Paddeltouren, nicht für die Schlauchbootfahrten auf den Wildwassern. Beim Kentern könnte er nicht nur nass werden, sondern eventuell auch für immer in den Fluten untergehen. Wir schlagen vor, einen Apparat (z. B. einen älteren) mitzunehmen, diesen in einen wasserdichten Behälter oder Sack einzupacken und zusätzlich am Boot festzubinden.

Machen Sie sich vor dem Ablegen mit der Handhabung eines Kanus/Kajaks vertraut. Einer der häufigsten Fehler: Der Vordermann lehnt sich etwas nach außen und dreht sich um. Sie lehnen sich zur gleichen Seite. Das Boot bekommt schon eine kritische Seitenlage, und nun passiert es: Um nicht zu kentern, wollen Sie sich reflexartig in die gleiche Richtung abstützen – das war's dann!

Buchtipp

Das Buch „Paddle America", A Guide to Trips & Outfitters in all 50 States, von Nick Shears, Washington, gibt hervorragende Kurz-Informationen. Das Buch ist nach einzelnen Staaten aufgeteilt. Wanderrouten sind aber nicht enthalten, nur eine kurze Erläuterung, wo es interessant wäre, Touren zu machen.

Reiten

Eine einmalige Gelegenheit, die Natur zu erleben, bieten organisierte Reittouren, die einen Tag oder auch bis zu einer Woche dauern können, was dann mit Übernachtungen im Zelt verbunden ist. Solche Touren werden entweder von speziellen Tourorganisatoren durchgeführt oder auch von einigen Ranches. Nähere Auskünfte darüber erteilen die regionalen Touristenbüros. Diese Ausritte erfordern nicht immer gute Reitkenntnisse (es gibt auch Touren für Anfänger), doch sollte man schon einmal auf einem Pferd gesessen haben.

Grundsätzlich ist der Süden der USA aber kein Eldorado für Reiter und nur selten bieten europäische Anbieter Reiterferien dort an. Die meisten Reittrips werden noch in den Smoky Mountains, Tennessee und teilweise Georgia angeboten.

Wer sich von Europa aus informieren und buchen möchte, kann es über die Internetseite von Pferd & Reiter, www.pferdreiter.de probieren, hier gibt es auch Reiseberichte. Weitere Infos: www.reiten-weltweit.de.

Informationen zu diesem Thema gibt es unter: www.pferdreiter.de, www.reiter reisen.com und www.argusreisen.de. Unter www.reiten-weltweit.de können Sie stöbern.

Reisebüros, die sich auf Reiterferien spezialisiert haben:

- **Pferd & Reiter**: Rader Weg 30a, 22889 Tangstedt, ☏ (040) 6076 690, www.pferdreiter.de.
- **Argus Reisen**: Alte Dorfstraße 44 a, 37120 Bovenden, ☏ (05594) 80 4949 0, www.argusreisen.de. Angebote für Ranchaufenthalte aller Art sowie Packtrips und Cattle Drives. Hauptsächlich aber Ziele im Südwesten.
- **Selektiv Reisen** in Österreich hat sich u.a. auf Reiturlaube eingestellt. Stadtplatz 36, A-4600 WELS, ☏ (0043 (0)7242 26066, www.selektiv-reisen.at). Hier kann man aber auch aus Deutschland und der Schweiz buchen.
- **Reisebüro Pegasus**: Herrenweg 60, CH-4123 Allschwil, ☏ 0800-505 1801 (kostenlos aus Deutschland), (0041) 61/303 3101 (aus Deutschland und Österreich), www.reiterreisen.com. Auch hier können Sie aus Deutschland bzw. Österreich buchen – das wohl beste Reisebüro für Reiturlaube in den Südstaaten.
- **Fuchs Travel**, Herliszelgstr. 3, CH-8590 Romanshorn, Schweiz, ☏ +41 (0)71 463 7232, www.fuchstravel.ch.

Sprache

Die amerikanische Sprache hat sich in vielen Punkten von der englischen Muttersprache entfernt, wenn auch die Grammatik relativ gleich geblieben ist. Hinzu kommen, wie in jedem Land, regionale Unterschiede in der Aussprache und unterschiedliche Sprachschätze, an die man sich erst gewöhnen muss.

In der Schreibweise fällt vor allen Dingen auf, dass Substantive, die im Britischen auf -re enden, im Amerikanischen mit -er geschrieben werden, z.B. theatre – theater, centre – center. Auch wird das Britische -ou im Amerikanischen zu -o, z.B. colour – color, harbour – harbor. Die Amerikaner neigen auch dazu, bestimmte Wörter so zu schreiben, wie sie sie sprechen (nite für night) oder ganz neue Wortschöpfungen zu bilden (*u* für *you*, *r* für *are*, *4sale* für *for sale* etc.).

Strände

Strände finden sich entlang der Golf- bzw. Atlantikküste, wobei sich die schönsten, aber auch meistbesuchten Strände in Florida befinden. Aufgrund des hier endenden südlichen Äquatorstromes und des Golfstromes ist das Wasser angenehm warm, und die Außentemperaturen ermöglichen eine mindestens 9 Monate dauernde Badesaison. Attraktiv ist auch das Baden in den zahlreichen Binnenseen und natürlich in den Flüssen.

Strom

In den USA sind 110 V Wechselspannung (60 Hz) üblich. Mitgebrachte Geräte müssen daher umgestellt werden. Achten Sie darauf, ob Ladegeräte auch für 110 Volt geeignet sind. Flachstecker sind üblich – Adapter müssen also zwischen gesteckt werden. Diese sind in Reiseausstattergeschäften in Europa sowie in Elektrogeschäften und Hardware Stores in den USA (Billiger!) erhältlich.

Taxi

Taxis („cabs") kann man **telefonisch** bestellen, oder man steht an der Straße und **winkt eines herbei**. An den großen Hotels stehen sie auch häufig bereit oder werden vom Türsteher (*doorman*) herbeigerufen. **Zentrale Rufnummer**, mit der Sie von überall die nächste Taxizentrale erreichen können: 1-800-USA-TAXI.

Da das öffentliche Verkehrsnetz in vielen Gegenden der USA doch zu wünschen übrig lässt, ist es durchaus üblich, auch kürzere Strecken mit dem Taxi zurückzulegen. Neben einer **Grundgebühr** berechnet der Taxameter die gefahrenen Kilometer, wobei auch ein Zeitfaktor (z. B. bei Staus) hinzukommen kann. Nachts zahlt man noch einen Zuschlag. Preise sind am/im Taxi angeschlagen. In kleineren Orten sind Taxis meist Privatunternehmen, deshalb nicht einheitlich markiert und oft auch „car service" genannt. Diese Taxis haben meist keine Taxameter, fragen Sie vor der Fahrt nach dem Preis. Ein Trinkgeld von 15% ist auch für Taxifahrten üblich.

Falls Sie meinen, beim Preis übervorteilt worden zu sein oder dass der Taxifahrer einen großen Umweg gefahren ist, können Sie sich entweder direkt bei der Taxizentrale oder bei der Stadtverwaltung beschweren. Dazu müssen Sie den Namen des Taxiunternehmens/Fahrers und die Nummer des Taxis angeben, also unbedingt beides notieren. Grundsätzlich muss man aber sagen, gibt es wenig Ärger mit Taxifahrern, und es ist eher interessant, wenn sich mit ihm/ihr ein Gespräch entwickelt.

Telefonieren

Generell wird zwischen „local calls" (Ortsgespräch), „regional calls" (regionale Gespräche) und „long distance calls" (Ferngespräche) unterschieden. Bei allen Telefonaten muss erst eine „1" gewählt werden, dann der *area code* und anschließend die Teilnehmernummer. In einigen Gegenden ist es auch innerhalb eines Ortsnetzes notwendig, die „1" und die Vorwahl mitzuwählen. Gebührenfrei (toll free) innerhalb der USA sind Rufnummern, die z.B. mit 1-800, 1-888, 1-866, 1-877 beginnen.

Öffentliche Telefone mit Münzen gibt kaum. Eingangshallen der größeren Hotels haben mitunter noch Apparate. Besonders für Auslandsgespräche braucht man aber eine recht große Menge Münzen. Einige öffentliche Telefone funktionieren auch mit einer Kreditkarte. Dazu muss man einen bestimmten Code vorwegwählen, der auf dem Telefon aufgedruckt ist. Aber vorsichtig! Diese Telefonate sind sehr teuer.

Vorwahlnummern von den USA aus	
nach Deutschland	011 49 + Vorwahl (ohne 0) + Teilnehmernummer
nach Österreich	011 43
in die Schweiz	011 41
Vorwahlnummer **von Europa in die USA**	001 + Vorwahl (area code) + Teilnehmernummer

Telefonieren aus dem Hotelzimmer ist die bequemste Art. Auf dem Telefon oder im Informationsblatt stehen alle nötigen Anweisungen, meistens muss man eine „8" oder eine „9" vorwählen. Nur Achtung! Das Telefonieren vom Zimmer kann teuer sein – erkundigen Sie sich nach den Gebühren für Fern- und Ortsgespräche. Anrufe von Europa in die USA sind meist günstiger als andersrum.

Telefonkarten gibt es inzwischen in verschiedenen Varianten und jede hat unterschiedliche Bedingungen, Vorteile, und zusätzliche Kosten. Wichtig ist, dass man sich über seine ‚Telefonbedürfnisse' im Klaren ist und sich dann entsprechend entscheidet. Grundsätzlich unterscheidet man zwischen „calling cards" und „prepaid" oder „phone cards". Für die Calling Card müssen Sie vor der Reise einen Vertrag mit einem Anbieter abschließen. Mit einer persönlich zugeteilten Geheimnummer (PIN) können Sie dann über eine Einwählnummer (meist 1-800...) von jedem Apparat telefonieren. Die Abrechnung erfolgt über die Kreditkarte. Calling Cards gibt es vor allem bei den großen Telefongesellschaften wie *AT&T* (www.att.com),

Sprint (www.sprint.com) oder *MCI* (www.mci.com), günstige Tarife z.B. bei www.us-callingcard.info, www.callingcards.com oder www.comfi.com.

Prepaid bzw. **Phone Cards** sind im Voraus mit einem festen Guthaben geladen, dass aber jederzeit nachgeladen werden kann. Anbieter solcher Karten finden Sie z.B. bei www.fonecards.de oder www.comfi.com. Über www.billiger-telefonieren, oder www.zaptel.com kann man allgemeine Informationen und verschiedene Karten erhalten.

Tipp

Wer viel telefoniert, sollte sich an einem Kiosk, einem Supermarkt oder einer Drogerie eine Telefonkarte kaufen. Diese gibt es meist in Werten zu US$ 5, 10 und darüber. Das Telefonieren ist auf diesem Wege zwar ein wenig umständlich, lohnt sich aber. Achten Sie aber darauf, dass die Karte nicht nur in dem Bundesstaat gilt, in dem Sie sich gerade aufhalten. Nennen Sie dem Verkäufer auch das Land, in das Sie hauptsächlich telefonieren.

Telefonnummern können in den USA über folgenden Weg in Erfahrung gebracht werden: Für gebührenfreie Nummern (z. B. Hotels und Fluggesellschaften) wählen Sie 1-800-555-1212; dann nennen Sie den Namen der Gesellschaft oder des Hotels und die Nummer wird, von einem Computer gesteuert, angesagt. Für alle anderen Nummern wählen Sie eine „1", dann die Vorwahl des Ortes, in dem Sie eine Nummer suchen, dann 555-1212 und dasselbe passiert. Legen Sie sich einen Zettel und Schreiber zurecht, um die Nummer zu notieren.

Mobiltelefone

Die meisten Handys (in Amerika *cell phones* genannt) funktionieren in den USA dann, wenn sie über ein Tripleband (Tri-Band) verfügen. Im Ausland Telefonate zu führen und zu empfangen ist aber nicht ganz billig und Sie sollten sich vor der Reise beim Anbieter erkundigen, welche Gebühren auf Sie zukommen. Die hohen Roamingkosten können mit einer amerikanischen SIM-Karte vermieden werden, die in das eigene Handy eingesetzt werden kann, z.B. bei Cellion erhältlich. Man erhält eine amerikanische Rufnummer, unter der man für jeden erreichbar ist. Anrufer aus Deutschland können bereits für wenige Cent zu einer amerikanischen Cellion-Handynummer telefonieren (www.cellion.de).

Falls das Mobiltelefon verloren geht oder gestohlen wird, sollte man die Nutzung der SIM sofort beim Provider sperren lassen.

Trinkgeld

Das Trinkgeld („tip", „gratuity") gehört in den USA zur **Haupteinnahmequelle** der Bedienung und muss sogar in vielen Fällen von der Bedienung pauschal versteuert (!) werden, egal wie viel er/sie wirklich bekommen hat. Daher sollten Sie unbedingt daran denken, Trinkgeld zu geben (Ausnahme: Fastfood-Restaurants und Selbstbedienungsläden).

In der Regel gibt man 15–20 Prozent im Restaurant, am Tresen einer Kneipe wird häufig auch mehr gegeben (Anhaltspunkt: US$ 1 Trinkgeld für zwei Bier). Ein Gepäckträger erwartet 50 cent bis US$ 1 pro Gepäckstück, je nach Größe der Koffer. Einem Zimmermädchen gibt man ca. US$ 1 pro Übernachtungstag, bei längeren Aufenthalten auch weniger. Auch Taxifahrer erwarten Trinkgeld, 15 Prozent sind üblich.

In manchen Fällen, vor allen Dingen wenn Sie in größeren Gruppen essen gehen, ist das Trinkgeld bereits im Preis inbegriffen. Dieses wird dann aber deutlich angezeigt auf der Speisekarte und ist auch auf der Rechnung notiert („service charge included"). Manchmal sind auf der Rechnung verschiedene Prozentzahlen für das Trinkgeld angegeben, das macht es leichter.

info

Woher stammt der Begriff „Tip"?

In früheren Zeiten, als Bars noch überlaufen und der Umgangston rauer war, stand auf dem Tresen ein großes Glas, in das die Kunden Geld eingeworfen haben, um bevorzugt bzw. schneller an das ersehnte Getränk zu gelangen. Der Barkeeper gab einem Gast schneller ein Bier, wenn der Gast Geld in dieses Glas warf, bei dem Gedrängel am Tresen ein üblicher Vorgang. Auf dem Glas prangte ein Schild, auf dem ganz einfach stand: „To Improve Promptness", was später dann in „TIP" abgekürzt wurde.

Unterkünfte

An Unterkünften verschiedener Komfortklassen mangelt es in den USA nicht, selbst während der Hochsaison lässt sich meist noch irgendwo ein Zimmer finden. Ausnahmen sind die Nationalparks, Wochenenden (besonders Juni–Oktober) und Zeiten, wenn spezielle Festivitäten in der Region abgehalten werden. Dann ist Vorbuchung dringend zu empfehlen. Wenn Sie telefonisch im Voraus ein Zimmer reservieren möchten, halten Sie immer die Kreditkarte bereit, denn meist wird eine Reservierung nur mit Kreditkartennummer angenommen. Falls Sie dann nämlich nicht erscheinen sollten, rechnet man den Zimmerpreis trotzdem ab! Geben Sie auch immer an, wenn Sie später, vor allem nach 18 Uhr („late arrival") ankommen werden, ansonsten wird das Zimmer vielleicht anderweitig vergeben.

Bevor Sie ein Hotel fest buchen, fragen Sie vorher nach einem **Sondertarif**, der Ihnen besonders an Wochenenden in den Städten, mit einer AAA-Karte (siehe unter Preisnachlässe) oder in der Nebensaison oft gewährt wird.

Bad/Dusche, Klimaanlage, Telefon und Fernseher gehören mittlerweile zum Standard, selbst bei den preisgünstigeren Hotels bzw. Motels. Bed-and-Breakfast-Unterkünfte (B&Bs) bieten diese jedoch nicht immer im eigenen Zimmer an.

Ein Schild „*Vacancy*" bedeutet, dass es noch freie Zimmer gibt, „*Sorry*" oder „*No Vacancy*" signalisiert, dass alles belegt ist.

Die Zimmerpreise sind bei einfacher oder doppelter Belegung fast gleich, und meist wird für ein Kind kein besonderer Aufpreis berechnet. In den meisten Zimmern stehen ein oder zwei Betten (*Double* oder *Queen size*) zur Verfügung. In manchen Zimmern gibt es auch nur ein größeres (*King size*) Bett. Wer zu zweit reist und mehr Platz benötigt, sollte auf jeden Fall nach einem Zimmer mit zwei Betten fragen.

Hotel-Preiskategorien

(pro Doppelzimmer)

$	unter US$ 60
$$	US$ 60–110
$$$	US$ 110–160
$$$$	US$ 160–240
$$$$$	US$ 240 und mehr

Frühstück ist normalerweise nicht im Preis inbegriffen, wird aber in Hotels in einem angeschlossenen Restaurant angeboten. Die Coffeeshops in den größeren Hotels bieten meist eine größere Auswahl zu einem geringeren Preis. Motels verfügen nicht alle über einen Frühstücksraum und fast nie ein Restaurant. Dafür sind Fastfood-Restaurants, Diner oder CoffeeShops ganz in der Nähe.

Beim Einchecken müssen Sie

- ein **Anmeldeformular** ausfüllen
- die **Kreditkarte** vorlegen oder den Zimmerpreis **im Voraus** bezahlen (häufig zzgl. einer Garantiesumme)
- in Stadthotels das **Fahrzeug in eine Garage** stellen lassen (kostet etwa US$ 15–25 pro Tag), wofür Sie ein spezielles Ticket erhalten. Die „Valet" Gebühr, d.h. das Trinkgeld sowie den dafür oft festgesetzten Standardtarif für den Fahrer, sparen Sie, wenn Sie beim Gepäckausladen darauf bestehen, das Auto selbst in die Garage zu bringen.

Beim Auschecken müssen Sie seine Rechnung unterschreiben, die eventuell noch Zusatzgebühren enthält (Telefongespräche, Sachen aus der Minibar etc.).

Einige Infos zu den einzelnen Unterkunftstypen

Hotels

Hier reicht die Skala von ganz einfach bis zum absoluten Luxus. Hotels sind meist teurer als andere Unterkunftstypen, da sie eine Reihe von zusätzlichen Serviceleistungen bieten (Kofferträger, spezielles Restaurant, Business-Center etc.) und oft im Stadtbereich sehr zentral liegen.

Motels

Sie liegen meist an den Hauptausfallstraßen und sind kaum zu verfehlen. Die an Ketten (z.B. Motel 6, Super 8, Comfort Inn etc.) angeschlossenen Häuser sind etwas teurer als privat betriebene, aber auch etwas besser. Private Motels sind teilweise sehr einfach, aber für eine Nacht durchaus noch zu akzeptieren. Bei (fast) allen Motels kann man sein Auto direkt vor der Tür parken.

Inns

In der eigentlichen Bedeutung ein „Gasthaus", heute oft ein Haus der gehobenen Ansprüche.

Lodges
Liegen meist in der Natur und sind rustikal eingerichtet.

Resorts
Hierbei handelt es sich um ausgesprochene Ferienanlagen, die ruhig liegen und vor allem Sportprogramme und andere Freizeitaktivitäten (Golf, Tennis etc.) bieten.

Golfresorts
Viele ehemalige Plantagen sind heute zu luxuriösen Golfanlagen mit historischer Übernachtungsstätte umfunktioniert worden. Oft auch mit Unterkünften in neu errichteten „Villas" (teilweise auch für Selbstversorger). Hier ist es natürlich teuer.

Country Clubs
Häuser mit zumeist hohem Standard, oft einem Golfplatz/-club angeschlossen.

Dude Ranches
Diese Ranches – im Süden ebenfalls kaum anzutreffen – sind luxuriöser eingerichtet, und sie haben sich z.T. dem Verband „Dude Ranches" angeschlossen. Die Preise sind mit einem Luxushotel vergleichbar, wobei eine Reihe von Leistungen wie Mahlzeiten, Ausritte und andere Freizeitaktivitäten eingeschlossen sind. „Echtes" Farmleben ist hier aber die Ausnahme, meist wird die Ranch rein touristisch betrieben.

Hinweis
Die angegebenen Preisklassifizierungen für die in den Regionalen Reisetipps zu den einzelnen Orten und Städten genannten Unterkünfte können nur als grober Richtwert angesehen werden, da sich die Preisgestaltung der einzelnen Hotels unter anderem nach Zimmergröße, Wochentag und Saison richtet. Eine Pauschalisierung ist in den USA also in keiner Weise möglich. Zudem werden sehr häufig Preisnachlässe und Discounts gewährt, die es aber auszuhandeln gilt. Die angegebenen Preisrichtlinien dürfen als obere Grenze angesehen werden und wurden gewählt, damit Sie keine bösen Überraschungen zu erwarten haben.

Bed & Breakfast
Anders als in England, handelt es sich bei den B&Bs meist um gute bis luxuriöse Unterkünfte, die einen nostalgischen Touch haben und persönliche Betreuung einschließen. Die B&Bs sind häufig recht teuer. Diese Unterkunftsart ist sehr beliebt und die einzelnen B&Bs scheinen sich in Ambiente und Service immer wieder selbst zu übertrumpfen. www.bedandbreakfast.com

Jugendherbergen
Meist teurer als in Europa, aber gut ausgestattet. Es gibt auch eine Reihe von privaten Jugendherbergen, die etwas günstiger sind. Einen Jugendherbergsausweis bekommt man über den DJH, www.jugendherberge.de.

Buchungs- u. Infoadressen (1-800-Nummern sind in den USA kostenlos):

YMCA / YWCA
YMCA of the USA, 101 North Wacker Dr., Chicago, IL 60606, ☎ 1-800-872-9622, www. ymca.net bzw. **YWCA**, 2025 M St. NW, Suite 550, Washington, DC 20036, www.ywca.org.

Hostels
Hostelling International USA: National Administrative Office, 8401 Colesville Road, Suite 600, Silver Spring, MD 20910, ☎ (301) 495-1240, www.hiusa.org. Unter www.hostelworld.com, www.hostels.com und www.hihostels.com gibt es Informationen zu Hostels weltweit.

Camping
Kampgrounds of America: P.O. Box 30558, Billings, MT 59114, ☎ (888) 562-0000 und (406) 255-7402, www.koa.com. Die größte Vereinigung von Campingplätzen in Amerika.

Ranches (kaum im Süden, eher im Westen und Südwesten der USA)
The Dude Ranchers' Association, 1122 12th Street, P.O. Box 2307, Cody, WY 82414, ☎ 866-399-2339, www.duderanch.org. Unter www.duderanches.com finden Sie, nach Bundesstaaten, eine Liste.
Argus Reisen: Alte Dorfstraße 44 a, 37120 Bovenden, ☎ (05594) 80 4949 0, www.argusreisen.de. Sehr gute Angebote für Ranchaufenthalte aller Art sowie Packtrips und Cattle Drives.

Hotels
Es gibt unzählige Internetseiten, über die man Hotels buchen kann können. Dieses lohnt sich besonders wegen der besseren Preisübersicht. Hier nur ein paar Beispiele: www.hotels.com, www.usa-hotel.de, www.hotel-rates.com, www.hoteltravel.com, www.all-hotel-world.com, www.expedia.com, www.hoteldiscounts.de. Wer einmal anders unterkommen möchte, der kann über folgende Webseite gunstige, aber auch ausgefallene private Unterkünfte buchen: www.AirBnB.com, www.wimdu.com, www.gloveler.com.

Hotelketten
Die kostenlosen Telefonnummern gelten nur vom nordamerikanischen Telefonnetz aus. Viele Hotels bieten auch kostenlose Nummern aus dem Ausland an, Nummern auf der Website.

Adam's Mark: ☎ 1-800-444-2326, www.adamsmark.com – hoch
America's Best Value Inn: ☎ 1-888-315-2378, www.americasbestvalueinn.com – niedrig
Best Western: ☎ 1-800-780-7234, www.bestwestern.com – mittel
Budget Host: ☎ 1-800-BUD-HOST, www.budgethost.com – niedrig
Clarion Hotels: ☎ 1-877-424-6423, www.clarionhotel.com – mittel
Comfort Inns: ☎ 1-877-424-6423, www.comfortinn.com – mittel/teilweise niedrig
Courtyard by Mariott: ☎ 1-800-321-2211, www.marriott.com/courtyard – hoch
Crowne Plaza: ☎ 1-877-2CROWNE, www.crowneplaza.com – mittel

Days Inn: ☎ 1-800-225-3297, www.daysinn.com – mittel
Doubletree: ☎ 1-800-222-8733, www.doubletree1.hilton.com – hoch
Econo Lodges of America: ☎ 1-877-424-6423, www.econolodge.com – niedrig
Embassy Suites: ☎ 1-800-362-2779, www.embassysuites1.hilton.com – mittel bis hoch
Fairmont Hotels: ☎ 1-800-257-7544, www.fairmont.com – mittel
Four Seasons Hotels: ☎ 1-800-819-5053, www.fourseasons.com – hoch
Hampton Inn: ☎ 1-800-HAMPTON, www.hamptoninn1.hilton.com – niedrig bis mittel
Hilton Hotels: ☎ 1-800-HILTONS, www.hilton.com – teuer
Holiday Inns: ☎ 1-888-HOLIDAY, www.holidayinn.com – mittel bis hoch
Howard Johnson: ☎ 1-800-221-5801, www.hojo.com – niedrig bis mittel
Hyatt Hotels & Resorts: ☎ 1-888-591-1234, www.hyatt.com, – hoch
Inns of America: ☎ 1-800-826-0778, www.innsofamerica.com – mittel
Intercontinental Hotels: ☎ 1-800-181-6068, www.ichotelsgroup.com – hoch
La Quinta Inns & Suites: ☎ 1-800-SLEEP-LQ, www.lq.com – niedrig bis mittel
Le Meridien: ☎ 1-800-543-4300, www.starwoodhotels.com/lemeridien – mittel bis hoch
Marriott Hotels: ☎ 1-800-236-2427, www.marriott.com – hoch
Motel 6: ☎ 1-800-4-MOTEL-6, www.motel6.com – niedrig
Omni Hotels: ☎ 1-800-THE OMNI, www.omnihotels.com – hoch
Quality Inns: ☎ 1-877-424-6423, www.qualityinn.com – niedrig bis mittel
Radisson Hotel: ☎ 1-800-967-9033, www.radisson.com – mittel bis hoch
Ramada Inns: ☎ 1-800-854-9517, www.ramada.com – mittel
Red Carpet Inn und **Scottish Inn**: ☎ 1-800-251-1962, www.bookroomsnow.com – niedrig
Red Roof Inns: ☎ 1-800-RED-ROOF, www.redroof.com – niedrig, teilweise mittel
Renaissance: ☎ 1-888-236-2427, www.marriott.com/renaissance-hotels – hoch
Residence Inns by Mariotts: ☎ 1-888-236-2427, www.marriott.com/residence-inn – hoch
Ritz-Carlton: ☎ 1-800-542-8680, www.ritzcarlton.com – hoch
Rodeway Inn: ☎ 1-877-424-6423, www.rodeway.com – niedrig bis mittel
Sheraton Hotels & Inns: ☎ 1-800-325-3535, www.starwood.com/sheraton – hoch
Sleep Inn: ☎ 1-877-424-6423, www.sleepinn.com – niedrig
Super 8 Motels: ☎ 1-800-454-3213, www.super8.com – niedrig
Travelodge: ☎ 1-800-525-4055, www.travelodge.com – niedrig bis mittel
Vagabond Inn: ☎ 1-800-522-1555, www.vagabondinn.com – niedrig
Westin Hotels & Resorts: ☎ 1-800-937-8461, www.starwood.com/westin – hoch
Wyndham Hotels & Resorts: ☎ 1-877-999-3223, www.wyndham.com – hoch

Versicherungen

Eine **Auslandskranken**- und **Unfallversicherung** ist unbedingt empfehlenswert. Achten Sie darauf, dass sie eine Rücktransportversicherung einschließt und dass die Dauer der gesamten Reise abgedeckt ist. Auch über eine Rücktrittsversicherung sollte nachgedacht werden.

Tipp
Wer glaubt, die Versicherungen, die über die Kreditkarten laufen, decken alle Eventualitäten ab, sollte sich vor der Reise noch einmal über die Bedingungen informieren. Oft

zahlen die Kreditkartenunternehmen bei einem Unfall nur dann, wenn die Reise bzw. der Mietwagen mit dieser Kreditkarte bezahlt wurden. Auch sollte der genaue Zeitraum der Versicherung geklärt werden, um sicher zu sein, dass der gesamte Urlaub abgedeckt ist.

Visum

Visumpflicht für die USA besteht für deutsche, österreichische und Schweizer Staatsbürger nicht, solange ihr Aufenthalt rein touristisch ist und nicht länger als 90 Tage dauert. Im Rahmen der visumsfreien Einreise benötigen Sie eine Genehmigung über das elektronische Reisegenehmigungssystem (*ESTA*); siehe dazu mehr unter dem Stichwort „Einreise".

Wer länger bleiben möchte, muss dieses bei den diplomatischen Vertretungen im Heimatland beantragen.

Zeit

Der Zeitabstand zu Europa ist generell der gleiche, da während unserer Sommerzeit auch die entsprechende Sommerzeit (*daylight saving time*) in den USA gilt. Allerdings werden die Uhren in den USA im Frühling wie auch im Herbst an anderen Daten als in Europa umgestellt, nämlich am zweiten Sonntag im März und am ersten Sonntag im November.

In den USA werden die Zeiten in „ante meridiem" (= vormittags, abgekürzt a.m.) und „post meridiem" (= nachmittags, abgekürzt p.m.) eingeteilt. So entspricht 6 a.m. unserer Morgenzeit 6 Uhr, dagegen 6 p.m. unserer Abendzeit 18 Uhr. 12 p.m. ist 12 Uhr mittags und wird in Amerika meist „noon" genannt, um Verwechslungen zu vermeiden. Was bei uns 0 Uhr heißt, wird in den USA als „midnight" (12 a.m.) bezeichnet.

Im hier beschriebenen Reisegebiet gibt es zwei Zeitzonen. Siehe dazu unter dem Stichwort „Zeitzonen":

Zeitzonen

In den USA gibt es vier „Standard" Zeitzonen: Eastern Time, Central Time, Mountain Time und Pacific Time. Im Süden der USA gelten folgende Zeitzonen:
Central Time: MEZ -7 Std. Louisiana, Arkansas, Mississippi, Alabama, der westliche Teil von Tennessee und der nordwestliche „Panhandle" von Florida.
Eastern Time: MEZ -6 Std. Georgia, North Carolina, South Carolina, der überwiegende Teil Floridas und der östliche Teil von Tennessee.

Ein Beispiel: Ist es in Deutschland 12 Uhr mittags, ist es in Atlanta, Georgia, 6 Uhr morgens und in New Orleans, Louisiana 5 Uhr morgens.

Zoll

Einreise in die USA

Zollfrei sind alle Gegenstände des persönlichen Bedarfs. Außerdem dürfen zollfrei eingeführt werden:

- 200 Zigaretten, 2 kg Tabak oder 50 Zigarren
- 1 l alkoholische Getränke (pro Person ab 21 Jahre)
- Geschenke im Wert von US$ 100

Zahlungsmittel im Wert von über US$ 10.000 müssen in den USA deklariert werden.

Lebensmittel, besonders Frischwaren/Obst, sowie Pflanzen dürfen nicht eingeführt werden.

Für größere Mengen benötigter Arzneimittel sollten Sie auf jeden Fall ein ärztliches Attest (auf Englisch) dabei haben.

Wiedereinreise in Europa

Zollfrei sind alle Gegenstände des persönlichen Bedarfs. Außerdem dürfen bei der Wiedereinreise nach Deutschland und Österreich zollfrei eingeführt werden:

- 200 Zigaretten oder 100 Zigarillos oder 50 Zigarren oder 250 g Tabak (nur Personen über 17 Jahre);
- 1 l Spirituosen mit einem Alkoholgehalt über 22 Prozent oder 2 l Spirituosen mit einem Alkoholgehalt von höchstens 22 Prozent oder 2 l Schaumwein; 2 l Tafelwein (nur Personen über 17 Jahre);
- 500 g Kaffee oder 200 g Kaffeeauszüge (nur Personen über 15 Jahre);
- 50 g Parfüm oder 250 ml Eau de Toilette;
- sonstige Waren im Gegenwert von € 430, für Personen unter 15 Jahren: € 175. Nur für den persönliche Gebrauch oder als Geschenk.

Bei der Wiedereinreise in die Schweiz dürfen zollfrei eingeführt werden:

- 200 Zigaretten oder 50 Zigarren oder 250 g Schnitttabak (Personen über 17 J.);
- 2 l alkoholische Getränke bis zu 15 Prozent Alkoholgehalt oder 1 l alkoholische Getränke über 15 Prozent Alkoholgehalt (Personen über 17 J.); sonstige Privatwaren im Gegenwert von 300 Schweizer Franken.

Einfuhrverbot

Betäubungsmittel, Elfenbein, Raubtierfelle, Absinth. Strenge Regelungen bestehen für die Einfuhr von Fleisch und Fleischwaren, Butter, Lebensmitteln, Tieren, Giften, Schusswaffen und Munition.

Beachten Sie: Der Zoll beschlagnahmt alle Souvenirs aus Tier- und Pflanzenprodukten ohne amtliche Begleitpapiere.

i Weitere und aktuelle Informationen unter:
Deutschland: www.zoll.de
Österreich: www.bmf.gv.at
Schweiz: www.ezv.admin.ch
USA: www.usa.de oder www.customs.gov

Das kostet Sie das Reisen im Süden der USA

Stand: Dezember 2012

Auf den Grünen Seiten geben wir Preisbeispiele für einen Urlaub im Süden der USA, damit Sie sich ein realistisches Bild über die Kosten einer Reise und eines Aufenthaltes machen können. Natürlich sollte man die Preise nur als Richtschnur auffassen.

Aktueller Kurs: 1 US$ = 0,79 €, 1 €= 1,27 US$

Beförderungskosten

Flüge

Das Angebot an Transatlantikflügen ist nahezu unüberschaubar geworden – dank des Preiskampfes der einzelnen Airlines. Als Richtlinie für die Hochsaison: Die (günstigen) Preise nach New Orleans, Memphis und Nashville beginnen bei 850 € und reichen schon mal bis 1.200 €, für Atlanta liegen die Zahlen zwischen 700 und 900 €. Während der Zwischensaison und besonders in der Nebensaison liegen die Preise etwa 150 € darunter. Gelegentlich kann man sogar ein richtiges „Schnäppchen" machen, ist dann zeitlich aber sehr gebunden und kann die Reise nicht langfristig planen.

Empfehlenswert ist eine kombinierte Buchung Flug/Mietwagen über einen Spezialveranstalter. Der Flugpreis mag dabei zwar mal um 50–100 € höher liegen, der Gewinn beim Mietwagen („Paket") macht dieses in der Regel mehr als wett. Preisvergleiche in alle Richtungen machen sich immer bezahlt.

Tipp

• *Planen Sie die Reiseroute so früh und so genau wie möglich. Spätere Umschreibungen des Flugtickets kosten oft ab 100 € für veränderte Abflugdaten und erweisen sich bei der Änderung des Abflugortes als kaum durchführbar.*

• *Es wird beim Abflug genau auf das Gewicht und die Anzahl der Gepäckstücke geachtet. Bei normalen Economy-Class-Flügen kann nur ein Gepäckstück mit einem Gesamtgewicht von 50 amerik. Pound (= 22,67 kg) kostenfrei eingecheckt werden!*

Inlandsflüge

Auch hier gilt es, besondere Tarife zu beachten, die sich stündlich (!) ändern können. Wer z. B. spät (als preislich günstiger Eingestufte gelten „Kurzentschlossene", die innerhalb der letzten 14 Tage vor Abflug buchen) bucht, kann z.T. zum halben Preis fliegen, geht aber das Risiko ein, überhaupt keinen Platz mehr zu bekommen, wenn die Maschine voll sein sollte bis zum Stichtag des günstigeren Tarifs. Innerhalb der USA erhalten Sie einen guten Überblick und günstige Angebote im Internet auf den Webseiten von: www.kayak.com, www.opodo.de, www.expedia.com, www.travelocity.com und www.cheaptickets.com. Die Empfehlung auch hier: Vorab über einen Spezialveranstalter oder Reisebüro in Europa buchen. Damit ist man immer auf der sicheren Seite und erspart sich Stress und Risiko. Außerdem kann eine Kombination mit dem Transatlantikflug z. T. erhebliche Ermäßigungen mit sich bringen.

Mietwagen

Die Preise beinhalten in der Regel alle gefahrenen Kilometer. Alle größeren Mietwagenfirmen liegen in etwa im gleichen Preisniveau und die Unterschiede sind minimal. Am besten ist es, man bucht Flug und Mietwagen als Kombination bereits in Europa. Ein kleiner Wagen der Economy-Klasse kostet dabei ungefähr ab 160 € pro Woche (HS: ab 180 €). Oft aber sind diese Fahrzeuge zu klein für einen Urlaub mit dem nötigen Gepäck. Empfehlenswert wäre eher ein Fahrzeug der Intermediate-Klasse (mit 4 Türen), das Platz und ausreichenden Fahrkomfort bietet. Es ist besonders auf den langen Strecken sehr angenehm. Diese Klasse kostet ab 180 € pro Woche (HS: ab 210 €). Familien mit Kindern wären mit einem Mini Van am besten bedient, der ab 400 € pro Woche kostet (HS: ab 500 €). Bedenken Sie, dass bei Abgabe des Fahrzeugs an einem anderen Ort als dem Empfangsort Rückführungsgebühren verlangt werden. Diese liegen für 500 km bei ca. $ 100, für 1.500 km aber oft bereits bei $ 300. Übrigens variieren die Preise für die Rückführung von Vermieter zu Vermieter teilweise beträchtlich. Preisvergleiche lohnen hier.

Tipp

Vergleichen Sie auch die Mietwagenpreise in den einzelnen Bundesstaaten. Zumeist ist Florida der günstigste Staat für das Mieten von Autos.

Camper

Die Preise variieren je nach Saison erheblich. In der Zwischensaison kostet ein Camper der kleinsten Klasse ab 750 € pro Woche (50 Freimeilen pro Tag) bzw. ab 950 € (inkl. Freimeilen), während das gleiche Fahrzeug in der Nebensaison nicht mal die Hälfte davon kostet. Hauptsaison: ab 1.100 € bzw. 1.350 €. Die größte Klasse kostet etwa das Doppelte. Ermäßigungen von bis zu 10 % sind bei Langzeitmieten (über 3 Wochen) möglich. Zudem muss man daran denken, dass 50–100 Freimeilen pro Tag bei den Entfernungen in den USA schnell verbraucht sind und jeder zusätzliche Kilometer extra berechnet wird (ab 0,25 €/Meile). Hinzu kommt meist eine Bereitstellungsgebühr (vor Ort zahlbar) von 200–300 €! Eine **Kombi-Buchung** Flug/Camper über einen Spezialveranstalter in Europa ist auch hier ratsam, denn dann wird man vom Flughafen abgeholt oder das Fahrzeug dort bereitgestellt, was ansonsten kaum der Fall ist.

Eine Kostenersparnis gegenüber einem normalen Mietwagen und den Übernachtungen in Motels ergibt sich aufgrund des hohen Mietpreises, des hohen Benzinverbrauchs und den Campingplatzgebühren in der Regel nicht.

Tipp: Im Süden der USA sind Campmobile billiger in Atlanta und Florida als in New Orleans zu buchen.

Aufenthaltskosten

Hotels/Lodges

Generell muss man als unterste Grenze ca. US$ 40 pro Nacht im Doppelzimmer eines Franchise-Motels (z. B. Motel 6, Super 8) rechnen, wobei die Regel eher bei

US$ 50–60 liegt. Mittelklassehotels („Privat“ oder z.B. Holiday Inns und andere bessere Franchise-Motels) verlangen zwischen US$ 70 und 130 für ein Doppelzimmer, wobei besonders in größeren Städten die Wochenendtarife deutlich niedriger liegen können (US$ 60–75). In ländlichen Feriengebieten verhält es sich oft umgekehrt. Luxushotels und vornehme Bed&Breakfast-Adressen, besonders die mit historischem Ambiente oder die, die zusätzliche Einrichtungen bieten (Golfplatz, Tennisplatz etc.), liegen eher bei US$ 160–250 pro Tag im Doppelzimmer. Einfachere B&Bs kosten zwischen US$ 80 und 110. Konkretere Beispiele möchte ich hier nicht nennen, da die einzelnen Hotels nach typisch amerikanischem Muster immer wieder spezielle Preisangebote machen. Fragen Sie nach „special offer“ oder Preise für Mitglieder des „AAA“ – dazu gehören auch Mitglieder der europäischen Automobilclubs (siehe dazu auch unter „Preisnachlässe“ in den Allgemeinen Reisetipps A–Z).

Frühstück ist im Hotelpreis meistens nicht enthalten. Hotels/Motels, die mit „Continental Breakfast included“ werben, bieten meist nur Kaffee, einfachen Orangensaft und Muffins oder Kuchenstückchen – alles in Form von Selbstbedienung in der Lobby.

Lodges kosten ab US$ 80 pro Doppelzimmer, können bei entsprechendem Luxus oder „einziger Alternative“ auch weit über US$ 100 (bis hin zu US$ 250) liegen.

Bed&Breakfast

Wegen des speziellen Service sind diese Unterkünfte etwas teurer und kosten ab US$ 45 pro Person (im Schnitt US$ 60, bei mind. 2 Personen im Zimmer), beinhalten dafür aber auch ein gutes Frühstück. Die Luxus-B&Bs, wie z. B. einige in Charleston oder Savannah (hier beginnen die Preise bei US$ 120/DZ und liegen im Schnitt bei US$ 160/DZ!), nehmen gerne auch ein Mehrfaches dieses Preises. Dafür aber gibt es hier tolles Ambiente, viele Extras und ein ausladendes Frühstück.

Nationalparks

Die Preise pro Fahrzeug mit 2 Insassen (Kinder unter 16 Jahren frei) liegen zwischen US$ 10 und 25. Kaum ratsam für den Süden ist ein „National Parks Pass“, mit dem man für ein ganzes Kalenderjahr in allen Nationalparks der USA freien Eintritt hat. Der Pass gilt nicht für State Parks! Siehe dazu auch unter „Nationalparks“ in den Allgemeinen Reisetipps A–Z.

Lebensmittelpreise

Hier können Sie das eine oder andere Schnäppchen machen, wenn Sie den unzähligen Sonderangeboten folgen. In der Regel aber liegen die Preise etwas über dem europäischen Niveau. Milchprodukte aller Art sind meist teurer, Fertiggerichte (die Sie im Camper oder auch in dem einen oder anderen „Residence Hotel“ mit Küche selbst zubereiten können) sind gleich teuer oder auch billiger.
Grundnahrungsmittel wie z.B. Brot, Frischgemüse und Säfte, sind teurer, dafür aber sind Fleisch- und Fischwaren (besonders Shrimps an der Küste) oft billiger. Früchte kosten, je nach Herkunftsland, etwa das Gleiche wie bei uns. Bemerkbar macht sich aber, dass es wenig bis gar keine subventionierten Früchte und Agrarprodukte gibt. Daher sind Fruchtsäfte aus Florida z.B. recht teuer.

Alkoholische Getränke sind in der Regel teurer. Nur bei einheimischen harten Alkoholika (z.B. Whiskey) liegen die Preise unter europäischem Niveau. Preisvergleiche lohnen da aber!

Flughafenbus-Transfers

Je nach Entfernung zwischen US$ 22–26 (Memphis) und US$ 30–38 (Atlanta und New Orleans) pro Person (vom/zum Innenstadtbereich).

Taxi

US $ 1,60–2,50 vor Beginn der Fahrt, US$ 2–3 pro gefahrener Meile und US $ 0,50 pro zusätzlichem Insassen (Stadt). Oft kommt ab 20 Uhr noch ein einmaliger Nachttarif hinzu. Staus und verzögerte Fahrten werden etwas höher berechnet. Besonders in Großstädten ist es ratsam, auf einwandfreies Funktionieren und Einstellen der Taxameter zu achten. Die Preise sind im oder am Taxi angebracht. Fahrten zum/vom Airport sind zumeist festgelegt. Erkundigen Sie sich am Transportation-Schalter bzw. am Taxistand vorher darüber.

Benzin

Die Preise variieren zzt. sehr stark. Sie liegen zwischen US$ 3,20 (Louisiana/Stadt, Normalbenzin) und US$ 3,60 (Land/abgelegen, Normalbenzin) pro Gallone (3,78 l). Dieselkraftstoff (nur für einige Wohnmobile interessant) ist ca. US$ 0,90 teurer als Normalbenzin. In ganz abgelegenen Regionen erreicht die obere Skala aber auch schon mal Preise über US$ 3,70 (für Normalbenzin). Aktuelle Preise unter www.gasbuddy.com.

Restaurants

Fastfood in entsprechenden Ketten ist um einiges billiger als in Europa, und einen (sehr) einfachen Hamburger erhalten Sie hier bereits für US$ 1,50–2,20. Ein guter Burger in einem normalen Restaurant kostet dann auch schon ab $ 8 + Steuer + Trinkgeld. Richtige Restaurants sind besonders abends teuer, vor allem, da Sie auf die ausgezeichneten Preise noch Steuer (5–10%) erheben. Für ein normales Hauptgericht (in der Regel inkl. Salat oder Suppe), inklusive einem Bier, Steuer und Trinkgeld sollte man mit etwa US$ 20–25 pro Person rechnen. Fleischgerichte (Steaks) sind in Restaurant oft sogar teurer als bei uns. Ein 250-g-Rumpsteak kostet ab $ 25 + Steuer + Trinkgeld, bei einem 250-g-Filet können Sie mit mind. $ 30 + Steuer + Trinkgeld rechnen.
Günstiger sind dagegen Hühnchengerichte sowie Mahlzeiten in (normalen) asiatischen Restaurants. Im Zeitalter von Sushi und Fusion-Cuisine haben sich allerdings auch zahlreiche teure asiatischen Restaurants etabliert.

Gesamtkostenplanung

Ich habe mich hier bemüht, eine Kostenplanung zusammenzustellen, die mehr oder weniger alle anfallenden Reisekosten für eine Reise durch den Süden der USA zusammenfasst. Eine Kostenplanung für 2 Personen (ohne Souvenirs) könnte also beispielsweise wie in der Tabelle aussehen, wenn Sie in der Regel in günstigeren Motels übernachten (alle Angaben in EUR).

Gesamtkostenplanung		
Art der Kosten	**3 Wochen**	**5 Wochen**
An- und Abfahrt zum europ. Flughafen	100	100
2 Flugtickets	2.000	2.000
Gepäck- und Krankenversicherung	100	130
Mietwagen (Intermediate)	660	1.100
Benzin (5.500 bzw. 8.000 km)	450	660
Übernachtung (à $ 60 für DZ)	900	1.500
amerik. Frühstück (à $ 14/Person)	430	700
Mittagessen (Fastfood, günst. Restaurant, à $ 14/Person)	430	700
Abendessen (à $ 22/Person)	925	1.540
Getränke zwischendurch ($ 5/Person/Tag)	210	350
Eintritte	200	290
Telefonate/Briefmarken etc.	60	90
Sonstiges (Kleidung, Reserve etc.)	300	400
gesamt	**6.765**	**9.580**
Für ein zusätzliches Kind im Alter von 15 Jahren kämen noch folgende Kosten hinzu (Übernachtung im gleichen Zimmer):		
Flugticket	1.000	1.000
Krankenversicherung	30	50
Übernachtung (zusätzlich $ 10/Tag)	200	340
Mahlzeiten (inkl. Zusatzgetränke)	850	1.450
Eintritte	80	110
Sonstiges	150	200
gesamt	**9.075**	**12.730**
Sondertarife für kleinere Kinder sind z.T. bei Flügen und Unterkünften möglich.		

Sparen können Sie vor allem beim Essen, bei den Übernachtungen nur teilweise. Geben Sie sich fast nur mit Fastfood- bzw. Familien-Restaurant-Ketten zufrieden, liegen die o.g. Essenskosten ca. 30 % niedriger. Sollten Sie dagegen nicht so sehr auf die Reisekasse achten müssen, können Sie mit guten Restaurants Ihre Essensausgaben um bis zu 150 % steigern.

2. Reisen im Süden der USA

Rundreisevorschläge, Zeitpläne und Routenskizzen

Mit über 870.000 km² ist das Reisegebiet USA/Süden fast so groß wie Deutschland und Frankreich zusammen. Kein Wunder also, dass es schwierig ist, das gesamte Gebiet während eines Urlaubs zu erkunden. Daher werden im Folgenden neben einer Rundreise durch das gesamte Gebiet auch drei Alternativen aufgeführt, wie man eine Reise aufteilen könnte. Für die große Rundreise sollte man mindestens 4 Wochen (besser 6–7 Wochen) Zeit haben, während für die kleineren Touren eventuell auch 3 Wochen genügen könnten.

Eine Reiseroute entlang den Küstenregionen (ca. 3 Wochen)

Fahrstrecke (inkl. kleiner Umwege): ca. 2.500 km

Fliegen Sie nach New Orleans und bleiben Sie dort 2 Tage. Planen Sie eventuell 1–2 weitere Tage für die Umgebung ein. Sowohl die großen Plantagen als auch die Sümpfe des Mississippi-Deltas sind einen Besuch wert. Fahren Sie nun schnell durch bis Pensacola (Florida), ohne sich dabei zu lange entlang der Anfahrtsstrecke aufzuhalten. Genießen Sie hier dann eventuell einen Extratag am weißen Strand. Danach fahren Sie weiter nach Tallahassee, der Hauptstadt von Florida, für die Sie nicht viel Zeit einplanen sollten. Schauen Sie sich den Blick vom State Capitol, die Altstadt und vielleicht noch das „Museum of Florida History" an. Alternativ, wenn auch etwas weiter, geschichtlich aber interessanter wäre der Abstecher über St. Augustine.

Von nun an sollten Sie in maximal drei Tagen bis Savannah kommen. Jacksonville können Sie getrost auslassen, falls Sie nicht auf weiteren Badeurlaub aus sind. Verbringen Sie besser einen Tag in den Okefenokee Swamps und irgendwo an der Georgia-Küste. Für Savannah und Charleston, die nächsten Etappen, sollten Sie jeweils einen weiteren (Aufenthalts-)Tag einplanen. Zum Abschluss des Küstenaufenthalts bleiben Sie vielleicht noch zwei Tage an einem Ort Ihrer Wahl und genießen die warmen Wasser des Atlantiks. Wer gerne etwas Rummel mag, kann diese Zeit in Myrtle Beach verbringen, schöner und ruhiger aber sind die Strände direkt nördlich von Georgetown. Für mehr kulturell Interessierte bieten sich ansonsten noch einige sehenswerte Plantagen in dieser Region an.

Abschließend führt der Weg über Columbia, der Hauptstadt von South Carolina, und über Athens nach Atlanta. Je nach Interesse benötigen Sie hierfür ca. 2 bis 3 Tage. Übernachten Sie dazu in Columbia und Athens. Für Atlanta haben Sie dann noch 2 Tage, zuzüglich 2 weiterer Tage für dessen Umland. Hier empfiehlt sich besonders eine Tour zum Stone Mountain Park bzw. nach Dahlonega inkl. eines Abstechers in die nördlich davon gelegenen Bloody Mountains.

Alternativ dazu

Wer insgesamt 4 Wochen Zeit hat oder weniger Zeit an den Stränden des Atlantik verbringen möchte, kann auch von Columbia über Asheville zum Great Smoky Mountain National Park fahren und dann über Knoxville und Chattanooga nach Atlanta gelangen. Rückflug von Atlanta. Gesamtstrecke dann: ca. 3.200 km.

Eine Reise zu Jazz, Country und Rock'n'Roll (ca. 3 Wochen)

Fahrstrecke (inkl. kleiner Umwege): ca. 2.500 km

Flug nach New Orleans. Verbringen Sie in der Stadt des Jazz mindestens 2 Tage. Dann folgen Sie dem Interstate 10 bis Pensacola (Florida), sodass Sie, mit einem Zwischenstopp in Mobile, spätestens nach 2 Tagen erreicht haben sollten. Bleiben Sie hier einen Tag und genießen Sie den weißen Sandstrand Floridas. Nun fahren Sie in Richtung Norden über Selma, Montgomery und Birmingham nach Nashville. Für diese Strecke sollten Sie nicht mehr als 3 Tage einplanen. Nashville (2 Tage), die Hauptstadt der Countrymusik, ist für Musikinteressierte sicherlich einen Besuch wert. Auch wenn man nicht zur Gemeinde der Countryfans gehört, gesehen haben sollte man es doch. Weiter geht es in einem Tag nach Memphis. Hier bleiben Sie am besten ein bis zwei Tage und hier sollten Sie vor allem dem ehemaligen Wohnhaus von Elvis Presley – dem „Graceland" – einen Besuch abstatten, während Sie mindestens einen Abend auch der Beale Street widmen sollten.

Wer tief in die Tasche greifen kann, sollte sich überlegen, ob er nicht mit einem legendären Schaufelraddampfer von Memphis nach New Orleans fahren möchte (s. S. 128 u. S. 206).

Autofahrer fahren von Memphis dann weiter zum Natchez Trace Nat. Parkway, der landschaftlich sehr reizvoll ist. Fahren Sie diesen Parkway hinunter bis Natchez, ohne sich lange in dem relativ uninteressanten Jackson aufzuhalten. Für diesen Streckenabschnitt (Memphis – Natchez) benötigen Sie ca. 2–3 Tage. Wer es etwas eiliger hat, kann auch die historische Strecke entlang dem Mississippi über Greenville und Vicksburg wählen (Hwy. 1 u. 61), denn dabei kommen Sie durch das Ursprungsgebiet des Jazz, dem Mississippi-Delta. Nehmen Sie sich mindestens einen halben Tag Zeit für Natchez. Eilige können von Natchez über Baton Rouge zurück nach New Orleans fahren und die letzten Tage noch in den Bayougebieten des unteren Mississippi-Deltas verbringen.

Alternativ dazu

Wer gute drei Wochen Zeit hat, fährt am besten von Natchez nach Westen, um die Cajun-/Zydeco-Musikszene in und um LaFayette zu erkunden.
Abschließend fahren Sie in das Gebiet um den US 90 und zurück nach New Orleans. Abflug von New Orleans. Insgesamt ca. 2.800 km

Zeiteinteilung für eine Rundreise durch den gesamten Süden der USA

Hierbei handelt es sich um einen Vorschlag, der aber auch nicht alle interessanten Gebiete einschließen kann. Die Kilometerangaben sind nur als Richtlinien anzusehen, die aber bereits kleine Abstecher einplanen und auch die Hotelanfahrt in einer Zielstadt.

Gebiet	Unternehmungen/ Ausflugsziele	Tage	ca. km	touristische Interessen
New Orleans S. 154ff	French Quarter, Mississippi-Schaufelraddampferfahrt, Jazzlokale, Cajun-Küche	2	200	interessante Altstadtarchitektur, Plantagen im Umland
New Orleans – Mobile S. 213ff	Sandstrände von Mississippi-Mobile	1	230	Im Hinterland relativ uninteressante Sumpflandschaft, Mobile auch nur wenig eindrucksvoll
Mobile – Pensacola S. 226ff	weiße Sandstrände, Badeaufenthalt	1–2	200	die „weißesten Strände Amerikas", Küstenlandschaft
Pensacola – Tallahassee S. 240ff	Badeaufenthalt – Panama City	1	400	Strände, Wälder
Tallahassee (St. Augustine) – Savannah S. 255ff	Hauptstadt von Florida, Küste, hist. St. Augustine, Okefenokee Swamps, Fort Frederica Nat. Monument, Atlantik	3	550–900	Geschichte, Küstenlandschaft, Sümpfe, Baden, Inseln
Savannah S. 299ff	historische Altstadt	1	100	Geschichte, Architektur
Savannah – Charleston S. 317ff	„herausgeputzte" Altstadt, Fort Sumter, umliegende Südstaatenplantagen, Badeparadies Hilton Head	1–2	200	Kolonialarchitektur, Geschichte, Strand, Plantagenhäuser
Charleston – Columbia S. 348ff	keine besonderen Sehenswürdigkeiten entlang der Strecke, Geschichte von South Carolina in Columbia	1	240	Agrarlandschaft, Geschichte
Columbia – Atlanta S. 352ff	Washington Wilkes Hist. Museum	1	400	Landschaft, Geschichte, keine besonderen Höhepunkte
Atlanta S. 385ff	Stadterlebnis, Museen, Coca-Cola, Martin Luther King Jr., Aquarium, CNN	2	200	Geschichte, Wirtschaftsmetropole
Atlanta – Great Smoky Mountain N. P. S. 409ff	Asheville, Appalachen, Great Smoky Mountains National Park	2–3	500–600	Naturerlebnisse, Rafting, Wandern, Vanderbildt's Wohnsitz

Gebiet	Unternehmungen/ Ausflugsziele	Tage	ca. km	touristische Interessen
Gr. Smoky Mts. N. P. – Knoxville – Chattanooga – Nashville S. 453ff	Chattanooga mit historischen Eisenbahnbauten und schönem Umland, Geschichte d. Bürgerkriegs	2–3	440	Natur, Eisenbahngeschichte, Stadt, Whiskey-Destillen
Nashville S. 468ff	Hauptstadt der Countrymusik, mit allem was dazugehört (Livemusik, Schallplattenindustrie, Museen)	1–2	100	Countrymusik live, Geschichte, Riverbootfahrten
Nashville – Memphis S. 489ff	Jackson/ TN – Eisenbahnmuseum	1	340	Landschaft, Geschichte
Memphis S. 504ff	Heimat des Blues, Elvis-Presley-Gedenkstätten, Bluesmusik in der Beale Street	1–2	100	Blueskneipen, Graceland, Riverboote
	Alternative 1			
Memphis – Natchez Trace – Natchez S. 523ff	Landschaftlich und historisch schöne Straße, alte Gebäude von Natchez	3	650	Landschaft, Geschichte
Natchez – Baton Rouge S. 539ff	Sumpfebenen des weiten Mississippi-Tales, Kudzu-Vegetation, Antebellum-Häuser in St. Francisville	1	240	Naturerlebnisse, Antebellum-Kultur
Baton Rouge S. 549ff	Sumpfebenen, Geschichte der ersten Hauptstadt Louisianas, Kreolen	2	200–300	Natur, Hauptstadtbauten, New Orleans, Bootsfahrten in den Bayous
	insgesamt	29–34	5.340–5.670	
	Alternative 2			
Memphis – Little Rock – Hot Springs N. P. S. 554ff	keine besonderen Sehenswürdigkeiten, Little Rock als die Hauptstadt von Arkansas, Hot Springs N. P.	1	340	Agrarlandschaft und von Bill Clinton geprägte Hauptstadt, heiße Quellen
Hot Springs – Shreveport – LaFayette S. 569ff	Fahrt bis in die bewaldeten Sumpfebenen des Mississippi-Deltas	2	600–700	Landschaft
LaFayette – New Iberia – New Orleans S. 577ff	Sumpfebene, Geschichte der ersten Kreolen, Cajuns, Deltagebiet	2	260–400	Natur, Antebellum-Städtchen, Krabbenfang, Sumpffahrten
	insgesamt	27–33	5.500–5.970	

3. New Orleans und Umgebung

Überblick

Entfernungen

New Orleans – Baton Rouge: 77 mi/124 km
New Orleans – LaFayette: 129 mi/208 km
New Orleans – Mobile: 148 mi/238 km (I-10)

„**Laissez le bon temps rouler**" oder „**The Big Easy**": Es gibt viele Möglichkeiten, das Treiben in dieser einzigartigen Stadt am Delta des Mississippi zu beschreiben. Niemals wird man hier das Gefühl los, die Stadt feiert unentwegt eine einzige große Party. Selbst am „Morgen danach", wenn der Müll des letzten Abends weggeschafft wird, scheint ein jeder nur darauf zu warten, die nächste vergnügliche Runde einzuleiten. Und auch trotz – oder vielleicht gerade wegen – der schweren Verwüstungen und Überschwemmungen nach dem Durchzug des Hurrikans „Katrina", haben viele der Bewohner der Stadt nicht aufgegeben.

Ohne Zweifel ist New Orleans immer noch eine der **faszinierendsten Städte der USA** und mit Sicherheit die beeindruckendste Metropole der Südstaaten:

- Die alte französische Architektur im Herzen der Stadt, dem French Quarter, mit den schmiedeeisernen Balkonbalustraden und den verwinkelten Hinterhöfen bietet etwas fürs Auge.
- Die unzähligen Musikkneipen mit Jazz-, Cajun-, Soul-, Funky-Jazz- und anderen Klängen sorgen für ein unvergessliches Abendprogramm.
- Das Flair der Südstaaten: Die Kreolen – wie sich auch heute noch die Nachfahren der französischen Kolonisten nennen – vermitteln unbeschwertes Lebensgefühl, wie Sie es wohl kaum sonstwo erleben können, und die Atmosphäre ist überall gelockert und ausgelassen.
- Die ausgesprochen gute und abwechslungsreiche Küche, unbekannte

Redaktionstipps

➤ **Kreol- bzw. Cajunküche** dürfen Sie sich in New Orleans nicht entgehen lassen! Ein Dinner z.B. im „Arnaud's" wäre ein Klassiker für Romantiker. (S. 190)

➤ Ein Tagesausflug zu den **Plantagen** „Nottoway", „Oak Alley" oder „Houmas House" lohnt sich. (S. 204ff)

➤ Die **Antiquitätengeschäfte** im French Quarter sind unverschämt teuer. Häufig gibt es in der Magazine Street und besonders in der Provinz bessere Schnäppchen. (S. 196)

➤ **Zeiteinteilung**: 2–3 Tage; 1. Tag: Vormittags kreuz und quer durch das French Quarter schlendern. Lunch in einem Straßenimbiss. Nachmittags am Mississippiufer entlangschlendern. Abends Dinnerfahrt mit der „Natchez" – danach noch durch einige Musikclubs rund um die Bourbon Street ziehen. 2. Tag: Besuch des Voodoo-Museums – danach St. Louis Cemetery No. 1. Nachmittags mit dem Streetcar zum „Audubon Zoo". Abends Zeit nehmen für die Musikszene. 3. Tag: Fahrt zu den Plantagen am Mississippi.

Kulturen, wie z.B. der Voodoo-Kult, die Gegensätze der Südstaatengesellschaft, aber auch zahlreiche Museen und Kunstdenkmäler setzen dem Ganzen die Krone auf.

Nachtaktive Stadt

New Orleans allein ist schon eine Reise wert. Nehmen Sie sich also **ausreichend Zeit** für diese Stadt und das Umland – mindestens 3 Tage (3 Wochen würden aber auch nicht langweilig werden!). Sie werden es nicht bereuen. Nur „nachtfest" sollten Sie sein, denn ein großer Teil des Charmes der Stadt wird erst nach 22 Uhr versprüht, wenn die wirklich guten Bands in Clubs außerhalb des French Quarter aufspielen und die Einheimischen erwachen und beginnen, die Nacht durchzutanzen. Auch wenn die Reisekasse etwas knapp bemessen sein sollte, man sollte nicht grade in New Orleans sparen!

Vielleicht ist es für manch einen auch eine Überlegung wert, erst am Ende der Reise die meiste Zeit in New Orleans zu verbringen. Dann haben Sie den Jetlag überwunden und sind bereit für die spätabendlichen Züge durch die Musiklokale.

Geschichte

Während des späten 17. Jh. – die Engländer waren noch damit beschäftigt, die Ostküste der Neuen Welt zu erkunden und zu besiedeln – machte sich ein kleiner Trupp **Franzosen** von Kanada auf, den Mississippi hinunterzufahren, um seine Mündung zu finden. Anführer dieser Expedition waren René Robert Cavalier und Sieur de la Salle. Am Delta angelangt und zufrieden mit dem Land, das sie gesehen hatten, erklärten sie 1682 das gesamte Einzugsgebiet des Mississippi zum Protek-

Schmiedeeiserne Balkone im French Quarter

torat Frankreichs und benannten es zu Ehren ihres Sonnenkönigs, Louis XIV, **Louisiane**. 1699 zog es dann eine Handvoll anderer Franzosen an die Küste des Golfes von Mexiko. Die bekanntesten unter ihnen waren Pierre le Moyne Sieur d'Iberville und dessen jüngerer Bruder Jean-Baptiste le Moyne Sieur de Bienville. Zuerst wurden Biloxi und Ocean Springs (heute im Staate Mississippi), später Mobile und Natchez gegründet.

Stadtgründung

Ein windiger Schotte, John Law, überredete 1717 – nachdem er sich von der französischen Regierung mit fragwürdigen Mitteln Befugnisse zur Besiedlung Süd-Louisianas beschafft hatte – Jean-Baptiste le Moyne, La Nouvelle Orléans zu gründen. Dieser hatte das dafür vorgesehene Gebiet bereits erkundet, zögerte aber noch. Ein Jahr später wurde die Stadt schließlich gegründet – dort, wo heute das **French Quarter** ist. Ihren Namen verdankt sie dem Herzog Philippe von Orléans, der zu dieser Zeit als Regent für den noch minderjährigen König Louis XV. eingesetzt war.

Obwohl **La Nouvelle Orléans** zur Hauptstadt von Louisiane erklärt worden war und John Law in Europa vielversprechende Werbung für die neue französische Kolonie machte, verirrten sich nur wenige Siedler hierher. Größtes Problem war damals der **Frauenmangel**, was die französische Regierung 1727 dazu veranlasste, 88 junge Frauen aus den Pariser Gefängnissen zu entlassen (zumeist minderjährige Prostituierte und Diebinnen) und als „Bräute" nach Louisiane zu schicken. Als „Begleitung" wurden ihnen 5 Nonnen des Ursuliner-Ordens mitgegeben. Es wird behauptet, beide Seiten hätten von der jeweils anderen etwas gelernt.

Teilung Louisianas

1763, nach Beendigung des **Kolonialkrieges** zwischen England auf der einen und Spanien und Frankreich auf der anderen Seite, wurde Louisiane aufgeteilt. Was östlich des Mississippi lag, ging an England, der westlich davon gelegene Teil an Spanien. Obwohl dieses bereits im Geheimvertrag von Fountainebleau 1762 so vereinbart wurde, erfuhren die Bewohner der Stadt erst 1766 davon – nämlich mit Eintreffen des spanischen Gouverneurs. 3 Jahre lang versuchten sich die Kreolen, dem spanischen Diktat zu widersetzen, bis schließlich 1769 Don Alexandro O'Reilly – ein Ire im Dienste der Spanier – mit einer 3.000 Mann starken Truppe und geschickten politischen Manövern den Widerstand endgültig brechen konnte. Spanisch wurde Amtssprache. Doch das französische Kulturgut blieb erhalten.

1788 und 1794 wurden große Teile der Stadt durch **Feuersbrünste** zerstört, bis heute blieb nur das Ursuliner-Kloster (1114 Chartres Street) erhalten. Die wirtschaftliche Bedeutung von New Orleans war mittlerweile aber so groß, dass in kürzester Zeit wieder alle Häuser aufgebaut werden konnten – diesmal zumeist aus Stein. Mit der Entdeckung der Herstellung von Kristallzucker in dieser Zeit durch den Plantagenbesitzer Étienne de Boré wurde der Anbau von Zuckerrohr in Louisiane forciert, und New Orleans blühte auf als die Handelsmetropole des Südens. 1800 überredete Napoleon Bonaparte die Spanier zur Rückgabe Louisianes an die Franzosen, verkaufte es aber nur 3 Jahre später für 15 Millionen Dollar an die **Amerikaner** weiter. 1805 wurden offiziell die Stadtrechte verliehen. 1815 geriet die Stadt noch einmal in die Kriegswirren zwischen England und den USA. Danach blieb sie bis zur Mitte des 19. Jh. von weiteren Missgeschicken verschont und wuchs zu einer der bedeutendsten Städte der USA heran. Die Plantagenwirtschaft

(Baumwolle, Zuckerrohr, Tabak und Reis), aber vor allem der Einsatz der großen Schaufelraddampfer machten die Stadt zu einer internationalen **Handelsmetropole**. In dieser Zeit war New Orleans, nach New York, die zweitreichste und mit 140.000 Einwohnern (1850) die viertgrößte Stadt der USA. Während des Bürgerkrieges (1861–65) wurde New Orleans von den **Unionstruppen** besetzt. Als Folge brannten die Einwohner Lagerhallen und Hafeneinrichtungen nieder, um sie nicht in die Hände der Feinde zu geben. Nach diesem Krieg durchlitt die Stadt, wie der gesamte Süden, eine schwere wirtschaftliche Krise, von der sich die Region erst um 1880 wieder erholen konnte. Als 1901 das erste Öl gefunden wurde, begann eine neue Ära. Wenn auch unterbrochen von einem schweren Hurrikan (1915), der große Teile der Stadt zerstörte, einer Grippeepidemie, die 1918 35.000 Menschen das Leben kostete, und der Flutkatastrophe von 1927, entwickelte sich New Orleans von da an zu einer modernen Handelsstadt.

Im Bürgerkrieg niedergebrannt

Übrigens leben in und im Besonderen um New Orleans viele Deutschstämmige. Viele Straßen trugen bis zum 1. Weltkrieg noch deutsche Namen, wurden mit Kriegsbeginn jedoch umbenannt. So wurde z.B. aus der Berlin Street die General Pershing Street. Heute spricht kaum noch jemand deutsch, aber viele Leute werden Ihnen erzählen, dass ihre Vorfahren um die Jahrhundertwende bzw. Mitte des 19. Jh. eingewandert sind. In der 200 Galvez Street gibt es noch einen deutschen Club (*„Deutsches Haus“, ☎ (504) 522-8014, http://deutscheshaus.org/*).

Problematisch war und ist seit dem Bürgerkrieg die Frage des Rassismus geblieben: Bis in die 60er-Jahre des 20. Jh. hinein hatten die Schwarzen in den Südstaaten noch unter vielen ungerechten Gesetzen zu leiden, und auch heute noch spürt man vereinzelt die Ungleichbehandlung der einzelnen Hautfarben.

New Orleans heute

Heute ist die Stadt ein **Industriestandort** mit über 1,3 Mio. Einwohnern (Agglomeration), und man ist erstaunt, wie krass der Gegensatz zu der schönen, alten Innenstadt sowie dem Garden District ist, sobald man diese verlässt. Zahlreiche Raffinerien säumen das Umland, und im Golf von Mexiko und auch in den Bayous reihen sich die Ölförderanlagen wie Perlen auf einer Kette aneinander. Die **Offshoreanlagen** liegen bis zu 200 km vor der Küste. Die Steuereinnahmen aus der Erdölindustrie machen 27 Prozent des Stadthaushaltes aus. Die Häfen in und um New Orleans haben zusammen mit über 255 Mio. t. die höchste Umschlagsrate im ganzen Land (manche Quellen sagen sogar, dass New Orleans Häfen den höchsten Umschlag (nach Menge) der Welt haben) – dank der **Ölverschiffung** und des Umschlages verschiedener Waren aus dem riesigen Hinterland, welches das gesamte Einzugsgebiet des Mississippi und seiner Nebenflüsse umfasst. Jährlich landen 6.000 Schiffe in den Häfen in und um New Orleans an. Einen weiteren, wesentlichen Wirtschaftsfaktor bildet der Fischfang, u.a. auch die **Austernfischerei** (jährlicher Austernfang: über 6.000 t). Diese gegensätzlichen Strukturen im wirtschaftlichen Leben der Stadt und seines Umfeldes bieten einen guten Einblick in das Leben der Südstaaten – sowohl in historischer (French Quarter und Plantagen) als auch in wirtschaftlicher und gesellschaftlicher Hinsicht.

Wirtschaftsfaktor Hafen

Am Jackson Square stehen die Kutschen bereit zu einer Tour durch das French Quarter

Falls Sie also etwas Zeit übrig haben sollten, fahren Sie einfach mal ein Stück die Strecke zum richtigen Mississippi-Delta (Flussaustritt in den Golf) entlang. Die Landschaft ist zwar langweilig flach, aber Sie werden sowohl in den Vororten von New Orleans als auch später auf dem Land einen guten Gesamteindruck über die Südstaaten erhalten. Tipp: Nehmen Sie erst die südlich des Mississippi gelegene Straße, setzen Sie auf etwa halber Strecke mit der Fähre über den Fluss und fahren Sie dann auf der kleinen Stichstraße direkt hinter dem Flussdeich zurück. Hier gibt es die verschiedensten Wohnstrukturen der modernen Südstaaten zu sehen (aber keine Antebellum-Plantagenhäuser).

Hurrikan „Katrina" und seine Folgen

Hohes Überschwemmungsrisiko

Die Stadt lebt auch heute sehr riskant: Etwa die Hälfte der bebauten Fläche liegt **unterhalb des Meeresspiegels** und auch die andere Hälfte ragt selten mehr als 3 Meter über dem Meeresspiegel (N.N.) hinaus. Das birgt das Risiko von Überflutungen und nicht selten „schwimmen" ganze Stadtteile nach heftigen und vor allem lang anhaltenden Regenschauern. Natürlich gibt es hunderte von Pumpanlagen, Entwässerungskanäle, den Lake Pontchartrain als „Überlaufbecken" und andere Gegenmaßnahmen, doch reichen diese nur bei „normalen Unwetterkatastrophen" aus.

Ende August 2005 erreichte der Hurrikan „Katrina" mit Windgeschwindigkeiten von bis zu 240 km/h die Küste von Louisiana und Mississippi. Für New Orleans brachte der Sturm eine Katastrophe von unvorstellbarem Ausmaß: Mehrere Meerwasser-Schutzdämme brachen; binnen 2 Tagen waren 80 Prozent der Stadtfläche mit Wasser bedeckt! Die ganze Stadt musste daraufhin zwangsevakuiert werden. Die Katastrophe nahm schnell auch **politische Ausmaße** an. Der damalige Präsident Bush und der FEMA (Federal Emergency Management Agency, eine Art Katastrophenschutz-Behörde) warf man zu langsames Handeln vor, teilweise sogar Rassismus, weil besonders die arme schwarze Bevölkerung unter den Umständen am meisten zu leiden hatte und bis dahin zu wenig für den Schutz ihrer Wohnungen unternommen wurde.

Zweckentfremdete Mittel behindern Unwetterschutz

Es stellte sich auch bald heraus, dass die **Gefahr der Dammbrüche** bereits vorher bekannt war, man aber das meiste Geld im Katastrophenschutz für andere Zwecke, besonders in den letzten Jahren für Anti-Terror-Maßnahmen, verwandt hatte. Zurückgelegtes Geld wurde u. a. auch für die Kriege am Golf und in Afghanistan zweckentfremdet. Über tausend Menschen starben in New Orleans und entlang der Golfküste von Mississippi durch den Sturm bzw. seine Folgen. Hunderttausende Flüchtlinge verloren Hab und Gut sowie ihre Häuser. Wohngebiete mit insgesamt 346.000 Einwohnern (zu dieser Zeit 71 Prozent der Einwohner von New Orleans) standen wochenlang unter Wasser. Der Schaden, soweit man so etwas überhaupt genau bemessen kann, wurde nach einem Monat auf über US$ 200 Mrd. geschätzt. Es dauerte Monate, um in New Orleans wieder ein halbwegs normales Wirtschaftsleben herzustellen. Um den Gesamtschaden zu beheben und bessere Vorkehrungen gegen so ein Unwetter zu treffen, bedarf es aber noch vieler Jahre:

- Immobilien-Spekulanten aus Kalifornien, New York und anderen reichen Gegenden „verdarben" die Preise für die Rückkehrwilligen.
- Die Preise im Touristikbereich sind gestiegen, eben weil die Löhne, Mieten und Steuern gestiegen sind.

Bei einer abendlichen Fahrt mit dem Schaufelrad-Dampfer, im Hintergrund die Skyline von New Orleans

- Die Versicherungen haben die Schäden nur bedingt gezahlt, denn wer überhaupt versichert war, war gegen Sturmschäden versichert, nicht aber gegen dessen Folgen.
- Viele Musiker sind abgewandert, was besonders in der Bourbon Street zu spüren ist.
- Die Medien schrieben viel über die Folgen, sodass über Jahre weniger Gäste kamen.
- Von einst 1,5 Millionen Einwohnern im Großraum blieben nur 1,3 Millionen. In New Orleans selbst sank die Einwohnerzahl von 495.000 (2004) auf heute 340.000!

Kleiner Sprachführer für New Orleans und die Südstaaten

N'Awlins oder N'Orlyuns	New Orleans. Man spricht es aus wie ein Wort, verschluckt also das „ew" von New und lässt das Ganze aus der „Tiefe des Halses entweichen".
Antebellum	aus dem Lateinischen: „Vor dem Krieg". Bezeichnet die Südstaatenepoche vor dem amerikanischen Bürgerkrieg.
Banquette	Bürgersteig
Bayou	Bach oder „stehender" Fluss (indianisch)
Confederate Flag	Flagge der Konföderierten Staaten aus dem Bürgerkrieg („Rebel Flag") Auch heute noch ist sie Bestandteil einiger Südstaatenflaggen. Die echte Rebel Flag wird bei vielen Südstaatlern noch hoch in Ehren gehalten. Viele sehen dieses mit gemischten Gefühlen, besonders da auch Organisationen wie der Ku-Klux-Klan sie als Banner tragen.
Faubourg	aus dem Französischen: „Vorort"
Parish	eigentlich „Pfarrgemeinde". Heute hat ein Parish in Louisiana den Status eines County.
Vieux Carré	das „Alte Viertel", gemeint ist damit das French Quarter.
Neutral Ground	„Neutrales Gebiet". Begriff für die Canal Street, die ehemals den französischen vom amerikanischen Sektor getrennt hat.
Potpourri	eine Mischung aus verschiedenen, getrockneten, duftenden Blättern und Blüten. Mal in einem Körbchen, mal in ein Kissen genäht und mal als Strauß in einer Vase, ist diese Duftnote aus den vornehmen Villen und den Bed&Breakfast-Häusern kaum wegzudenken.
Southern Belle	eine schöne junge Frau der Südstaaten. Hiermit waren meist die (noch nicht verheirateten) Töchter der Plantagenbesitzer oder reicher Kaufleute gemeint.
Yankee	Nordstaatler
Mardi Gras	
Krewes	private Clubs, die den Festumzug organisieren, ähnlich unseren Karnevalsvereinen
Rex	der Karnevalskönig
Masquers	die maskierten Leute auf den Umzugswagen, die Süßigkeiten und Souvenirs („throws") herunterwerfen
Doubloons	mit einem Motto versehene Münzen, die während des Karnevals in die Menge geschmissen werden
Essen	hierzu sehen Sie bitte S. 89ff

Musician's Village

Das **Musician's Village** (9th Ward, Bereich N. Prieur/ Bartholomew Sts., www.nolamusiciansvillage.com) wurde 2006 von den Musikern Harry Connick, Jr. und Branford Marsalis ins Leben gerufen. Hierbei handelt es sich um neue bzw. restaurierte Wohnhäuser im typischen New Orleans-Stil, die Musikern und älteren Leuten, die einst mit der Musik zu tun hatten, zu einem günstigen Preis zur Verfügung gestellt werden. Die Häuser müssen gekauft werden und jeder Besitzer muss zudem nachweislich 350 Stunden eigene Arbeitsleistung beim Bau einbringen und sich mit den Regeln der Community einverstanden erklären. Mittlerweile wohnen schon viele Menschen hier und wurde das Ellis Marsalis Center for Music (Veranstaltungen/Outdoor-Bühne) eingeweiht.

info

Was ist ein Kreole, und was bedeutet Cajun/Acadian?

Immer und immer wieder werden Sie auf die Begriffe „Creole" und „Cajun" stoßen, und es stellt sich dabei die Frage, worin eigentlich der Unterschied besteht. Heute werden beide Ausdrücke in vielen Dingen für die gleiche Umschreibung bzw. als Attribut mit gleichem Hintergrund verwandt, doch eigentlich haben sich die beiden Worte unabhängig voneinander entwickelt:

Creole: Ein New-Orleans-Kreole stammt von französischen bzw. spanischen Siedlern ab. Wichtig ist, dass diese Vorfahren „in der Kolonie geboren worden sind", nicht in Europa. Aus dem Lateinischen abgeleitet, hat sich das spanische Wort „criollo" entwickelt, welches die Franzosen dann in „Creole" umgewandelt haben. Alle Worte bedeuten, wie das englische Wort „create", „erschaffen" oder „zeugen". Also ein in den Kolonien „gezeugter" Franzose/Spanier. Später durfte ein Kreole aber auch ein Mischling sein, solange ein Elternteil französischen Ursprungs war. Und noch viel später hat sich alles verwaschen, und fast jeder bezeichnete sich als Kreole.
Cajun/Acadian: Die Vorfahren der Cajuns waren französische Kolonisten, die sich im beginnenden 17. Jh. an der kanadischen Atlantikküste niedergelassen haben, vorwiegend auf Nova Scotia und in New Brunswick. Sie nannten ihre damalige Heimat „L'Acadie" und sich selbst „Acadiens". Die Engländer machten daraus „Acadian" und im Slang wurde daraus „Cajun". Als die Engländer im 18. Jh. begannen, die Franzosen in Kanada zu verdrängen, zogen viele der Cajuns nach Süd-Louisiana.

In der eigentlichen Definition kann man also sagen, sind Cajuns Kreolen, aber nicht andersherum.

Sehenswertes im Stadtbereich

Hinweis
s. Karte in der hinteren Umschlagklappe

Tipps für die Erkundung des Innenstadtbereichs von New Orleans
- *Beginnen Sie Ihren Rundgang am Vormittag am Jean Lafitte Nat. Hist. Park Visitor Center bzw. am nahen Jackson Square, wo sich auf der Nordostseite (St. Ann Street) ebenfalls ein Visitor Center (Louisiana Office of Tourism) befindet.*
- *Danach erlaufen Sie sich das French Quarter, für das Sie mindestens 3, bei mehreren Museumsbesuchen aber auch 5–6 Stunden benötigen werden.*
- *Am späten Nachmittag, wenn es nicht mehr so heiß ist, können Sie dann am Riverfront Park entlangpromenieren.*
- *Abends konzentrieren Sie sich dann auf die Bourbon Street (inkl. Seitenstraßen) mit ihren Lokalen und Musikkneipen.*
- *Wenn Sie nun Gefallen an der Architektur des French Quarter gefunden haben sollten, was kaum zu bezweifeln ist, dann bietet sich für den folgenden Morgen eine Kutschen-Rundfahrt an. Die Kutscher können Ihnen eine Reihe von interessanten Anekdoten erzählen. Eines sollten Sie aber bedenken: Sie sprechen sehr starken Südstaaten-Slang, der selbst für ein geschultes Ohr nicht leicht zu verstehen ist. Bitten Sie den Kutscher also vorher, langsam zu sprechen.*

Zu Fuß durch das French Quarter

Der folgende Rundgang soll nur einen Denkanstoß geben, am schönsten ist es, sich treiben zu lassen. Alle aufgeführten Punkte kann man ohnehin nicht an einem Tag schaffen!

Punkte, die Sie absolut nicht versäumen sollten

Hinweis
Auf die Beschreibung der unzähligen interessanten Wohnhäuser wurde bewusst verzichtet, um nicht den Rahmen dieses Buches zu sprengen. Eine detaillierte Karte und Erläuterungsbroschüren gibt es im Visitor Bureau.

- Zur Geschichte der Region: **Jean Lafitte NHP Information Center**
- Die lebendige Atmosphäre des **Jackson Square**: Straßenkünstler, Musiker, Pferdekutschen und Cafés
- Eine kurze Besichtigung des „Cabildo" mit dem **Louisiana State Museum**
- Der **French Market**: Geschäfte, Cafés und ein Stück weiter am Fleamarket auch ein paar Schnäppchen in punkto Souvenirs
- Das **Voodoo Museum**, das Sie entführt in eine mystische Welt, die uns so unbekannt und fremd ist
- Schauen Sie in den einen oder anderen Hinterhof hinein
- Bei Tag die **Chartres-** und die **Royal Street** ablaufen, in deren Fluchten die Architektur und die schmiedeeisernen Balkone am schönsten sind

Am besten lässt sich die Altstadt zu Fuß erkunden

- Wenn dann noch Zeit ist, sollten Sie auch einmal die äußeren Bezirke des French Quarter besuchen, dort wo die Häuser kleiner, aber die Hinterhöfe noch ursprünglicher sind. Am interessantesten ist da sicherlich das Gebiet nordöstlich der Esplanade Avenue.
- Abends: die Musikszene in der **Bourbon Street** und ihren Seitenstraßen

Einzigartiger Stadtkern

Das French Quarter, auch als „Le Vieux Carré" bezeichnet, bildet das Herz von New Orleans und kann sich mit Recht als den attraktivsten und einzigartigsten Stadtkern der USA bezeichnen. Bereits die Architektur, die durch spanische und französische Einflüsse geprägt ist, wird selbst das verwöhnte europäische Auge in seinen Bann ziehen. Der Baustil ist beispiellos: Die **schmiedeeisernen Balkone** erinnern an die französische Epoche, die großen Türbögen und die Innenhöfe eher an die Zeit der Spanier, die in nur wenigen Jahrzehnten ihrer Herrschaft deutliche Spuren hinterlassen haben und deren Anwesenheit auch heute noch durch die eingemauerten alten Straßenschilder deutlich wird.

Doch keine Hausanlage ist so, wie man sie von Europa her zu kennen glaubt. New Orleans hat seinen eigenen Stil: Die Kreolen und die Cajuns haben ihren Anteil, und auch amerikanische Elemente aus dem ausgehenden 19. Jh. haben Einkehr gefunden, sodass eine „New-Orleans-Architektur" entstanden ist. Zu all dem kommt schließlich noch hinzu, dass das subtropische Klima in den Hinterhöfen kleine „Urwälder" gedeihen lässt, die den Bewohnern dort einen beschatteten Patio bieten (schauen Sie ruhig mal hinein). Übrigens stehen alle Häuser auf hölzernen Stelzen, denn das French Quarter liegt auf, z.T. auch unterhalb des Wasserspiegels.

Weniger Hektik und dafür eine gehörige Portion **Lebensgenuss** – das „Laisser-faire" – das ist das Einzigartige, was den Charakter des French Quarter und besonders auch von ganz New Orleans ausmacht. Öffnen nun auch Sie sich diesem Genuss und lassen Sie sich mitziehen. Machen Sie nicht den Fehler, alle Sehenswürdigkeiten „abklappern" zu wollen, sondern feiern Sie Ihre eigene große Party in „The Big Easy" – als das die Amerikaner ihre Lieblingsstadt gerne bezeichnen. Dazu gehört natürlich auch, sich von dem touristischen Treiben entlang der Bourbon-, Royal-, und Peters Streets zu entfernen.

Rundgang

Am Jackson Square liegt das **Visitor Center (1)**. Hier gibt es u.a. eine gute „Self Guided Walking and Driving Tour Map" von New Orleans. Gegenüber liegt der im French Market, Decatur St.

Ehemaliger Paradeplatz

Der **Jackson Square (2)** ist ein ehemaliger Paradeplatz der Stadt, an dem sich die Regierungsgebäude der frühen Kolonialmächte befanden. 1721 angelegt. Um 1850 begann man damit, den heutigen Park anzulegen, und 1856 wurde das Denkmal von General Jackson aufgestellt – übrigens das erste Reiterdenkmal der Welt, bei dem 2 Hufe nicht den Boden berühren. Rechts und links von diesem Platz stehen die **Pontalba Buildings** mit ihren einladenden Arkaden, die zwischen 1840 und 1849 erbaut wurden. Damals erhoffte man sich, den vom French Quarter abziehenden Handel in die hier eingerichteten Büros und Geschäfte zurückzuholen. Dieses Vorhaben schlug aber weitestgehend fehl, da die Geschäftsleute sich bevorzugter in den neuen Handelskontoren am Hafen aufhalten mochten. An der Nordostseite liegt das **1850 House**, ein Antebellum-Haus, dessen Räume originalgetreu wiedergergerichtet wurden (*523 St. Ann St., Di–So 10–16.30 Uhr, www.crt.state.la.us/museum/, $ 3*).

Die **St. Louis Cathedral (3)** wurde als älteste Kathedrale der USA 1849–51 erbaut. Bereits 1722 stand an dieser Stelle eine kleine Kirche, die aber von einem Hurrikan im selben Jahr zerstört worden ist. Die Kathedrale kann besichtigt werden, doch dürfen Sie alleine nur im Eingangsbereich des Kirchenschiffes stehen. Ansonsten müssen Sie sich einer Führung anschließen. Verwöhnt von prachtvolleren Bauten in Europa, lohnt dies aber kaum.

Ausstellung zur Geschichte von Louisiana

Das **Cabildo (4)** beherbergte die Regierungen aller Kolonialmächte und auch der Konföderierten und später der USA. Nachdem das erste Gebäude 1788 den Flammen zum Opfer fiel, wurde 1795–99 das heutige Steingebäude errichtet. Im Keller aber befinden sich noch Überreste der alten Polizeistation – der „Corps de Garde" – von 1753. 1988 wurde das Gebäude übrigens wiederum durch ein Feuer nahezu vernichtet. Unter hohem Kostenaufwand hat man es aber restauriert und anschließend hier und im rechts von der Kathedrale stehenden Presbytere House einen Teil des **Louisiana State Museum** eingerichtet (*Di–So 10–16.30 Uhr, Sonderausstellungen nur Fr–So, www.crt.state.la.us/museum, $ 6*). Eine interessante Ausstellung zur Geschichte von Louisiana und speziell von New Orleans erwartet Sie hier. Zudem wird auch eingegangen auf die Geschichte der Indianer dieser Region.

Die komplett restaurierten Markthallen des **French Market (5)**, die im beginnenden 19. Jh. erbaut worden sind und über 150 Jahre lang der wesentliche Handels-

St. Louis Cathedral

platz der Stadt waren, beherbergen heute eine Reihe interessanter Geschäfte und Boutiquen. Straßencafés und Restaurants, von denen das „Café du Monde" das populärste ist, laden zu einer kleinen Erfrischung ein, und meistens spielen Straßenmusikanten vor ihren Türen. In den Markthallen befindet sich der **Farmer's Market**, wo Sie heute noch einige Früchte und Gemüse sowie Cajun-Spezialitäten erstehen können. Leider aber machen sich hier mittlerweile professionelle Händler mit T-Shirts und asiatischen Billigprodukten immer mehr breit, sodass der Charakter eines echten Marktes bzw. des hierfür angekündigten Fleamarket (Flohmarkt, weiter nördlich) bereits verloren gegangen ist.

Besuchenswert in diesem Komplex ist das Info-Center des **New Orleans Jazz Historical Park** (916 N. Peters St., in der „zweiten Reihe" des Marktes). Hier können Sie ein wenig über die Geschichte des Jazz in New Orleans lernen.

Kleine Jazz-Ausstellung

Direkt am unteren Ende der wunderschönen **Esplanade Avenue**, die durch ihre vom Tourismus (noch) nicht beeinflusste Architektur und die großen, schattenspendenden Bäume ihren eigenen Reiz hat, ist in der ehemaligen Münzpresse **The Old Mint (6)** die New Orleans Jazz Collection eingerichtet worden. Bilder und alte Musikinstrumente (u.a. Louis Armstrongs erste Trompete) lohnen einen kurzen Besuch (*400 Esplanade. Di–So 10–16.30 Uhr, www.crt.state.la.us/museum, $ 6*).

Old Ursuline Convent (Ursuliner-Kloster) (7): Die Ursuliner-Nonnen waren lange Zeit die einzigen Lehrerinnen der Stadt, und sie waren es auch, die als erste in den Südstaaten den Minderheiten, wie den Schwarzen und den Indianern, Unterricht gegeben haben. Das Gebäude von 1734 ist das einzige, welches die großen Feuer überstanden hat und gilt somit als das älteste französische Kolonialgebäude überhaupt im Mississippi Valley. Der französische Baustil wird hier sehr deutlich. Zu sehen gibt es aber innen nicht viel außer einer renovierten Kapelle, St. Mary's Church (1845) und einem katholischen Archiv, in das man aber nur nach Vorankündigung (und „sinnvollem Anliegen") Einblick erhält (*1114 Chartres St., Führungen: Di–Fr 10, 11, 13, 14 u. 15 Uhr, Sa u. So 11.15, 13 u. 14 Uhr, www.stlouiscathedral.org/convent.html*).

Madame John's Legacy (8): Das Gebäude wurde 1789 nach dem großen Feuer von 1788 erbaut. Einzigartig für New Orleans ist der westindische Baustil, der dafür sorgt, dass genügend Schutz vor Hitze, Sonne und Regen vorhanden ist. Madame John war übrigens eine schwarze Mistress eines französischen Geschäftsmannes, der aber erst nach seinem Tod zu dieser Liebschaft stand und ihr das Haus vermachte. Neben der Architektur (gut erläutert) gibt es noch einige alte Möbel und Wanderausstellungen (zumeist künstlerische Themen) zu sehen (*632 Dumaine St., Di–So 10–16.30 Uhr, www.crt.state.la.us, freier Eintritt*).

Westindischer Baustil

(**New Orleans Historic) Voodoo Museum (9)**: Kleines Museum, das eine sehr eindrucksvolle Sammlung in Bezug auf den Voodoo-Zauber beherbergt. Ein Opferungsaltar, Gris-Gris (Fetische) aller Art, eine echte Pythonschlange und ein Gemälde von der Voodoo-Queen Marie Laveau bilden die Höhepunkte. In dem vorgelagerten „Souvenirshop" können Sie Pülverchen erstehen, wie z.B. das „Have-more-Fun-Powder" oder das „I-like-you-Powder". Der Besuch dieses einzigartigen Museums ist ein Muss in New Orleans. Mr. Charles Massicot Gandolfo, Voodoo-Priester und Gründer des Museums, steht nach Absprache für Lesungen, Weissagungen und Führungen zur Verfügung; ☎ 523-7685 (*724 Dumaine St., tgl. 10–18 Uhr, www.voodoomuseum.com, $ 7*).

Voodoo

info

Voodoo hatte schon immer etwas Mysteriöses, und bereits während des 19. Jh. zog es viele Reisende nach New Orleans, nur um die damalige Voodoo-Queen Marie Laveau (Voodoo basiert übrigens auf den Prinzipien eines Matriarchats) aufzusuchen. Obwohl auf afrikanischen Traditionen beruhend, huldigten bereits damals auch viele Weiße diesem Kult.

Voodoo kommt ursprünglich aus dem ehemaligen **westafrikanischen Königreich Dahomey** (heute Benin) und war die Religion der dort lebenden Bevölkerung. Die Religion hatte mehrere Götter, wobei einer der Hauptgötter „Zombie" war, der auch „Damballah" genannt und als riesige Python dargestellt wurde. Die Dahomey glaubten, dass die ersten Menschen blind waren und erst die große Schlange ihnen die menschliche Sehkraft verlieh. Daher ist der Schlangenkult bei den Voodoo-Zauberern von erheblicher Bedeutung.

Die Dahomeys waren im 17. und 18. Jh. bekannt dafür, dass sie Sklaven an die Franzosen verkauft haben, die dann in die amerikanischen Kolonien verschleppt worden sind. Auf diese Weise gelangte der Voodoo-Kult bis nach Haiti auf die französischen Zuckerrohrplantagen. 1717 wurden dann etwa 3.000 Sklaven von Haiti nach Louisiana gebracht. Die dadurch ausgelöste Ausbreitung des Voodoo-Zaubers in Louisiana veranlasste den damaligen spanischen Gou-

info

verneur Ende des 18. Jh. sogar, die „Einfuhr“ weiterer Sklaven zu unterbinden. Doch in den Folgejahren kamen auch immer mehr Weiße, vor allem Franzosen aus den Kolonien Westindiens, und auch sie waren von der Religion angetan. So erlangte der Voodoo-Kult im beginnenden 19. Jh. immer mehr an Bedeutung in New Orleans. Interessanterweise entwickelte sich dabei gerade in New Orleans in einigen Punkten eine Vermischung mit Prinzipien des Katholizismus. Bilder der Heiligen Jungfrau Maria und Ikonen anderer Heiliger schmücken nicht selten die Voodoo-Altäre.

Hauptversammlungsplatz der Voodoo-Anhänger damals war ein Park am Lake Pontchartrain, wo richtige Orgien abgehalten wurden. Man versuchte – veranlasst durch Lobbyisten der „klassischen“ katholischen Kirche – diese Voodoo-Sitzungen zu verbieten. Ein weiterer Grund dafür war auch die Angst, es könne hier eine Sklavenrevolte angeheizt werden. Als man merkte, dass ein Verbot nicht durchzusetzen war, wurden Voodoo-Versammlungen nur noch an Sonntagen auf dem Congo Square (beim heutigen Municipal Auditorium im Armstrong Park) erlaubt.

Ziel war es, die Bewegung auf diese Weise unter Kontrolle zu behalten. Doch dieses inspirierte zunehmend alle Bevölkerungsschichten, sich das Treiben mit Tänzen, Trommelmusik und merkwürdig verkleideten Menschen anzuschauen. Schon bald war es große Mode, sich mit einem Picknickkorb an den Rand des Geschehens zu setzen – und später auch daran teilzuhaben.

Der wichtigste Tag der Voodooisten war und ist der **St. John’s Eve** (23. Juni): Die Voodoo-Königin tanzte dann mit der großen Schlange. In Trance versetzt, tran-

Das Mausoleum von Marie Laveau auf dem St. Louis Cemetery No. 1

ken die Anhänger Blut von schwarzen Katzen, aßen lebendige Hühner, und es wird sogar behauptet, dass sie gegenseitig am Blut des anderen geleckt haben. Dass bei dieser Kultveranstaltung auch noch kleine Särge zugegen sein mussten, führte bei vielen Kreolen zu dem Glauben, in ihnen würden gekidnappte und getötete weiße Babys liegen. Heute sind die Sitten und Gebräuche an diesem Tag aber nicht mehr so „haarsträubend".

Zwei Personen hatten eine große Bedeutung in der Voodoo-Welt des damaligen New Orleans: Eine davon war **Marie Laveau** (es gab eigentlich zwei Königinnen dieses Namens: Mutter und Tochter). Marie Laveau I. (1796–1881) wurde 1830 Voodoo-Queen. Ihre Anhänger reisten aus ganz Amerika an, um sich von ihr heilen bzw. die Zukunft voraussagen zu lassen, und zu ihren Verehrern gehörten ranghohe Lokalpolitiker und führende Geschäftsleute. Eigentlich war sie eine einfache Friseuse. Sie verstand es aber, die Erzählungen der Damen der gehobenen weißen Gesellschaft zu deuten und umzusetzen.

Sie holte sich den größten Teil ihrer Informationen von den Bediensteten der Reichen, denen sie zu diesem Zwecke mit Voodoo-Ritualen vorher Furcht einflößte und sie so gesprächig machte. Bevor sie Voodoo-Queen wurde, heißt es, habe sie ihre „Konkurrentinnen" alle mit Voodoo-Zauberei getötet. Es wird außerdem gesagt, dass in dem Haus von Marie Laveau eine 6 Meter lange Python gelebt hat und dass zu ihren Fetischen sogar mumifizierte Baby-Skelette gehört haben sollen. Ihre Tochter setzte ihre „Regentschaft" fort.

Das Grab von Marie Laveau I. befindet sich heute auf dem St. Louis No. 1 Cemetery, das von ihrer gleichnamigen Tochter auf dem St. Louis Cemetary No. 2. Ihre Anhänger meinen, dass ihre Seelen ewig weiterleben werden. Die zweite Persönlichkeit war **Doctor John**, der von sich behauptete, ein senegalesischer Prinz zu sein und dessen Wahrsagungen in der Mitte des 19. Jh. bis in die höchsten Kreise erhört worden sind. Kenntnisse über die Lebensumstände seiner Anhänger erhielt auch Doctor John durch seine „Spione", meist Bedienstete in den Häusern der entsprechenden Personen. Er gilt übrigens als einer der Lehrmeister von Marie Laveau.

Der Voodoo-Kult lebte und lebt auch heute noch großenteils von seinen Fetischen („Gris-Gris"). Einer der bekanntesten ist die „Mojo-Hand": ein Stück Stoff, in den Überreste von verstorbenen Reptilien und Vögeln (und auch Menschen) gewickelt sind und der dazu dient, ungeliebte Personen zu verhexen.

Ein anderes Gris-Gris ist eine Wurzel, „Johnny the Conqueror" genannt, die für die Potenz förderlich sein soll. Weitere bekannte Heilmittel wären z.B.: die „Get-Together-Drops", die „Follow-Me-Drops", das „Liebes-Öl" und das „Verhexungsmittel für den Chef". Doch auch die moderne Schulmedizin hat die Kraft der Voodoo-Medizin erkannt, und Voodoo-Ärzte werden des Öfteren von hoch dekorierten Wissenschaftlern konsultiert, speziell, wenn es um die Behandlung von Schizophrenie geht.

Übrigens: 15 Prozent der Bevölkerung von New Orleans praktizieren auch heute noch den Voodoo-Kult.

Unterwegs im French Quarter (St. Louis/Ecke Royal St.)

Das **Historic Pharmacy Museum (10)** ist eine Apotheke im Dekor von 1850. Die alten Schränke aus Rosenholz wurden in Deutschland gefertigt. Auch die Voodoo-Priester haben sich hier ihre Pülverchen zubereiten lassen (*514 Chartres St., Di–Fr 10–14 Uhr, www.pharmacymuseum.org, $ 5*).

In einem alten Häuserkomplex wurde die Forschungseinrichtung **Historic New Orleans Collection (11)** untergebracht, in der man sich um die Aufarbeitung der Stadtgeschichte und die Erhaltungsmöglichkeiten alter Gebäude bemüht. Neben einem kleinen Museum gibt es einen Souvenirshop (sehr gute Auswahl an Büchern über die Geschichte von N.O.) und eine Galerie (*533 Royal St., Touren: Di–Sa 9.30–16.30, So 10.30–16.30 Uhr, www.hnoc.org*).

Kochvorführungen in kreolischer Küche

Hermann Grima House (12): Ein gutes Beispiel für die amerikanischen Architektureinflüsse (Georgian-Style) im French Quarter. 1831 erbaut, beeindrucken heute vor allem die noch intakte kreolische Küche aus den 1830er-Jahren sowie der komplett restaurierte Privatstall. Von Oktober bis Mai werden jeden Donnerstag Kochvorführungen in der Küche abgehalten (*820 St. Louis St., Touren: Mo, Di, Do+Fr 10–14, Sa 12–15 Uhr, www.hgghh.org, $ 12*).

Germaine Wells Mardi Gras Museum (13): Germaine Cazenave Wells, die Tochter des Gründers von Arnaud's Restaurant war zwischen 1937 und 1968 ganze 22 Mal Karnevalskönigin – wenn auch bei unterschiedlichen Vereinen („Crewes"). Viele ihrer Kleider und Kostüme (und auch die von Freunden und Verwandten) aus dieser Zeit sind jetzt in dem kleinen Museum ausgestellt (*813 Bienville St., 2nd Floor, Eingang durch Arnaud's Restaurant, tgl. 10–14 und 18–22 Uhr, www.arnaudsrestaurant.com/mardi-gras-museum, freier Eintritt*).

Gehen Sie nun die Bienville Street hinunter bis zur Decatur Street. Gleich links um die Ecke befindet sich das **Jean Lafitte Park Visitor Center (14)** (*419 Decatur St., tgl. 9–17 Uhr, www.nps.gov/jela*). Hier erhalten Sie alle nötigen Infos zu den einzelnen, über die Stadt und den Süden von Louisiana verstreuten Parkabschnitte. Im Visitor Center gibt es zudem eine interessante Ausstellung zu den Themen Mississippi-Delta, Geschichte von New Orleans und das Leben der Acadians. Der Rundweg endet nun an der Canal Street, und es bietet sich an, diese hinunterzulaufen bis zum Mississippi, von wo aus Sie zurücklaufen können zu Ihrem Ausgangspunkt, dem Jackson Square.

Interessante Ausstellung

Jean Lafitte National Historical Park und ein Ausflug nach Lafitte

Der Jean Lafitte National (Historical) Park and Preserve verfügt insgesamt über 6 Abschnitte, die sich bis nach LaFayette und Eunice weiter im Westen Louisianas hinziehen. Hier möchte ich nur die zwei Parkabschnitte in und um New Orleans erwähnen:

Östlich der Stadt – Chalmette Battlefield von 1815

Nur 7 Meilen entfernt vom French Quarter hat sich im Januar 1815 (Unabhängigkeitskrieg) Andrew Jacksons Armee mit den Engländern ein letztes Gefecht geliefert und die Schlacht für die Amerikaner gewonnen. Wie bereits im Geschichtskapitel erwähnt, war zu dieser Zeit der Krieg schon einige Wochen beendet, doch erreichte diese Meldung die kämpfenden Parteien nicht rechtzeitig. Trotz der deswegen militärischen Sinnlosigkeit dieser Schlacht heißt es heute, habe dieses Gefecht das Zusammengehörigkeitsgefühl der wild durcheinandergewürfelten amerikanischen Truppe (Cajuns, schwarze Feldarbeiter, verarmte weiße Fischer, Schmuggler, Handlanger, Indianer etc.) gefördert und damit auch das derer Angehörigen. Nach der Schlacht konnten sich alle Bewohner im Umkreis von New Orleans als Amerikaner sehen.

Zusammengehörigkeitsgefühl stiftende Schlacht

Anfahrt: *Fahren Sie entlang des LA 46 (N. Rampart St., später St. Claude Ave., dann Bernard Hwy.) nach Osten bis Chalmette, wo sich der Park rechter Hand am W. St. Bernard Hwy. befindet, mitten in einer heute industrialisierten Hafenlandschaft.*

Im Park gibt es ein kleines Visitor Center, wo ein 30-minütiger Film die Schlacht erläutert. Eine Rundfahrt zu erläuterten Gefechtsstellungen, ein altes Plantagenhaus und ein Gedenkturm in Form einer Nadel (Aussicht) gehören dann zum Erkundungsprogramm. Bereits die Anfahrt zum Park ist interessant, denn die Straße führt durch die ärmeren Gebiete von New Orleans und zeigt auf, wie sehr das French Quarter doch herausgeputzt ist. Hier finden Sie die echten Po'-Boy-Buden, gibt es in Zeitung eingewickelten Crawfish oder Shrimps und versprechen heruntergekommene Laundrys die Reinigung eines Hemdes für US$ 1,50 – inkl. bügeln. Hier wird deutlich, dass das Lohnniveau in N.O. sehr niedrig ist. Im „Tiping-Gewerbe" (wo Trinkgeld gegeben wird) z.B., das nicht an das Mindestlohn-Gesetz gebunden ist, beträgt der durchschnittliche Stundenlohn im French Quarter US$ 2,50! Bedenken Sie das beim „Tiping"!

Südlich der Stadt – ein Ausflug nach Lafitte

Folgen Sie südlich von New Orleans der LA 45 (Exit Barataria Blvd. vom Westbank Expressway), passieren Sie nach ca. 8 Meilen (insg. ca. 20 Meilen vom French Quarter) die Barataria Unit des Jean Lafitte National Park, einen schönen 8.000 ha großen Naturpark inmitten der Swamps. Im Visitor Center können Sie mehr zum Thema Sümpfe und Bayous erfahren (Ausstellungen, Filme), und hier wird Ihnen auch etwas zur Geschichte des „Robin Hood von Louisiana", Jean Lafitte, geboten. Kilometerlange Holzstege über die Sümpfe bieten die Gelegenheit zu einem kurzen Spaziergang mit Lerneffekt – auf Wunsch mit Ranger.

„Robin Hood" von Louisiana

Durch den Park können Sie auch eine **Kanutour** unternehmen – ein Erlebnis ganz besonderer Art, wenn auch sehr beschwerlich während der schwül-heißen Sommermonate. Boote vermietet **Bayou Barn** (☏ *(504) 689-2663, www.bayoubarn.com*), nahe der Kreuzung LA 45 und LA 3134 (noch vor der Brücke über den Intracoastal Waterway). Sie können mit oder ohne Führung paddeln. Jeden Sonntag *(14–18 Uhr)* – außer im Januar – veranstaltet Bayou Barns übrigens eine typische Cajun-Party (Tanzen und Essen), zu der mehr einheimische Cajuns kommen als Städter und Touristen! Außerdem ist Bayou Barn auch ein nettes und typisches Cajun-Restaurant.

Südlich des Hwy 301 – Bayou-Bootstouren

Südlich von New Orleans werden Bayou-Bootstouren angeboten. Sie dauern i.d.R. knapp 2 Stunden. Unterwegs wird alles zu den Cajuns und der Naturlandschaft der

In den Sümpfen von Lousiana sollen rund eine Million Alligatoren leben – Tendenz steigend

Swamps und Bayous erzählt und die Touren führen nicht selten zu einem der Fischer der kleinen, versteckten Örtchen.

Berühmte Drehorte

Neben den Bayous erfahren Sie auf der Tour aber auch etwas über die Fisch- und Vogelwelt, über Jean Lafitte und über einige Schauplätze, an denen Szenen berühmter Filme (so z.B. „Forrest Gump" und „The Big Easy") gedreht worden sind. Von Mitte Mai bis Anfang Juli sowie Mitte August bis Mitte Dezember werden sog. Shrimp- und Catfishtouren von Cyprus angeboten, auf denen Sie einiges zum Thema Fischfang in den Bayous erfahren und auch ein paar Shrimps und vielleicht sogar einen Fisch ergattern können. Broschüren und Infos zu den unterschiedlichen Anbietern gibt es bei den Touristenbüros oder im Hotel.

Der **Ort Lafitte** bezeichnet sich stolz als „Cajun Fishing Village" und weist eine der größten Fischereiflotten der USA auf! Es gibt nichts Besonderes zu sehen, dafür aber einiges an Atmosphäre zu schnuppern. Das Informationsbüro befindet sich mitten im Ort (an der Kerner Bridge gegenüber dem großen Supermarkt, *www.townofjeanlafitte.com*).

Louis Armstrong Park und der Stadtteil Tremé

Hinweis

Besonders dieses Viertel (nördlich Rampart Street) hat durch den Hurrikan „Katrina" stark gelitten, sodass über Jahre nicht sicher ist, welche der hier aufgeführten Attraktionen wann und wie wieder eröffnen.

Veranstaltungen auf dem Congo Square

Der große **Louis Armstrong Park (15)** im Nordwesten des French Quarter wurde nach dem Sohn der Stadt und weltbekannten Jazzmusiker, **Louis Armstrong** (1900-71) benannt und eine Dauerausstellung, der **Jazz National Historic Park**, erläutert hier die Geschichte des Jazz und der Musiker, die großenteils aus New Orleans stammten (*www.nps.gov/jazz*). Ein kleiner Teil des Parks, gleich am French Quarter (N. Rampart St.) ist bekannt als **Congo Square**. Hier durften sich im 17. und 18. Jh. die schwarzen Sklaven jeden Sonntag treffen und Musik machen sowie auch dem Voodoo-Kult ausleben (siehe Info-Kasten „Voodoo", S. 167ff). Besonders die teilweise sehr lauten Jam-Sessions sind für viele Musikwissenschaftler der Beginn der Blues- und später auch der Jazz-Musik-Kultur gewesen. Heute werden auf dem Congo Square viele Veranstaltungen der New-Orleans-Jazz-Tage und auch der Bluesfestivals abgehalten.

Tremé, das sich nordwestlich der N. Rampart Street an das French Quarter anschließt, gehört bereits zu den ärmeren Stadtteilen. Neben den im Infokasten „Friedhöfe in New Orleans" (S. 179) aufgeführten Friedhöfen St. Louis Cemetery Nr. 1 und Nr. 2 gibt es hier noch zwei kleine Museen zu besuchen:

New Orleans African-American Museum (16): Das Museum ist in einer schönen, 1829 erbauten Villa untergebracht und zeigt vornehmlich Wechselausstellungen, die sich mit der Geschichte der African-Americans bzw. deren Kunst beschäftigt (*1418 Governor Nicholls St., Tremé. Di–Sa 9–16 Uhr, www.noaam.org, $ 7*).

Privates Museum

Backstreet Cultural Museum (17): Sylvester Francis, ein Historiker und Fotograf hat hier eine interessante Sammlung an Memorabilien zu ganz unterschiedlichen Themen in New Orleans zusammengestellt. Schwerpunkte bilden aber die Musik und die Mardi-Gras-Festivals (*1116 Henriette Delille Street, Tremé. Di–Sa 10–17 Uhr, www.backstreetmuseum.org, $ 8*).

Und wer noch weiter auf den Spuren der Musikgeschichte von New Orleans wandern möchte, der sei auf den **J&M Music Shop (18)** (*840 N. Rampart St., Ecke Dumaine St.*) hingewiesen. In dem historischen Gebäude hier befand sich zwischen 1945 und 1955 ein Aufnahmestudio, in dem bekannte Musiker wie Ray Charles, Little Richard und Fats Domino ihre Karrieren begonnen haben.

Direkt nördlich des **New Orleans Casino (19)** (*S. Peters St./Canal St. tgl. 24 Stunden*) liegt der **Woldenberg Riverfront Park** (*Mississippi Ufer, zw. Canal St. und Esplanade Ave.*). Unternehmen Sie am Nachmittag, wenn die Sonne nicht mehr ganz so brennt, oder auch am Abend nach dem Dinner, hier einen Spaziergang („**Moonwalk**"). Auf zahlreichen Bänken können Sie sich ausruhen und den Schiffsverkehr auf dem Mississippi beobachten. Mit etwas Glück wird die Stimmung noch untermalt durch einen Jazzmusiker, der ganz in Ihrer Nähe auf seinem Saxophon spielt. Der Park wurde nach seinem größten Spender, dem Geschäftsmann Malcolm Woldenberg benannt. Ein Holocaust Memorial hier erinnert zudem an die Judenverfolgung.

Der Woldenberg Riverfront Park

An der Südwestseite des Parks (*Ende Iberville/Canal Sts.*) befindet sich das riesige **Aquarium of the Americas (20)** (insg. 4 Mio. Liter Inhalt!). Zu sehen sind hier vor allem Fische und Meerestiere aus Nord- und Südamerika. Zudem gibt es eine tropische Abteilung mit Piranhas und bunten Vögeln und einen Schmetterlins-Garten (Audubon Butterfly Garden and Insectarium). Besonders für Kinder wäre der Besuch hier lohnend. Angeschlossen ist ein IMAX-Theatre in dem zumeist Unterwasserfilme gezeigt werden (*1 Canal Street (am Mississippi River). tgl. 9.30–18 Uhr, Fr u. Sa bis 19 Uhr, $ 21, es gibt vergünstigte*

*Kombi-Tickets mit dem Audubon Zoo ($ 33, und Schiffstouren dorthin, falls sie wieder angeboten werden) und andere Kombinationen mit IMAX, Insectarium (**Audubon Experience** für $ 35), www.auduboninstitute.org.*

Jackson Brewery (21), Decatur Street. Kurz „Jax" genannt. Ehemalige Brauerei, in der sich heute viele Geschäfte und Restaurants befinden (*http://jacksonbrewery.com*). Eine gute Gelegenheit, Souvenirs zu kaufen und sich in der kühlen Luft der Aircondition in ein Restaurant zu setzen und von dort das Treiben auf dem Mississippi zu beobachten.

Pause mit Blick auf den Mississippi

Central Business District (CBD) und der Warehouse District

Ein Streifzug durch den Warehouse District (E)

Als Warehouse District bezeichnet man das Gebiet zwischen den Hochhäusern an der Canal Street im Nordosten und dem Expressway im Südwesten. Ehemals war dieser Abschnitt ein wesentlicher Bestandteil des Hafens, und besonders die Stückgüter, hier vor allem die Lebensmittel, wurden in den z.T. sehr alten Lagerhäusern (beginnendes 20. Jh.) abgeladen und umgeschlagen. Nachdem die neuen Hafenanlagen weiter unterhalb des Flusses errichtet worden sind, wurden immer mehr Gebäude hier geräumt, und eine avantgardistische Künstlerszene und kleine Kneipen und auch bessere Restaurants zogen ein. Später folgten auch größere Galerien und Museen (s.u.) sowie Rechtsanwaltskanzleien und andere Büros. Dank eines regen Zulaufs vor allem durch die Messebesucher der Convention Hall stiegen die Mietpreise Ende der 1990er-Jahre, und kleineren Unternehmen und der Künstlerszene drohte hier das Aus. Um diese Abwanderung zu stoppen, hat die Stadt einige Flächen zurückgehalten und bestimmt hier nun über die Mieten. Denn ohne die Szene wäre der Warehouse District nur halb so interessant.

Avantgardistische Künstlerszene

National D-Day-/WW II-Museum (22): Anlass so ein Museum gerade in New Orleans zu errichten, gab die Tatsache, dass in der Stadt die Landungsboote für die Invasion in der Normandie im Juni 1944 gebaut wurden. Das Museum zeigt aber nicht nur Exponate zur Landung, sondern beschäftigt sich auch mit anderen Themen rund um den 2. Weltkrieg, sehr patriotisch natürlich (*925 Magazine St., tgl. 9–17 Uhr, www.nationalww2museum.org, $ 21*).

Contemporary Arts Center (23): Gezeigt werden hier vor allem Wanderausstellungen, zumeist mit Werken von Künstlern aus den Südstaaten. Zudem werden Tanz- und Theateraufführungen abgehalten sowie experimentelle Filme gezeigt (*900 Camp St., Mi–Mo 11–17 Uhr, www.cacno.org, $ 5*).

Ogden Museum of Southern Art (24): Hier sind an die 1.200 Werke von Künstlern aus den Südstaaten ausgestellt. Sie stammen nahezu alle aus der Sammlung von Roger Ogden. Von der Dachterrasse haben Sie einen schönen Ausblick auf die Umgebung (*925 Camp St., Mi–Mo 10–17 Uhr, Do 18–20 Uhr Livemusik, www.ogdenmuseum.org, $ 10*).

Näher am Fluss, am Ende der Canal Street und zum Central Business District gehörend, liegen die **Spanish Plaza (26)** und gleich daran der **Riverwalk Marketplace (27)**. Die Spanish Plaza mit einem Brunnen in der Mitte, um den die Wappen der spanischen Regierungsbezirke gruppiert sind, wurde in den 1970er-Jahren von der spanischen Regierung gestiftet und von hier haben Sie einen schönen Ausblick auf den Mississippi.

Gleich an der Canal Street steht das World Trade Center, ein 33-stöckiges, vierflügeliges Gebäude, auf dessen Dach sich ein drehender Nightclub befindet, von dem aus Sie eine tolle Rundumsicht haben. Einlass aber nur abends und erst ab 21 Jahren. Um das Gebäude finden sich einige Statuen bzw. Plaketten, so z.B. die von Winston Churchill sowie dem ehemaligen spanischen Gouverneur von Louisiana Bernado de Galvez. Der **Riverwalk Marketplace** ist eine riesige Shoppingmall mit etwa 150 Geschäften, alles sehr schön angelegt direkt am Fluss, inkl. Erläuterungen zur Geschichte des Mississippi (auf einer Schauwand), einem Bordwalk und einer 60 m breiten mexikanischen Wandmalerei auf der Flussseite.

Louisiana's Civil War Museum at Confederate Memorial Hall (25): Wie der Name bereits ahnen lässt, handelt es sich hier um ein Museum, das Memorabilien aus der Zeit des Amerikanischen Bürgerkriegs zeigt. Zumeist sind natürlich Uniformen, Waffen und Flaggen der Südstaaten-Armee zu sehen *(929 Camp St., Di–Sa 10–16 Uhr, www.confederatemuseum.com, $ 8)*.

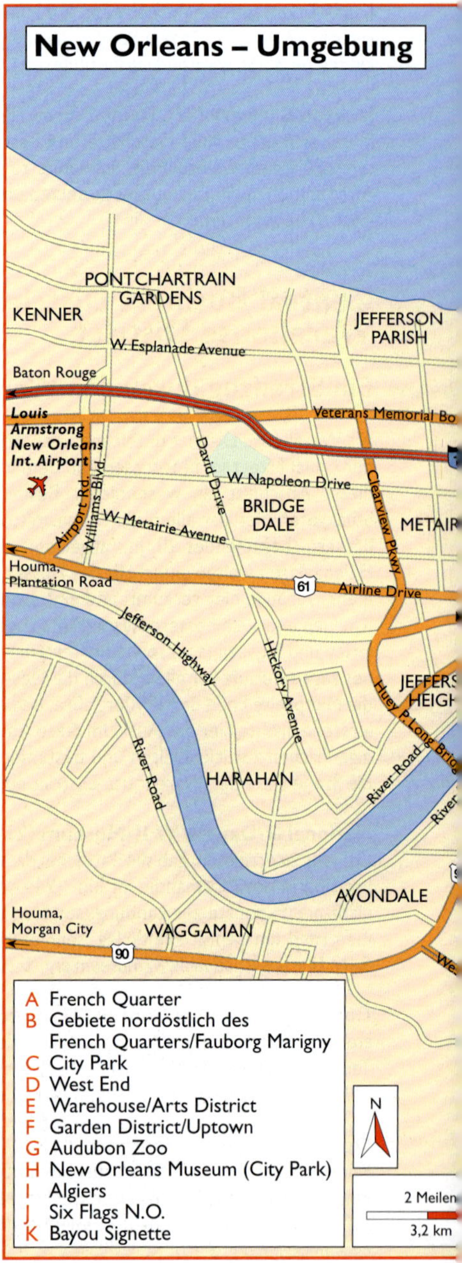

Covington
Lake Pontchartrain Expressway
Lake Pontchartrain
Lakefront Airport
Slidell, Mobile
NEW ORLEANS EAST
Hayne Blvd.
Eastern Expressway
J
Lakeshore Dr.
LAKE VISTA
Robert E. Lee Blvd.
Prentiss Ave.
GENTILLY
Chef Menteur Hwy.
D
W. Esplanade Avenue
Lake Ave.
Canal Blvd.
C
Wisner Blvd.
St. Bernard Ave.
90
Gentilly Blvd.
10
LAKEVIEW
610
H
Metairie Cemetry
Metairie Road
OLD METAIRIE
Causeway Blvd.
Florida Ave.
Esplanade Ave.
MID CITY
9th WARD
Canal St.
Broad Ave.
B
art Expressway
ORLEANS PARISH
TREMÉ
St. Claude Ave.
Claiborne Ave.
efferson Hwy.
A
ARABI
Carollton Avenue
RIVER-BEND
I
90
Pontchartrain Expressway
E
ALGIERS
CHALMETTE
BRIDGE CITY
River Road
St. Charles Ave.
Napoleon Avenue
Jackson Avenue
F
General Meyer Ave.
General de Gaulle Drive
UNIVERSITY
Magazine St.
G
Tchoupitoulas St.
Mississippi River
GRETNA
TERRYTOWN
4th Street
WEST-WEGO
4th Street
HARVEY
West Bank
MARRERO
Behrmann Hwy.
K
Barataria Blvd.
Peters Road
Destrehan Ave.
Manhattan Blvd.
Westwego Airport
Belle Chasse Hwy.
Lapalco Boulevard
Crown Point
Jean Lafitte N.P.
Mississippi-Mündung

Mit der St. Charles Streetcar durch den Garden District und Uptown zum Audubon Zoo

Ausflug in den Zoo

Um den Zoo zu besuchen, bietet sich folgende Kombination an: Fahren Sie mit der **St. Charles Streetcar** (historische Straßenbahn) bis zum Audubon Zoo bzw. Audubon Park, wobei Sie, wie unten erläutert, ruhig hier und dort aussteigen sollten. Sollten sie wieder angeboten werden, machen Sie anschließend eine Bootstour zurück in die Stadt – oder umgekehrt (Abfahrt ist am Zoo bzw. am Aquarium of the Americas). Zeitlich ist es am sinnvollsten, Sie beginnen die Tour am frühen Mittag, sodass Sie erst am Nachmittag im Zoo sind, wenn die Tiere nach ihrem „Mittagsschlaf" wieder herauskommen. Alternativ können Sie auch mit der **Magazine Line** (Bus) zurückfahren vom Zoo. Für **Selbstfahrer** bietet sich folgende Route an: Hin auf der St. Charles Avenue (mit ein paar Schlenkern) und zurück entlang der Magazine Street, in der sich viele interessante Boutiquen, Restaurants und Trödelläden befinden.

Besteigen Sie die St. Charles Streetcar an der Canal Street. Westlich der **Robert Lee Statue** (Südstaatenkommandeur während des Bürgerkriegs) kommen Sie in den **Garden District (F)**, dem schönsten Wohnbezirk von New Orleans. Er ist nochmals unterteilt in den wohlhabenderen Upper Garden District und westlich der Jackson Avenue den Lower Garden District. Rechts und links der Straße stehen große und kleine Villen, mal im viktorianischen Stil, mal im hölzernen „New-Orleans-Stil", mal „Greek Revival". Den wunderbaren Rahmen aber geben vor allem die großen Bäume, die den gesamten Straßenzug säumen und deren sattes Grün einen wunderbaren Farbkontrast zu den zumeist hellen Gebäuden bietet. Steigen Sie ruhig hier und dort mal aus und laufen Sie einen Haltestellenabschnitt. Die Bahn fährt tagsüber häufig genug.

An der Washington Street sollten Sie allemal aussteigen und einen Block nach Süden laufen zum **LaFayette Cemetery No. 1**, einem der prachtvollsten Friedhöfe der Stadt. Er ist wochentags von 7–14 Uhr und am Samstag von 7–12 Uhr geöffnet. In diesen Vierteln, beson-

Zauberhafte Häuser im Garden District

info

Friedhöfe in New Orleans

New Orleans ist für seine Friedhöfe bekannt. In keiner Stadt der Welt bilden diese Ruhestätten mit ihren auffälligen – z.T. protzig wirkenden Mausoleen – einen so großen Anziehungspunkt, aber zugleich auch Kontrast zu ihrem Umfeld. Nicht selten befindet sich einer der insgesamt 42 Friedhöfe der Stadt neben einer heruntergekommenen Bretterhaussiedlung, und nur ein Steingrab hat mit Sicherheit oftmals mehr gekostet als die Behausung der Hinterbliebenen. Doch haben die Friedhöfe eine eigene Bedeutung für die Menschen in New Orleans, denn der Tod wird hier wie folgt definiert: *„Death is simply nature's way of telling us to slow down."* Auch heute noch spielen Brassbands auf zu den Beerdigungsumzügen, und nach kurzer Trauer geht man hier schnell wieder zur Tagesordnung über.

Einen Besuch wert: der LaFayette Cemetery Nr. 1

Wie kommt es nun aber zu der Tradition, solche Steinmonumente auf den Gräbern zu errichten Ganz einfach: New Orleans liegt größtenteils unterhalb des Meeresspiegels, und das heißt, schon nach 1,5 m erreicht man das Grundwasser. Hat man in früherer Zeit noch versucht, die Holzsärge in die wassergetränkte Erde zu versenken, indem man Löcher in die Wände gebohrt hat, damit das Wasser eindringen konnte, wurde dieses Verfahren ziemlich schnell als pietätlos angesehen, und man begann mit der Errichtung der überirdischen Gräber. Es dauerte nicht lange, bis fast jeder bemüht war, sein Grab noch größer und noch eindrucksvoller zu gestalten. Das höchste Grabmal – und wohl auch das höchste private Monument der USA – findet sich heute auf dem Metairie Cemetery und ist 27 m hoch.

Friedhöfe, die Sie besuchen können (Auswahl): **LaFayette Cemetery Nr. 1**: 1400 Block an der Washington Ave. (zw. Prytania und Coliseum Sts.), Garden District; **St. Louis Cemetery Nr. 1**: Basin St., zw. Conti und St. Louis Sts., Tremé. Nicht weit davon entfernt an der N. Claiborne Ave. (zw. Bienville und St. Louis Sts.) liegt der **St. Louis Cemetery Nr. 2**.

ders auch entlang der nahen Prytania Street, können Sie auch viele historische Häuser anschauen (nur von außen, sie sind bewohnt). Der Garden District wurde übrigens um 1830 gegründet auf der Fläche einer ehemaligen Plantage. Damals gehörte er noch zur Stadt LaFayette, die dann 1852 in New Orleans eingemeindet wurde. Die ersten Bewohner waren vornehmlich Amerikaner, die in den anderen Stadtteilen der Kreolen nicht gern gesehen waren.

Herrschaftliche Villen

Uptown ist dann der Bereich westlich der Louisiana Avenue. Hier stehen besonders an der St. Charles Avenue nochmals hochherrschaftliche Villen. Bestimmt wird der Stadtteil aber vor allem dann durch den Zoo und die beiden Universitäten, Loyola und Tulane. Wer noch gerne mal stöbern mag in Antiquitäten- und Ramschläden, dem sei die Magazine Street (bes. Blocks 2000–2200 und oberhalb des 3000er-Blocks) ans Herz gelegt. Hier gibt es bestimmt für jeden etwas.

Audubon Zoo (G)

Durch den Zoo führt ein Rundweg, der auch von einem Shuttle bedient wird. Der Audubon Zoo gehört zu den größten und schönsten Zoos der USA, und alleine seine Anlage ist einen Besuch wert. Ob Sie sich nun mit den verschiedenen Tierarten der Erde beschäftigen möchten, mag dahingestellt sein, aber versäumen sollten Sie nicht das Gebiet der „Louisiana Swamps", wo es nicht nur Tiere zu sehen gibt, sondern auch eine Reihe von Exponaten zur menschlichen Geschichte der Bayous um New Orleans ausgestellt sind. Kinder werden auch die Dinosaurierausstellung mögen *(6500 Magazine Street. Eingang auch von St. Charles Street, tgl. 10–17 Uhr, im Sommer oft auch länger, www.auduboninstitute.org/visit/zoo, $ 16, Kombitickets mit dem Aquarium s. S. 174).*

Gebiete nordöstlich des French Quarter (B)

Schattige Allee

Zuerst gelangen Sie an die **Esplanade Avenue**, eine breite, von Bäumen bestandene Allee, deren Architektur eine Mischung aus viktorianischen Einflüssen und griechischem „Revival-Stil" verkörpert. Östlich davon liegen im Stadtteil **Faubourg Marigny** die Wohngebiete der weißen Mittelschicht sowie der Künstler. Kreolischer Cottage Stil und viktorianische Einflüsse bestimmen die Architektur.

Hier gibt es kaum Sehenswürdigkeiten zu bewundern, dafür aber das **echte New Orleans**, dort wo die Menschen wohnen in ihren kleinen Holzhäusern, die einen immer wieder so faszinieren und die ihren Charme gewinnen durch die kleinen „Porches" (= Veranden), auf denen die Alten auf zu Sitzbänken umfunktionierten Autositzen sitzen – oder, wenn sie noch erhalten sind – auf den hölzernen Bänken schaukeln.

Die Häuschen wirken oft heruntergekommen – in New Orleans achtet man nicht so sehr auf das äußere Erscheinungsbild – doch haben Sie einmal die Gelegenheit hineinzuschauen, werden Sie sich wundern, was sich dort drinnen doch alles verbirgt: Inmitten des „organisierten Chaos'" gibt es (fast) alles: eine Mikrowelle, die überdimensionale Hifi-Anlage, mindestens zwei Fernseher und alles, was den technisierten Haushalt so ausmacht. Kaum ein Haus ist jünger als 50 Jahre, die meisten aber auch um einiges älter. Doch das Alter ist weniger von Bedeutung, es sind die Atmosphäre und das Lebensgefühl, die diese Stadtteile so lebendig machen. Die Hauptsstraße von Faubourg Marigny ist die **Frenchmen Street** mit Shops, Musikclubs und Restaurants.

Kunstschule

Weiter hinunter die Chartres Street, in **Bywater**, einem angeschlossenen Stadtteil von Faubourg Marigny befindet sich in alten Lagerhäusern heute das **New Orleans Center for Creative Arts** (NOCCA, *2800 Chartres Street, www.nocca.com*). An dieser Hochschule werden alle Kunstrichtungen unterrichtet, von Musik über Schriftstellerei bis hin zu Malerei und Bildhauerei. Während der Schulzeiten können Sie hier herumlaufen und erwischen dabei vielleicht auch den einen oder anderen Musik-Gig bzw. können sich moderne Kunstwerke anschauen.

Nördlich der St. Claude Avenue erstreckt sich der Bezirk **9th Ward** bis hin zum Lake Pontchartrain, der bekannt wurde durch die besonders folgereichen Überschwemmungen nach dem Hurrikan „Katrina". In Gebiet Lower 9th Ward sind auch sieben Jahre nach dem Hurrikan zahlreiche verlassene, mittlerweile überwucherte Häuser zu sehen, der Wiederaufbau der Infrastruktur kommt nur langsam in Gang.

Gebiete nordwestlich des French Quarter (jenseits des I-10)

Von Katrina in Mitleidenschaft gezogen

Gleich ab dem I-10 kommen Sie in einen Stadtteil (Mid City/Orleans Parish), der durch Hurrikan „Katrina" stark in Mitleidenschaft gezogen wurde. Einst lebte hier die untere Mittelschicht, zumeist Schwarze, die i.d.R. nur über ein geringes Einkommen verfügten. Obwohl New Orleans statistisch zu den reichen Städten zählt, wurde der soziale Gegensatz hier besonders deutlich, und nur wenige konnten sich eine gute Scheibe des Kuchens abschneiden. Wie sich die Region entwickeln und wieder aufgebaut wird, ist fraglich. Ziel der Stadtregierung ist es, die ehemalige Bevölkerung wieder hier anzusiedeln. Ob das zu finanzieren ist, und wer die Gelder dafür hat (ehem. Bewohner, Stadt, Staat und/oder Bundesregierung), wird man wohl erst in einigen Jahren wissen.

Nachdem Sie diese Stadtteile durchkreuzt haben, können Sie weiterfahren über die Orleans Avenue und dann die Carrolton Avenue, dort wo der obere Mittelstand sein bevorzugtes Wohngebiet hat, bis zum **City Park (C)**.

New Orleans Museum of Art (NOMA) und der City Park (H)

Das Gebäude ist – typisch für ein Kunstmuseum in den USA – in neoklassizistischem Stil gehalten, und sein äußeres Erscheinungsbild wirkt in der grünen Parkanlage des City Parks ziemlich massiv. Ausgestellt werden Werke von lokalen Künstlern (z.T. auch Indianerkunst), besonders aber moderne Stilrichtungen. Ein weiteres Ziel des Museums ist auch, dem Besucher die Geschichte der Kunst näherzubringen. Somit finden Sie hier alle Kunstrichtungen, teilweise wild durcheinander. Für das europäische Auge etwas konfus, aber wer sich für Kunst interessiert, kann hier einiges Interessantes entdecken. Z.B. gibt es auch ein Bild von dem französischen Impressionisten Edgar Degas, das er bei seinem Aufenthalt in New Orleans gemalt hat und dessen Mutter aus New Orleans stammte. Bekannt ist das NOMA auch für seine Miró-Bilder; eine der größten Glas-Ausstellungen (16.000 Ausstellungsstücke) und die hier zu bewundernden Eier von Peter Carl Fabergé. Ein Café im Courtyard bietet eine gute Gelegenheit für eine Snackpause. Angeschlossen ans Museum ist noch ein **Skulpturen-Garten**, in dem u.a. Werke von Henry Moore und Claes Oldenburg zu bewundern sind (*1 Collins Diboll Circle, am Südrand des City Parks gelegen. Di–So 10–17 Uhr, www.noma.org, $ 10*).

Bekannte Kunstwerke

Nördlich des Museums erstreckt sich der 600 ha große **City Park** (*www.neworleanscitypark.com*), der vor allem bekannt ist durch seine vielen Eichen und beliebt ist fürs Picknick am Wochenende. An dieser Stelle sei noch auf zwei Attraktionen im Park, den **New Orleans Botanical Garden** (*Di–So 10–16.30 Uhr, http://garden.neworleanscitypark.com, $ 6*) sowie die **Carousel Gardens**, einem kleinen Amusement Park mit alten Karussells und Roller Coastern hingewiesen (*Juni–Aug. tgl. 10–16 Uhr, März–Mai sowie Sept.–Nov. An Wochenenden 10–16 Uhr, $ 3*).

Etwas südlich des City Parks, an der 1440 Moss Street, steht das einzige zu besichtigende alte Plantagenhaus in New Orleans, das **Pitot House**. Erbaut Ende des 18. Jh., erstand es James Pitot 1810. Der Baustil ist westindisch, was sich vor allem durch den rund ums Haus laufenden, überdachten Balkon („Gallery“) auszeichnet. Das war und ist ein guter Schutz vor Sonne und Regen. Das Haus kann auf Touren besichtigt werden: *Mi–Sa 10–15 Uhr (letzte Tour beginnt um 14 Uhr, www.louisianalandmarks.org, $ 7*).

Algier Point (I)

Algier Point erreichen Sie am besten mit der Fähre vom Spanish Plaza/Aquarium of the Americas aus.

Der Stadtteil liegt am Mississippi, gegenüber dem French Quarter. Benannt wurde er nach der Stadt Algier in Algerien, das früher als Sklavenhafen diente. Denn auch Algier Point war bis in die zweite Hälfte des 19. Jh. der Sammelplatz für die Sklaven, die aus Mittel-und Südamerika sowie Afrika in den Süden der USA gebracht wurden. Hier wurden sie „vorsortiert“ und anschließend auf den Sklavenmärkten auf der anderen Seite des Mississippi „angeboten“.

Mit dem Ende der Sklavenhaltung wurde Algier Point mit Straßen versehen und Häuser sowie Geschäfte errichtet, überwiegend im viktorianischen Baustil. Viele Jazzmusiker lebten einst hier und in einer kleine Info-Booth an der **Algier Point Library** (*725 Pelican Ave.*) erhalten Sie neben anderen Infos eine Karte, wo die ehemaligen Wohnhäuser dieser Musiker eingezeichnet sind. Heute wirkt der Stadtteil verschlafen und gemütlich, lädt zum Schlendern ein und beherbergt zudem eine besondere Attraktion: **Blaine Kern's Mardi Gras World** (*233 Newton St., tgl. 9.30–16 Uhr, www.mardigrasworld.com, Tour $ 20*). Blaine Kern ist einer der bekanntesten Künstler und Ausstatter für Mardi-Gras-Wagen, aber auch -Figuren und -Bilder. Hier können Sie nun den Künstlern zusehen, wie sie arbeiten und was wohl beim nächsten Mardi Gras zu bewundern ist. In den Lagerhallen sind zudem

Rundgang zu Musiker-Häusern

viele Mardi-Gras-Wagen zu bewundern, die auf ihren nächsten Einsatz warten. Mardi Gras World kann entweder mit einem kostenlosen Shuttlebus von der Fähre aus erreicht werden oder auch zu Fuß entlang des Dammes in Richtung Süden (10–15 Minuten).

Six Flags New Orleans (geschlossen) **(J)**
Zur Zeit der Drucklegung war der Park (12301 Lake Forest Blvd.) geschlossen (seit dem Hurrikan 2005). Geplant ist, dort eine **Jazzland Outlet Mall** zu bauen, was ca. 2 Jahre dauern würde. Im Sommer 2012 wurden in dem gespenstisch wirkenden, verlassenen Park Teile des Films *„Percy Jackson: Sea of Monsters"* von 20th Century Fox gedreht, der Ende 2013 in die Kinos kommen soll. Angeblich mussten vor Drehbeginn erst einmal über 100 Alligatoren von dem Gelände entfernt werden.

Eine Bootstour durch die Sümpfe der Bayous (K)

Lohnend: eine Bootstour durch den Sumpf

Unbedingt zu empfehlen sind erläuterte Bootstouren („Swamp Tours"), die in den Sümpfen südwestlich der Stadt, bzw. nordöstlich des Lake Ponchartrain beginnen.

Oft werden Sie auf Wunsch vom Hotel aus abgeholt. Geld sparen Sie aber, wenn Sie selber fahren. Die Touren durch die Bayous (ind. = stilles Wasser) dauern ca. 2 Stunden, und die Erläuterungen bringen Besuchern das Leben der Cajun-Fischer und die Naturgegebenheiten dieser Biosphäre näher. Schon nach wenigen Minuten durchfährt das Boot ein menschenarmes Gebiet, und nur die zahlreichen Hinweisschilder für die Gasleitungen weisen noch auf die Nähe der Stadt und ihre Industrieanlagen hin. Unterwegs werden Sie eine Reihe von Alligatoren sehen und mit etwas Glück Reiher, Schlangen und Schildkröten. Die eigenartigen grauen Behänge an den Bäumen sind Spanisches Moos, das auch heute noch als Füllstoff für Kissen und Puppen verwendet wird (siehe Infokasten „Spanisches Moos" S. 58). Übrigens der Grund dafür, warum es so viele Puppen in New Orleans gibt. Die meisten Bäume sind Zypressen, die das Brackwasser am besten vertragen und ihren Assimilationshaushalt gut auf die Wasserstände einrichten können. Die häufig auftretenden Wasserhyazinthen stammen nicht ursprünglich von hier, sondern wurden um 1910 aus Südamerika eingeschleppt.
Adressen zu den Bayou-Touren entnehmen Sie bitte S. 185. Doch empfiehlt es sich, im Vistor Center nachzufragen, denn jede Tour ist ein wenig anders und somit können Sie sich gezielt die für Sie geeignete heraussuchen.

Reisepraktische Informationen New Orleans/LA

Hinweis

Die Schäden, die der Hurrikan „Katrina" 2005 verursacht hat, sind nahezu alle behoben. Bevor aber die damals komplett überfluteten Gebiete (bes. 9th Ward-District) wieder komplett hergerichtet sein werden, werden noch Jahre ins Land gehen. Viele Häuser waren auch nicht mehr zu retten und oft wurden, zum Leidwesen Vieler, alte Holzhäuser ersetzt durch sterile Apartmentblocks. Das betrifft aber nicht die touristisch interessanten Innenstadtbereiche.
Die Ölkatastrophe von 2010 hat das Stadtgebiet von New Orleans nicht direkt betroffen.

Information

New Orleans Convention & Visitors Bureau: *2020 St. Charles Ave., NO 70130, ☎ (504) 566-5011, 1- 800-672-6124, www.neworleanscvb.com.*
The Louisiana Office of Tourism/New Orleans CVB: *529 St. Ann Street – am Jackson Square (French Quarter), ☎ (504) 568-5661.*
Informationen über **Musikveranstaltungen** *erhalten Sie aus überall herumliegenden Broschüren in den Hotels und Geschäften (z.B. „Offbeat", „Gambit" oder „Where"). Weitere Infos enthält die Freitagsausgabe der nur noch dreimal wöchentlich (Mi, Fr, So) erscheinenden Zeitung „Times-Picayune" bzw. das „New Orleans"-Magazin.*

Wichtige Telefonnummern

Vorwahl: ☎ *504*
Notruf/Feuer/Polizei: ☎ *12442911. Die Polizeistation im French Quarter befindet sich in der 334 Royal Street (8th District Police Station).*
Krankenhäuser: *Tulane University Medical Center: 1415 Tulane Ave., ☎ 588-5263. Die 24-Stunden-Notdienstnummer lautet: ☎ 588-5711; LSU Medical Center: 433 Bolivar St., ☎ 568-4806*
Wetteransage: ☎ *828-4000 od. 465-9212*
American Automobile Assn.: *3445 N. Causeway, Metairie, ☎ 838-7500 od. 1-800-222-4357*
Travelers Aid Society: ☎ *525-8726*
Übersetzungshilfe: ☎ *581-3122*

Rundfahrten/Touren/Kanutouren

Steamboat „Natchez"/ *John James Audubon Riverboat: 1300 World Trade Center, Ticket Office und Abfahrt am Fluss bei Jax Brewery, ☎ 569-1401 od. 1-800-233-2628, www.steamboatnatchez.com. Schaufelraddampferfahrten mehrmals tgl. (mittags, nachmittags und abends eine Dinner Cruise. Das Unternehmen führte bis 2005 auch die Bootsfahrten zwischen Aquarium und Audubon Zoo mit einem „normalen" Motorschiff durch. Zurzeit verkehrt dieses Boot nicht, doch soll es bald wieder in Betrieb genommen werden.*
Friends of the Cabildo: ☎ *523-3939, www.friendsofthecabildo.org, Walking-Touren durch das French Quarter. Touren starten am Jackson Square am 1850 House Museum Store, 523 St. Ann Street.*
Save Our Cemeteries: ☎ *525-3377 od. 1-888-721-7493, www.saveourcemeteries.org. Touren zum St. Louis Cemetery No. 1. Durchaus lohnend, um die Geschichte der Gräber verstehen zu lernen.*

Das Steamboat Natchez

Historic New Orleans Walking Tours: ☏ 947-2120, www.TourNewOrleans.com. *Verschiedene Touren, zumeist zu Fuß. Beliebt sind die Touren zu den Friedhöfen sowie die durchs French Quarter.*

Gray Line: ☏ 569-1401 od. 1-800-233-2628, www.GrayLineNewOrleans.com. *Bustouren: Stadtrundfahrten, Nightclub-Touren und Touren zu den Plantagenhäusern. Touren auf den Spuren des Jazz, Touren auf den Spuren von „Katrina" u.a. Abfahrten und auch Ticketschalter nahe Jax Brewery. Zudem werden erläuterte Bootstouren in die Bayous und Swamps (überdachtes Boot) angeboten. Gute Erläuterungen zur Geschichte der Acadians. Außerdem im Angebot: Flyfishing. Abholung vom Hotel möglich.*

Bayou Barn Tour: *7145 Barataria Blvd., Crown Point, Kreuzung LA 3134 u. Hwy. 45, 25 Minuten südlich von New Orleans,* ☏ (504) 689-2663, www.bayoubarn.com. *Kanuverleih bzw. geführte Bootstouren durch die Bayous. Zudem ein Cajun-Restaurant.*

Dr. Wagner's Honey Island Swamp Tours: ☏ (985) 641-1769, www.honeyislandswamp.com. *Dr. Paul Wagner ist Ökologe und Spezialist für Feuchtgebiete. Seine Bootstouren durch die Bayous vermitteln einen guten Eindruck über die Naturwunder der Sümpfe. Die Boote sind nicht überdacht. Bringen Sie also unbedingt eine Kopfbedeckung mit! Anfahrt über I-10, dann Exit 266, dann 2 Meilen auf US 190 East, dann nach links abbiegen auf LA 1090 (Military Rd.). Nach 1 Meile überqueren Sie den I-10 und kurz danach geht es rechts auf die Service Rd. des I-10. Dann noch 1,5 Meilen. Insgesamt knappe 40 Meilen vom French Quarter.*

Canoeing & Tubing Center – Bogalusa: *10237 S. Choctaw Rd., Bogalusa (ca. 60 mi vom French Quarter),* ☏ (985) 735-1173 od. 750-4756, www.tubingboguechitto.com. *März–September 8–18 Uhr. Ausleihen von Kanus und LKW-Schläuchen* (s. S. 200).

Hotels und B&B (→ Karte in der hinteren Umschlagklappe)
Die **Preise** *für Unterkünfte variieren sehr. Im Sommer (Juni bis Mitte September) sind sie am niedrigsten. Wenn große Kongresse bzw. Festivitäten (z.B. Mardi Gras oder Jazzfestival) stattfinden können sie sich auch leicht mal verdreifachen.*

Sie sollten sich in dieser Stadt für eine Unterkunft in der **Innenstadt/French Quarter** *oder alternativ im* **Garden District/Uptown** *entscheiden (Hotels/Motels an Highways sind für N.O. keine gute Wahl). Im French Quarter sind Sie natürlich den Attraktionen näher, doch dafür zahlen Sie auch mehr („Parken am Hotel", Restaurantpreise). Im Garden District/Uptown ist alles billiger, vor allem ist das Parken einfacher. Dafür müssen Sie ins French Quarter pendeln. Mit der St. Charles Avenue Streetcar ist das aber kein großes Problem.*

FRENCH QUARTER UND INNENSTADTBEREICH

Unterkünfte in und um das French Quarter sind in der Regel nicht ganz billig. Dafür sind aber selbst 1-Stern-Häuser sehr gut, und meist haben sie nur deshalb keinen weiteren Stern, weil der historische Baustil eine Einrichtung für mehr Sterne nicht zulässt. Ambiente und Komfort stimmen aber.

Hyatt Regency *$$$$* **(1)**: *601 Loyola Ave., New Orleans, LA 70113-1805, ☎ (504) 561-1234 od. 1-800-233-1234, www.neworleans.hyatt.com. Modernes Luxushotel (am Superdome). 10 Gehminuten vom French Quarter. Einmalig ist die gläserne Atriumhalle mit Lobby und angeschlossenen Bars. Großzügige Pool- und Fitness-Area. Achten Sie auf spezielle Wochenend- und Sommertarife.*
Windsor Court *$$$$* **(2)**: *300 Gravier St., New Orleans, LA 70130, ☎ (504) 523-6000, 1- 888-596-0955, www.windsorcourthotel.com. Eines der luxuriösesten Hotels der USA. Sehr plüschig gehalten. 10 Minuten zu Fuß vom French Quarter.*
Dauphine Orleans *$$$-$$$$* **(3)**: *415 Dauphine St., New Orleans 70112, ☎ (504) 586-1800, 1-800-521-7111, www.dauphineorleans.com. Kleines, historisches Hotel mit sehr persönlicher Note in einer ruhigen Nebenstraße des French Quarter.*
Monteleone Hotel *$$$-$$$$* **(4)**: *214 Royal St., New Orleans, LA 70130, ☎ (504) 523-3341, 1-866-338-4684, www.hotelmonteleone.com. Ältestes Hotel des French Quarter. Barockfassade, ausladende Kandelaber und gemütliche, plüschige Zimmer machen es immer noch zur „Grande Dame" im Quarter. Gute Bar („Caroussell Bar", die sich dreht). Hier haben schon Tennessee Williams, Liberace und Joe Frazier (vor seinem ersten Kampf gegen Muhammed Ali) logiert und die Beatles wurden nicht aufgenommen, um den Erhalt des Inventars zu gewährleisten… Wer also bereit ist etwas tiefer in die Tasche zu greifen, der sollte hier wohnen.*
Bienville House *$$$* **(5)**: *320 Decateur St., New Orleans, LA 70130, ☎ (504) 529-2345, 1-800-535-9603, www.bienvillehouse.com. Neben dem Dauphine Orleans der zweite Tipp in dieser Preisklasse. Historisches Ambiente, günstig gelegen zu den Attraktionen des French Quarter, aber auch zu denen der Riverfront. Gutes Preis-Leistungsverhältnis. Nur nicht ganz so ruhig gelegen wie das Dauphine Orleans.*
The Inn on Bourbon *$$-$$$* **(6)**: *541 Bourbon St., New Orleans, LA 70130, ☎ (504) 524-7611, 1-800-535-7891, www.innonbourbon.com. Historisches Gebäude (voll renoviert), direkt im Herzen der Bourbon-Street-Szene. Von vielen Zimmerbalkonen aus kann man das Treiben auf der lebendigsten Straße der Stadt beobachten. Ungeeignet für schlechte Schläfer, eher für die Nimmermüden.*

Pelham Hotel $$-$$$ (7): *444 Common St., New Orleans, LA 70130, ☏ (504) 522-4444, www.thepelhamhotel.com. Historisches Hotel mit 64 Zimmern. Viele Antiquitäten. Zahlreiche Rabattmöglichkeiten (z.B. inkl. parken). 1 Block zum French Quarter.*
In der **Royal Street** (8), *zw. Dumaine und St. Philip Sts. finden sich gleich zwei nette, historische Guesthouses (alle $$-$$$): 905 Royal (☏ (504) 523-0219, www.905royalhotel.com) sowie das Andrew Jackson (☏ (504) 561-5881, www.frenchquarterinns.com).*
Best Western The Landmark French Quarter Hotel $$-$$$ (9): *920 Rampart St., New Orleans, LA 70116, ☏ (504) 524-3333, www.nolahotels.com/fqland. Günstige Übernachtungsalternative am Rande des French Quarter. Pool im Courtyard.*
Wer gerne nahe dem French Quarter und „cosy" wohnen möchte, der ist ist in einem dieser beiden Gästehäuser richtig (beide bieten auch günstige Pakete: z.B. 2 Nächte inkl. Touren):
Lamothe House $$$ (10): *621 Esplanade Ave., New Orleans, LA 70116, ☏ (504) 947-1161, 1-800-367-5858, www.lamothehouse.com. Kleines Guest-House am östlichen Rand des French Quarter. Viktorianischer Townhouse-Stil.*
Frenchmen Hotel $$$ (11): *417 Frenchmen St., New Orleans, LA 70116, ☏ (504) 948-2166, www.frenchmenhotel.com. Boutique-Hotel in historischem Gebäude nahe der Esplanade Avenue. 28 Zimmer. Pool im Courtyard. Einfaches Frühstück inbegriffen.*

IM GARDEN DISTRICT/UPTOWN/ST. CHARLES AVE.

St. Charles Inn $$$ (12): *3636 St. Charles Ave., New Orleans, LA 70115, ☏ (504) 899-8888, www.bestwesternlouisiana.com. Unspektakuläres, aber sauberes und schön an der St. Charles Ave. gelegenes Hotel. Relativ neues Gebäude.*
Maison St. Charles $$$ (13): *1319 St.Charles Avenue, New Orleans, LA 70130, ☏ (504) 522-0187, www.maisonstcharles.com. Relativ günstiges Motel, in 5 historischen Gebäuden untergebracht.*
Mandevilla B&B $$-$$$ (14): *7716 St. Charles St., New Orleans, LA 70118, ☏ (504) 862-6396, www.mandevilla.com. B&B-Herberge mit 5 Zimmern. Günstig im Preis-Leistungsverhältnis, direkt an der St. Charles Streetcar (Bahnfahrt zum French Quarter ca. 25 Min.). Mansion mit Garten. Einige Zimmer mit Jacuzzi.*
The Columns $$-$$$ (15): *3811 St. Charles St., New Orleans, LA 70115, ☏ (504) 899-9308, www.thecolumns.com. Das herrschaftliche, historische Gebäude mit seinen überdimensionierten Säulen und der großen Veranda fällt sofort auf. Auch innen ist es sehenswert, besonders die Lounge und die Treppe. Die 20 Zimmer sind etwas einfacher eingerichtet, aber in Ordnung. Zweimal die Woche Jazz in der Halle, am Sonntag zudem Jazz-Brunch. Ein Tipp für Uptown/Garden District.*
Chimes Bed&Breakfast $$-$$$ (16): *1146 Constantinopel St., New Orleans, LA 70115, ☏ (504) 899-2621, www.chimesneworleans.com. Nettes, kleines Gästehaus. Bis auf eines befinden sich die Zimmer um einen kleinen Patio herum im ehemaligen Stallgebäude. Geschmackvoll, aber nicht überladen eingerichtet. Gästekühlschrank. Frühstück inbegriffen. Frau Abbyad kann zudem viele gute Tipps geben. 5 Minuten zur St. Charles Streetcar. Ein weiterer Tipp für Uptown/Garden District.*
Creole Gardens Guesthouse $$ (17): *1415 Prytania St., New Orleans, LA 70130, ☏ (504) 569-8700, www.creolegardens.com. Ansprechendes Gästehaus mit 25 Zimmern nahe dem Warehouse District und nur einen Block entfernt von der St. Charles Streetcar.*
St. Vincent's Guesthouse $-$$ (18): *1507 Magazine St., New Orleans, LA 70130, ☏ (504) 302-9606, www.stvguesthouse.com. Einfaches Gästehaus auf B&B-Basis. Un-*

tergebracht in einem ehemaligen Waisenhaus. Die Zimmer wirken etwas verstaubt, doch wer Platz haben und nicht viel Ansprüche stellt, der ist hier richtig. Swimmingpool, Garten, Parkplätze und große Gemeinschaftsräume. Für Preisbewusste, erwarten Sie aber keinen Luxus!

IM VORSTADTBEREICH

The Degas House $$-$$$ (19): *2306 Esplanade Avenue, New Orleans, LA 70119, ☏ (504) 821-5009, www.degashouse.com. 2 km (11 Blocks) vom French Quarter entferntes B&B-Haus. Hier hat einst der Maler Edgar Degas gewohnt. Mit antiken Möbeln eingerichtet.*

Midtown Hotel $-$$ (20): *3900 Tulane Ave., New Orleans, LA 70119, ☏ (504) 218-5984, www.midtownhotelneworleans.com. Sehr günstiges Motel. 30 Minuten zu Fuß zum French Quarter, wobei sich entweder eine Fahrt mit der Canal Streetcar (Haltestelle 10 Gehminuten entfernt) oder eine Taxifahrt empfehlen würden. Kostenloses Parken! Pool und Jacuzzi.*

BED&BREAKFAST-RESERVIERUNGSBÜROS

New Orleans Bed & Breakfast and French Quarter Accomodations: *P.O.Box 6, New Roads, LA 70760, ☏ (504) 524-9918, 1-888-240-0070, www.neworleansbandb.com.*

Jugendherberge

Marquette House, New Orleans Int. Hostel $-$$ (21): *2249 Carondelet St., New Orleans, LA 70130, ☏ (504) 523-3014, www.hostelz.com/hostel/2407-New-Orleans-Hostel – Marquette-House. In einem Haus aus dem ausgehenden 19. Jh. untergebracht. Auch Einzelzimmer und einige Suiten mit Küche. St.Charles Streetcar in der Nähe.*

Camping

Wichtig für diejenigen, die zelten möchten: Fragen Sie vorher, ob Sie ein Zelt aufbauen können, denn die meisten Plätze sind nur für Wohnmobile vorgesehen!

Pontchartrain Landing (22): *6001 France Rd, New Orleans, LA 70126, ☏ (504) 286-8157, 1-877-376-7850, www.pontchartrainlanding.com. I-10 nach Osten fahren, Exit 239B. An der Ampel li. In Louisa St.N., an der 2. Ampel (0,2 Mi) rechts auf US 90. Nach 0,2, abfahren am Frances Rd. Exit. Gleich an der Ampel links und noch 1,2 mi der Frances Rd folgen. Shuttle Bus (zweimal tägl.) zum French Quarter.*

New Orleans West KOA Kampground (23): *11129 Jefferson Hwy., River Ridge, LA 70123, ☏ (504) 467-1792, www.koa.com/campgrounds/new-orleans. 2 Shuttlebusse tgl. in die City. Autovermietung.*

French Quarter RV Resort (24): *500 N. Claiborne Ave./565 Crozat St., ☏ (504) 586-3000, www.fqrv.com. Nur zwei Blocks vom French Quarter. Nur Wohnmobile! Ab $80 pro Stellplatz, dafür aber sehr modern und anspruchsvoll ausgestattet (Fitnessraum, Pools, Jacuzzi, Büro mit Computern etc.). 10 Gehminuten zum French Quarter.*

Restaurants (→ Karte in der hinteren Umschlagklappe)

Die Restaurants von New Orleans versprechen eine Küche, die Sie in kaum einer Region der Südstaaten in dieser Form wiederfinden werden und die so einzigartig ist, dass sie diejenigen Lügen straft, die die amerikanische Küche für langweilig halten. Natürlich

sind Shrimps, dicke Bohnen und grobe Würste nicht jedermanns Sache – vor allem, weil auch scharf gewürzt wird –, aber probieren sollten Sie einiges trotzdem. Sagen Sie bei der Bestellung gleich, dass Sie es nicht so scharf möchten. Angemessene Kleidung (Kleid/Jackett) wird in den besseren Restaurants erwartet, und selbst in kleinen Restaurants liest man häufig das Schild: „No shirt, no shoes, no service". Aber Hemd und Schuhe hat man ja doch meist an.
Vorweg möchte ich Ihnen noch den Tipp geben, sich im Kapitel „Küche und Getränke" (S. 89)ff bzw. am Anfang dieses Kapitels über das Vokabular der Cajun-/Kreolischen Küche zu informieren. Für die besseren Restaurants in New Orleans ist es allemal empfehlenswert, einen Platz zum Dinner vorher zu reservieren.

Wer die cajun-/kreolischen Kochkünste erlernen möchte, kann dafür an Kochkursen teilnehmen (3 Stunden bis zu 7 Tagen): **New Orleans School of Cooking (1)***: 524 St. Louis St., ☎ 525-2665, www.neworleansschoolofcooking.com.*

Lesertipps

Deanie's, 8141 Iberville St., ☎ (504) 581-1316. Sehr gute (und umfangreiche) Seafood-Mahlzeiten, dabei aber weniger Fisch, sondern Langusten, Krabben etc." Hinweis: **Deanie's** ist eine Legende in Metaire's alter Fischerei-Gemeinde Bucktown, wo das Original-Restaurant seit 1961 etabliert ist (1713 Lake Avenue, ☎ (504) 831-4141).
Irene's Cuisine, 539 St. Philip St. (Chartres St.), ☎ (504) 529-8811. Französisch-italienische Küche vom feinsten. Deftige Fleischgerichte, sehr leckere Meeresfrüchte-Pasta, gebratene Austern u.a. Unbedingt vorher reservieren.

Creole Delicacies Gourmet Shop & Cookin' Cajun Cooking School (2): *533 St. Ann St., ☎ 523-6425, www.cookincajun.com. Beide Schulen betreiben auch Geschäfte, in denen Sie die typischen Zutaten hinterher erwerben können. Der Unterricht entspricht übrigens mehr einem Happening und anschließend an die Kochstunde wird das Gekochte verzehrt. Selber kochen ist leider nicht vorgesehen, man schaut einem Koch bei der Zubereitung zu.*

KREOLISCHE/CAJUN-KÜCHE

Arnaud's (3): *813 Bienville St., ☎ 523-0611. Klassische Kreol-Küche in gepflegter Atmosphäre. Mosaik gefliester Fußboden, Mardi Gras Museum. Sonntags von 10 bis 14.30 Uhr Jazzbrunch. Eine Institution in New Orleans. Jackett erwünscht!*

Antoine's (4): *713 St. Louis St., ☎ 581-4422. Eines der bekanntesten Restaurants mit französischen und Kreol-Gerichten. Nicht ganz billig, aber ein unvergessliches Erlebnis. Jackett und Schlips erwünscht!*

K-Paul's Louisiana Kitchen (5): *416 Chartres St., ☎ 524-7394. Ausgezeichnete Küche. Die Atmosphäre ist recht leger, trotzdem ist es nicht besonders billig hier. Keine Tischreservierung. An Wochenenden oft geschlossen.*

Galatoire's (6): *209 Bourbon St., ☎ 525-2021. Besonders bekannt für seine Fischgerichte. Wartezeiten müssen Sie einplanen. Daher ein Tipp: Nehmen Sie hier Ihren Lunch ein, kommen Sie aber später als die meisten: ab 13 Uhr. Abends Jackett und Schlips erwünscht!*

Dooky Chase's (7): *2301 Orleans Ave./Ecke N. Miro St., Tremé, ☎ (504) 821-0600. Deftige Südstaatenkost, so wie sie die Bewohner von New Orleans gerne essen. Gäste kommen aus allen Teilen der Stadt hierher. Bereits die Vorspeisen sättigen. Also: Hunger mitbringen! An den Wänden hängen Kunstwerke schwarzer Künstler. Zum Lunch reichhaltiges Buffet. Sowohl zum Lunch als auch zum Dinner gilt: Jackett, no Shirts und lange Hosen. Wenn Sie trotzdem hier ungezwungen lunchen möchten, können Sie sich an die Bar setzen und dort essen. Dort gibt es aber kein Buffet. Der guten Po'Boys wegen lohnt sich aber auch das. Außerdem: Take-away! Hinweis: Oft ist Dooky Chase's für private Feiern genutzt. Also unbedingt vorher anrufen, ob geöffnet ist.*

Bon Ton Café (8): *401 Magazine St., ☎ 524-3386. Bei Einheimischen sehr beliebtes Cajun- Restaurant. Wenig besucht von Touristen. Gilt als Geheimtipp für die Innenstadt.*

Upperline (9): *1413 Upperline St., ☎ 891-9822. Der kleine Geheimtipp in New Orleans. Hier gehen die Einheimischen gerne hin. Tipp: Fahren Sie mit der St.Charles Streetcar (dann 2 Blocks nach Süden), das rundet das Bild noch ab.*

Mulate's (10) *und* **Michaul's (11)**: *Siehe unter „Pubs und Livemusik".*

STEAKS

Falls Sie gerne Steaks essen, können Sie getrost in die Restaurants der großen Hotels bzw. **das Besh Steakhouse (12)** *im Harrah's Casino (4 Canal St, ☎ 533-6111) ausweichen. Die decken diesen Sektor zur Genüge ab.*

Weitere Empfehlungen:

Dickie Brennan's Steakhouse (13): *716 Iberville Street, ☎ 522-2467. Nicht besonders günstig, dafür aber beste, saftige Steaks in vielen Variationen.*

Mr. John's Steakhouse (14): *2111 St.Charles Avenue., ☎ 679-7697. Einfacher als die vorgenannten Restaurants, aber auch um einiges günstiger. Gut zu erreichen mit dem St. Charles Streetcar.*

Miyako Seafood & Steakhouse (15): *1403 St. Charles Ave, ☏ 410-9997. Der Name verrät es bereits, eigentlich handelt es sich eher um ein japanisches Sushi-Restaurant. Doch die Hibashi-Steaks sowie das Beef Teriyaki sind so gut, dass sie hier Erwähnung finden müssen. Gut zu erreichen mit dem St. Charles Streetcar.*

ANDERE RESTAURANTS

Pelican Club (16): *312 Exchange Place, ☏ 523-1504. Eine Mischung aus Avantgarde, Südstaatenküche und französischer Nouvelle Cuisine. Nicht ganz billig. Abends Jackett erwünscht!*

Acme Oyster and Seafood Restaurant (17): *724 Iberville St., ☏ 522-5973. Günstige Meeresfrüchte. Bekannt für seine Austern. Salatbar.*

Für ein gutes Sandwich zwischendurch bietet sich die Central Grocery Co. **(18)** *an: 923 Decatur Street. Beliebt seit über 100 Jahren (!) ist das italienische Sandwich (Muffuletta Sandwich) mit Schinken, Salami, Provolone (ital. Käse) sowie Oliven-Relish.*

Delachaise (19): *3442 St. Charles Ave., ☏ 895-0858. Eher eine Bar mit über 70 verschiedenen Weinen und 50 Biersorten. Zu essen gibt es verschiedene Tapas.*

Café Adelaide (20): *300 Poydras St., ☏ 595-3305. Eine Institution in New Orleans. Adelaide, die Gründerin irischer Abstammung, (gest. 1983), war eine schillernde Persönlichkeit und auch bekannt als* **Queenie oder Auntie Mame.** *Ihr Geist lebt weiter im Restaurant, wo heute einfallsreiche und bunte Südstaaten-Küche geboten wird. Somit ist die Shrimp-Soup hier eine Shrimp-Bouillon, Krabbenfleisch wird mit Gnocchi gereicht und die Hauptgerichte werden – untypisch für die Südstaaten – mit auffallend vielen Kräutern, Gemüse und Salat/Obst angeboten. Ein tolles Esserlebnis!*

Slice Pizzeria (21): *1513 St. Charles Ave., ☏ 525-7437. Gute Pizzen. Sie können wählen zwischen dünnem bzw. dickerem Boden. Zudem besteht die Möglichkeit, sich die Pizza selbst zusammenzustellen. Eine weitere Zentrale: 5538 Magazine St. ☏ (504) 897-4800.*

Trolley Stop Café (22): *1923 St. Charles Ave./Ecke St. (gut mit St. Charles Streetcar zu erreichen). Einfaches Restaurant mit guter und deftiger Südstaatenküche sowie Burgern und allen Frühstücksvarianten (Omelettes, Pancakes, Spiegeleier etc.). Hier treffen sich Polizisten, Bauarbeiter und Büroangestellte aus der Umgegend. Mittags oft voll. Nahezu gegenüber der Touristeninformation.*

Wer sich in der Uptown aufhält, dem sei empfohlen, sich in der **Magazine Street (23)** *im 3200er Block (zw. Harmony und Toledano Sts.) umzuschauen. Ein paar eklektische Restaurants, ein Pub sowie Rocky's Pizzeria (3228 Magazine St.) sind beliebte Ziele für die Einheimischen.*

Vincent (24): *7813 St. Charles Ave./ Ecke Fern St., (Carrollton-Gebiet), ☏ 866-9313. Kleines, alteingesessenes italienisches Restaurant. Ehrliche, deftige und authentische Pastagerichte. Gute Weinkarte. Keine Reservierungen.*

Café Beignet (25): *334B Royal St. Gutes Frühstück und leckere, regional typische „Kleinigkeiten" (Gumbo, Jambalaya, Po-Boys etc.) sowie eben die Beignets. Nur 7–17 Uhr. Eine weitere Empfehlung sind die ausgesprochen leckeren Hot Dogs von den „Fahrenden Hot-Dog-Würsten" („*__Lucky Dogs__*" genannt), die Sie zumeist in und um die Bourbon Street finden.*

ESSEN SPÄT NACHTS

Falls zu spätester Stunde doch noch einmal Hunger aufkommt: Einige Imbisse in der Bourbon Street haben bis 6 Uhr geöffnet.
Eine Breakfastkarte (zu „normalen" Zeiten auch andere Gerichte) rund um die Uhr bietet **Dejavu***: 400 Dauphine St., Ecke Conti St. Besonders gut sind hier die Omelettes, sowie zum Abendessen die Burger und Fischplatten.*
Wer gerne sitzen und Leute schauen möchte sowie sich vornehmlich mit Gebäck begnügen kann, für den ist das **Café du Monde (26)** *am French Market (800 Decatur St., 24 Stunden geöffnet) genau richtig.*
Hueys Diner (27)*: 620 Decatur St. Burger, Sandwiches, Gumbo, u.a. sowie Frühstück rund um die Uhr.*

Pubs, Livemusik und Nightlife

New Orleans ist bekannt für seine Musikkneipen, Pubs und zahlreichen Restaurants. Schätzungen – genaue Angaben kann selbst die Stadtverwaltung gar nicht mehr machen – gehen von ca. 3.200 Bars, Saloons und Plätzen aus, an denen Alkohol verkauft und konsumiert werden kann. Und da es keine Kneipenschlusszeiten gibt, werden es eher Sie sein, der irgendwann müde ins Bett fällt, als der Wirt.

Für Sie wird die Erkundung auch nur eines Teiles des French Quarter mit seinen vielen Livemusik-Schuppen mehr als programmfüllend sein. Die hier aufgeführten Lokalitäten gelten als Tipps, doch werden Sie auf Ihrem Streifzug zwischen Bourbon Street und Mississippi noch eine Reihe anderer netter Plätze finden. Tipp: zuerst einmal durch die Bourbon Street und deren Nebenstraßen schlendern und sich treiben lassen vom musikalischen Angebot. Aber passen Sie auf: Vor jeder Musikneipe stehen „Animateure", die Sie hineinlocken wollen. Sind Sie aber erst einmal drinnen, müssen Sie etwas trinken. Und da in der Regel kein Eintritt verlangt wird, zahlen Sie die Musiker über die Getränke und etwa stündlich durch Herumreichen eines Säckchens für Trinkgeld.

Die Qualität der Musik ist im French Quarter aber nicht mehr so gut wie in den Musikclubs in anderen Teilen der Stadt. Denn leider gerät hier eines mittlerweile fast in Vergessenheit: die Improvisation, die doch so entscheidend ist für den echten Jazz. Sie werden bereits nach einem Abend merken, dass in vielen Lokalitäten immer wieder das gleiche Repertoire gespielt wird und zu einem großen Teil gar nicht mehr Jazz und Blues sondern Rock oder moderner Hip-Hop. Und selbst Karaoke-Bars haben Einzug gefunden. Das bedeutet für die Anhänger des Free-Jazz bzw. Modern-Jazz, dass ein Streifzug durch das French Quarter häufig unbefriedigend verlaufen wird. Ein Tipp hierzu: Erkundigen Sie sich bei Einheimischen, wann und wo etwas Besonderes geboten wird. Im Folgenden habe ich mich bemüht, vor allem Lokalitäten aufzuführen, die abseits der Bourbon Street dem Jazz- und Bluesenthusiasten Ausgefallenes zu bieten haben.

Welche Musikrichtungen werden in New Orleans geboten – alle! Jazz, Blues, Cajun, Zydeco, Rock, Klassik-Rock, manchmal sogar Country und eben seit einigen Jahren auch Hip-Hop und andere moderne Rhythmen. Die beste Informationsquelle für das Musikangebot in New Orleans ist das Monatsmagazin: „Offbeat", das Sie in allen Musikclubs und Hotels kostenlos erhalten (deren Internetseite www.off beat.com – Button „Listings" ist auch gut). Daneben gibt es noch zwei bis drei andere Blätter, wie z.B. das „Gambit Weekly". Außerdem informiert die Freitagsausgabe der Zeitung „Times-Picayune" über alle Ver-

Ein Besuch des French Quarter am Abend gehört zu einem New-Orleans-Besuch einfach dazu

anstaltungen. Wer bereits von zu Hause aus schauen möchte, dem sei die Internetseite www.satchmo.com (Button: New Orleans Music Clubs & Venues) ans Herz gelegt. Hier finden Sie die Adressen und zumeist auch Websites der meisten Clubs mit den aktuellen Ankündigungen.

IM FRENCH QUARTER

Nur eine kleine Auswahl. Doch nochmals: Entlang der berühmten Bourbon Street hat das Niveau der Livemusik stark nachgelassen. Einmal die Bourbon Street entlang zu schlendern, gehört aber trotzdem zum Pflichtprogramm eines Erstbesuches von New Orleans.

The Court of Two Sisters: *613 Royal St., ☏ 522-7261. Historisches Musikrestaurant. Nennenswert ist hier der tägliche Jazz-Brunch. Im Patio ist das gediegene Restaurant, vorne, an der Bourbon Street, der Cajun-Imbiss, der wirklich gut und günstig ist und zum „Happen zwischendurch" einlädt (Tipp: Dinner Special = 1/2 Po'Boy und Gumbo)*

Preservation Hall: *726 St. Peter St. ☏ 522-2841. Klassischer Jazz in uriger und alter Räumlichkeit. Sehr voll! Keine Getränke, aber eigene dürfen mitgebracht werden. Der Tipp für die Umgegend der Bourbon Street.*

Tipitina's French Quarter: *233 N. Peters St., ☏ 566-7095. Ableger des großen Musikclubs im Garden District. Nur selten Livemusik. Achten Sie auf Ankündigungen.*

Fritzel's Jazz Pub: *733 Bourbon St., ☏ 586-4800. Kleine Bar mit kleinen Bands. Hier wird zumeist noch alter Jazz gespielt.*

House of Blues: *225 Decatur St., ☏ 310-4999. Aufführungsstätte, die einer Kette in den gesamten USA angeschlossen ist – übrigens gegründet u.a. von Isaac Tigrett, dem Mitbegründer des „Hard Rock Café". Etwas zu organisiert, aber andererseits sehr gute und z.T. international bekannte Interpreten. Blues wird jedoch selten gespielt. Zielgruppe sind eher junge Leute, daher meist Rock, Punk oder Hip-Hop. Restaurant im Hause.*

Jimmy Buffet's Magaritaville: *1104 Decatur St., ☏ 592-2565. Großes Restaurant mit täglicher Livemusik. Eine gute Gelegenheit, das Dinner mit Musikhören zu verbinden. Zu essen gibt es lokale Gerichte, Tex-Mex und Steaks.*

Kerry's Irish Pub: *331 Decatur St., ☎ 286-5862. Eine echte Bar: laut, eng und eher von Locals besucht. Täglich Livemusik. Das kann Irish Folk sein, ein anderes Mal tritt dann eine junge Band mit Zydeco-Funk auf. Lassen Sie sich überraschen.*
Ryan's Irish Pub: *Ecke Bienville/Decatur Streets. Ganz normaler Pub, wo die Einheimischen ihren Drink nehmen. Keine Livemusik, kein Schnickschnack, dafür aber echte New Orleanser (vom Banker bis zum Künstler).*
Palm Court Jazz Cafe: *1204 Decatur St., ☎ 525-0200. Traditioneller Jazz. Mi Bluesnight. So ab 12 Uhr Brunch. Kreolische Gerichte. Unbedingt Tisch reservieren.*
The Hookah: *309 Decatur St., ☎ 943-1101. Moderne Lounge, Bar und Nightclub. Livemusik: Hip-Hop, Mashup, Neo Soul u.ä. Beliebt für seine Cocktail-Auswahl.*

CENTRAL BUSINESS DISTRICT (CBD) UND NORDÖSTLICH DES FRENCH QUARTER (FAUBOURG-MARIGNY)

Howlin' Wolf: *907 S. Peters St., ☎ 522-9653. Lokale Bands. Blues, Rock und manchmal auch moderne Rhythmen.*
Michaul's Live Cajun Music Restaurant: *840 St. Charles Ave., ☎ 522-5517. Live-Cajunmusik mit Tanz. Täglich kostenloser Cajun-Tanzunterricht; Cajungerichte. Bis 23.30 Uhr geöffnet.*
Mulate's Cajun Restaurant: *201 Julia Street, ☎ 522-1492. Live-Cajunmusik und entsprechende Speisen (bis 23 Uhr geöffnet)*
Vic's Kangaroo Café: *636 Tchoupitoula St., ☎ 524-4329. Pub. Livemusik (oft irischer Folk). Snacks, wie z.B. ein Pappkarton voll Crawfish zum Selbstauspulen.*
Snug Harbor: *626 Frenchmen St., ☎ 949-0696. Jazz und Blues. Mahlzeiten und Snacks. 2 Auftritte (21 u. 23 Uhr). Empfehlung für echten Jazz. Bekannt als der Club mit der progressivsten Musik – also auch viel Freejazz. Snug Harbor gilt auch als „Heimat" der Marsalis-Familie, dessen berühmtester Sohn Wynton in New York Furore gemacht hat.*
In der Nähe vier weitere gute Clubs: **Spotted Cat Music Club** *(623 Frenchmen St, ☎ 943-3887),* **D.B.A.** *(618 Frenchmen St., 942-3731),* **Blue Nile** *(532 Frenchmen St., ☎ 948-2583) sowie* **Appel Barrel** *(609 Frenchmen St., ☎ 949-9399). Das Gebiet entlang der Frenchmen Street, gleich auf der anderen Seite der Esplanade Avenue, bietet sich also hervorragend für einen ganzen Abend an, denn kleine Restaurants finden Sie hier auch.*

AUF EINEM SCHAUFELRADDAMPFER

Steamboat „Natchez": *John James Audubon Riverboat, 1300 World Trade Center, Ticket Office und Abfahrt am Fluss bei Jax Brewery, ☎ 586-8777 od. 1-800-233-2628, www.steamboatnatchez. com. Jazz-Dinner-Cruises um 19 Uhr (Boarding ab 18 Uhr). Jazz und Cajun-Musik jeglicher Stilrichtung. „Creole Queen": Abfahrt am Riverwalk/ Canal Street Dock. Buffet und Jazz auf der Abendfahrt. ☎ 529-4567, www.creolequeen.com*

„WOANDERS" IN NEW ORLEANS

Maple Leaf Bar: *8316 Oak St., ☎ 866-5323. Richtig altes Lokal in einer abgelegenen Neighbourhood hinter dem Zoo und noch westl. der Carrollton Ave. Hier findet sich ein sehr buntes Publikum ein, und die Stimmung ist entsprechend „echt". Hier war es auch, wo Scott Joplin seinen „Maple Leaf Rag", das erste Ragtime-Stück, zum ersten Mal spielte. Der Ragtime verbreitete sich daraufhin in Windeseile. Lange geöffnet. Jazz, Modern Brass Bands, R&B, Cajun, seltener: Reggae, Beat, Gospel etc. Auch Tanzen möglich.*

Auf dem Schaufelraddampfer: Kapelle an Bord!

Mid-City Lanes „Rock 'N' Bowl": *3000 S. Carrolton Ave./ Earhart Blvd., ☎ 861-1700. Eigentlich eine Bowling-Anlage, spielen hier mehrmals in der Woche Bands auf. Zumeist Zydeco-/Cajun-Musik, seltener Country, Rhythm & Blues sowie Rock. Eine typische New-Orleans-Stimmung, keine Touristen, einfaches Essen. Hier gehen die Locals hin. Es gibt auch Zydeco-Tanzunterricht (meist Sa.).*

The Bulldog: *3236 Magazine St., ☎ 891-1516. Bekannt für seine reichhaltige Bierauswahl: 50 Biere vom Fass und weitere 100 aus der Flasche. Keine Livemusik.*

Tipitina's: *501 Napoleon St., ☎ 895-8477. Alteingesessener Club, der vorwiegend von Einheimischen besucht wird. Gegründet von der Musiklegende Professor Longhair und untergebracht in einem alten Neighbourhood-Ballroom. Besonders an Wochenenden sehr voll. Eine kaum funktionierende Klimatisierung erfordert leichte Kleidung. Musik: alle Stilrichtungen, oft Funk-Jazz.*

Le Bon Temps Roulez: *4801 Magazine St./Ecke Bordeaux St., ☎ 895-8117. Bar/ Restaurant/Nightclub/Livemusik. Hier gibt es alles und an Wochenenden wird „bis in die Puppen" getanzt.*

Dos Jefes Uptown Cigar Bar: *5535 Tchoupitoulas St., ☎ 891-8500. Wie der Name bereits verrät, eine „coole" Zigarren-Bar, in der oft moderner Live-Jazz gespielt wird.*

Rivershack Tavern: *3449 River Rd., Jefferson, ☎ 834-4938. Unkomplizierte Kneipe in einem Holzhaus direkt hinter dem Mississippideich. Hier gibt es Billard, Snacks, wie z.B. Alligator Sausages und Fried Green Tomatoes, und hier treffen sich die „Locals". Die Stimmung ist gut. Ehemals beherbergte das Gebäude einen Kolonialwarenladen. Übrigens: Für einen mitgebrachten, übermäßig hässlichen Aschenbecher gibt es ein Freigetränk bzw. vielleicht sogar etwas zu essen. Livemusik meist Mo, Do–Sa.*

WÄSCHE WASCHEN UND KNEIPE

Jeder muss einmal seine Wäsche waschen und nichts ist langweiliger, als dieses in einer „Coin Laundry" zu tun und den Trommeln der Maschine zuzusehen. Igor's, mittlerweile eine Institution in New Orleans, schafft dagegen Abhilfe mit Bars (inkl. guten Burgern auf dem „Menue"), wo man Wäsche waschen kann. Hier können Sie also ein Bierchen trinken und evtl. etwas essen, während Sie auf Ihre Wäsche warten:
Igor's Lucky's Bar & Grill: *1625 St. Charles Ave., Garden District.*
Igor's Lounge & Game Room: *2133 St. Charles Ave., Garden District. Am besten geeignet zum Wäsche waschen. 24 Stunden geöffnet!*
Igor's Buddha Belly: *4437 Magazine Street, Uptown.*
Igor's Check Point Charlie: *501 Esplanade Ave., French Quarter.*

Einkaufstipps

SHOPPING MALLS

Für allgemeine Einkäufe (Cajun-Spezialitäten/Kleidung/kleinere Souvenirs) bieten sich das **Jax Brewery** *in der 600 Decatour Street sowie der* **French Market** *(1008 N. Peters St.) an. Etwas feinere Geschäfte finden sich in den* **Shops at Canal Street** *(333 Canal St./ Ecke Wells St), wobei es hier wenig Typisches für New Orleans gibt. Der* **Warehouse District** *(zwischen Girod St./Howard Ave./Camp St. und Mississippi) bietet alles von Kunst über Kitsch bis hin zum „Shopping-Happening". Doch befindet sich das Gebiet noch im „Umbruch", gezieltes Suchen ist kaum möglich, und die Größe des Areals erfordert gute Kondition und Schuhsohlen.*
Die bekannteste und größte Mall im Innenstadtbereich ist ohne Zweifel der **Riverwalk Marketplace** *(1 Poydras St.) mit 140 Shops. Eine Mischung aus bekannten Franchise-Ketten sowie einigen lokalen Anbietern.*
In Gonzales, 60 Meilen nordwestl. von N.O. gibt es ein großes **Outletcenter** *am I-10, Exit 177.*

Hinweis

Viele Geschäfte bieten „Tax Free Shopping" an – erkennbar an dem „Tax-Free-Sticker" an der Tür. D.h., Sie erhalten im Geschäft eine Quittung über die bezahlten lokalen Steuern. Diese Steuern erhalten Sie nach Vorlage der Quittung, des Passes und des Flugtickets dann bei der Ausreise aus Louisiana (Schalter am New Orleans Int. Airport) zurück. Weitere Infos dazu erhalten Sie unter ☎ 568-5323.

SOUVENIRS

Im French Quarter, besonders entlang der Bourbon Street, finden sich zahlreiche Souvenirshops. Zumeist billiger Kitsch.
Antikes/Galerien: *Hier bietet New Orleans alles, was ein gut gefülltes Portemonnaie zulässt. Möbel, alte Karten, alte Bücher, Südstaatengemälde etc. Die meisten Antiquitätengeschäfte und Galerien befinden sich in der Royal Street und deren Seitenstraßen.*
Eine wahre Fundgrube für Antiquitäten und Ramsch ist die **Magazine Street** *im Hausnummernbereich 2000 bis 2200. Hier haben die Trödler ihre „Geschäfte", und von alten Musiktruhen bis hin zu angerosteten Haushaltsgegenständen gibt es alles. Die Magazine Street ist aber auch weiter oben (ca. ab Nummer 2800) eine schöne Einkaufsstraße. Kleine Boutiquen, Trödler, Spezialitätengeschäfte wechseln sich hier mit alten kleinen Wohnhäusern und Galerien ab. Die Zeiten der wirklich günstigen Schnäppchen ist aber auch entlang der Magazine Street vorbei. vorbei. Siehe: www.magazinestreet.com.*

Elektronik: Entlang der Canal Street haben sich viele Händler angesiedelt, die vom Telefon über Fotoapparate bis hin zu Hifi-Anlagen und Kommunikationsgeräten alles anbieten. Sie müssen aber beharrlich handeln, und wenn Sie nicht die exakten Preise kennen für die ausgewählte Ware, sollten Sie mehr als vorsichtig sein. Ohne diese Kenntnis werden Sie hier mit Sicherheit über's Ohr gehauen!

Pralinen: Der verwöhnte europäische Gaumen mag sich zwar fragen, warum nun gerade diese übersüßen Pralinen aus New Orleans so berühmt geworden sind. Aber das liegt wahrscheinlich an dem ansonsten sehr langweiligen Pralinenangebot in den USA. Als Mitbringsel eignen sie sich aber allemal. Pralinen in New Orleans sind auch nicht, wie in Europa, gefüllt mit einer Creme, Frucht o.ä., sondern bestehen aus einer verfestigten Zuckermasse, der i.d.R. Pecannüsse beigefügt werden.

Drei gute Läden mit eigener Produktion sind: **Old Town Praline Shop** (1506 Veterans Memorial Blvd, Metairie), **Evans** (848 Decatur St.) sowie **Aunt Sally's** (810 Decatur St., French Market). Aunt Sally's bietet auch kurze Touren an durch die „Pralinenküchen". Diese sollte man aber vorher anmelden: ☏ (504) 944-6090, 1-800-642-7257, www.auntsallys.com.

Masken: New Orleans ist auch für seine Karnevalsmasken bekannt. Meistens sind es maschinengefertigte Massenwaren. Echte handbemalte Stücke erhalten Sie bei **Rumors** (537 Royal Street) sowie im **The Mardi Gras Spot** (2812 Toulouse Street). Gut ist auch der **Maskerade Shop** (630 St. Ann St.).

Karnevalskostüme: Falls Sie Mardi Gras miterleben oder etwas Ausgefallenes für den europäischen Karneval erstehen möchten, bietet sich das Geschäft **Beads by the Dozen** (333 Edwards Ave) an. Online bestellen in größerem Stil kann man bei Accent Annex Enterprises dba Mardi Gras Madness (www.mardigrasmadness.com).

Platten (ja, auch die sind noch auf dem Markt)/CDs: Wo sonst erwartet Sie eine so gute Auswahl an Blues- und Jazzmusik als in New Orleans Die besten Läden finden Sie in der Decatur St., etwa gegenüber der Jax Brewery und weiter in Richtung Canal Street. Besonders in den kleinen Geschäften werden Sie gut beraten, denn hinter den Besitzern verbergen sich häufig eingefleischte Jazzkenner. **Louisiana Music Factory** (210 Decatur St.) ist mit Sicherheit der größte Musikladen.

MÄRKTE

French Market Flea Market: St. Peters & Decatur St. Tgl. von 7–19 Uhr. Hier gibt es mittlerweile nur Geschäfte/ professionelle Verkaufsstände mit viel Kitsch aus Ostasien.

Farmer's Market: Ecke Magazine/Girod Sts. Farmprodukte, Cream Cheese, Pecans, Obst, Gemüse etc. Samstags 8–12 Uhr.

Echte Flohmärkte finden oft auf den Parkplätzen der Shopping Malls in den Vororten statt. Achten Sie auf Aushänge bzw. Ankündigungen in den Zeitungen.

Jährlich wiederkehrende Veranstaltungen

Mardi Gras: Februar/März. Die größte Karnevalsveranstaltung der USA. Die 2 Wochen vor Aschermittwoch werden mit Straßenmusik, Umzügen u.v.m. gefeiert. Hotelzimmer sind zu dieser Zeit sehr teuer und müssen sehr früh gebucht werden; www.mardigrasneworleans.com.

French Quarter Festival: Anfang/Mitte April. Outdoor-Livemusik im gesamten French Quarter. Jazz Brunch; www.fqfi.org

New Orleans Jazz and Heritage Festival: Letztes Wochenende im April bis zum ersten im Mai: Auf den Fair Ground Race Tracks. Musikveranstaltungen aller Stilrichtun-

gen. www.nojazzfest.com. Kenner sagen, ein Besuch dieses Festivals sei noch lohnender als Mardi Gras.

Literaturtipps zu New Orleans

John Kennedy Toole; *A Confederacy of Dunces: Dieses mit dem Pulitzer-Preis gekrönte Buch lebt in eingängigster Weise von der Darstellung der verschiedenen New Orleans-Charaktere: Ihre Arbeit, ihre Probleme und vor allem ihre Sprache – ein Buch, das eigentlich nur im englischen Original seine volle Entfaltung findet.*
Mark Twain; *Leben auf dem Mississippi: Autobiographisch beeinflusstes Werk des bekanntesten „Mississippi-Schriftstellers". 10 Kapitel dieses Buches befassen sich mit dem New Orleans aus der großen Zeit der Schaufelraddampfer.*
Tennessee Williams; *Endstation Sehnsucht, Die Tätowierte Rose; Zwei Dramen, die die echten Probleme der kleinen Leute in Amerika aufzeigen. Die zerbrechliche Illusionswelt prallt auf die harte Wirklichkeit. „Endstation Sehnsucht" heißt im Original „Streetcar named Desire" und bezieht sich auf die Straßenbahnendstation Desire (New Orleans), in deren Umgebung damals das Kleinbürgertum gewohnt hat.*

Flughafen

Louis Armstrong New Orleans International Airport; *Airportauskunft: ☎ (504) 464-0831, 464-3547 od. 303-7500 (Band), www.flymsy.com.*

ANFAHRT

Mit dem Auto: *Der International Airport liegt etwa 16 Meilen von der Innenstadt entfernt. Der kürzeste Weg führt entlang der Tulane Ave., die westlich des French Quarter abgeht und nach etwa 1 Meile übergeht in den Airline Hwy. Dieser führt bis zum Flughafen. Alternativ dazu können Sie entlang dem I-10 in Richtung Baton Rouge fahren, von wo aus der Airport ausgeschildert ist. Diese Strecke ist schneller (wenn auch länger). Die Ausschilderung und das Wechseln der Freeways irritiert ein wenig.*
Shuttleservice: *Airport Shuttle. Kleinbusbeförderung zum und vom Hotel aus. Bestellung: 522-3500, Infos: 592-0555, www.airportshuttleneworleans.com. Der Preis liegt bei ca. US$ 20–22 pro Person zwischen Airport und Innenstadt. Abfahrt ca. alle 30 Minuten vom Airport gegenüber den Baggage Claim Areas 3, 6 und 12 (24-Stunden-Dienst)*
Stadtbusse: *Der „Airport-Downtown Express" (Linie E-2) der Jefferson Transit (☎ (504) 818-1077, www.jefferson transit.org.) bedient die Strecke Airport – Superdome (Mo–Fr). Am Wochenende ist die Endstation in der Stadt Ecke Carrolton/Tulane bzw. Tulane/Loyola, von aus Sie dann mit einem RTA-Bus weiterfahren müssen. E-2-Stop am Airport: Second Level, Entrance (Door) #7.*
Taxi: *Ein Taxi zwischen Airport und City kostet zwischen US$ 33 und 35 (2 Personen). Ab 3 Personen $ 14–16 pro Person.*

AIRLINES

American: ☎ *1-800-433-7300*
Continental: ☎ *488-6364*
Delta: ☎ *529-2431*
Northwest: ☎ *1-800-225-2525*
Southwest: ☎ *1-800-435-9792*

Bahn und Bus

Amtrak: *Union Passenger Terminal, 1001 Loyola Ave., ☎ (504) 524-7571, www.amtrak.com.*
Überlandbusse: *Greyhound, ebenfalls Union Passenger Terminal, 1001 Loyola Ave., ☎ (504) 525-9372 oder 1-800-231-2222, www.greyhound.com.*
Stadtbusse: *Die Regional Transit Authority (RTA) unterhält das Bus- und Streetcarsystem. Infos erhalten Sie über ☎ 248-3900, www.norta.com. Lohnend ist der „Jazzy Pass" (1, 3 und 31 Tage gültig). Das Tagestickets erhalten Sie in Bahnen und Bussen, die 3-/31-Tages-Tickets nur in bestimmten Geschäften (u.a. alle Walgreens) und oft auch in größeren Hotels (Concierge-Desk). Die Busse und besonders die Streetcars verkehren bis spät abends bzw. oft auch nachts. Nachts dann aber meist nur alle 30–90 Minuten.*
Streetcar: *es gibt 4 Strecken: 1)* **St. Charles Streetcar**: *von der Canal St. (Carondelet St.) zum Audubon Zoo und in die westlichen Vorstädte (Carrollton/St. Clairborne Aves). Eine lohnende Tour, um alle Baustile von New Orleans (außerhalb des French Quarter) zu erleben. Die Bahn verkehrt 24 Stunden, nach Mitternacht aber nur noch im 60-90-Minutentakt. 2)* **Riverfront Streetcar**: *Entlang dem Mississippi zwischen French Market/Esplanada Ave. und John Churchill Chase Station/unter US 90-Brücke (6 Uhr bis Mitternacht/Wochenende ab 8 Uhr). 3)* **Canal Street Streetcar - Cemeteries**: *Harrah's Casino – Canal Street – City Park (Museen) zwischen 6 und 22 Uhr, am Wochenende erst ab 7 Uhr. 4) Auf gleicher Strecke, aber bis zum Museum of Art verkehrt die* **Canal Streetcar – City Park/Museum**.

Taxis

Die Preise sind am Fahrzeug angeschlagen. Sollten Sie Beschwerden haben, rufen Sie ☎ 565-6272 an. Merken Sie sich aber vorher die Taxinummer!
United Cabs: *1-800-323-3303, 522-9771*
Checker Yellow Cabs: *943-2411.*

Mietwagen

Alle größeren Mietwagenfirmen unterhalten Stützpunkte am Flughafen.
Alamo: *☎ (504) 469-0532*
Avis: *☎ (504) 464-9511*
Budget: *☎ (504) 465-2277*
Dollar: *☎ (504) 466-4335*
Enterprise: *☎ (504) 469-2447*
Hertz: *☎ (504) 468-3695 und 468-3675*

Sehens- und Erlebenswertes in der weiteren Umgebung von New Orleans

Hinweis
Zum Jean Lafitte National Park (Abschnitt südlich von New Orleans) s. S. 172.

Kanu fahren auf dem Bogue Chitto River

Nicht unbedingt das Hauptziel eines New-Orleans-Besuches, aber einen interessanten Zeitvertreib für Sportlichen bietet eine 3–8-stündige Kanufahrt (bzw. lässiger mit einem Reifenschlauch) auf dem Bogue Chitto River. Der Fluss kann bis Franklinton befahren werden und verspricht eine schöne Swamp-Landschaft. Alles wird organisiert (Bootverleih, Wiederabholung am Zielpunkt etc.) vom Outfitter am Fluss.
Canoeing & Tubing Center – Bogalusa: *10237 S. Choctaw Rd., Bogalusa (ca. 60 Meilen vom French Quarter), ☎ (985) 735-1173 od. 750-4756, www.tubingboguechitto.com. März– September 8–18 Uhr. Ausleihen von Kanus und LKW-Schläuchen.*

Anfahrt: Fahren Sie über den schnurgeraden, 25 Meilen langen Causeway, der den Lake Pontchartrain überquert. In Covington dann zweigen Sie ab auf den LA 21 in Richtung Bogalusa. Nach ca. 18 Meilen zweigt dann nach Westen der LA 16 ab, an dem dann die Outfitter zu finden sind. Zurückfahren sollten Sie dann über das kleine Städtchen Franklinton und den LA 25 nach Covington. Besonders die Landschaften am LA 16 und LA 21 sind schön und interessant. Tropische Bäume und Farmen (Tierzucht, Baumschulen, Gemüse) zeigen ein deutliches Bild des ländlichen Louisiana.

Ländliches Louisiana

Gretna – auf den Spuren deutscher Einwanderer

In Gretna gibt es das **German-American Cultural Center** (*519 Huey P. Long Ave., ☎ (504) 363-4202, www.gacc-nola.com, Di–Sa 10–16 Uhr*), in welchem u.a. eine Ausstellung zu sehen ist, die sich damit befasst, was die deutschstämmigen Bewohner zur Kultur und Geschichte des unteren Mississippi-Deltas beigetragen haben. Das Center liegt nur 15 Autominuten vom French Quarter entfernt (US 90-Abfahrt: Lafayette St.).

Eine Fahrt zu den Plantagen am Mississippi

Hinweis

Falls Sie eine Rundtour durch den Süden beabsichtigen, welche Sie am Ende wieder von Norden nach New Orleans führen wird, bietet sich ein Besuch der folgenden Plantagen eher auf der Rückfahrt an. Sie ersparen sich damit einen Reisetag. Diesen Streckenabschnitt sollten Sie jedoch nur nutzen, wenn Sie sich nur kurz im Süden aufhalten können oder sonst nicht die Möglichkeit haben, z.B. die Route zwischen Memphis und Baton Rouge zu befahren. Insbesondere gibt es zwischen Vicksburg und Natchez bei Weitem Schöneres zu sehen, vor allem was die Landschaft betrifft. Der Besuch der Plantagen zwischen New Orleans und Baton Rouge bietet zwar einige imposante Villen, er führt Sie aber weitestgehend auch an nicht enden wollenden Industrieanlagen vorbei. Auch der Blick während der Fahrt auf den Mississippi selbst wird fast durchgehend von großen Deichen versperrt und die Ortschaften entlang des Weges bieten keine besonderen Höhepunkte. Trotzdem gilt natürlich hier ebenso: „Auch das ist der Süden!“.

Streckenvarianten

Am Mississippi-Abschnitt zwischen **New Orleans** und **Baton Rouge** können Sie heute mehrere **Plantagenhäuser** besichtigen. Die verschwenderische Architektur dieser Herrenhäuser sucht ihresgleichen, und heute kann man sich kaum vorstellen, wie jemand alleine mit einer Plantage so viel Reichtum hat anhäufen können, um solche Glanzpunkte zu errichten. Beeindruckend sind aber nicht nur die großen Häuser, in deren prunkvollem Inneren sich die harte Arbeit auf den Plantagen leicht ignorieren ließ. Auch die großen Parkanlagen beeindrucken. Ihr Gras wurde auf einer Fläche von mehreren Fußballfeldern nach englischem Vorbild kurz gehalten, und die vielen Eichen-Riesen geben dem gesamten Eindruck einen angemessenen Rahmen.

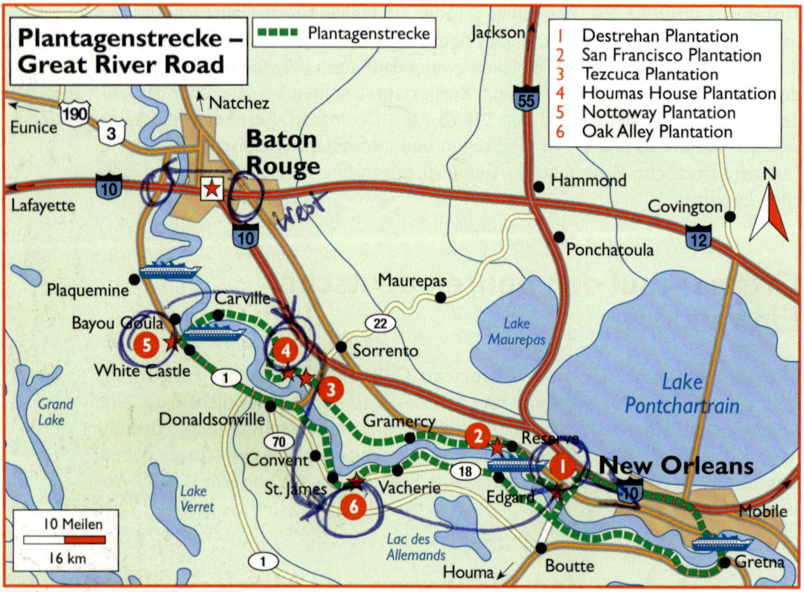

Hinweis

Beachten Sie, dass die letzten geführten Touren durch die Häuser eine Stunde vor dem Schließen stattfinden.

Plantagenhäuser unter Denkmalschutz

Leicht lässt sich vorstellen, wie vor etwa 150 Jahren unter diesen majestätischen Bäumen feudale Feste gefeiert worden sind. „Scarlett O'Hara" aus Margret Mitchells Südstaaten-Epos „Vom Winde verweht" wird einem sofort ins Gedächtnis gerufen (obwohl diese Geschichte eigentlich in Georgia spielt). Heute wohnt niemand mehr in den Häusern und fast alle stehen unter **Denkmalschutz**. Die modernen Plantagen werden heute von Gesellschaften oder reichen Farmern, die in den Orten leben, bewirtschaftet. Bedrückend ist aber auch heute noch der krasse Gegensatz zwischen den Villen und den Siedlungen der Schwarzen in der Umgebung. Nachdem die Sklaverei nach dem Bürgerkrieg endgültig abgeschafft worden war, erhielten die Schwarzen als Entschädigung für die eigene Lebensgrundlage kleine Parzellen am Rande der Plantagen. Doch reichen diese Felder (ca. 0,5–1 Hektar pro Familie) nach modernen Gesichtspunkten nicht mehr aus für einen produktiven Anbau. Somit müssen die Menschen hier den Weg zu ihren Arbeitsplätzen in die weit entfernten Städte auf sich nehmen bzw. sie sind großenteils arbeitslos.

Von den zwölf noch zu besichtigenden Plantagenhäusern auf diesem Flussabschnitt sind die sechs folgenden die interessantesten. Für eine Besichtigungstour von New Orleans aus sollten Sie sich aber von vornherein für den Besuch von zwei bis maximal drei Plantagen entscheiden. Mehr kann man an einem Tag nicht schaffen.

Meist liegen die Plantagen in zauberhaften Gärten, einige bieten Restaurants, in manchen kann man sogar übernachten

Routenvorschlag

Fahren Sie zuerst am nördlichen Mississippiufer entlang und schauen sich die Plantagenhäuser hier, mit der Ausnahme der Houmas Plantation, nur von weitem aus an. Bei Carville setzen Sie dann mit der Fähre über und fahren zur Nottoway Plantation. Hier können Sie dann auch im Restaurant etwas essen – und falls Sie auf einer Plantage übernachten möchten, eignet sich diese am besten dazu.
Fahren Sie nun am südlichen Mississippi zurück nach New Orleans und statten Sie dabei der Oak Alley Plantation noch einen ausführlicheren Besuch ab. Auf allen Plantagen finden Touren statt.

Destrehan Plantation (1)

Das 1787 in französischem Kolonial-Stil erbaute Herrenhaus ist das älteste noch intakte Plantagengebäude am Mississippi. Zu Anfang des 19. Jh. kamen neugriechische Stilelemente hinzu. Die zweistöckige Veranda und das Dach im Stil eines westindischen Plantagenhauses werden durch prächtige dorische Säulen getragen.
Destrehan Plantation: *nördl. des Mississippi 13034 River Rd., Destrehan, LA 70047, ☎ (985) 764-9315, www.destrehanplantation.org, tgl. 9–16 Uhr (geschlossen an Feiertagen), $ 18. Nur acht Meilen vom New Orleans Int. Airport – also durchaus erreichbar an einem Nachmittag von New Orleans aus. Keine Übernachtung, kein Restaurant.*

San Francisco Plantation (2)

1856 erbaut, gehört das Herrenhaus zu den kunstvollsten der Südstaaten. Die große zweistöckige Galerie, die den Gesamteindruck des Gebäudes prägt, wird durch korinthische Säulen getragen. Das Innere wird durch Marmorwände und -treppen, aufwendige Holzschnitzereien und eine prunkvolle Einrichtung bestimmt. Ein architektonisch besonders beeindruckendes Bauwerk. Übrigens war es Louise von Seybold aus Füssen in Bayern, Frau des damaligen Plantagenbesitzers, die das Dekor ausgesucht hat.

Nach dem Bau pleite

Der Name hat nun gar nichts zu tun mit der Stadt an der Westküste, sondern stammt von der französischen (Slang-)Version „*sans fruscine*", was in etwa „kein Geld im Portemonnaie" bedeutet und die Situation des Erbauers, Valsin Marmillion nach Fertigstellung des Gebäudes widerspiegelt.

San Francisco Plantation: *Nördl. des Mississippi, Highway 44, Reserve, LA 70884, ☏ (985) 535-2341, 1-888-509-1756, www.SanFranciscoPlantation.org. tgl 9.30–16 Uhr (außer an Feiertagen). 45 Meilen von New Orleans. Keine Übernachtung, kein Restaurant. www.sanfranciscoplantation.org, Tour $ 15.*

St. James Historical Society Museum

Ein kleines, von Freiwilligen unterhaltenes Museum, das die wechselhafte Geschichte der Region während der letzten 250 Jahre widerspiegelt. Hier können Sie ein paar alte Gebäude besichtigen, Riten nachvollziehen und einige historische Fotos anschauen (*Nördl. des Mississippi, LA Hwy. 44 (1988 Jefferson Hwy.), Lutcher. Mo–Do 10–15 Uhr*).

Tezcuco Plantation (3)

Das Haupthaus (griechischer Renaissance-Stil) wurde 1855 erbaut, fiel 2002 aber einem verheerenden Feuer zum Opfer. Ob die schöne Anlage wieder zu besichtigen sein wird bzw. das Haus originalgetreu wieder aufgebaut wird, stand selbst ein Jahrzehnt später noch nicht fest (*Nördl. des Mississippi, 3138 Hwy. 44, River Road, Darrow (Burnside*).

Houmas House Plantation (4)

Eines der schönsten Häuser

Eines der schönsten Häuser. Große zweistöckige Galerie, die das Haus umfasst. Erbaut wurde es 1840, anschließend mehrfach erweitert und dann 1940 vollkommen restauriert. Beeindruckend sind vor allem die alten Möbel, die ausgefallenen Einrichtungsgegenstände (einzigartiger Billardtisch, Steinway-Flügel aus Hamburg u.a.) und eine dreistöckige Wendeltreppe. Mitte des vorletzten Jahrhunderts war die Houmas Plantation mit über 20.000 Acres die größte Plantage des Landes, und ihr damaliger Besitzer war ein Ire, der während des Bürgerkrieges mit der Südstaatenarmee häufiger im Zwist stand. Dies aber bewahrte ihn nach dem Krieg vor größeren Plünderungen. Auf der Houmas Plantage wurden auch mehrere Filme gedreht. Aufgrund der Hintergrundgeschichte und der vielen einzigartigen Einrichtungsgegenstände ist sie mit Sicherheit die interessanteste Plantage für eine Führung durch das Gebäude.

Houmas House Plantation: *Nördl. des Mississippi, 40136 Highway 942 Burnside, Darrow, LA 70725, ☏ (225) 473-9380, www.houmashouse.com. Touren Mo u. Di 9–17 Uhr, Mi–So 9–20 Uhr, $ 20. 60 Meilen von New Orleans. Keine Übernachtung, aber ein Café, ein Weinkeller sowie ein Restaurant:* **Latil's Landing Restaurant**: *☏ (225)*

473-9380, geöffnet Do–Sa (18–22 Uhr) sowie So (14–21 Uhr). Im **Le Petite Houmas Restaurant** *wird sonntags ein leckerer Brunch serviert*

Nottoway Plantation (5)

Das 1850 fertig gestellte Herrenhaus ist das größte und von außen auffälligste aller Plantagenhäuser und hat daher auch den Spitznamen „White Castle" erhalten. Die Übernachtung hier ist nicht nur stilvoll, sondern wird durch das Angebot an typischen Louisiana-Gerichten und -Snacks zu einem besonderen Erlebnis.

Luxuriöse Übernachtung

Nottoway Plantation: *Südl. des Mississippi, LA Hwy. 1 and Mississippi Rd., White Castle, LA 70788, ☏ (225) 545-2730, www.nottoway.com. Stündlich beginnenden Touren tgl. 9–16 Uhr (außer Weihnachten), $ 20m nur Gärten $ 8. 69 Meilen von New Orleans (über das nördliche Mississippiufer). Stilvolle Unterkünfte ($$$-$$$$, Touren und Frühstück inkl.) und ein ausgezeichnetes Restaurant, www.nottoway.com.*

Oak Alley Plantation (6)

Das Herrenhaus wurde 1839 im griechischen Renaissancestil fertiggestellt. Es ist aber weniger das Haus selbst, welches besticht, sondern die ihm vorgelagerte Eichenallee. Die Eichen sind 100 Jahre älter als das Haus und es wird behauptet, der Architekt hat das Haus bewusst mit ebenso vielen Säulen versehen, wie Eichen in der Allee stehen.

Oak Alley Plantation: *Südl. des Mississippi, 3645 LA Hwy. 18, Vacherie, LA 70090, ☏ (225) 265-2151, www.oakalleyplantation.com. Touren tägl. 9.30–16.30/17 Uhr, $ 18. 60 Meilen von New Orleans. Unterkünfte (Cottages, $$$) und Restaurant (kein Dinner!), www.oakalleyplantation.com.*

Oak Alley Plantantion

Laura Plantation

Das Haupthaus ist einfacher als alle anderen (teilweise durch ein Feuer vor wenigen Jahren zerstört und wieder aufgebaut). Die Geschichten, besonders die zum Thema Sklaverei, werden hier sehr eindrucksvoll dargestellt und erläutert. Diese Plantage zeigt einen sehr kreolischen Charakter. Sollten Sie also nach Houmas House noch ein zweite Plantage mit Führung besichtigen wollen, ist diese die Richtige.

Eindrucksvolle Ausstellung

Laura Plantation: *Südl. des Mississippi, LA Hwy. 18, nahe LA 641, Vacherie, LA 70090, ☎ 225-265-7690, www.lauraplantation.com. Tgl. 10–16 Uhr, $ 18. 57 Meilen von New Orleans. Keine Übernachtung, kein Restaurant, www.lauraplantation.com.*

Das Gebiet westlich des Mississippi-Deltas

Diese Region, bekannt als die Atchafalaya Swamps, eignet sich hervorragend, um einmal einen Einblick in die Welt der Sümpfe (Bayous) von Süd-Louisiana zu erhalten. Empfehlenswert zur näheren Erkundung wäre eine Bootsfahrt. Wenn Sie länger in dem Gebiet bleiben möchten, bieten sich die kleinen Städte Houma und Morgan City als „Stützpunkt" an. Lesen Sie dazu im Kapitel zur Route von Memphis über Little Rock, Shreveport und LaFayette nach New Orleans ab S. 554.

Mit dem Mississippidampfer von New Orleans nach Memphis

„But the basin of the Mississippi is the body of the Nation … The face of the water, in time, became a wonderful book … and it was not a book to be read once and thrown aside, for it had a new story to tell every day." Mark Twain, „Life on the Mississippi"

Wer kennt sie nicht, diese schwimmenden Holzkisten mit der riesigen Walze am Heck und den markanten Schornsteinen, deren „zerfranste" Kronen den Dampf gleichmäßig verteilen in die schwülheiße Luft.

Wer hat nicht, ob Kind, ob Greis, Mark Twains Tom Sawyer gelesen oder zumindest im Fernsehen gesehen und verbindet mit dem Ol'Man River – wie die Amerikaner ihren großen Fluss liebevoll nennen – die weite Flusslandschaft, in der diese majestätischen Dampfschiffe verkehren. Heute gibt es noch zwei wundervoll rekonstruierte **Schaufelraddampfer**, die Passagiere auf eine unvergessliche Kreuzfahrt auf dem Mississippi und seinen Nebenflüssen mitnehmen und die Zeit des Mark Twain noch einmal aufleben lassen. Sie gehören der **Great American Steamboat Company** („American Queen", *www.americanqueensteamboatcompany.com*) sowie **American Cruise Lines** („Queen of the Mississippi", *www.americancruiselines.com*).

Unvergessliche Tour auf dem Mississippi

Die beiden Schiffe wurden nach alten Mustern nachgebaut, sodass sie einen guten Eindruck vermitteln über die alte Steamboat-Zeit. Die Fahrten sind heute aufgezogen im Stil einer Kreuzfahrt, doch gibt es ausreichend Gelegenheit, sich mit der

Wussten Sie ...

- dass Fried Chicken, der Pecan Pie und die Chocolate Brownies zuerst auf den Schaufelraddampfern serviert worden sind,
- dass Schaufelraddampfer den Namen von einst unbedeutenden Ansiedlungen maßgeblich verändert haben. So z.B. wurde aus Mudville Memphis und aus Pigtown St. Paul,
- dass das Wort „Hillbilly“ von den ersten Mitfahrern der Dampfer stammt. Diese siedelten nämlich in der Hügellandschaft („hills“) des Nordens, und viele von ihnen hießen William, Wilhelm oder Wilburn, dessen Kurzform Bill ist,
- dass der Ausdruck „I cotton to you“ („Ich mag Dich“) auf den Transport von Baumwolle auf den überladenen Mississippi-Dampfern zurückzuführen ist. Baumwolle war nämlich die wesentliche Frachtware auf dem Fluss und hatte die Eigenschaft, an Kleidern haften zu bleiben,
- dass zur Einrichtung der Schaufelraddampfer große Hotelarchitekten aus aller Welt herangezogen worden sind,
- dass das Wort „Cabin“ auf einem Schaufelraddampfer auch für die Gesellschaftsräume verwandt wird,
- dass Räume und Decks auf den Flussdampfern die Namen der einzelnen Bundesstaaten tragen, da die „Steamboaters“ sich eher als Geografen, denn als Mathematiker ansahen,
- dass das „Texas-Deck“ seinen Namen erhielt durch die Tatsache, dass seine Einführung zu jener Zeit stattfand, als Texas als Bundesstaat in die Union aufgenommen wurde,
- dass die Reisegeschwindigkeit der Schaufelraddampfer von 5–8 Knoten häufig nicht ausreicht, um gegen die Strömung anzukommen (besonders noch bei Gegenwind), sodass sie dann kreuzen müssen zu Flussflächen, wo die Strömung geringer ist (meist die Innenkurve),
- dass der Steuermann in einer Innenkurve zwar auch sein Radar zur Hilfe nimmt, um entgegenkommenden Verkehr zu orten, sich in der Regel aber auf sein Gespür verlässt,
- dass ein Steuermann auf einem Mississippi-Passagierschiff für seine Lizenz den gesamten Flusslauf, den er befahren möchte, aus dem Gedächtnis aufzeichnen muss (inklusive aller Lichter, Kabel, Seitenkanäle etc.),
- dass sich der Flussverlauf und besonders seine Tiefen jährlich so verändern, dass die Wasserbehörde nicht nachkommt mit der Kartographie und auf Tiefenangaben auf den Karten grundsätzlich verzichtet. Nur die Erfahrung und der aktuelle Informationsaustausch zwischen den Steuermännern gewährleistet, dass die Schiffe nicht auflaufen,
- dass nachts mit einem 1,5-Meilen-Radar geortet wird und daraufhin Bojen und andere Gegenstände mit einem Suchscheinwerfer lokalisiert werden,
- dass die hölzernen Schaufelräder laufend in den Häfen erneuert werden müssen, da treibende Baumstämme und anderes Treibgut sie immer wieder beschädigen,
- dass die „Queen of the Mississippi“ pro Stunde 1.200 Liter Treibstoff (Mischung aus Benzin und Wasserdampf) verbraucht,
- dass das Schaufelrad pro Minute ca. 12 Umdrehungen macht?

Die Queen of the Mississippi

Geschichte der Schaufelraddampfer zu beschäftigen und sie im Sinne einer „Showboat Cruise" zu erleben.

Vergnügungsschiff

Auch früher, als die meisten Schaufelraddampfer zwar für den Transport von Baumwolle eingesetzt worden sind, gab es diese Kreuzfahrten, und selbst die einfachen Passagierdampfer auf dem Mississippi waren schwimmende Vergnügungsschiffe. Das mussten sie auch sein, denn eine Fahrt von St. Paul nach New Orleans dauerte 2–4 Wochen, und die Menschen an Bord wollten beschäftigt werden. Auch heute kommt in keiner Weise Langeweile auf: Tgl. Stopps an Sehenswürdigkeiten (historische Städte, Plantagenhäuser und Civil War Parks), zudem verschiedene Shows, Veranstaltungen und vorzügliche Einführungsprogramme zum Thema Mississippi und Steamboatin' bilden das Rahmenprogramm. An Deck können Sie aber auch einfach nur entspannen, sonnenbaden und die Atmosphäre dieses einmaligen Flusses auf sich wirken lassen.

Buchtipp

Graham, Philip; *„Showboats, an American Institution". Das wohl beste Buch zum Thema Schaufelraddampfer auf dem Mississippi.*
Verpassen Sie aber auf keinen Fall, ein Buch von Mark Twain zu lesen.

Der Mississippi und seine Nebenflüsse

„League after league, it still pours its chocolate tide along, between its solid forest walls, … and so the day goes, the night comes, and again the day – and still the same – majestic, unchanging sameness of serenity, repose, tranquillity."
Mark Twain, „Life on the Mississippi"

Bereits um 700 n. Chr. lebten Indianer der Spät-Wald-Periode beidseits der Mississippiufer. Es waren Vorfahren der heutigen Cherokee. Ihre Blütezeit erlebte diese Kultur um 1200, bevor sie dann um 1550 ihr jähes Ende fand. Die ersten Europäer, die den großen Fluss gesehen haben, waren 1541 die Spanier unter dem Konquistadoren Hernando de Soto. Doch erst 1773 erforschten die Franzosen Jolliet und Marquette den südlichen Flussverlauf. Durch ihre Berichte ermutigt, begannen die europäischen Siedler mit der weiteren Erkundung.

Sein unschätzbarer Wert für die Bewässerung von Feldern und vor allem als **Transportweg** in die abgelegenen Gebiete des Nordens und Westens war ohne Zweifel. Bevor es zu Streitereien gekommen wäre, wurde der Fluss 1783 als Grenze zwischen amerikanischem und spanischem Machtbereich eingesetzt. 1812 begann dann die Zeit der Schaufelraddampfer, die ihren Höhepunkt um 1850 erreichte. Auf Dampfern aller Größen wurden nun Waren und Menschen in die bis dahin noch weitestgehend unerschlossenen Gebiete der nördlichen USA befördert. Doch auch in anderer Richtung waren die Schiffe beladen: Mit Agrarprodukten aus dem Mittleren Westen, Bodenschätzen aus dem Westen (später auch aus Tennessee und Kentucky) und „Hinterwäldlern", die einmal das Großstadtleben von New Orleans sehen und erleben wollten. Der Mississippi bildete zu dieser Zeit ohne Zweifel die **Lebensader** für die Erschließung „Rest-Amerikas". Viele Städte, wie z.B. St. Paul, Cincinnati und Memphis, verdanken ihre Gründung bzw. Entwicklung der Flussschifffahrt und waren bedeutende Häfen und Umschlagplätze.

Lebensader in den Norden

Um 1875 war es dann vorbei mit der großen Zeit der Schaufelraddampfer. Die ersten Eisenbahnlinien parallel zum Fluss wurden gebaut, und mit der Flussregulierung – und damit seiner Vertiefung an gefährlichen Stellen – wurden die flachen Dampfer überflüssig, und modernere Schubkähne nahmen ihren Platz ein. Den letzten „Todesstoß" gab den majestätischen Schiffen schließlich die Einführung des Dieselmotors, der die großen Dampfmaschinen überflüssig machte und der um einiges leistungsfähiger war.

Zahlreiche Überflutungskatastrophen

Probleme bereiten den Farmern und Flussanwohnern bis in die heutige Zeit die häufigen **Überflutungen**. Durch unkontrollierte Dammbauten – bis 1928 war jeder Bundesstaat für seinen Abschnitt zuständig und handelte entsprechend egoistisch – kam es zu immer größeren Überflutungskatastrophen. Dort, wo nämlich keine ausreichenden Dämme existierten, suchten sich die Wassermassen ihren Weg ins Hinterland und richteten verheerende Schäden an. Aber auch die Dämme hielten den Wassermassen nicht immer stand, was 1927 zu einer der größten Überflutungskatastrophen der USA führte. Mit den Dämmen wurde aber auch verhindert, dass nährstoffreiche Schlammablagerungen die Felder erreichten, womit

4. Entlang der Golfküste und Abstecher nach Florida

Der Mississippi und seine Nebenflüsse

„League after league, it still pours its chocolate tide along, between its solid forest walls, ... and so the day goes, the night comes, and again the day – and still the same – majestic, unchanging sameness of serenity, repose, tranquillity."
Mark Twain, „Life on the Mississippi"

Bereits um 700 n. Chr. lebten Indianer der Spät-Wald-Periode beidseits der Mississippiufer. Es waren Vorfahren der heutigen Cherokee. Ihre Blütezeit erlebte diese Kultur um 1200, bevor sie dann um 1550 ihr jähes Ende fand. Die ersten Europäer, die den großen Fluss gesehen haben, waren 1541 die Spanier unter dem Konquistadoren Hernando de Soto. Doch erst 1773 erforschten die Franzosen Jolliet und Marquette den südlichen Flussverlauf. Durch ihre Berichte ermutigt, begannen die europäischen Siedler mit der weiteren Erkundung.

Sein unschätzbarer Wert für die Bewässerung von Feldern und vor allem als **Transportweg** in die abgelegenen Gebiete des Nordens und Westens war ohne Zweifel. Bevor es zu Streitereien gekommen wäre, wurde der Fluss 1783 als Grenze zwischen amerikanischem und spanischem Machtbereich eingesetzt. 1812 begann dann die Zeit der Schaufelraddampfer, die ihren Höhepunkt um 1850 erreichte. Auf Dampfern aller Größen wurden nun Waren und Menschen in die bis dahin noch weitestgehend unerschlossenen Gebiete der nördlichen USA befördert. Doch auch in anderer Richtung waren die Schiffe beladen: Mit Agrarprodukten aus dem Mittleren Westen, Bodenschätzen aus dem Westen (später auch aus Tennessee und Kentucky) und „Hinterwäldlern", die einmal das Großstadtleben von New Orleans sehen und erleben wollten. Der Mississippi bildete zu dieser Zeit ohne Zweifel die **Lebensader** für die Erschließung „Rest-Amerikas". Viele Städte, wie z.B. St. Paul, Cincinnati und Memphis, verdanken ihre Gründung bzw. Entwicklung der Flussschifffahrt und waren bedeutende Häfen und Umschlagplätze.

Lebensader in den Norden

Um 1875 war es dann vorbei mit der großen Zeit der Schaufelraddampfer. Die ersten Eisenbahnlinien parallel zum Fluss wurden gebaut, und mit der Flussregulierung – und damit seiner Vertiefung an gefährlichen Stellen – wurden die flachen Dampfer überflüssig, und modernere Schubkähne nahmen ihren Platz ein. Den letzten „Todesstoß" gab den majestätischen Schiffen schließlich die Einführung des Dieselmotors, der die großen Dampfmaschinen überflüssig machte und der um einiges leistungsfähiger war.

Zahlreiche Überflutungskatastrophen

Probleme bereiten den Farmern und Flussanwohnern bis in die heutige Zeit die häufigen **Überflutungen**. Durch unkontrollierte Dammbauten – bis 1928 war jeder Bundesstaat für seinen Abschnitt zuständig und handelte entsprechend egoistisch – kam es zu immer größeren Überflutungskatastrophen. Dort, wo nämlich keine ausreichenden Dämme existierten, suchten sich die Wassermassen ihren Weg ins Hinterland und richteten verheerende Schäden an. Aber auch die Dämme hielten den Wassermassen nicht immer stand, was 1927 zu einer der größten Überflutungskatastrophen der USA führte. Mit den Dämmen wurde aber auch verhindert, dass nährstoffreiche Schlammablagerungen die Felder erreichten, womit die meisten Böden nach wenigen Jahren unbrauchbar wurden. Seit 1928 gibt es nun ein Gesetz, das die Flussregulierung in die Hand der Bundesregierung gelegt hat. Die Zahl der Überschwemmungen hat seitdem zwar abgenommen, doch wird man sie nie ganz in den Begriff bekommen. Mittlerweile sorgen an vielen Flussabschnitten zwischen Minneapolis und New Orleans Seitenkanäle für den reibungslosen Ablauf der Flussschifffahrt. Durch diese Kanalbauten können heute Schiffe von den Großen Seen bis New Orleans fahren.

Zahlen und Fakten zum Mississippi

- Der Name Mississippi enstammt einem alten Indianerwort und bedeutet so viel wie „**großer alter Vater**".
- Länge: 3.778 km. Zusammen mit dem Missouri erreicht der Flusslauf eine Länge von 6.021 km, womit er nach dem Nil und dem Amazonas der drittlängste Fluss der Erde ist.
- Die Quelle des Mississippi bildet der Lake Itasca in Minnesota.
- Jedes Jahr wird das Delta um ca. 50 m (andere Angaben behaupten sogar um 200 m) vorgelagert.
- Der sogenannte Dammfluss (Lower Mississippi), der mit dem Einfluss des Ohio bei Cairo beginnt, ist etwa 1.400 m breit, wobei er weiter südlich wieder schmaler wird (bei New Orleans etwa 600 m).
- Das Einzugsgebiet des Mississippi und seiner Nebenflüsse ist 3,21 Mio. km² groß und erreicht in diesem Gebiet 31 US-Bundesstaaten und 2 kanadische Provinzen.
- Der Mississippi hat über 40 bedeutende Nebenflüsse. Die bekanntesten sind: Missouri, Arkansas, Ohio, Tennessee, Yazoo und Illinois.
- Den Mississippi fließen jährlich ca. 380 Billionen Liter Wasser hinunter (25-mal so viel wie den Rhein), und dabei führt er täglich 365.000 Tonnen Sedimente mit sich. Das reicht aus, um einen 150 Meilen langen Güterzug zu beladen!

Blick vom Balkon eines Mississippi-Dampfers

- Der Nebenfluss Ohio führt fünfmal so viel Wasser wie Mississippi und Missouri zusammen.
- Obwohl der Mississippi als „Schlammsuppe" bezeichnet wird, gilt der Missouri als zehnmal schlammiger.
- Die Spanier nannten den Mississippi „Rio del Espirito Santo", den „Fluss des Heiligen Geistes".
- Während der letzten 160 Jahre wurde der Flusslauf des Mississippi zwischen New Orleans und Memphis durch Dämme um 150 Meilen verkürzt. Doch davon hat sich der Fluss bereits 75 Meilen wieder zurückgeholt.

Mark Twain

info

„A steamboat is as beautiful as a wedding cake – but without the complications."

Als Samuel Langhorne Clemens wurde **Mark Twain** am 30. November 1835 in Florida, einem Ort in der Nähe der kleinen Flusshafenstadt Hannibal (Missouri) geboren. Mit 12 musste er die Schule verlassen, um sich seinen Lebensunterhalt zu verdienen. Von da an verdingte er sich mit den verschiedensten Jobs. U.a. war er Lotse auf den Schaufelraddampfern, für wenige Wochen Soldat in der Armee der Konföderierten, Schriftsteller, Journalist, Minenarbeiter und Goldsucher.

Bekannt wurde Mark Twain schließlich mit seinen Büchern, die sich mit dem Leben am Mississippi in der Mitte des 19. Jh. beschäftigen. Er galt in erster Linie als Humorist, der sich der amerikanischen Tradition des „Western humor" verpflichtet hat. Doch durch verschiedene Vortragsreisen, die ihn auch nach Europa geführt haben, und eine Reihe von persönlichen Missgeschicken erkannte Mark Twain bald seine eigentliche Neigung zu Skeptizismus und Pessimismus. Dieses wird besonders in seinen späteren Werken, wie z.B. „Ein Yankee (aus Conneticut) an König Artus' Hof" und „Querkopf Wilson" deutlich, in denen er sowohl die amerikanische als auch die europäische Gesellschaft auf satirische Weise anprangert.

Zu Lebzeiten wurden die Bücher von Mark Twain übrigens vorwiegend in Europa verkauft, während in Amerika der Verkauf nur mäßigen Erfolg zeigte. Sein Pseudonym entlehnte Mark Twain einem Ausdruck aus der Sprache der Flussschiffer: Ein mit einem Gewicht versehenes und in verschiedenen Längenabschnitten markiertes Band wurde nämlich damals in den Fluss geworfen, um seine Tiefe zu erkunden. Die „Mark Twain" war die 12-Fuß-Marke an diesem Band, die eine ausreichende Tiefe für die großen Schaufelraddampfer anzeigte.

Mark Twain starb am 21. April 1910 in Redding (Connecticut).

Die bedeutendsten Werke: „Leben auf dem Mississippi", „Abenteuer und Fahrten des Huckleberry Finn", „Die Abenteuer des Tom Sawyer", „Ein Yankee (aus Conneticut) an König Artus' Hof", „Querkopf Wilson", „Prinz und Bettelknabe", „Die Arglosen im Ausland", „Bummel durch Europa". Eine lohnende Biografie ist: Breinig, Helmbrecht; Mark Twain

4. Entlang der Golfküste und Abstecher nach Florida

Entlang der Mississippi Gulf Coast: von New Orleans nach Mobile und zur Mobile Bay

Entfernungen

New Orleans – Mobile: 148 mi/ 238 km (entlang dem I-10)
Für die Strecke direkt entlang der Küste muss man ca. 100 km mehr einrechnen – inkl. kleiner Umwege.

Neben New Orleans wurde besonders diese Region am 29. August 2005 besonders stark vom Hurrikan „Katrina" sowie der Ölpest 2010 („Deepwater Horizon") betroffen. Der Küstenstreifen wurde z.T. gänzlich verwüstet bzw. die Strände auf den vorgelagerten Inseln mit Ölklumpen verdreckt, doch hat sich die Situation mittlerweile nahezu normalisiert. Neben den landschaftlichen Aspekten mag es daher interessant sein, auch einmal zu schauen, wie eine ganze Region versucht hat, den Umwelteinflüssen zu trotzen und einen Neuanfang zu starten.

Wer es nicht eilig hat, sollte von New Orleans auf dem US 90, also entlang der Mississippi Coast, nach Mobile fahren. Die Strecke empfiehlt sich zwar nicht durch ausgefallene Highlights, aber Meeresluft, Seafood und ein paar sehr schöne alte Strandvillen (viele fielen leider „Katrina" zum Opfer) sind lohnender als der langweilige Interstate. Fahren Sie früh los, sodass Sie am Abend eventuell noch Mobile erreichen. Die zahlreichen Spielcasinos dort wirken zwar ausgesprochen protzig, doch stören sie relativ wenig das maritime Bild. Bleibt nur zu hoffen, dass sich das nicht ändern wird, nachdem alle geplanten Casinos eröffnet sein werden. Viel netter dagegen ist der Ort **Ocean Springs** mit seinen Cafés, Galerien und Boutiquen.

Entlang der Küste

Übrigens wurde dieser Küstenabschnitt bereits früh von den Europäern besiedelt, und Biloxi, das 1717 gegründet worden ist, ist eine der ältesten europäischen Siedlungen im Süden der USA.

Streckenalternativen

- Entweder auf schnellstem Wege über die Interstates 59 und 10
- Entlang der Küste auf dem US 90. Falls Sie bereits die Bellingrath Gardens (genügend Zeit dafür einplanen!) auf dieser Route besichtigen möchten, müssen Sie bei Grand Bay auf die AL 188 abbiegen. Das einfachste ist dann, diese Straße durch bis zur Mobile Bay zu fahren und dort nach Norden abzubiegen auf die AL 193. Nach ca. 6 Meilen auf der AL 193 erreicht man die Bellingrath Gardens. Die 193 führt dann weiter bis nach Mobile. „Streckenalternativen" ab S. 224.

Redaktionstipps

- Falls Sie für die Strecke 2 Tage einplanen möchten, übernachten Sie in Biloxi oder Ocean Springs. Am besten bucht man die Unterkunft entweder bereits von Europa aus oder über das Welcome Center am I-10 (hinter der Staatengrenze zu Louisiana), denn Hotelunterkünfte sind teilweise noch knapp bemessen. (S. 224)
- Essen: Sollten Sie einen Fisch-Imbiss aufspüren, empfiehlt sich der Boiled Shrimps Po'Boy. Boiled (= gekocht) ist außerdem bekömmlicher als die oft übermäßig frittierten Meeresfrüchte.
- Unternehmen Sie eine Hochseeangeltour oder nehmen Sie an einer Fahrt mit einem Krabbenfischer teil (ab Gulfport oder Biloxi), um zu sehen, wie Krabben gefangen und vorbereitet werden. (S. 216f, S. 220)
- Zeiteinteilung: 1 Tag (inkl. einiger Besichtigungen) für die gesamte Strecke reicht aus, wenn Sie früh losfahren.

Geologisch wird das Meer zwischen Küste und den ca. 17 Meilen vorgelagerten Inseln als **Mississippi Valley** bezeichnet. Denn ehemals nutzte der große Fluss diesen Weg, um ins Meer zu gelangen und schuf damit meerwärts eine Kette von Inseln – auch „**Barrier Islands**" genannt. Diese aber werden langsam von den Meeresfluten weggespült, besonders dann, wenn die Wasser von den Winden der Hurrikans aufgepeitscht werden. Noch schützen die Inseln die Küste vor den Wellen, und die (zumeist durch Menschenhand geschaffenen) Strandabschnitte sind so flach, dass Baden kaum möglich ist. Dafür aber werden vielerlei ausgefallene Sportarten angeboten. So können Sie z.B. mit einem Fahrrad (mit überdimensionalen Reifen) über den Sandstrand bzw. durch das Wasser fahren oder Jet Skiing betreiben. Die Mississippi Coast trägt übrigens den Beinamen **Dixie Coast**, und hier fand der Dixieland-Jazz seinen Ursprung, bis er schließlich in den Musikkneipen von New Orleans seinen endgültigen „Schliff" erhielt.

Entlang der Dixie Coast (hier bei Biloxi)

Sehenswertes entlang der Küste

Von New Orleans aus führt der US 90 zuerst über mehrere **Bayous** und die verschiedenartigen Brücken, und die Ausblicke von diesen laden immer wieder zu einem Fotostopp ein. Viele Städter haben hier, im südöstlichen Louisiana, ihre Wochenendhäuser – jedes mit einem eigenen Anleger für das obligatorische kleine Motorboot, mit dem an freien Tagen gerne zu Angeltouren aufgebrochen wird. Weiter in Richtung Osten wird die Vegetation dichter und die Besiedlung dünner. Erst vor Bay St. Louis werden Sie wieder in die moderne Zeit zurückgeholt: Unzählige, überdimensionale Reklameschilder kündigen bereits hier die Spielcasinos von Gulfport und Biloxi an.

Hinweis

Alternativ über den I-10/Abstecher zum Infinity Science Center

Im **Infinity Science Center** *werden technische Errungenschaften und Planspiele der NASA gezeigt (tägl. 10–16 Uhr) und mit einem Bus geht es zu der größten amerikanischen Versuchsstation für Antriebsraketen für die Raumfahrt. Die ca. 2-stündige Tour (Mo–Sa 10.30, 11.30, 12.30, 13.30 u. 14.30 Uhr) führt zu den Probeständen, aber auch technische Aspekte werden dabei erläutert.*

Anfahrt: *Nahe Mississippi Welcome Center am ersten I-10-Exit hinter der Grenze zu Louisiana. www.visitinfinity.com, $ 8.*

Bay St. Louis

Dies ist der erste Ort an der Mississippi Coast. Seine Beschaulichkeit und der Charme der Jahrhundertwende hatten viele Künstler aus New Orleans zu schätzen gelernt und ihre Sommerresidenz hier gewählt. Doch gerade der historische Ortskern am kleinen Hafen hat sehr gelitten unter den Folgen von Hurrikan „Katrina" und es hat Jahre gedauert, bis hier wieder ein halbwegs normales Leben möglich war und der Tourismus zurückgekehrt ist. Über den St. Louis Bay führt der US 90 weiter nach Pass Christian. Schon der Hurrikan „Camille" setzte 1969 diesem Ort bereits stark zu, doch waren die Auswirkungen von „Katrina" wohl noch gravierender. Auf dem Abschnitt am Wasser kann man noch ein paar alte Villen bewundern und man sollte hier für ein paar Meilen den Highway verlassen und auf der benachbarten alten Straße weiterfahren, damit man in Ruhe einmal anhalten kann zum Fotografieren.

info

The Great Seawall

1928 entschloss man sich, zum Schutz vor den immer wiederkehrenden Sturmfluten, einen Wall zwischen Pass Christian und Biloxi anzulegen. Auf diesen Schutzwall baute man den heutigen Highway. Hobart D. Shaw, ein Ingenieur aus Gulfport, setzte dieses Vorhaben in die Tat um. 1951 schließlich, mit dem stetigen Verfall der Landwirtschaft und dem Niedergang der Fischkonservenindustrie, entschied sich die County-Verwaltung zu einem noch spektakuläreren Schritt: Um Touristen anzulocken, schaffte man einen künstlichen, 25 Meilen langen Strand. Dafür war die Anlage zahlreicher Bunen nötig, und vor allem musste Sand aus anderen Gebieten und dem tieferen Wasser angekarrt werden.

Ein immenser Aufwand, der die Steuerkasse arg schröpfte. Als nun dieses „Sanderlebnis" endlich geschaffen war, bemerkte man, dass die Wassertiefe im Strandbereich zum Baden kaum ausreichte. Nach 100 Metern steht man erst bis zum Bauchnabel im Wasser. Die Enttäuschung war groß, und die Badetouristen blieben natürlich aus. Trotzdem ließ sich die Touristenverwaltung damals nicht abschrecken und schickte stolz in alle Welt Säckchen mit Sand der Mississippi Coast.

Gulfport

Die Stadt selbst bietet nicht viel und ist bestimmt durch eine wenig attraktive Innenstadt, ein wenig Industrie und die vorgelagerten **Casinos**. Lohnend aber ist eine Bootsfahrt nach (West-)**Ship Island**, einer der Inseln 16 Meilen vor der Küste. Ship Island war bis 1969 eine Insel, bis sie dann bei einer Sturmflut (Hurrikan „Camille") – wie es übrigens schon Indianersagen vorhergesagt haben – zum Teil überflutet wurde und in eine östliche und eine westliche Insel aufgeteilt worden ist. Die Tour dauert 7 Stunden. Auf der Insel können Sie das 1859 erbaute **Fort Massachusetts** besichtigen, das den Unionstruppen im Bürgerkrieg dazu diente, die Meeresblockade am Mississippisound zu überwachen. Außerdem bietet West Ship Island einen wundervollen, weißen Meeresstrand.

Eine weitere Aktivität, die für den einen oder anderen von Interesse sein mag, ist das Hochseeangeln, eine bei den Amerikanern sehr beliebte Freizeitaktivität. Boote und fachkundiges Begleitpersonal stehen in jedem Hafen zur Verfügung.

info

Hochseeangeln

Ein besonderes Erlebnis ist eine Hochseeangelfahrt. Dazu benötigt man keine besonderen Vorkenntnisse, sollte aber gewährleisten, den geangelten Fisch hinterher auch zubereiten zu können. Falls Sie also z.B. in einem Appartement mit Küche wohnen, steht dem eigenen Fang eigentlich nichts im Wege. Ansonsten fragen Sie den Skipper nach Zubereitungsmöglichkeiten. Oft grillen die „Seemänner" am Abend an der Pier.

Wissenswertes
- Wie lange dauert eine Fahrt? Ca. 8 Stunden.
- Wann geht es los? In der Regel früh: Zwischen 6 u. 7 Uhr.
- Welche Fische können Sie fangen? Makrelen, Delphine, Barsche.
- Welche Kleidung ist angebracht? Wetterfeste Jacke, Windschutz, Sonnenbrille, Schuhe mit griffiger Sohle (am besten Gummi).
- Benötige ich einen Angelschein? Ja. Infos: beim Skipper (einen Tag im Voraus!).
- Wer stellt die Verpflegung? Die Gäste selbst – in der Regel auch für das Bootspersonal. Das sollten Sie unbedingt vorher absprechen.
- Wer stellt die Ausrüstung? Alles, inkl. einem Eimer mit Eis, stellt das Charterbootunternehmen.
- Was passiert mit dem gefangenen Fisch? Gegen ein kleines Entgelt säubert eine Begleitperson („Mate") den Fisch für Sie.
- Werde ich seekrank? Auf hoher See schaukelt es ziemlich. Nehmen Sie sicherheitshalber ein paar Tabletten gegen Seekrankheit mit.

Beauvoir

Die Südstaatenvilla, erbaut 1854, liegt kurz vor Biloxi am US 90 und wurde vom Hurrikan „Katrina" stark mitgenommen und komplett restauriert. Hier verbrachte der einzige Präsident der Südstaaten, **Jefferson Davis**, die letzten 12 Jahre seines Lebens. Seine hier verfassten Memoiren stellen heute noch ein wertvolles Zeitdokument der Südstaaten-Philosophie dar. Das Haus und ein angeschlossenes Museum sind besuchenswert, da hier so einiges zusammengestellt worden ist, was den Lebensstil der oberen Zehntausend dieser Epoche besser veranschaulicht. Im Garten befindet sich zudem ein Friedhof in Gedenken an „Den unbekannten Soldaten der Konföderierten Armee" *(2244 Beach Blvd., Biloxi, ☏ (228) 388-4400, www.beauvoir.org, Beauvoir ist geöffnet für Touren: März–Okt. tgl. 9–17, Nov.–Febr. 9–16 Uhr (letzte Tour eine halbe Stunde vor Schließung).*

info

Jefferson Davis

Jefferson Davis wurde am 3. Juni 1808 in der Nähe von Fairview (Kentucky) als Kind schottischstämmiger Eltern geboren. Seinen Vornamen verdankt er der großen Verehrung seines Vaters von Thomas Jefferson. Zwei Jahre nach seiner Geburt zog die Familie nach Woodville (Mississippi), um dort eine Plantage zu betreiben. Als 13-Jähriger schrieb sich Davis an der Transylvania University in Lexington (Kentucky) ein, um dann drei Jahre später an die berühmte Militärakademie West Point (New York) zu wechseln.

info

Beauvoir: Wohnort von Jefferson Davis

Anfang der 1830er-Jahre sammelte Jefferson Davis in Auseinandersetzungen mit Indianern in Wisconsin seine ersten militärischen Erfahrungen im Feld. 1835 schied er jedoch aus der Armee aus, um zu heiraten und sich in Mississippi als Baumwollpflanzer niederzulassen. Hier begann er auch seine politische Karriere als Demokrat. In der Sklavenfrage nahm er für einen Südstaatler eine gemäßigte Haltung ein. Er hielt eine zeitlich begrenzte Aufrechterhaltung der Sklaverei für wirtschaftlich und menschlich notwendig. Nach seiner Meinung sollten die Sklaven stufenweise gebildet und freigelassen werden, wenn das ökonomisch für die Plantagenbesitzer möglich wurde.

Mit einer kurzen Unterbrechung 1846–1847, als Davis im Mexikanischen Krieg Dienst tat, nahm er von 1845–1861 verschiedene politische Ämter in Washington D.C. wahr. Von 1853–1857 war er sogar Verteidigungsminister. Er galt ab 1850 als einflussreichster Politiker des Südens und war federführend am Gadsden Purchase 1853 beteiligt, das die Abtretung des Südens von New Mexico und Arizona an die Vereinigten Staaten regelte.

Im Februar 1861 wurde Jefferson Davis, der lange versucht hatte, die Abspaltung der Südstaaten durch einen Kompromiss zu verhindern, zum Präsident der Konföderierten Staaten von Amerika gewählt. In den ersten Monaten seiner Amtszeit bemühte er sich um eine friedliche Einigung mit den Nordstaaten, auf die Abraham Lincoln jedoch nicht einging.

Während des Bürgerkrieges kämpfte er für die Anerkennung und Unterstützung der Südstaaten durch Frankreich und England. Seinen Generälen galt er als sachkundiger Soldat, der sich auf Kriegsführung verstand. Nachdem General Lee 1865 kapituliert hatte, versuchte Davis, durch eine Weiterführung der Kampfhandlungen im Süden des Kampfgebietes bessere Bedingungen für die Südstaaten nach dem Krieg herauszuschlagen. Er wurde in diesem Zusammenhang gefangengenommen und zwei Jahre im Fort Monroe (Virginia) inhaftiert. Danach lebte er in Abgeschiedenheit in Beauvoir. 1889 starb Davis im hohen Alter von 81 Jahren in New Orleans.

Hinweis

Die Folgen des Sturmes Katrina (2005) sowie der Ölpest (2010) sind weitestgehend behoben, jedoch haben letztere im Bereich Gulfport/Biloxi für wirtschaftliche Probleme, besonders bei den Fischern geführt.

Was ist ein Hurrikan?

info

(vom indianischen „Hura" = Wind bzw. wegblasen)

Hurrikane gehören zu den tropischen Wirbelstürmen und zeichnen sich generell durch ein Tiefdruckgebiet mit ausgesprochen niedrigem Kerndruck aus. Der Durchmesser eines Hurrikans misst in der Regel mindestens 100 km (bis zu 1.000 km), und die Windgeschwindigkeiten erreichen häufig Werte von über 200 km/h (mehr als 300 km/h sind auch möglich, wenn auch sehr selten).

Tropische Wirbelstürme entstehen meist aus Wellenstörungen der Passatströmung und nur über warmen Meeren mit einer Wassertemperatur von 26 °C und mehr. Daher kommen sie auf der Nordhalbkugel nur im Sommer und Herbst vor. Über dem Meer lagert dann eine feuchtwarme Luftmasse, in der sich hoch aufgetürmte Quellwolken bilden.

Bei der Kondensation werden erhebliche Wärmemengen frei, die der auftreibenden Luft einen zusätzlichen Auftrieb verleihen. Sie gelten als Hauptenergiequelle der Wirbelbildung. Damit aber eine Zirkulation in Gang gesetzt werden kann, ist in den unteren Schichten eine konvergente Strömung erforderlich, die am Südrand des Subtropenhochgürtels in den wellenförmigen Deformationen der Isobaren (Drucklinien) vorhanden ist. Mit der Ausbildung eines flachen Tiefs, das sich durch rapiden Luftdruckabfall rasch intensiviert, weht der Wind der unteren Schichten spiralförmig zum Zentrum hin. In den Cumulonimbuswolken (die großen „Gewitterwolken" – Quellwolken), die allmählich zu schweren, dunklen Wolkenmassen zusammenwachsen, steigt die Luft stürmisch in die Höhe und rotiert gleichzeitig kreisförmig um die Achse des Wirbels. In großen Höhen wird die Luft, mit Cirrus- und Cirrocumuluswolken (Schleier- bzw. Schäfchenwolken) durchsetzt, nach außen geworfen und sinkt, über ein großes Areal verteilt, wieder ab.

Auch im Zentrum des Wirbels stellt sich eine absinkende Luftbewegung ein, wobei die Wolken hier von oben her abtrocknen und der blaue Himmel oder die Sterne sichtbar werden. Die kreisförmige, wolkenarme und windschwache Zone nennt man das Auge des Hurrikans. Das Auge wird von einer drohenden, tief herabhängenden Wolkenwand umschlossen, aus der sintflutartige Regenfälle niedergehen. Die Regenmengen können bis zu 1.000 mm pro Quadratmeter erreichen.

Die meisten tropischen Wirbelstürme werden am Südrand des Subtropenhochs nach Westen gesteuert und schwenken später in eine polwärts gerichtete Bahn ein. In Küstenregionen verursachen die starken Winde auch die gefürchteten, meterhohen Flutwellen. Über Land dann verliert der Wind schnell seine Energie.

Zur Unterscheidung der einzelnen Hurrikane eines Jahres werden sie mit engl. Vornamen in alphabetischer Reihenfolge benannt. Früher trugen sie nur weibli-

info

che Namen, im Sinne der Gleichberechtigung hat man sich aber mittlerweile abwechselnd für männliche und weibliche Namen entschieden. Bezeichnungen der Hurrikane in anderen geographischen Bereichen: Östl. Atlantik: Kapverdischer Orkan – Westküste von Mexiko: Mexikanischer Orkan – China u. Japan: Taifun – Golf von Bengalen: Zyklon – Südhalbkugel – Pazifik: Südsee-Orkan

Teilweise entnommen und verändert aus: Wie funktioniert das Wetter und Klima; Meyers Lexikonverlag; Mannheim, Wien, Zürich

Biloxi

Bereits am Stadteingang steht das **Biloxi Lighthouse**, ein 1848 errichteter Leuchtturm, der mit seinen 20 Metern aber kaum zu vergleichen ist mit den uns bekannten 50-Meter-Riesen an der Nordsee. Hier beginnen auch Hochseeangelfahrten sowie „Shrimping-Trips". Und mit etwas Glück können Sie hier auch frische Krabben direkt vom Kutter kaufen.

Shrimping Trips

Spannend: eine Fahrt mit dem Shrimp-Kutter

Auf einer 70-minütigen Tour wird erläutert, wie die Krabben gefangen und anschließend konserviert werden. Interessant dabei ist, dass die Schleppnetze so konzipiert sind, dass am Netzende mitgefangene Schildkröten wieder entweichen können. Die Krabben werden zur Lagerung nicht, wie an der Nordsee üblich, an Bord vorgekocht, sondern einfach auf schnellstem Wege in den Kühlraum an Bord geschaufelt. Für die Kochmethode ist das Klima in diesen Breitengraden einfach zu warm, und Krabben, die nicht nach 2 Minuten im Kühlraum sind, gelten als nicht mehr genießbar. Bis zu 15 Tage ist ein Boot heute auf See, bis es seinen Kühlraum voll hat. Auch an der Mississippiküste werden die Krabbenschwärme knapper, und nur dank modernster Radarortung finden die Fischer noch ausreichend Schwärme.

Biloxi wurde bereits 1717 von den Franzosen als eine der ersten weißen Siedlungen des Südens angelegt – damals noch auf der gegenüberliegenden Seite der Bucht – und verdankt seinen Namen einem damals hier lebenden Stamm der Sioux-Indianer. 1821 kam hier die dritte „Ladung" Cassette Girls an, jene Frauen, die als vermeintliche Bräute für die Siedler aus den Gefängnissen von Paris geholt wurden (siehe auch „Geschichte von New Orleans") und die ihre wenigen Habseligkeiten in einfachen „Kassetten" unterbringen konnten.

Schwimmende Casinos

Mitte des 19. Jh. erlangte Biloxi einen Ruf als Erholungsort, und mit der Errichtung der ersten **Fischkonservenfabrik** im Jahre 1883 wurde der Ort zu einem bedeutenden Fischereihafen. Die Fischkonservenindustrie stagnierte seit Mitte des 20. Jh. und fand 1969 einen jähen Einbruch, als der Hurrikan „Camille" fast alle Fabrikationsanlagen zerstörte. Anschließend kamen dann die **Spielcasinos**, die heute versuchen, Las Vegas Konkurrenz zu machen. Sie sind alle am Wasser gelegen – dazu zählt auch der dem Flussufer vorgelagerte „Back Bayou", da in Mississippi das Gesetz herrscht, dass Casinos maximal 250 m auf dem Land liegen dürfen. Hurrikan „Katrina" hat dann 2005 auch hier gewütet und erst ein knappes Jahr später konnten die ersten Casinos, lange vor den kleineren Hotels und Restaurants sowie

Shrimp-Kutter vor der Küste Mississippis

den Museen, wieder öffnen. Sie aber halfen den Einheimischen, das nötige Geld und die Jobs zu beschaffen, sodass Biloxi es schneller geschafft hat, wieder „auf die Beine zu kommen". Übrigens stammen nur 4 Prozent der Casinobesucher direkt von der Mississippi Coast.

Neben New Orleans und Mobile findet auch in Biloxi das farbenfrohe Mardi Gras statt, wenn auch mit weniger Aufwand. Dafür lautet aber das Motto: „Je kleiner, desto doller". In der Stadt selbst gibt es nur weniges zu sehen, denn die Auswirkungen von „Katrina" waren verheerend. Beachten Sie daher Ankündigungen zur Neueröffnung folgender Sehenswürdigkeiten:

Seafood Industry Museum

Museum zur Geschichte der Region, die maßgeblich durch die Fischindustrie geprägt worden ist. Alte Bilder machen deutlich, wie noch zu Beginn des 20. Jh. – in Europa bereits lange verboten – Kinder in den Fabriken gearbeitet haben, um für ihre Familien den Lebensunterhalt zu sichern. Eine weitere Abteilung des Museums erläutert die Bedeutung und Auswirkung der Hurrikane „Camille" und „Katrina". Kurz etwas über „Camille": Dieser Hurrikan fiel 1969 mit über 320 Stundenkilometern über die Mississippiküste herein und bahnte sich von dort seinen Weg durch die halbe Nation.

Geschichte der Region

Die Flutwelle, die dieser Sturm ausgelöst hatte, war 10 Meter hoch, und Wind und Wasser zerstörten fast alles – ganze Häuser wurden dem Erdboden gleichgemacht, und über 100 Menschen verloren ihr Leben, obwohl sie vorher gewarnt worden waren. „Lady Camille", wie die Amerikaner diesen stärksten Sturm der letzten 400 Jahre verniedlichend nennen, war somit stärker als „Katrina". Die Schäden durch „Katrina" waren nur deswegen weitaus größer, weil die Besiedlung und Bebauung der Stadt zwischen 1969 und 2005 um ein Mehrfaches zugenommen hatte. Am Schooner-Pier (Beach Rd) kann ein alter Biloxi Schooner besichtigt werden (*zzt. untergebracht in der Edgewater Mall, 2600 Beach Blvd., Biloxi, ☎ (228) 435-6320, www.maritimemuseum.org, Mo–Sa 9–15 Uhr. Wiederaufbau an alter Stelle ist geplant*).

Ohr-O'Keeffe Art Museum

Kunstvolle Töpferware

Das Museum, dessen urige Gebäude von dem bekannten Architekten Frank Gehry entworfen wurden, ist dem „Mississippi Mud Potter" (= Schlamm-Töpfer) George Ohr (1857–1918) gewidmet. Seine Werke, kunstvoll geschwungene und bunt lasierten Töpferwaren, sind einzigartig. Der Name O'Keefe hat nichts mit Georgia O'Keefe zu tun, sondern bezieht sich auf den Politiker Jerry O'Keefe, der sich sowohl politisch als auch finanziell für die Gründung dieses Museums stark gemacht hat (*386 Beach Blvd., Biloxi, ☎ (228) 374-5547, www.georgeohr.org, tgl. 9–17 Uhr, $ 10*).

Folgen Sie nun dem US 90 weiter nach Osten über die nach dem Hurrikan „Katrina" komplett neu gebaute Brücke, kommen Sie nach **Ocean Springs**. Hier landete Pierre Le Moyne d'Iberville 1699 und gründete die erste weiße Siedlung und das Fort Maurepas, das man heute als Rekonstruktion am Hafen besichtigen kann (kein Museum, keine Führungen). Es steht ca. 1 Meile östlich des ehemaligen Standortes. Ocean Springs hat sich mittlerweile zu dem wohl attraktivsten Ort an dieser Küste entwickelt. In der schnuckeligen Altstadt, bes. entlang der Washington Avenue, haben sich kleine Geschäfte, Boutiquen und Restaurants etabliert. Der Ort hat sich die Tatsache zunutze gemacht, dass ein in Amerika bekannter Künstler – Walter Anderson – die letzten 18 Jahre seines Lebens als Eremit auf einer vorgelagerten Insel verbracht hat.

Naturpfade

Das **Walter Anderson Museum** in der 501 Washington Street ist nur den ausgesprochenen Kunstliebhabern zu empfehlen. Naturliebhabern sei das Visitor Center des **Gulf Islands National Seashore** (*3500 Park Rd., am Ortsausgang von Ocean Springs am US 90, www.nps.gov/guis*) ans Herz gelegt. Hier erhalten Sie allerlei Informationen bezüglich des Naturschutzgebietes, das sich von der West Ship Island bis zur Santa Rosa Island in Florida über 150 Meilen hinzieht. Naturpfade, aber auch verschiedene geführte Touren (zu den Inseln, in die Marschen etc.) mit fachkundigen Rangern werden angeboten. Lesen Sie hierzu auch die Infos über die Gulf Islands auf S. 243 (Pensacola Beach). Wer gerne zeltet, kann dieses auf insgesamt 51 (einfachen) Campingplätzen tun.

Pascagoula

Die Stadt liegt am gleichnamigen Fluss, der auch als „Singing River" bezeichnet wird. Eine Legende behauptet, das Fließen seines Wassers erinnere an die „singenden" Fluggeräusche von Bienen. Eine andere Legende wiederum besagt, dass die Pascagoula- Indianer, nachdem sie sich dem Angriff der übermächtigen Biloxi-Indianer gegenübersahen, sich dafür entschieden, geschlossen und singenderweise in die Fluten des Flusses zu marschieren. Weniger mystisch behaupten Wissenschaftler heute, das singende Geräusch entstamme unterirdischen Gasquellen oder wird von Fischschwärmen verursacht, die den Sand aufwühlen. Bewiesen sind diese

Paddler auf dem Pascagoula River

Thesen aber nicht. Die beste Stelle, um das Singen zu hören, befindet sich 2 Blocks westlich des Court House. Pascagoula wurde später zu einem wichtigen Holzhafen, erlangt aber heute seine Bedeutung vornehmlich durch seine Werften, die sich auf die Konstruktion von Bohrinseln spezialisiert haben.

Das **Old Spanish Fort** (*4602 Fort Drive, nördl. des US 90*) bietet noch einmal frühe Kolonialgeschichte. Errichtet 1718 von den Franzosen als Bollwerk gegen die Indianer und Spanier, wurde es von letzteren später trotzdem eingenommen. Seine Schutzwände aus Zypressenholz wurden damals mit Austernschalen, Meeresschlamm und Moos verschmiert. Heute befindet sich hier ein kleines Museum, in dem auch einige Relikte der Indianerkulturen zu sehen sind.

Museum auf Krabbenfangboot

Interessanter aber erscheint mir der Besuch des **Scranton Floating Museum** (*River Park, nördl. des US 90, noch vor der Brücke*). Dieses kleine Museum, untergebracht auf einem ehemaligen Krabbenfangboot, bietet einen guten Einblick in die Krabbenfischerei, die während der letzten 100 Jahre einen wesentlichen Anteil an der Wirtschaftsgeschichte der Region gehabt hat. Neben der Erläuterung der Fangmethoden können Sie auch einiges über Meerestiere lernen und sich einmal eine Vorstellung davon machen, auf welch begrenztem Raum die Fischer leben müssen. Dass diese „Nussschalen“ bereits bei leichtem Seegang ordentlich schaukeln und den Landratten ein ungutes Gefühl im Magen bescheren würden, kann man sich bereits vorstellen, wenn nur ein kleines Schiff das „Museum“ passiert und dieses leicht zu wackeln anfängt. In Wirklichkeit können diese Fischkutter aber höchste Wellen abreiten und kentern, dank einer schweren Kielkonstruktion, nicht so leicht.

Streckenalternativen von Pascagoula nach Pensacola

Von Pascagoula aus nach Mobile kann man, um Zeit zu sparen, über den I-10 fahren. Entlang dem US 90 gibt es nun nichts mehr zu sehen – sieht man einmal ab von den etwas abseits gelegenen Bellingrath Gardens.

Es gibt eine Reihe von Möglichkeiten, den nächsten Abschnitt der Reise zu planen:

- Sie fahren nach Mobile, übernachten dort, schauen sich am folgenden Tag kurz die Stadt an und fahren dann entlang dem westlichen Abschnitt der Mobile Bay wieder nach Süden, besichtigen die Bellingrath Gardens und setzen anschließend über mit der Fähre von der Dauphin Island zur Pleasure Island, von wo aus Sie über die Hwys. 180 bzw. 182 bis Pensacola fahren können.
- Sie besichtigen nach Pascagoula erst die Bellingrath Gardens und fahren dann nach Mobile. Dort übernachten Sie und fahren nach der Stadtbesichtigung am nächsten Tag entlang dem östlichen Abschnitt der Mobile Bay über Orange Beach nach Pensacola.
- Wenn Sie wenig Zeit haben, lassen Sie Mobile ganz aus – wirklich Interessantes gibt es dort kaum. Somit besuchen Sie von Pascagoula aus zuerst die Bellingrath Gardens, setzen dann im Süden mit der Fähre über von der Dauphin Island zur Pleasure Island und fahren weiter über die Hwys. 180 bzw. 182 nach Pensacola.

Hinweis

Der Umweg über die Bellingrath Gardens ist beträchtlich und erfordert mindestens einen halben Tag mehr.

Reisepraktische Informationen Mississippi Gulf Coast: Gulfport, Bay St. Louis, Biloxi und Pascagoula/MS

Hinweis

Die Folgen von **Hurrikan „Katrina“** *(2005) sowie der* **Ölkatastrophe** *2010 sind kaum noch zu spüren. Der Ölschlamm hatte an einigen Punkten im Sommer 2010 die Ufer vor allem in Louisiana, Mississippi, Alabama und dem äußersten Westen von Floridas Panhandle erreicht. Umfangreiche Aufräumarbeiten sowie die Verklumpung des Öl und des damit verbundenen Absinkens dieser Klumpen hat dazu geführt, dass nahezu alle Strände bereits Ende 2010 wieder freigegeben wurden. Auch der Fischfang, besonders der der Shrimps, erreicht heute nahezu wieder das vorherige Niveau. Nur die Austernzucht hat deutlich gelitten und es wird erst zwischen 2015 und 2018 mit dem Erreichen des vorherigen Produktionsniveaus gerechnet.*

Trotzdem ist es ratsam, sich in den jeweiligen Mississippi Welcome Centern am I-10 (jeweils kurz hinter der Staatengrenze von Louisiana bzw. Alabama) über den neuesten Stand der Dinge zu erkundigen. Bei der Gelegenheit kann man auch gleich seine Unterkunft buchen, falls noch nicht geschehen. Das Personal ist sehr hilfsbereit.

Information

Bay St. Louis County Tourism Development Bureau: *1928 Depot Way, Bay St. Louis, MS 39520, ☏ (228) 463-9222, www.hancockcountyms.org.*

Mississippi Golf Coast Convention & Visitors Bureau *(Biloxi und Gulfport): 2350 Beach Blvd, Biloxi, MS 39531, ☏ (228) 896-6699 od. 1-888-467-4853, www.gulfcoast.org.*

Pascagoula: *Jackson County Chamber: 720 Krebs Avenue, Pascagoula, MS 39568-0480, ☏ (228) 762-3391, www.jcchamber.com.*

Unterkünfte

Tipp: *Am schönsten sind hier die B&Bs, kleinen Hotels und „Retreats", da es sich bei vielen der großen Hotels um mehr oder weniger langweilige Casino-Hotels handelt.*

Beau Rivage Resort & Casino $$$: *875 Beach Rd., Biloxi, MS 39531, ☏ (228) 386-7111, www.beaurivage.com. Mit 1740 Zimmern das größte Hotel der Region. Direkt am Golf sollten Sie versuchen, ein Zimmer mit Meeresblick zu bekommen.*

Imperial Palace (IP) Casino $$-$$$: *850 Bayview Ave., Biloxi, MS 39531, ☏ (228) 436-3000, www.ipbiloxi.com. Casino-Hotel mit mehr als 1000 Zimmern. An der Binnenlagune. Versuchen Sie, ein Zimmer in den oberen Etagen (ab 10. Stock) zu bekommen und dann zum Meer hin.*

Isle of Capri Casino Resort $$-$$$: *151 Beach Blvd., Biloxi, MS 39531, ☏ (228) 435-5400, www.isleofcapricasino.com. Casinohotel direkt am Golf. 740 Zimmer, viele mit Jacuzzi.*

Edgewater Inn $$-$$$: *1936 Beach Blvd., Biloxi, MS 39531, ☏ (228) 388-1100 od. 1-800-323-9676, www.edgewaterinnbiloxi.com. Ansprechendes Motel. Alle Zimmer haben einen Kühlschrank und eine Mikrowelle, die Suiten sogar ein Jacuzzi.*

Hampton Inn Biloxi $$: *1138 Beach Blvd., Biloxi, MS 39531, ☏ (228) 435-9010, www.hamptoninn.com. Unspektakuläres, aber sauberes, modernes und nur 100 m vom Wasser (hinter Casino-Bau) entferntes Motel.*

Oak Shade Gulf Coast Retreat $$-$$$: *1017 La Fontaine, Ocean Springs, MS 39564, ☏ (228) 324-6686, www.oakshade.net. Zwei geräumige, nett ausgestattete Selbstversorger-Suiten (nur Mikrowelle, kein Kochfeld). Nahe Strand und historischer Innenstadt. Garten und ruhig.*

The Red Creek Inn $$-$$$: *7416 Red Creek Road – Long Beach, Mississippi 39560, ☏ (228) 452-3080, www.redcreekinn.com. Sehr gemütliches B&B mit großer Porch (Schaukelstühle). Haus von 1899.*

Yellow House B&B $$-$$$: *4401 Welch St Moss Point (zw. I-10 und Pascagoula, also noch einige Meilen vom Wasser entfernt), MS 39563, ☏ (228) 474- 8927, www.yellowhouseofmosspoint.com. Kleines B&B, 2012 neu eröffnet. Haus von 1870.*

Restaurants

Hier steht natürlich das Seafood im Vordergrund, besonders „Southern Style": Po-Boys, Austern, Shrimps etc.

Dempsey's Seafood & Steak: *7161 Lower Bay Road, Bay St. Louis, ☏ (228) 467-6965. Gute Steaks und Seafood. Südstaatenküche.*

Bruno's Café: *895 Division Street; Biloxi, ☏ (228) 432-2146. Seafood und gute BBQ-Gerichte.*

Cajun Crawfish Hut: *100 East Railroad; Long Beach, ☏ (228) 863-5588. Bekannt für Krebse, Krabben, Hummer und Austern.*

Catfish Charlie: *11419 Canal Road; Gulfport, ☏ (228) 832-9195. Der Name sagt schon alles: Bester Catfish in allen Variationen.*
Shaggy's Harbor Bar & Grill: *120 South Hiern Avenue, Pass Christian Harbor; Pass Christian, ☏ (228) 452-9939. „Raw Seafood" direkt am Hafen. Austern, Shrimps, aber auch Nachos, Keylime Pie und Burger.*
Half Shell Oyster Company: *2500 13th St/US49, nahe Beach Blvd., ☏ (228) 867-7001, hat ein Restaurant in Gulfport und lockt, in etwas gediegenerer Atmosphäre, ebenfalls mit tollem Seafood.*
Für den Snack zwischendurch bzw. ein leckeres Eis sei der 50er-Jahre-Diner im **Lovelace Drug Store** *in Ocean Springs empfohlen: Ecke Washington Ave./Desoto St.*

Mobile und die Mobile Bay

Entfernungen

Die Entfernungen um die Mobile Bay können leicht unterschätzt werden. Eine Tour von Mobile Downtown nach Gulf Shores macht man nicht „mal so nebenbei".
Mobile – New Orleans 148 mi/238 km (I-10)
Mobile – Tallahassee 240 mi/386 km
Mobile – Pensacola 58 mi/93 km
Mobile – Montgomery 170 mi/273 km

Zeitbeispiele (ohne lange Stopps)

Mobile Downtown – Gulf Shores 1 Std. 20 Min.
Mobile Downtown – Bellingrath Gardens 45 Min.
Bellingrath Gardens – Ft. Gaines, 25 Min.

Fähre

Ft. Gaines u. Ft. Morgan 30 Min.
Ft. Morgan – Gulf Shores 30 Min.
Grand Hotel – Ft. Morgan 1 Std. 15 Min.

Mobile

Der erste Mardi Gras

Bereits 1702 gründeten Jean Baptiste Le Moyne und Sieur de Bienville eine kleine Siedlung – eine der ersten überhaupt im Süden – am Mobile River, dessen Mündungsdelta und die Bay guten Schutz vor Sturmfluten und auch vor spanischen Angreifern versprachen. Gerade einmal ein Jahr später feierten die Einwohner hier schon „Mardi Gras", den ersten „Mardi Gras" überhaupt, worauf die Menschen noch heute stolz sind. Doch erwies sich dann letztendlich dieser Stützpunkt, 27 Meilen nördlich des heutigen Mobile, als wenig geeignet. Zwar nicht das Meer, dagegen aber der Fluss überflutete die Siedlung fortwährend. So entschied man sich 1711, flussabwärts zu ziehen. Dauphin Island wurde 1718 sogar für einige Zeit zur Hauptstadt des Louisiana-Territoriums ernannt.

Von 1724 bis 1735 errichtete man in Mobile auf einer kleinen Anhöhe das Fort Condé, denn man fürchtete die Spanier, die ihrerseits ein Fort in Pensacola unterhielten. Die Franzosen verließen Fort Condé im Jahre 1763 und die Engländer, später die Spanier, und schließlich die Amerikaner regierten die Stadt. Geschützt durch die Inseln an der südlichen Bay, konnte sich der Hafen von Mobile gut entwickeln. Die **Baumwollverschiffung** und die Präsenz einer großen Navy-Einheit sorgten bereits im 19. Jh. für einen gewissen Wohlstand, und auch heute noch ist der Hafen der wesentliche Wirtschaftsfaktor der Stadt. Während des Bürgerkrieges sammelten die Südstaaten den größten Teil ihrer Flotte in der Bay, was im August 1864 zu einem gezielten See- und Landangriff der Unionstruppen führte, der „Battle of Mobile Bay". Die Konföderierten wurden besiegt und verloren ihre Flotte.

Verschlafene Küstenstadt

Seitdem hat sich scheinbar nicht mehr viel bewegt in Mobile. Der Hafen und die Marine sind zwar geblieben, aber sonst scheint die Stadt eher in einem Tiefschlaf versunken zu sein. Kaum Hochhäuser, eine fast menschenleere Innenstadt, wenig verarbeitende Industrie. Einen Kontrast bildet dagegen das moderne Convention & Visitors Bureau am Fluss (1 S. Water St.). Für mehrere Tage lohnt der Besuch aber eher nicht. Wenn man von Biloxi bzw. New Orleans kommt und entlang der **Government Street** in die Stadt fährt, sieht man in den Blocks westlich der Broad Street, insbesondere im Bereich **Washington Square**, die interessantesten historischen Häuser. Weiter geht es zum **Fort Condé**, wo sich neben dem Welcome Center auch ein kleines Museum befindet. Falls gerade Mittagszeit sein sollte, bietet sich noch ein kleiner Spaziergang zur **Dauphin Street** an, wo Sie einen kleinen Snack einnehmen können. Den Rest des Tages könnte man die Bellingrath Gardens (falls Sie hier nicht bereits gewesen sind) und eines der Forts besichtigen.

Ft. Condé

Während des Ausbaus des I-10 entdeckte man die bereits in Vergessenheit geratenen Anlagen des zwischen 1724 und 1735 errichteten französischen Forts. Man entschloss sich, einen Tunnel für die Autobahn zu bauen und das Fort in seinem alten Zustand – zum Teil – wieder aufzubauen. Heute befinden sich hier ein kleines Museum, das sich vornehmlich auf die Geschichte des Forts beschränkt, und ein Welcome Center. Ein eindrucksvolles Fotomotiv bietet das Fort mit einem der wenigen, aber futuristischen Hochhausbauten im Hintergrund (*150 S. Royal St, Di–Sa 9–17, So 13–17 Uhr, www.museumofmobile.com*).

Condé-Charlotte Museum House

Historische Gebäude

1824 erbaut, diente das Gebäude zuerst als Gefängnis. 1851 wurde es dann verkauft und als Residenz genutzt. Die Räume sind heute wieder so hergerichtet, wie sie im 19. Jh. wohl ausgesehen haben mögen und bieten einen Eindruck über die Wohnverhältnisse des oberen Mittelstandes zu dieser Zeit (*104 Theatre St., direkt neben dem Fort Condé. Di–Sa 11–15.30 Uhr, www.condecharlottemuseum.com, $ 5*).

Der **Innenstadtbereich** wirkt etwas heruntergekommen. Die Stadtverwaltung ist zwar bemüht, den historischen Charakter wieder etwas herauszuputzen, aber bis dieses verwirklicht sein wird, muss wohl noch einiges Wasser den Mobile River hinunterfließen. Viele der „markanten" und historischen Plätze sind nur noch mit einem historischem Marker versehen, und der **Bienville Square**, einst pulsierender Mittelpunkt der Stadt, von dem die wichtigen Straßen zu den historischen Randvierteln abgehen, erfreut sich heute eher der Tauben als der Menschen – sieht man einmal ab von der Mittagszeit, wenn die Menschen aus den Büros strömen, um im Schatten seiner Bäume ihren Lunch einzunehmen. Nördlich des Bienville Square, am **De Tonti Square**, und südlich der Government Street im **Church Street Historic District** gibt es noch ein paar weitere historische Häuser zu sehen, die aber nicht allzu interessant sind.

Oakleigh House

Im Gebiet entlang der **Government Street** (Blocks 9 bis 13) sowie um den **Washington Square** findet man die schönsten historischen Häuser, von denen Sie das **Oakleigh House** bei genügend Zeit besichtigen sollten.
Es wurde 1830 erbaut im griechischen Renaissance-Stil. Damals stand das Haus noch eine Meile vor den Toren der Stadt und wurde bewusst auf der höchsten Erhebung der Umgebung angelegt. Die Architektur ist schlicht gehalten, ganz anders als in den meisten anderen Antebellum-Villen. Zu sehen gibt es vor allem die typischen Möbel jener Zeit. Angeschlossen (und im Eintrittspreis enthalten) ist das nahe **Cox Deasy House** (1115 Palmetto St.), welches 1850 erbaut worden ist (350 Oakleigh Place, Mi–Sa 10–16 Uhr, www.historicmobile.org, $ 10).

Museum of Mobile

Untergebracht in dem 1872 erbauten **Bernstein House**. Das Museum zeigt eine Reihe von Artefakten zur regionalen Geschichte von Mobile. Ganz anschaulich sind die Gemälde aus dem letzten Jahrhundert, die Schiffsmodelle und die Ausstellung, welche sich mit dem Mardi Gras beschäftigt (*111 S. Royal/ Government St. Di–Sa 9–17, So 13–17 Uhr, www.museumofmobile.com, $ 7*).

USS Alabama Battleship Memorial Park

Schlachtschiff aus dem 2. Weltkrieg

Dieses riesige Schlachtschiff aus dem 2. Weltkrieg (Stapellauf 1942), das mit seinen 35.000 t noch um einiges größer war als die deutsche „Bismarck", überstand den Krieg im südlichen Pazifik und steht heute zur Besichtigung frei. 2.500 Menschen waren nötig, um das Schiff zu bedienen. Alles wurde wieder hergerichtet, und kleine Ausstellungen befassen sich mit den Strategien während des Krieges, u. a. auch der Sicherung der Versorgungsroute über den Nordatlantik.
Außerdem sind zu besichtigen: Das U-Boot „USS Drum", ein B-52- und ein Mustang-Bomber (*Battleship Pkwy., östlich vom I-10 (durch den George-C.-Wallace-Tunnel den Mobile River unterqueren). Tgl. 8–18 Okt.–März bis 17 Uhr, www.ussalabama.com, $ 12*).

Eine Rundfahrt um die Mobile Bay

Die Umgebung von Mobile bietet eigentlich mehr als die Stadt selbst, und es empfiehlt sich, dafür etwas Zeit aufzusparen. Mehr sieht man, wenn man von Mobile aus **westlich der Bay** nach Süden fährt und danach mit der Fähre von Dauphin Island übersetzt nach Pleasure Island. Anschließend geht es dann weiter in Richtung

Pensacola. Wählt man die Route **östlich der Bay**, sollte man den Umweg über den „Scenic 98" in Kauf nehmen. Die Strecke führt bei Daphne und Point Clear durch die vornehmen Wohnviertel von Mobile, und man hat die Gelegenheit, hier das eine oder andere Mal an die Bay zu kommen. Fairhope bietet zudem eine ansprechende Einkaufszone (Fairhope Business Association) mit einer Reihe von Boutiquen und Shops (Downtown, östlich der Summit St.) und etwas südlich davon lädt das „**Grand Hotel**" am Point Clear zu einer Pause in der Lounge oder an der Gartenbar ein.

Bellingrath Gardens

Einen Abstecher wert

Diese einzigartige Anlage voller Blüten und Bäume ist mit Sicherheit einen kleinen Umweg wert. Walter D. Bellingrath – der als Pionier der Coca-Cola-Flasche gilt und damit ein Vermögen gemacht hat – und seine Frau erstanden das Grundstück am Isle-aux-Oies-River bereits 1917. Aufgrund ihrer Erfahrungen und Eindrücke, die sie auf unzähligen Reisen nach Europa und Asien gemacht hatten, entschlossen sie sich, in dieser damals noch wilden Landschaft, einen „**immerblühenden Garten**" anzulegen. 1932 war das botanische Meisterwerk vollbracht.

Auf 65 Hektar blühen heute in regelmäßigem Turnus: Kamelien (Januar), 250.000 Azaleen (Februar bis Anfang April), 2.500 Rosen (Ende April bis Dezember), 60.000 Chrysanthemen (Spätherbst), und auch während der Zwischenzeiten finden sich immer wieder andere leuchtend bunte Pflanzen. Neben den typischen Pflanzen der Südstaaten gibt es auch Areale mit tropischen Gewächsen anderer Kontinente. Interessant ist übrigens auch das Gewächshaus mit seinen herrlichen Orchideen.

Die prachtvolle, 1935 erbaute **Villa** der Bellingraths kann ebenfalls besichtigt werden, zudem wird eine 45-minütige **Bootsfahrt** angeboten (*12401 Bellingrath Gardens Rd., 20 Meilen südwestlich von Mobile (I-10 Exit 15A), Theodore, AL. Tgl 8–17 Uhr, Bellingrath Home 9–15.30 Uhr, www.bellingrath.org, Garten $ 12, Kombiticket Haus, Garten und Bootsfahrt $ 29*).

Dauphin und Pleasure Island

Fahren Sie nun weiter in Richtung Süden. Nachdem Sie eine große Brücke überquert haben, gelangen Sie zur Dauphin Island, einer lang gestreckten Strandinsel, die nach 1718 die Hauptstadt des Louisiana-Territoriums gewesen ist. Heute hat sie sich ganz dem Tourismus hingegeben. Bevor Sie hier das Ft. Gaines besichtigen, vergewissern Sie sich zuerst, wann die nächste Fähre nach Ft. Morgan auf Pleasure Island geht, damit Sie diese nicht verpassen. Die Fähren verkehren nämlich nicht allzu häufig. Sollten Sie die Fähre trotzdem verpasst haben, können Sie sich auf Dauphin Island noch das Audubon Bird Sanctuary (109 Bienville Blvd.) anschauen, dessen Trails durch eine für diesen Küstenstreifen typische Vegetation aus Kiefern, Eichen und Sumpfpflanzen führen. Je nach Jahreszeit nisten hier auch eine Reihe von Vögeln auf ihrem Zug von und nach Zentral- und Südamerika.

Vogelschutzgebiet

Am östlichen Zipfel von Dauphin Island liegt **Fort Gaines** (*www.dauphinisland.org*). Das Fort wurde an diesem strategisch wichtigen Platz um 1821 angelegt, aber erst 30 Jahre später endgültig fertiggestellt. Während des Bürgerkrieges spielte es eine große Rolle, als die Flotte der Nordstaaten in die Mobile Bay eindringen wollte. Hier war es nämlich, wo die ersten Torpedos überhaupt abgeschossen wurden. „Damn The Torpedoes – Full speed ahead!" waren die letzten berühmten Worte des Admiral Farragut, bevor sein Schiff, die bereits mit Eisen verstärkte „Tecumseh", getroffen wurde und versank. Doch auch die Torpedos nutzten letztendlich nichts, und das Fort wurde schließlich doch von den Unionstruppen eingenommen. Heute können Sie das Fort besichtigen, dem ein kleines Museum angeschlossen ist.

Während der Überfahrt nach **Pleasure Island** können Sie interessante und kontrastreiche Fotomotive sammeln, wie z.B. „traditioneller Krabbenfischer vor moderner Bohrinsel" oder „Bohrinsel vor dem Fort Morgan" (Fährzeiten siehe S. 235).

Gegenüber des Ft. Gaines an der Durchfahrt zur Mobile Bay gelegen (westlicher Zipfel von Pleasure Island), findet man **Fort Morgan** *(www.preserveala.org/fort morgan.aspx)*. Obwohl Ft. Gaines „ursprünglicher" geblieben ist, gibt es am Ft. Morgan mehr zu sehen. Bereits um 1750 stand an seiner Stelle das Ft. Bowyer, welches bereits in Kampfhandlungen mit den Spaniern verwickelt war und von dem aus noch im Februar 1815 angreifende englische Kriegsschiffe beschossen worden sind, sechs Wochen nachdem das Friedensabkommen von Gent bereits unterzeichnet gewesen war.

Von Engländern beschossen

Das wusste nur keine der beiden Parteien. 1819–1834 dann wurde das Ft. Morgan an dieser Stelle gebaut. Auch dieses Fort wurde immer wieder zur Küstensicherung während kriegerischer Konflikte reaktiviert. Die Fahrt auf Pleasure Island führt abwechselnd durch Kiefernwälder, Dünenlandschaften und bebaute Ferienhaussiedlungen – in dem Stil, wie Sie sie auch später in Florida erleben werden: Obskure Holzhauskonstruktionen auf vier Meter hohen Stelzen als Schutz vor dem Hochwasser.

Gulf Shores/Ocean Springs

Nach 22 Meilen erreicht die Straße Gulf Shores und danach Ocean Springs, zwei moderne Badeorte mit Hotels, Condominiums (Apartmenthäuser) und einladenden weißen Sandstränden – die Badeküste von Florida liegt bereits zum Greifen nahe!

Reisepraktische Informationen Mobile und Mobile Bay/AL

Information

Convention & Visitors Bureau: *1 South Water St., Mobile. AL 36601, ☎ (251) 208-2000 oder 1-800-566-2453, www.mobile.org, www.mobilebay.org*

Fort Condé Welcome Center: *150 S. Royal St., am Fort Condé, ☎ (251) 208-7989.*

Gulf Shores Welcome Center: *3150 Gulf Shores Parkway (Hwy. 59), Gulf Shores, AL 36542, ☎ (251) 968-7511, www.gulfshores.com*

Orange Beach Welcome Center: *23685 Perdido Beach Blvd. (Hwy. 182), Orange Beach, AL 36561, ☎ (251) 974-1510, www.gulfshores.com*

Wichtige Telefonnummern

Vorwahl: ☎ 251

Notruf Polizei/Feuer/Ambulanz: ☎ 911

Krankenhaus: USA Medical Center (Univ.of South Alabama): 2451 Fillingham St., ☎ (251) 471-7000

AAA-Office: 718 Downtowner Loop West, ☎ (251) 342-5550

Touren

Downtown Walking Tours/ Historic Mobile Preservation Society: *Spaziergang durch die historische Innenstadt mit Erläuterungen. Infos: ☎ (251) 432-6161, www.historicmobile.org.*

Mobile/ Gulf Coast Carriage Service: *Kutschfahrten durch die historische Innenstadt. Abfahrt: täglich vom Ft. Condé zwischen 9 und 17 Uhr. Infos: 316 N. Conception St., ☎ (251) 433-8601.*

Unterkünfte

MOBILE AREA (STADTNAH)

Radisson Admiral Semmes *$$$$-$$$$$: 251 Government St., Mobile, AL 36602, ☎ (251) 432-8000, www.radisson.com. Zentral gelegenes Hotel mit Zimmern im „Chippendale"-Stil – manchem mag es zu plüschig-kitschig vorkommen. Hoher Standard.*

Renaissance Riverview Plaza *$$$$-$$$$$: 64 South Water St., Mobile, AL 36602, ☎ (251) 438-4000, www.renaissanceriverview.com. Großes Luxushotel, dessen Preise sich für Reisende nur lohnen, wenn sie einen Wochenendrabatt bekommen bzw. ein Zimmer in einem der oberen Etagen (28 Etagen) – des Ausblicks wegen.*

Mobile Bay Adventure Inn *$$-$$$: 255 Church St., Mobile, AL 36602, ☎ (251) 433-6923, www.ramadamobile.com. Zentral gelegenes Motel der Mittelklasse mit geräumigen Zimmern.*

Days Inn & Suites *$$: 5472-A Inn Rd/ Tillman's Corner Pkwy. (US Hwy. 90 am I-10 – Exit 15B), Mobile, AL 36619, ☎ (251) 660-1520, www.daysinn.com. Preisgünstiges Motel. Empfiehlt sich vor allem für „Durchreisende" (15 km südwestlich der City). Tipp: Familien mit Kindern können hier eine günstige Suite bekommen.*

Malaga Inn *$$: 359 Church Street, Mobile, AL 36602, ☎ (251) 438-4701, www.malagainn.com. Renoviertes Antebellum-(Doppel-)Haus von 1862, mit Patio, Balkonen usw. Günstige und empfehlenswerte Innenstadtalternative. Tipp: Die „Front Suite" mit einer 4,50 m hohen Decke. Gutes Restaurant im Haus.*

Berney/Fly B&B *$$-$$$: 1118 Government St., Mobile, AL 36604, ☎ (251) 405-0949, www.berneyflybedandbreakfast.com. Ein 5-Zimmer B&B in renoviertem Queen-Ann-Victoria-Gebäude von 1895. Schöner Garten, Pool und nicht allzu weit zur Innenstadt. Sehr persönlich.*

Weitere Motels der verschiedenen Franchise-Ketten finden Sie an der S. Beltline (etwa im Bereich der Kreuzung von I-10 und I-65).

BAY AREA/GULF SHORES/ORANGE BEACH

Mariott's Grand Hotel *$$$$-$$$$$: 23 Meilen südöstlich von Mobile am US 98 Scenic, Point Clear, AL 36564, ☎ (251) 928- 9201, www.marriottgrand.com. Luxuriöses Resort direkt am Bay. Viele Freizeitaktivitäten möglich: z.B. Segeln, Fahrradfahren, riesiger Pool. Besonders empfehlenswert sind die Cottages. Für diejenigen, die sich so etwas leisten mögen, ist auch die Lage auf halbem Wege zwischen Mobile und den Golfstränden ideal. Von So–Do günstigere Raten. Zum teuren Restaurant bieten Lokale in Fairhope (4 Meilen) eine gute und preisgünstige Alternative.*

Best Western on the Beach *$$$-$$$$: 337 E. Beach Blvd., Gulf Shores, AL 36542, ☎ (251) 948-2711, www.bestwesternonthebeach.com. Ferienhotel am Golfstrand. Zimmer mit Kühlschränken und viele mit Blick aufs Meer. Im Sommer zumeist Minimum 2 Nächte.*

Original Romar House *$$$$: 24310/ 23500 Perdido Beach Blvd. (Rt.182), Gulf Shores (Orange Beach), AL 36561, ☎ (251) 974-1639 oder 1-888-201-3481, www.romarhouse.com. Zumeist sehr große Ferienapartments (2-3 Schlafzimmer). Individuell eingerichtet (oft Touch von Karibik oder Art Déco). Balkon mit Ausblick aufs Meer. Fahrradverleih. Im Sommer aber 7 Tage (Sa–Sa) und Rest des Jahres 3-Tage-Minimum.*
The Island House Hotel *$$$: 26650 Perdido Beach Blvd., Orange Beach, AL 36561, ☎ (251) 981-6100, www.islandhousehotel.com. Großer Hotel-Komplex direkt am Strand. Alle Zimmer mit Balkon zum Wasser hin. In der Hauptsaison $$$$. Von Mai bis September Minimum von 2–4 Nächten.*

Camping

An der Golfküste gibt es zahlreiche Campingplätze. Zu empfehlen wäre der **Fort Gaines Campground***: Östliche Dauphine Island am Fort Gaines, ☎ (251) 861-2742, www.fortgaines.com. Fußweg zum Strand und ins „Audubon Bird Sanctuary". Schön ist das Campen am Wasser am* **Lake Walter F. George***. Leider im Sommer häufig recht voll.*
Bei Mobile: **River Delta Marina***: 2350 Dead Lake Marina Rd., Creola, AL 36525, ☎ (251) 574-2266, www.mobilecountyal.gov/living/parks_river_delta.html. Am Delta des Mobile River. Verleih von Angelausrüstung, Booten und Campingausrüstung. Ca. 20 Meilen in die Stadt.*

Restaurants

MOBILE AREA

The Pillars*: 1757 Government St., ☎ (251) 471-3411. Das Speisen in diesem alten Plantagenhaus, eingerichtet mit Antiquitäten und versehen mit mehreren Verandas, ist ein ganz besonderes Erlebnis. Die Küche ist exquisit und reicht von Fisch über Steak bis Lamm.*
Felix's Fish Camp*: 1530 Battleship Pkwy., Spanish Fort, ☎ (251) 626-6710. Gute Meeresfrüchte mit Blick auf die Bay. Auch Steaks und Hühnchengerichte.*
Osman's Restaurant*: 2579 Halls Mill Road (nahe Dauphin Island Parkway), ☎ (251) 479-0006. Vornehmlich italienische Küche mit einem Touch Südstaaten-Flair. Alles wird frisch zubereitet im Hause, auch das Brot und die Desserts. Sehr klein, daher vorher reservieren!*
Catfish Junction*: 300 Industrial Pkwy., Hwy. 158, Saraland, ☎ (251) 679-6666. Einfaches aber nettes Familien-Ausflugslokal (So geschlossen!). Ein Knüller zu günstigem Preis ist das „All you can eat catfish and shrimp"-Special.*
Wintzell's Oyster House – Downtown*: 605 Dauphin St., ☎ (251) 432-4605. Frische Fischgerichte und natürlich Austern in lockerer Atmosphäre. Wintzell's gibt es bereits über 70 Jahre in der Mobile Area. Mehrere Restaurants in der Region. www.wintzellsoysterhouse.com.*
Hurricane Brewing Company*: 225 Dauphine St., ☎ (251) 445-2544. Microbrewery – also gutes Bier und alles von Snacks bis zu leckeren Steaks. Unkomplizierte Atmosphäre.*

BAY AREA/GULF SHORES/ORANGE BEACH

Zeke's Landing*: 26619 Perdido Beach Blvd., Orange Beach (10 Meilen östlich auf der AL 180). Aussicht auf die Marina. Hier gibt es drei Lokale, davon sind besonders zu empfehlen: Geno's Fresh Catch Grill (Seafood und Steaks, ☎ (251) 975-1388) wo Sie draußen*

auf der Terrasse sitzen und auf den Bayou schauen können, und der Shrimp Basket (Seafood, Austern ☎ (251) 974-1833).
Original Oyster House: *AL 59 (701 Gulf Shores Pkwy), am Bayou Village Shopping Center, Gulf Shores, ☎ (251) 948-2445. Der Seafood-Tip in der Mobile-Area (s.o.). Wie der Name bereits verrät: Austern aller Art. Aber auch Shrimps-Gerichte nach Cajun-Rezepten. Zudem: Salatbar!*
Hazel's: *AL 182 (25311 Perdido Beach Blvd), ☎ (251) 981-4628. Ein Familien-Restaurant mit entsprechend niedrigen Preisen. Reichhaltiges Frühstück, u.a. Salatbar zum Lunch. Spezialisiert auf Seafood. Sa und So spezielles Brunch-Menü.*
Gambino's: *Ecke Scenic Hwy. 98/Laurel Ave. (ca. 4 Meilen nördlich des Grand Hotel), Fairhope, ☎ (251) 928-5444. Leckeres Seafood (auch gekochte Shrimps) und viele italienische Gerichte.*

Pubs/Livemusik/Nightlife

Die Einheimischen gehen am Wochenende häufig auf ein Bier in **Wintzell's Oyster House** *(s.o.) oder verbringen die Abende in Restaurants an der Bay, wo das eine oder andere Mal auch Live-Musik geboten wird – oder eine „private" Strandfete, die des Öfteren einmal ausufert zu einem Happening für alle.*
Livemusik *(viel Rock) gibt es in Mobile an Wochenenden in den verschiedenen Lokalen in der* **Dauphin Street**, *z.B. im* **Haley's**: *278 Dauphin St., ☎ (251) 433-4970 oder im* **Monsoon's**: *210 Dauphin St., ☎ (251) 433-3500.*

Einkaufen

Mobile ist sicherlich kein „Einkaufs-Eldorado". Bekannt ist es aber für seine Vielzahl an kleinen **Antiquitätengeschäften**, *die über die ganze Stadt verstreut sind. Eine gute Gelegenheit, gleich mehrere Geschäfte auf einmal zu besuchen, bieten die zwei folgenden Malls:*
Cotton City Antique Mall: *2012 Airport Blvd. (am Loop). Auch Sonntags ab 13 Uhr geöffnet.*
Red Barn Antique Mall: *418 Dauphine Island Pkwy.*

Günstige Mode zu Fabrikpreisen können Sie einkaufen im **Tanga Outlet/ Riviera Centre** *in Foley (2601 S McKenzie St., südöstlich von Mobile). Geschäfte von Calvin Klein, Levi's Jeans und Polo/Ralph Lauren und anderen.*
Eine große Shopping-Area gibt es in **Fairhope Downtown** *(Fairhope Business Association), mit einer Reihe von Boutiquen und Shops (Downtown Fairhope, AL 36533, ☎ (251) 929-1466, www.fairhopemerchants.com).*

Veranstaltungen

Allgemeine Information zu Festivitäten in Mobile: ☎ (251) 434-7304, www.mobile.org/calendar.php.
Zw. Ende Januar und Mitte März: *Mardi Gras-Karneval. Dieser Karneval ist übrigens älter als der in New Orleans. Paraden und Umzüge.*
März: *Azalea Festival. Ein Blumenkorso zieht durch die Stadt und die Randgemeinden.*
Mai: *Blessing of the Shrimp Fleet. Bayou La Batre (südwestlich von Mobile). Die Krabbenfischersaison wird eingeläutet mit einem Fest und vielen Leckereien. Infos: ☎ (251) 824-2415, www.fleetblessing.org.*

Airlines

Mobile Regional Airport: *8400 Airport Blvd., ☏ (251) 633-4510, www.mobairport.com. Flüge zu den Hubs der Südstaaten.*
Infos zum Airport Shuttle: ☏ 1-800-272-6234
Stadtbus zum Mobile Reg. Airport: Route 1 der Wave (s.u.)

Eisenbahn/Busse

Hinweis: *Zurzeit verkehrt der Zug* **Sunset Limited** *nur zwischen New Orleans und Los Angeles. Damit ist der Amtrak-Bahnhof in Mobile nicht in Betrieb. Infos unter www.amtrak.com.*

Überlandbusse: *Die Greyhound-Busstation befindet sich in der 2545 Government Blvd, ☏ (251) 478-6089.*
Stadtbusse: *The Wave Transit/Mobile Transit Authority bedient den öffentlichen Nahverkehr, ☏ (251) 344-6600, www.thewavetransit.com.*
Mobile Bays moda!: *Kostenloser Trolleybus, der auf einer 3-Meilen-Strecke die Sehenswürdigkeiten der Innenstadt abfährt. ☏ (251) 344-6600. Abfahrten u.a. am Fort Condé Welcome Center. Mo–Fr 7–18, Sa 9–17 Uhr*
Mobile Bay Ferry: *Fähre Dauphine Island – Fort Morgan, 1606-B Bienville Blvd. Dauphin Island, AL 36528, ☏ (251) 861-3000, www.mobilebayferry.com.*
- *Abfahrt von Dauphine Island: Zwischen 8–18.30 Uhr alle 45 Minuten (Mai–Anfang Okt.), Rest des Jahres meist nur alle 90 Minuten zwischen 8 und 18.30 Uhr.*
- *Abfahrt Fort Morgan: Zwischen 8.45 und 19.15 Uhr alle 45 Minuten (Mai–Anfang Okt.), Rest des Jahres meist nur alle 90 Minuten zwischen 8.45 und 19.15 Uhr.*

Taxis

Checker *und* **Yellow Cab**: *☏ (251) 476-7711*
Mike Cab: *☏ (251) 457-9448*

Von Mobile nach Tallahassee

Entfernungen
Mobile – Tallahassee: 240 mi/386 km (I-10)
Mobile – Pensacola: 58 mi/93 km
Pensacola – Panama City: 100 mi/ 161 km
Panama City – Tallahassee: 125 mi/ 201 km (über US 98/Apalachicola)

Streckenalternativen
• Entweder Sie fahren die schnelle Strecke entlang der I-10, wobei es hier nicht viel zu sehen gibt und Sie in 4 Stunden in Tallahassee sein werden. Fahren Sie aber ruhig das eine oder andere Mal auf den „Scenic Routes".
• Alternativ dazu nehmen Sie den US 98, der von Pensacola aus der Küste folgt, bis hinter Apalachicola.

Hinweis
Eine Fähre zwischen der östlichen Perdido (Key) Island und der westlichen Santa Rosa Island (auf der Pensacola Beach angesiedelt ist) gibt es nicht. Sie müssen also durch die Stadt Pensacola fahren.
Bei Panacea oder alternativ kurz hinter Medart verlassen Sie die US 98 und fahren in nördlicher Richtung auf dem SR 319 nach Tallahassee. Der Abzweig nach Wakulla und zu den Quellen ist in Crawfordville nach rechts (SR 61) angezeigt. Kurz vor Wakulla selbst müssen Sie dann nochmal nach Norden abbiegen (immer noch SR 61).

Strände, Strände, Strände und dazu noch **weiß und fein wie Puderzucker**. Der Panhandle („Pfannenstiel"), wie dieser nordwestliche Zipfel von Florida aufgrund seiner geografischen Form genannt wird, bietet ohne Zweifel die schönsten Strände Amerikas. Das leckere Seafood, das es selbst in den kleinsten Bretterbuden zu erstehen gibt, spricht auch für sich. Wer also Lust auf ein paar Tage Erholung am Strand hat, ist hier goldrichtig.

Die geeignetsten Orte für einen Aufenthalt am Golf von Mexiko sind mit Sicherheit Pensacola Beach und die einsamen, unverdorbenen Strände östlich von Mexico Beach. Panama City Beach bietet dagegen nur Rummel, und hier müssten Sie für etwas Ruhe schon etwas tiefer in die Tasche greifen, um in einem teureren Resort Erholungswert genießen zu können. Sollte der Geldgürtel aber enger geschnallt und der Sinn für Komfort nicht so groß sein, empfiehlt sich ausnahmslos der Strand von **Mexico Beach** bzw. ein Aufenthalt in **Apalachicola**, der „Hauptstadt der Austern", von wo aus man tagsüber zum Baden auf die nahe St. George Island fahren kann.

Kulturell hat die Gegend weniger zu bieten. Zwar greift Pensacola auf eine alte Geschichte zurück, doch bieten die historischen Gebäude in der Innenstadt nur etwas für einen etwa 2-stündigen Aufenthalt. Sie sind zwar schön hergerichtet, aber es fehlt die Atmo-

Redaktionstipps

➤ Pensacola ist wegen der historischen Altstadt und dem ungezwungeneren und weniger „durchgestylten" Strandleben in Pensacola Beach den anderen Orten mit ihren Condos und großen Hotelanlagen vorzuziehen. (S. 240ff)

➤ Meiden Sie das laute Panama City. (S. 248f)

➤ Bestes Seafood gibt es selbst in den einfachsten Bretterbuden und hier stimmen die Preise meist. (S. 247)

➤ Zeiteinteilung: 1 Tag: Den historischen Innenstadtbereich von Pensacola ansehen, danach zum Strand und ein Seafood-Lunch einnehmen, anschließend auf den I-10 und nach Tallahassee fahren. 2–3 Tage: Wie oben bis mittags. Danach die meiste Zeit in Pensacola Beach verweilen und den Strand genießen. Am 3. Tag so früh wie möglich abfahren, damit Sie in Ruhe die Küste entlang fahren können. Planen Sie keine nennenswerten Zwischenaufenthalte mehr ein, um am Nachmittag noch Zeit zu haben für Apalachicola. Dort übernachten oder von dort dann evtl. noch zu den Wakulla Springs zum Übernachten.

Wem der Sinn nach ein paar faulen Tagen am Strand steht, der hat am Panhandle mehr als genug Möglichkeiten

sphäre anderer Südstaatenstädte. Auch die Antebellum-Villa im Eden State Park bietet nichts Ausgefallenes. Daher besteht natürlich auch die Möglichkeit, einmal kurz bei Pensacola an den Strand zu schauen, um die weiße Pracht zumindest gesehen zu haben, um dann auf schnellstem Weg über den I-10 nach Tallahassee und weiter nach St. Augustine oder Georgia zu fahren.

Tallahassee und **Jacksonville**, letztere auch eher eine Strand- und Ferienstadt, empfehlen sich ebenfalls nicht durch besondere Highlights. Es gilt daher sogar zu bedenken, ob man nicht über die Okefenokee Swamps direkt nach Brunswick abzweigen sollte oder eben nur nach St. Augustine fährt und von dort an den Städten vorbei nach Georgia.

Sehenswertes entlang dem I-10

Milton: Florida's Canoe Capital

Milton, nordöstlich von Pensacola gelegen, gilt als Ausgangspunkt für ein sehr schönes Kanu-Revier, zu dem vor allem die folgenden Flüsse gehören: Blackwater und Coldwater River sowie Juniper und Sweetwater Creek. **Adventure Unlimited** (*Route 6, Milton, www.adventuresunlimited.com*) verleiht Kanus und hilft bei der Organisation auch längerer Trips. Gepaddelt wird vornehmlich auf den Flussabschnitten im Blackwater River State Park nordöstlich von Milton, dessen Visitor Center sich in Holt (I-10, Exit 45) befindet.

Florida Caverns State Park

Nehmen Sie die schnelle Strecke entlang dem I-10, sollten Sie dem 3 Meilen nördlich von **Marianna** gelegenen Florida Caverns State Park einen kurzen Besuch abstatten. In diesem Kalksteingebiet – ein geologisches Relikt aus jener Zeit, als Florida noch vom Meer bedeckt war und sich die Skelette der Meerestiere allmählich zu Kalkstein verdichteten – liegt ca. 22 m unter der Oberfläche ein Höhlenlabyrinth.

Information über Tropfsteinhöhlen

info

Unter Tropfstein versteht man in der Geologie verschieden geformte Gebilde, die vorwiegend aus Kalziumkarbonat CaCo3 bestehen. Sie entstehen dadurch, dass kalkreiches Wasser aus Gesteinsfugen herabtropft und verdunstet. An den Decken der Tropfsteinhöhlen bilden sich herabhängende Stalaktiten. Am Boden wachsen ihnen Stalagmiten entgegen. Manchmal verbinden sich Stalaktiten und Stalagmiten und bilden sogenannte Stalagnaten als durchgehende Tropfstein-Säulen.

Die Kalksteinhöhlen sind sehenswert. Die verschiedenen Höhlen sind mit Namen wie „Waterfall Room“, „Wedding Room“ oder „Cathedral Room“ bezeichnet. 1818 sollen sich hier im Zuge des Einmarsches von General Andrew Jackson (dem späteren US-Präsidenten und dem Schlachtensieger von New Orleans/1815) Indianer versteckt haben.

Der **Chipola River** fließt durch das Kalksteinsystem und teilweise durch ein Höhlensystem. Auf dem Fluss werden sehr erlebnisreiche Kanufahrten angeboten. Der sog. **Chipola Canoe Trail** hat seinen Anfang an der Brücke der SR 167, die den Fluss überbrückt. Endpunkt des Trails ist die Magnolia Bridge an der SR 280. Die Gesamtstrecke beträgt 18 km und dauert etwa 5 Stunden. Man bekommt Kanu und Schwimmweste gestellt und wird vom Endpunkt wieder zum Ausgangspunkt zurückgebracht.

Reisepraktische Informationen Florida Caverns State Park/ Marianna FL

Information

Florida Caverns State Park, *3345 Caverns Rd, SR 166, Marianna, ☏ (850) 482 9598, www.floridastateparks.org/floridacaverns, $ 5/Auto für den Park, $ 8 Tropfsteinhöhlen, Camping $ 20. Auf dem Campingplatz gibt es sehr schöne schattige Plätze. Ein kurzer Weg vom Campingplatz führt zur Blue Hole Spring Swimming Area (manchmal geschlossen, vorher anfragen). Kleiner Sandstrand.*

Historische Häuser in Pensacola

henden 19. Jh., z.T. noch verziert mit schmiedeeisernen Balkonen. Aber kein Vergleich mit New Orleans.

③ **Seville Square Historical District/Historic Pensacola Village (3)**: Westlich des Palafox Historical District. Die eindrucksvollsten Häuser stehen um die Zaragoza Street zwischen Tarragona Street und Seville Square. Liebevoll restaurierte Häuser, zumeist aus der Zeit nach dem Bürgerkrieg (eine Reihe stammt aber auch aus der Zeit des beginnenden 19. Jh.). Mehrere Häuser und lokale Museen können besichtigt werden: das Museum of Industry, das Museum of Commerce, das Charles Lavalle House (1805), das Dorr House (1871) u.a. Alle Einrichtungen unterliegen der Pflege des „**Historic Pensacola Preserve Board**" und sind alle zu folgenden Zeiten – auch auf Touren – zu besichtigen: *Mo–Fr 10–16 Uhr, Touren 11 und 13 Uhr, www.historicpensacola.org, $ 6.*

Hinweis

Tickets für die Attraktionen im Historic Pensacola Village werden am Tivoli High House Shop, 205 E. Zaragoza Street, verkauft. Hier starten auch die geführten Touren zu den historischen Häusern (11, 13 und 14.30 Uhr).

Erwähnenswert sind auch noch das nahe **Pensacola Children's Museum** (*115 E. Zaragoza St., Di–Sa 10–16 Uhr, $ 3*) mit einer kleinen Ausstellung zur Geschichte von Pensacola, ausgerichtet auf Kinder, sowie das **T.T. Wentworth Jr. Florida**

State Museum (*330 S. Jefferson St., Di–Sa 10–16 Uhr, frei*), ebenfalls mit einer Ausstellung zur Geschichte von Pensacola und West-Florida.

National (US) Naval Aviation Museum (4)
Bereits 1824 errichtete man hier die Naval Base, um sich vor Seepiraten zu schützen. 1914 wurde dann eine Fliegerschule gegründet, aus der das Superteam der Navy, die berühmten „Blue Angels" hervorgingen. Auf dem Marinefliegerstützpunkt arbeiten heute 10.000 Soldaten und 9.000 Zivilisten. Im Museum sind 40 originalgroße Flugzeuge ausgestellt, u.a. auch die Skylab-Kommandokapsel und viele Ungetüme, denen man von ihrer Form her kaum die Flugtauglichkeit bescheinigen würde. Für Fans der Militärluftfahrt eine interessante Sache. Wer weniger dafür übrig hat, kann sich auch nur kurz die Flieger vor der Halle anschauen und dann weiterfahren. Das **Fort Barrancas**, das gleich neben dem Museum steht, lohnt kaum einen Besuch, besonders dann nicht, wenn Sie bereits die Forts am Mobile Bay gesehen haben oder vorhaben, das Fort Pickens auf der Santa Rosa Island zu besichtigen.

Ausstellung von Fluggeräten

National Museum of Naval Aviation, *Südwestlich der Innenstadt gelegen: 1750 Radford Blvd., www.navalaviationmuseum.org, tgl. 9–17 Uhr, Eintritt frei, Filme im IMAX Theatre kosten $ 8, es gibt verschiedene Flugsimulatoren ($ 5–25).*

Tipp
Wenn Sie von Gulf Shores/ Orange Beach anreisen, empfiehlt sich der Besuch vor dem Erreichen der Innenstadt.

Pensacola Beach und die Umgebung

Von Pensacola (Stadt) aus fahren Sie über die 3 Meilen lange **Pensacola Bay Bridge**. Links neben der neuen Brücke existiert immer noch ihre Vorgängerin, stolz als der „längste Angelpier der Welt" bezeichnet. Gulf Breeze – auf einer „Zwischeninsel" gelegen – ist eine bevorzugte Wohnstadt für die wohlhabenderen Bewohner von Pensacola. Hier empfiehlt sich der kleine Abstecher zum **Hauptquartier des Gulf Islands National Seashore (5)** (Gulf Breeze Pkwy., gut ausgeschildert), wo eine kleine Ausstellung die Natur des Küstenstreifens erklärt und sich die sog. Naval Live Oaks Area, ein Abschnitt des National Seashore befindet.

Ansonsten ist Gulf Breeze wenig interessant, und Sie sollten gleich weiterfahren über die nächste Brücke (SR 399) zur Santa Rosa Island, auf der der Ferienort Pensacola Beach liegt. Strenge Baubestimmungen haben es hier lange Zeit nicht zugelassen, Häuser zu errichten, die höher als 11 m sind. Mittlerweile gibt es ein paar größere Hotelbauten gleich hinter der Brücke und ein (Hochhaus-)Resort ganz im Osten des Ortes, trotzdem ist Pensacola Beach ein wirklich lohnendes Ziel und lädt zum Verweilen ein. Der Charakter einer überschaubaren Feriensiedlung – obgleich mit über 4.000 Einwohnern bereits eine kleine Stadt – ist in jeder Beziehung erhalten geblieben. Hier ist selbst die arbeitende Bevölkerung immer in Ferienstimmung … und das färbt ab – ob man will oder nicht.

Lohnendes Ziel

Wenn Sie hier ein paar Tage bleiben möchten, bieten sich folgende Dinge an:
- Bleiben Sie im Ort und genießen Sie Strand, Seafood und das „Laisser-faire".

- Besuchen Sie an einem Nachmittag das **Fort Pickens (6)**, das sich im Westen von Santa Rosa Island in einem Abschnitt des Gulf Island National Seashore befindet. Errichtet 1829 und besetzt von den Unionsarmeen während des Bürgerkrieges, welche von dort aus die Zufahrt nach Pensacola blockierten. Übrigens wurde hier auch der berühmte Apachenhäuptling Geronimo inhaftiert – „A nice guy!" fanden seine Bewacher.
- Naturliebhaber sollten sich näher umsehen im **Gulf Islands National Seashore (7)**, das sich östlich und westlich (s.o.) von Pensacola Beach erstreckt. Auf einem „Dune Nature Trail" im westlichen Gebiet werden viele Pflanzen erläutert (Infos in der Ranger Station im Abschnitt westlich von Pensacola Beach).

info

Informationen zu den Gulf Islands und den weißen Stränden

Zu den Gulf Islands – Golfinseln – gehört eine Kette dem Festland vorgelagerter Inseln, die sich von Biloxi bis östlich von Pensacola über etwa 240 km in west-östlicher Richtung erstreckt. Die Inseln liegen stets in Sichtweite des Festlandes und gelten als „Barrier Islands", als Barrieren-Inseln, die das Festland vor den Stürmen schützen. Die Stürme können aber dazu führen, dass die Inseln geteilt werden (z.B. 1969 Ship Island/Mississippi) bzw. in Wellenrichtung wandern. So sind die Eilande in ständiger Veränderung begriffen: Sie wandern konstant in westlicher Richtung.

An der Golfseite erheben sich Dünen. Zur offenen Meerseite sind diese Dünen von salzwasserresistenten Pflanzen bewachsen. Hinter den Dünen wachsen Büsche und wenige Bäume, doch sie werden selten höher als die Dünen, die sie vor salzigem Spritzwasser schützen. In dem Zwischengebiet zwischen den Barrieren-Inseln und dem Festland ist das Wasser weniger salzhaltig. Diesem eher seichten Gewässer werden auch Nährstoffe vom Festland zugeführt, sodass sich dort ein sehr differenziertes marines Leben halten kann.

Die Strände entlang dem ca. 160 km langen Miracle Strip (= Wunderstreifen) zwischen Pensacola und Panama City sind zum größten Teil sehr sandig und blendend weiß. Die Erklärung dafür ist relativ einfach: Die geographische Ausrichtung des Panhandle liegt ziemlich genau in einer Ost-West-Achse. Die Wellen des Golf von Mexiko prallen im Winkel von 90 Grad in kurzer Folge und mit voller Energie gegen das Land. Der Sand wird also immer feiner zerrieben. Durch eine stark ausgeprägte Rückströmung der Wellenbewegung unter der Wasseroberfläche werden unreine Bestandteile aus dem Sand wieder herausgespült.

Ebenso gibt es entlang dem Miracle Strip auch keine Flüsse, die Schlamm ins Meer transportieren und verunreinigend wirken können. Der einzige Fluss, der Choctawhatchee River östlich von Fort Walton Beach, lädt seine Schmutzfracht in der gleichnamigen Bay ab.

Die weißen Strände hören genau dort auf, wo der Panhandle langsam nach Südosten abschwingt, südöstlich von Panama City (hinter Port St. Joe). Von dort an gibt es sie nur noch auf den vorgelagerten Inseln.

Reisepraktische Informationen Pensacola und Pensacola Beach/FL

Information

Convention & Visitors Bureau: *1401 E. Gregory St. (am Fuße der Brücke nach Gulf Breeze), Pensacola 32501, ☏ (850) 434-1234, www.visitpensacola.com (Pensacola) und 1-800-635-4803, www.pensacolabeach.com (Pensacola Beach)*

Pensacola Beach Visitor Information Center, *735 Pensacola Beach Blvd., Pensacola Beach, ☏ 932 1500, www.visitpensacolabeach.com. Kurz hinter der Brücke, in Pensacola Beach (an der Dreieckskreuzung).*

Unterkünfte

PENSACOLA

Crown Plaza Pensacola Grand Hotel $$$ **(1)**: *200 E. Gregory St., Pensacola, FL 32501, ☏ (850) 433-3336, www.pensacolagrandhotel.com. Luxushotel, z.T. untergebracht im ehemaligen Eisenbahndepot der Louisville & Nashville Railroad – von 1912.*

New World Landing $$-$$$ **(2)**: *600 S. Palafox St., Pensacola, FL 32501, ☏ (850) 434-7736 bzw. 432-4111, www.newworldlanding.com. Boutique-Hotel, restauriert und eingerichtet mit Bezug auf alle historischen Stilrichtungen, die Pensacola erlebt hat. Etwas für Genießer (2 schöne Suiten!).*

Days Inn Historic Downtown $$ **(3)**: *710 N. Palafox St., Pensacola, FL 32501, ☏ (850) 438-4922, www.daysinn.com. Die günstige (Motel-)Innenstadtvariante mit 100 Zimmern.*

Pensacola Beach

PENSACOLA BEACH

Grundsätzlich finden Sie am Via De Luna Dr. in Pensacola Beach viele Hotels aller Preisklassen.

Holiday Inn Express $$-$$$ (4): 333 Ft. Pickens Rd., Pensacola Beach, FL 32561, ☎ (850) 932-3536, www.hiexpress.com. Hotel mit 76 Apartments, die meisten mit Blick auf den Golf, viele aber auch mit Blick auf die Lagune. Große Räume. Fragen Sie nach einem Zimmer in den oberen Etagen. Im Haus gibt es auch ein Restaurant und eine Bar. Von beiden aus haben Sie eine schöne Aussicht auf den Golf.

Hampton Inn Pensacola Beach $$-$$$ (5): 2 Via De Luna Dr., Pensacola Beach, FL 32561, ☎ (850) 932-6800, www.hamptonbeachresort.com. Großes Strandhotel mit über 180 Zimmern. Direkt am Strand. Strandbar. Die Hälfte der Zimmer hat Balkon mit Blick auf den Golf (die andere Hälfte ohne Balkon mit Blick auf die Bay!).

Days Inn Pensacola Beach $$ (6): 16 Via de Luna, Pensacola Beach, 32561, ☎ (850) 934-3300, www.daysinnpensacolabeach.com. Hotel mit eigenem Strand am Golf. Alle Zimmer mit Mikrowelle, Kaffeemaschine und Kühlschrank. Günstig und gut.

Möchten Sie in einem Apartment (Condominium) wohnen, finden Sie diese vornehmlich auf dem Perdido Key (südwestlich von Pensacola). Zu empfehlen wären:

Eden $$$-$$$$ (7): 16281 Perdido Key Dr., Pensacola, FL 32507, ☎ (850) 492-3336 od. 1-800-523-8141, www.perdido-key.com. Luxuriöse Apartments. Alle Zimmer mit Balkon zum Golf.

Das schönste, wenn auch teure Apartmenthotel ist aber das **Portofino Resort** $$$-$$$$ (8) im Osten von Pensacola Beach: 10 Portofino Dr., Pensacola Beach, FL 32561, ☎ (850) 916-5000, 1- 877-484-3405, www.portofinoisland.com. In fünf 20-stöckigen Türmen befinden sich luxuriöse 2–4-Zimmer-Suiten für Selbstversorger. Zum Resort gehört auch ein tolles Spa/Wellness-Center. Ein Restaurant mit mediterran angehauchter, guter Küche gehört ebenso zum Resort, sowie Liegestühle am Strand, die Möglichkeit mit einer Gondel abends hinauszufahren (und dabei zu dinieren) oder eine Picknicktour mit einem Katamaran zu buchen. Das Ganze hat dann aber seinen Preis. Ohne Programm und in der Nebensaison sind die Zimmer bei der Qualität aber relativ günstig. Condos sind in der Nebensaison um einiges billiger!

Camping

Fort Pickens Campground (9), ☎ 934 2621, www.nps.gov/guis/. Am Ft. Pickens am westl. Ausläufer der Santa Rosa Island gibt es einen relativ ruhigen Campingplatz, der von den Rangern des Gulf Islands National Seashore verwaltet wird. $ 20, Camper müssen sich zw. 8 und 17 Uhr an der Fort Pickens Ranger Station registrieren.

Restaurants

PENSACOLA

McGuire's Irish Pub & Brewery (1): 600 E. Gregory St., Pensacola, ☎ 433-6789. Irischer Pub in altem Feuerwehrhaus. Rustikale Atmosphäre, irische Livemusik, verschiedene selbstgebraute Biere (das Cherry-Bier ist gewöhnungsbedürftig). Amerikanische Küche und irische Hausmannskost (es gibt auch Leberwurst!).

Ebenso in dem Gebiet zwischen **Seville Historic District** im Westen und der Rampe zur Brücke nach Gulf Breeze finden sich weitere Restaurants, wie z.B. das Seafood-Franchise-Restaurant **Landry's** (905 E. Gregory, ☎ 434-3600). Empfehlenswert in der Gegend ist auch **Franco's Italian Restaurant** (523 E. Gregory St., ☎ 433-9200), wo

es leckere Pasta-Gerichte zu vernünftigen Preisen gibt.
Ein Favorit bei den Einheimischen ist die **Marina Oyster Barn (2)** *(505 Bayou Blvd. – am Bayou Texar nordöstlich der Innenstadt, ☎ 433-0511, www.marinaoysterbarn.com). In diesem „Down-to-Earth-Place" gibt es natürlich Austern jeglicher Art, aber auch andere Meeresfrüchte und das Ganze zu günstigen Preisen. Di–Sa bis 20.30/ 21 Uhr, So nur bis 14 Uhr!*

PENSACOLA BEACH

Die meisten Restaurants und Bars befinden sich im Bereich nahe der Brücke von Gulf Breeze. Auf der Bay-Seite sind einige davon in den kleinen Malls, so z.B. das beliebte Seafood-Restaurant **Flounder's Chowder & Ale House (3)** *(800 Quietwater Beach Rd, ☎ 932-2003). Nett sind ebenfalls die Strandbars/Restaurants am Quietwater Beach Boardwalk (400 Quietwater Boardwalk:* **Hooter's, Bamboo Willie's Beach Bar, Hemingways Island Grill** *u.a.) zu setzen. Direkt am Golfstrand schmecken Sundowner bzw. Shrimps und Burger besonders gut. Ansonsten sind die besseren Restaurants in den o.g. Hotels Hotels (z.B. im Portofino).*

Traumhafte Strände am Miracle Strip

Streckenhinweis

Die Strecke (US 98) nach Panama City führt nur zeitweise am Wasser entlang. Hinter Fort Walton Beach aber gibt es mehrere Stichstraßen zur Küste („Scenic C 30 A"). Ein Abstecher bei genügend Zeit lohnt sich. Auch in Panama City Beach (liegt noch vor der Stadt Panama City selbst) führt der US 98 nicht direkt an der Küste entlang. Es lohnt sich also, auch unter Mitnahme des Touristenrummels, am Ortseingang nach rechts auf den „Scenic 98" zu fahren, der auf ca. 18 Meilen die Freizeit- und Hotelanlagen am Wasser passiert.

Weiße Strände und Südstaaten-Villa

Von Pensacola Beach aus nimmt man die SR 399 in östlicher Richtung, die vor Destin wieder auf den US 98 trifft. **Fort Walton Beach** zeichnet sich durch nichts Besonderes aus, und auch Destin, das Domizil der Hochseeangelfahrten, bietet nichts Aufregendes – abgesehen von den schönen weißen Stränden und den vielen Hotels. Kurz hinter Destin liegt rechter Hand der **Eden Gardens State Park**, dessen Antebellum-Villa und der gepflegte Garten darum zwar sehenswert sind, aber letztendlich mit den Südstaatenvillen in Louisiana, Mississippi und Georgia nicht konkurrieren können.
Eden Gardens State Park, *County Road 395, Point Washington (Abzweig von der US 98 auf die 395), www.floridastateparks.net/edengardens, tgl. 8 bis Sonnenuntergang, $ 4; Wesley House: Führungen Do–Mo 10–15 Uhr, stdl. Touren, $ 4.*

Panama City

Lassen Sie es also ruhig angehen auf diesem Streckenabschnitt, und falls Sie in Pensacola bereits genügend Strand und Sonne genossen haben, erübrigt sich auch ein längerer Halt in Panama City Beach, das mit seinen zahlreichen Hochhausbauten und überdimensionalen Reklameschildern eher abschreckend wirkt. Andererseits ist hier auch viel los, was ihm den Namen „Redneck Riviera" eingebracht hat. Es ist das Feriengebiet der Farmer aus Alabama und Georgia. Wer also einen Tag „Rummel" über sich ergehen lassen möchte, kann dieses hier tun, ansonsten empfiehlt sich: den Tag auf Shell Island oder im St. Andrews State Park verbringen oder schnell durchfahren!

St. Andrews State Park

Schnorcheltouren

Wunderschöner weißer Sandstrand und zahlreiche Dünen am Ostende von Panama City Beach. Viel leerer als die Strände im Stadtbereich und ein Besuch bietet einmal die Gelegenheit, zu erkennen, wie es hier aussah vor dem Bau der ganzen Touristenanlagen. Es werden auch Schnorcheltouren angeboten und Kajaks vermietet. *(4607 State Park Lane (Thomas Drive), Panama City, www.floridastateparks.org/standrews, $ 8 /Auto, Camping $ 28).* Ab hier geht auch der **Shell Island Shuttle** *(www.shellislandshuttle.com, $ 15).*

Besuch auf Shell Island

Ein Besuch dieser Insel, die vor Panama City liegt, nimmt einen Tag in Anspruch. Hier erwartet Sie eine herrlich ungestörte Natur: über 12 km weißer Sandstrand,

Dünen … und Ruhe. Sie erreichen Shell Island von Panama City aus mit einem Boot in ca. 45 Minuten vom Anderson's Pier bzw. dem Pier gleich an der Brücke. Abfahrtszeiten variieren. Als Richtlinie: Mitte Mai–Mitte September tgl. 9 u. 17 Uhr, Rest des Jahres an den Wochenenden 9–13 Uhr (*Infos:* ***Visit Shell Island****, 12709 Front Beach Rd., Panama City Beach, www.visitshellisland.com*).

Reisepraktische Informationen Panama City Beach/FL

Information

Panama City Beach Information Center: *In der City Hall, 17001 Panama City Beach Pkwy. (US 98), ☏ (850) 233-5070, www.visitpanamacitybeach.com.*

Unterkünfte

Wyndham Bay Point Resort & Spa *$$$$-$$$$$: 4114 Jan Cooley Drive ,Panama City Beach, FL 32408, ☏ (850) 236-6000, www.wyndhambaypoint.com. Überdimensionale Ferienhotel-Anlage an der Grand Lagoon (nicht am Golf direkt), eingebettet in ein großes und sehr beliebtes Golfgebiet. Die gesamte Anlage ist sehr schön, strotzt vor Luxus, bietet zudem Erholung (tolles Spa!), Abgeschiedenheit und mehr als einen Hauch von Exklusivität. Die Preise sind natürlich entsprechend. Achten Sie darauf, dass Sie ein Zimmer mit Blick auf die Lagune bekommen, nicht auf den Golfplatz. Sehr teuer, aber exquisit sind die Villas (Häuser/ Apartments mit kleinen Küchen). Grundsätzlich ist das Resort aber bekannt dafür, in der Nebensaison relativ günstig für die gebotene Leistung zu sein.*

Edgewater Beach Resort *$$$$-$$$$$: 11212 Front Beach Rd (Scenic US 98), Panama City Beach, FL 32407, ☏ (850) 235-4044, 1-877-278-0544, www.edgewaterbeachresort.com. Luxuriöses Resort mit 1–3-Zimmer-Apartments. Diese riesige Hotelanlage liegt direkt am Strand. In der Nebensaison bzw. unter der Woche günstigere Preise. Nichts zum Entspannen!*

Days Inn *$$: 12818 Front Beach Rd. (Scenic US 98)/Ecke Clara Ave., Panama City Beach, FL 32407, ☏ (850) 233-3333, www.daysinnbeach.com. Einfaches, aber adrettes Motel direkt am Strand. Ein paar Blocks weiter machte auch das* **Seahaven Beach Hotel** *$$ (15285 Front Beach Rd. (Scenic US 98), ☏ (850) 234-6636, www.seahavenbeach.com/seahaven-beach-hotel) einen guten Eindruck.*

Restaurants

Boar's Head: *17290 Front Beach Rd., Panama City Beach, ☏ 234-6628. Atmosphäre eines englischen Pubs, aber vor allem bekannt und beliebt (seit Ende der 1970er-Jahre) wegen der guten Steaks. Seafood gibt es auch.*

Capt. Anderson's Dockside Restaurant: *5551 North Lagoon Dr./Thomas Dr., Panama City Beach, ☏ 234-2225. Seafood, direkt von der Fischereiflotte. Blick auf den Fischereihafen. Die Werbung, man könne den Fischern beim Entladen zusehen, trifft nur sehr selten den Kern der Sache, aber das Restaurant besteht schon seit 1967!*

Zwischen Panama Beach und Apalachicola

Weiter entlang der Küste wird es wieder etwas ruhiger, und kleine Orte wie **Mexico Beach** und **Port St. Joe** laden eher zum Baden ein als das überfüllte Panama City Beach. Besonders Mexico Beach ist sehr beschaulich und hat eine Ruhe bewahrt, wie man sie sonst nur noch an den ausgesprochen abgelegenen Stränden vom Panhandle vorfindet. Kleine Motels, aber auch Bungalows und einfache Holzhütten laden zur Übernachtung ein. Die Amerikaner nennen diese Plätze „Hideaways" („Verstecke"). Luxus, Trubel und vornehme Restaurants suchen Sie hier vergeblich. Oft wird es sogar schwierig, nach 20 Uhr etwas zu essen zu bekommen.

Urwald aus Palmen und Kiefern

Hinter Port St. Joe, dem Ort übrigens, wo 1838 die erste Verfassung von Florida unterzeichnet worden ist, führt die „Scenic Route C 30" (Mehrweg nur 4 Meilen) entlang einem attraktiven Küstenstreifen. Nicht mehr Strände, dafür aber von Palmen und Kiefern besetzte Uferwälder, in denen unauffällige, kleine Häuser auftauchen, vermitteln ein ganz anderes Vegetationsbild und einen Eindruck davon, wie es einmal am gesamten Panhandle ausgesehen haben mag.

Von dieser Route führt auch noch eine Stichstraße zum **St. Joseph (Peninsula) State Park**, der auf der gleichnamigen Halbinsel mit wenig besuchten, weißen Sandstränden aufwartet. Ein Badeausflug hierhin würde Sie 2 Stunden kosten, dafür werden Sie aber mit dem hier besonders warmen Wasser des Golfs von Mexiko belohnt! Kurz vor Apalachicola führt die Strecke wieder auf die US 98.
St. Joseph Peninsula State Park, *8899 Cape San Blas Road, Port St. Joe, www.floridastateparks.org/stjoseph/, $ 6/Auto, Cabins $ 100/Nacht (sehr schön gelegen!), Camping (118 Plätze) $ 24. Natürlich sind Grill- und Kochmöglichkeiten sowie gute sanitäre Anlagen vorhanden.*

Achtung
Zeitumstellung zwischen Mexico Beach und Port St. Joe. Es gilt jetzt die Eastern Time. Sie müssen die Uhr um eine Stunde vorstellen (aus 11 Uhr wird 12 Uhr).

Apalachicola

Berühmt für seine Austern

Apalachicola (ind.: „Die freundlichen Leute von der anderen Seite") erscheint dem Durchreisenden auf den ersten Blick als verschlafenes Provinznest, in dessen Hafengebiet sich ein paar müde Fischer gelangweilt herumzudrücken scheinen. Der Schein trügt aber! Dieser kleine Ort mit gerade mal 2.600 Einwohnern gilt als die „Hauptstadt der Austernfischerei". Denn fast 90 Prozent der gesamten Austernernte von Florida und damit 10 Prozent der USA stammt aus der dem Ort vorgelagerten Bay. Über 5.000 ha bestens kultivierter Austernbänke haben den jährlichen Ertrag mittlerweile auf fast 1.000 Tonnen gebracht.

Die Austern aus Apalachicola gehören zu den besten Amerikas, denn die Bay bietet beste Voraussetzungen: ein richtiges Gemisch aus Salz- und Süßwasser. Und noch etwas: Die meisten Austern werden hier noch mit der Hand geerntet – eine Garantie für genau die richtige Größe. Kein Wunder also, dass die Einwohner eine auffällige Ruhe ausstrahlen, denn für diese Arbeit ist eine gehörige Portion Geduld erforderlich! Übrigens nehmen die Fischer einen auch mit zu den Austernbänken. Fragen Sie mal!

Fischerboot im Hafen von Apalachicola

Apalachicola, während des letzten Jahrhunderts übrigens ein wichtiger Baumwollhafen, hat noch etwas zu bieten: das kleine John Gorrie State Museum *(Ave D & 6th St., www.floridastateparks.org/johngorriemuseum, Do–Mo von 9–17 Uhr, $ 2).*

Wer war John Gorrie? Kaum einer in Amerika weiß es, und doch hat er eine bahnbrechende Erfindung gemacht: die Eismaschine, Grundlage auch für die Entwicklung der Klimaanlagen.

Auch sonst bietet Apalachicola eine günstige Gelegenheit, einen Tag hier und in der Umgebung auszuspannen. Fahren Sie zur St. Joseph's Peninsula (s.o.) oder zur u.g. **St. George Island**, entdecken Sie die Feinheiten der Geschichte des Ortes, schlendern Sie durch die **historische Altstadt** und genießen Sie in den kleinen Restaurants der Stadt die Meeresfrüchte, allen voran natürlich die Austern.

Badestrände bei Apalachicola finden Sie auf der St. George Island vor. Fahren Sie dazu erst in Richtung Osten über die Brücke (US 98) und biegen Sie dann nach

John Gorrie, der Erfinder der Eismaschine

info

Gorrie war eigentlich Arzt und kam 1833 nach Apalachicola, um Malariakranke zu behandeln. Sein größtes Problem war damals die Kühlung der Räume. Man ging damals nämlich noch davon aus, dass die Malaria durch die schwülwarme Hitze verursacht wurde und wusste nichts von der Malariamücke. Gekühlt wurde mit einfachen Eisblöcken, die – und das war teuer – aus dem Nordosten des Landes herbeigeschafft werden mussten.

Gorrie, ein Tüftler, entdeckte daraufhin, wie man Eis mit Hilfe einer Maschine produzieren konnte. Die Erfindung war bahnbrechend, und Gorrie konnte alsbald 10 Eisblöcke pro Tag herstellen. Nur wurde seine Erfindung im Norden nicht anerkannt und als Spinnerei abgetan. Große Eisfirmen in Boston und New York inszenierten eine Antikampagne, um ihren Profit zu retten. Erst Jahre nachdem Gorrie gestorben war, erkannte man den Wert seiner Erfindung.

Südstaatenidylle

rechts ab zum gleichnamigen State Park. Hier erwartet Sie ein 32 km langer Strand und eine ruhige, unberührte Dünenlandschaft. Unterkünfte und Campingplatz vorhanden. Für einen kurzen Abstecher ist der Weg zu der Insel aber zu weit. Planen Sie mindestens einen halben Tag dafür ein, sonst lohnt es nicht!

Reisepraktische Informationen Apalachicola und St. George Island/FL

Information

Apalachicola Chamber of Commerce: *122 Commerce St., ☏ (850) 653-9419, www.apalachicolabay.org.*

Unterkünfte

St. George Inn *$$-$$$: 135 Franklin Blvd., St. George Island (ziemlich in der Mitte der Insel), ☏ (850) 927-2903, www.stgeorgeinn.com. Historisches Haus im Südstaatenstil (Veranda mit Meeresblick etc.). Komplett renoviert, Pool und ein schönes Plätzchen, um mal einen Tag zu entspannen.*

Coombs House Inn *$$-$$$: 80 6th St., Apalachicola, FL 32320, ☏ (850) 653-9199, www.coombshouseinn.com. Tolles B&B, untergebracht in zwei viktorianischen Häusern. Zimmer teilweise mit Blick auf die Bay. Achten Sie bei der Buchung darauf, kein Zimmer zur lauten Straße zu bekommen. Super-Frühstück und wer* **$$$-$$$$** *ausgeben möchte, der wohnt in der Suite mit Whirlpool.*

Gibson Inn $$-$$$: *51 Ave. C (100 Market St.), an der Brücke, Apalachicola, FL 32320, ☏ (850) 653-2191, www.gibsoninn.com. Ein herrliches, altes Landhotel – nun restauriert. Unten befinden sich ein gemütlicher Speiseraum sowie eine einladende Bar. Die Zimmer sind mit alten Möbeln ausgestattet.*
Port Inn $$$: *501 Monument Ave., Port St. Joe, FL 32456, ☏ (850) 229-7678, www.portinnfl.com. Sehr schönes, historisches Hotel im Stile des „Alten Florida". 21 Räume, große Porge, Frühstück im Preis inbegriffen. Restaurant im Hause.*
Natürlich gibt es auch günstige Motels in Apalachicola, so z.B. das **Best Western Apalach Inn** $$ *(249 Hwy. 98 West, ☏ (850) 653-9131).*

Austern- und Fischspezialitäten
Als die beste Adresse gilt das **Boss Oyster** *(123 Water St., ☏ 653-9364) am Apalachicola River Inn, 2 Blocks entfernt vom „Gibson Inn". Gutes Cajun-Food sowie ausgesuchte Weine gibt es im* **Chef Eddie's Magnolia Grill** *(99 11th St., ☏ 653-8000). Hier sind vor allem die Seafood-Gumbo, die frischen Fischgerichte sowie die leckeren (aber deftigen) Kuchen zu empfehlen.*
In dem kleinen Ort Carabelle, direkt vor der Brücke über den Fluss (US 98), befindet sich rechter Hand ein uriges Fischlokal: **Julia Mae's**. *Ein Tipp für einen günstigen Lunch.*
Wer sich nun abends noch unter die Einheimischen mischen möchte, der geht in die **Roseate Spoonbill Lounge** *im Apalachicola River Inn (Obergeschoss) in der Water Street.*

Wakulla Springs

Die Weiterfahrt nach Tallahassee führt durch einen großen Zypressen- bzw. Kiefernwald, dessen südlicher und östlicher Ausläufer als Ochlockonee River State Park (Teil des gesamten Apalachicola Nat. Forest) geschützt ist. Der Wald erstreckt sich fast bis in die Innenstadt von Tallahassee, dessen Vororte sich eher als unterbrochene Waldfläche mit dazwischengesetzten Holzhäusern präsentieren, denn als Wohngebiet einer Hauptstadt.

Größte Süßwasserquelle der Welt

Bevor man nach Tallahassee hineinfährt, bietet sich ein Abstecher zu den Wakulla Springs an. Die Quellen gehören zu den größten Süßwasserquellen der Welt. An ihrem Austritt, 55 m unterhalb der Wasseroberfläche, sprudeln pro Minute 2,5 Millionen Liter Wasser aus einem Erosionstrichter und bilden hier bereits eine seeähnliche Wasserfläche, die zum Baden einlädt. An den Ufern des Wakulla River stehen mit Spanischem Moos behangene Baumriesen, die im Licht des späten Nachmittages zu manch schönem Foto animieren.

Am besten können Sie die Quellen und die Flusslandschaft auf einer **Bootstour** bewundern, die regelmäßig von dem Bootsanleger unterhalb der Lodge startet. Die Boote haben alle Glasböden, die einen Blick in die Tiefe erlauben. Man entdeckt Fischschwärme, aber die Quelle selbst kann man nicht sehen. Am Grund der Quelle liegen übrigens noch Knochen eines urzeitlichen Rüsseltieres, eines sog. Mastodons, das mit dem heutigen Elefant verwandt ist. Sie sollen während der Kaltzeit über die Appalachen nach Florida gelangt sein.

Einen Stopp nebst Sprung in die Quelle wert: Wakulla Springs

Der Name „Wakulla" entstammt übrigens der Seminolen-Sprache und bedeutet so viel wie „seltsames Wasser". Ponce de Léon, der spanische Eroberer, fand übrigens auch die Quellen. Die Legende eines Jungbrunnens veranlasste ihn sogar, 1521 ein zweites Mal hierher zu kommen. Bei Auseinandersetzungen mit den hier ansässigen Indianern aber wurde er so schwer verletzt, dass er kurze Zeit später diesen Verletzungen in Havanna/Kuba erlag.

Übernachtungstipp

Wakulla Springs Lodge and Conference Center $$-$$$: *1 Springs Drive, Wakulla Springs, FL 32327, 20 Meilen südlich von Tallahassee auf der SR 61, ☏ (850) 926-0700, www.floridastateparks.org/wakullasprings. Idyllische Lage direkt an der Quelle – gute Bademöglichkeiten. An Wochenenden häufig etwas voll (Naherholungsgebiet der Städter), aber unter der Woche ein Tipp!*

Tallahassee und die Strecke nach Brunswick, Abstecher nach Jacksonville und St. Augustine

Tallahassee

Tallahassee: Mangels bedeutender Sehenswürdigkeiten touristisch wenig bekannt, aber immerhin eine Stadt mit über 180.000 Einwohnern und die **Hauptstadt des Sonnenstaates Florida**. Auch wenn sich ein längerer Aufenthalt eher nicht lohnt, ein paar Stunden kann man der Stadt schenken. Einen gewissen Charme besitzt Tallahassee, besonders aufgrund der vielen Alleen, von deren Bäumen das Spanische Moos herabhängt, und einer Reihe älterer Wohnhäuser. Unbescheiden behauptet ein lokaler Prospekt übrigens, Tallahassee sei, ganz wie Rom, auf 7 Hügeln errichtet.

Spezieller Charme

Bereits früh siedelten Apalachee-Indianer in dieser Region, und es heißt, dass der Spanier de Soto 1539 in dieser Hügellandschaft das erste Weihnachtsfest auf dem amerikanischen Kontinent gefeiert haben soll. Um 1633 gründeten die Spanier die ersten Missionsstationen, wurden aber, ebenso wie die Indianer, 70 Jahre später bereits von den Engländern von hier vertrieben. Aus dieser Zeit soll der Name Tallahassee stammen, der auf indianisch so viel wie „alte Stadt" bzw. „verlassene Felder" bedeutet.

Ihre eigentliche Gründung verdankt die Stadt aber der Tatsache, dass man sich Anfang des 19. Jh. nicht einigen konnte auf eine Hauptstadt für Florida. Kontrahenten waren die Hafenstädte St. Augustine und Pensacola. Man entschied sich schließlich für eine Stadt genau auf halbem Wege zwischen diesen beiden. Das war 1824. Aber erst 1845 wurde diese Entscheidung schriftlich besiegelt.

Während des Bürgerkrieges blieb die Stadt die einzige nicht eingenommene Hauptstadt der Südstaaten – dank eines wild zusammengewürfelten Haufens von Soldaten, die an der Stelle des heutigen Natural Bridge Battlefield State Historic Site 10 Meilen südlich den Yankees Paroli geboten haben.

Sehenswertes in der Innenstadt

Die meisten Sehenswürdigkeiten kann man zu Fuß erreichen. Am State Capitol befindet sich auch das Touristenbüro.

Redaktionstipps

- Übernachten Sie nahe der Innenstadt. (S. 260)
- Bedeutendste Sehenswürdigkeiten: State Capitol, Museum im Old Capitol, der Old City Cemetery, die Canopy Roads und das Museum of Florida History. Wer noch nicht bei den Wakulla Springs gewesen ist, sollte diese besuchen. (S. 256ff)
- Nachteulen: Für die Jüngeren empfehlen sich die Pubs und Saloons entlang der W. Tennessee Rd., wo die College-Studenten einkehren. (S. 260)
- Zeiteinteilung: ein halber Tag: Beginnen Sie den Rundgang am New State Capitol, wo Sie mit dem Fahrstuhl in den 22. Stock fahren sollten. Danach wandeln Sie durch die restaurierte Altstadt und weiter zum Old Tallahassee State Park. Damit haben Sie das Wesentliche gesehen und können entweder noch zum Museum of Florida History laufen/fahren oder gleich die Stadt verlassen.

State Capitol (1)

Mit dem Bau des Old Capitol wurde 1839 begonnen, und es entspricht mit seiner Kuppel und den Säulen ganz den Vorstellungen eines amerikanischen Regierungssitzes – vornehm und gediegen. Dieses Gebäude musste mehrmals erweitert werden, zuletzt 1902. Denn: 1845 lebten in Florida nur 58.000 Menschen, 1902 waren es bereits 530.000 und heute sind es an die 20 Millionen. Daher entschied man sich Mitte der 1970er-Jahre, das New State Capitol mit seinen **22 Geschossen** zu errichten, welches dann 1978 eingeweiht wurde. Ganz oben vom neuen State Capitol haben Sie eine hervorragende Aussicht auf Tallahassee und seine Umgebung. Beeindruckend ist hierbei wiederum zu sehen, wie nicht weit vom Stadtzentrum bereits der Wald wieder überhand nimmt. Im Old State Capitol befindet sich heute ein Museum mit Erläuterungen zur Geschichte von Florida. Zudem sind viele Räume hier wieder so eingerichtet, wie sie es im 19. Jh. gewesen sind (***Old Capitol:*** *400 South Monroe St./Apalachee Pkwy., www.flhistoriccapitol.gov, Mo–Fr 9–16.30, Sa 10–16.30, So 12–16.30 Uhr.* ***New Capitol****, Mo–Fr 8–17 Uhr, Infos www.myfloridacapitol.com, www.flsenate.gov).*

Ausblick auf die Stadt

Altstadt (2)

Nördlich an die Capitole grenzt die Old Town, mittlerweile als **Park Avenue Historic District** bezeichnet. Manch einen mag der Besuch des **Knott House Museum** („The House that Rhymes") Ecke Park Ave./Calhoun Street begeistern. William Knott war einst ein bekannter Politiker in Florida und seine Frau schrieb z.T. sehr exzentrische Bücher (daher der Beiname). Innen sieht es heute aus wie in den 1920er-Jahren *(301 E. Park Ave., geführte Touren Mi–Fr 13, 14, 15 Uhr, Sa stdl. 10–15 Uhr).*

Das Old State Capitol, im Hintergrund das New Capitol

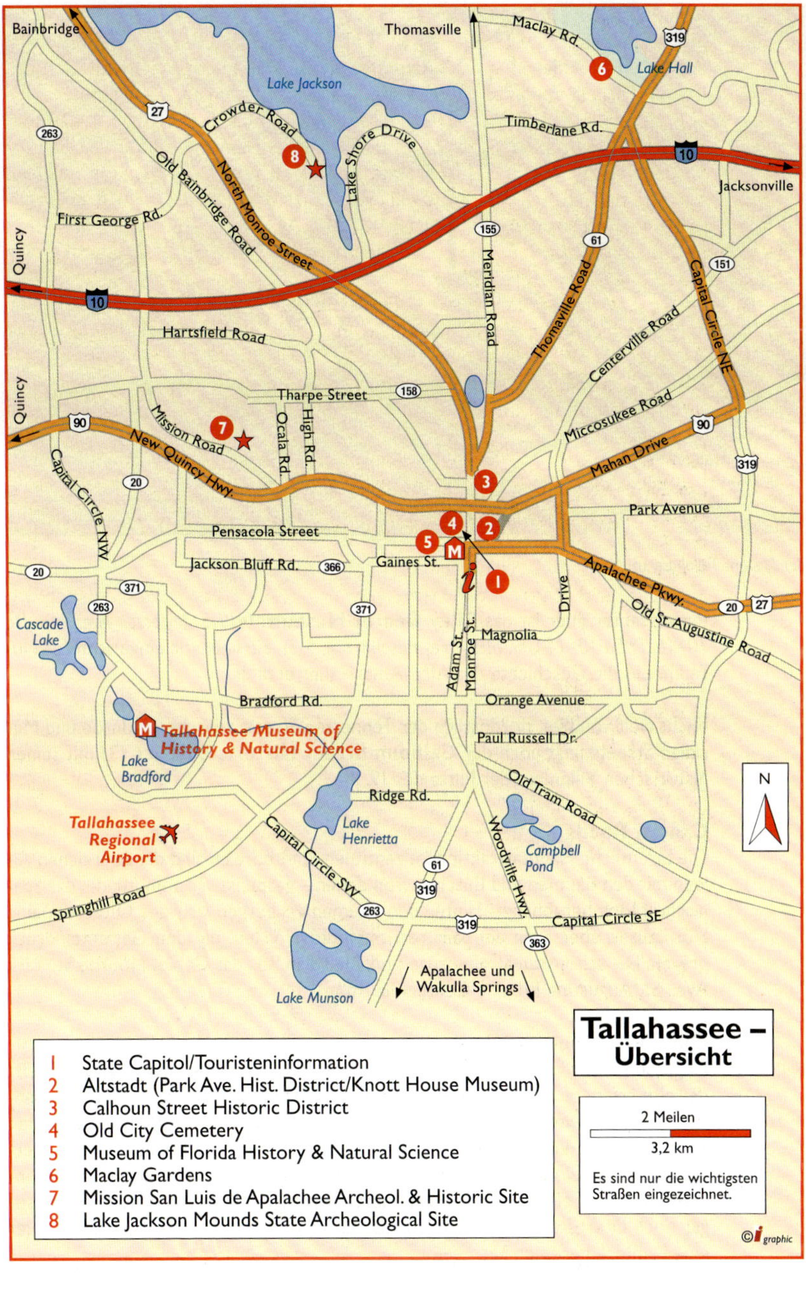
Bainbridge
Thomasville
Maclay Rd.
319
6
Lake Hall
Lake Jackson
27
Crowder Road
263
Timberlane Rd.
8
Lake Shore Drive
Old Bainbridge Road
North Monroe Street
10
Jacksonville
First George Rd.
155
Quincy
61
Meridian Road
151
10
Thomasville Road
Capital Circle NE
Centerville Road
Hartsfield Road
Tharpe Street
158
Quincy
90
Mission Road
7
Miccosukee Road
New Quincy Hwy.
Ocala Rd.
High Rd.
Mahan Drive
90
Capital Circle NW
20
3
319
Park Avenue
4
2
Pensacola Street
5
M
Jackson Bluff Rd.
366
Gaines St.
1
20
Apalachee Pkwy.
371
Drive
263
371
20
27
Old St. Augustine Road
Cascade Lake
Magnolia
Adam St.
Monroe St.
Bradford Rd.
Orange Avenue
M Tallahassee Museum of History & Natural Science
Paul Russell Dr.
Lake Bradford
N
Ridge Rd.
Old Tram Road
Tallahassee Regional Airport
Lake Henrietta
Woodville Hwy.
Capital Circle SW
Campbell Pond
61
319
Springhill Road
263
319
Capital Circle SE
363
Apalachee und Wakulla Springs
Lake Munson
Tallahassee – Übersicht
1 State Capitol/Touristeninformation
2 Altstadt (Park Ave. Hist. District/Knott House Museum)
3 Calhoun Street Historic District
4 Old City Cemetery
5 Museum of Florida History & Natural Science
6 Maclay Gardens
7 Mission San Luis de Apalachee Archeol. & Historic Site
8 Lake Jackson Mounds State Archeological Site
2 Meilen
3,2 km
Es sind nur die wichtigsten Straßen eingezeichnet.
©i graphic

In der Altstadt Tallahassees

Interessanter aber ist das **Riley Center/Museum** (*419 E. Jefferson Ave., Mo–Do 10–16, Fr/Sa 10–14 Uhr, http://rileymuseum.org, $ 2*), ein liebevoll eingerichtetes Museum, das die Geschichte der Afro-Amerikaner erzählt.

Nicht weit von hier, nordöstlich der Tennessee Street, zwischen Monroe und Meridian Streets liegt noch der **Calhoun Street Historic District (3)** mit seinen historischen Villen aus der Mitte des 19. Jh.

Canopy Roads

Die eigentliche Hauptattraktion im zentralen Stadtbereich sind die zahlreichen Alleen mit den Bäumen und Büschen, von denen – gespenstisch anmutend – das Spanische Moos herabhängt. Hinter den Bäumen verbergen sich des Öfteren kleine Holzhäuser, aber auch ein paar recht attraktive Villen, die den Gesamteindruck prägen. Die schönsten Straßenzüge sind: Meridian Rd., das Gebiet Monroe St./Park Ave., St. Augustine Rd. und Centerville Rd.

Old City Cemetery (4)

Stimmungsvoller Friedhof

Eingerahmt von Call St. und Park Ave. sowie M.L. King Blvd. und Macomb St. ist der alte Friedhof der Stadt. Die frühen Gräber stammen noch aus dem beginnenden 19. Jh. Die verschiedenen Grabsteine, die mit Spanischem Moos behangenen Bäume und die kontrastreiche (Foto-)Kulisse des New State Capitol im Hintergrund machen einen Spaziergang hier lohnend. Der kleine Friedhof auf der gegenüberliegenden Seite der Call Street, nirgendwo auf der Karte vermerkt, bietet sogar noch interessantere Gräber, so z.B. das eines Neffen von Napoleon, der hier eine Plantage besessen hat.

Museum of Florida History (5)

Hier findet man interessante Exponate zu Floridas Vergangenheit sowie aktuelle Ausstellungen. Permanente Bereiche sind „Florida in the Civil War“, „World War II“ und – wohl vor allem für Liebhaber von historischen Schiffen interessant – „Naval Ships Named Florida“. 2013 wurde eine neue permanente Ausstellung eröffnet: „Forever Changed: La Florida 1513–1821“. Der Schwerpunkt liegt auf der Zeit zwischen der Ankunft der Europäer in Florida und der Eingliederung in die Vereinigten Staaten und insbesondere auf dem Zusammenleben verschiedener Kulturen. Zu den interessantesten Ausstellungsstücken des Museums gehören ein altes Indianer-Kanu (ein sogenanntes „Dugout“) und ein Überbleibsel eines Mastodon (Amerikanisches Mammut, Jungtertiär), das man bei Wakulla Springs fand *(R.A. Gray Building, 500 S. Bronough Str., www.museumoffloridahistory.com, Mo–Fr 9–16.30, Sa 10–16.30, So 12–16.30 Uhr).*

Geschichte Floridas

Außerhalb der Innenstadt

Maclay Gardens (6)

Ursprünglich als Wintersitz des reichen New Yorker Finanziers Alfred E. Maclay angelegt, werden diese herrlichen Gärten heute vom Staate Florida verwaltet. Im Frühjahr erwartet Sie eine herrliche Blumenpracht. Das Wohnhaus kann auch besichtigt werden *(Abzweigung von der US 319, 3540 Thomasville, Road, www.floridastateparks.org/maclaygardens. Die Gärten sind tgl. von 9–17 Uhr zugänglich, der Wintersitz kann nur Jan–April besichtigt werden (9–17 Uhr), $ 6/Auto Park, Jan–April (blooming months) $ 6 für die Gärten).*

Mission San Luis de Apalachee Archaeological and Historic Site (7)

Hier kann man rekonstruierte Gebäude aus der spanischen Zeit sowie eine Indianersiedlung der Apalachees erkunden. 1675 lebten hier in der Indianersiedlung mindestens 1.400 Menschen. 1704 flohen die Apalachee, nachdem sie von Creek-Indianern sowie den britischen Soldaten fortgejagt wurden *(W. 2020 Mission Rd. (zw. W. Tennessee u. Tharpe Rd.), Di–So 10–16 Uhr, www.missionsanluis.org, $ 5).*

Lake Jackson Mounds State Archaeological Site (8)

Diese indianischen Grabhügel liegen in der Nähe des Lake Jackson, Abzweigung von der US 27 North. Wenn Sie eine begleitete Tour durch den State Park machen wollen, können Sie sich dafür zwei Wochen vorher unter der Telefonnummer (850) 562-0042 anmelden (*1313 Crowder Rd. Tgl. 8 Uhr–Sonnenuntergang, www.floridastateparks.org/lakejackson*).

Indianische Grabhügel

Zu den Wakulla Springs s. S. 253. Ein Besuch des nahen **Natural Bridge Historic Site**, wo die Südstaatler die Unionstruppen erfolgreich von der Stadt fernhalten konnten, lohnt nur während des Anfang März nachgespielten Verteidigungskampfes. Ansonsten dient das Areal nur als Erholungspark mit Picknickflächen.

Der US 319 führt nach Norden wieder aus der Stadt heraus – kaum merklich wird der Wald dichter, und plötzlich endet die Stadt…

Reisepraktische Informationen Tallahassee/FL

Information

Tallahassee Area Visitor Information Center: *106 E. Jefferson St., (gegenüber City Hall), Tallahassee, FL 32301, ☎ (850) 606-2305 od. 1-800-628-2866, www.visittallahassee.com.*
Weitere Informationen zu Veranstaltungen in der Tageszeitung „Tallahassee Democrat“ bzw. dem Veranstaltungsmagazin „Tallahassee Magazine“.

Wichtige Telefonnummern

Vorwahl: ☎ 850
Notruf Polizei/Feuer/Ambulanz: ☎ 911
Tallahassee Community Hospital: 2626 Capital Medical Blvd., ☎ 656-5090

Hotels und andere Unterkünfte

Governor's Inn *$$$$: 209 S. Adams St., Tallahassee, FL 32301, ☎ (850) 681-6855, www.thegovinn.com. Altes restauriertes Haus mit Atmosphäre, Nähe Capitol – von Geschäftsleuten und Regierungsbeamten bevorzugt. Lassen Sie sich nicht von der modernen Fassade täuschen.*
Double Tree Hotel Tallahassee *$$-$$$: 101 S. Adams St., Tallahassee, FL 32301, ☎ (850) 224-5000, www.tallahassee.doubletree.com. Modernes Konferenzhotel, zentral gelegen und mit 16 Stockwerken eines der höchsten Gebäude der Stadt – also fragen Sie nach einem Zimmer in den oberen Etagen. Relativ günstige Wochenendtarife.*
Günstigere Motels finden Sie vor allem an der North Monroe Street sowie dem Apalachee Parkway.
Wakulla Springs Lodge & Conference Center *$$-$$$: 550 Wakulla Park Dr., Wakulla Springs, FL 32327 (20 Meilen südlich am FL 61, in der Nähe des US 319), ☎ 1 850 421 2000, (850) 926-0700, www.wakullaspringslodge.com, www.floridastateparks.org/wakullasprings. Atmosphäre eines alten Südstaaten-Hotels. Idyllisch gelegen in einem Park und direkt an der größten Quelle der Welt – sehr gute Bademöglichkeiten.*

Restaurants

Andrew's Grill & Bar: *228 S. Adams St., ☎ 222-3444, www.andrewsdowntown.com. Familien-Restaurant mit (diverse Fleisch- und Fischgerichte sowie Pasta). Super Burger und die Bar ist bekannt für die Auswahl an Martinis. Man kann auch draußen sitzen.*
Barnacle Bill's: *1830 N. Monroe Ave., ☎ 385-8734, http://barnaclebills.com. Nördlich der Innenstadt Richtung Lake Jackson. Fisch, Shrimps, Austern und andere Meeresfrüchte sowie Burger und Gumbo in rustikaler Atmosphäre. Günstig. Bar und am Wochenende meist voll.*

Nightlife

Entlang der **W. Tennessee Rd**. *gibt es einige einfachere Bars und Saloons, die vornehmlich von Collegestudenten aufgesucht werden. Zu empfehlen wäre hier für die Jüngeren und Junggebliebenen Bullwinkles Saloon (620 W. Tennessee Rd.) mit Livemusik, Billard, Tanzfläche und einer Modelleisenbahn, die über die Köpfe hinwegbrummt.*
Der **Bradfordville Blues Club** *(7152 Moses Lane, an der Bradfordville Rd., ☎ 906-0766, www.bradfordvilleblues.com) ist ohne Zweifel der beste Bluesclub am Ort.*

Veranstaltungen

März *(der Sonntag, der dem 6. März am nächsten ist): Natural Bridge Battle Reenactment. Die Schlacht zwischen Konföderierten- und Unions-Truppen wird nachgestellt. Am Natural Bridge State Historical Site (9 Meilen südlich auf dem US 363 bis Woodville, dann 6 Meilen in östliche Richtung auf der Local Road). Infos: ☎ (850) 922-6007, www.floridastateparks.org/naturalbridge.*

Mitte Juli: *Swamp Stomp Summer. Live-Musik-Konzerte von Bluegrass bis „Saltwater-Music" auf der Bühne des Tallahassee Museum. tallahasseemuseum.org*

Eisenbahn/Bus

Tallahassee wird zurzeit nicht von der Amtrak angefahren.

Überlandbusse: Greyhound Bus Lines: 112 W.Tennessee St., zw. Duval und Adams Sts., ☎ 222-4249 od 222-4240.

Star Metro unterhält das Nahverkehrsnetz der Stadt. Infos: ☎ 891-5200, www.talgov.com/starmetro.

Taxi

Yellow Cab: *☎ 580-8080*

Von Tallahassee an die Atlantikküste

Entfernungen

Tallahassee – Mobile: 240 mi/386 km (I-10)
Tallahassee – Jacksonville: 163 mi/262 km
Tallahassee – Valdosta: 85 mi/137 km
Valdosta – Waycross: 65 mi/105 km
Waycross – Brunswick: 58 mi/93 km

Routenempfehlung

Verlassen Sie Tallahassee in nordöstlicher Richtung nach Thomasville (US 319). Von dort folgen Sie der US 84 – die Sie bis Waycross (hier Abstecher nach Süden zum Okefenokee Swamp Park einplanen) begleitet – und dann der US 82 bis Brunswick.
Falls Sie für die Okefenokee Swamps mehr Zeit erübrigen können, umfahren Sie diese einmal: Von Valdosta über die GA 94 nach Fargo und dort nach Osten auf der GA 177 bis zum Stephen C. Foster State Park (Sackgasse!). Zurück nach Fargo und auf der GA 94 östlich nach Saint George. Von dort nördlich auf der GA 23/121 nach Folkston (dabei Zwischenstopp am Suwannee Canal Recreation Area). Von Folkston weiter nach Norden auf dem US 1/23 bis Waycross – mit Zwischenstopp am Okefenokee Swamp Park.

Diese Strecke wird ohne Zweifel bestimmt durch den ausgesprochen lohnenden Besuch der Okefenokee Swamps. Zwar bietet **Thomasville** einige sehenswerte

Redaktionstipps

➤ Die meiste Zeit für den Okefenokee Swamp einplanen und dort mindestens einen Tag in einer Hütte im Stephen C. Foster State Park bleiben. (S. 264ff)

➤ Naturfreunde sollten diese Route wählen, wer aber lieber an den Strand möchte, sollte über Jacksonville fahren (Mehrzeit: mind. 1 Tag). (S. 268ff)

➤ Mit einem Kanu in die Swamps fahren vom Stephen C. Foster State Park aus. Vorher aber Wasserstand erfragen. (S. 266)

➤ Zeiteinteilung: Für Eilige (1½ Tage): ein halber Tag in Tallahassee. Danach durchfahren bis Waycross. Dort übernachten. Am nächsten Morgen zum nahen Okefenokee Swamp Park. Für diesen 2 Stunden Zeit einplanen. Anschließend bis Brunswick bzw. auf eine der Atlantikinseln.

➤ Wer mehr Zeit hat (mind. 2½ Tage): Ein halber Tag in Tallahassee. Über Valdosta und den GA 94 zum Stephen C. Foster State Park. Dort 2 Nächte in einer Hütte übernachten. Am folgenden Tag früh aufbrechen zu einer Kanutour (bzw. in den kühleren Spätnachmittagsstunden). Danach „Erholungszeit" im Park. Am dritten Tag noch die beiden anderen Parkzugänge besuchen (insg. 4 Stunden dafür einplanen) und durchfahren bis Brunswick bzw. auf eine der Atlantikinseln.

Plantagenhäuser, für die Swamps aber sollten sich Naturliebhaber einen Extratag freihalten. Wer diesen nicht hat, sollte versuchen früh in Tallahassee loszufahren, damit man zumindest den Okefenokee Swamp Park südlich von Waycross in Ruhe besuchen kann.

20 Meilen nördlich von Tallahassee erreicht man Georgia. Drei Dinge fallen auf:

- Die Farmwirtschaft tritt verstärkt in den Vordergrund.
- Die Religion, vertreten durch zahlreiche kleine Kirchen der einzelnen Glaubensgemeinschaften – selbst in den kleinsten Nestern –, hat eine viel größere Bedeutung als in Florida.
- Auf jeder Hausveranda (Porch) stehen hölzerne Schaukelstühle – für jedes Familienmitglied einer.

Die Uhr in **Süd-Georgia** scheint um einiges langsamer zu ticken. Die Tankstellen in kleinen Farmorten – zugleich auch Supermarkt und „Werkstatt für alles" – bilden den Mittelpunkt der Stadt. Nur an Sonntagen übernimmt die Kirche für einige Stunden diese Aufgabe. Dann kann es sogar passieren, dass selbst die Tankstelle geschlossen hat. Eine Bar oder ein Restaurant, sucht man meist vergebens. Als „Restaurant" fungiert höchstens ein kleines Café, in dem ein deftiges (gutes) Tagesmenü und die selbstgebackene Apple Pie die Speisekarte füllen.

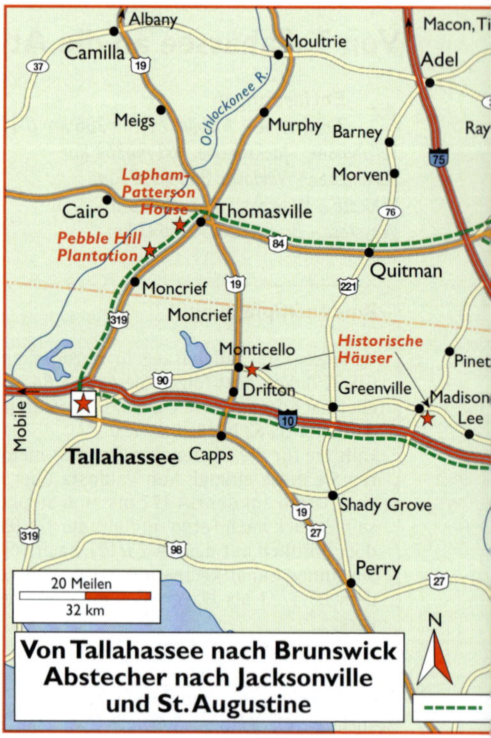

Von Tallahassee nach Brunswick Abstecher nach Jacksonville und St. Augustine

Sollten Sie also einkaufen wollen, tun Sie dieses in den größeren Orten: Thomasville, Valdosta, Homerville, Waycross oder Folkston.

7 Meilen vor Thomasville, auf der linken Seite, liegt die **Pebble Hill Plantation** *(Di–Sa 10–17, So 12–17 Uhr, www.pebblehill.com, $ 5, Tour durch das Haus $ 15)*. Das Herrenhaus ist recht eindrucksvoll und größer als die meisten „Konkurrenten" und daher einen kurzen Besuch wert. Um nicht zu viel Zeit zu verlieren, sollten Sie der Hausbesichtigung selbst fernbleiben. Es gibt innen nichts Ausgefallenes zu sehen, und die Geschichte der Plantage greift auch auf nichts Spektakuläres zurück.

Thomasville

ist heute eine beschauliche kleine Stadt – die sich ganz dem Charme eines verschlafenen Südstaatennestes hinzugeben scheint. Das war mal anders! Bis zum Beginn des 20. Jh. galt es als beliebtes Urlaubsziel für die Städter der Ostküste. Nachdem aber entdeckt wurde, dass die Malaria durch die Mücken an stehenden Gewässern übertragen wird, blieben die „Yankees" dieser Region fern, und es zog sie von da an nach Florida. Mit der Baumwolle, dem 2. Standbein der Stadt, ging es danach auch bergab, vor allem, nachdem der mexikanische Baumwollkäfer sein Unwesen getrie-

ben hatte. Auch die Umstellung auf Tabak half wenig. Ob das vorerst letzte Umschwenken auf Erdnüsse und Getreide Segen mag man angesichts der halbverlassenen Straßenzüge und Industrieanlagen bezweifeln. Wer gerne alte Häuser besichtigt, sollte noch kurz zum 1885 erbauten **Lapham-Patterson House** (*626 N. Dawson St., Touren: Fr 13–17, Sa 10–17, So 14–17 Uhr, www.gastateparks.org/Lapham Patterson, $ 5*) fahren. Die 45-minütige Führung gibt einen Eindruck, wie ein reicher Chicagoer Geschäftsmann sich zu jener Zeit sein Feriendomizil einrichtete – kitschig und verspielt.

Valdosta

dagegen ist um einiges lebendiger. Als Eisenbahnknotenpunkt mit 7 Bahnstrecken erlangte die Stadt bereits früh eine regionale Bedeutung. Die mittelständische Industrie (Holz und Tabak) fand schnell Einzug und somit auch die wohlhabende Bürgerschicht. Eine Reihe von Häusern aus dem beginnenden 20. Jh., oft nachempfunden den typischen Antebellum-Villen, zeugen heute von dieser Zeit des einseitig verteilten Wohlstandes. Besichtungswürdig sind sie aber kaum.

Bezaubernder Garten

Falls es Sie doch treiben sollte, machen Sie einen Stopp an dem schönsten Haus, dem 1899 erbauten „**The Crescent**" (die Mondsichel) (*904 N. Patterson St., Mo–Fr 14–17 Uhr*). Angelegt in Rundform – daher der Name – beeindruckt hier neben der großzügigen Raumgestaltung vor allem der Garten, in dem sowohl das alte Schulhaus, als auch eine Kapelle stehen. Die bezaubernde Anlage trug den Namen „Val de Osta" und später Valdosta Garden Center. Grund genug für die Stadtväter, ihre Stadt von dort an Valdosta zu nennen (vormals: Troupville).

Östlich von Valdosta erstreckt sich heute eine über 9.000 km² große Forstfläche, die im Süden bis nach Florida hereinreicht. Holztransporter auf schnurgerade angelegten Highways begleiten den nächsten Streckenabschnitt. Nur vereinzelt tauchen kleine, idyllische Ortschaften auf. Umso weiter Sie sich vom US 84 entfernen, umso verträumter erscheinen diese.

Okefenokee Swamp

Von Jacksonville geht es über die 23 (Kings Road) nach Folkston, 11 Meilen südwestlich liegt der Ost-Eingang zum Park.

Ein Besuch des Okefenokee Swamp ist für jeden Naturfreund ein Muss. Hier gewinnt man einen Eindruck von jener Landschaftsform, die so typisch ist für die Niederungen im Süden der Vereinigten Staaten. Das fast flache Land mit seinem geringen Gefälle fördert im Zusammenklang mit dem tropischen Klima die Bildung von **Sumpfgebieten**.

Quelle des Suwannee River

Der Okefenokee Swamp bedeckt eine Fläche von 2.079 km², misst an der breitesten Stelle (Ost-West) 32 km und an der längsten (Nord-Süd) 64 km. Wie ein Schwamm speichert das Sumpfgebiet Wasser, um es als Quellgebiet an den malerischen **Suwannee River** abzugeben, der in den Golf von Mexiko mündet. Die flachgründigen Seen, mit tiefbraunem Wasser gefüllt, sind von Inseln durchsetzt,

Wildlife im Okefenokee Swamp

auf denen Kiefern, Zypressen oder Magnolien wachsen. Das Flachwasser ist Heimat von wunderschönen Seerosen, Wasserhyazinthen und Schilfdickichten.

Die meisten Wasserpflanzen sterben in der kalten Jahreszeit ab. Ihre Reste erhöhen allmählich den Seeboden, bis dieser die Wasseroberfläche erreicht. Diese „Pflanzenrest-Inseln" bieten nun wieder Landpflanzen hervorragende Wachstumsmöglichkeiten: Bald wachsen hier Gräser, später Büsche und Bäume. Der torfige Boden allerdings vermag noch lange Zeit nicht wirklich fest zu sein; geht man auf ihm, so federt man ab. Die Indianer nannten deshalb diese Stelle in ihrer Sprache „das Land der bebenden Erde". Je unzugänglicher die Gebiete sind, desto mehr stellen sie ein Paradies für alle wasserliebenden **Tiere** dar. Neben vielen (scheuen) Alligatoren leben hier unzählige Gänse, Wasservögel, Otter, Schildkröten, Frösche – und etwa 150 Bären, die sich in den bewaldeten Zonen versteckt halten. Wie alle sumpfigen Niederungen ist dies natürlich auch die Heimat vieler Mücken. 90 Prozent des Gebietes stehen als Okefenokee National Wildlife Reserve unter Naturschutz.

Reiche Tierwelt

Aktivitäten/Erkundungsmöglichkeiten

Es gibt drei mögliche Zufahrten zu den Sumpfgebieten (s. S. 266):

Am **Stephen C. Foster State Park** gibt es schöne Cottages; Camping; Bootsverleih (Kanu und Motorboot); sehr kleines Geschäft; Touren mit den Rangern. Hier erwartet Sie die schönste Natur! Zu bedenken gilt aber, dass in der regenarmen Zeit oft Niedrigwasser Bootstouren nicht möglich macht. Also vorher erkundigen!

In der **Suwannee Canal Recreation Area** gibt es Camping; eine Rundfahrt durch den Wald; Bootsverleih (Motorboot und Kanu), erläuterte Bootstouren;

Fahrradverleih; kleines Museum; Aussichtsturm (1 Stunde Fußmarsch von der Rundfahrtstrecke); das erste Wohnhaus in den Swamps, deren Bewohner begannen, Terpentin aus den Harzen der Bäume zu gewinnen (daher auch heute noch die Anritzungen an den Zypressen), während der Prohibition hier aber auch Schnaps gebrannt haben; kleines Geschäft; Snacks.

Obwohl das Gebiet des **Okefenokee Swamp Park** außerhalb des deklarierten Naturschutzgebietes liegt, gibt es hier einige Erkundungsmöglichkeiten der typischen Sumpflandschaft:

- geführte Bootstouren (im Eintrittspreis inbegriffen)
- Stege, auf denen man in den Sumpf gelangen kann
- einen 27 m hohen Beobachtungsturm
- Informationsmöglichkeiten über Tier- und Pflanzenwelt und Camping im nahen Laura S. Walker Park

Das Ganze ist ein wenig in Form eines Freizeitparks aufgezogen. Dafür können Sie hier in relativ kurzer Zeit ziemlich viel über die Naturgegebenheiten des Okefenokee Swamp erfahren.

Okefenokee Swamp off the beaten path

Für Naturfreunde ist das „**Wilderness Canoeing**" ein besonderer Tipp. Es gibt insgesamt 15 verschiedene Trails, die jeweils 2–5 Tage beanspruchen. Auf kleinen Holzplattformen kann man zelten. Endpunkt der langen Tour ist in Florida. Informationen u. Reservierung beim Refuge Manager. Eine Reservierung ist ratsam und kann bis zu 2 Monate im Voraus vorgenommen werden. Boote aber, und hier ist für Sie der Haken, müssen Sie mitbringen bzw. bei entsprechenden Verleihern z.B. in Jacksonville ausleihen, da der Endpunkt nicht den Ausgangspunkt darstellt.

Kanus für Trips, die zum Ausgangspunkt zurückführen, können Sie im Park mieten (s.o.), und zwar an allen drei Punkten. Der Wasserstand lässt das Canoeing aber nicht zu jeder Zeit überall zu! Die schönsten Routen beginnen am Stephen C. Foster State Park. Infos zu mehrtägigen Kanu-Strecken: www.fws.gov/okefenokee/Trips.

Von Waycross geht es über den US 82 weiter nach Brunswick.

Reisepraktische Informationen Okefenokee Swamp

Information

Das Okefenokee National Wildlife Refuge hat drei Haupt- und zwei Nebeneingänge. Von Jacksonville am schnellsten zu erreichen ist der östliche Eingang bei Folkston:

Osteingang: Suwannee Canal Recreation Area, *11 Meilen südwestlich von Folkston (via US Hwy. 1 und Hwy. 23/121, 4159 Suwannee Canal Road). Im zugehörigen*

Natur pur: die Wilderness Area

Richard S. Bolt Visitor Center *gibt es einen Buchladen, Ausstellung, Observation Tower und einen Film, zudem in der Umgebung Wanderwege, Picknickplätze und die Möglichkeit, Boote und Fahrräder zu mieten, ☏ 496 7836, Visitor Center tgl. 9–17 Uhr, der Park ist 30 min. vor Sonnenaufgang bis 19.30 Uhr (März–Okt.) bzw. 17.30 Uhr (Nov.–Feb.) geöffnet. Eintritt $ 5 pro Auto/7 Tage gültig. Weitere Infos unter www.fws.gov/okefenokee.*
Das Gebiet bietet über 120 Meilen **Kanu Trails**, *70 Meilen sind auch mit dem Motorboot befahrbar. Wer in der Wildnis campen möchte, muss sich vorher anmelden unter ☏ 496 3331 ($ 10).* **Okefenokee Adventures**: *der Konzessionär des Parks bietet die o.g. Aktivitäten, Infos unter ☏ 496 7156, www.okefenokeeadventures.com. Reservierungen für Kanutrips mit Übernachtungen max. 2 Monate im Voraus.*

Nordeingang: Okefenokee Swamp Park, *13 km südlich von Waycross (GA) am Hwy 121, ☏ 283 0583, www.okeswamp.com, tgl. 9–17.30 Uhr, $ 12. Über Holzstege, in den Ausstellungen, auf Bootstrips (30 min. $ 16) oder bei einer Rundfahrt mit der kleinen roten Okefenokee Railroad gewinnt man einen Eindruck der Natur der Swamps. Zu sehen gibt es die Tiere in ihrer natürlichen Umgebung.*

Westeingang: Stephen C. Foster State Park, *erreichbar von Westen (Valdosta) über den GA 94, von Norden von der US 84 bei Homerville und von Süden über US 441 (Exit 44 am I-10 zw. Tallahassee und Jacksonville). Bei Fargo/Edith folgen Sie dann der GA 177, www.gastateparks.org/StephenCFoster.*

Unterkünfte

Inn at Folkston $$$: *509 W. Main St., Folkston, GA 31537, ☏ (912) 496-6256, www.innatfolkston.com. Schönes B&B mit 4 Zimmern. Von mehreren Lesern bereits hervorgehoben, auch wegen der tollen Erläuterungen und Hilfen der Besitzer beim Organisieren von Touren in die Umgebung.*

Quality Inn & Suites *$$: 1725 Memorial Drive (US 1/23), Waycross, GA 31501, ☏ (912) 283-4490, www.qualityinn.com. Kinderspielplatz und Schwimmbad, sehr gut geführtes Motel. Weitere Motels finden Sie um das Quality Inn bzw. an der südl. Ausfahrtsroute US 1. Siehe auch:www.okeswamp.com/overnight.*

Im **Stephen C. Foster State Park** *gibt es kleine, voll ausgestattete Cottages ($$). Lebensmittel müssen Sie aus Fargo (oder besser aus einem größeren Supermarkt in Valdosta oder Homerville) mitbringen, denn der kleine Laden im Park hat nicht viel. Auch Camping. Infos: ☏ (912) 637-5274; Reservierung: ☏ 1-800-864-7275, www.gastateparks.org/info/scfoster.*

Camping

Laura S. Walker State Park, *Hwy. 177 (nahe Okefenokee Swamp), 5653 Laura Walker Rd., Waycross, ☏ 287 4900, www.gastateparks.org/info/lwalker, Campground-Büro tgl. 7–17 Uhr; 44 Stellplätze (ab $ 15) am See, mit Golfplatz, Wanderwegen, Angelgelegenheit und Bootstouren.*

Tipp

Für die Kanutouren unbedingt folgende Dinge mitnehmen: Sonnenschutz, Hut, Sonnenbrille, Schuhe (für Ausflüge an Land), Insektenschutzmittel, Trinkwasser und eine Kleinigkeit zu essen. Meiden Sie zudem die heiße Mittagszeit!

Abstecher nach Jacksonville und St. Augustine

Entfernungen

Tallahassee – Suwannee River State Park: 90 mi/ 145 km
Suwannee River State Park – Jacksonville: 90 mi/ 145 km
Jacksonville – Jacksonville Beach: 16 mi/26 km
Jacksonville – St. Augustine: ca. 35 mi/52 km

Routenempfehlung

Wenn Sie es eilig haben, nehmen Sie einfach den I-10. Bei Ellaville zweigt man zum Suwannee State Park ab, bei Lake City zum Osceola National Forest. Wenn Sie etwas mehr Zeit mitbringen, können Sie von Tallahassee über die US 90 nach Osten fahren und nehmen dabei die Orte Monticello und Madison noch mit.

Sollten Sie sich für diese Strecke entschieden haben, haben Sie die Route zu einer weiteren Hochburg des Badetourismus gewählt, aber auch zu Amerikas **ältester Stadt**, St. Augustine. Die Strände von Jacksonville bieten die Gelegenheit zu einem angenehmen und relativ preiswerten Badeaufenthalt. Am Jacksonville Beach ist nicht so viel Trubel wie z.B. in Panama City, aber es wird trotzdem etwas geboten, vor allem was Freizeitaktivitäten angeht. Das Programm reicht von Golf über Reiten bis hin zu Surfen und Segeln.

Kulturhistorisch ist „Jax“, wie es die Einheimischen nennen, nur von untergeordneter Bedeutung, sieht man einmal ab von der Kingsley-Plantage und der Tatsache, dass die Region um Jacksonville eines der ersten Siedlungsgebiete der Europäer gewesen ist – davon aber sieht man heute nicht mehr viel. Um diesen Aspekt zu erleben, müssen Sie weiter nach Süden fahren bis St. Augustine… und der Abstecher lohnt sich!

Redaktionstipps

- Das Canoeing im Suwannee River State Park ist einen Extratag wert. (S. 269)
- Übernachten Sie in einem historischen Bed & Breakfast in St. Augustine. (S. 286f)
- Die Strände und die Atmosphäre in Jacksonville Beach sind um einiges besser als ihr Ruf! (S. 271ff)
- St. Augustine, die älteste Stadt Amerikas, ist den Umweg wert. (S. 279ff)
- Für die Weiterfahrt nach Norden nehmen Sie am besten die A1A („Bucaneer Trail“), die über Amelia Island und durch den netten Fischerort Fernandina Beach führt. (S. 274f)

Für die eher Naturverbundenen bietet sich – neben der direkten Streckenvariante – noch die folgende Route an: Fahren Sie zum Suwannee River State Park und zum Osceola National Forest und biegen Sie dann über den US 441 nach Norden ab zum einmaligen Okefenokee Swamp in Georgia (s. S. 264ff).

Zwischen Tallahassee und Jacksonville

Entlang der US 90 kommen Sie zuerst durch **Monticello**, einem kleinen Städtchen, das einst bedeutende Baumwollplantagen besaß. Nachdem diese aber von dem mexikanischen Baumwollkäfer heimgesucht wurden, ist es vorbei mit dem Wohlstand. Alte Häuser, wie z.B. das Monticello Opera House (1890), wären einen kurzen Stopp wert.

Als Nächstes führt die Strecke nach **Madison**, einem typischen, verschlafenen Südstaatennest, in dem die Uhr bereits stehengeblieben ist. Dieser Atmosphäre wegen sollten Sie hier vielleicht mal eine Pause einlegen. Zu besichtigen gibt es das Wardlaw Smith House – ein weiteres Antebellum-Haus.

Suwannee River State Park

Dies ist ein wunderbares Gebiet zum Erholen, denn aufgrund seiner abseitigen Lage von den Trampelpfaden des Massentourismus ist der Park wenig besucht. Der Suwannee River ist ein vielbesungener Fluss. Der Volksliederkomponist Stephen Foster nannte ein häufig gesungenes Lied „S'wannee“, weil das Wort sehr gut mit dem amerikanischen Süden assoziiert werden konnte. Der Suwannee entspringt in den Okefenokee Swamps in Georgia. Sein Wasser ist rostfarben, und während seines Laufes schlängelt er sich durch wilde Zypressenwälder.

Flusslauf durch Zypressenwälder

Hier im Suwannee River State Park können Sie campen, kleine Wanderungen unternehmen oder eine Kanutour machen. Übrigens endet hier auch der mehrtägige „**Suwannee River Canoe Trail**“, der in den Okefenokee Swamps in Georgia beginnt *(www.floridastateparks.org/wilderness, Reservierungen der Camps: ☏ 1-800-868-9914)*.

Ideal zum Paddeln: Suwannee River

Reisepraktische Informationen Suwannee River State Park/FL

Information/Camping

Suwannee River State Park, *3631 201st Path, Live Oak (der Park liegt 13 Meilen westlich von Live Oak an der US 90), ☎ (386) 362 2746, www.floridastateparks.net/suwanneeriver, tgl. von 8 Uhr bis Sonnenuntergang, $ 5/Auto, Kanuverleih.*
Campen im Park *$ 22/Nacht, einfache Cabins $ 100/Nacht.*

Unterkunft

Westmont Inn *$$: 8182 State Road 6/ I-75 (Exit 460), Jasper, FL 32052, ☎ (386) 792-1987, www.westmontinn.com/westmont-inn-jasper. Einfaches und preiswertes Motel. In Live Oaks gibt es Motels am US 129 North.*

Osceola National Forest

Das etwa 650 km² große Waldgebiet – nach dem Seminolenführer Osceola benannt – ist hauptsächlich mit Pinien bestanden. Teile des Gebietes sind sumpfig, vor allem Zypressen wachsen hier. Es ist ein urwüchsiges Gebiet, das in letzter Zeit von Prospektoren untersucht wird: Sie suchen in der Region nach Phosphatvorkommen.

Reisepraktische Informationen Osceola National Forest/FL

Informationen

Osceola Ranger District, *24874 US Highway 90, Olustee, ☎ (386) 752 2577, www.fs.fed.us/r8/florida/osceola/.*

The Depot Visitor Center, *5892 N. CR 231, Olustee, ☎ (386) 752 0147.*

Camping

Am **Ocean Pond** *gibt es einen sehr schönen Campingplatz, der am Nordufer liegt. Hier kann man auch schwimmen, angeln oder auf markierten Trails wandern. Saubere sanitäre Anlagen.*

Jacksonville Area

Entfernungen

Jacksonville – Tallahassee: 163 mi/262 km
Jacksonville – Miami: 345 mi/555 km
Jacksonville – Savannah: 142 mi/228 km

Jacksonville sticht auf der Karte bereits als riesige gelbe Fläche hervor. Und in der Tat, die Stadt besitzt, obwohl sie „nur“ 835.000 Einwohner zählt, die größte **Stadtfläche** der USA (bemessen nach offizielle Stadtgrenzen)! Die Meinungen über Jacksonville gehen weit auseinander: Die einen meinen, hier gäbe es gar nichts zu sehen, andere wiederum behaupten, ihr touristisches Potenzial würde weithin unterschätzt.

Jacksonville Landing

Downtown

Die Innenstadt können Sie schnell erkunden. Parken Sie in der Nähe von **Jax Landing (1)**. In diesem Shopping und Entertainment Center direkt zu Füßen der Hochhäuser finden Sie neben Geschäften auch eine Reihe netter Cafés und Lokale für den Abend. Von hier lohnt evtl. ein Spaziergang über die Brücke auf die andere Seite des Flusses (es gab einmal eine kleine Fähre, vielleicht wird die ja wieder zum Leben erweckt), wo mit dem **Southbank Riverwalk (2)** ein weiteres Entertainment-Gebiet auf Sie wartet. Von dort haben Sie eine schöne Sicht auf die moderne Skyline. Gleich nebenan befindet sich das MOSH, das **Museum of Science & History** (*Mo–Do 10–17, Fr 10–20, Sa 10–18, So 12–17 Uhr, www.themosh.org, $ 10*), dessen Hauptattraktionen das Alexander Brest Planetarium und ein Dinosaurier-Skelett sind.

Wer sich für vornehme Vorstadtvillen interessiert, kann dann noch mit dem Auto in die Stadtteile **Avondale (3)** bzw. **San Marco (4)** (beide südlich der Downtown) fahren – dort gibt es eine Reihe exklusiver Häuser, die einen zum Träumen veranlassen. Kunstinteressierten sei schließlich noch das **Cummer Museum of Art & Gardens (5)** (*829 Riverside Ave., Di 10–21, Mi–Fr 10–16, Sa 10–17, So 12–17 Uhr, www.cummer.org, $ 10*) mit einer Sammlung aus der Zeit des frühen Ägypten, Gemälden amerikanischer Impressionisten sowie einiger Kubisten empfohlen. Schön ist zudem ein Spaziergang durch die englisch und italienisch gestalteten Gärten.

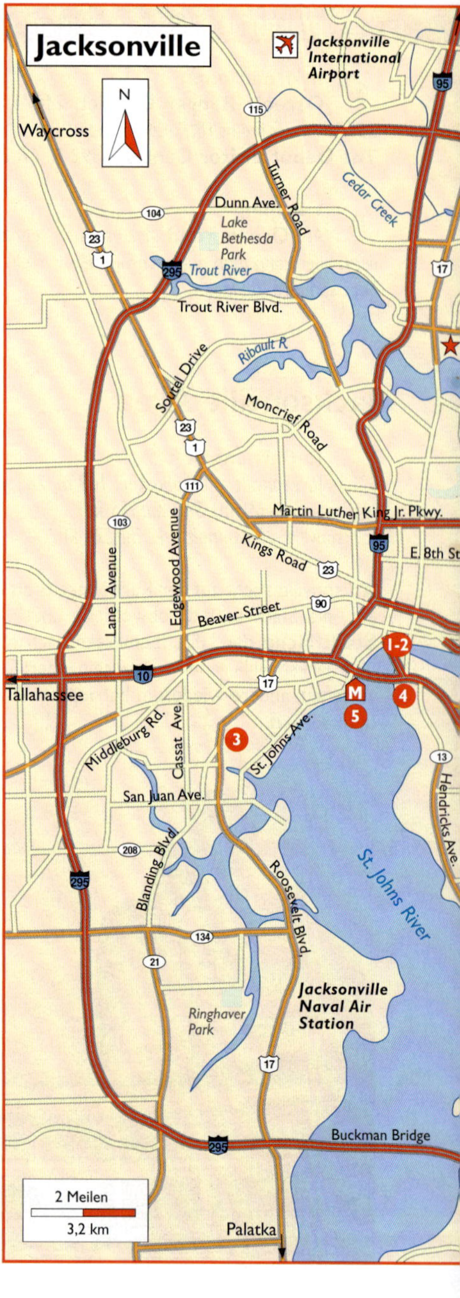

Fernandina Beach
8
7
BIG TALBOT ISLAND
LITTLE TALBOT ISLAND
6
FORT GEORGE ISLAND
Atlantischer Ozean
New Berlin Road
Dunn Creek
Eastport
9A
Road
New Berlin Park
Broward River
BLOUNT ISLAND
La Cruise Casino
Mayport
Mayport Naval Station
St. Johns River
Dames Point Bridge
A1A
Mayport Rd.
Kathryn Abbey Hannah Park
Fort McCormick Rd.
Merril Rd.
University Blvd.
Alexander est Mus.
Jacksonville Craig Airport
Kernan Blvd. N.
Atlantic Beach
John E. Mathews Bridge
115
90-Alt
Atlantic Blvd.
10
Neptun Beach
295
3rd Street N.
90
90-Alt
115
St. John Bluff Rd. S.
Jax Storage Mall
Blvd.
A1A
Jacksonville Beach
Beach Blvd.
212
90
3rd Street S.
Philips Highway
Drew Park
University of North Florida
Hodges
202
Turner Butler Blvd.
A1A
San José Blvd.
1
95
Southside Blvd.
Pablo Creek
Intracoastal Waterway
Trail
Ponte Vedra Beach
Bayme Adows Rd.
St. Augustine
295
The Avenues Shopping Mall
Daytona Beach, St. Augustine
1-2 Jax Landing/SouthbankRiverwalk/MOSH
3 Avondale
4 San Marco
5 Cummer Museum of Art & Gardens
6 Zephania Kingsley Plantation
7 Little und Big Talbot Island
8 Fort Clinch

Jacksonville Beach Area

Beliebtes Strandgebiet

Das Strandgebiet erstreckt sich von Norden folgendermaßen: Amelia Island (zumeist private Strände), ein paar Strände auf der Talbot Island und schließlich südlich der Flussmündung die eigentliche Strandregion der Stadt. **Atlantic Beach** bildet das (Erlebnis-) Zentrum mit Shops, Verleihgeschäften und zahlreichen Restaurants. Neptune Beach ist eher eine Wohngegend, und die Atmosphäre in seinen Nebenstraßen erinnert an die Zeit der Alt-68er, die mittlerweile aber immer mehr von sonnenhungrigen Collegestudenten verdrängt werden. Jacksonville Beach bietet ein paar Hotels und ein paar Geschäfte, die eher auf die „Locals" abzielen.

Ponte Verdra Beach im Süden schließlich ist die „Residential Area" der Oberschicht. Die Geschäfte der Shopping Malls hier sind exquisit, die Resorts gut – aber teuer –, aber der Strand ist, falls nicht in Privatbesitz, eine Oase. Kaum ein Mensch findet hierher. Ehemals – so heißt es – hätte das gesamte Areal von Ponte Verdra dem Rockefeller-Clan gehört. Niemand weiß es aber genau.

Entlang dem Bucaneer Trail nach Amelia Island

Fahren Sie von Jacksonville Beach nach Norden, und folgen Sie immer der FL A1A. Mayport ist ein Fischereihafen, in dem Sie zahlreiche gute Fischlokale finden. Der nahe Marinestützpunkt ist übrigens der zweitgrößte an der Ostküste. Setzen Sie nun über mit der Fähre. Folgen Sie dem A1A. Nach wenigen Meilen führt linker Hand eine Straße zur Kingsley Plantation.

Zephaniah-Kingsley Plantation (6)

Geschichte des Sklavenhandels

Erbaut 1792 von einem Sklavenhändler, übernahm Zephaniah Kingsley 1817 die Plantage und behielt sie bis 1829. Kingsley, ein Weißer, besaß 200 Sklaven, heiratete dennoch selbst eine Sklavin und vertrat die ungewöhnliche These, dass die Schwarzen den Weißen überlegen seien, moralisch wie auch physisch. Das bewegte ihn dann auch 1837, mit seiner Frau und den Kindern in die Karibik auszuwandern („To avoid the spirit of intolerant injustice in Florida", wie er sagte). Zu besichtigen sind u.a. die Sklavenhäuser und das recht interessante Wohnhaus. Am eindrucksvollsten aber sind die auf den Führungen erzählten Geschichten zur Historie des Sklavenhandels und die Anfahrt durch einen dichten, tropischen Waldbestand, der sich wie ein Tunnel über die Straße wölbt (*nördlich am FL A1A, Ft. George Island, 11676 Palmetto Ave. Tgl. 9–17 Uhr, Führungen: Sa+So 13 und 15 Uhr, nach Umbauten evtl. wieder tgl. (vorher reservieren: ☏ (904) 251-3537), www.nps.gov/timu/historyculture/kp.htm*).

Es geht zurück auf den A1A. Auf der folgenden Strecke passieren Sie einige Brücken, an denen häufig sog. Fish Camps zu finden sind. Hierbei handelt es sich um dunkle, urige Schuppen, in denen man nicht nur Angelzubehör erwerben kann, sondern auch ein kühles Bier und – sehr verbreitet um Jax – gekochte Erdnüsse. Schauen Sie einmal in so ein Fish Camp hinein. Eine nette Unterhaltung wird sich bestimmt ergeben.

Little und **Big Talbot Island (7)** sind Naturschutzgebiete mit ein paar einladenden Picknickplätzen.

Auf **Amelia Island** passieren Sie zuerst die große Amelia Island Plantation, die heute aber „nur" noch ein vornehmes Resort darstellt. Hier finden alljährlich die bekannten Damen-Tennisturniere statt. Nördlich davon führt die Straße an anmutig wirkenden Strandhäuschen vorbei. Endpunkt ist schließlich die kleine Stadt **Fernandina**. Ein paar historische Häuser in den Nebenstraßen und ausgesuchte Boutiquen lohnen einen kleinen Zwischenstopp. Der Ort hat ehemals von Piraterie gelebt, was anhand der vielen einäugigen und -beinigen Holzkameraden kaum zu übersehen ist.

Einst Piraten-Schlupfloch

Für einen Lunchsnack bietet sich der „**Palace Saloon**" in der 117 Centre Street, Ecke 2nd Street an. Es ist der älteste Pub in Florida. Ein alter Tresen und Gemälde an den Wänden erinnern an rauere Zeiten.

Fort Clinch (8), direkt nördlich der Stadt, wurde angelegt gegen eventuelle Versuche der Engländer, nach 1812 noch einmal die USA anzugreifen. Es wurde nach alten Unterlagen wiederaufgebaut und bietet Picknickplätze, Angelgelegenheiten und einen Naturpfad.

Nach Brunswick fahren Sie von Fernandina weiter in westliche Richtung auf dem A1A, der dann den nach Norden verlaufenden I-95 kreuzt.

Der Palace Saloon in Fernandina

Reisepraktische Informationen Jacksonville Area/FL

Information

Visit Jacksonville Office: *208 North Laura Street, Suite 102, Jacksonville, FL 32202, ☎ (904) 798-9111, www.visitjacksonville.com, nur Mo–Fr. Zudem gibt es eine Infobude im* **Jax Landing-Komplex** *(2 Independent Dr., zw. Main und Pearl Sts., Obergeschoss, ☎ (904) 791-4305, Mo–Sa), in* **Jacksonville Beach**: *380 Pablo Avenue, ☎ (904) 242-0024 (nur Di–Sa) sowie am International Airport (tägl.).*
Veranstaltungen werden in der Tageszeitung „Florida Times Union" bekanntgegeben oder dem 14-tägig erscheinenden „Jacksonville Today".

Hotels und andere Unterkünfte

Tipp
In der Stadt erhalten Sie in der Regel günstige Wochenendtarife, der Tipp lautet aber, in Jacksonville Beach bzw. St. Augustine (siehe dort) zu nächtigen.

JACKSONVILLE CITY-AREA
Wyndham Jacksonville Riverwalk $$$-$$$$: *1515 Prudential Dr., Jacksonville, FL 32207, ☎ (904) 396-5100www.wyndham.com. Am Riverwalk gelegen mit schönem Blick auf die Skyline von Jacksonville. Moderate Preise.*
House on Cherry Street $$-$$$: *1844 Cherry St., Jacksonville, FL 32205, ☎ (904) 384-1999, www.geocities.com/houseoncherryst. In vornehmem Vorort und direkt am Fluss gelegenes Haus im Kolonialstil. Schöne Zimmer und sehr persönliche Atmosphäre. Zu den Sehenswürdigkeiten und in die Downtown aber müssen Sie mit dem Auto z.T. weit fahren.*

JACKSONVILLE BEACH AREA
Marriott Resort at Sawgrass $$$-$$$$$: *1000 PGA Tour Blvd. (nahe FL A1A, zw. US 210 u. J. Turner-Butler Blvd.), Ponte Verdra Beach, FL 32082, ☎ (904) 285-7777, 1-800-457-4653, www.sawgrassmarriott.com. Luxus-Resort mit vielen Sportmöglichkeiten – besonders aber Golf. Die Golfanlage gehört zu den besten der Welt (int. Turniere) Es gibt auch Apartments/Villas für Selbstversorger. Jacuzzis, Health Club, 6 Restaurants, 3 Pools, Fahrradverleih etc.*
One Ocean Resort & Spa $$$-$$$$: *1 Ocean Boulevard, Atlantic Beach, FL 32233, ☎ (904) 249-7402, www.oneoceanresort.com. Für die relativ hohen Preise wird viel geboten. Lage: Direkt am Ozean und zentral zu den Restaurants der Strandregion. Versuchen Sie, ein Zimmer mit Strandblick zu bekommen. Die äußere Fassade täuscht, innen ist das Hotel viel netter.*
Sea Horse Oceanfront Inn $$-$$$: *120 Atlantic Blvd., Neptune Beach (Atlantic Beach), FL 32256, ☎ (904) 246-2175, www.seahorseoceanfrontinn.com. Günstiges und schönes Motel direkt am Strand. Zentrale Lage zu den meisten Shops und Restaurants.*
Comfort Inn Oceanfront $$: *1515 N. First St., Jacksonville Beach, FL 32250, ☎ (904) 241-2311, www.comfortinnjaxbeach.com. Sauberes Motel direkt am Strand. Sehr schön sind die Zimmer mit Balkon zum Meer. Preislich sehr günstig, besonders unter der Woche. Der hauseigene Swimmingpool ist wohl der schönste (u.a. kleine Wasserfälle) entlang der Jacksonville Beach.*

Unterkunft mit Aussicht auf Amelia Island

AMELIA ISLAND AREA

Amelia Island ist bekannt für seinen vielen, wenn auch nicht ganz günstigen B&Bs. Infos unter www.ameliaisland.org und im Visitor Bureau: 102 Centre St., Fernandia Beach, ☏ (904) 277-0717 od. 1-800-226-3542. Eine andere Internetseite ist: www.amelia islandinns.com (B&B-Unterkünfte).

Amelia Island Plantation *$$$-$$$$$: 6800 First Coast Hwy. (am FL A1A, 18 Meilen südöstlich vom I-95-Fernandina Beach-Callahan-Exit), Amelia Island, FL 32034, ☏ (904) 261-6161, www.aipfl.com. Luxusresort mit Tennis- und Golfanlagen sowie Geschäften, verschiedenen Restaurants, mehreren Pools, Fahrradverleih, Health Center etc. Eine kleine Welt für sich. Schön, aber extrem teuer, sind die Villas. Günstiger dagegen sind die Selbstversorger-Apartments.*

Elizabeth Pointe Lodge *$$$$: 98 S.Fletcher Ave., Amelia Island, FL 32034, ☏ (904) 277-4851, www.elizabethpointelodge.com. Haus im New-England/Nantucket-Stil – direkt am Strand. Luxuriöse und geräumige Zimmer. Großzügige Badezimmer, einige mit Jacuzzi. Wer es günstiger mag, kann z.B. im* **Beachside Motel Inn** *$$-$$$, 3172 S. Fletcher Ave., Fernandina Beach, ☏ (904) 261-4236), www.beachsidemotel.com bzw. im* **Seaside Amelia Inn** *$$-$$$, 2900 Atlantic Ave., Fernandina Beach, ☏ (904) 206-5300, www.seasideameliainn.com, absteigen.*

Restaurants

JACKSONVILLE CITY AREA

Lokale am Jax Landing *oder gegenüber am* **Southbank Riverwalk** *bieten für alle Geschmäcker (Pubs, Restaurants etc.) etwas. Hervorgehoben sei einmal die* **River City Brewing Company** *(Museum Circle, Southbank) mit Südstaatengerichten und gutem Bier. Der Besuch hier lohnt aber nur für diejenigen, die sowieso in der Innenstadt übernachten.*

B.B.'s: *1019 Hendrick's Ave., ☏ 306-0100. Bereits nachmittags ist die Bar beliebt als After-Work-Treff (Specials: Wine, Snacks, Sandwiches etc.). Abends sitzt man im schönen Art-Deco-Restaurant. Gut sind die stilvoll gereichten Seafood-Gerichte. Samstags Brunch.*

Clark's Fish Camp: *12903 Hood Landing Rd., Mandarin, ☏ 268-3474. Abseits gelegen südlich der Innenstadt (südl. des I-295). Catfish, Austern, Shrimps, aber auch Kanin-*

chen, Taube, Krokodil und Känguru stehen hier, in einem Shag eines ehemaligen Angelgeschäfts direkt am Julington Creek auf der Speisekarte. Und das ganze unter und neben vielen, ausgestopften Tieren. Ein Erlebnis, wenn auch nicht für jeden!

JACKSONVILLE BEACH AREA

Ragtime Tavern & Taproom: *207 Atlantic Blvd./1st St., Atlantic Beach, ☎ 241-7877. Cajun-Küche, Seafood und frisch gezapftes Bier im angeschlossenen Pub. Am Wochenende Livemusik.*
Singleton's Seafood Shack: *4728 Ocean St., FL A1A, an der St. John's Ferry, Mayport, ☎ 246-4442. Günstiges und uriges Seafood-Restaurant mit Südstaaten-Einschlag. Hier in Mayport finden Sie noch ein, zwei andere, ähnliche Restaurants.*

Livemusik

Entlang dem Strandgebiet spielen in mehreren kleinen Restaurants am Wochenende Bands. In der Downtown (Southbank) ist die **River City Brewing Co.** *(835 Museum Circle, ☎ 398-2299) die beste Adresse. Häufiger spielen auch Gruppen in einem der Lokale in der Jax Landing.*
Bourbon Street Station: *1770 St Johns Bluff Rd, ☎ 641-8777. Tanzen, Livemusik, Disco. Eine der angesagtesten Adressen der Stadt.*
Freebird Live: *200 N. First St., Jacksonville Beach, ☎ 246-2473. Livemusik an 6 Tagen der Woche. Meist Rock und Rhythm & Blues. Gute Stimmung!*

Aktivitäten

Surfborde, Katamarane *und* **Fahrräder** *können Sie am besten in Atlantic Beach (nördlich von J'ville Beach) in den Shops am Ende des Atlantic Boulevard mieten.*
Golf: *Der beste Golfplatz befindet sich im Mariott at Sawgrass (Pontre Vedra Beach). Hier werden häufig internationale Veranstaltungen abgehalten.*
Rundflüge: *Ein Flug über die Strände und ebenso über die Swamps ist mit Sicherheit ein Erlebnis. Es gibt zwar nicht direkt ein „Rundflug-Unternehmen", aber am Craig Airport (FL 10, halber Weg in die Stadt; Ecke Atlantic Blvd./St.Johns Bluff Blvd.) gibt es eine Reihe von Flugunternehmen, die für ca. US$ 120/Stunde einen Rundflug machen.*

Einkaufstipp

Direkt am St. Johns River (2 Independent Drive) liegt die Shopping Mall **Jacksonville Landing** *(kurz: Jax Landing). Hier gibt es alles von Mode über Kitsch bis hin zu Restaurants und Cafés mit häufiger Livemusik. Gleich gegenüber am Fluss bieten Geschäfte am Southbank Riverwalk weitere Einkaufsgelegenheiten.*

Busse

Stadtbusse: *Die „Jacksonville Transit Authority" unterhält einen Trolley-Bus in der Innenstadt entlang der Bay Street, entlang des Strandes und entlang des Flusses. Zudem gibt es 50 innerstädtische Buslinien und den „Automated Skyway Express" (ASE). Infos: ☎ (904) 630-3100 od. 630-3181, www.jtafla.com.*

Flugverkehr

Der **Jacksonville International Airport** *liegt 13 Meilen nordwestlich der Innenstadt und wird von allen großen amerikanischen Airlines angeflogen. Airport-Infos: ☎ (904) 741-4902, www.jia.aero. Zudem finden Sie hier alle Mietwagenfirmen.*

St. Augustine

Die Stadt liegt knapp 40 Meilen südlich von Jacksonville und ist gut über den I-95, den US 1 oder den A1A von dort zu erreichen.

Die **älteste von Europäern gegründete Stadt Amerikas** – wer vermutet sie schon in Florida Ponce de León, der spanische Eroberer, betrat hier 1513 zwischen dem Gebiet des Mantanzas Inlet und dem San Sebastian River floridianischen Boden. Ja, er wurde – ungewollt – zum Namensgeber des Bundesstaates. Da es kurz nach Ostern war und alles blühte, war das Land für ihn „Pascua Florida", was so viel wie „blühende Weide" bedeutet. Das Land, das er betrat, eignete sich nicht zum Ackerbau, auch gab es hier keine Schätze, Gold schon gar nicht. Dennoch hatte de León so seine Vorstellungen: Als Gouverneur von Puerto Rico hatte er von den dortigen Indianern vernommen, dass es hier einen Jungbrunnen geben solle, der allen Männern ewige Jugend verleihe... Nachdem de León ein zweites Mal Florida besucht hatte, wurde er in Indianer-Kämpfe verwickelt und entkam schwer verletzt.

Blühendes Land

Der damaligen Rechtsauffassung zufolge hatte bereits de León das Gebiet in **spanischen Besitz** gebracht. Eine zweite Inbesitznahme im Namen der spanischen Krone fand am 8. September 1565 statt, als Admiral Pedro Menéndez de Avilés St. Augustine als erste dauerhafte europäische Siedlung auf dem amerikanischen Kontinent gründete. Florida gelangte nun endgültig in die Hand der Spanier. St. Augustines strategische Funktion war es, fremde Mächte vor einer Inbesitznahme fernzuhalten. Der Hafen hatte eine geografisch herausragende Bedeutung, war er doch der nördlichste in der Neuen Welt, der die Ansprüche der spanischen Krone zu verteidigen hatte. An St. Augustine – wie an der gesamten Ostküste Floridas – fließt der warme Golfstrom vorbei. Mit einem Tempo von 1,8 km/Stunde brachte er den Seglern der Vergangenheit den nötigen Heimschub. St. Augustine war für die mit Gold und Silber beladenen, aus Mittelamerika kommenden Galeonen ein willkommener Zwischenlandepunkt auf dem Wege nach Europa.

Bis 1763 vermochten die Spanier ihre Stellung mit Hilfe des inzwischen erbauten steinernen Fort Castillo de San Marcos zu halten. Dann nahmen die **Eng-**

Tour durch das Castillo de San Marcos

länder bis 1783 die Stadt ein. Von 1783 bis 1821 erlangten die Spanier ihren Einfluss wieder, ab 1821 gehört die Stadt zum Gebiet der Vereinigten Staaten. In der jüngeren Stadtgeschichte spielte der Eisenbahnkönig **Henry Flagler** eine entscheidende Rolle: In den 1880er-Jahren baute er St. Augustine zum Hauptquartier seiner **Florida East Coast Railroad Company** aus.

Heute zählt die Stadt etwa 13.000 Einwohner. Die Wirtschaftsgrundlage sind kleine Werften, Fischverarbeitung, Buchbindereien, Druckereien… und Tourismus. Viele Reisende kommen her, um die sehr schön restaurierte historische Innenstadt zu erleben und auch wegen der zahlreichen und guten Bed&Breakfast-Unterkünfte, die sich großenteils auch in historischen Gebäuden befinden. Von St. Augustine kann man zudem gut die Strände an der Küste besuchen. Einige Meilen südlich der alten Stadt direkt am Atlantik hat sich daher auch in jüngerer Zeit eine zweite Ortschaft angesiedelt, St. Augustine Beach.

info

Ponce de León

Der spanische Konquistador wurde 1474 in Santervas/Spanien geboren. 1493 begleitete er Kolumbus auf dessen zweiter Reise nach Westindien. Auf der Insel Hispaniola in der Karibik diente er als Soldat. Von 1502 bis 1504 kämpfte er hier gegen die Inselbewohner. 1508 erkundete er Puerto Rico, entdeckte Gold und gewann die Insel für Spanien. 1512 landete er auf der sagenumwobenen Insel Bimini, wo er den legendären Jungbrunnen suchte, der angeblich ewige Jugend bescherte. 1513 erreichte er Florida in der Nähe des heutigen St. Augustine und erklärte das Gebiet zum spanischen Besitz. Hier wurde er auch des Jungbrunnens fündig…

Ponce de León unternahm noch mehrere Schiffsreisen nach Florida, erkundete den Küstenverlauf und verschaffte Spanien einen ersten Überblick über die indianischen Siedlungen. Ihm wurde angetragen, die Indianer Süd-Floridas niederzumetzeln, da diese Kannibalen seien. Nach einer Reihe von Schlachten segelte de León an die Südwestküste und landete wahrscheinlich in der Umgebung des heutigen Port Charlotte. Hier revanchierten sich nun die Indianer für die erlittene Schmach. De León wurde ernstlich von einem Pfeil verwundet. Die Überlebenden seines Trupps segelten zurück ins spanische Kuba, wo De León 1521 starb.

Stadtrundgang

Einen guten Überblick über die Stadt kann man sich verschaffen, wenn man an einer Kutschfahrt oder einer Rundfahrt mit den „Sightseeing-Trains" teilnimmt. Innerhalb von ca. 1 Stunde gelangt man so zu den wichtigsten Sehenswürdigkeiten von St. Augustine. Diese Fahrten beginnen und enden am Visitor Center (*10 Castillo Drive*). Von den Sightseeing Trains können Sie auch an jeder beliebigen Stelle aussteigen und mit einem späteren „Zug" weiterfahren (Hopp-on-hopp-off).

Ausgangspunkt für einen Stadtrundgang ist am besten das **St. Augustine Visitor Information Center (1)**. Es liegt gegenüber dem Castillo an der San Marco Avenue. Hier erhalten Sie kostenlose Karten, ebenso gibt es hier einen Film über St. Augustine zu sehen.

Der **Fountain of Youth Archaeological Park (2)** befindet sich nördlich des Visitor Information Center in der Magnolia Ave. Es handelt sich um den legendären Jungbrunnen, den Ponce de León 1513 aufsuchte. Auch Sie dürfen von diesem Wasser trinken und hoffen, dass es ewige Jugend bringt… *(155 Magnolia/San Marco Ave., www.fountainofyouthflorida.com; tgl. 9–17 Uhr, $ 10).*

Älteste Festung der USA

Direkt neben dem Visitor Center liegt das **Castillo de San Marcos National Monument (3)**. Dies ist die älteste Steinfestung auf dem Boden der USA. Die Anlage hat die Form eines vierstrahligen Sterns und ist von einem breiten Wassergraben umgeben. An jeder Ecke dieses „Sterns“ befinden sich kleine Wachtürme, auch als „Pfefferbüchsen“ bezeichnet. Zu Beginn im Jahre 1565 stand hier ein Holzfort, das durch weitere 8 Forts ersetzt wurde. Alle Holzbauten fielen jedoch entweder Indianerübergriffen, Angriffen der Engländer oder Bränden zum Opfer. Ab 1672 baute man es deshalb zu einer wuchtigen Steinfestung aus. Als Baumaterial verwendeten die Spanier einen auf der benachbarten Insel Anastasia gebrochenen Muschelstein, den sog. „Conquina“. Diese zementähnliche Mischung aus Muschelresten hatte den Vorteil, dass sich das Gestein leicht verarbeiten ließ. Außerdem ist dieses Material etwas elastisch, sodass Kanonenkugeln bei ihrem Aufprall abgefedert wurden. Gegen Mitte des 19. Jh. diente das Fort auch als Gefängnis. Benannt wurde es nach dem Heiligen Markus (San Marco) *(Castillo Dr./Avenida Menéndez, www.nps.gov/casa, tgl. 8.45–17.45 Uhr, $ 6).*

The Oldest Wooden Schoolhouse

Beeindruckend: Flagler College

Ein Stück weiter nördlich wurden im **Old St. Augustine Village (9)** 10 Gebäude aus vielen Epochen von St. Augustine wiederhergerichtet. Beginnend um 1790 mit einem Haus, in dem einst auch ein ins Exil geschickter Neffe von Napoleon, Achille Murat gelebt hat, bis hin zu einem Haus aus der Zeit vor dem 1. Weltkrieg. Ein gutes Museum, um an das Erfahrene aus dem Colonial Spanish Quarter anzuschließen (*246 St. George St. (Eingang 149 Cordova Street), www.DowMuseum.com, Di–Sa 10–17.30, So ab 11 Uhr, $ 8,95*).

Ältestes Haus

Die Architektur des **Oldest House (10)** ist ein Gemisch spanischer, britischer und amerikanischer Einflüsse. Während das Untergeschoss aus Sandstein besteht, fügten die Engländer einen 2. Stock aus Holz an. Das Haus ist in Etappen zwischen 1702 und 1727 gebaut worden und beherbergt auch ein kleines Museum (*14 St. Francis St., www.staugustinehistoricalsociety.org, tgl. 9–17 Uhr, $ 8 (inkl. Manucy Museum und Page L. Edwards Gallery)*.

Man kann nun der Straße einfach nach Osten folgen und kommt automatisch in die Uferstraße Avenida Menéndez. Zur linken Seite liegt dann am Cathedral Place die **Statue von Ponce de León (11)**. Ihr gegenüber führt die Bridge of the Lions auf die Anastasia Island.

Weitere Sehenswürdigkeiten in St. Augustine

St. Augustine Alligator Farm (12)

Der Besuch dieser bereits 1893 gegründeten Alligatorenfarm lohnt unbedingt. Es ist die einzige Zuchtstation, wo alle 23 Alligatorenarten der Welt zusehen sind. Begehen Sie das im Naturzustand belassene Alligatorenhabitat. Vom Hochsteg aus kann man sich die Ungetüme ansehen. Übrigens: Alligatoren können zwar gewaltig mit ihren Zähnen zuschlagen, doch da sie nur sehr schwache Muskeln haben, gelingt es mit Leichtigkeit, ihr Maul mit einer Hand geschlossen zu halten (doch probieren sollten Sie dies lieber nicht!).

23 Alligatorenarten

Eine Ausstellung widmet sich dem wohl größten bekannten Alligator („Gomek"), der über 5 m lang gewesen ist und der einst auch hier zu Hause war. Gomek starb 1999. Außerdem gibt es u.a. auch chinesische Krokodile zu sehen, die vom Aussterben bedroht sind und die man hier zu Fortpflanzung animieren will. Einen herrlichen Platz haben hier auch Riesenschildkröten gefunden, die täglich nachmittags mit dekorativen Obst- und Gemüsetellern verwöhnt werden. Alligatorenkämpfe finden hier aber nicht statt, da man zu der Einsicht gelangte, dies würde die Panzerechsen zu sehr aufregen *(4 km südlich der Stadt an der A1A gelegen, 999 Anastasia Blvd., www.alligatorfarm.com, tgl. 9–17, im Sommer bis 18 Uhr, $ 21,95)*.

St. Augustine Lighthouse & Museum (13)

Mit knapp 50 m ist dieser Leuchtturm einer der höchsten an dieser Küste. Heute können Sie die 219 Stufen auf den Turm hinaufklettern und die Aussicht von dort oben genießen. Beim Aufstieg dürfen Sie sich auch an beschwerten Ölkannen versuchen. Dieses Gewicht an Öl fürs Lampenfeuer musste nämlich früher der Leuchtturmwärter täglich (z.T. mehrmals) hinaufschleppen. Im Haus unten erzählt ein kleines Museum die maritime Geschichte der Region sowie die der in der Stadt ansässigen Küstenwache *(direkt gegenüber der Alligatorenfarm gelegen, 81 Lighthouse Avenue, www.staugustinelighthouse.com, tgl. 9–18 Uhr, $ 9,50)*.

Museum zur maritimen Geschichte

Old Florida Museum (14)

Das Museum beschäftigt sich mit der Geschichte von Florida und richtet sich besonders an Kinder. Hier können alte Handwerkskünste selbst ausprobiert und erlebt werden, wie z.B. die Indianer bzw. die ersten Spanier hier gelebt haben *(8245-D San Marco Ave. (nördl. der Stadt), tgl. 9.30–16.30 Uhr, www.oldfloridamuseum.com, $ 11)*.

Reisepraktische Informationen St. Augustine/FL

Information

St. Augustine Visitor Information Center: *10 Castillo Dr./ San Marco Avenue, gegenüber dem Castillo de San Marcos, St. Augustine, FL 32084, ☎ (904) 825-1000, www.floridashistoriccoast.com, www.staugustine.com, tgl. 8.30–17.30 Uhr.*

Parken: *Wegen der kleinen, alten Gassen gibt es in St. Augustine eine eigene Parkplatz-Politik: Sie müssen das Fahrzeug, soweit nicht an der Unterkunft geparkt wird, auf kos-*

tenpflichtigen Parkplätzen abstellen. Es gibt an den Straßen ein paar „2-Stunden-Plätze", doch sind diese zumeist belegt und 2 Stunden genügen auch nicht für die Stadt. Parken Sie daher auf den um die Innenstadt ausgewiesenen Parkplätzen (einer ist nahe dem Visitor Center). Mit dem nicht ganz billigen Parkschein können Sie den Parkplatz dann zwei Kalendertage lang nutzen.
St. Johns Conty Visitor Information Center: *350 A1A Beach Blvd, St. Augustine Beach, FL 32080, ☎ (904) 471-1596.*

Unterkünfte

Hinweis: *Unterkünfte in St. Augustine Beach haben den Nachteil, dass Sie abends in die Stadt fahren müssen (siehe Parkplatzpolitik oben).*

HOTELS/MOTELS

La Fiesta Oceanside Inn & Suites $$-$$$ **(1)**: *810 A1A Beach Blvd., St Augustine Beach, FL 32084, ☎ (904) 471-2220, www.lafiestainn.com. Relativ günstige Motel-Unterkunft in Strandnähe.*
Conch House Marina Resort $$$ **(2)**: *57 Comares Ave., St. Augustine, FL 32084, ☎ (904) 829-8646, www.conch-house.com. Motel. Tropisch-floridianischer Stil, 17 Zimmer.*
Best Western Bayfront Inn $$-$$$ **(3)**: *16 Avenida Menendez, St. Augustine, FL 32084, ☎ (904) 824-4844, www.bestwestern.com. Sauberes und adrettes Motel direkt in der Innenstadt. Für den Preis absolut okay und der große Vorteil dabei ist auch noch, dass Sie so kostenlos nahe der Attraktionen einen Parkplatz haben!*
Days Inn Historic Downtown $$ **(4)**: *1300 N. Ponce de León Blvd., St. Augustine, FL 32084, ☎ (904) 824-3383, www.daysinn.com. Relativ preiswertes Motel, Swimmingpool. In die historische Innenstadt nehmen Sie von hier aber besser den Sightseeing-Train. Sehr günstige, aber dafür auch einfache Motels finden Sie direkt auf der anderen Seite der Bridge of Lions.*

BED AND BREAKFAST

Hinweis: *Alle B&Bs sind in individuellen Häusern untergebracht. Die Zimmer variieren daher sehr in Größe und Ausstattung, aber eben auch im Preis (Unterschiede von US$ 75 bis 225 kommen vor). Hinzu kommen große Preisunterschiede je nach Saison und Wochentag (Wochenenden deutlich teurer). Möchten Sie also gerne in einem historischen B&B übernachten lohnt sich ein Preisvergleich einzelner Häuser. Vielleicht ist irgendwo ja ein günstigeres Zimmer frei.*

Alexander Homestead $$$-$$$$ **(5)**: *14 Sevilla St., St. Augustine, FL 32084, ☎ (904) 826-4147, www.alexanderhomestead.com. Haus mit 6 Zimmern, 1888 im viktorianischen Stil erbaut, sehr romantisch. 2 Zimmer mit Jacuzzis. Ideal für „Honeymooner", aber eben auch recht teuer.*
St. Francis Inn $$-$$$$ **(6)**: *279 George St., St. Augustine, FL 32084, ☎ (904) 824-6068, www.stfrancisinn.com. 17 Zimmer auf zwei Häuser verteilt. Kleiner Swimmingpool. Sehr schönes B&B ein wenig außerhalb des Innenstadttrubels (400 m bis zur King Street). Kleiner Garten, nachmittags gibt es einen kleinen Snack. Sehr individuelle Zimmer (daher die Preisspanne), sodass Sie beim Reservieren bereits Ihre Wünsche äußern sollten. Hier im Ort unser Tipp.*

Kenwood Inn B&B *$$$-$$$$* **(7)**: *38 Marine, St. Augustine, FL 32084, ☎ (904) 824-2116, www.thekenwoodinn.com. In der Altstadt gelegen, gediegen eingerichtet, nur 12 Zimmer, Swimmingpool und Sonnendeck.*
Victorian House Inn *$$$-$$$$* **(9)**: *11 Cadiz St., St. Augustine, FL 32084, ☎ (904) 824-5214, www.victorianhousebnb.com. Altes, restauriertes B&B-Haus im viktorianischen Stil mit 8 Räumen.*
Bayfront Westcott House *$$-$$$* **(8)**: *146 Avenida Menendez, St. Augustine, FL 32084, ☎ (904) 825-4602, www.westcotthouse.com. Sehr schön und aufwendig restauriertes Haus mit nur 8 Zimmern, direkt am Wasser gelegen.*
Pirate Haus Inn & Hostel *$-$$* **(10)**: *32 Tresuary St., St. Augustine, FL 32084, ☎ (904) 808-1999, www.piratehaus.com. Einfaches B&B – und auch Hostel mit kleinem Schlafsaal – in der Innenstadt. 2-Bettzimmer, 3 davon mit eigenem Bad. Wer also sparen möchte und das Glück hat, dass hier noch ein Zimmer frei ist, der hat hier die Alternative. Sauber, aber auch einfach.*

Restaurants

Le Pavillion (1): *45 San Marco Ave., ☎ (904) 824-6202. Französische Küche, u.a. sehr gute Fischgerichte, Lamm, Austern. Den angebotenen Sauerbraten und das Wiener Schnitzel braucht man nicht zu essen. Mittlere Preise.*
Columbia Restaurant (2): *98 St. George St., ☎ (904) 824-3341. Spanische Atmosphäre und spanische Gerichte. Sehr gute Zubereitungen, u.a. Paella, verschiedene Fischgerichte (gut: Snapper) und der berühmte Salat mit einem Dressing, das vor Ihren Augen zubereitet wird.*
Scarlett O'Hara (3): *70 Hypolita St., St. Augustine ☎ (904) 824-6535. Bar und Restaurant in altem Holzhaus. Hier geht's richtig urig zu. Auf der Veranda kann man in Schaukelstühlen Platz nehmen, und Sänger sorgen für Unterhaltung.*
O.C. Whites (4): *118 Ave. Menendez, ☎ (904) 824-0808. Rustikales Restaurant mit guten Steak- und Fischgerichten, untergebracht in altem Generals-Mansion von 1791. Auch die Bar ist recht gemütlich.*
Osteen's (5): *205 Anastasia Blvd., ☎ (904) 829-6974. Hier können Sie vor allem leckere Shrimps genießen.*

Pubs und Livemusik

Obwohl man es so in St. Augustine nicht erwarten würde, es gibt inmitten der Stadt ganz normale Pinten und vor allem auch Livemusik-Kneipen. Das „Waterhole" der Einheimischen und zumeist der Late-Night-Spot ist die **A1A Ale Works** *(1 King St, gegenüber Bridge of Lions), wo auch viel lebendiger Rock und Rhythm & Blues gespielt wird und es zudem Pubfood mit karibischen Einflüssen gibt. Eine weitere beliebte Bar ist das* **Mill Top** *(Ecke Castillo Drive/Fort Alley – direkt am Castillo), ebenfalls bekannt für Livemusik. Oben genannte Lokalitäten wie das O.C. Whites und das* **Scarlett O'Hara** *eignen sich auch für den Absacker am Abend.*

5. Entlang der Ostküste, Routenvarianten nach Atlanta und Knoxville

Von St. Augustine/Jacksonville nach Savannah

Entfernungen

Jacksonville–Savannah: 142 mi/228 km, mit Umwegen zur Küste und auf die Inseln ca. 400 km.

Streckenalternativen

Der I-95 bildet die Hauptstrecke, von der man, je nach Wunsch, abzweigen kann an die Atlantikküste. Am besten eignen sich dazu die Jekyll- und St.-Simons-Inseln, die man über Brunswick erreicht (Exit 6). Fahren Sie erst zur Jekyll Island, danach durch Brunswick und abschließend zur St. Simons bzw. Sea Island. Von dort dann weiter in Richtung Norden.

Eine alternative Strecke parallel zum Interstate bietet der US 17, der in früherer Zeit die Hauptlinie entlang der Ostküste gewesen ist.

Anfahrt zur Cumberland Island: Gleich hinter der Staatsgrenze zu Georgia (am Georgia Welcome Center) führt eine Stichstraße nach St. Mary's, von wo eine Fähre zur Insel übersetzt.

Überblick und Sehenswertes

Dieser Routenabschnitt führt parallel zur **Atlantikküste**. Sollten Sie es eilig haben, schaffen Sie die Strecke auf dem Interstate in 3–4 Stunden. Vom Interstate aus aber sehen Sie das Wasser nicht und auch sonst ist die Fahrt hier monoton.

Haben Sie aber den ganzen Tag Zeit, eventuell auch etwas mehr, lohnt ein Abstecher nach **Brunswick** und zu den „Golden Isles" aus folgenden Gründen:

• Brunswick bietet den „Charme der ehemals besseren Zeiten" (30-minütige Rundtour).

Redaktionstipps

➤ Gut essen: Der „Grand Dining Room" im Jekyll Island Club bietet ein unvergessliches Erlebnis. (S. 296)

➤ Möchten Sie auf die Cumberland Island oder Little St. Simon's Island fahren, bedenken Sie, dass die Fähren nur zu bestimmten Zeiten ablegen. Unbedingt aktuell noch mal erkundigen. (S. 291)

➤ Zeiteinteilung: Eilige: Entlang dem Interstate schnell nach Savannah und den Nachmittag dort verbringen. 1 ganzer Tag: Erst zur Jekyll Island und dort den historischen District mit den Millionärsvillen anschauen, anschließend nach Brunswick. Dort essen, dann kurz zum Fort Frederica auf der St. Simons Island fahren. Von hier schnell zurück auf den Interstate und ohne Zwischenstopp nach Savannah. 2 Tage: Wie oben, doch übernachten Sie auf der St. Simons Island. Am zweiten Tag sollte dann noch Zeit für den Besuch der Plantage sein.

• **Jekyll Island** fasziniert wegen seiner imposanten Ferien-Villen ehemaliger Millionäre (1–2 Stunden) und eines bezaubernden Strandes an der Ostküste (1 Stunde),

• und **St. Simons Island** lohnt der Urlaubsatmosphäre wegen. Außerdem gibt es hier Reste eines alten Forts zu sehen (2 Stunden).

• Nur wer mehr Zeit hat (mind. 1 Tag), kann noch auf die naturbelassene Little St. Simons Island übersetzen und dort auch nächtigen. Diese ist aber ziemlich teuer, denn die Insel ist in Privatbesitz.

Ansonsten können Sie noch kurz die **Hofwyl Broadfield Plantation** nördlich von Brunswick besichtigen. Weitere Höhepunkte finden sich nicht bis Savannah, und Stopps am Fort Morris bzw. Fort McAllister State Historic Park lohnen die verlorene Zeit für Savannah nicht. Naturliebhabern aber sei eine Fahrt zur Cumberland Island empfohlen. Eine schöne und weitgehend unberührte Dünenlandschaft wird Sie für den Umweg belohnen. Einen ganzen Tag oder besser zwei Tage inklusive Übernachtung (teuer! Alternative: Sehr einfache Campgelegenheit) müssen Sie aber einplanen. Ein kurzer Trip hierhin ist nicht möglich.

Off the beaten path

Eine Tour zur Cumberland Island

Im Gegensatz zu den Erläuterungen in den anderen Kapiteln in Bezug auf abgelegene Strecken müssen Sie sich hier gleich von vornherein darüber im Klaren sein: Es lohnt eigentlich nur, wenn man mindestens eine Übernachtung einplant und bereit ist, dafür entsprechend tief in die Tasche zu greifen. Einzige Alternative: einfaches Campen.

Anfahrt: Nehmen Sie die Stichstraße am Georgia Welcome Center und fahren Sie zur Fähre nach St. Marys. Kein Autoverkehr auf der Insel!
Reservieren: Es ist unabdingbar, den Aufenthalt auf der Insel zu reservieren, da täglich nur eine begrenzte Zahl an Besuchern auf die Insel darf (s.u.).
Was gibt es zu sehen? In erster Linie beeindruckt die Landschaft: An der Küste unberührte Dünen, zum Land hin ein eindrucksvolles Sumpfgebiet. Um die Landschaft richtig genießen zu können, sollten Sie etwas abseits der Anlegestelle herumwandern. Am schönsten ist es ganz im Norden, doch benötigen Sie mindestens einen vollen Tag, um dorthin zu wandern. Auch die Tierwelt ist einmalig. Es gibt u.a. Seeschildkröten, Alligatoren, Gürteltiere, wilde Pferde (von den Spaniern hinterlassen) und über 300 Vogelarten. Falls Sie länger auf der Insel bleiben, sollten Sie sich erst einer geführten Wanderung mit einem Ranger anschließen und dann – mit ausreichendem Wissen über die Natur – auf eigene Faust losziehen.
Auch der Mensch hat seine Spuren hinterlassen: Bereits die Spanier und später die Engländer erkannten die strategische Lage der Insel. Im 19. Jh. kamen dann die Pflanzer. Heute sind die Villenruine Dungeness im Süden der Insel und das wieder restaurierte Haus Plum Orchard (7 Meilen nördlich des Visitor Center), das einstmals als Wohnsitz der Carnegie-Kinder errichtet worden ist, einzige Zeugen vergangener Tage. Die Carnegies waren im 19. Jh. die reichste Familie der Insel.
Strände: Die Länge des weißen Strandes beträgt 18 Meilen. Platz genug für die maximal 300 Leute, die täglich die Insel besuchen dürfen.

Reisepraktische Informationen Cumberland Island/GA

Information

Die Insel ist in Staatsbesitz und unterliegt der Nationalparkbehörde. In St. Marys gibt es das **kleine Cumberland Island Visitor Center** *direkt am Fähranleger. Weiterhin gibt es das* **St. Mary's CVB**: *111 Osborne St., ☎ (912) 882-4000, 1-866-868-2199, www.stmaryswelcome.com, und auch auf der Insel, ebenfalls am Fähranleger, steht ein Visitor Bureau zur Verfügung.*
Informationen zur Cumberland Island: *☎ (912) 882-4336, Reservierungen für die Fähre: ☎ (912) 882-4335 (Infos: www.stmaryswelcome.com/cumberlandferry). Reservierungen sind unbedingt nötig, da nur eine begrenzte Anzahl an Besuchern pro Tag auf der Insel zugelassen wird. Von hier geht eine Personenfähre zu folgenden Zeiten: März–November: Abfahrt ab St. Mary: tägl. 9 und 11.45, andere Monate nur Do–Mo 9 und 11.45 Uhr, ab Cumberland Island: März–November tägl. 10.15 und16.45 sowie Mi–Sa 14.45 Uhr, andere Monate Do–Mo 10.15 und 16.45 Uhr. Unbedingt aber nochmal aktuell erfragen!*
Tipp: *In St. Mary's können Sie auch Seakayaks und Kanus anmieten.*

Unterkünfte

IN ST. MARY'S

The Spencer House Inn *$$-$$$: 200 Osborne Street, St. Marys, GA 31558, ☎ (912) 882-1872, www.spencerhouseinn.com. Schönes B&B im viktorianischen Stil. Unbedingt vorher reservieren.*

Günstiger ist das historische **Riverview Hotel** *$$: 105 Osborne St., St. Mary's, GA 31558, ☎ (912) 882-3242, www.riverviewhotelstmarys.com. Nahe Fähranleger. Rustikales Restaurant samt Saloon im Haus.*

AUF CUMBERLAND ISLAND

Greyfield Inn *$$$$: Reservierungen über Büro in Fernandina Beach, FL, ☎ (904) 261-6408, www.greyfieldinn.com. Schöne, alte Villa, die etwas Gespenstisches an sich hat. Der richtige Ort, um sich mit einem Krimi zurückzuziehen. Das Hotel unterhält einen privaten Fährbetrieb nach Fernandina Beach in Florida. Vorher buchen. Sehr teuer, aber lohnend. Preise inkl. Mahlzeiten.*

Camping

*Der nächste Campingplatz (***Sea Camp Beach***) liegt 1 km westlich des Fähranlegers am Visitor Center. Er ist teilweise stark frequentiert. Daher sollten geübte Wanderer sich zu den (einfacheren) schöneren Plätzen auf dem nördlichen Inselabschnitt durchschlagen. Dafür ist aber Kondition erforderlich!*

Nahrungsmittel

Es gibt kein Geschäft auf der Insel und auch keine Transportmöglichkeiten. Camper müssen also unbedingt ihre Nahrungsmittel vom Festland mitbringen (keine Bewirtung für Nicht-Hotelgäste!!) und müssen zu den Campingplätzen laufen.

Brunswick und die „Golden Isles“

Von Süden kommend, führt der Weg zuerst zur **Jekyll Island**, der südlichsten der 7 „Goldenen Inseln“ (die anderen Inseln sind: Cumberland, St. Simons, Little St. Simons, Ossabaw, St. Catherine's und Sapelo). Auf Jekyll Island wurde 1858 die letzte in Amerika angekommene „Ladung“ Sklaven in Empfang genommen. Ende des

Brücke nach Brunswick im Sonnenuntergang

19. Jh. wurde die Insel zum Sitz eines Clubs, dessen superreiche Mitglieder ein Sechstel des gesamten Weltvermögens besaßen. **Milliardäre** wie Rockefeller, Goodyear, Pulitzer und Crane kamen alljährlich von Januar bis April und wähnten sich unter ihresgleichen. Ihre Villen bezeichneten sie bescheiden als „Cottages". Jekyll Island wurde zu dieser Zeit nur als die „Millionärsinsel" bezeichnet, und ein extra angelegtes Telefonnetz, der „heiße Draht", verband diese abgelegene Insel direkt und exklusiv mit Metropolen wie New York, Chicago, Los Angeles und San Francisco. Mit der Rezession in den 1930er-Jahren und den sozialen Problemen im und nach dem 2. Weltkrieg löste sich der Club schließlich auf, und die Insel wurde an den Staat verkauft.

„Millionärsinsel"

Heute bieten sich auf der Insel folgende Möglichkeiten:
Besuch des **Historic District**: Eine historische Tram fährt stündlich vom Historical Museum ab, und die Rundfahrt schließt Besichtigungen von 3 „Cottages" und des eindrucksvollen Komplexes des „Jekyll Clubs" (heute ein vornehmes Hotel) ein. Schlendern Sie danach auch alleine etwas durch diesen Ortsteil.

Die **Rundstraße** um die Insel führt anschließend an den Ruinen des Horton House vorbei. Auf der südöstlichen Seite der Insel befinden sich die meisten Hotelanlagen, denn hier ist auch der Strand, der immer wieder einlädt zu einem kurzen Sprung ins Wasser. Im Südosten schließlich dominieren die Dünen, durch die Sie eine kurze Wanderung unternehmen sollten. Falls Sie länger bleiben sollten, lohnt sich das Ausleihen eines **Fahrrades**. Ein Fahrradwanderweg führt um die ganze Insel. Verleih ist an fast jedem Hotel, am Jekyll Harbor Marina (an der Inselzufahrt) und am Airport. Die vielen Bäume und der fast als Dschungel zu bezeichnende Wald bieten genügend schattige Strecken, sodass ein Hitzschlag kaum zu erwarten ist.

Radeln um die Insel

Wenn man die Insel wieder verlässt, führt der US 17 über die größte Spannbrücke Georgias nach **Brunswick**. Sie wurde 2004 eingeweiht in der Annahme, der Hafen der Stadt würde bald expandieren und größere Schiffe würden anlaufen. Die Brücke ist 2,1 km lang und an der höchsten Stelle misst sie 150 m über dem Wasserspiegel. Mittlerweile laufen auch ein paar größere Schiffe Brunswick an, vor allem Autotransporter und Papierfrachter. Die kleine Stadt wurde 1771 gegründet und verdankt ihren Namen dem englischen König Georg III. aus dem Hause Braunschweig (gehörte zu Hannover). Brunswick gelangte zu einem gewissen Wohlstand, als es Sitz des Glynn Countys wurde, und durch den Hafen, der als Hauptverladehafen des südlichen Georgia fungierte. Heute jedoch ist in der Stadt nicht mehr viel davon übrig. Der Hafen spielt nur noch eine untergeordnete Rolle und ist einzig noch berühmt für seine Krabbenfischerflotte. Wie viele andere Städte behauptet auch Brunswick von sich, die „Hauptstadt der Krabbenfänger" zu sein.

Die alten Häuser stehen auch heute noch, wenn auch z.T. als heruntergekommene Ruinen oder in recht schlechtem Zustand. Das gibt der Stadt aber eine eigene Note, und der echte **Charme des Südens** – ohne künstlich herausgeputzte Antebellum-Villen – bietet dem Besucher auch etwas. Eine kleine Rundfahrt ist Brunswick somit allemal wert. Das Zentrum erreichen Sie am besten über die zweite Zufahrt zur Stadt (Gloucester Rd.).

Einen Abstecher wert

Simons Island

Über eine Brücke nun führt eine Straße zur St. Simons Island. Die Insel ist heute Ziel vieler **Touristen aus Savannah**, Jacksonville und Atlanta und daher an Sommerwochenenden und während der Ferienzeit im Ortskern ziemlich überlaufen. Trotzdem bietet sie allemal eine empfehlenswerte Alternative für einen 1- bis 2-tägigen Strandaufenthalt. Die Hotels sind in der Regel nett und beschaulich, und auch die großzügige Anlage der Wohngebiete – alle in einem dschungelähnlichen Wald „versteckt" oder untergebracht auf ehemaligen Plantagenanlagen (oft in Form eines Golf-Resorts) – hat ihren Reiz. Im kleinen Ortskern (um die Mallery Street) dagegen dominieren Boutiquen, Restaurants, Antiquitätenläden und lustige Ramschgeschäfte. Auch diese Insel lässt sich gut mit einem Mietfahrrad erkunden.

Strandaufenthalt

An eigentlichen Sehenswürdigkeiten gibt es Folgendes (auch hier verkehrt ein Trolleybus zu den Sehenswürdigkeiten):

Fort Frederica Nat. Monument: Das Fort wurde 1736 von General Oglethorpe auf einer kleinen Anhöhe zur Festlandsseite hin errichtet. Als „Zement" wurden Ton, Sand und vor allem Austernschalen verwandt. Oglethorpe wollte von hier aus Florida erobern. Seine einzige Bewährungsprobe bestand Frederica 1742, als spanische Truppen von Süden kommend versuchten, es einzunehmen. Die Schlacht auf St. Simons Island („Bloody Marsh Battle") fiel zugunsten der Engländer aus, und damit waren die Spanier für immer aus dem englischen Machtbereich vertrieben. Bereits 1748 verließen die Soldaten das Fort wieder und mit ihnen auch die Händler. Heute sind nur noch die Ruinen zu sehen, die von der Parkverwaltung mit zahlreichen interessanten Erläuterungen versehen sind. Die gesamte Anlage eignet sich auch hervorragend für einen Spaziergang unter den mit Spanischem Moos behangenen Bäumen – oder zu einem Picknick (*Frederica Rd., nördlich des Ortes, tgl. 9–17 Uhr, www.nps.gov/fofr*).

Museum of Coastal History/Lighthouse Museum: Kleines Museum mit ein paar Exponaten zur Lokalgeschichte. Lohnend der Aufstieg auf den Leuchtturm. Von oben haben Sie eine schöne Aussicht auf die Insel und können auch Brunswick und Jekyll Island sehen (*101 12th St. (im Ortskern), Mo–Sa 10–17 Uhr, So 13.30–17 Uhr, www.saintsimonslighthouse.org*).

Blick nach Jekyll Island

Little St. Simons Island

Privatinsel mit einer kleinen, sehr ansprechenden Lodge. Hier haben Sie die Möglichkeit zu paddeln, Pferde zu mieten und Wanderungen entlang von Naturpfaden zu unternehmen. Sie kommen nur ein- bis zweimal täglich mit einem Boot auf die Insel, das ganz im Norden von St. Simons Island ablegt. Aktuelle Abfahrtszeiten erfragen Sie bitte vor Ort (wechseln zu oft).

Sea Island

Das luxuriöse Cloister Resort, eine riesige Hotelanlage, die zu den schönsten der Welt gezählt wird, ist alles, was Sie hier erwartet. Erbaut 1920 in spanisch-maurischem Stil, zielt sie aber eher auf den amerikanischen Geschmack. Wer hier trotz-

Der Leuchtturm von St. Simon

dem übernachten möchte, bekommt für gesalzene Preise aber auch etwas geboten: eigener Strand, Raquetplätze, eine schöne Golfanlage und und und … Hier trafen sich übrigens die Staatschefs der G 8 im Jahre 2004.

Gullah – der Slang der Ostküste

info

Gullah wird wissenschaftlich zu den „Pidgin"-Sprachen gezählt. Pidgin ist ein Begriff für die Abänderung europäischer Sprachen durch die Ureinwohner der Kolonien. Da Pidgin somit niemals als Muttersprache gelernt worden ist, sind Grammatik und Wortschatz stark eingeschränkt. Beim Gullah, dem kaum verständlichen Slang der Ostküste, waren es die ersten Sklaven, die mit dieser Sprache eine Brücke zum Englischen geschlagen haben. Gullah hat die Jahrhunderte aber überlebt, und im Gegensatz zum typischen Pidgin wird es heute von Geburt an gesprochen als Muttersprache – vornehmlich natürlich in den schwarzen Familien. Der Wortschatz wird auf ca. 1.700 Wörter geschätzt, und die Grammatik kennt nur 2 Vergangenheitsformen.

Reisepraktische Informationen Brunswick und die „Golden Isles"/GA

Information

Es gibt mehrere **Infocenter**: *a) I-95, südwärts, zw. Exits 42 und 38, b) US17 (Festland) F.J. Torras Causeway (St. Simons Island Causeway), c) Neptune Park im Pier Village am Südende der St. Simons Island, ☏ (912) 638-9014, d) 901 Jekyll Island Causeway; am Ende des Dammes, noch vor der Brücke, die zur Insel führt (linker Hand); www.jekyllisland.com.*

Brunswick Chamber of Commerce, *4 Glynn Ave., Brunswick. Zentrale Infos zu Brunswick und den Golden Isles: ☎ 1-800-933-2627 (lokal: 912-265-0620), www.goldenisles.com. Informativ ist auch: www.gatewaytothegoldenisles.com.*

Unterkünfte
BRUNSWICK

Tipp: *Übernachten Sie besser auf den Inseln, dort ist es schöner als in Brunswick.*

Brunswick Inn *$$: 5323 New Jesup Hwy., 6 Meilen nördlich am US 341 (I-95 Exit 36B), Brunswick, GA 31520, ☎ (912) 264-0144, www.bestwesternbrunswick.com. Gut geführtes Motel. Eignet sich für diejenigen, die am nächsten Morgen gleich weiter wollen nach Savannah, aber nicht für die Erkundung der Inseln.*
Brunswick Manor *$$-$$$: 825 Egmont St., Brunswick, GA 31520, ☎ (912) 265-6889, www.brunswickmanor.com. Historisches Gebäude mit korinthischen Säulen und einer einladenden Porch. Geschmackvolle Einrichtung und ein gutes Frühstück. 4 Zimmer.*

JEKYLL ISLAND
Jekyll Island Club Hotel *$$$-$$$$: 371 Riverview Dr., Jekyll Island, GA 31520, ☎ (912) 635-2600 bzw. (855) 535-9547, www.jekyllclub.com. Das Hauptgebäude stammt von 1887 und diente ehemals als Clubhaus für die oberen Zehntausend von Amerika, die sich hier unter ihresgleichen den Urlaubsfreuden hingeben konnten. Mitte der 1980er-Jahre wurde das gesamte Resort komplett renoviert, aber der Stil blieb erhalten. Eine wahre Oase, wenn auch teuer. Versuchen Sie, ein Zimmer mit Blick auf den Intercoastal Waterway zu bekommen.*
Oceanside Inn & Suites *$$$: 711 N.Beachview Dr., Jekyll Island, GA 31520, ☎ (912) 635-2211, www.oceansideinnandsuites.com. Resort im Motelstil. Relativ günstige Zimmer, von denen viele zum Meer hin liegen. Zudem geräumige Apartments für Selbstversorger ($$$-$$$$).*
Days Inn *$$-$$$: 60 South Beachview Dr., Jekyll Island, GA 31520, ☎ (912) 635-9800, www.daysinnjekyll.com. Relativ günstiges, strandnahes Motel und hier an der dem Atlantik zugewandten Seite gibt es zudem noch eine Reihe weiterer Hotels.*

ST. SIMON'S ISLAND

Hinweis: *Es gibt ein paar Bed&Breakfast-Unterkünfte auf der Insel, doch sind diese extrem teuer und daher hier nicht gelistet.*

King & Prince *$$$-$$$$: 201 Arnold Rd. (an der Downing St.), St. Simons Island, GA 31522, ☎ (912) 638-3631, www.kingandprince.com. Resort mit vielen Sportmöglichkeiten (Segeln, Tennis, Golf, Fahrradverleih etc.). Geräumige Zimmer. Auch Villas/Apartments für Selbstversorger. Ein historisches Hotel (von 1947) und das einzige auf dieser Insel direkt am Strand. Versuchen Sie ein Zimmer mit Blick auf das Wasser zu bekommen.*
Island Inn *$$: 301 Main St. (geht von der Demere Rd. ab, direkt östlich der Kreuzung mit der Sea Island Rd.), Plantation Village, St.Simons Island, GA 31522, ☎ (912) 638-7805, www.islandinnstsimons.com. Relativ günstiges Inn (nur Frühstück) in sehr schöner Anlage einer alten Plantage. Der Baustil des Hauses ist dem Antebellum-Stil gelungen nachempfunden, und der kleine Garten mit dem schönen Schwimmbad biete Erholung.*

Sea Palms Golf & Tennis Resort $$: *5445 Fredericia Rd., St.Simons Island, GA 31522, ☎ (912) 638-3351, www.seapalms.com. Der Name verrät schon, dass sich um ein Sporthotel handelt. Die Zimmer sind sehr geräumig, wenn auch einfach eingerichtet. 2 Pools, Restaurant und Bar. Eine der günstigeren Unterkünfte.*
Die günstigste Unterkunft ist wohl das **Epworth by the Sea** $$: *100 Arthur Moore Dr., St.Simons Island, GA 31522, ☎ (912) 638-8688, www.epworthbythesea.com. Landeinwärts gelegen, gehört dieses Hotel der United Methodist Church.*

LITTLE ST. SIMON'S ISLAND

The Lodge on Little St. Simons Island $$$$$: *St. Simons Island, GA 31522, ☎ (912) 638-7472, www.littlestsimonsisland.com. Oase auf einer privaten Insel, auf der Naturschutz groß geschrieben wird. Nur 15 Zimmer (in jeweils eigenen Hütten). Sehr teuer. Das Freizeitangebot, nur von wenigen Leuten zu nutzen (da die Insel nur mit einem Boot erreicht werden kann), reicht von Wandern über Reiten bis hin zu Kanufahrten. Wer sich dieses leisten mag, wird nicht enttäuscht sein. Für die Bootsüberfahrt müssen Sie vorher anrufen und besser auch reservieren. Das Boot legt an der Marina im Norden von St. Simons Island ab.*

SEA ISLAND

The Cloister $$$$: *Sea Island, GA 31561, ☎ (912) 638-3611, www.seaisland.com. Villas und Cottages vom Feinsten – einige mit eigener Küche. Privatstrand, Golf, Tennis, Reiten und Bootsfahrten. Unter US$ 200 gibt es aber nichts. Hier fand übrigens 2004 der G8-Gipfel statt.*

Restaurants

*Ein typisches Gericht der Region ist der „***Brunswick Stew***". Fisch und Fleisch (Hühnchen und/oder Rindfleisch) werden hier zu einem hackähnlichen Gulasch gekocht, das sich zusammen mit den Saisongemüsen und der guten Würzung (Achtung! Häufig scharf!) zu einem schmackhaften Gericht entfaltet. Eine gute Gelegenheit, mal von Hamburgern und Shrimps abzuweichen. Leider ist es nicht so einfach, dieses Gericht in den Restaurants zu finden. Hier einmal drei Adressen dafür:* **Brunswick Station** *(Brunswick, 1414 Newcastle St., ☎ 554-1910, nur Lunch, nur Mo-Fr),* **Bennie's Red Barn** *(St. Simons Island, 5514 Fredericia Rd., ☎ 638-2844) und* **SeaJay's Waterfront Café & Pub** *(Jekyll Island, Jekyll Harbor Marina, ☎ 635-3200). Letztgenanntes Restaurant ist auch berühmt für sein „Low Country-Boil-Buffet" (Shrimps, Smoked Sausages, Cole Slaw, Corn-on-the-Kob). Dabei handelt es sich um einen großen Topf mit gekochten Shrimps, Kartoffeln, geräucherter Wurst und dazu gibt es Maiskolben. Ebenfalls eine Spezialität der Region.*
Barbara Jean's: *214 Mallory St., St. Simon's Island, ☎ 634-6500. Hier gibt es Crab Cakes (Fischfrikadellen, die Spezialität der Südstaaten), aber auch andere „einfache" Gerichte wie Meatloaf (gebackener Fleischklops), Pot Roast (eine Art Rindsgulasch) und das Ganze mit Zutaten wie Kartoffelpüree, Spinat, Kohl u.a. Günstig, lecker und einmal etwas anderes!*
King & Prince: *201 Arnold Rd. (an der Downing St.), St. Simons Island, ☎ 638-3631. Im Delegal Room speisen Sie mit Aussicht auf das Wasser. Fleisch, Pasta und Meeresfrüchte. Besonders empfehlenswert ist das ausladende Seafood-Buffet am Freitagabend.*
Royal Café: *1618 Newcastle Street, Brunswick, ☎ 262-1402. Hier gibt es nicht nur Meeresfrüchtegerichte, bekannt ist das Restaurant auch für seinen Brunswick Stew. Zudem leckere Burger und knackige Salate.*

CJ's Italian Restaurant: *405 Mallory Street, St. Simons Island, ☎ 634-1022. Kleines Restaurant mit stimmiger Atmosphäre, und das Essen ist lecker. Z.B. können Sie sich eine Pizza selbst zusammenstellen.*
Auf St. Simon's Island gibt es zudem noch zahlreiche andere Restaurants und wer hier noch nicht das Richtige gefunden hat, sollte sich einfach im „Village" (untere Mallory Street) oder im „Redfern Village" umschauen. Hier wird jeder fündig.

Bars/Pubs

Rund um die untere Mallory Street gibt es für Jeden etwas:
J. Mac's Island Restaurant und Martini Bar *(407 Mallory St.) bietet, was der Name verspricht, Martinis in allen Variationen, oft mit Pianomusik begleitet und einem entsprechendem Publikum. Das Restaurant ist ebenfalls gut, wenn auch recht teuer. Gleich nebenan tönt laute Rockmusik aus* **Murphy's Tavern** *(415 Mallory St.). Die Billardbar ist das „Waterhole", wo sich jeder trifft. Und nicht weit von hier (315½ Mallory St.) lockt die* **Rafter's Blues & Raw Bar** *im Obergeschoss mit Livemusik und Austern zum „Einkaufspreis".*

Weiterfahrt nach Savannah

Zurück auf dem Festland, fahren Sie zumindest noch ein Stück auf dem US 17. 14 Meilen nördlich von Brunswick passieren Sie dabei die **Hofwyl Broadfield Plantation**, eine alte Reisplantage aus dem 19. Jh., die Sie täglich außer montags besichtigen können. Ihren Namen verdankt sie ihrem Gründer (Broadfield), der in der Schweiz ein Internat besucht hatte (Hofwyl). Das Herrenhaus ist gut erhalten und mit verschiedenen Antiquitäten möbliert.

Bei **Richmond Hill**, ca. 25 Meilen südlich von Savannah, führt die GA 144 zum **Fort Mc Allister Historical Park** (*Museum tgl. 8–17 Uhr, www.gastateparks.org/FortMcAllister*). Zwar blickt dieses Fort auch auf eine bewegte Geschichte zurück und die Rekonstruktion seines Zustandes von 1864 ist gelungen, doch ist das Fort Pulaksi östlich von Savannah trotzdem interessanter. Diese kann man man bei der Anfahrt von Süden erreichen, indem man zuerst den Bogen östlich um die Stadt herum macht und zum Fort Pulaski fährt– wer ganz viel Zeit hat vorher sogar noch zum **Wormsloe Historic Site**. Anschließend bietet sich ein Badeausflug an den Strand von Tybee Island an.

Savannah

Entfernungen

Savannah – Jacksonville: 142 mi/228 km
Savannah – Atlanta: 256 mi/412 km
Savannah – Charleston: 105 mi/169 km
Savannah – Tybee Island: 18 mi/28 km

Oft wird Savannah verglichen mit Charleston, SC. Charleston ist mit Sicherheit herausgeputzter, so wie eine kleine „Puppenhausstadt", doch Savannah hat dagegen noch einiges mehr von seiner Ursprünglichkeit erhalten. Greifen Sie hier etwas tiefer in die Tasche und leben Sie die Stadt aus: Wohnen Sie in einem der schönen Bed& Breakfasthäuser, speisen Sie mit Stil, erwandern Sie die River Street morgens, wenn noch weniger Touristen dort sind, genießen Sie die schattigen Parks der 21 Town Squares. Versprochen: Nach kürzester Zeit ist der Wunsch, noch eine Nacht länger hier zu bleiben, kaum noch zu verdrängen.

Redaktionstipps

- Übernachten Sie in einem gediegenen Bed&Breakfast-Haus. (S. 307)
- Für ein üppiges und unvergessliches Mittagsmahl müssen Sie unbedingt zu „Mrs. Wilkes Boarding House". (S. 309)
- Das spätabendliche Programm gestaltet sich am besten an der River Street, wobei jüngere Leute auch die Region um den Market Square probieren sollten. (S. 310)
- Zeiteinteilung: Anfahrtstag plus 1 Tag: Anfahrtstag: Erst zum Fort Pulaski, von hier aus in die Innenstadt. 1. (nächster) Tag: Besuch des Visitor Center und des Historischen Museums. Danach die River Street entlanglaufen und das Ship of the Sea Museum kurz besuchen. Anschließend zurück entlang dem Factory Walk und einen Snack im Bereich des City Markets. Am Nachmittag einfach nur durch die schönen Straßen des historischen Distrikts schlendern und vielleicht das Green Meldriem House besichtigen. Pausen einlegen auf den schattigen Town Squares!

21 Town Squares hat Savannah, auf deren schattigen Bänken man eine Pause einlegen kann

Geschichte

Im Februar 1733 landete General **James Edward Oglethorpe** mit 120 Kolonisten bei Yamacraw Bluff am Savannah River. Er hatte den Auftrag, die britische Kronkolonie Georgia zu gründen. Bei der Anlage der Stadt nutzte Oglethorpe eine Skizze aus Robert Castells Buch „Village of the Ancients". Das, was heute Stadtplaner unter „Daseinsgrundfunktionen und ihre räumliche Verteilung" verstehen, setzte schon vor über 250 Jahren Oglethorpe bei der Stadtplanung von Savannah um:

Vorausschauende Stadtplanung

- Er legte 24 „**town squares**" (= öffentliche Plätze mit Grünanlagen – 21 davon existieren heute noch) an, die für die umliegenden Bewohner jeweils als „Gemeindezentrum" dienten. Hier wurde z.B. gekocht, denn kochen war in früherer Zeit in den feuergefährdeten Holzhäusern nicht erlaubt. Der Johnston Square war der Hauptplatz, und hier standen stadteigene Backöfen zum Brotbacken.
- Jede Siedlerfamilie erhielt ein Grundstück mit einem Gartenteil (5 acres).
- Am Hafen entstand ein Geschäftsviertel.
- Außerhalb der Stadt vergab man Farmgrundstücke (45 acres groß).

Der **Tiefseehafen** zog in der Folgezeit spanische, portugiesische, deutsche, schottische und irische Einwanderer an. Entlang der Ufer entstanden Kaianlagen, Grundlage des aufstrebenden Seehandels. 1819 startete von hier aus die „Savannah" als erstes Dampfschiff über den Atlantik und kam planmäßig nach 27 Seetagen in Liverpool an. Durch den florierenden Baumwollhandel verdoppelte sich die Einwohnerzahl. Der Reichtum gestattete vielen Bürgern und Geschäftsleuten, sehr schöne Häuser zu bauen. Vor dem Bürgerkrieg war es dann auch, dass sich die vielen Geistergeschichten und mystischen Erzählungen entwickelten. Oft nicht ohne Grund und auf wahren Begebenheiten beruhend.

Stadtgründer Oglethorpe

Während des **Bürgerkrieges** (1861–65) konnte Savannah lange Jahre nicht eingenommen werden, obwohl die Stadt unter der Seeblockade der Unionstruppen zu leiden hatte. Als General Sherman im Dezember 1864 anrückte (nachdem er Atlanta zerstört hatte), kapitulierten die Bewohner Savannahs und verhinderten so eine Zerstörung der Stadt. General Sherman sandte damals seine berühmte Weihnachtsnachricht an Präsident Lincoln: „Als Weihnachtsgeschenk überreiche ich Ihnen die Stadt Savannah mit 150 schweren Kanonen, Munition und etwa 25.000 Ballen Baumwolle." Ende des 19. Jh. verfielen die Baumwollpreise so sehr, dass das „Goldene Zeitalter von King Cotton" rapide zu Ende ging. Die Stadt verfiel.

Um ihr architektonisches Erbe zu retten, schlossen sich sieben Damen der Stadt zusammen, besetzten die für den Abbruch bestimmten Häuser und gründeten 1955 die **Historic Savannah Foundation**. Fortan verbesserte sich das Stadtbild, und mittlerweile sind bereits an die 2.000 Häuser originalgetreu restauriert. 1977 wurde die Uferfront vor dem Verfall gerettet. Seit einigen Jahren ist man dabei, auch das südlich dieses Gebietes gelegene viktorianische Viertel zu restaurieren. Weitere Viertel sollen folgen.

Viele Häuser restauriert

Buchtipp

Berendt, John: **Midnight in the Garden of Good and Evil**. *In ganz Savannah nur als „The Book" bezeichnet. Spielt in Savannah und befasst sich u.a. mit dem Voodoo-Kult. Gut geschrieben und die Lektüre auch für unterwegs. Als bester Buchladen dazu: E. Shaver direkt hinter dem Hilton DeSoto.*

Sehenswertes im Stadtbereich

Spaziergang durch Savannah

Start ist am **Visitor Center (1)** (Parkplätze hinter dem Gebäude) im ehemaligen Bahnhof am M.L. King Blvd./Ecke W. Harris Street. Decken Sie sich mit ein paar Broschüren ein, besonders die der Trolleyfahrten mit guten Stadtplänen darin. Hier können Sie auch die Touren (Trolley oder themenbezogene) buchen. Es lohnt sich hier auch einen kurzen Blick in das **Savannah History Museum** im hinteren Bereich des Gebäudes zu werfen (*303 Martin Luther King Jr. Blvd., Mo–Fr 8.30–17 Uhr, Sa u. So erst ab 9 Uhr*).

Eisenbahnfreunde werden auch Gefallen finden an der alten Lokomotive und den Waggons, die hier ausgestellt sind. Einen Block südlich befindet sich **Georgia's State (Roundhouse) Railroad Museum (2)** an einem alten Lokschuppen („Round House") mit ein paar Lokomotiven, Erläuterungen zur Eisenbahngeschichte von Savannah sowie einer Modelleisenbahn. Als Hafenstadt war Savannah ein wichtiger Eisenbahnstützpunkt gewesen, besonders zu der Zeit, als der Baumwollhandel blühte (*601 Harris St., tgl. 9–16 Uhr, www.chsgeorgia.org*).

Alte Lokomotiven

Gehen Sie nun die wenig attraktive Montgomery Street hinunter. An der Ecke W. Bryan St. befinden Sie sich an der Rückseite der **First African Baptist Church (3)** von 1861. Die Gemeinde selbst wurde bereits 1788 von Sklaven auf der Brampton-Plantage gegründet. Geöffnet ist die Kirche nur zu den Gottesdiensten, die in der Regel Samstagabend und Sonntagmorgen stattfinden. Der Enthusiasmus des Pfarrers bei der Predigt, die Gospelgesänge und die ganz andere Kirchenstimmung in den schwarzen Kirchengemeinden lohnen einen Besuch. Gäste sind herzlich willkommen!

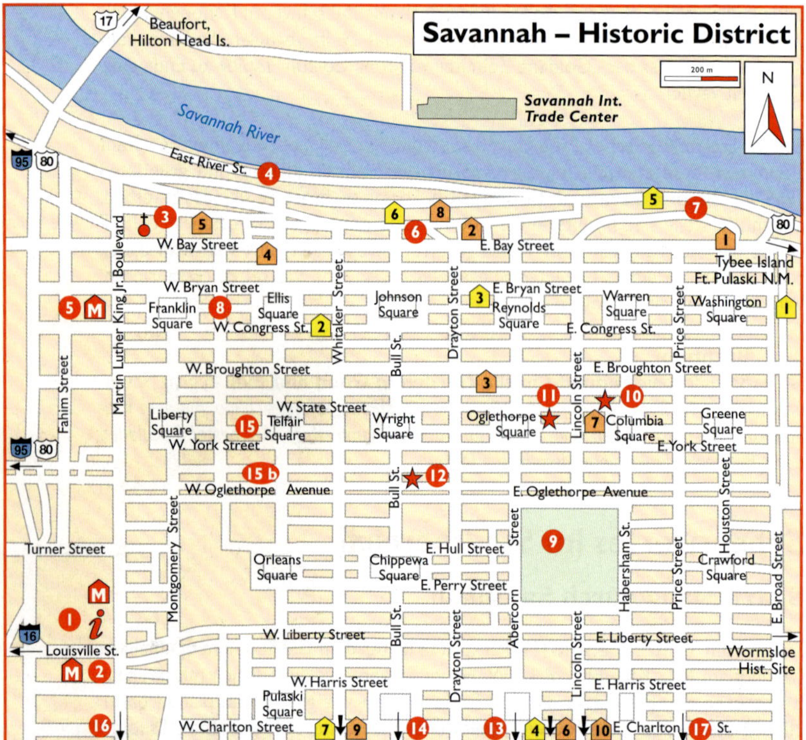

1 Visitor Center/History Museum
2 Georgia's State Railroad Museum
3 First African Baptist Church
4 River Street
5 Ships of the Sea Museum
6 Cotton Exchange Building
7 „Waving Girl“
8 City Market
9 Colonial Park Cemetery
10 Isaiah Davenport House
11 Telfair's Owens Thomas House
12 Juliette Gordon Low Birthplace
13 Andrew Low House
14 Green-Meldrim House
15 Telfair Academy of Arts & Sciences
15b Jepson Center for the Arts
16 Ralph Mark Gilbert Civil Rights Museum
17 King Tisdell Cottage

Unterkunft
1 Mullberry Inn
2 River Street Inn
3 Marshall House
4 The Inn at Ellis Square
5 Quality Inn Heart of Savannah
6 The Gastonian
7 Kehoe House
8 Olde Habour Inn
9 Savannah Bed & Breakfast Inn
10 Savannah Int. Youth Hostel/Pensione

Restaurants
1 Pirate's House
2 The Lady & Sons
3 Olde Pink House
4 Elizabeth on 37
5 Shrimp Factory
6 Vic's on the River
7 Mrs. Wilkes Dining Room

Nun geht es hinunter zur **River Street (4)**. Die alten Lagerhäuser am Kai, die Kopfsteinpflasterstraße und die Güterzüge, die gelegentlich noch auf der River Street selbst fahren, ergeben ein attraktives Foto (vielleicht fährt ja auch noch ein Schiff auf dem Fluss vorbei), und ein stimmungsvoller Spaziergang ist es zudem. Besuchenswert ist hier das **Ships of the Sea Museum (5)**. Über 3 Stockwerke verteilt finden sich hier Modelle und Bilder von Schiffen aus allen Perioden der letzten 300 Jahre. Besonders die alten Segelschiffmodelle sind klasse! (*M.L.K. Boulevard/ W. River St., Di–So 10–17 Uhr, www.shipsofthesea.org, $ 8*).

Modellschiffe

Ansonsten schlage ich vor, lassen Sie sich einfach treiben entlang der leider mittlerweile sehr touristischen River Street. Schauen Sie auch mal „hinter die Kulissen" auf halber Etage unterhalb der Bay Street. Hier werden die Waren für die Geschäfte und Restaurants angebracht. Genießen Sie einen Cappuccino, setzen Sie sich auf eine Bank, betrachten Sie den Schiffsverkehr und versäumen Sie auch nicht die obere Rückseite (Bay Street), wo neben ausgesuchten (und leider teuren) Antiquitätengeschäften besonders auch das alte **Cotton Exchange Building (6)** gleich östlich neben der City Hall sehr anschaulich ist. Ganz im Osten der River Street winkt die Skulptur des „**Waving Girl**" **(7)** den ein- und auslaufenden Schiffen zu. Daneben, direkt am Ufer steht eine weitere Skulptur, die in Gedenken an die Segelolympiade 1996 aufgestellt wurde.

Cafés und Boutiquen

Kleiner Umweg: Weiter geht es zum **City Market (8)** in der W. Julian Street. Hier lädt besonders die Stimmung der Straßencafés ein, in denen manchmal auch am Tage Livemusik gespielt wird. Wenn Sie zudem Lust auf einige Boutiquen und Galerien haben, wäre der Umweg zu diesem Viertel also lohnend, nicht aber der Gebäude wegen.

Das alte Cotton Exchange Building

Besteht wenig Interesse daran, sollten Sie von der River Street gleich weiterlaufen in den historischen Wohnbezirk, dem Historical District. Die alten Häuser hier sind schön, besonders auch wegen der so einladend wirkenden Parks an den Town Squares und den großen Bäumen, die an vielen Stellen den erwünschten Schatten bieten (ein Picknick auf einem der Plätze wäre eine gute Idee). Einige Häuser sind zu besichtigen, wobei der Besuch eines Hauses eigentlich ausreicht. Der eigentliche Clou des Viertels ist wirklich die ruhige, beschauliche und trotzdem echte Atmosphäre. Auch ein Spaziergang über den **Colonial Park Cemetery (9)** lohnt sich. Hier sind viele Persönlichkeiten der Stadt begraben. Hinweisschilder erläutern die bekannten Grabstätten.

Schattige Plätze

Im Folgenden eine Kurzbeschreibung einiger interessanter Häuser:

Isaiah Davenport House (10): Dieses Haus wurde 1815–20 erbaut und stellt ein hervorragendes Beispiel der sog. „Federal"-Architektur dar. Es sollte ursprünglich abgerissen werden, doch die Bürger von Savannah protestierten dagegen, was Anstoß zu weiteren Restaurierungsvorhaben gab (1954). Vor allem das Porzellan und der Courtyard Garden hier sind sehenswert (*324 E. State Street (Columbia Square). Touren: Mo–Sa 10–16, So 13–16 Uhr, www.davenporthouse museum.org, $ 8*).

Telfair's Owens Thomas House (11): Erbaut 1816 für einen reichen Baumwollhändler, ist dieses Haus eingerichtet mit Möbeln aus der georgianischen und viktorianischen Zeit. Die plüschige Atmosphäre macht es wohl zu dem interessantesten Gebäude im historischen Viertel (*124 Abercorn St., Touren: Mo 12–16.30, Di–Sa 10–16.30, So 13–16.30 Uhr, www.telfair.org, $ 20*).

Gründerin der Pfadfinderinnen

Juliette Gordon Low Birthplace (12): Das Haus wurde 1818-21 erbaut und ist heute so eingerichtet, wie es um 1886 ausgesehen haben mag, als Juliette Gordon Low, die spätere Gründerin der „Girl Scouts of America" hier lebte (*10 E. Oglethorpe Ave. Mo–Sa 10–16 (Nov.-Febr. Mi geschl.), So 11–16 Uhr, www.juliette gordonlowbirthplace.org, $ 8*). Die „Girl Scouts" wurden 1912 ins Leben gerufen und wer sich näher mit deren Geschichte beschäftigen möchte, der kann dieses im **Girls Scout First Headquarter** (*330 Drayton St., Mo, Di, Fr sowie erster und dritter Sa im Monat 10–16 Uhr, besser anmelden: (912) 232-8200*) tun.

Andrew Low House (13): 1848 von Andrew Low, einem der reichsten Baumwollhändler von Savannah und Schwiegervater von Juliette Gordon Low erbaut. Andrew Low, dessen Hobby die Architektur gewesen ist, hat noch weitere Häuser in Savannah errichten lassen (*329 Abercorn St./Lafayette Square. Geöffnet Mo–Sa 10–16 Uhr, So 12–16 Uhr, www.andrewlowhouse.com, $ 8*).

Green Meldrim House (14): Ebenfalls das Haus eines reichen Baumwollhändlers. Hier schlug General Sherman sein Hauptquartier auf, als er die Stadt Savannah 1864 einnahm. Heute ist das Haus das Gemeindehaus der St. John's Episcopal Church. Gut restauriert und elegant eingerichtet (*1 Macon St./Madison Square. Touren Di, Do u. Fr 10–16, Sa 10–12.30 Uhr, www.visit-historic-savannah.com/green-meldrim-house, $ 8*).

Weiterhin sehenswert im historischen Distrikt sind folgende Museen:

Telfair Academy of Arts & Sciences (15): Im Jahre 1818 erbaut, sind im Haus heute viele Originalmöbel sowie europäische und amerikanische Malereien und Skulpturen zu sehen. Oft auch spezielle Sonderausstellungen. Dies ist das ältes-

Girls Scout First Headquarter

te Museum der Südstaaten (*121 Barnard Street am Telfair Square. Mo 12–17, Di–Sa 10–17, So 13–17 Uhr, www.telfair.org, $ 15, Kombiticket $ 20*). Angeschlossen ist das nahe **Jepson Center for the Arts – Telfair Museum of Art (15b)** (*Ecke W. Oglethorpe/Barnard Street, gleiche Öffnungszeiten*), das ebenfalls Sonderausstellungen (meist moderne Kunst) zeigt.

Museum zur Bürgerrechtsbewegung

Ralph Mark Gilbert Civil Rights Museum (16): Sehr aufschlussreiche Erläuterungen und zahlreiche historische Fotos zur Geschichte der Bürgerrechtsbewegung in Savannah (*460 M.L. King Blvd., Mo–Sa 9–17 Uhr, www.visit-historic-savannah.com, $ 8*).

King-Tisdell Cottage (17): Etwas außerhalb gelegen und nur mit dem Auto zu erreichen, wird in diesem kleinen viktorianischen Haus gezeigt, wie eine mittelständische schwarze Familie im ausgehenden 19. Jh. gelebt hat (*514 E. Huntington St. (fahren Sie die Price St. Von der E. Bay St. 30 Blocks nach Süden bis zur E. Huntington St, dann nach links abbiegen), nur nach Vereinbarung: ☎ (912) 234-8000, www.kingtisdell.org*).

Übrigens ist nicht nur der historische Distrikt sehenswert. Fahren Sie z.B. die Abercorn Street nach Süden weiter bis zur 40th Street, gibt es auch eine Reihe alter Gebäude. Falls Sie Zeit haben sollten, lohnt diese Tour.

Sehenswertes in der Umgebung

Fort Pulaski National Monument

Das Fort, direkt an der Mündung des Savannah River gelegen, wurde zwischen 1829 und 1847 als äußerst massive, fünfeckige Anlage erbaut. Es sollte mit seinen Kasematten und Kanonen die Flussmündung und damit den Hafen- und Seezugang sichern. Im Verlaufe des Bürgerkrieges wurde das Fort nach einem 30-stündigen Beschuss im Jahre 1862 von den Unionstruppen erobert, allerdings nicht Savannah, das erst durch die Landoffensive unter General Sherman 2 Jahre später besetzt worden ist. Wieder hergerichtet im alten Zustand, bietet dieses Fort wohl die beste Gelegenheit, sich mit dem Leben während der Friedens- und auch Kriegszeit in so einer Anlage vertraut zu machen. An der östlichen Außenwand wurden die Einschusslöcher von 1862 belassen, und es wird deutlich, dass die zu dieser Zeit neueren Geschossformen sich besser – nämlich in spitzerem Winkel und mit mehr Wucht – in die dicken Mauern bohren konnten. Das war das Ende der Forts im Allgemeinen. Im Visitor Center können Sie die Geschichte jener Tage verfolgen, wobei auch die gesamte amerikanische Kriegsgeschichte der südlichen Ostküste während der letzten 300 Jahre anhand von Tafeln gut erläutert wird *(15 Meilen (24 km) östlich der Stadt. Nehmen Sie den US 80. Tgl. 9–17, im Sommer bis 18.30 Uhr, www.nps.gov/fopu, $ 5)*.

Restauriertes Fort

Tybee Island

Vom Fort aus ist es nicht mehr weit zu dem Ort Tybee Island, der auf der gleichnamigen Insel, direkt am Atlantik, liegt. Einladend sind hier der Strand, die unkomplizierten Fischrestaurants und Kneipen sowie die Besteigung des 48 m hohen Lighthouse *(Mi–Mo 9–17.30 Uhr, letzter Einlass 16.30 Uhr, www.tybeelighthouse.org, $ 8)*, von dem Sie eine eindrucksvolle Aussicht auf die Mündung des Savannah River haben. Das benachbarte Tybee Museum (Ft. Screven) ist weniger interessant und bietet vornehmlich Exponate zur Kriegsgeschichte des 20. Jh. Tybee Island eignet sich aber hervorragend als alternative **Unterkunft** zu Savannah, falls Sie dort den recht teuren Preisen entgehen und zudem einen weiteren Tag am Strand einlegen möchten. Neben der US-80-Brücke, kurz vor Tybee Island gibt es auf der Südseite übrigens günstige Shrimps und hier können Sie auch Kajaks ausleihen.

Wormsloe Historic Site

Es sind weniger die Ruinen einer der ersten Plantagen im Umland von Savannah, die beeindrucken, sondern in erster Linie die 1,5 Meilen lange, 1890 gepflanzte Eichenallee. Zudem bietet das kleine Museum einen guten Überblick über die frühe Kolonialgeschichte der Küste von Georgia *(7601 Skidaway Road. Di–So 9–17 Uhr, www.gastateparks.org/Wormsloe, $ 8)*.

Weitere Routenempfehlungen

Von Savannah aus haben Sie jetzt zwei Möglichkeiten der Buchroute zu folgen:
- Folgen Sie der empfohlenen Buchroute von Savannah aus über Georgetown und Columbia nach Atlanta oder Asheville zum Great Smoky Mountains National Park. Diese Strecke ist in den folgenden Kapiteln beschrieben. Zu Atlanta s. ab S. 385.
- Die Abkürzung führt von Savannah über Macon nach Atlanta und dann weiter durch den Norden von Georgia bis zum Great Smoky Mountains National Park.

Reisepraktische Informationen Savannah und Tybee Island/GA

Information

Savannah Visitors Center: *301 Martin Luther King Jr. Blvd., ☎ (912) 944-0455, www.savannahvisit.com. Untergebracht in dem alten Bahnhof. Hier gibt es eine Diashow zur Stadtgeschichte, und von hier starten auch eine Reihe von Sightseeingtouren. Besorgen Sie sich hier den ausgezeichneten Stadtführer „Sojourn in Savannah", der hervorragende Erläuterungen zur Architektur der einzelnen Häuser bietet. Gleich nebenan befindet sich die „Savannah Exposition", eine interessante Ausstellung mit Fotos und Exponaten zur lokalen Geschichte. Hier werden auch 2 Filme gezeigt, welche die Historie der Stadt veranschaulichen. Täglich 9–17 Uhr.*

Eine weitere Infostelle ist **Visit Savannah Visitor Center**: *101 E. Bay Street, Historic District, ☎ (912) 644-6400.*

Wichtige Telefonnummern

Vorwahl: ☎ 912

Notruf Polizei/Feuer/Ambulanz: ☎ 911

Krankenhaus (24-Std.-Ambulanz): Chandler General Hospital: 5353 Reynold St., Kensington Park, ☎ (912) 692-6000

Hotels

Mulberry Inn $$$ **(1)**: *601 E. Bay St. Savannah, GA 31401, ☎ (912) 238-1200, www.savannahhotel.com. In der ehemaligen Coca-Cola-Fabrik untergebracht. Gemütlich*

Savannah biete zauberhafte Unterkünfte, wie das **Olde Harbour Inn**

eingerichtet. Motel der oberen Mittelklasse. Einen Block von der River Street entfernt. Sonntags Brunch!

River Street Inn $$$ **(2)**: *124 E. Bay Street, Savannah, GA 31401, ☎ (912) 234-6400, www.riverstreetinn.com. Schönes renoviertes ehem. Lager- und Bürohaus direkt im Herzen des Geschehens.*

Marshall House $$$ **(3)**: *123 E. Broughton St., Savannah, GA 31401, ☎ (912) 644-7896, www.marshallhouse.com. Historisches „Boutique-Hotel-à-la-Savannah". 65 Zimmer und 3 Suiten. Viele Einrichtungsgegenstände beziehen sich auf die Geschichte wie auch die Kunstszene. Der Tipp für Savannah und übrigens das älteste Hotel der Stadt.*

The Inn at Ellis Square $$$ **(4)**: *201 W. Bay St., Savannah, GA 31401, ☎ (912) 236-4440, www.innatellissquare.com. Ebenfalls im historischen Distrikt gelegenes Hotel mit relativ günstigen Preisen unter der Woche. Die etwas teureren Suiten haben kleine Küchen. Das Hotel befindet sich in einem historischen Gebäude (1851).*

Quality Inn Heart of Savannah/Savannah Historic District $$-$$$ **(5)**: *300 W. Bay St., Savannah, GA 31401, ☎ (912) 236-6321, www.qualityinnhistoricsavannah.com. Modernes Motel direkt am westlichen Beginn der River Street. Günstig und sauber, aber ansonsten langweilig.*

Bed&Breakfast-Häuser

Reservierungen über: **Savannah Historic Inns**, *Reservation Service, 11 Silver Leaf, Savannah, 31401, ☎ (912) 233-7666.*

Savannah verfügt über zahlreiche schöne, leider i.d.R. auch recht teure Bed&Breakfast-Häuser im historischen Distrikt. Zu empfehlen wären u.a.:

The Gastonian $$$$ **(6)**: *220 E. Gaston St., Savannah, GA 31401, ☎ (912) 232-2869 (inlands), (912) 322-6603 (aus dem Ausland), www.gastonian.com. Dieses B&B, dessen 2 Gebäude von 1868 stammen, hat 17 Zimmer, die sich aber alle selbst übertreffen an Charme und ausgefallener antiker Einrichtung. 11 Zimmer haben eine eigene Jacuzzi und jedes Zimmer einen eigenen Kamin. Das leckere und täglich wechselnde Frühstück findet morgens in der großen Wohnküche statt. Dieses Haus zählt ohne Zweifel zu den besten B&B-Unterkünften der USA, ist aber teuer. Tipp: Das „Juliette Gordon Lowe"-Zimmer hat zwar kein Jacuzzi (dafür eine riesige, gemütliche, gusseiserne Badewanne), verfügt aber über den schönsten und größten Balkon des Hauses, der von einer großen Eiche teilweise beschattet wird. Abends vorm Schlafengehen sollten Sie dort noch einen Schlummertrunk einnehmen. Als Eckzimmer ist es auch schön hell. Wegen des „mangelnden" Jacuzzi ist es eines der billigeren Zimmer!*

Kehoe House $$$-$$$$ **(7)**: *123 Habersham St., Savannah, GA 31401, ☎ (912) 232-1020, www.kehoehouse.com. Viktorianisches Haus von 1890 mit großzügigen Gemeinschaftsräumen. 13 Zimmer.*

Olde Harbour Inn $$$-$$$$ **(8)**: *508 E. Factors Walk, Savannah, GA 31401, ☎ (912) 234-4100, www.oldeharbourinn.com. Schön restauriertes B&B oberhalb der River Street. Die meisten Zimmer haben Blick auf den Fluss.*

Savannah Bed & Breakfast Inn $$$ **(9)**: *117 W. Gordon St. (Chatham Square), Savannah, GA 31401, ☎ (912) 238-0518, www.savannahbnb.com. Eines der günstigsten B&Bs im Innenstadtbereich. Sauber. Haus von 1853 im ältesten Teil des Historic District.*

Jugendherberge

Savannah Int. Youth Hostel/ Pensione $ **(10)**: *304 E. Hall St., Savannah, GA 31401, ☎ (912) 236-7744, www.savannahpensione.com. In historischem Gebäude* *und durchaus auch für weniger anspruchsvolle Erwachsene zu empfehlen. Das Haus sieht von außen schlimmer aus als von innen. Aber natürlich kein Luxus!*

Restaurants

Pirate's House (1): *20 E. Broad St., ☎ 233-5757. In historischem Gebäude von 1852. Exquisite amerikanische Küche (ja, die kann es geben) mit viel Gemüse. Das Brot wird selbst gebacken.*

The Lady & Sons (2): *102 W. Congress St., ☎ 233-2600. Sehr populäres Restaurant, dessen Hühnchengerichte und die Collard Greens legendär sind.*

Olde Pink House (3): *23 Abercorn St., ☎ 232-4286. Das Haus wurde bereits 1771 erbaut, und hier befindet sich heute ein elegantes Restaurant. Vielleicht ist es weniger das (gute) Essen, das den Aufenthalt so angenehm macht, als vielmehr die Atmosphäre des „alten" Savannah. Dinner bei Kerzenlicht. Für den Aperitif bzw. Digestif empfiehlt sich der Besuch der alten Kellertaverne (Pianomusik).*

Elizabeth on 37th (4): *105 E., 37th St., ☎ 236-5547. In altem herrschaftlichen Haus untergebracht. Regionale Küche und leckere Nachtische. Zu einem der Top-25-Restaurants des Landes erkoren. Sehr teuer.*

Shrimp Factory (5): *313 E. River St., ☎ 236-4229. Seafood-Restaurant in einem alten Lagerhaus an der Riverfront (Aussicht auf die vorbeifahrenden Schiffe). Die Spezialität hier ist ein Stew („Pine bark stew") aus 5 verschiedenen Fischsorten – mit Kartoffeln und Zwiebeln.*

Vic's on the River (6): *15 East River/ 26 East Bay Sts. (2 Eingänge), ☎ 721-1000. „Upmarket" Restaurant mit Blick auf den Fluss (vorher Tisch reservieren) – etwas versnobt, aber sehr gute Südstaaten-Gerichte. Piano Bar.*

Mrs. Wilkes Dining Room *(Boarding House)* **(7)**: *107 W. Jones Street, ☎ 232-5997. Dies ist eine Institution! Wenn zum reichhaltigen, aber ausgesprochen günstigen*

An der River Street befinden sich zahlreiche Restaurants und Bars

Lunch gebeten wird, sind die Menschenschlangen lang (die ersten stehen bereits um 10.30 Uhr an). In unkompliziert-persönlicher Atmosphäre kommen Sie leicht ins Gespräch mit Ihren Tischnachbarn. Beachten Sie die Artikel an den Wänden zur Geschichte des Restaurants und zu Mrs. Wilkes. Südstaatenküche. Nur 11–14 Uhr!

Wiley's Championship BBQ: *4700 US 80 East (5 Meilen östl. der Innenstadt), ☎ 201-3259. Etwas abseits gelegen, ist dieses Lokal der „Favorite Place" bei den Einheimischen für Barbecue-Fleisch. Lange geräuchert, schmecken die Spare Ribs, das Hühnchen, die Pute sowie das Pulled Pork besonders gut. Mo–Sa nur 11–15, Mi+Do auch 17–20 u. Fr+Sa 17–21 Uhr.*

Pubs/Livemusik/Nightlife

Bayou Café & Blues Bar: *14 N. Abercorne St. (River St.), ☎ 233-6411. Bluesbands vor allem am Wochenende. Bis 2/3 Uhr morgens geöffnet.*

Kevin Barry's Irish Pub: *117 W. River St., ☎ 233-9626. Irischer Pub mit entsprechender Musik. Hier treffen sich alle – auch die Touristen. Vorteil: Die „late-night-kitchen" geht bis 2 Uhr.*

Bar Bar: *219 W. St. Julian St., ☎ 231-1910. Bar der Einheimischen. Billard, Fernseher, Tanzfläche. Gute Bierauswahl. Am Wochenende voll.*

Vu Lounge: *2 W. Bay St., im Hyatt Regency Hotel, ☎ 238-1234. Gehobenerer Stil. Tolle Aussicht auf den Savannah River. Auch kleine Speisen.*

Entlang der **River Street** *gibt es aber auch noch eine Reihe anderer Lokalitäten mit Musik. Weitere Livemusikkneipen (eher für die Jüngeren geeignet) finden sich im Umfeld des City Market.*

Einkaufstipps

In der **Riverfront Plaza/River Street** *befinden sich in mehreren Blocks Geschäfte aller Art, wobei der rückseitig gelegene Factors Walk mit seinen Antiquitätengeschäften noch mehr Charme hat.*

Der **City Market** *(West St. Julian St.) bietet dagegen neben Geschäften auch Cafés und Galerien, die vor allem jüngere Leute ansprechen werden.*

Zum allgemeinen Shoppen eignet sich die **Savannah Mall** *(14045 Abercorn St., am I-95).*

Für den Reiseproviant: **Kroger Supermarket** *(311 East Gwinnett Street).*

Öffentliche Verkehrsmittel

Hilton Head Int. Airport: *I-95, Exit 104, ca. 20 Min. zur Innenstadt, ☎ (912) 964-0514, www.savannahairport.com. Shuttle-Busse verkehren für ca. $ 15–18 zu den Hotels in der Innenstadt, eine Taxifahrt kostet etwa $ 30. Es gibt ein Info Center am Airport (tägl., (912) 966-3743)*

Amtrak: *Der Bahnhof befindet sich am 2611 Seabord Coastline Drive (4 Meilen sw der Stadt). Infos: ☎ (912) 234-2611. Täglich Züge entlang der Ostküste.*

Überlandbusse: *Greyhound/Trailways: 610 W.Oglethorpe Ave., ☎ (912) 232-2135 („ungemütliche" Umgebung). Mehrere Verbindungen täglich in alle Richtungen.*

Stadtbusse: **Chatham Area Transit** *(CAT), ☎ 233-5767, www.catchacat.org. Verkehren in der Woche z.T. bis 23.30 Uhr! Der CAT-Shuttle verkehrt kostenlos in der Innenstadt zw. Visitor Center und den wesentlichen Attraktionen im Historic District. Ebenfalls kostenlos ist die historische Straßenbahn (***River St. Streetcar***, Do–So) entlang des Flusses.*

Tipp: *Parken Sie das Fahrzeug in der Liberty St. Parking Garage (Ecke Liberty & Montgomery Sts.) und nehmen Sie von dort den kostenlosen Shuttle.*
Fähre: *Die* **Savannah Belles Ferries**, *ebenfalls von der CAT betrieben, sind alte Dampfer, die kostenlos zwischen 7 Uhr und Mitternacht ca. alle 20 Minuten zwischen River Street (City Hall, The Waving Girl und Hutchinson Island (Convention Center) verkehren.*

Taxis

Adam Cab: ☎ *927-7466*
Yellow Cab: ☎ *236-1133*

TYBEE ISLAND/GA

Information

Das **Visitor Center** *befindet sich an der 802 First St. (US 80), Ecke Campbell Ave., ☎ (912) 786-5444, www.tybeevisit.com oder www.tybeeisland.com.*

Unterkünfte

DeSoto Beach Hotel *$$-$$$: 212 Butler Ave., Tybee Island, GA 31328, ☎ (912) 786-4542, www.desotobeachhotel.com. 37 geräumige Zimmer, meist mit Mikrowelle und Kühlschrank. Das Hotel liegt am Strand, wobei nur einige Zimmer dorthin zeigen. Besonders empfehlenswert ist aber das angeschlossene Bed&Breakfast-Haus, das gleich nebenan liegt liegt (www.desotobeachbandb.com). Das halbwegs historische Gebäude beeindruckt durch seine Veranda und die geräumigen Aufenthaltsräume, die nur den 4 Zimmern dort gehören. Die Zimmer selbst sind recht klein (bis auf eine Suite), aber schön.*
Ansonsten gibt es weitere Hotels und Motels entlang der Butler Street, vor allem nahe dem Ortskern zwischen 13th und 17th Streets, so z.B. das **Howard Johnson Admiral's Inn** *$$ (1501 Butler St., ☎ (912) 786-0700, www.tybeehowardjohnson.com) und das* **Sandcastle Inn** *$$ (1420 Butler St., ☎ (912) 786-4576, www.sandcastle-inn.com). Ein paar Bed&Breakfast-Unterkünfte, wie z.B. das gediegene* **Beachview B&B** *$$$$ (1701 Butler St., ☎ (912) 655-6225, www.beachviewbbtybee.com) sowie das deutlich günstigere, strandnahe* **17th Street Inn** *(12 17th St., (912) 786-0607, www.tybeeinn.com) runden das Bild ab.*

Restaurants

Wer einfach günstig Seafood, Burger oder Pizza möchte, der sollte sich im Ortskern in der **Tybrisa Street** *sowie gleich um die Ecke am sog. „South Beach Parking“ umschauen. Hier finden sich dann auch noch ein paar Kneipen für den Absacker nach dem Essen. Die urigste Kneipe (seit 1948) ist* **Doc's Bar** *in der Tybrisa Street. Obwohl die Inselrestaurants natürlich vornehmlich Seafood servieren, sei an dieser Stelle auf eine tollen BBQ-Shack hingewiesen:* **Gerald's Pig & Shrimp**, *Hwy 80/ McKenzie St., ☎ (912) 786-4227. Spezialität: Beef Brisket and Pork sowie Shrimps. Man kann hier auch sitzen (kein Alkoholausschank), doch werden die Gerichte auch strandgerecht verpackt.*

Restaurants

Macon ist bekannt für seine bodenständigen und regionaltypischen kleinen Restaurants. So serviert **Satterfield's** *(120 New Street), ☎ (478) 742-0352) Brunswick Stew und leckere BBQ-Gerichte und auch* **Fincher's Barbecue** *(3947 Houston Ave. (das Original!) sowie 5627 Houston Rd, ☎ (478) 788-6998) ist bekannt für seine BBQ-Porks und die saftigen Ribs.*

The Back Burner Restaurant*: 2242 Ingleside Ave, ☎ (478) 746-3336. Ausgewählte, amerikanische Gerichte mit einem Touch aus anderen Regionen der Welt (z. B. Heilbutt in Champagner Sauce). Nur Di–Sa!*

Abstecher: Antebellum Trail

Diese historische Straße zieht sich von **Macon bis nach Athens**. Folgen Sie von Macon aus zuerst dem US 129 bis Gray, danach dem GA 22 bis Milledgeville und von dort bis Athens schließlich dem US 441. Die Strecke führt durch das klassische Farmland von Georgia – durch kleine verwunschene Ortschaften, vorbei an Pfirsichplantagen, Erdnussfarmen und Tabakfeldern. Es sind weniger herausragende Sehenswürdigkeiten als vielmehr die kleinen „versteckten Schönheiten", die diese Strecke attraktiv machen. Kleine Orte wie z.B. **Old Clinton** waren vor dem Bürgerkrieg bedeutende Städte in Georgia. Milledgeville gilt mit seinen vielen alten Villen als die heimliche „Antebellum-Hauptstadt von Georgia" – und diente auch tatsächlich als dessen Hauptstadt von 1807 bis 1868. Auch Watkinsville und Madison können stolz sein auf ihre alten Häuser.

Entlang dem Antebellum Trail fasziniert obendrein die Landschaft. Zum einen gibt es Wälder, die mit Kudzu-Pflanzen zugewachsen sind, zum anderen tauchen immer wieder kleine Farmen auf, die z.T. so idyllisch wirken, dass sie einen fast vergessen lassen, dass man sich im hochindustrialisierten Amerika befindet. Die Strecke ist kein Muss, wäre aber eine gute Alternative für diejenigen, die, von Savannah kommend, der Großstadt Atlanta aus dem Wege gehen wollen und weniger bekannte Ecken des „**Alten Südens**" für sich erobern wollen. Als Möglichkeit würde sich da z.B. eine Tagesetappe: Savannah – Athens anbieten. Von dort kann man dann nach Norden weiterfahren. Über Athens s. ab S. 409.

Unterkunfts-Empfehlungen entlang dem Antebellum Trail

Antebellum Inn *$$-$$$: 200 N. Columbia St., Milledgeville, GA 31061, ☎ (478) 453-3993, www.antebelluminn.com. B&B in „The Old Governor's Mansion" im Zentrum der Stadt. Schaukelstühle auf Porch, schöner Garten, Pool.*

Farmhouse Inn B&B *$$: 1051 Meadow Lane, 6 Meilen östlich von Madison, GA 30650, ☎ (706) 342-7933, www.thefarmhouseinn.com. Einmal etwas anderes: Unterkunft auf einer Farm. Separate Eingänge zu den Zimmern im Inn und eine Suite über der Scheune!*

Indian Springs State Park *$$: 15 Meilem östlich des I-75, nahe Flovilla an der GA 42, ☎ 1- (800) 864-7275 (Reservierungen) oder (770) 504-2277 (Park), www.gastateparks.org. Hier können Sie kleine Hütten mieten.*

Von Savannah nach Charleston

Streckenalternativen

- Direkt nach Charleston: Fahren Sie auf dem I-95 in nördlicher Richtung bis zum Exit 33. Von dort aus folgen Sie dem US 17 bis Charleston. Dieser setzt sich von dort fort als US 17/701 nach Georgetown und auch Myrtle Beach. Bis Charleston bzw. Georgetown führt diese Strecke durchs Landesinnere, sodass Sie, um an die Küste zu gelangen, Stichstraßen benutzen müssen.
- Für den Abstecher nach Beaufort verlassen Sie Savannah bereits über die Hafenbrücke (Alt 17) und folgen dann dem SC 170. Achten Sie dabei auf mehrere ausgeschilderte Abzweigungen. Von Beaufort dann fahren Sie auf dem US 21 nach Norden und biegen nach 14 Meilen auf den US 17 ab, der bis nach Charleston führt.

Wesentlichste Attraktion bietet hier unverkennbar die historische Stadt **Charleston**, die vielfach als die schönste „Walking Town" der USA bezeichnet wird. Schön ist aber auch der Küstenabschnitt vor Charleston mit der Ferieninsel Hilton Head Island, der kleinen Stadt Beaufort, deren Antebellum-Häuser noch ihren ursprünglichen Charakter erhalten haben sowie weiteren Gelegenheiten, auf Inseln an der Küste zu fahren. So z.B. zur Hunting Island und zum Edisto Beach State Park. Nördlich von Charleston schließlich beeindrucken nur der südliche Teil des „Grand Strand", dafür aber umso mehr das kleine und ebenfalls historische Hafenstädtchen Georgetown. Ein Abstecher zum Touristenspielplatz Myrtle Beach können Sie sich auf einer Rundreise durch den Süden sparen. Nur die Musikfestivals dort – meist Country und Western – mögen den einen oder anderen anziehen.

Columbia ist eine eher langweilige Hauptstadt eines Bundesstaates und nur für an speziellen Museen Interessierte einen Aufenthalt wert. Von dort können Sie mit kleinen Abstechern gut in einem Tag durchfahren bis Atlanta.

Redaktionstipps

- Unternehmen Sie Abstecher zur Küste und folgen Sie nicht nur den Hauptstraßen und Interstates.
- Übernachten Sie in (günstigeren) Beaufort. Am nächsten Tag haben Sie dann noch genügend Zeit für die Besichtigung einiger Punkte in Charleston. (S. 324ff)
- Bedeutendste Sehenswürdigkeiten: das historische Beaufort und der Hunting State Park. Wer „quirliges" Strandvergnügen sucht, dem sei ein Besuch der Hilton Head Island empfohlen. (S. 317f)
- Zeiteinteilung: 1–2 Tage (inkl. Charleston): Für die Anfahrt nach Charleston sollten Sie einen halben bis 1 Tag einplanen und dabei in Beaufort die meiste Zeit verbringen und auch lunchen bzw., falls Sie mind. 2 Tage Zeit haben hier sogar übernachten. Möchten Sie dagegen mehr Zeit für Charleston haben, versuchen Sie, bereits am Nachmittag des ersten Tages in Charleston die Boone Hall Plantation zu besichtigen, um am 2. Tag dann in Ruhe die historische Innenstadt besichtigen zu können. Nur wenn Sie mehr als 3 Tage Zeit haben für die Küste von South Carolina, lohnt ein Abstecher in das Gebiet nördlich von Charleston.

Hilton Head Island

Die Anfahrt zur Insel erfolgt über den US 278, bzw. von Savannah kommend zuerst über den SC 46. Dabei passieren Sie den kleinen, historischen Ort

Von Savannah nach Atlanta bzw. über Charleston und Columbia nach Atlanta
Anderson, Greenville
Spartanburg
Honea Path
Lake Greenwood
Greenwood
Russell Lake
Abbeville
Opera House
Elberton
Calhoun Falls
Mt. Carmel
McCormick
Hickory Knob S.P.
Parksville
Hill Lake
Gainesville
Commerce
Danielsville
Alpharetta
Roswell
Marietta
Marbleton
Smyrna
Winder
Lawrenceville
Snellville
Athens
Bell
Lexington
Tignall
Watkinsville
Monroe
Stone Mountain Memorial State Park
Birmingham
ATLANTA
Washington
Lincolnton
Aonia
Clarks Hill
Martinez
Augusta
Stockbridge
Covington
Madison
Columbus
Blacksville
Lake Oconee
Thomson
Senoia
Griffin
Jackson
Monticello
Eatonton
Sparta
Wrens
Antebellum Trail
Juliette
Lake Sinclair
Jarell Plantation Hist. Site
Milledgeville
Hardwick
Barnesville
Forsyth
Sandersville
Waynesboro
Louisville
Thomaston
Bartow
Macon
Ocmulgee N.M.
GEORGIA
Irwinton
Roberta
Five Points
Wrightsville
Jeffersonville
Swainsboro
Fort Valley
Butler
Warner Robins
Dublin
Perry
Adrian
Buena Vista
Montezuma
Cochran
Oconee R.
Oak Park
Hawkinsville
Vidalia
Ellaville
Unadilla
Lyons
Richland
Eastman
Mt. Vernon
Claxton
Americus
Plains
Chauncey
McRae
Reidsville
Abbeville
Parrott
Smithville
Cordele
Glennville
Hazlehurst
Jacksonville
Dawson
Baxley
Fitzgerald
Ashburn
Surrency
Plains (Heimat von Jimmy Carter)
© graphic

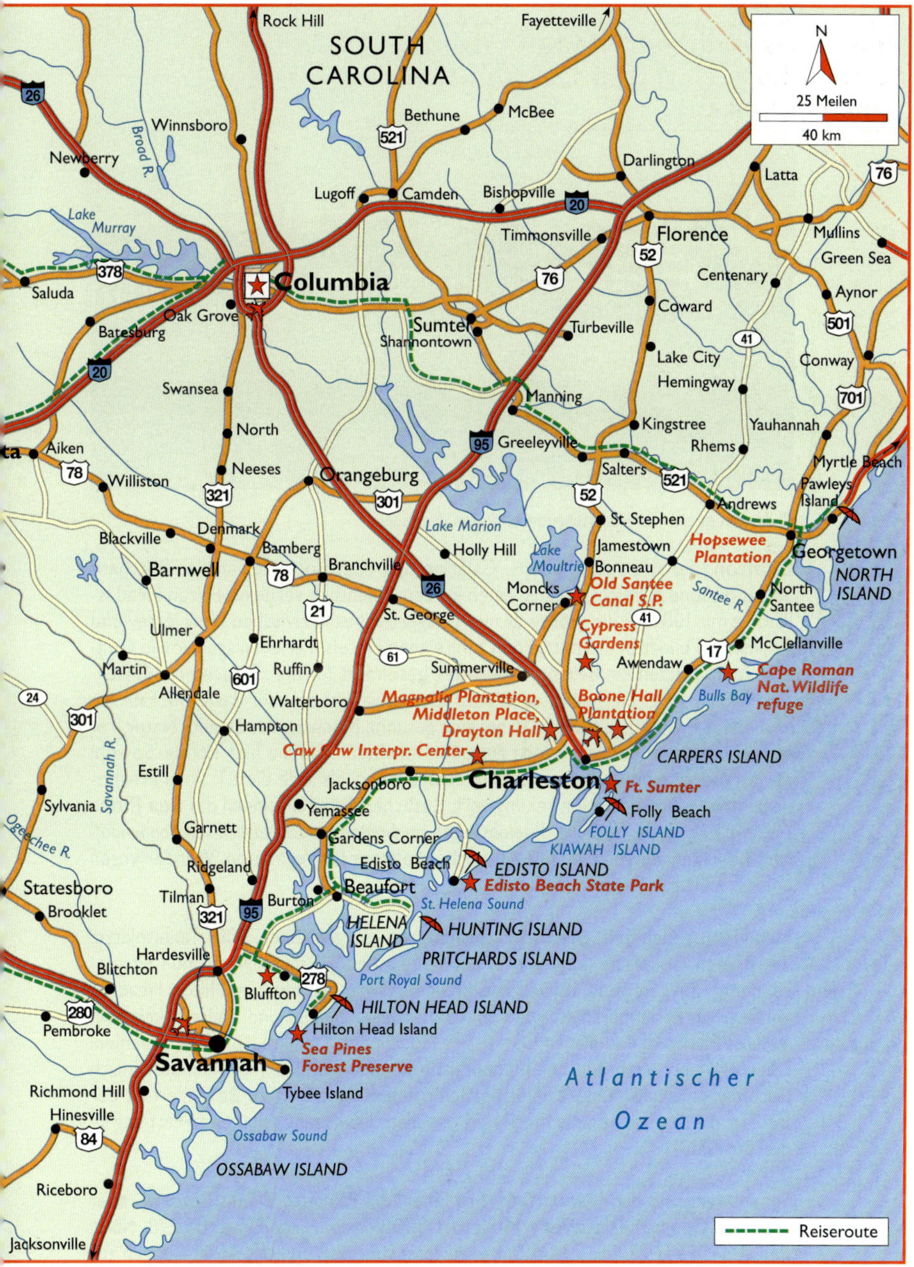
SOUTH CAROLINA
N
25 Meilen
40 km
Rock Hill
Fayetteville
Winnsboro
Newberry
Broad R.
Bethune
McBee
Lugoff
Camden
Bishopville
Darlington
Latta
Lake Murray
Timmonsville
Florence
Mullins
Green Sea
Columbia
Saluda
Oak Grove
Batesburg
Sumter
Shannontown
Turbeville
Centenary
Coward
Aynor
Lake City
Conway
Hemingway
Swansea
Manning
Kingstree
Yauhannah
North
Aiken
Greeleyville
Rhems
Myrtle Beach
Neeses
Williston
Orangeburg
Salters
Pawleys Island
Andrews
Blackville
Denmark
Lake Marion
St. Stephen
Barnwell
Bamberg
Branchville
Holly Hill
Lake Moultrie
Jamestown
Bonneau
Hopsewee Plantation
Georgetown
NORTH ISLAND
Moncks Corner
Old Santee Canal S.P.
Santee R.
North Santee
Ulmer
St. George
Cypress Gardens
McClellanville
Ehrhardt
Ruffin
Summerville
Awendaw
Cape Roman Nat. Wildlife refuge
Martin
Allendale
Walterboro
Magnolia Plantation, Middleton Place, Drayton Hall
Boone Hall Plantation
Bulls Bay
Hampton
Caw Caw Interpr. Center
CARPERS ISLAND
Estill
Jacksonboro
Charleston
Ft. Sumter
Sylvania
Savannah R.
Yemassee
Folly Beach
FOLLY ISLAND
Ogeechee R.
Garnett
Gardens Corner
KIAWAH ISLAND
Edisto Beach
EDISTO ISLAND
Ridgeland
Edisto Beach State Park
Statesboro
Beaufort
Tilman
Burton
St. Helena Sound
Brooklet
HELENA ISLAND
HUNTING ISLAND
Hardesville
PRITCHARDS ISLAND
Blitchton
Port Royal Sound
Bluffton
HILTON HEAD ISLAND
Pembroke
Hilton Head Island
Sea Pines Forest Preserve
Savannah
Atlantischer Ozean
Richmond Hill
Tybee Island
Hinesville
Ossabaw Sound
OSSABAW ISLAND
Riceboro
Jacksonville
Reiseroute

Charleston ist eine der Hauptsehenswürdigkeiten des Südens

Bluffton, der mit seinen Shops, Galerien und dem Bootspier an der Pritchard Street (schöne Aussicht) allemal einen kurzen Aufenthalt verdient. Hilton Head Island ist mit 108 km² die größte der vorgelagerten Inseln zwischen New Jersey und Florida und bildet heute mit seinen zahlreichen Hotels, Ferienanlagen sowie Golf- und Tennisplätzen ein beliebtes Reiseziel, besonders für die „betuchtere" Gesellschaft. Billig ist es hier nicht, doch wird auch etwas geboten für das Geld. Falls Sie also etwas mehr ausgeben und dabei eine gesunde Mischung aus Strand, Natur, Feriengebieten und Souvenirshops genießen möchten, sind Sie hier richtig. Sowohl der Strand ist schön, die Atmosphäre entspannend, als auch die z.T. noch erhaltene subtropische Vegetation sehenswert. Besuchen Sie dafür einmal das **Sea Pines Forest Preserve** (*südlicher Inselabschnitt am Greenwood Dr., täglich von Sonnenaufgang bis -untergang geöffnet*) mit z.T. noch erhaltener Ur-Vegetation, Wanderwegen und auch einigen Programmen.

Teures Ferienparadies

Neben ausgedehnten **Strandwanderungen** sorgen über 300 Tennisplätze, 23 18-Loch-Golfplätze (zzgl. einiger auf dem Festland), Fahrradwege und Reitgelegenheiten für genügend körperliche Ertüchtigungsmöglichkeiten. Hilton Head ist wirklich ein Ferienparadies, wie man es in dieser Qualität und Vielseitigkeit kein zweites Mal an der südlichen Ostküste wiederfindet – man muss es nur bezahlen. Dazu ein Tipp: Während der Nebensaison können Sie hier unterkunftstechnisch doch das eine oder andere Schnäppchen machen. Eine weitere Besonderheit der Insel ist die spärliche Beleuchtung und vor allem die dezent gehaltene Werbung an den Straßen.

Sehenswert sind die Resorts (bes. Sea Pines und Palmetto Dunes Resorts), aber auch das **Coastal Discovery Museum** (*100 William Hilton Pkwy., US 278, North End, Mo–Sa 9–16.30, So 13–15 Uhr, www.coastaldiscovery.org*) mit Ausstellungen zur

Geschichte der Insel, inklusive die der Indianer, aber auch Programmen wie z.B. erläuterten Kajak-Touren und Vogelbeobachtungs-Exkursionen. Wer es ruhiger angehen lassen möchte, dem sei ein Spaziergang entlang des Strandes ans Herz gelegt. Große Oak-Trees, Palmetto-Palmen und viele andere Bäume säumen die Küstenlinie.

Reisepraktische Informationen Hilton Head Island/SC

Information

Hilton Head Welcome Center: *Gleich hinter der Brücke auf die Insel am US 278, Hilton Head, SC 29938, ☎ (843) 785-4472 od. 785-3673, www.hiltonheadisland.org, Mo–Sa*

Hilton Head Island Chamber of Commerce: *1 Chamber Dr., Hilton Head Island, SC 29938, ☎ (843) 785-3673, www.hiltonheadisland.org. Nur Mo–Fr.*

Unterkünfte

Palmetto Dunes Resort *$$$-$$$$: 4 Queens Folly Rd., Hilton-Head-Island-Mid-Insel, SC 29928, ☎ (843) 785-1161 od. 1-866-380-1778, www.palmettodunes.com. Resort direkt am Strand mit allem Komfort. Eine tolle Alternative für Familien. Vornehmlich Selbstversorger-Apartments.*

Red Roof Inn *$$: Wm. Hilton Pkwy., Hilton Head Island-Mid-Insel, SC 29928, ☎ (843) 686-6808, www.redroof.com. Günstige Motelalternative, um auf der „Millionärsinsel" Urlaub zu machen. Nicht weit zum Strand.*

Ein weiteres relativ günstiges Hotel ist das **Park Lane Hotel & Suites $$$:** *12 Park Lane, Hilton Head Island South-End, SC 29928, ☎ (843) 686-5700, www.hiltonheadparklanehotel.com. Sauber und geräumig. Voll ausgestattete Küchen, Outdoor-Pool und Jacuzzi. 2 Meilen zum Strand.*

Restaurants

Old Fort Pub: *63-65 Skull Creek Dr., North-End, ☎ 681-2386. Aussicht auf das Marschland und den Intracoastal Waterway, neben den Ruinen des Fort Mitchell. Natürlich Fisch- und Pubgerichte, meist Cajun Style. Toll ist aber vor allem die Atmosphäre hier. Auch gut geeignet für den Sundowner (schöner Sonnenuntergang). Leckere Crab Soup. Kein Lunch.*

Crazy Crab: *2 Lokale: 1) 104 Wm Hilton Pkwy., North-End, ☎ 681-5021, 2) At Harbour Town, South-End, ☎ 363-2722. Frischeste Meeresfrüchte.*

Relativ teurer, dafür aber mit einer guten Weinkarte ausgestattet, ist das Seafood-Restaurant **Alexander's** *(Palmetto Dunes, 76 Queens Folly Rd., Mid Island, ☎ 785-4999).*

Truffles Grill: *8 Pope Avenue Executive Park Rd, ☎ 785-3663. Amerikanische Küche, etwas „feiner". So gibt es hier Thunfisch-Burger, Shrimps mit Coconut-Dip, aber auch sehr gute, wenn auch etwas teurere Steaks.*

Bars

Beliebte Bars sind: das **Salty Dog Café** *(South Beach Marina, South-End, auch einfache Küche); das* **Quarterdeck** *(Harbour Town, Sea Pines Plantation am Leuchtturm – toller Sonnenuntergang von Veranda), auch Essen und die* **Callahan's Sports Bar & Grill** *(38 New Orleans Rd.).*

Beaufort

Beaufort (sprich: „Bi-fort“ mit kurzem O) ist eine kleine unscheinbare Stadt, deren Gründung auf das beginnende 18. Jh. zurückgeht. Mit der Einführung der sog. „Sea Island Cotton“ um 1800, einer Baumwollart, die auch in den küstennahen und feuchteren Sumpfgebieten wachsen konnte, erlangte die Stadt einen bescheidenen Wohlstand. Aus dieser Zeit stammen auch die meisten historischen Gebäude. Einige Häuser können Sie besichtigen, obwohl sich die meisten in Privatbesitz befinden. Beschränken Sie diesbezügliche Besichtigungen auf das **John Mark Verdier House** Museum (*801 Bay St., Touren: Mo–Sa 10.30–15.30 Uhr, www.historicbeaufort.org/verdier-house*) von (1790), das mit älteren Möbeln eingerichtet ist.

Lohnender Spaziergang

Unbedingt sehenswert sind die kleinen, schattigen Straßen, in denen sich viele alte, meist mittelständische Antebellum-Häuser unter den mit Spanischem Moos behangenen Eichen „verstecken“. Die **Atmosphäre** und die Ursprünglichkeit der Häuser machen den Besuch von Beaufort lohnend.

Tipp

Wenn Sie in Beaufort über Nacht bleiben sollten, dürfen Sie es sich nicht entgehen lassen, sich abends auf die schwingenden Schaukeln am Fluss zu setzen (gleich hinter der Bay Street) und den kleinen Booten beim Einlaufen in den Hafen zuzusehen. Schön ist es auch, entlang des Waterfront Parks (nahe der Bay Street) zu spazieren und dabei die Schiffe zu beobachten. Hier findet von April bis August jeden Samstagvormittag ein Farmers Market statt.

Südlich der Stadt, auf der Parris Island, ist das Ausbildungszentrum der gefürchteten „Marines“, der Elitetruppe der amerikanischen Armee, stationiert. Hier dürfen

Überall hängt das Spanische Moos von den Bäumen

Sie herumfahren, und im Visitor Center hilft man gerne weiter und beantwortet Fragen. Im **Parris Island Museum** (*auf dem Gelände, tgl. 10–16.30 Uhr, www.parrisislandmuseum.com*) ist eine kleine Ausstellung zur militärischen Geschichte dieses Küstenstreifens untergebracht.

Interessanter aber wäre ein Abstecher zur 15 Meilen entfernten **Hunting Island**, in dessen eindrucksvollem gleichnamigen State Park sowohl die subtropische Vegetation fasziniert, als auch der weite Sandstrand, der allemal zum Baden einlädt. Den Leuchtturm auf der Insel kann man besichtigen. Er war einer der wesentlichsten und größten Leuchttürme entlang der Ostküste, und von oben hat man einen schönen Überblick über Strand und Wald. Zeltplätze und schöne Hütten (direkt am Strand) stehen im Park zur Verfügung. Auf dem Weg nach Hunting Island überqueren Sie übrigens zuerst St. Helena Island, wo im kleinen **York W. Bailey Museum** (*Penn Center, Martin Luther King Jr. Blvd., Mo–Sa 11–16 Uhr, $ 5*) in der ehemaligen Klinik eine Ausstellung die Entstehung und Entwicklung der Gullah-Sprache (siehe dazu Infokasten S. 295) erklärt. Außerdem wird sich auch der Geschichte der ersten Sklaven in dieser Region gewidmet. Das Penn Center, gegründet während des Bürgerkriegs, war übrigens die erste Schule für befreite Sklaven im Süden der USA.

Weiter Sandstrand

Eine weitere Insel hier, **Fripp Island**, ist heute ein privates Resort (Häuser ab US$ 3.000 pro Woche zu mieten). Auf dem Weg weiter nach Charleston ließe sich für die „Strandhungrigen" schließlich noch ein Abstecher zur **Edisto Island** einrichten. Hier geht es noch genügsamer zu als zum Beispiel auf Hilton Head Island und besonders im 500 ha großen **Edisto Beach State Park** (*tgl. 8–18 Uhr, April–Okt. bis 20 Uhr*) lassen sich Marschland, Küstenwald und Strand gut erkunden und genießen. Auch hier gibt es einfache Hütten zu mieten.

Zum **Caw Caw Interpretive Center** (US 17, 16 Meilen westl. von Charleston) s. S. 336.

Reisepraktische Informationen Beaufort/SC

Information

Beaufort Visitor Center (Chamber of Commerce): *713 Craven St., Beaufort, SC 29902, ☎ (843) 525-8500, 1-800-638-3525, www.beaufortsc.org. Hier gibt es einen kleinen Stadtplan, der eine Route empfiehlt durch die schönsten Straßen der Stadt. Von hier starten auch Kutschfahrten (buchbar im Visitor Center).*

Hunting Island State Park: *Hunting Island, SC 29920, ☎ (843) 838-2011, www.huntingisland.com.*

Unterkünfte

Rhett House Inn B&B *$$$-$$$$: 1009 Craven St., Beaufort, SC 29902, ☎ (843) 524-9030, 1-888-480-9530, www.rhetthouseinn.com. Bed&Breakfast. Antebellum-Haus von 1812 mit Balkon-Galerie inmitten des historischen Distrikts. Hier gefiel es bereits Barbra Streisand und Jeff Bridges. Frühstück, Tee und kleine Snacks inklusive. Dinner auf Anfrage. Im restaurierten Haus gegenüber gibt es auch Whirlpools auf dem Zimmer.*

Beaulieu House B & B At Cat Island $$$: *3 Sheffield Court auf Cat Island, Beaufort, SC 29907, ☏ (843) 770-0303, www.beaulieuhouse.com. Schönes B&B am Wasser. Etwa 5 Meilen vom Stadtzentrum von Beaufort entfernt.*
Best Western Sea Island Inn $$: *1015 Bay St., Beaufort, SC 29902, ☏ (843) 522-2090, www.sea-island-inn.com. Zentral gelegenes Motel mit günstigen Zimmern. Sehr sauber.*

Restaurants

The Shrimp Shack: *1925 Sea Island Parkway, St. Helena Island (US 21), ☏ (843) 838-2962. Der Name verät schon alles. Frische Shrimps, Crab Showder und anderes Seafood in lockerer Atmosphäre.*
Jim'N Nicks BarBQ: *872 Fording Island Rd, Bluffton, ☏ (843) 706-9741. Wer mal kein Seafood an der Küste essen mag, der ist hier bestens aufgehoben. Besonders lecker: das „Pulled Pork"!*

Charleston

Charleston ist mit Sicherheit einer der **Höhepunkte** auf einer Reise durch den Süden der USA. Nahezu 2.000 schöne alte, zumeist liebevoll restaurierte Häuser aus allen historischen „Epochen" der USA (750 alleine aus der Zeit vor 1840) locken jährlich viele Touristen an. Aber auch die **Geschichte** dieser Stadt, die ihren Anfang 1670 gefunden und vor allem mit dem Beginn des Civil War durch den Be-

Charleston ist die „Perle des Südens"

schuss auf das vorgelagerte Fort Summer ihren Höhepunkt erreicht hat, bieten Grund genug, mindestens einen, wenn nicht **zwei Tage** hier zu verbringen.

Die „**Perle des Südens**", wie Charleston bereits vor dem Bürgerkrieg genannt wurde, mag vielen zu künstlich erscheinen, besonders wenn man als Vergleich Savannah daneben betrachtet. An nur wenigen Häusern blättert der Putz herab, und die Bewohner des historischen Distriktes setzen sich vornehmlich aus wohlhabenden Rechtsanwälten, Kaufleuten und Ärzten zusammen. Kein Wunder auch, dass alljährlich mehrere Filme hier gedreht werden. Im Gegensatz zu Savannah vermisst man etwas die Atmosphäre einer alten, gewachsenen Stadt (und auch die großen Schatten spendenden Bäume!). Ein sehr kleines Haus im historischen Distrikt, mit etwa 70 m² Wohnfläche, kostet ca. US$ 750.000.

Redaktionstipps

- Übernachten: Am besten, Sie finden ein Hotel in bzw. nahe der Innenstadt, sodass Sie alles zu Fuß erreichen können. Die sind aber relativ teuer, selbst die Mittelklassehotels. (S. 340)
- Essen: Um den Market gibt es eine Reihe von Restaurants, die zu etwas erhöhten Touristenpreisen zumindest Mahlzeiten anbieten, die eine Autofahrt woanders hin nicht rechtfertigen. Tagsüber, wenn es die Zeit erlaubt, wäre eine Fahrt zu einer der Shrimp-Buden in den Vororten empfehlenswert. Hier können Sie aber auch am Tag der An- bzw. Abreise hinfahren.
- Zeiteinteilung: 1,5 Tage: Vom Visitor Center aus nehmen Sie den Shuttle-Bus in die historische Innenstadt. Dort sollten Sie 2–3 Stunden herumlaufen. Wandern Sie weiter in das Gebiet der Market Street. Hier können Sie zu Mittag essen. Für den Nachmittag fahren Sie entweder mit dem Boot zum Fort Sumter, erkunden das alte Charleston nördlich des Visitor Center oder fahren bereits zu den Plantagen östlich des Ashley River. Dinner dann wieder in der Innenstadt. Am folgenden Tag bietet es sich an, Richtung Columbia die Plantagen am östlichen Ashley River oder Richtung Georgetown die Boone Hall Plantation zu besuchen.

Die „Bilderbucharchitektur" von Charleston weist eine auffällige Besonderheit auf: Fast alle Häuser haben eine schmale Straßenfront, ziehen sich dafür aber „endlos" in die Tiefe, wobei der Hauptbalkon zur Seite hin zeigt. Das begründet sich damit, dass die Haussteuern früher nach dem Anteil der bebauten Straßenfront berechnet worden sind. Übrigens hatte Charleston um 1900 eine große deutsche Gemeinde, die über 30 Prozent der Bevölkerung ausgemacht hat. Heute jedoch ist nicht mehr viel davon zu spüren. Wirtschaftlich ist Charleston heutzutage definiert durch den Tourismus, einen großen Stützpunkt der Navy und das umliegende Agrarland, in dem im Besonderen auch Gemüse angebaut wird.

Tipp
Architekturliebhaber werden sich übrigens erfreuen an der Vielfalt der Baustile und sollten sich evtl. einen Spezialführer in einer Buchhandlung beschaffen.

Hinweis
zu den überregionalen Straßen: Die üblichen Richtungshinweise der großen Asphaltstraßen (East, North etc.) verwirren in Charleston. Da die Stadt etwas „verdreht" auf der Landkarte liegt, stimmen die Himmelsrichtungen nicht immer mit den Straßenschildern überein. So führt z.B. die „North-Richtung" nach Osten und die „West-Richtung" nach Norden.

Geschichte

Benannt nach King Charles

Die Gründung von Charleston hängt mit einer Schenkung von **King Charles II. von England** im Jahre 1663 zusammen. Acht seiner Freunde, den sogenannten „Lord Proprietors" (= Lordeigentümer), vermachte er den Landstreifen zwischen dem 29. und 36. Breitengrad, also das Gebiet zwischen dem heutigen Virginia und Florida. Dass gerade der Abschnitt um Charleston besiedelt werden sollte, geht auf Lord Ashley zurück, der zu den Lord Proprietors gehörte. Die ersten 147 Siedler gelangten auf drei Schiffen zu Beginn des Jahres 1670 an das Westufer des die Halbinsel umgebenden Flusses und nannten ihn „Ashley". Dieses Gebiet tauften sie zunächst als „Albermale Point" (nach einem ihrer Schiffe, später nannten sie die Stelle dem König zu Ehren „Charles Towne"). Etwa 10 Jahre danach siedelten sie aber auf die eigentliche Halbinsel über, die vom Ashley und Cooper River umgeben ist und bessere Hafenbedingungen aufwies.

Hier entwickelte sich das heutige Charleston. Bereits in den ersten Jahrzehnten siedelten in Charleston viele Sklaven, Plantagenbesitzer aus der Karibik und Hugenotten aus Frankreich.

Den **Reichtum** von Charleston stellten vier Produkte sicher: Reis, der schon den alten Ägyptern bekannte Farbstoff Indigo, die von Indianern gelieferten Hirschfelle und Baumwolle. Ebenso sorgte die stets verfügbare billige Arbeitskraft der Sklaven für hervorragende Einkünfte. Die Söhne aus der Schicht der reichen Plantagenbesitzer studierten bevorzugt in England, aber auch in Holland und in der Schweiz. Doch nach ihrer Ausbildung standen ihnen im heimischen Carolina keine entsprechenden Posten zu – diese wurden nach wie vor durch Abgesandte aus dem britischen Mutterland besetzt. Das konnte nicht lange gut gehen. Aufgebracht durch den „Stamp Act" brach man mit fünf Delegierten zum 1. Kontinentalkongress 1774 auf.

Und es war der Charlestoner Kaufmann Christopher Gadsden, der mit unter den ersten war, die den Vorschlag einer **Trennung vom Mutterland** guthießen. Von daher verwundert es nicht, dass im Verlaufe des Unabhängigkeitskrieges die Engländer es bevorzugt auf Charleston abgesehen hatten: Sie verwüsteten Plantagen, ließen Häuser plündern und Vieh töten. 1780 belagerten sie die Stadt, die sich kurz danach ergeben musste. Viele Tote sowie die Plünderung

Unterwegs in Charlestons Altstadt

der Waffenlager waren zu beklagen. Erst im Herbst 1782 zogen die letzten Engländer ab, erst ein Jahr nach ihrer Kapitulation von Yorktown.

Auch im **Bürgerkrieg** (1861–65) spielte Charleston eine – wenn auch nicht ruhmreiche – Rolle. Dadurch, dass South Carolina, wie die anderen Südstaaten auch, ihren Reichtum nicht zuletzt der ausgebeuteten Arbeitskraft der Sklaven verdankte, lehnten sich die Charlestoner gegen die Forderung der Nordstaaten auf, die Sklaven freizulassen. Diese „Meinungsdifferenz" führte schließlich zum Amerikanischen Bürgerkrieg, der praktisch vor den Toren der Stadt begann. Die Unionstruppen hatten sich bereits 4 Monate vorher vom Fort Moultrie zum Fort Sumter zurückgezogen, was die Südstaatler schließlich dazu bewog, diese am 12. April 1861 34 Stunden lang unter Beschuss zu nehmen.

Beginn des Bürgerkriegs

Von der East Battery aus schauten Tausende von Charlestonern dem Spektakel zu, bis sich schließlich die Unionstruppen ergaben. Hier in Charleston endete dann 1865 der Bürgerkrieg auch, nachdem General Sherman den Bewohnern die Verbindungswege abgeschnitten hatte und sie somit zur Aufgabe zwang.

Nach dem Bürgerkrieg verlor Charleston seine herausragende Rolle sehr schnell. Die historischen Veränderungen und der technische Fortschritt hatten die Grundlagen des Reichtums schwinden lassen. Charleston stand plötzlich auf der Rangliste der ärmsten Städte Amerikas auf Platz 1.

Dem Verfall konnte bis zum Ende des 1. Weltkrieges kein Einhalt geboten werden. Um 1920 aber wurde die **Preservation Society of Charleston** gegründet, die sich zum Ziel setzte, ihren Verfall zu stoppen. Es war übrigens die erste Gesellschaft dieser Art in den USA. Hurrikane vor 1990, wie besonders „Hugo" (1989) erbrachten der Stadt noch einmal ungeahnte Gelder: Da fast alle Häuser hoch versichert waren, mussten die Versicherungen immense Summen für den Wiederaufbau zahlen, wodurch eine Reihe von „neuen" Architekturelementen kreiert wurde. Sehr deutlich erkennt das geschulte Auge dieses an Säulen- und Dachformen, die Häusern anderer Epochen auf- bzw. angesetzt worden sind.

Wiederaufbau

Zwei bekannte musikalische Errungenschaften fanden ihren Ursprung in Charleston:

- 1926 veröffentlichte Du Bose Heyward seinen Roman „Porgy", der vornehmlich in der damals sehr heruntergekommenen Catfish Row spielte. George Gershwin schrieb, basierend auf der Grundlage dieses Romans, das bekannte Broadway-Musical „**Porgy and Bess**", das aber, aufgrund der Rassendiskriminierung in den Südstaaten, erst Anfang der 1970er-Jahre in Charleston aufgeführt werden konnte.
- Der „**Charleston**", einer der beliebtesten Tänze der 1920er-Jahre, wurde in Charleston kreiert. Unbekannte Jazzmusiker erfanden die Musik dazu in den armen Townships. Als sie die neuen Rhythmen dann in einem Jugendheim aufspielten, tanzten die jungen Leute dazu. Einer von ihnen fand dann den Weg nach New York. Und beeindruckt von der flotten Musik, fand der neue Tanz dort schnell Verbreitung und Zugang zu den höheren Kreisen.

Musikalische Errungenschaften aus Charleston

Zu Fuß durch die Downtown

Das Auto parkt man am besten am **Visitor Center (1)** oder Hotel und fährt mit dem DASH-Shuttle in den historischen Distrikt. Dessen interessantester Teil erstreckt sich von der Market Street im Norden über die Logare Street im Westen bis zur Concord Street im Osten. Die Südspitze bildet der Zusammenfluss von Ashley und Cooper River.

Es gibt verschiedene Fußwege, die eine Erkundung des historischen Stadtkerns interessant gestalten. Charleston bietet sich aber dazu an, sich einfach treiben lassen und auch in die eine oder andere kleine Seitengasse hineinzuschauen.

Die wichtigsten Regionen im Groben:
- **Obere King Street** (nördl. Broad St.), gepflegte Geschäfte und einige Cafés.
- **Untere King Street** (südl. Broad St.), kleinere, historische Wohnhäuser, die heute von wohlhabenden Leuten bewohnt werden.
- **West Point Garden u. East Battery**: Stadtvillen verschiedener Stilrichtungen. Mondän und sehr fotogen. Von der East Battery aus haben Sie einen guten Blick auf das Ft. Sumter, so wie ihn auch bereits die Charlestonier während des Beschusses des Forts 1861 genossen haben.
- **Zwischen Broad, Meeting und Atlantic Streets sowie East Battery**: kleine Gassen mit urig bewachsenen kleinen Häuschen und alten Reihenhaussiedlungen.
- **Östlich der Broad Street** (östl. East Bay St.): alte Hafenstraßen und das Old Exchange Building.
- **Östliche Broad Street**: ehemals das mondäne Geschäftsviertel.
- **Market Street**: nördliche und südliche Straße um die alten Markthallen. Heute eher touristische Auslagen und drumherum viele Restaurants und Bars.

Im Folgenden nun eine kurze Beschreibung der **Hauptsehenswürdigkeiten** des historischen Distrikts, die grob der Route Market Hall – King/Meeting Streets – White Point Gardens – East Battery – Exchange Building – Broad Street – Market Street – Market Hall folgt.

1	Visitor Center
2	Market Hall
3	Circular Congretional Church
4	Old Powder Magazin
5	Gibbes Museum of Art
6	City Hall & Four Corners of Law
7	South Carolina Society Hall
8	Nathaniel Russell House
9	Calhoun Mansion
10	White Point Gardens/Battery
11	Edmondston-Alston House
12	Heyward-Washington House
13	Catfish Row
14	Old Exchange Building & Provost Dungeon
15	Old Slave Mart
16	Dock Street Theater
17	The French Protestant (French Huguenot)Church
18	Waterfront Park
19	Old City Market
20	Aiken-Rhett House
21	Joseph Manigault House
22	Charleston Museum
23	Charleston Maritime Center /S. C. Aquarium/Fountain Walk
24	Karpeles Manuscript Museum

Charleston –
Historic Downtown
Unterkünfte
1 Mills House Hotel
2 Best Western King Charles Inn
3 Days Inn Historic District
4 Two Meeting Street Inn
5 Cannonboro Inn
6 Kings Courtyard Inn
7 1837 Bed and Breakfast
8 King George IV Inn
Restaurants
1 82 Queen
2 Hyman's Seafood
3 Carolina's
4 Magnolias
5 Charleston Grill
6 McCrady's
7 A.W. Shucks
8 The Wreck of the Richard and Charlene
Columbia
95
26
17
Georgetown, Mt. Pleasant, Patriots Point, Sullivan's Island
Savannah, Charles Towne Landing, Plantagen am Highway 61
Line Street
Meeting Street
ELIOTT-BOROUGH
Spring Street
Cannon Street
RADCLIFF-BOROUGH
Mary Street
Judith St.
Wragg Mall
Chapel Street
Alexander Street
Charlotte Street
Morris Street
Ann Street
John Street
Radcliff Street
MAZZYCK WRAGG-BOROUGH
Calhoun Street
King Street
St. Philip Street
Coming Street
Pit Street
George Street
Laurens Street
Anson St.
Concord Street
DOWN-TOWN
ANSON-BOROUGH
East Bay Street
HARLESTON VILLAGE
Rutledge Street
Wentworth Street
Pinckney Street
Hasell Street
N. Market
S. Market
Market Street
State St.
Cumberland St.
Beaufain Street
Logan Street
Queen Street
Chalmers St.
Broad Street
Tradd Street
SOUTH OF BROAD
Gibbes Street
Water Street
Church Street
East Battery
Cooper River
Lamboll Street
Atlantic St.
South Battery
Murray Boulevard
Ashley River
Charleston Harbor
N
0
250 m
© graphic

Die runde Kirche

Mit dem Shuttle-Bus geht es zur **Market Hall (2)** an der Ecke Meeting und Market Sts. In dem 1841 erbauten Gebäude befindet sich das kleine **Confederate Museum** (Uniformen, Waffen etc. der Südstaatenarmee (*Di–Sa 11–15.30 Uhr, $ 5*).

Von hier aus sollte man nun einfach, grob den u.g. Sehenswürdigkeiten folgend, durch die historische Innenstadt schlendern.

Circular Congretional Church (3): 1681 gründete sich bereits die „Independent Church of Charles Towne". Der heutige Bau ist bereits der vierte, da die vorangegangenen Feuer und Erdbeben zum Opfer fielen. Die Grundstruktur stammt aber von 1806 und wurde von Robert Mill entwickelt. Der angeschlossene Friedhof ist der älteste der Stadt und wurde 1696 angelegt (*138–150 Meeting Street, Öffnungszeiten variieren*).

Old Powder Magazine (4): Erbaut 1713 und damit das älteste noch erhaltene öffentliche Gebäude von South Carolina. Es diente während des Bürgerkriegs als Munitionslager und war so konstruiert, dass es bei einem Entzünden der Munition implodiert und damit der Stadt keinen Schaden zugefügt hätte (*79 Cumberland St., zw. Meeting u. Church Sts. Nur von außen zu besichtigen*).

Gibbes Museum of Art (5): Regional orientiertes Kunstmuseum, dessen wohl interessanteste Abteilung die Porträtgalerie ist (Porträts bedeutender Leute in den Carolinas vor 1900) *(135 Meeting St., Di–Sa 10–17 Uhr, So 13–17 Uhr, www.gibbesmuseum.org, $ 9)*.

Bedeutende Straßenkreuzung

City Hall und **„Four Corners of Law"** **(6)**: Der Beiname dieser Straßenkreuzung an der Ecke Meeting und Broad Sts. repräsentiert die Gesetze von Staat, Bundesstaat, Stadt und Kirche. In der Nordost-Ecke steht die eindrucksvolle, 1801 eingeweihte City Hall, in der u.a. satirische Porträts von politischen Größen zu bewundern sind (u.a George Washington).

South Carolina Society Hall (7): Von Gabriel Manigault entworfenes und 1804 erbautes Haus. Der Portico wurde 1825 von Frederick Wesner hinzugefügt. Das Gebäude kann nicht besichtigt werden (*72 Meeting Street*).

Nathaniel Russell House (8): Um 1808 erbaut und wohl das beste Beispiel des „Adams-Stil". Bemerkenswert die ursprünglich ohne Abstützung konstruierte Spiraltreppe. Der Kaufmann Russell hat das Haus für US$ 80.000 errichten lassen – das war damals sehr viel Geld. Die hohe Summe kam zustande, da er als Baumaterial graue und rote Backsteine wählte, die z.T. aus England herbeigeschafft werden mussten (*51 Meeting Street, Touren Mo–Sa 10–16.30, So 14–16.30 Uhr, www.historiccharleston.org, $ 10. Ticketpreis kombinierbar mit Aiken-Rhett House*).

Teurer Bau

Calhoun Mansion (9): Viktorianisches Haus von 1876, also einer Zeit, als der wirtschaftliche Niedergang von Charleston bereits besiegelt war. Imposant die große Halle (*16 Meeting Street, tgl. 11–17 Uhr, www.calhounmansion.net, $ 15*).

White Point Gardens/Battery (10): Schatten spendende Parkanlage an der Südspitze der Stadt. Hier und entlang der East Battery trafen sich am 12. April 1861 zigtausend Bewohner von Charleston, um dem Beschuss von Fort Sumter zuzusehen. Besonders von der East Battery aus können Sie das Fort gut sehen. Die Villa Marguerita an der Ecke South und East Battery ist ein häufig gewähltes Fotomotiv. Gut unter Farbe, mit einem schönen Balkon verziert und im Garten Palmen, erinnert das Haus eher an die Karibik. Keine Besichtigungen!

Edmondston Alston House (11): 1828 erbaut von Charles Edmondston, einem reichen Kaufmann und Werftbesitzer. Von seinem Balkon konnte er das Treiben im Hafen gut verfolgen. 1838 kaufte es der Reispflanzer Charles Alston und baute es um im Greek-Revival-Stil. Die alten Möbel sind eindrucksvoll, vor allem aber die umfangreiche Bibliothek, die ehemals als die größte Privatbibliothek an der Küste von South Carolina galt (*21 East Battery, Touren: Di–Sa 10–16.30 Uhr, So u. Mo 13–16.30 Uhr, www.edmondstonalston.com, $ 12. Führungen alle volle Stunde. Ticketpreis kombinierbar mit Middleton Place*).

Beeindruckende Bibliothek

Heyward Washington House (12): 1772 erbaut von dem Reispflanzer Daniel Heyward und seinem Sohn Thomas. George Washington war 1791 Gast im Hause. Die Einrichtung dieses Hauses halte ich für die interessanteste der zu besichtigenden Gebäude, da sie fast ausschließlich aus dem 18. Jh. stammt und gefertigt wurde von Handwerkern aus Charleston (*87 Church Street, Mo–Sa 10–17 Uhr, So 13–17 Uhr, www.charlestonmuseum.org/heyward-washington-house, $ 10. Führungen halbstündlich. Ticketpreis kombinierbar mit dem Charleston Museum und Joseph Manigault House*).

Catfish Row (13): Gleich neben dem Heyward Washington House. Heute ein idyllischer Fußweg, war diese Gasse zu Beginn des 20. Jh. Teil eines heruntergekommenen Stadtviertels. Hier spielte der Roman „Porgy".

Old Exchange Building & Provost Dungeon (14): Das Gebäude (1771) beherbergte Zoll, Börse, Rathaus, Postamt, Kriegsgefängnis und Militärhauptquartier. Heute sind ein paar Bilder und Memorabilien ausgestellt, die die frühere Zeit von Charleston gut dokumentieren. Eindrucksvoll aber vor allem die großen Säle. Geschichtlich wird hier besonders auf die Zeit des Revolutionskrieges eingegangen, u.a. durch Erläuterungen kostümierter Führer (*122 East Bay Street, tgl. 9–17 Uhr, www.oldexchange.org, $ 40*).

Tour durch große Säle

Old Slave Mart (15) (*6 Chalmers Street*): Charleston war einer der wichtigsten Sklavenmärkte der Ostküste, doch als das Gebäude hier 1856 errichtet wurde, war der „Zenit des Menschenhandels" bereits überschritten. Ein kleines Museum erinnert an die Zeit des Sklavenhandels.

Amerikas erstes Theater

Dock Street Theatre (16): An dieser Stelle wurde am 12.2.1736 eines der ersten Theater Amerikas eröffnet. Es wurde aber nur 15 Monate darin gespielt. Später mussten die Schauspieler auf kleinere, provisorische Bühnen ausweichen. Das heutige Gebäude stammt von 1809 und wurde damals als das „Planters Hotel" erbaut. 1936 restaurierte man das alte Hotel und baute es um zu dem heutigen Theater mit ca. 460 Sitzplätzen. Die z.T. schmiedeeiserne Fassade erinnert an New Orleans, die Eingangshalle des Hotels ist erhalten worden, und der Theatersaal ist mit schwarzem Zedernholz getäfelt (*135 Church Street, www.charlestonstage.com*).

The French Protestant (French Huguenot) Church (17): Die Hugenotten suchten 1867 religiöse Freiheit. Bis heute erhielt sich hier die orthodoxe Hugenotten-Liturgie. Gotischer Revival-Stil, erbaut 1844/45. (*136 Church Street. Gottesdienste So 10.30 Uhr. Zu besichtigen: Mitte März–Mitte Juni sowie Mitte Sept.–Mitte Nov. Mo–Do 10–16 Uhr, Fr 10–13 Uhr*).

Waterfront Park (18) (*Prioleau/Concord Sts.*): schöner Park direkt am Wasser. Hier können Sie auf Bänken oder Swings sitzend sich ausruhen, picknicken und dabei dem Schiffsverkehr zuschauen. In der City Gallery at Waterfront Park gibt es wechselnde Kunstausstellungen.

Kutscher stehen für Stadtrundfahrten bereit

Old City Market (19) (*North und South Market Sts.*): Ehemals der Gemüsemarkt der Stadt. Heute gibt es aber nur touristischen Schnickschnack hier und samstags eine Art (kommerziellen) Flohmarkt. Um den Markt herum befinden sich Restaurants aller Art, Bars und Boutiquen.

Tipp
Eine nähere Betrachtung der einzelnen Kirchen und besonders derer Friedhöfe – von denen einige bereits verwildert sind – lohnt sich auch.

Sehenswertes im weiteren Stadtbereich

Der Bezirk um das Visitor Center (1)
Östlich und nördlich des Visitor Center befindet sich auch heute noch die Wohngegend der ärmeren Bevölkerungsschichten. Wenige Häuser sind restauriert, und viele zerfallen sogar. Ein kurzer Spaziergang durch die Gegend ist mit Sicherheit aufschlussreich und vermittelt zudem einen Eindruck über das Charleston, wie es wohl vor 90 Jahren ausgesehen haben muss. Die Gegend ist aber nicht geeignet für nächtliche Spaziergänge. Einige Sehenswürdigkeiten befinden sich hier (Ticketpreise sind teilweise kombinierbar):

Weniger restaurierte Gebäude

Aiken Rhett Mansion (20): 1817 erbaut, diente es von 1833 bis 1887 als Residenz des Gouverneurs William Aiken jr. 1864 war hier auch das Hauptquartier des Südstaaten-Generals P.G.T. Beauregard untergebracht. Eindrucksvoll ist die 2-stöckige Balkonbalustrade, die zum Garten, nicht zur Straße zeigt, und die Atmosphäre einer „bescheidenen Arroganz" (*48 Elizabeth Street, Touren: Mo–Sa 10–14.15 Uhr, So 14–16.15 Uhr, www.historiccharleston.org, $ 10, Ticket kombinierbar mit Nathaniel Russell House*).

Joseph Manigault Mansion (21): 1803 von Gabriel Manigault entworfen für seinen Bruder Joseph, einem reichen Reispflanzer. Es war das erste Haus in Charleston, dessen Architekturstil brach mit dem bis dahin typischen „Georgian-Colonial Style", und es gilt heute als eines der schönsten erhaltenen „Adams-Stil"-Gebäude (*350 Meeting Street, Mo–Sa 10–17 Uhr, So 13–17 Uhr, www.charlestonmuseum.org/joseph-manigault-house, $ 10 Ticket kombinerbar mit Charleston Museum*).

Charleston Museum (22): Das erste Charleston Museum wurde 1773 eingerichtet und war damit das erste Museum auf amerikanischem Boden. Heute ist es untergebracht in einem modernen Gebäude. Im Museum befinden sich interessante Ausstellungsstücke zur Geschichte von Charleston, wenn auch z.T. etwas unübersichtlich arrangiert. Wesentliche Ausstellungen beschäftigen sich mit dem Amerikanischen Bürgerkrieg und der Modernen Kunst (*360 Meeting Street, Mo–Sa 9–17 Uhr, So 13–17 Uhr, www.charlestonmuseum.org, $ 10, Tickets kombinierbar mit Joseph Manigault House und Heyward Washington House*).

Geschichte Charlestons

Charleston Maritime Center (23): Im Maritime Park legen die Boote zum Fort Sumter ab. Wer die Tour dorthin nicht unternehmen bzw. sich vorher genauer informieren möchte, kann sich bereits hier im Fort Sumter Liberty Square Visitor

Charleston Maritime Center

Center (Sommerhalbjahr tgl. 10–17.30 Uhr, Rest des Jahres nur bis 16 Uhr) die Geschichte der Anlage sowie die von Charleston während des Bürgerkriegs vor Augen führen lassen. Hauptattraktion hier ist das **South Carolina Aquarium** (*Mo–Sa 9–17 Uhr, So 12–17 Uhr, von April bis Mitte August jeweils bis 18 Uhr, http://scaquarium.org, ab $ 25*). Die Thematik des Aquariums beschäftigt sich zu einem großen Teil mit der Süßwasserfauna der Carolinas. Zudem gibt es ein großes Ozeanbecken.

Nordwestlich des Visitor Centers liegt noch das **Karpeles Manuscript Museum (24)** (*St. James Methodist Church, 68 Spring St., Di–Fr 11–16 Uhr, www.rain.org/~karpeles*), wo über eine Million historische Manuskripte gelagert und einige davon natürlich einzusehen sind.

„H.L. Hunley" Confederate Submarine: Das U-Boot „H.L.Hunley" war wohl das erste U-Boot, das in einem Krieg eingesetzt wurde. Es sollte die Blockade vor Charleston aufbrechen, versenkte aber nur ein Schiff der Union, die „USS Housatonic". 1995 fand man schließlich das vor Sullivan Island gesunkene U-Boot und ließ es für Besichtigungen restaurieren (*Warren Lash Conservation Center, 1250 Supply St., Bldg. 255, North Charleston. Sa 10–17 Uhr, So 12–17 Uhr, www.hunley.org, $ 12*).

Sehenswertes in der Umgebung

Östlich des Cooper River

Ft. Sumter National Monument

Erste Schlacht des Bürgerkriegs

Das Fort liegt auf einer kleinen Sandbank an der Hafeneinfahrt zu Charleston. Es wurde erst kurz vor dem Bürgerkrieg fertiggestellt und erlangte bald darauf schon seinen Platz in der Geschichtsschreibung: Nämlich als mit seiner Belagerung und dem späteren Angriff durch die Konföderierten (12.4.1861) der Amerikanische Bürgerkrieg offiziell begonnen wurde. (South Carolina war bereits 1860 aus der Union ausgeschieden). Nach 34 Stunden ergaben sich die von 3 Seiten angegriffenen Unionstruppen schließlich.
Heute erinnern noch die alten Strukturen an den historischen Augenblick. Mehrere Umbauten an dem während des Angriffes fast gänzlich zerstörten Fort haben den alten Charakter aber gänzlich verdrängt. Später wurde das Fort verlassen und versandete zunehmend. Man hat die Mauern aber wieder ausgegraben. Einzig sehenswert ist der Film im kleinen Museum, der die Geschichte des Forts aufzeigt (*nur mit Booten zu erreichen: Abfahrt entweder vom Fort Sumter Visitor Education Center am Liberty Square (340 Concord Street) oder vom Patriots Point Naval & Maritime Museum (40 Patriots Point Road, Mount Pleasant), www.nps.gov/fosu. Infos zu den Fährzeiten: www.spiritlinecruises.com ($ 17). Touren des Fort Sumter und des Museums in Charleston (Liberty Square Center): März–Nov. tgl. 9.30, 12 u. 14.30 Uhr, ab Patriots Point: März–Nov: 10.45 u. 13.30, im Sommer auch 16 Uhr (Zeiten variieren!). Rest des Jahres ein bis zwei Touren*).

Patriots Point/„USS Yorktown"

Schon von weitem sichtbar ist der 43.000 t schwere Flugzeugträger, der, 1943 vom Stapel gelassen, im 2.Weltkrieg im Pazifik eingesetzt worden ist. Den Beinamen

Fort Sumter

„Fighting Lady" erhielt er, da er, trotz mehrerer Kampfeinsätze, immer unversehrt geblieben ist. Dieses Schiff sowie drei weitere (ein atomgetriebenes Versorgungsschiff sowie ein Küstenwachboot und ein U-Boot aus dem 2. WK) sind zu besichtigen. Eine Ausstellung beschäftigt sich auch mit den maritimen Einsätzen im Vietnamkrieg (*Patriots Point (am Fuße der Cooper River Bridge), Mt. Pleasant. Über die große Brücke auf dem US 17 in nordöstlicher Richtung fahren und gleich danach nach rechts abzweigen auf die 703. Bald darauf geht es wieder nach rechts (Schilder), tgl. 9–18.30 Uhr, www.patriotspoint.org, $ 18*).

Sullivan's Island und Isle of Palms

Strandinseln von Charleston

sind die „Strandinseln" von Charleston. Viele Zugänge zum Meer sind leider mit Privathäusern verbaut. Doch lohnt sich der Abstecher, wenn Sie sowieso schon in Mt. Pleasant sind. Auf Sullivan's Island gibt es eine Reihe älterer Strandhäuser, kleine Geschäfte und unkomplizierte Fischrestaurants. Das Fort Moultrie war eines der drei Forts, von dem aus Fort Sumter beschossen wurde. Heute ist es aber ein Relikt aus den Weltkriegen, und nur die Aussicht auf das gegenüberliegende Fort lohnt die Anfahrt. Ein Dokumentarfilm im Visitor Center erläutert die militärische Geschichte der Region.

Boone Hall Plantation

Boone Hall ist eine der bekanntesten Plantagen der Südstaaten. Da kann es passieren, dass Sie zwei Führungen abwarten müssen, bevor Sie das Haus besichtigen können. Trotz allem ist Boone Hall einen Besuch wert, dafür ist die Anlage an sich zu interessant. Zudem gibt es eine Präsentation zum Thema Gullah-Kultur und

Die berühmte Eichenallee

eine schöne Allee (*US 17, ca. 7 Meilen östlich der Innenstadt, einbiegen in Long Pine Rd. April– Anfang Sept. Mo–Sa 8.30–18.30 Uhr, So 12–17 Uhr, Rest des Jahres: Mo–Sa 9–17 Uhr, So 12–16 Uhr, www.boonehallplantation.com, $ 20*).

Westlich und nördlich des Cooper River

Caw Caw Interpretive Center

Interessanter Park

Der wenig bekannte Park hat viel für den Naturliebhaber, aber auch den Interessierten der Geschichte der Sklaven auf den Reisfeldern zu bieten. Auf über 13 km Länge winden sich Wege und Boardwalks durch die Landschaft, die besonders für ihre Vogelwelt bekannt ist. Ein 400 m langer Weg führt durch einen **Zypressensumpf**. Wer sich näher mit medizinischen Pflanzen beschäftigen möchte, dem sei die Teilnahme an der speziell dafür angebotenen Wanderung ans Herz gelegt („Edible and Medicine Plant Walk"). Erkundigen Sie sich aber unbedingt vorher nach den Zeiten. Ausgesprochen lehrreich sind hier auch die Erläuterungen zum Reisanbau im 17. und 18. Jh. Auch hierzu gibt es Touren (*5200 US 17/Savannah Hwy., Ravanel, 16 Meilen westl. von Charleston. Mi–Fr 9–15 Uhr, Sa u. So 9–17 Uhr, www.ccprc.com, ☏ (843) 889-8898*).

Falls Sie vorhaben sollten, von Charleston weiterzufahren nach Columbia bzw. Atlanta, wäre es am sinnvollsten, Sie würden die folgenden Sehenswürdigkeiten am Abreisetag besuchen und schließlich östlich von Summerville auf den I-26 fahren. Wenn die Zeit etwas drängt – die interessantesten Punkte hier sind: Die leere Hausruine von Drayton Hall und eine Wanderung um den Audubon Swamp Garden. Fahren Sie von Charleston aus über die Ashley Bridge nach Westen. Gleich hinter der Brücke biegen Sie dann nach rechts ab, und die einzelnen Sehenswürdigkeiten sind von hier aus ausgeschildert.

Charles Towne Landing (State Historic Site)

Landeplatz der ersten Siedler

An dieser Stelle haben sich 1670 die ersten Siedler niedergelassen. Ein alter Schutzwall erinnert an das frühe Charleston. Bereits 10 Jahre später aber wurde Charleston endgültig an der heutigen Stelle (historische Altstadt) erbaut. Zu niedrig war der Wasserstand am Charles Towne Landing, und das heiße Klima hier war (und ist) unerträglich. Alternativ mit einem auszuleihenden Fahrrad, zu Fuß oder mit einem Trolley können Sie heute das Gelände erkunden. Zu sehen gibt es: eine alte kleine Farm mit einem Gewürzgarten, ein Farmhaus, wo auch alte Handwerke vorgeführt werden, den bereits erwähnten Wall – vornehmlich als Schutz gegen die Indianer erbaut, einen kleinen Zoo, einen schönen Garten mit einigen botanischen Raritäten, ein Antebellum-Haus und die spärlichen Reste eines Plantagenhauses. Kinder mögen sich zudem an der Besichtigung eines nachgebauten Handelsschiffes „Adventure" (17. Jh.) erfreuen. Im Pavillonbereich gibt es Erfrischungen, ein Informationsbüro, einen Souvenirshop und eine ständig wechselnde Ausstellung zur Geschichte (bzw. Kunst). Die Anlage eignet sich auch gut für ein Picknick. Meiden Sie aber den Besuch an einem heißen Tag (s.o.) (*1500 Old Town Road an der SC 171, tgl. 9–17 Uhr, www.southcarolinaparks.com/ctl und www.charlestowne.org, $ 7,50*).

Die Plantagen

Drayton Hall

Den Bürgerkrieg unbeschadet überstanden

Diese ehemalige Reisplantage gehört zu den wenigen, die nicht während des Bürgerkrieges zerstört wurden. Der Grund dafür ist einfach: Als General Sherman mit den Unionstruppen anrückte, teilten ihm Sklaven der Plantage mit, dass Drayton Hall als Krankenhaus genutzt würde und voll belegt sei mit Pocken- und Malariakranken. Sherman ließ seine Truppen daraufhin einen großen Bogen machen um das Anwesen.

Das Plantagenhaus, zwischen 1738 und 1742 von John Drayton, damals einem der einflussreichsten Männer in South Carolina, erbaut, gilt als das älteste und schönste Beispiel **„Georgian-Paladian"-Stiles** in Amerika. Beim Bau wurden großzügig heimische Baustoffe verwandt, doch zur Gestaltung von Details benutzte man englischen Kalkstein sowie westindisches Mahagoni. Heute ist das Haus absolut leer. Das schadet dem Eindruck aber nicht. Eher hat man hier einmal die Chance, sich selbst ein Bild über die Architektur zu machen, ohne von den häufig überladen und kitschig wirkenden Möbeln abgelenkt zu werden (*Ca. 9 Meilen entlang der SC 61 (3380 Ashley River Rd.), Mo–Sa 9–15.30, So 11–15.30 Uhr. Führungen beginnen zur halben Stunde, www.draytonhall.org, $ 18*).

Magnolia Plantation and Gardens

Auch dieses Anwesen gehörte einst der Drayton-Familie und ist, 1670 angelegt, die älteste Plantage der Region. Das heutige Plantagenhaus ist wenig eindrucksvoll und ersetzte das Haus, das im Bürgerkrieg zerstört wurde. Einzig interessant ist die Tatsache, dass das jetzige Haus ursprünglich in Summerville stand und – auseinandergenommen – auf dem Fluss hierher gebracht wurde. Einmalig ist der botanische

Garten mit seinen Magnolien, Azaleen und Kamelien. Ebenfalls sehenswert sind die alten Sklavenhäuser und der Gewürzgarten. Zur Erkundung stehen kleine Trolleys und Fahrräder bereit, aber auch Bootstouren werden angeboten. Zum Grundstück gehören auch die Audubon Swamp Gardens. Ein Wanderweg führt hier um die pflanzenreiche Wasserstelle herum, aus deren Sumpf 20 m hohe Zypressen und andere Bäume ragen. Mit an mehreren Punkten bereitgestellten Feldstechern können Sie zudem die Vögel und Reptilien bewundern. Lassen Sie sich Zeit bei der Umrundung – Sie werden staunen, wie viele Tiere Sie entdecken werden. Wem es nicht zu feuchtheiß dafür ist, der kann mit einem Mietkanu durch ein 50 ha großes Vogelschutzgebiet paddeln (*10 Meilen entlang dem SC 61 (3550 Ashley River Rd.), Nov.–Febr. tgl. 9–16.30, Rest des Jahres 8–17.30 Uhr, www.magnoliaplantation.com, $ 15 Grundeintritt plus je $ 8 für Haus, Bootstour etc.*).

Vögel und Reptilien

Middleton Place

Noch bevor Sie zur Einfahrt der Plantage gelangen, weist ein Schild zum Middleton Inn. Dieses moderne Hotel, das in seiner Baustruktur eher wie ein missratener Bunker wirkt, bietet aber eine gute Gelegenheit für eine komfortable, luxuriöse und nicht zu teure Übernachtung in der Abgeschiedenheit der Flusslandschaft des Ashley River. Die Plantage selbst beeindruckt durch ihre **schöne Gartenanlage**, für deren Erschaffung 100 Sklaven 10 Jahre hart arbeiten mussten (ab 1741). Der Garten gilt als der erste seiner Art in Amerika. Magnolien, Azaleen, Rosen und vie-

Idylle in Middleton Place

le andere Blumen und Pflanzen schmücken die Anlage. Viele von ihnen sind angelegt an „Blumenalleen" und um künstliche Seen. Sie können den Park auf Touren mit einem Trolley erkunden, aber auch an Kajak-, Fahrrad- oder Reitexkursionen teilnehmen. Die Familie Middleton war maßgeblich in der **Politik** engagiert: Henry Middleton war Präsident des 1. Kontinentalkongresses, der sich gegen die Vorherrschaft der Engländer richtete, sein Sohn Arthur war Mitunterzeichner der Unabhängigkeitserklärung, und der spätere William Middleton unterzeichnete den Vertrag, durch den South Carolina sich von den Nordstaaten trennte. Kein Wunder also, dass die siegreichen Unionstruppen die Plantage besonders in Mitleidenschaft gezogen haben. Das Haus beeindruckt durch die zahlreichen Porträts der Middletons und den Eindruck, den es vermittelt über das Leben einer einflussreichen Südstaatenfamilie. Kinder wird der Besuch des Freilichtmuseums faszinieren, wo Hufschmiede, Müller und Landwirte ihre alten Künste vorführen (*15 Meilen entlang der SC 61 (4300 Ashley River Rd.), tgl. 9–17 Uhr (Garten), Touren: Di–So 10–16.30, Mo 12–16.30 Uhr, www.middletonplace.org, $ 25 plus $ 12 Tour durch das Haus*).

Einflussreiche Familie

Für Naturfreunde bietet sich im Raum Charleston noch der Besuch der beiden folgenden Parks an:

Old Santee Canal State Park

Hier, an einer der ersten Kanalanlagen Amerikas, hat man heute ein schönes Naturgebiet erhalten. Wanderungen und Kanutouren laden zu einem **erholsamen Nachmittag** in der Natur ein. Die Erläuterungen zum alten Kanal sollten Sie sich aber auch nicht entgehen lassen! Übernachtungsmöglichkeiten nur in Moncks Corner, nicht im Park (auch kein Camping). Nicht ganz so weit entfernt sind die Cypress Gardens: US 52 22 Meilen in südöstlicher Richtung (Richtung Charleston) und dann den Schildern folgen entlang der Cypress Garden Rd. (*geöffnet tgl. 9–17 Uhr*). Unter hohen Zypressen, die in einem spiegelglatten schwarzen Sumpfwasser stehen, können Sie mit einem Ruderboot umherpaddeln (oder sich paddeln lassen). Besonders während der Woche ist hier nicht viel los, und die – wenn auch nur kurze – Tour vermittelt eine unvergessliche romantische Stimmung. Außerdem führt ein Fußweg um den Sumpfsee herum, gibt es ein kleines Aquarium, ein Reptilien-Center, ein Vogelhaus sowie ein Schmetterlingshaus (*Anfahrt über den US 52 nach Norden. Lage: bei Moncks Corner, tgl. 9–17 Uhr, www.oldsanteecanalpark.org $ 3*).

Romantische Stimmung

Hinweis

Diese beiden Parks lassen sich, soweit Sie noch eine Nacht in Charleston bleiben möchten, auch auf einer Rundtour in Verbindung mit den o.g. Plantagen besuchen. Hierzu fahren Sie erst zu den Plantagen, danach weiter über Summerville zum Old Santee Canal State Park und schließlich zu den Cypress Gardens.

Routenempfehlung

Sie können jetzt von Charleston direkt weiterfahren nach Columbia und von dort der empfohlenen Route folgen (s. dazu S. 348) oder aber noch einen Schlenker über Georgetown machen, wie ab S. 344 kurz beschrieben.

Reisepraktische Informationen Charleston/SC

Information

Charleston Visitor Center: *375 Meeting St./Upper King St (gegenüber Charleston Museum), Charleston, SC 29403, ☎ (843) 853-8000 od. 1-800-774-0006, www.charlestoncvb.com. Parkplätze. Von hier fahren auch die einzelnen DASH-Shuttlebusse zum historischen Stadtgebiet ab. Hier gibt es zudem die Discount-Tickets („Heritage Passport") für die Besichtigung mehrerer Attraktionen zu kaufen.*

Erkundigen Sie sich am Visitor Center auch nach den zahlreichen geführten Touren, zu denen neben den Kutschfahrten auch ständig wechselnde Spezialtouren wie z.B. „Livin' in the Past", „Gullah Touren" (Führungen durch das „schwarze Charleston" und hervorragende Erläuterungen zur Geschichte der Gullah-Sprache), „Architectural Walking Tours", „Charleston-Harbor-Touren", Bootsfahrten den Fluss hinauf u.v.m. gehören.

Wichtige Telefonnummern

Vorwahl: ☎ 843

Notruf Polizei/Feuer/Ambulanz: ☎ 911

Krankenhaus: MUC Hospital: 169 Ashley Blvd., ☎ 792-2300

Hotels

Mills House Hotel $$$$ **(1)**: *115 Meeting St., Charleston, SC 29401, ☎ (843) 577-2400, www.millshouse.com. Zentral gelegenes Luxushotel mit zumeist großen Räumen. Antebellum-Möbel. Eigene Pferdekutschen. Das Restaurant bietet eine gute Fischküche. Empfehlung: Jumbo-Shrimp auf Spinat.*

Inn at Middleton Place $$$-$$$$: *4290 Ashley River Rd., Charleston, SC 29414, ☎ (843) 556-6020, www.theinnatmiddletonplace.com. Beschreibung siehe S. 338. Abgeschieden vom Trubel der Innenstadt in einer Flusslandschaft. Sehr gediegen. Große Zimmer. Lesen Sie dazu auch im Reiseteil unter „Umgebung von Charleston".*

Best Western King Charles Inn $$$ **(2)**: *237 Meeting St., Charleston, SC 29401, ☎ (843) 723-7451, www.kingcharlesinn.com. Geräumige Zimmer mit reproduzierten Möbeln des letzten Jahrhunderts. Zentrale Lage zum historischen Teil der Stadt. Kostenlose Parkplätze!*

Days Inn Historic District $$-$$$ **(3)**: *155 Meeting St., Charleston, SC 29401, ☎ (843) 722-8411, www.daysinn.com. Typisches Motel, aber durch den günstigen Preis eine Empfehlung. Kostenloses Parken!*

Günstigere und gute Motels *finden Sie am US 17 North in Mount Pleasant (über die Brücke).*

Bed&Brakfast-Häuser/Inns

Besonders schön ist es, in einem der zahlreichen Bed&Breakfast-Häuser zu wohnen. Es handelt sich durchgängig um hervorragend restaurierte Häuser, die einfach für sich selber ein Erlebnis sindDie Preise liegen aber im Durchschnitt um 50 Prozent höher als in den Mittelklassehotels. Die Preise in Charleston variieren zudem sehr stark nach Saison und Wochentag (Wochenende teurer).

Eine zentrale Buchungsstelle ist: **Historic Charleston Bed and Breakfast**, *57 Broad St., ☎ (843) 722-6606, www.historiccharlestonbedandbreakfast.com.*

Two Meeting Street Inn $$$$ **(4)**: *2 Meeting St., Charleston/South of Broad, SC 29401, ☎ (843) 723-7322, www.twomeetingstreet.com. In dem 1890 erbauten Haus* *stehen 9 Zimmer zur Verfügung, inkl. einem wunderschönen Garten, sowie einer hervorragenden Lage an der Battery. Die Fenster sind z.T. aus Tiffany-Glas, ein auffallender Kandelaber stammt aus der ehemaligen Tschechoslowakei. 2 Zimmer mit Balkon.*

Cannonboro Inn $$$-$$$$ **(5)**: *184 Ashley Ave., Charleston, SC 29403, ☏ (843) 723-8572, www.charleston-sc-inns.com. Luxuriöses Haus (von 1853) im Historic District. Zu empfehlen ist das üppige „English Breakfast". Fahrradverleih.*

Kings Courtyard Inn $$$-$$$$ **(6)**: *198 King Street, Charleston, SC 29401, ☏ (843) 723-7000, www.kingscourtyardinn.com. Inn mit schönem, schattigen Innenhof (Springbrunnen). Gebäude von 1853, einige Zimmer mit Kamin. Auf Wunsch können Sie hier auch dinieren. Im Haus nebenan befinden sich weitere Zimmer. Insgesamt sind es 41 Zimmer.*

1837 Bed and Breakfast $$$ **(7)**: *126 Wentworth St., Charleston, SC 29401, ☏ (843) 723-7166, www.1837bb.com. Kleines und sehr schmales Haus (von 1837), das aber eine sehr persönliche Atmosphäre ausstrahlt und preislich unter den anderen B&Bs liegt. Zimmer auch im ehemaligen Kutschhaus.*

King George IV Inn $$$ **(8)**: *32 George St., Charleston, SC 29401, ☏ (843) 723-9339, www.kinggeorgeiv.com. Recht günstiges B&B in einem Federal-Style-Haus mit den typischen 3 Obergeschossen und den Balkonen auf jeder Etage. 10 Zimmer, davon 8 mit eigenem Bad.*

Restaurants

82 Queen (1): *82 Queen St., ☏ 723-7591. Sehr beliebtes Restaurant in einem historischen Gebäude. Häufig wird Musik im Garten, in dem man auch speisen kann, geboten. Die Küche ist typisch für das Low Country. Da kann es schon mal passieren, dass Sie Krabbenkuchen mit einer süß-scharfen Pfeffersauce serviert bekommen.*

Hyman's Seafood & Aaron's Deli (2): *213 Meeting Street, ☏ 723-6000. New-York-Kosher-Deli in Charleston und das seit 1890. Gute Adresse für ein schmackhaftes und nahrhaftes amerikanisches Frühstück bzw. den Mittagsimbiss. Super Sandwiches und gute Seafood-Gerichte.*

Carolina's (3): *10 Exchange St., ☏ 724-3800. Upmarket Bistro-Restaurant in einem ehemaligen Hafengebäude. Gute Low-Country-Küche mit z.B. Avocado-Salsa auf „Erbsen-Kuchen". Lockere, aber gepflegte Atmosphäre. Nur Dinner.*

Magnolias (4): *185 E.Bay St., ☏ 577-7771. Gute Low-Country-Fischgerichte (berühmt für die „Low Country-Bouillabaisse") in einem alten Lagerhaus. Auch Steaks. Im Magnolias gibt es aber nicht nur die typischen Gerichte des Südens, man bemüht sich hier auch um eine kreative Mischung aus dieser und Spezialitäten aus der ganzen Welt. Blick auf Lodge Alley.*

Charleston Grill (5): *224 King Street (Mall des Charleston Place Hotel), ☏ 577-4522. Preisgekrönte Gerichte von einem überregional angesehenen Meisterkoch. Französisch angehaucht mit Low-Country-Einflüssen. Vornehmlich Fischgerichte (inkl. Muscheln). Gepflegtes Ambiente. Teuer, aber sein Geld wert!*

McCrady's (6): *2 Unity Alley, Market Area, ☏ 577-0025. Hervorragende, moderne Südstaaten-Küche, dargeboten von einem Meisterkoch. Schwerpunkte: Meeresfrüchte-, Fisch- und Gemüse-Gerichte. Eine der ältesten Tavernen der Stadt (von 1778) – untergebracht in einem Halbkeller einer Seitengasse. Sehr gute Weinkarte und tolle, teilweise historische Cocktails. Gehobenes Ambiente.*

The Wreck of the Richard and Charlene (8): *106 Haddrell St., Mount Pleasant (über die US 17-Brücke nach Nordosten), ☏ 884-0052. Wohl die beste Adresse für*

Charleston off the Beaten Path

Beginnen Sie mit dem Visitor Center und besorgen Sie sich einen guten Stadtplan. Wandern Sie anschließend in die ärmere Wohngegend nördlich von hier (die bis hin zur US 17 reicht). Auch hier gibt es historische Gebäude. Nur dass diese nicht wie Puppenhäuser zurechtgemacht sind. Sie vermitteln aber einen Eindruck darüber, wie es in Charleston während der 1920er-Jahre ausgesehen haben mag. Außerdem gibt es hier kleine Geschäfte, Handwerksbetriebe und Barbiere – und die in uriger Atmosphäre. Dieser Bezirk ist aber andererseits auch etwas rau. Seien Sie vorsichtig und unternehmen Sie vor allem keine nächtlichen Streifzüge hier!

Für den ausgefallenen Lunch bieten sich 2 Möglichkeiten:
Bowen's Island: 1870 Bowen Island Rd., ☎ 795-2757. Während der Austernsaison ein Muss. Um einen riesigen runden Grill sitzend, werden dem Besucher die Austern von dort direkt „vor die Nase geschaufelt". Gewürze und Saucen stehen in einem Eimer bereit, und die leeren Schalen fallen in einen weiteren Eimer auf dem Boden. Ein absolutes Gemeinschaftserlebnis, bei dem man schnell Kontakt knüpft. Nur von Di–Sa geöffnet. Auch außerhalb der Austernsaison schmeckt es hier! Sie fahren über die gewaltige Brückenkonstruktion nach **Mt. Pleasant** (der Beifahrer sollte die Kamera griffbereit haben bei der Überfahrt). Dort biegen Sie ab auf die 703 (Coleman Blvd.) in Richtung **Sullivan's Island**. Nach gut einer Meile erreichen Sie eine Brücke. Hier befinden sich einige kleine Fischrestaurants in Holzhütten, wo es die frischesten Krebse und Shrimps der Stadt gibt, da die Fischer sie hier direkt abliefern.

Am Nachmittag empfiehlt sich zur Verdauung eine Bootsfahrt in den **Cypress Gardens** oder im **Old Santee State Park**. Besonders in der Woche findet kaum jemand den Weg hierher, und die Stimmung auf dem pechschwarzen Wasser unter den Zypressen spricht für sich.
Am frühen Abend ist Zeit für eine erstklassige Torte im Kaminsky (78 N. Market St.). Zwar nicht gerade „Off the beaten track", aber ein Muss. Kaminsky ist übrigens täglich bis 2 Uhr morgens geöffnet!
Nachteulen können noch die „Music Farm" (32 Ann St.) aufsuchen. Vor 1 Uhr aber trifft sich hier eher die Jugend unter 25, während danach auch die Bediensteten der anderen Lokale ihren Weg dorthin finden und bis 6 Uhr morgens durchhalten.

„Down-to-Earth"-Shrimps, -Crabs, -Claws und -Austern. Klein, etwas schäbig, direkt am Wasser, wo auch die Krabbenfischer vorbeikommen. Kein Lunch.
A.W. Shucks (7): *70 State St., ☎ 723-1151. Einfach, aber urig. Austern, Shrimps und Crabs in allen Variationen. Lange Bar, viele Biersorten. Es gibt auch Fleischgerichte.*

Pubs/Livemusik/Nightlife

Auffällig für die Stadt sind die Lokale an der Market Street, die über 3 Geschosse reichen. Unten gibt es etwas zu essen, im 1. Stock eine Bar, und ganz oben treten die Bands auf.
McCrady's Wine Bar: *2 Unity Alley, Market Area, ☎ 577-0025. Die Weinkarte hier gilt als die erlesenste in der Stadt.*

An der Market Hall

Henry's: *Ecke N. Market/Anson St., ☎ 723-4363. Am Wochenende gute Jazzmusik (gilt als einer der besten Jazzbars in der Stadt). Ansonsten eher ein „Hang-out".*
Tommy Condon's Irish Pub: *160 Church St., ☎ 577-3818. Irischer Pub. Sing-along und irische Livemusik. Das Essen bietet eine willkommene Alternative zur amerikanischen Küche. Hier gibt es den besten „Shepherd's Pie", den ich je in den USA gegessen habe.*
Music Farm: *32 Ann Street, ☎ 853-3276. Am Wochenende der Disco-Schuppen von Charleston. In der Woche häufig Livebands (meist Rock). Nur für das Publikum bis 30 geeignet!*
Southend Brewery & Smokehouse: *161 E. Bay St, ☎ 853-4677. Microbrewery und auch Pizzas.*
Wer noch mehr Bierauswahl sucht, dabei aber auch Lärm und Pool-Billard verträgt, der sollte mal in **Charleston Beer Works** *(468 King St. www.charlestonbeerworks.com) reinschauen. Hier gibt es über 20 verschiedene Biere vom Zapfhahn und an die 100 Sorten aus Flaschen.*

Einkaufstipps

Der **Old City Market** *zwischen East Bay und Meeting St. (Market Street) beeindruckt mit zahlreichen kleinen Ständen und Shops sowie Restaurants drumherum. Oft Flohmarkt, besonders an Wochenenden.*
Charleston ist ansonsten auch eine Fundgrube für Antiquitäten, und entsprechende Geschäfte verteilen sich über den gesamten historischen Distrikt, u.a. konzentriert in der **King Street** *(die Blocks südl. der Market St.). Hier gibt es zudem auch eine Reihe ausgesuchter Modegeschäfte.*
Farmers Market *(an der Market Street): Sa 8–13 Uhr. Gemüse, Früchte und der übliche Ramsch, der auf amerikanischen Touristenmärkten angeboten wird.*
Bücher: *Preservation Society of Charleston Bookstores/Gift Store (147 King St., ☎ (843) 722-4630) mit ausgesuchten Büchern zur Stadtgeschichte.*

Veranstaltungen/Feste

Jedes Jahr findet Ende Mai/Anfang Juni, etwa 17 Tage lang, das **Spoleto Festival USA** *statt, von dem Komponisten Gian Carlo Menotti begründet. Dadurch soll die Verwurzelung Europas in Amerika betont werden. Das gemeinsame kulturelle Erbe wurde lange Zeit durch eine Politik der Isolierung vernachlässigt. Die mittelalterliche Spoleto in Umbrien ist im ausgehenden Mittelalter durch die Auflösung des Kirchenstaates bedeutungslos geworden. Ein ähnliches Schicksal ereilte ja auch Charleston nach dem Amerikanischen Bürgerkrieg. Menottis Anliegen war es, beim europäischen Festival in Spoleto dem Publikum die moderne amerikanische Musik, und in Charleston beim amerikanischen Spoleto den Amerikanern die klassische europäische Musik näherzubringen. Zur Zeit des Festivals finden Theater-, Opern-, Ballett-, Jazz- und Chorveranstaltungen statt. Informationen: www.spoletousa.org.*

Öffentliche Verkehrsmittel

Amtrak: *4565 Gaynor Ave., N. Charleston, ☎ (843) 744-8264. Der Bahnhof ist 4 Meilen von der City entfernt, wird aber von einem Busdienst bedient.*
Überlandbusse: *Greyhound: 3610 Dorchester Rd., N. Charleston, ☎ (843) 744-4247.*
Stadtbusse: *Neben den Stadtbussen ist besonders der DASH-Bus interessant, der als Trolley alle wesentlichen Punkte in der Innenstadt bedient. Kaufen Sie dafür am besten gleich das zum Einzelticket unwesentlich teurere Tagesticket. Infos: ☎ 724-7420, www.ridecarta.com*

Taxis

Yellow Cab: *☎ 577-6565*
Safety Cab: *☎ 722-4066*

Fahrradverleih

The Bicycle Shoppe: *280 Meeting St., ☎ 722-8168*

Abstecher nach Georgetown

Wer noch einen Tag (oder mehr) erübrigen kann, sollte einen kurzen Abstecher in Richtung des kleinen Städtchens Georgetown, der ehemaligen „Metropole" des Reisanbaus, einlegen. Die Weiterfahrt bis nach Myrtle Beach lohnt aber nur, wenn man sich ganz und gar den Badefreuden und einem entsprechenden Massentourismus hingeben möchte. Unzählige Hotels und Apartmenthäuser bieten sich in endlosen Reihen entlang dem dortigen Strand an.

Entfernungen

Charleston – Georgetown: 60 mi/97 km
Georgetown – Columbia: 123 mi/198 km

Der US 17 führt auf der Ostseite des Cooper River zuerst vorbei an der „USS Yorktown" (S. 334) sowie der Boone Hall Plantation (S. 335f) und schließlich durch den Francis Marion National Forest, einem dichten Wald aus Zypressen, dessen Holz in Georgetown zu Papier weiterverarbeitet wird.

Typische Südstaaten-plantage

Kurz vor Verlassen des Waldes (16 Meilen vor Georgetown) führt nach links eine Straße zur **Hampton Plantation Historic Site**. Nicht die imposanteste, aber eine typische Südstaaten-Plantage in deren Haus von 1934 bis 1973 der in South Carolina gefeierte Literat Archibald Rutledge gelebt hat. Einen weiteren bzw. alternativen kurzen Stopp ist die Hopsewee Plantation 12 Meilen vor Georgetown wert. Die Plantage wurde um 1730 eingerichtet, und das alte Haus stammt auch noch aus dieser Zeit und wurde damals von der Lynch-Familie erbaut. Die Lynchs, Vater und Sohn, waren beide Mitglieder des Continental Congress. Beide sollten die Declaration of Independence mit unterzeichnen, doch konnte Thomas Lynch Sr. wegen eines Schlaganfalles dieses schließlich nicht tun. Auch heute noch wird das Haus bewohnt (*Garten/Anlage: tgl. 9–17 Uhr, www.southcarolinaparks.com/hampton, Haus $ 7,50, Garten frei. Das Grundstück kann jederzeit tagsüber besichtigt werden, während 25-minütige Führungen durch das Haus nur zu folgenden Zeiten möglich sind Sa–Di 13, 14 und 15 Uhr*).

Georgetown

Georgetown wurde 1729 gegründet, obwohl die Spanier bereits um 1526 ihr Glück versuchten, doch bereits nach wenigen Jahren von einem Hurrikan wieder vertrieben worden sind. Georgetown ist heute ein kleines, idyllisches Städtchen, das seine Boomzeit bis zum ausgehenden 19. Jh. erlebte, als der **Reisanbau** der Region über die Hälfte der gesamten US-Produktion ausmachte. Auch die Herstellung von Indigo bescherte der Stadt einen gewissen Wohlstand. Die Reisernte war sehr arbeitsaufwendig, anstrengend und forderte unzählige Menschenleben aufgrund der damals weitverbreiteten Malaria. Man kam kaum nach mit der „Beschaffung" neuer Sklaven. Vor dem Bürgerkrieg zählte Georgetown 20.000 Einwohner, von denen

Am Harbour Walk

90 Prozent Sklaven waren! Heute lebt die Stadt von der Verwertung und Verschiffung von Alteisen, der Holzverarbeitung und auch ein wenig vom Tourismus.

Flanieren entlang der Front Street

Ein kurzer Spaziergang entlang der Geschäfte an der **Front Street** lohnt sich und auch das Schlendern an dem dahinter gelagerten Harbor Walk, dessen Holzsteg einen Eindruck vermittelt über die Zeiten, als hier noch die Reisschiffe beladen worden sind. Heute verkehren von hier Ausflugsboote zu 2–4-stündigen Touren zu den Flussmündungen und ehemaligen Reisplantagen – manche als Piratenschiff ausstaffiert, andere eher für Angler geeignet.

Das Visitor Center befindet sich übrigens auch in der Front Street, Ecke Broad Street. Besuchenswert ist in der Stadt vor allem das kleine **Rice Museum** (*Ecke Front/ Screven Streets, Mo–Sa 10–16.30 Uhr, www.ricemuseum.org, $ 7*). Reis wurde fast 200 Jahre lang in dieser Region um die 7 Flussmündungen herum angebaut. In einem kleinen Geschäft neben dem Museum wird ein 15-minütiger Film über den Reisanbau gezeigt. Sehr schön ist schließlich noch das **Kaminsky House** (*1003 Front Street, Mo–Sa 10–16 Uhr u. So 13–16 Uhr, www.kaminskihousemuseum.org, $ 7*) mit seinen alten Möbeln und Antiquitäten. Kaminsky war ein reicher Geschäftsmann, und sein Haus lag so, dass er den gesamten Hafenbereich gut einsehen konnte. Erfrischend ist auch die kühle Brise, die in dem beschatteten Garten weht. Weitere ältere Häuser der Stadt, so das ebenfalls zu besichtigende **Stewart-Parker House**, gehörten ehemals Plantagenbesitzern, die sich von Mai bis Oktober in die Stadt verzogen, um vor der Hitze und der Malariagefahr auf den Plantagen zu flüchten sowie Kaufleuten.

2 Meilen nördlich der Stadt am US 17 verspricht das **Hobcaw Barony Visitor Center** (*Mo–Fr 10–17 Uhr, www.hobcawbarony.org*) einen guten Einblick in das Ökosystem der Region. Sehr gute, 3-stündige geführte **Touren** in das 7.000 ha große Naturreservat und durch die Jagd-Villa des legendären Wall-Street-Gurus **Bernard M. Baruch** (1870–1965) werden Di–Fr um 9.30 Uhr angeboten (*Infos und Anmeldung: ☏ (843) 546-4623*). Zum Kreis von Baruchs Besuchern hier zählten einst auch Winston Churchill und Franklin D. Roosevelt. Beraten hat er aber auch andere Präsidenten.

Etwa 10 Meilen nördlich von Georgetown (zweigen Sie ab auf den South Causeway) bietet sich ein Abstecher zur **Pawleys Is-**

Skulptur in Brookgreen Gardens

land an. Schöne Sandstrände und eine Reihe historischer Strandhäuser aus dem 19. Jh. (gekennzeichnet mit Messingschildern an der Straße) sprechen für sich. Früher verbrachten die reichen Plantagenbesitzer den heißen Sommer hier, um der Hitze und der Malaria zu entgehen. Die meisten Holzvillen sind aber neueren Datums. Fahren Sie, wenn Sie auf der Insel sind, nach rechts (Süden). Ganz am Ende der Insel ist ein großer schöner Strand. Das Visitor Center befindet sich an der Einmündung der Hauptstraße (North Causeway), linker Hand. Hier können Sie sich nach evtl. zu vermietenden Strandhäusern erkundigen. Während der Nebensaison durchaus bezahlbar. Pawleys Island und Litchfield bilden übrigens das älteste Resort der USA.

Schöne Strandhäuser

Weiter nördlich von Georgetown entlang des US 17 wären noch die **Litchfield Plantation** (Plantagenhaus, Geschichte des Reisanbaus sowie luxuriöse Unterkünfte und Golfanlage am eigenen Strand, *http://litchfieldplantation.net/*), die **Brookgreen Gardens** (wunderschöne botanische Anlage mit zahlreichen Skulpturen, *tgl. 9.30–17 Uhr, www.brookgreen.org, $ 14*) und der kleine Fischerort **Murell's Inlet** (Seafood-Restaurants, Apartment-Unterkünfte) zu nennen. Wenige Meilen nördlich davon liegt **Myrtle Beach**: über mehr als 250 Straßenzüge – oder 35 Meilen – Strandtourismus! Kaum ein Flecken, der nicht mit einem Hotel, Motel oder Condo bebaut ist. Wer gerne Sonne à la Mallorca, kleine Vergnügungsparks à la Mini-Disneyworld und abends Discos wie in New York genießen möchte, ist hier richtig. Der Strand ist wirklich schön und das Wasser warm.

Eines aber wird die Musikfreunde begeistern: Myrtle Beach hat sich während der 1980er-Jahre zu einem **Mekka der Countrymusik** entwickelt, und im Sommer gastieren hier zudem fast täglich international bekannte Rockbands. Die Empfehlung aber lautet, von Georgetown direkt nach Columbia, der Hauptsstadt von South Carolina zu fahren und von dort dann weiter nach Atlanta oder Asheville und zum Great Smoky Mountains National Park.

Im Sommer täglich Konzerte

Reisepraktische Informationen Georgetown/SC

Unterkünfte

Harbor House Bed&Breakfast *$$-$$$: 15 Cannon St., Georgetown, SC 29440, ☎ (843) 546-6532, www.harborhousebb.com. Ausblicke auf den Hafen von der Porch und jedem der 4 Zimmer.*

The Shaw House Bed&Breakfast *$$: 613 Cypress Court, Georgetown, SC 29440, ☎/ (843) 546-9663, www.bbonline.com/sc/shawhouse. Günstiges B&B mit Blick aufs Marschland. Charme des Alten Südens, viele Antiquitäten. Reichhaltiges Südstaaten-Frühstück.*

Günstige, aber z.T. auch sehr einfache Motels finden Sie vor allem an der Ortsausfahrt entlang des Alt US 17/US 521.

Restaurants

Eine Reihe von Restaurants finden Sie entlang der Front Street. Zu empfehlen ist z.B. **Rice Paddy** *(732 Front St., ☎ 546-2021) mit exquisit zubereiteten Fischgerichten. Tendenz: Fusion-Cuisine.*

Von Charleston nach Columbia (und Atlanta)

Entfernungen

Charleston – Columbia: 114 mi/184 km
Charleston – Georgetown – Columbia: ca. 230 mi/368 km
Columbia – Atlanta: 215 mi/346 km (über den Interstate) – über Athens ca. 60 Meilen mehr.

Streckenalternativen

Direkt nach Columbia nehmen Sie einfach den I-26. Mit dem Umweg über Georgetown folgen Sie bis dort dem US 17 und nehmen dann den US 521 bis Manning und von dort die westliche Umgehung um Sumter (SC 261) bis zum US 76, dem Sie bis Columbia folgen. Nach Atlanta geht es dann von dort direkt auf dem I-20 weiter oder sie folgen den im Text beschriebenen kleinen Abstechern.

Hartholzwald

Bis Columbia gibt es nichts zu sehen. Naturfreunden sei aber unbedingt ein Abstecher zum **Congaree Swamp National Park** (*tgl. 9–17, im Sommer Fr+Sa bis 19 Uhr, www.nps.gov/cong*) empfohlen (20 Meilen südöstlich von Columbia). Inmitten einer Sumpflandschaft steht hier noch der letzte Hartholzwald Amerikas. Die Bäume sollen mit bis zu über 300 Jahren die ältesten und bis zu 45 m Höhe die größten östlich des Mississippis sein. Für einen lohnenden Abstecher muss man aber mindestens 3 Stunden extra einplanen. Geführte Naturwanderungen sowie Kanutouren (dafür rechtzeitig anmelden) gibt es auch.

Columbia

Im Bürgerkrieg komplett zerstört

Columbia wurde 1786 zur **Hauptstadt von South Carolina** ernannt und löste damit Charleston ab. Die Entscheidung dazu wurde gefällt, um den Farmern des Landesinneren entgegenzukommen. Die nämlich fanden Charleston zu weit entfernt und blickten mit immer mehr Neid auf die reichen Plantagenbesitzer und die dort ansässige Aristokratie. Die Stadt litt sehr unter dem Bürgerkrieg. Nur 5 Häuser blieben während des Angriffs unversehrt, und nur ein Drittel der Häuser Columbias konnte nach dem Krieg wieder im ursprünglichen Zustand aufgebaut werden. Die meisten von ihnen befanden sich im **Five Points District**, einem Areal um die Straßenkreuzung Devine und Harden Streets. Hier treffen 5 Straßen aufeinander. Da das ehemalige Stadtzentrum vollkommen zerstört war, siedelten sich hier die Geschäfte an. Erst nach der Jahrhundertwende zogen die Kaufleute wieder in den Bezirk um die Main Street, und der Five Points District entwickelte sich immer mehr zur alternativen „Spielwiese" der Studenten. Heute befinden sich hier neben Restaurants und Kneipen kleine Boutiquen, Waschsalons und Hinterhofwerkstätten. Mittlerweile hat die Stadtverwaltung sich bemüht, das Gebiet zwischen Innenstadt und Congaree River attraktiver zu gestalten. Das Convention Center wurde renoviert, das Carolina Center, ein moderner Veranstaltungspalast wurde errichtet und ein (Congaree) Vista, ein neues Viertel zwischen Gervais St. und Convention Center für Restaurantgänger ins Leben gerufen.

Grundsätzlich ist Columbia kein herausragendes Reiseziel. Einzig der **Vista District** lohnt. Das State Capitol, stark ramponiert während des Bürgerkrieges, ist von geringerer Bedeutung. Noch etwas hat Columbias Geschichte zu bieten: Im Big Apple Nightclub (1000 Hampton Street) wurde Mitte der 1930er-Jahre von schwarzen Jugendlichen der **Shag-Tanz** erfunden. Der Tanz wurde nach New York gebracht und fand dort viel Anklang. Da mit ihm die „kulturelle Szene" von New York noch mehr unterstrichen wurde – so heißt es in Columbia –, wird New York seitdem mit „The Big Apple" tituliert. Es gibt aber auch andere Meinungen dazu. Heute gibt es hier keinen Nightclub mehr, aber das Gebäude, übrigens einst als Synagoge gebaut, steht auf der Liste der denkmalgeschützten Gebäude. Die Atmosphäre der 130.000 Einwohner zählenden Stadt wird stark geprägt durch die Regierungsangestellten und vor allem durch die Universität (über 30.000 Studenten).

Namensgeber

Sehenswertes

Das **State Capitol** (State House) liegt am Anfang der Main Street Besichtigungen sind während der üblichen Bürozeiten von Montag bis Freitag möglich. Entlang der Henderson Street (zwischen Laurel und Taylor Sts.). gelangt man in den Bezirk, in

Das State House in Columbia

Spannende Führung

dem die u.g. und zu besichtigende Häuser stehen. Tickets gibt es bei der **Historic Columbia Foundation** im Robert Mills House. Die Häuser sowie der o.g. **Big Apple Nightclub** können auf Touren besichtigt werden (*alle Museen Di–Sa 10–15 Uhr, So 10–16 Uhr, www.historiccolumbia.org, ein Haus $ 6, alle 3 $ 15*).

- **Robert Mills House** (*1616 Blanding Street*): Schöner Garten und aufwendige, beinahe überladene Einrichtung. Das Haus wurde 1823 im Greek-Revival-Stil errichtet. Hier gibt es die Tickets für die anderen Häuser.
- **Woodrow Wilson's Boyhood Home** (*1705 Hampton Street*): Hier verbrachte der spätere Präsident Wilson vier Jahre seiner Jugendzeit (1872–75). Sein Vater war Priester, und die (viktorianische) Einrichtung erinnert etwas daran.
- **Hampton Preston Mansion** (*1615 Blanding Street*): Von außen ist dieses 1818 erbaute Haus bestimmt das eindrucksvollste in Columbia. Innen befinden sich Möbel aus der Zeit von 1835–55.
- **Mann Simons Cottage** (*1403 Richland Street*): Dieses unscheinbare Haus beherbergte vor dem Bürgerkrieg eine von nur 50 freien schwarzen Familien in South Carolina. Cecilia Mann war Sklavin in Charleston gewesen, bevor sie sich freikaufen konnte und die 100 Meilen bis Columbia zu Fuß zurücklegte. In Columbia fand sie Arbeit und konnte sich ein einfaches bürgerliches Leben erlauben. Die Einrichtung ist ganz anders als in den anderen Häusern: schlicht und praktisch. Hier lohnt sich eine Führung, um dabei mehr über die Lebensbedingungen der Schwarzen vor dem Bürgerkrieg zu hören. Zudem gibt es hier ein kleines Museum und eine Kunstgalerie.

Wer sich näher mit dem Amerikanischen Bürgerkrieg beschäftigen möchte, kann noch zum kleinen **Confederate Relic Room & Museum** (*Columbia Mills Bldg., 301 Gervais St., Di–Sa 10–17, 1. So im Monat 13–17 Uhr, www.crr.sc.gov, $ 5*) fahren. Neben Konföderierten-Uniformen sind auch einige neuere Gegenstände zum Thema Militärgeschichte von South Carolina ausgestellt. Für diejenigen, die mit Kindern unterwegs sind, mag eher das **State Museum** im gleichen Gebäude (*301 Gervais Street, Di–Sa 10–17 Uhr, So 13–17 Uhr, www.museum.state.sc.us, $ 7*) von Interesse sein. Neben den üblichen naturwissenschaftlichen und historischen Ausstellungen gibt es nämlich auch eine Abteilung über Dinosaurier. Ein Spaziergang über den Universitäts-Campus, dessen historischen Kern der „Horseshoe" bildet (aufgrund der Gebäudeanlage um eine hufeisenförmige Straße), wäre etwas zum Entspannen.

Spazierwege

Wer noch etwas spazieren gehen möchte, der kann dieses nahe der Innenstadt im Riverfront Park (Parkplatz an der Laurel Street, Vista) tun. Ein Fußweg führt hier hinunter zum Congaree River und dem historischen Columbia Canal. Marker an den Wegen erklären die Pflanzen der Region sowie die Geschichte der Gebäude am Fluss, die früher einmal die Wasserkraftwerke beherbergten.

Routenempfehlungen

Von Columbia aus kann man, wie folgt kurz beschrieben über Atlanta und den Norden von Georgia zum Great Smoky Mountains National Park und nach Tennessee fahren oder aber unter Auslassung von Atlanta die Route über Asheville wählen (s. S. 354).

Reisepraktische Informationen Columbia/SC

Information

Greater Columbia Convention & Visitors Bureau: *1101 Lincoln St. (Upper Level Conv. Center), Columbia, SC 20201, ☎ (803) 545-0002, www.columbiacvb.com.*

Wichtige Telefonnummern

Vorwahl: ☎ 803
Notruf: Polizei/Feuer/Ambulanz: ☎ 911
Krankenhaus: Providence Hospital: 2435 Forest Dr., ☎ (803) 256-5300
Columbia Airport: Informationen ☎ (803) 822-5000, www.columbiaairport.com
Amtrak: ☎ 1-800-872-7245

Unterkünfte

The Inn at Claussen's $$$: *2003 Green St., Columbia, SC 29205, ☎ (803) 765-0440, www.theinnatclaussens.com. Boutique-Hotel. Gemütliche Zimmer und z.T. über 2 Geschosse gehende Suiten (unwesentlich teurer) in ehemaligem Bäckerei-Gebäude (1928). Nahe dem Five Points District.*
Clarion Hotel Downtown $$-$$$: *1615 Gervais St., Columbia, SC 29201, ☎ (803) 771-8711, www.clariontownhouse.com. Hotel und angeschlossenes Motel nahe dem State Capitol. Gutes Preis-Leistungsverhältnis.*
Hampton Inn Downtown Historical District $$-$$$: *822 Gervais St., Columbia-Vista, SC 29201, ☎ (803) 231-2000, www.hamptoninncolumbia.com. Der Tipp in der Innenstadt. Modern, relativ günstig, genau gegenüber der Restaurants und Bars des Vista-Districts und vieles können Sie von hier zu Fuß erreichen.*

Zwei nette, unkomplizierte und relativ günstige Bed&Breakfast-Unterkünfte in alten Stadthäusern bieten:
Chesnut Cottage B&B $$: *1718 Hampton Street, Columbia, SC 29201, ☎ (803) 256-1718, www.chesnutcottage.com*
The 1425 Inn B&B $$: *1425 Richland St., Columbia, SC 29201, ☎ (803) 252-7225, www.the1425inn.com*

Restaurants

Garibaldi's: *2013 Greene St., ☎ 771-8888. Gute italienische Gerichte. Etwas gehobeneres Ambiente. Im Five Points District.*
Das Gebiet am **Convention Center** *(Innenstadt), auch als* **Congaree Vista** *(zwischen Gervais St. und Convention Center) bezeichnet, empfiehlt sich für alle. Ob Steakhäuser, Grill-Restaurants, Tapa-Bar, Weinlokal oder Sportsbar, hier finden Sie bestimmt etwas.*
Ebenso lohnt sich ein Abstecher zum Five Points District, in dessen Mitte **Goatfeathers** *(2017 Devine Street, ☎ 256-3325) als Café und Restaurant mit Pubatmosphäre lockt und immer noch zu den bekanntesten Esstempeln der Stadt zählt. Gemischtes Publikum. Leckere „Studentengerichte" und gute Kuchen gibt es hier.*
Nicht weit von hier offeriert **Yesterday's** *(2030 Devine St., ☎ 799-0196) von allem etwas: Tex-Mex, Cajun, Vegetarisches, Pasta etc.*

Sehenswertes zwischen Columbia und Atlanta

Alternative 1

Den I-20 in südwestliche Richtung nehmen. **Augusta**, das an der Strecke liegt, hat nichts Besonderes zu bieten. Nur die Golffreunde werden davon gehört haben, dass hier das Masters ausgespielt wird, und so dreht sich in der Stadt das touristische Interesse vornehmlich um diese Sportart. Besuchenswert ist allerhöchstens noch das „Cotton Exchange Building" und wissenswert die Tatsache, dass am Savannah River in North Augusta (South Carolina) einst ein Deutscher eine Stadt mit Namen Hamburg gegründet hat, in der Hoffnung, hier eine prosperierende Metropole ins Leben zu rufen. Dieses schlug aber fehl. Heute befindet sich dort, wo das Zentrum von Hamburg einst gewesen ist, ein Golfplatz (gleich nördlich der Eisenbahnbrücke nahe der 5th-Street-Brücke am Fluss).

Golfplatz

Die beiden folgenden Alternativen 2 und 3 versprechen eine sehr schöne Agrarlandschaft, deren Beschaulichkeit für sich spricht. Hier scheint die Uhr langsamer zu ticken, und am Sonntag ist die Kirche der zentrale Mittelpunkt. Kein Wunder, dass diese Region von den Großstadtbewohnern verächtlich als „Bible Belt" bezeichnet wird. Kehren Sie ruhig mal in eines der kleinen Lokale in den verschlafenen Ortschaften entlang dem Weg ein. Es lohnt sich der Atmosphäre wegen. Oft verbergen diese sich auch in einer Tankstelle.

Alternative 2

Die Strecke führt entlang der SC 378. Der Ort **McCormick** lohnt einen kleinen Abstecher wegen seiner historischen Gebäude und den kleinen Antiquitätenläden. Diese bewaldete und flussnahe Region ist zudem ein beliebtes Erholungsgebiet für Jäger und Angler.

Übernachtungstipp
Eine ausgefallene Übernachtungsmöglichkeit bietet das alte, historische **Cottage** *($$$) von 1770 des* **Hickory Knob State Park** *nördlich von McCormick. Der Park selbst liegt an einem großen See und hat einen ausgezeichneten Golfplatz. 1591 Resort Drive, McCormick, SC 29835, ☎ (864) 391-2450, www.SouthCarolinaParks.com.*

Folgen Sie nun von hier weiter dem US 378 (später dann dem US 78). Als nächstes passieren Sie **Washington**, eine kleine Stadt, die „historische Bedeutung" dadurch erlangt hat, dass einer seiner Bürger, der Schatzmeister Robert Toombs, mit der Kasse der Konföderierten-Armee durchgebrannt ist. Bis heute glaubt man in Washington, der Schatz wäre irgendwo in der Stadt vergraben. In Washington tagte auch die letzte Versammlung der konföderierten Regierung vor der Kapitulation. Außerhalb, westlich der Stadt, gibt es dann noch die **Callaway Plantation**, deren schönes Herrenhaus man von der Straße aus sehen kann. Schließlich kommen Sie zu der historischen Stadt **Athens** (Infos S. 409ff). Von Athens nach Atlanta sind es dann noch 80 Meilen.

Alternative 3

Verlassen Sie Columbia über den US 378 nach Westen, folgen dann von Saluda dem US 178 bis Greenwood und fahren von dort weiter nach Westen auf dem Hwy. 72. **Abbeville** ist einen Stopp wert. Hier haben sich bereits früh Hugenotten niedergelassen und hier wurde die Idee der Sezession geboren sowie die endgültige Kapitulation von Präsident Jefferson Davis beschlossen. Am interessantesten zu sehen ist das 1908 erbaute **Abbeville Opera House**, für dessen erstklassige Aufführungen (meist Broadway-Musicals) Sie Karten erstehen können (*Karten über ☏ (864) 459-2157, www.theabbevilleoperahouse.com*).

Historische Entscheidungen

Unterkunftstipp
The Belmont Inn *$-$$: 104 E. Pickens St., Abbeville, SC 29620, ☏ (864) 459-9625, www.belmontinn.net; Haus aus der Jahrhundertwende, dessen Architektur eher an mediterrane Gegenden erinnert.*

Weiter dem Hwy. 72 folgend, passiert mandas ansprechende kleine Antebellum-Städtchen **Elberton**, bis man schließlich nach Athens gelangt.

Zu Atlanta und Weiterfahrt in den Norden ab S. 385ff.

Von Columbia über Asheville und den Smoky Mountains National Park nach Knoxville und weiter nach Chattanooga

Entfernungen

Columbia – Asheville: 165 mi/266 km
Asheville – Knoxville: 125 mi/201 km (I-40)
Knoxville – Chattanooga: 112 mi/ 180 km
Knoxville – Nashville: 178 mi/287 km
Asheville – Knoxville: inklusive der Rundfahrten im Gr. Smoky Mountains Nat. Park sollten Sie mit mindestens zusätzlichen 100 km rechnen.

Streckenalternativen

Fahren Sie bis Asheville auf dem I-26. Von dort aus nehmen Sie entweder den Blue Ridge Mountain Parkway oder alternativ den I-40 in westlicher Richtung bis zum Exit 27. Hier fahren Sie dann weiter auf dem US 19/23B, bis Sie nach gut 4 Meilen, kurz vor Waynesville, diesen verlassen und in westlicher Richtung auf dem US 19 nach Cherokee weiterfahren müssen. In Cherokee biegen Sie nach Norden ab auf den US 441, der Sie durch den Great Smoky Mountains National Park begleitet und der nördlich vom Park in Sevierville in westliche Richtung weitergeht bis Knoxville. Von Knoxville aus folgen Sie dem I-40 (Nashville) bzw. dem I-70 (Chattanooga).

Redaktionstipps

- Wesentliche Sehenswürdigkeiten: In Asheville die Biltmore Estate; Blue Ridge Mountain Parkway; der Great Smoky Mountains National Park und die Bergwelt in dieser Region. Pigeon Forge, die Country& Western-Entertainment-Hochburg (echt „Americana"), Geschichte der Cherokee-Indianer, Atomanlagen in Oak Ridge.
- Der Besuch der Biltmore Estate ist ziemlich teuer, doch die Tickets, die nach 15 Uhr erstanden werden, können auch für einen zweiten Besuch am folgenden Tag genutzt werden! (S. 359)
- Zeiteinteilung: 4 Tage/Tag 1: Sollten Sie früh loskommen in Columbia, fahren Sie durch bis Asheville. Tag 2: Erkundung von Asheville und nachmittags weiterfahren bis kurz vor den Great Smoky Mountains Nat. Park. Tag 3: Nehmen Sie sich genügend Zeit für den Nationalpark. Übernachtung dann in Gatlinburg, Pigeon Forge, Townsend oder Knoxville. Tag 4: Je nach Interesse: National Park, Pigeon Forge oder alternativ Knoxville und Oak Ridge. Dann noch bis Chattanooga fahren.

Grundsätzlich sollte man sich Zeit nehmen für Asheville und die reizvolle Landschaft der **Blue Ridge Mountains** und des **Great Smoky Mountains National Parks**. Diese faszinierende Bergwelt erlaubt eine gelungene Abwechslung zur flachen bzw. hügeligen Landschaft der Küste und der restlichen Südstaaten. Daher empfiehlt es sich – falls Sie nicht über Atlanta fahren sollten –, mehr oder weniger bis Asheville auf dem Interstate 26 zu bleiben.

Knoxville mit auf der Reiseroute einzuplanen, ist nicht unbedingt erforderlich. Die Stadt lohnt einen längeren Aufenthalt nicht – höchstens einen Übernachtungsstopp und die Besichtigung der Atomanlagen in Oak Ridge. Alternativ wäre eigentlich eine zweite Nacht in einem Cottage vorzuziehen, verbunden mit einer Wanderung in der Bergwelt.

Sehenswertes entlang der Strecke

Auf der Strecke von Columbia nach Asheville gibt es nicht allzu viel zu sehen. Städte wie Spartanburg (Agrarindustrie) bzw. Greenville (Textil- und Chemieindustrie) bieten zwar Gelegenheit für eine Pause, doch gibt es hier fast nichts zu sehen, was Sie nicht auch woanders vorfinden. Ansprechender für eine Pause wäre der kleine idyllische Ort **Hendersonville** in North Carolina (I-26-Exit 49). Die Agrarlandschaft ist zuerst noch bestimmt durch Tabakfelder, weiter nordwestlich dann von Pfirsichplantagen. Wer etwas Zeit hat, für den lohnt sich auf diesem Streckenabschnitt eventuell die Besichtigung einer der folgenden drei Sehenswürdigkeiten:

Walnut Grove Plantation: Eine alte Plantage von 1765, die ganz im Gegensatz steht zu den hochherrschaftlichen Antebellum-Plantagen, die Sie sonst zu sehen bekommen. Selbst das Herrenhaus ist einfach und nur spartanisch eingerichtet. Es wurden zuerst nur Getreide und später z.T. auch Baumwolle angebaut. Auf dem Gelände gibt es neben den Farmgebäuden auch das alte Schulhaus, die ausgelagerte Küche (wegen Brandgefahr und um die schwarzen Köchinnen aus dem Haupthaus zu halten), ein Arztzimmer und andere Holzgebäude (Schmiede, Räucherkammer, Kneipe etc.) zu besichtigen *(I-26-Exit 28 US 221, 8 Meilen südlich von Spartanburg (Schilder bereits am I-26). Di–Sa 11–17 Uhr (April–Okt.), Nov. + März nur Sa 11–17 Uhr, www.spartanburghistory.org, $ 6).*

Einfache Plantage

BMW-Werk in Greer: Fabriktouren (festes Schuhwerk, keine Fotos) müssen angemeldet werden. Wer keine Tour erwischt, kann sich dafür den Film mit einer virtuellen Tour durch die Fabrikationshallen anschauen (17 Minuten). Das Museum ist nicht besonders groß, dafür gibt es aber u.a. den Z3, den James Bond in einem Film gefahren hat, zu sehen *(zwischen beiden Städten, 1400 SC 101 S., I-85-Exit 60, Greer, Mo–Fr 9.30–17.30 Uhr, Touranmeldung ☎ 1-888-868-7269, www.bmwusfactory.com/zentrum, $ 7).*

Carl Sandburg Home National Historic Site: Hier, in einem Gebiet mit vielen Cottages und Sommerhäusern – einem Refugium des gehobenen städtischen Mittelstandes –, hat sich der bekannte amerikanische Schriftsteller Carl Sandburg (1878–1967) in einem kleinen, schön an einem See gelegenen Farmhaus mit dem Namen „Connemara", von 1945 bis zu seinem Tod 1967 niedergelassen. Sandburg war ein Dichter und Schriftsteller, der die amerikanische Wirklichkeit – das harte Leben des kleinen Mannes – hervorragend in Worte fassen konnte. Von vielen daher nicht geliebt, erhielt er trotzdem mehrere Preise, u.a. mehrfach den Pulitzerpreis. Bekannt wurde Sandburg, der sich selbst auch lange Zeit als Tagelöhner, Hilfsarbeiter und einfacher Soldat durchschlagen musste, durch sein 1914 erschienenes Werk „Chicago", das das Leben in dieser Arbeiter- und Industriestadt einmal von der dunklen Seite beleuchtete. Später folgte dann noch eine hochgeschätzte Lincoln-Biografie *(1928 Little River Rd., 3 Meilen südlich von Hendersonville, NC, am US 25 in Flat Rock, tgl. 9–17 Uhr, www.nps.gov/carl).*

Pulitzer-Preisträger

Eine Pause
bietet sich im malerischen Flecken Hendersonville an.

Asheville

Asheville (84.000 Einwohner (Großraum: 410.000 E.) wurde bereits 1794 gegründet als Zwischenstation und Rastlager für die Händler auf dem Wege nach Tennessee. Ende des letzten Jahrhunderts wurde der kleine Ort inmitten eines wunderschönen Tales dann als Ferienziel entdeckt, obwohl die relativ zeitaufwendige Anreise zu dieser Zeit nur betuchten Leuten möglich gewesen ist. So war es auch kein Wunder, dass diese unter sich blieben. Vanderbilt ließ 1890 sein schlossähnliches Haus Biltmore hier bauen, und im Jahre 1913 wurde das vornehme Grove Park Inn Resort (290 Macon Ave.) gegründet, das heute neben dem Gästebetrieb die größte Sammlung an Kunstmöbeln sowie ein Automobilmuseum und eines für die Förderung von Indianerkunst (Homespun Museum) beherbergt. Während der 1920er Jahre folgten dann die Schriftsteller, die in der ruhigen Atmosphäre der Berge Muße suchten. Der bekannteste von ihnen war Thomas Wolfe, der hier bereits sei-

Wunderschöne Lage

ne Kinderjahre verbracht hatte und der seinen berühmtesten Roman, „Look homeward, Angel", in Asheville spielen ließ. Das **Thomas Wolfe Memorial** (*52 Market St., Di–Sa 9–17 Uhr, So 13–17 Uhr, www.wolfememorial.com, $ 5*) erinnert an sein Schaffen und ist Literaturbegeisterten durchaus zu empfehlen. Während der 1930er-Jahre kamen Künstler hierher, u.a. Vertreter der „Bauhaus-Gruppe", die sich für 6 Jahre im nahen Black Mountain niederließen. Zu ihnen gehörten Walter Gropius, Marcel Breuer und Arthur Penn. Ihnen hat die Stadt es zu verdanken, dass sich bis in die heutige Zeit hinein eine große Künstlerkolonie etabliert hat, deren avantgardistische Lebensweise überall zu spüren ist. Das **Black Mountain College** ist zudem eine hoch angesehene Kunsthochschule.

Die Blue Ridge Mountains nahe Asheville

Das **Asheville Art Museum** (*2 South Pack Sq., Di–Sa 10–17, So 13–17 Uhr, www.ashevilleart.org, $ 8*) sowie das kleine **Black Mountain College Museum** (*56 Broadway, Di+Mi 12–16, Do–Sa 11–17 Uhr, www.blackmountaincollege.org*) zeigen neben anderen interessanten Kunstaustellungen oft auch Aufschlussreiches aus der Bauhaus-Zeit. Das Asheville Art Museum bietet jedoch vornehmlich moderne Kunst und eine ansehnliche Mineraliensammlung.

In der Innenstadt sollte man einmal in die **Galerien und Antiquitätengeschäfte** (Lexington u. Biltmore Aves. sowie Wall St.) hereinschauen. Es wird dort wirklich alles angeboten – vom antiken Möbelstück bis hin zu alten Langspielplatten.

Architektonisch gesehen ist Asheville in der Zeit zwischen dem Börsenkrach und Ende der 1970er-Jahre stehengeblieben, was deutlich wird an dem eindrucksvollen baulichen Kontrast im Stadtzentrum. Asheville rühmt sich z.B. – nach Miami Beach

„Halfbacks"

info

In Gebieten um die Smoky Mountains wird der Ausdruck „Halfbacks" für diejenigen Ruheständler verwandt, die sich zuerst ganz im Süden, meist in Florida niedergelassen haben, dann aber feststellen mussten, dass es dort immer warm ist, keine Jahreszeiten gibt sowie kulturell oft eintönig ist und daraufhin beschlossen haben, sich wieder den halben Weg zurück nach Norden endgültig anzusiedeln.

– die meisten **Art-déco-Gebäude** zu haben. Schlendern man durch die Innenstadt, wird man in verwinkelten Ecken immer etwas Neues endecken. Tagsüber empfehlen sich viele Straßencafés, mal vegetarisch angehaucht, mal mit französischen Leckereien. Abends locken dann zahlreiche Musiklokale. Falls Sie Anfang August in Asheville sein sollten, achten Sie auf ein ganz anderes, aber besonderes Musikerlebnis: „**The Mountain Dance Folk Festival**". Fiddler, Banjospieler, Clogg-Dancer (eine Art Schuhplattler!) und andere Kuriositäten werden dabei geboten. *Infos und Ticketreservierung: ☏ (828) 258-6111, www.folkheritage.org.*

Lesertipp

Eine Wanderung zum Chimney Rock, südlich von Asheville. Die Aussicht ist toll!

Reisepraktische Informationen Asheville/NC

Information

Asheville Convention & Visitors Bureau *(Visitor Information Center): 36 Montford Ave., Asheville, NC 28801, ☏ (828) 258-6101, www.ashevillechamber.com und www.exploreasheville.com.*

Unterkünfte

Grove Park Inn Resort & Spa *$$$$-$$$$$: 290 Macon Ave., Asheville, NC 28804, ☏ (828) 252-2711, www.groveparkinn.com. Erstklassige Resortanlage an einem Berghang nördlich von Asheville. Gegründet 1913. Hier fühlten sich bereits Präsidenten, Könige und Industriemagnaten wohl. Großer Golfplatz, sehr gute Restaurants, schöne Zimmer und viele ausgesuchte Geschäfte. Hier allein könnte man Ferien machen. „The Blue Ridge Dining Room" empfiehlt sich übrigens als exquisite Dinner-Adresse.*

Um die preisliche Oberklasse für Asheville noch zu komplettieren, sei hier noch das **Inn on Biltmore Estate** *$$$-$$$$$ (1 Antler Hill Rd., Asheville, NC 28803, ☏ (828) 225-1600, www.biltmore.com) erwähnt. Es liegt auf dem Gelände der Estate selbst und ist auch nur für Hotelgäste zugänglich. Der Urenkel von George W. Vanderbilt hat dieses Inn geplant und für 34 Mio. Dollar bauen lassen. Edel, ein erstklassiges Restaurant etc. Aber wenn Sie nicht ein günstiges Doppelzimmer erhalten, dann wird es richtig teuer. Einziger Trost: Mit dem Hotelzimmer erhalten Sie auch ein kostenloses Ticket für die Besichtigung der Estate.*

Cedar Crest Victorian Inn *$$$: 674 Biltmore Ave., Asheville, NC 28803, ☏ (828) 252-1389, www.cedarcrestvictorianinn.com. Bed & Breakfast in großer, historischer Mansion (ca. 1890), sehr schön eingerichtet und preislich akzeptabel. Das Haus wurde übrigens von Architekten entworfen, die auch Biltmore gebaut haben. Beachten Sie die große Eichenholztreppe, die Bleiglas-Fenster sowie die z.T. handgeschnitzten Möbel.*

Beaufort House Victorian *Inn $$$: 61 N. Liberty St., Asheville, NC 28801, ☏ (828) 254-8334, www.beauforthouse.com. Bed & Breakfast. Etwas zentraler zur Innenstadt gelegen als das Cedar Crest (und ein bisschen billiger). Ebenfalls in einer historischen Mansion (1895) mit vielen Antiquitäten. Super-Frühstück!*

Reynolds Mansion Inn *$$-$$$: 100 Reynolds Heights, Asheville, NC 28804, ☎ (828) 258-1111, www.thereynoldsmansion.com. Bed & Breakfast in Antebellum-Haus (ca. 1851). Schön, aber nicht ganz so edel wie die beiden o.g. B&Bs, dafür auch etwas günstiger. Pool im Garten.*

Restaurants

Vincenzo's: *10 N. Market St., ☎ 254-4698. Guter Italiener, vor allem beliebt wegen der großen Auswahl an Pasta-Gerichten.*

Fiddlin' Pig Bluegrass & Barbecue: *28 Tunnel Rd., ☎ 505-2196. Beste BBQ-Gerichte in lockerer Atmosphäre und dazu oft Südstaaten-Livemusik (Bluegrass, Hillbillie etc.).*

Bier Garden: *46 Haywood St., ☎ 285-0002. Über 200 Biersorten, davon einige von den Microbreweries aus der Umgebung. Auch das Essen ist lecker. Es reicht von Südstaatensnacks über Burger, Sandwiches bis hin zu gut zubereiteten Steaks und Fischgerichten. Tipp für zwischendurch: the Cuban (Ciabatta-Brot mit Schinken, Schweinelende, Pickles, Salat und saftiger BBQ-Soße).*

Biltmore Estate

Dieses großartige Schloss wurde von **George Washington Vanderbilt**, dem Enkel des legendären Cornelius Vanderbilt, zwischen 1890 und 1895 fertiggestellt. Dabei standen ihm die besten Architekten Amerikas zur Seite, und es wurde an keiner Ecke gespart. Jeder Stein wurde eigens vor Ort gefertigt und mit dem Biltmore-Emblem versehen – mit einer Ausnahme: Der Marmor kam aus Italien. Das Haupthaus wurde im Stil der französischen Renaissance erbaut. Die 255 Zimmer ließ Vanderbilt alle individuell einrichten, und selbst die Wirtschaftsräume und die Räumlichkeiten für die Dienstboten übertrafen alles bisher Dagewesene. Als leidenschaftlicher Reisender und Sammler sorgte Vanderbilt auch dafür, dass ausgewählte Möbelstücke aus aller Welt hier Platz fanden, und zudem erstand er auf einer Auktion das Schachspiel samt Tisch, welches Napoleon auf St. Helena benutzte. Für die Anlage der Gärten und des Parks stellte Vanderbilt u.a. Gifford Pinchot (später Gouverneur von Pennsylvania) und Frederik

Viel Pomp: Biltmore Estate

Law Olmsted (dieser plante auch den Central Park in New York) ein. Pinchot war in jenen Jahren auf dem Gebiet der Forstwirtschaft und des Naturschutzes ein führender Mann. Er beaufsichtigte die Pflege der zum Biltmore Estate gehörenden Wälder, und Vanderbilt ließ hier später die erste forstwirtschaftliche Fachschule der USA eröffnen. Besuchenswert ist neben dem Haupthaus auch der botanische Garten, in dem im Frühjahr 50.000 Tulpen und mehr als 200 Azaleen-Arten blühen. Auf der Rundfahrt durch den heute immer noch 3.300 ha großen Park gelangen Sie schließlich noch zur Winery. Auf einem kurzen Rundgang können Sie verfolgen, wie Wein hergestellt wird und hinterher auch die verschiedenen Weine kosten bzw. erwerben. Ein Café und ein Restaurant sorgen für das leibliche Wohl der Besucher. Um die gesamte Anlage der Biltmore Estate richtig zu erkunden, sollte man mit mindestens 3 Stunden rechnen (*an der US 25 (McDowell Street), über Exit 50 auf dem I-40 erreichbar. April–Anfang Nov. tgl. 9–16.30 Uhr (Biltmore House), Mo–Sa 11–20, So 12–20 Uhr (Winery), 9 Uhr – Sonnenuntergang (Gärten). Tickets, die nach 15 Uhr gelöst werden, gelten auch für den folgenden Tag, www.biltmore.com, Tickets ab $ 59 (Sa $ 69), wer mind. eine Woche vorher im Internet bucht spart etwas*).

Mindestens drei Stunden einplanen

info

Wer waren die Vanderbilts?

Den **sagenhaften Reichtum** dieses Clans begründete der am 27. Mai 1794 im Ort Richmond (Staten Island) geborene Cornelius Vanderbilt. Den Grundstock des Vermögens erwirtschaftete er zunächst aus dem Bau und dem Betrieb von Dampfschiffen. In seiner Zeit sorgte er für Schlagzeilen, z.B. mit der Schnellroute New York – San Francisco, die über Nicaragua (dort Landtransport) führte. Neue Tendenzen mit der rechten Spürnase auffindend, konzentrierte er sich schon früh auf das **Eisenbahngeschäft** und kaufte lukrative Eisenbahngesellschaften auf (New York and Harlem Railroad; Chicago Railroad). Auch bei Börsenspekulationen bewies er eine glückliche Hand, und als er am 4. Januar 1877 starb, hinterließ er ein Vermögen von US$ 105 Millionen.

Wie viele reiche Leute seiner Zeit, spendete er einen Teil seines Geldes für öffentliche Einrichtungen. So steuerte er zur Gründung der **Vanderbilt University** in Nashville/Tennessee über US$ 1 Mio. bei. Das Unternehmen blieb über lange Jahrzehnte weiter in Familienhänden. Seinem Sohn William Henry folgten dessen Söhne Cornelius und William Kissan sowie George Washington. George Washington galt als der am künstlerischsten veranlagte aller Söhne, und neben der Errichtung seines Lebenswerkes – der Biltmore Estate – widmete er sich der Malerei, der Fotokunst, der Literatur und vor allem dem Reisen und Erkunden fremder Kulturen.

Streckenalternativen
von Asheville zum Great Smoky Mountains National Park

Entweder folgt man dem I-40 und später dem US 19 bis zum südlichen Parkeingang (ca. 1 Stunde), oder aber man fährt den faszinierenden **Blue Ridge Parkway** entlang, der durch die bezaubernde Bergwelt der Blue Ridge Mountains führt. Zahlreiche Aussichtspunkte verleiten zu mehreren Stopps. Dauer: mindestens 2 Stunden.

Cherokee Indian Reservation

Das hiesige, 2.000 km^2 große Gebiet der der Cherokee ist eigentlich kein Reservat, sondern ein Land Trust. Hier versteckte 1839 sich ein Teil der vor allem aus Georgia vertriebenen Cherokee-Indianer, um dem grausamen „Trail of Tears" nach Oklahoma zu entkommen. Die Cherokee waren einst ein stolzes Volk, das von den Weißen zu den „Fünf zivilisierten Stämmen" gezählt wurde. Kein Indianervolk hat übrigens so viele **Friedensabkommen** mit der US-Regierung geschlossen – die aber alle immer wieder von den vordringenden Europäern gebrochen wurden.

Versteck vertriebener Indianer

Heute leben knapp 14.000 Cherokee in dem Gebiet, und es scheint, als wenn die Indianer sich an den Weißen nun zu rächen scheinen: Die nur wenige Meilen lange Fahrt durch den Touristenort Cherokee kann im Sommer Stunden dauern, so stark ist das Verkehrsaufkommen und so sehr lenken fragwürdige Touristenattraktionen am Straßenrand die Fahrer ab: Bingo, steuerbegünstigte Zigaretten, Bären in kleinen Käfigen, Fastfood-Buden, ausstaffierte Indianer etc. – nichts, was es nicht gibt.

Lohnend ist aber trotzdem der Besuch des **Museum of the Cherokee Indian** *(589 Tsali Blvd., im Sommer: Mo–Sa 9–19 Uhr, So 9–17 Uhr; sonst tgl. 9–17 Uhr, www.cherokeemuseum.org, frei)*. In dem Museum wird u.a. anhand von zahlreichen Filmen der Leidensweg der Cherokee dargestellt.

Lohnendes Museum

Am US 441 gibt es dann noch das **Oconaluftee Indian Village** (*Touren: Mai–Ende Okt. Mo–Sa 9–16 Uhr, www.cherokeesmokies.com/oconaluftee_village.html, $ 18*), wo das Leben der Cherokee im 18. Jh. dargestellt wird, einschließlich Vorführungen von Handwerkskünsten. Sollten Sie über Nacht bleiben, empfiehlt sich auch ein Besuch des Dramas „**Unto these Hills**". Die Geschichte der Cherokees wird auf der Bühne nachgespielt. Das Freilichttheater befindet sich am Hang in der Drama Road. Gespielt wird von Anfang Juni bis Mitte August täglich außer sonntags.

Reisepraktische Informationen Cherokee Indian Reservation/NC

Information

Cherokee Visitor Information: *498 Tsali Blvd., nahe US 441, ☎ (828) 497-9195, www.visitcherokeenc.com sowie www.smokymountainsvisitorsguide.com.*

Unterkünfte

IM CHEROKEE INDIAN RESERVATION

Es ist schwierig, für diesen Ort eine Unterkunftsempfehlung zu geben, da er wegen des Rummels im Grunde wenig einladend ist. Am besten noch erscheint mir die zentral gelegene **Newfound Lodge** *$$ (1792 Tsali Blvd. N., ☎ (828) 497-2746, www.mountainshops.com/newfoundlodge, Nov.–März geschlossen) sowie das am Nordende von Cherokee gelegene* **Great Smokies Inn** *$$, 1636 Acquoni Rd, ☎ (828) 497-2020, www.greatsmokies.magnusonhotels.com: Rustikale Motelanlage, Restaurant, Outdoor-Pool, aber kein Alkoholausschank (Indianerreservat!)*

IN MAGGIE VALLEY

Maggie Valley Resort & Country Club *$$-$$$$: 1819 Country Club Rd., nahe Kreuzung US 19/US 276, knapp 20 Meilen östl. von Cherokee, ☏ (828) 926-1616, www.maggievalleyresort.com. Gediegener Countryclub mit geräumigen Zimmern und Apartments. Angeschlossen ist ein Golfclub. Schöne Landschaft. Restaurant im Hause.*

info

Die Vertreibung der Indianer aus dem Süden und der Trail of Tears

Zu Beginn des 19. Jh. stellten sich viele Indianer auf die Seite der Briten, da sie sich als Belohnung für ihre Unterstützung unabhängige Staatsgebiete als Lebensraum erhofften, der ihnen von den Amerikanern nicht zugedacht war. Zu diesem Zeitpunkt war es wiederholt zu heftigen Auseinandersetzungen zwischen Indianern und Siedlern bzw. den sie schützenden Unionstruppen gekommen. Die Verbreitung der Idee, gemeinsam für die eigenen Rechte einzustehen, ist hauptsächlich auf den Shawnee-Häuptling **Tecumseh** (1768–1813) zurückzuführen, der von Indianerstamm zu Indianerstamm reiste, um seine Leidensgenossen im Kampf gegen die Vertreibung von ihrem Land zusammenzuschweißen. Viele Stämme gingen auf seinen Vorschlag ein und kämpften im Krieg von 1812–1814 auf der Seite der Engländer gegen die Unionstruppen.

1818 drang **Andrew Jackson** (1767–1845) an der Spitze von Unionstruppen sogar in die spanischen Gebiete von Westflorida ein, um den kriegerischen Tätigkeiten der Seminolen-Indianer, die auch nach Beendigung der Auseinandersetzungen mit den Engländern fortgesetzt wurden, ein Ende zu bereiten. Diese Aktion wird in der Literatur als I. Seminole War bezeichnet. Er endete mit der Einrichtung eines begrenzten Reservates für diesen Stamm in Florida, der die Ansprüche der Seminolen auf Land, das Siedlern zur Verfügung gestellt werden sollte, nichtig machte. Da das Baumwollgeschäft florierte, ließen sich in diesen Jahren viele Siedler im Süden der Vereinigten Staaten nieder. Florida wurde kurz nach den Kriegszügen von Jackson gegen die Indianer von den Spaniern abgetreten und war somit auch unter der Verwaltung der Union.

Als Andrew Jackson Präsident geworden war, verabschiedete der Kongress 1830 das „**Removal Bill**“, ein Umverteilungsgesetz, das dem Präsidenten erlaubte, Landbesitz östlich des Mississippi gegen solchen westlich dieses Flusses auszutauschen. Dieses Gesetz bereitete den Weg für die Entrechtung der Indianer, die nach **Oklahoma** umgesiedelt werden sollten. Bereits 1831 zogen die Choctaw in Richtung Westen, um sich dort anzusiedeln. Ein Teil von ihnen ging mehr oder weniger freiwillig mit der Hoffnung, in einem Indianerstaat Ruhe vor den weißen Eindringlingen zu finden, während die Creek erst nach erheblichem Widerstand und unter Aufbietung militärischer Gewalt zu diesem Schritt bewegt werden konnten. Ein ähnliches Schicksal widerfuhr den Chickasaw ein Jahr später. Der Stamm der **Cherokee** versuchte beim Supreme Court (Oberstes Gericht) ein Urteil gegen die Zwangsumsiedlung zu erwirken. Nachdem dieses misslang, wurden die Mitglieder dieses Stammes in den Jahren 1838 und 1839 unter menschenunwürdigen Bedingungen nach Oklahoma vertrieben. Auf dem Weg dorthin starb ein Viertel der Indianer an Hunger, Krankheiten und Gewalteinwirkung. Dieser **Leidensweg** der Cherokee gab der Umsiedlungsaktion auch den

info

Namen „Trail of Tears“ (Weg der Tränen). Nur einige hundert Stammesbrüder konnten nach North Carolina entkommen, wo ihre Nachfahren heute noch leben.

Im II. Seminole War, der 1835 begann, setzte sich der fünfte große Indianerstamm, die Seminolen, gegen die Umsiedlung zur Wehr. Selbst als ihr Anführer **Osceola** (ca.1804 geboren) 1838 starb, kämpften sie noch bis 1842 weiter. Ein großer Teil von ihnen wurde mit Schiffen westwärts geschafft, während ein kleiner Teil von ihnen in die Sümpfe entkam und dort später auch offiziell bleiben durfte. Oklahoma, wohin auch andere Indianerstämme Nordamerikas flüchteten, entwickelte sich nicht zu einem „Indianerparadies“, da es zu Streitigkeiten unter den verschiedenen Stämmen kam und die weißen Siedler riesige Rinderherden durch das Land trieben und sich auch dort niederlassen wollten. Der Traum vom eigenen Indianerstaat ließ sich nicht verwirklichen und fand endgültig mit dem Eintritt Oklahomas als 46. Bundesstaat in die Union 1907 sein offizielles Ende.

Weitere Infos zur Geschichte der Cherokee unter www.cherokeeHeritageTrails.org.

Great Smoky Mountains National Park

Entfernungen

Cherokee – Gatlinburg: 33 mi/53 km
Cherokee – Cades Cove: 55 mi/86 km
Cherokee – Townsend: 49 mi/79 km

Buchtipps

- *Manning, Russ und Jamieson, Sondra; The Best of the Smoky Mountains – a hiker's guide to trails and attractions. Beschreibung der Wanderwege. Dazu nützliche Karten.*
- *DeLaughter, Jerry; Mountain Roads & Quiet Places – a complete guide to the roads of Great Smoky Mountains National Park. Mit schönen Bildern illustrierter Führer für Autotouren durch den Park.*
- *Frome, Michael; Strangers in High Places. Eingängiges Buch zur Geschichte der Smoky Mountains – von den Indianern bis heute.*

Diese und weitere Bücher erhalten Sie in den Besucherzentren.

Die Great Smoky Mountains, gerne auch nur „Great Smokies“ oder einfach „Smokies“ genannt, liegen im südlichen Zentralgebiet der Appalachen-Gebirgskette und ist **2.070 km²** groß. Die „rauchenden Berge“ waren bereits den ersten Siedlern ein Begriff, denn die durch die hohen Niederschläge (in Tälern bis zu 2.160 mm/Jahr) verursachten **Verdunstungsnebel** erscheinen wie langsam aufsteigende Rauchschwaden. Auch die Indianer haben einen Namen dafür gefunden: „Shaconage“ – „ewig blauer Dunst“. Der über **2.000 km²** große Nationalpark liegt auf der Grenze der Staaten North Carolina und Tennessee, und die Hauptstraße, die Newfound Gap Road, fungiert als Verbindungshighway zwischen Knoxville, Tennessee und den Touristenorten im westlichen North Carolina und in Nord-Geor- *„Rauchende Berge“*

gia. Das mag natürlich mit ein wesentlicher Grund sein für die hohe Besucherzahl von mehr als 9 Millionen Gästen jährlich – kein Nationalpark in den USA wird so stark besucht (an zweiter Stelle steht der Grand Canyon mit 5 Mio. Besuchern).

Beste Reisezeit

Die **schönsten Monate** sind wohl Juni und September/ Oktober. Wobei dann, wie natürlich auch während der Sommermonate, großer Besucherandrang herrscht. Im Winter fällt Schnee, und viele Straßen werden geschlossen (nicht die Newfound Gap Road). Schön ist der beginnende Herbst (Oktober), wenn die **Blätter sich verfärben**.

Die meisten Besucher fahren entlang der Newfound Gap Road zum **Cades Cove**, einem schönen Tal, in dem im 19. Jh. sich die ersten Siedler niedergelassen haben. Heute erinnern alte Kirchen und Holzhäuser dort an die frühen Tage. Aufgrund des hohen Verkehrsaufkommens und der z.T. sehr schmalen Straßen ist ein Vorwärtskommen oft nur mit viel Geduld zu meistern.

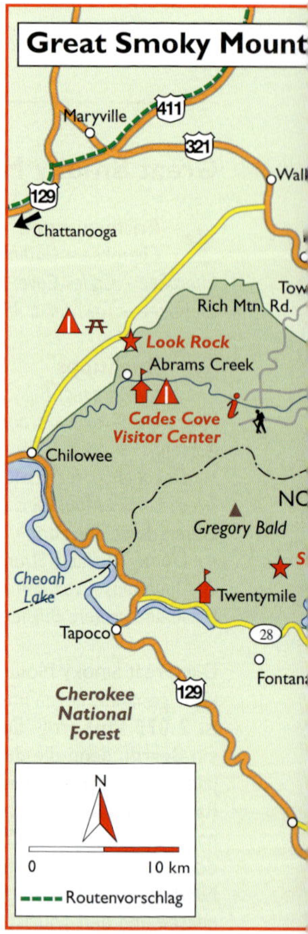

Was aber macht den Great Smoky Mountains National Park so reizvoll? Es sind in erster Linie die großen zusammenhängenden Waldgebiete, die sich wie ein großer Teppich über die geschmeidigen Berge legen. Dazwischen, „genährt" von den hohen Niederschlägen, führen reißende Bäche die Güsse wieder in die Täler – nicht selten, indem sie als Wasserfälle über Felsklippen hinunterstürzen. Die hohe Feuchtigkeit sorgt natürlich nicht nur für große Bäume, sondern auch für eine artenreiche „kleine" Vegetation. Nicht selten findet man Hobby-Botaniker auf allen Vieren durch den Wald kriechend, um sich den verschiedenen Moosarten zu widmen.

Wanderweg durch den Park

Der höchste Punkt im Park ist übrigens der **Clingman's Dome** mit 2.024 m, gefolgt vom 2.018 m hohen **Mount Guyot**. Wer bereits nördlich von Dahlonega (GA) gewesen ist, wird sich an den Appalachian Trail erinnern. Dieser Wanderweg führt auch mitten durch den Great Smoky Mountains National Park, und zwar auf einer Länge von 114 km.

Geschichte

Die Landschaft der **südlichen Appalachen** war ursprünglich Siedlungsgebiet der Cherokee-Indianer. Als dann die weißen Siedler und Missionare kamen, nahmen viele von ihnen nicht nur den christlichen Glauben an, sondern imitierten auch die Lebensweise der Eroberer, indem sie die „Errungenschaften" der damaligen Zivilisation z.T. kritiklos annahmen. Bald bauten sie

Häuser, Kirchen, kleine Handwerksbetriebe, und die Jüngeren zeigten sich bildungsbeflissen. Der Cherokee Sequoyah, väterlicherseits deutschstämmig, brachte die Cherokee-Sprache in eine Schriftform, und bereits 1828 erschien die erste Indianerzeitung. Während der ersten Zeit lebten Weiße und Indianer relativ friedlich nebeneinander. Als dann aber Gold in den Bergen gefunden wurde und dazu immer mehr Siedler Land forderten, wurden die Cherokee zusammengetrieben und 1838 auf dem „Trail of Tears" nach Oklahoma gebracht. Nur eine kleine Gruppe von ca. 1.200 Indianern konnte sich diesem Leidensweg entziehen und in die Smoky Mountains flüchten (s. S. 362f). 3 Jahre später erhielt diese Gruppe die Erlaubnis zum Siedeln in der Region. *Goldrausch*

Als der Nationalpark gegründet wurde, wurden die Cherokee nochmals umgesiedelt in das südlich gelegene, heutige Reservat. Die weißen Siedler bevorzugten ein

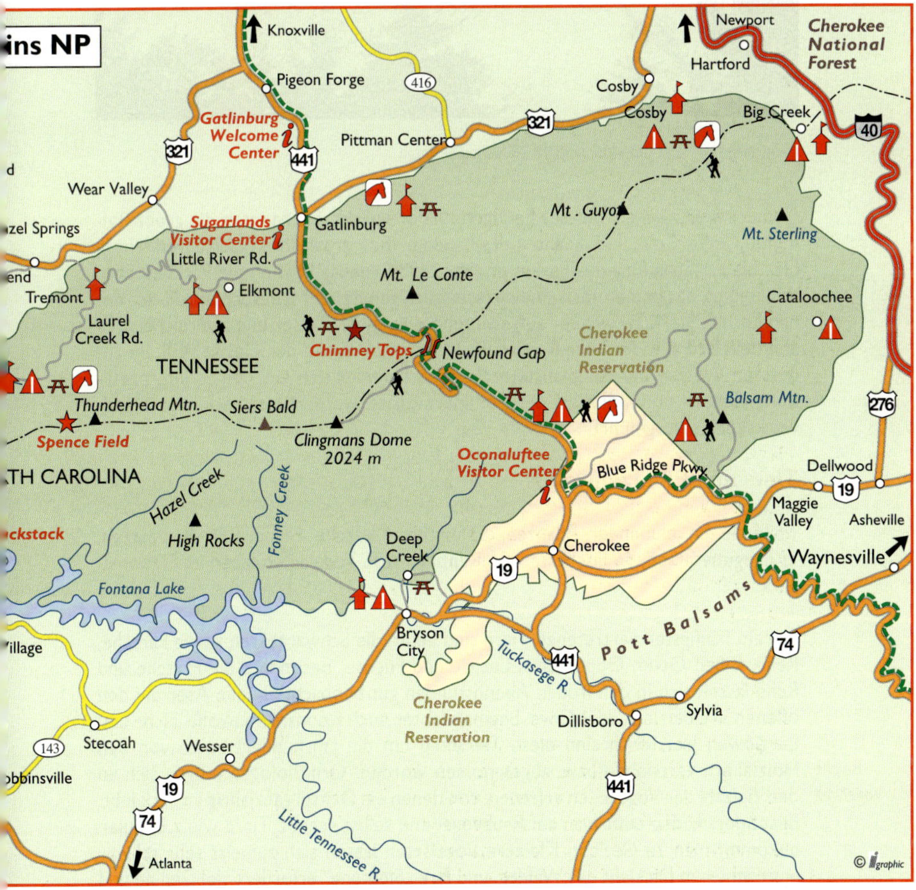

Nicht umsonst heißt der Nationalpark „Rauchende Berge“

Gebiet im westlichen Teil des heutigen Nationalparks. Sie nannten die große Talmulde Cades Cove und machten das Land ab 1821 urbar. Ihre Nachfahren lebten hier bis zur Schaffung des Parkes im Jahre 1934. Heute können die Parkbesucher das Gebiet, das immer noch landwirtschaftlich genutzt wird, besuchen und sich anhand erhaltener bzw. wieder aufgebauter Siedlungen, Häuser und zahlreicher Kirchen ein Bild von der Lebensweise im 19. Jh. machen. An der **Cable Mill**, im äußersten Westen der Rundfahrtstrecke hier, befindet sich ein kleines Interpretations-Center, und während der Sommermonate werden hier viele alte Handwerkskünste vorgeführt.

Tier- und Pflanzenwelt

1.534 Arten blühender Pflanzen, 53 unterschiedliche Farne, 135 Baumarten, 71 Säugetierarten, 46 Fischarten, 35 Reptilien, 236 Vogelarten leben im Nationalpark.

Die am häufigsten vertretenen Tiere sind heute die Schwarzbären sowie Hirsche, Rehe, Biber, Otter, Oppossums, Luchse und Füchse. Besonders die Hirsche und Rehe lassen sich in den frühen Abendstunden gut beobachten beim Äsen auf den offenen Weiden im Cades Cove. Ehemals lebten auch Bisons, Grauwölfe, Elche und Berglöwen hier, doch sind diese Tierarten um die Jahrhundertwende von den Holzfällern vertrieben bzw. abgeschossen worden. Ornithologen mögen sich an der Vielzahl der Vogelarten erfreuen, von denen ein Drittel ganzjährig im Park lebt. Besonders häufig trifft man auf Raubvögel und selbst scheue Tiere wie z.B. Eulen bekommt man zu Gesicht. Kleinere Vogelarten lassen sich zumeist sehr schwer ausmachen im Dickicht des Waldes, und ihre „Sichtung“ erfordert viel Geduld und

Reiche Vogelwelt

gute Augen. Von den 23 Schlangenarten sind nur 2 giftig – und sehr scheu. In den Flüssen ist die Bachforelle heimisch, die aber immer mehr von der Regenbogenforelle, die der Mensch (Holzfäller) einst eingesetzt hat, in ihrem Lebensraum bedrängt wird – besonders wenn es um die Nahrungssuche geht.

Dicht bewaldet

95 Prozent des Nationalparks sind bewaldet, vor allem mit Laubbäumen, die selbst noch im Spätsommer mit ihren hellgrünen Blättern eine frühlingshafte Stimmung hervorrufen. Die Laubbaumzone geht bis auf 1.300 m. Oberhalb davon beginnt die Nadelwaldzone mit Tannen und verschiedenen Kiefernarten. Häufigste Laubbäume: Buchen, Eichen, Birken, Rosskastanien, Ahorn und Espen. Die Edelkastanie ist in den 1930er-Jahren dem Mehltau zum Opfer gefallen.

Fahrten im Nationalpark

Im Folgenden soll nur in aller Kürze auf die wesentlichen Strecken eingegangen werden. Detaillierte Karten gibt es im Visitor Center.

Hinweis

Wegen des z.T. hohen Verkehrsaufkommens dauert die Erkundung des Nationalparks länger, als man annehmen würde.

- *Für die Eiligen (2 Stunden): Am südlichen Visitor Center und die kleine Pionier-Siedlung besichtigen. Anschließend auf der Newfound Gap Road nach Gatlinburg fahren.*
- *6 Stunden – 1 Tag: Fahrt zum Cades Cove.*

Die **Route entlang der Newfound Gap Road** führt über den gleichnamigen Pass (1.539 m). Besuchen Sie zuerst das südliche Oconaluftee Visitor Center und schauen Sie sich dort die rekonstruierte Farmsiedlung aus dem 19. Jh. an. Unterwegs locken zahlreiche Aussichtspunkte zum Anhalten, sodass Sie für die 50 km zwischen Gatlinburg und Cherokee bereits 1½–2 Stunden rechnen sollten. Besonders schön ist das Licht übrigens am frühen Morgen, wenn die Berge „rauchen", und auch der Sonnenuntergang lockt häufig mit seinem Farbenspiel.

Höchster Berg Tennessees

Die **Route zum Clingman's Dome** führt in der Nähe der Passhöhe ab nach Westen. Sie geht über 11 km entlang der Staatsgrenze, und auch hier gibt es atemberaubende Ausblicke. Für die Fahrt alleine – hin und zurück zur Hauptstraße – benötigen Sie ca. 1 Stunde, für den Fußweg auf die Spitze des Berges – oben befindet sich ein Aussichtsturm – zusätzliche 40 Minuten. Der Clingman's Dome ist mit 2.024 m der höchste Berg im Park und auch in ganz Tennessee.

Der **Roaring Fork Motor Nature Trail**: Der Name an sich ist bereits paradox, aber denken Sie daran, Sie sind in Amerika. Fahren Sie zuerst nach Gatlinburg hinein und zweigen Sie dann an der Ampel #8 nach rechts ab. Folgen Sie von dort den Schildern. Eine 11 Meilen lange Rundstrecke (Einbahnstraße) führt Sie durch dichten Wald. Verschiedene nummerierte Punkte erläutern Besiedlung und Natur dieses Parkabschnittes. Lohnend sind hier 2 Wanderwege: der Rainbow Falls Trail (insg. 10 km, 4 Stunden, mittelschwer) und der Grotto Fall Trail (insg. 5 km, 2 Stunden, leicht). Die enge Straße und das Anhalten der vielen Besucher mitten auf der Straße bedeutet: Geduld und eine reine Fahrzeit von mind. 1 Stunde.

Die Grotto Falls

Little River Road/Laurel Creek Road/Cades Cove: Die Straße folgt zuerst dem reißenden Little River und mäandert sich dabei durch eine schöne Waldlandschaft. Im großen Tal, dem Cades Cove, teilt sich die Straße und eine Einbahnstraße führt durch das ehemals von Farmern bewohnte Gebiet. Die Landschaft ist einmalig und die Weidefläche bietet einen schönen Kontrast zu den dahinter aufsteigenden Smoky Mountains. An mehreren Punkten können Sie aussteigen und alte Siedlungen bzw. eine Reihe von Holzkirchen besichtigen. Das Farmland wird auch heute noch bewirtschaftet – hauptsächlich um einen Eindruck zu vermitteln, wie die Menschen im 19. Jh. hier gearbeitet und gelebt haben.

Alte Dorfsiedlung

Im äußersten Westen, an der Cable Mill, hat man eine alte Dorfsiedlung aufgebaut, wo Sie Wohnhäuser, eine Wassermühle, eine Schmiede und andere Gebäude besichtigen können – hier werden auch die alten Handwerkskünste vorgeführt. In einem kleinen Visitor Center können Sie sich speziell informieren. Diese Straße ist besonders abends reizvoll, wenn auf den Weiden Hirsche und Rehe äsen. Leider ist diese Parkregion ziemlich stark besucht, sodass sich auf der schmalen Straße der Verkehr nicht selten staut.

Für die Rundfahrt inkl. Stopps sollten Sie also 3–4 Stunden einplanen. Von dieser Straße führen übrigens die o.g. 2 Schotterpisten (Rich Mountain Rd. und Parson Branch Rd.) nach Townsend bzw. in den Süden ab. Erkundigen Sie sich aber vorher, ob die Straßen offen sind. Selbst im Sommer können starke Regengüsse dazu führen, dass sie zeitweise unpassierbar sind.

Reisepraktische Informationen Great Smoky Mountains National Park/NC/TN

Information und Anschrift

The Superintendent: *Great Smoky Mountain National Park, 107 Park Headquarters Rd., Gatlinburg, TN 37738, ☎ (865) 436-1200, www.nps.gov/grsm.*
Die 3 Visitor Center des Parks sind:
Oconaluftee: *2 Meilen nördlich von Cherokee an der Newfound Gap Road (US 441), North Carolina. Täglich geöffnet. Ein Freilichtmuseum hier (Pioneer Farmstead) bietet einen Einblick in die Lebensweise der ersten weißen Siedler in dieser Gegend.*
Sugarlands: *2 Meilen südwestlich von Gatlinburg, Tennessee (US 441). Tgl. geöffnet.*
Cades Cove: *5 Meilen südöstlich von Townsend, Tennessee (TN 73), dann 8 Meilen auf unnummerierter Stichstraße. Tgl. geöffnet von März bis November.*

Hinweis

Es gibt schätzungsweise noch **600 Schwarzbären** *im Park: Wenn man einen Bären sieht, bitte nicht den Wagen verlassen. Bei Wanderungen ist ebenso Vorsicht geboten: Man sollte sich, wenn man auf Bären stößt, auf jeden Fall zurückziehen, der Bär wird das gleiche tun. Füttern und sonstige Anlockungen sind zu unterlassen. Gleich nach dem Essen sollte man alle Lebensmittel geruchsdicht wieder verpacken und am besten auch von der Schlafstelle entfernt aufbewahren. Abfälle gehören in die verschließbaren Mülltonnen. Wittert ein Bär nämlich Nahrung, vergisst er seine Angst vor den Menschen.*

Wandern

Im Parkgebiet gibt es über 60 Wanderwege (Trails) mit einer Gesamtlänge von mehr als 1.000 km. Besonders schön sind die Wege zu den Wasserfällen. In den Besucherzentren erhalten Sie eine ausführliche Karte mit allen Wegen, den Wanderzeiten und den Schwierigkeitsgraden. Im Sommer gilt der Tipp: je abgelegener der Pfad, desto weniger Touristen und umso größer das Naturerlebnis. Empfehlenswert wären z.B.: der Trail zu den Ramsay Cascades im Bereich Greenbriar, die Wege am Balsam Mountain, im Bereich von Deep Creek und die Wege im Gebiet Cosby (Nordosten). Sie sind in der Regel für jeden zu schaffen.

Reiten

Im Nationalpark gibt es eine Reihe von Reitwegen. Gesattelte Pferde werden an folgenden Stellen in der Zeit von 1. April bis 31. Oktober vermietet: Cades Cove (Anthony Creek), Smokemont (Towstring), Big Creek (Nordosten), Round Bottom (Balsam Mountain/Straight Fork Rd. – Südosten) und Cataloochee (Osten). Es ist ratsam, Pferde vorher über die Parkverwaltung zu mieten (bis zu einem Monat im Voraus möglich). In Cades Cove können Sie auch 1-stündige, nicht vorher angemeldete Ausritte mit Führer unternehmen.

Unterkünfte

Hinweis: *Siehe auch unter Gatlinburg, Pigeon Forge und Townsend (S. 372) sowie Cherokee (S. 361) und Asheville (S. 356).*
Le Conte Lodge $$$: *Gatlinburg, TN 37738, ☎ (865) 429-5704, www.leconte-lodge.com. Dieses einfache Berghotel (nur Hütten) kann nur nach einer Halbtagswanderung erreicht werden und steht Gästen von Ende März bis Ende November zur Verfügung. Reser-*

vierung unbedingt erforderlich, am besten im vorausgehenden Jahr tätigen. Es gibt keinen Strom dort oben. Mahlzeiten werden zubereitet.

Fontana Village Resort $$-$$$$: *Fontana Dam, NC 28733 südlich des Parks gelegen der NC 28 N., ☏ (828) 498-2211, www.fontanavillage.com. Es stehen sowohl Hotelräume als auch Cottages zur Verfügung. Alle denkbaren Aktivitäten werden angeboten: Tennis, Paddelboote, Swimmingpool, Sauna, Grillmöglichkeiten, Fahrrad fahren, Tennis, Reiten... Übrigens: Fontana Village ist 1947 aus einer Ansiedlung der Bauarbeiter entstanden, die den Fontana-Damm errichteten. Von hier aus können Sie den Nationalpark erkunden und entgehen dabei dem Rummel von Cherokee, Pigeon Forge und Gatlinburg. Vorher über die Öffnung der Seitenstraße in den Park erkundigen.*

Camping

Es gibt 10 ausgebaute Campingplätze (aber keine Duschen, nur kaltes Wasser, keinen Strom) im Park, von denen an den Hauptstrecken die folgenden liegen: **Oconaluftee** *(Smokemont),* **Elkmont** *und* **Caves Cove***. In Cherokee und Gatlinburg gibt es natürlich auch zahlreiche private Plätze. Wichtig für die parkeigenen Plätze ist eine rechtzeitige* **Reservierung***: Great Smoky Mountains National Park, 107 Park Headquarters Road, Gatlinburg, TN 37738, ☏ (865) 436-1200 (Infos); 1-800-365-CAMP (Reservierung).*

Streckenalternativen nach Chattanooga

Im und weiter aus dem Nationalpark gibt es drei Streckenalternativen:

- Im Nationalpark in die Cades Cove Area fahren, von dort die Parson Branch Road nehmen und zur Übernachtung entweder zum Fontana Dam oder über den US 129, den US 411 und den I-75 nach Chattanooga fahren. Die gesamte Strecke von Asheville nach Chattanooga ist aber an einem Tag kaum zu schaffen.
- In die Cades Cove Area fahren und dann über die Rich Mountain Road nach Norden bis Townsend, in dessen Region man z.B. in einem Cottage übernachten kann. Nordwestlich dieses Ortes fährt man dann auf den Foothills Parkway, der südlich auf den US 129 trifft, und fährt dann, wie später im Text beschrieben, nach Chattanooga. Die schönste Alternative, Beschreibung s.u.
- Man verlässt den Nationalpark bei Gatlinburg und übernachtet z.B. in einem Cottage bei Pigeon Forge. Am folgenden Tag dann entweder über Knoxville und den I-75 nach Chattanooga fahren oder aber über die landschaftlich schöne Strecke: US 321 von Pigeon Forge bis Townsend und dann wie in Alternative 1 bzw. 2 beschrieben nach Chattanooga.

Gatlinburg und Pigeon Forge erweisen sich als absolute Touristenorte. Während ersteres noch in den Bergen gelegen und damit in seinen Räumlichkeiten begrenzt ist, wächst Pigeon Forge ins Uferlose. Wo man hinsieht an dem 7 Meilen langen Highway, der durch Pigeon Forge führt, sieht man Leuchtreklamen von Country-Shows, Souvenirshops, Motels, Fastfoodketten usw. Townsend dagegen ist erheblich ruhiger.

Pigeon Forge und die umliegenden Orte eignen sich zur Erkundung des Nationalparks

Gatlinburg

Gleich direkt nördlich des Nationalparks; das Visitor Center befindet sich an der Ampel #3 (es gibt 10, beginnend am Park); in diesem Ort finden Sie die besten Restaurants; die Hotels sind am teuersten; eine große Seilbahn fährt hinauf auf einen nahen Berg.

Pigeon Forge

Diesen Ort kann man mögen, muss man aber nicht. Innerhalb von 2 Jahrzehnten hat sich Pigeon Forge dank des Einsatzes der Countrysängerin Dolly Parton zu einem wahren **Mekka der Country-Musikfans** etabliert. 12 Millionen Besucher kommen jedes Jahr, über 20 verschiedene, zumeist hochklassige Dinner-Shows werden mindestens einmal am Tag mit Slogans wie „Country Western Clogging plus Comedy Show“ angepriesen, Mega-Outletmalls bieten Markenwaren zu günstigen Preisen und in vielen Geschäften gibt es Countrymusik-Artikel, Instrumente etc. Das Ganze ist „Bible-Belt-clean“, oft auch offenkundig christlich angehaucht. Leuchtreklamen an der Durchgangsstraße, dem US 441 (Parkway) weisen den Weg zu den günstigsten Angeboten, besonders den Hotels, die unter der Woche Zimmer zu Schnäppchenpreisen vergeben. Am Wochenende sollten Sie hier aber unbedingt vorbuchen.

Nachbau der Titanic im Maßstab 1:2

Hier können Sie die Fahrt und den Untergang des legendären Schiffes „hautnah“ miterleben und selbst an den nachgebildeten Geschehnissen teilhaben (Titanic Pigeon Forge: 2134 Parkway, ☏ (417) 334-9500, www.titanicpigeonforge.com, $ 24).

Publikums-magnet „Dollywood"

Hauptsehenswürdigkeit des Ortes ist zweifellos „**Dollywood**" (*www.dollywood.com*), ein Vergnügungspark, den Dolly Parton, eine Tochter des Nachbarortes Sevierville gegründet hat: Souvenirshops, eine historische Eisenbahn, Countrymusik-Shows, nachgebaute alte Häuser usw. Der Eintritt hier ist teuer. Karten, die nach 15 Uhr gelöst worden sind, gelten auch für den folgenden Tag. Pigeon Forge hat es „Dollywood" zu verdanken, dass aus einem verträumten Nest dieser Publikumsmagnet geworden ist.

Neben den großen Attraktionen gibt es auch günstige Hubschrauberflüge, Wasserparks, kleine Museen, wie das Veterans Museum, ein **Dinosaurier-Museum**, ein Museum mit alten bzw. hochfrisierten Autos (**Car Museum**), ein weiteres **Elvis Museum** (es soll über 20 davon geben in den USA) und ein Wildlife Museum (in Sevierville) zu erleben. Und wer Dolly Partons Statue bewundern möchte, der findet diese im benachbarten Sevierville an der Kreuzung von US 441/ TN 66 und US 411.

Pigeon Forge ist „Americana pur". Bunt, voll, kitschig, aber eben auch bodenständig und familienfreundlich. Und das macht sich auch an den günstigen Unterkünften bemerkbar: Nicht alle liegen an der turbulenten Hauptstraße, idyllische Plätzchen finden sich auch gerade einmal über den nächsten Hügel, versteckt in Tälern und an Hängen. Pigeon Forge verspricht also eine preiswerte Übernachtungsmöglichkeit für die Erkundung der Umgegend und des Smoky Mountains National Park.

Tipp

Entlang dem Parkway (inkl. Abstecher) des 7 Meilen lang gezogenen Ortes verkehrt etwa alle 15 Minuten ein günstiger Trolleybus.

Townsend

Im Gegensatz zu den beiden vorgenannten Orten noch richtig idyllisch. Das Visitor Center ist neben den Motels. Landschaftlich schöne Zufahrt über die Rich Mountain Road (gute Schotterpiste) zur Cades Cove Area im Nationalpark. Von Pigeon Forge nehmen Sie den US 321 hierher. Günstige Motelzimmer und viele Cottages. Hauptsehenswürdigkeit: Die Tropfsteinhöhle „**Tuckaleechee Caves**", 4 Meilen westlich des Ortes *(www.tuckaleecheecaverns.com)*.

Haus des ersten Gouverneurs

Auf dem Weg nach Knoxville sollten Sie südlich der Stadt den Abstecher zur **Marble Springs Historic Site** *(1220 W. Gov. John Sevier Hwy., Touren: Mi–Sa 10–16, So 12–16 Uhr, www.marblesprings.net, $ 4)* machen. Fahren Sie dazu bei Neubert vom US 441 ab nach Westen auf den TN 168. Nach gut 2 Meilen befindet sich das Gelände auf der linken Seite. Zu besichtigen sind das Farmhaus und weitere Wirtschaftsgebäude des ersten Gouverneurs von Tennessee, John Sevier. Hier erhalten Sie einen guten Einblick in die Lebensweise im frühen Tennessee. Der kleine Park lädt auch zu einem Picknick ein.

Weiter von hier fahren Sie nach Westen auf der 168 und folgen dann dem TN 33 nach Norden in die Stadt. Die südlichen Wohn- und Kleinindustriegebiete von Knoxville entlang dieser Straße bieten einmal einen interessanten Einblick hinter die Kulissen einer amerikanischen Großstadt.

Möchten Sie Knoxville auslassen, dann fahren Sie von Townsend weiter nach Südwesten und nehmen den US 411 bis Ocoee als Richtlinie. Doch sollten Sie die Möglichkeiten nutzen, auch abseits der Hauptstraße näher an bzw. in die Berge zu fahren. Dazu laden z.B. der **Foothills Parkway** (kurz hinter Townsend) sowie TN 68, TN 39, TN 30 und US 64 ein. Sie werden diese Umwege der Landschaft wegen nicht bereuen.

Reisepraktische Informationen Gatlinburg, Pigeon Forge und Townsend/TN

Information

Gatlinburg Chamber of Commerce: *811 E. Parkway, ☎ (865) 436-4178 und 1-800-588-1817, www.gatlinburg.com.*

Pigeon Forge Welcome Center: *Im Norden: 1950 Parkway (Ampel #0), im Süden: 3107 Parkway (Ampel #5), ☎ (865) 453-8574, www.mypigeonforge.com.*

Townsend Visitor Center: *7906 E. Lamar Alexander Pkwy, ☎ (865) 448-6134, 1-800-525-6834, www.smokymountains.org.*

Unterkünfte

Hinweis: *Auf die Nennung der besonders günstigen Motels wird hier verzichtet, da diese täglich ihre Preise ändern und man vor Ort eher ein Schnäppchen machen kann.*

Glenstone Lodge $$: *504 Historic Nature Trail, Gatlinburg, TN 37738, ☎ (865) 436-9361, www.glenstonelodge.com. Großes, familienfreundliches Hotel mit hohem Freizeitwert (Sport, großer Outdoor-Pool und ein Indoor-Pool über 2 Ebenen, Restaurant, Minigolf etc.)*

Eight Gables Inn $$$: *219 N. Mountain Trail, Gatlinburg, TN 37738, ☎ (865) 430-3344, www.eightgables.com. Auf einer Anhöhe und inmitten des Waldes gelegenes Bed&Breakfast-Haus (es gibt hier auch Dinner). Herrliche Aussichten und Wandermöglichkeiten.*

Lodge at Buckberry Creek $$-$$$: *Ecke Wiley Oakley/Campbell Lead Rd., Gatlinburg, TN 37738, ☎ (865) 430-8030, www.buckberrylodge.com. Etwas abseits vom Trubel gelegene B&B-Unterkunft. Teilweise schöne Aussicht auf den Mount LeConte.*

Country Oaks Cabins $$$: *2740 Florence Dr., Pigeon Forge, TN 37868, ☎ (865) 286-1591, www.countryoaks.com. Schöne, voll eingerichtete Cottages (2–4 Bedrooms) in Pigeon Forge. Das Anmeldebüro befindet sich am nördlichen Abschnitt des Hwy. 441 zwischen dem Shiloh Hotel und der Music Road.*

Middle Creek Valley Chalets $$-$$$: *2525 Goldrush Rd. (östl. des Ortes, abzweigend von der Middle Creek Rd. noch hinter Dollywood, Pigeon Forge, TN 37868, ☎ (865) 428-0163, www.mvchalets.com. Sehr ruhig in einem kleinen Seitental gelegene Chalet- und Hotelunterkünfte. Versuchen Sie ein Zimmer in den kleineren Häusern bzw. ein Chalet zu bekommen. Von hier können Sie auch schöne Spaziergänge unternehmen.*

The Lodge at Valley View $$: *US 321, Townsend, TN 37882, ☎ (865) 448-2237, www.valleyviewlodge.com. Ansprechendes und sauberes Motel. Es gibt auch Hütten ($$$). In- und Outdoor-Pool. Gleich nebenan gibt es ein paar weitere Franchise-Motels und gegenüber unkomplizierte, kleine Familien-Restaurants.*

Carnes Log Cabins $$-$$$: *214 Tom Henry Rd., Townsend, TN 37882, ☎ (865) 448-1021, www.carneslogcabins.com. Rustikale, für Selbstversorger voll ausgestattete Holzhäuser. Hot Tubs und Jacuzzis.*

Knoxville

Knoxville wurde 1786 von den ersten Siedlern gegründet, die das Appalachen-Gebirge überquert hatten. Unter der Federführung des Generals **James White** wurde zuerst ein Fort angelegt, das als Handelsstützpunkt auf der weiteren Route nach Westen dienen sollte. White, ein hoch dekorierter Kämpfer aus dem Unabhängigkeitskrieg, benannte die Stadt nach seinem Freund, dem damaligen Kriegsminister Henry Knox. 1796 wurde die kleine Siedlung vom ersten Gouverneur, William Blount, zur Hauptstadt von Tennessee ernannt, eine Stellung, die sie 1845 an Nashville abtreten musste. Knoxville war zu dieser Zeit als **raues Pflaster** bekannt und Schießereien waren an der Tagesordnung. Ebenso floss der selbstgebrannte Whiskey in Strömen. Während des Bürgerkriegs zählte Knoxville mehr Sympathisanten für die Unionsstaaten, sodass die Konföderierten ihre eigene Stadt besetzen mussten.

Redaktionstipps

- Die bedeutendsten Sehenswürdigkeiten: die alten Gebäude: bei Marble Springs, im James White's Fort und das Blount Mansion; die Aussicht vom Sunsphere Tower; Women's Basketball Hall of Fame, East Tennessee History Center und die Atom- und Energiemuseen in Oak Ridge. (S. 375ff)
- Zeiteinteilung: ein halber Tag: Besichtigen Sie von Süden kommend zuerst Marble Springs. Fahren Sie anschließend zum Visitor Center und schauen Sie sich danach das historische James White Fort an. Alternativ ein Museum in der Stadt. Abends gehen Sie dann in die Old City zum Bummeln durch die „Ramschläden" und zum Speisen. Am nächsten Morgen können Sie dann noch das American Museum of Energy and Science in Oak Ridge besuchen.

Heute bietet die Stadt hauptsächlich den Kontrast zwischen Bauten aus der Zeit der Jahrhundertwende und moderner Glasfassaden an den Hochhäusern der Energiekonzerne und der Banken. Die Innenstadt samt der angrenzenden „Old City" wurde mittlerweile wieder herausgeputzt, ist aber auch jetzt kein wahrer Höhepunkt. Wenige wissen heute auch, dass eigentlich Knoxville und nicht Nashville der Geburtsort der Countrymusik ist und sich selbst als „**Cradle of Country Music**" bezeichnet. Nur wenige Clubs spielen die Musik, was auch an dem Boom im nahen Pigeon Forge liegen mag. Knoxville hat heute fast 180.000 Einwohner und im Großraum leben über 400.000 Menschen.

Touristisch gibt es nicht viel zu erleben, sieht man einmal ab von ein paar regionalen Museen, ein paar Resten aus der Gründerzeit und dem Gelände der Energieweltausstellung von 1982, dessen Höhepunkt der Ausblick vom Sunsphere Tower ist. Zudem lockt die nahe Stadt Oak Ridge mit mehreren Atomenergierelikten aus der Zeit während und nach dem 2. Weltkrieg.

Beliebtes Footballteam

Erwähnenswert ist noch der Hang zum Sport: Das **College Football Team** ist sehr erfolgreich und hat dafür gesorgt, dass das Stadion am Tennessee River zum **drittgrößten Stadion der USA** ausgebaut wurde – mit 102.400 Besucherplätzen! Auch das Basketball-Frauenteam hat national seine Spuren hinterlassen, sodass am Hall Drive nahe der Innenstadt die einzige **Women's Basketball Hall of Fame (1)** der USA errichtet wurde (*700 Hall of Fame Drive, Labor Day–April Di–Sa 11–17, Rest des Jahres Mo–Sa 10–17 Uhr, www.wbhof.com, $ 8*). Wer den Weg hier-

Die Women's Basketball Hall of Fame

her gefunden hat, sollte einfach mal durch die Old City schlendern, entspannt essen gehen und ein oder zwei Museen besuchen. Am nächsten Morgen würde sich dann schließlich noch der Besuch des Energiemuseums im 22 Meilen entfernten Oak Ridge anbieten.

Sehenswertes

Sunsphere Tower und der World Fairs Park (2)

Westlich der Henley Street, in einem kleinen Flusstal, fand 1972 die Energie-Weltausstellung statt. Man wählte damals Knoxville, weil es durch die hier ansässige Tennessee Valley Authority (TVA) interessante Beiträge zur Energiegewinnung einbringen konnte – zum einen auf dem Sektor der Hydroenergie, zum anderen auf dem der Atomenergie. Heute befinden sich auf dem Gelände noch das Messezentrum, der Sunsphere Tower, von dem aus Sie eine schöne Aussicht auf die Stadt haben (*April–Okt. tgl. 9–22, Nov.–März tgl. 11–18 Uhr, www.worldsfairpark.org, www.sunsphere.info*), die **Candy Factory**, eine ehemalige Bonbonfabrik, in der heute Boutiquen und kleine Geschäfte untergebracht sind, und das **Museum of Art** (*Di–Sa 10–17, So 13–17 Uhr, www.knoxart.org*), in dem im wesentlichen Wanderausstellungen und einige indianische Kunstwerke gezeigt werden.

Ausblick auf die Stadt

East Tennessee History Center (3)

Kleine, aber gut aufbereitete Ausstellung zur Geschichte von Knoxville und East Tennessee. Beinahe interessanter aber ist die Abteilung für Ahnenforschung (Ge-

Unterkünfte
1 Marble Grove Inn
2 Maplehurst Inn
3 Hampton Inn & Suites

Restaurants
1 Calhoun's
2 Le Parigo
3 Naples
4 The Orangery
5 The Lunch House

nealogy Research Library) im ersten Stock. Hier können auch Sie einmal mit Hilfe eines Computerprogramms herausfinden, ob und wie einer Ihrer Vorfahren in die USA eingereist ist. Grundlage bieten dazu vor allem die Einreisedokumente von den verschiedenen Immigrationsstellen sowie die Schiffsdokumente. Achten Sie bei der Suche darauf, dass viele Namen nicht genau abgeschrieben wurden, oft alleine schon wegen der unterschiedlichen Buchstaben im 19. Jh. Ein „z" z.B. wurde damals ähnlich einem „g" geschrieben und so fand ich meinen Namen Etzbach unter Etgbach (*601 South Gay St., Downtown, Mo–Fr 9–16, Sa 10–16, So 13–17 Uhr, www.easttnhistory.org, $ 5*).

Tennessee Theatre (4)
Das ehemalige Kino, eingeweiht 1928, ist ein kleines Juwel. Nach einer aufwendigen Renovierung wurde es 1955 wieder eröffnet und heute werden hier Musikveranstaltungen, Theateraufführungen u.a. geboten. Die restaurierten Verzierungen an allen Wänden, auf den Böden und in den Aufenthaltsräumen, die eindrucksvolle Beleuchtung und die gute Akustik ist einen Besuch einer Veranstaltung hier allemal wert. Tickets gibt es an der Kasse vor der Tür bzw. werden über das Visitor Bureau vermittelt. Dieses Theatre steht dem Fox Theatre in Atlanta in nichts nach. Hervorzuheben ist noch die restaurierte Wurlitzer-Orgel, die während einer Aufführung mittels eines Fahrstuhles auf die Bühne gehoben werden kann (*604 South Gay St., geöffnet nur für Veranstaltungen*).

Sehenswertes Theater

Blount Mansion (5)
Erbaut 1792, diente dieses Haus als Residenz für William Blount, den Gouverneur des Südwest-Territoriums. Blount war auch Mitunterzeichner der amerikanischen Verfassung und seine Residenz war während seiner Dienstzeit politischer Mittelpunkt des noch unerschlossenen (damaligen) Westens. Zu sehen sind hier antike Möbel aus dem endenden 18. Jh. und einige Memorabilien von Blount. Im benachbarten Craighead-Jackson House, dem Visitor Center des Blount-Hauses, befindet sich eine kleine Ausstellung zur Geschichte, und es wird ein Film gezeigt, der die Anfänge der Erschließung des Westens kurz umreißt (*200 W. Hill Street, Touren: Jan.–März Di–Fr 9.30–16 Uhr, Rest des Jahres auch Sa 9.30–16 Uhr, www.blountmansion.org, $ 7. Touren beginnen jeweils zur vollen Stunde (letzte Tour 16 Uhr)*.

Erschließung des Westens

James White's Fort (6)
Um das erste Haus der Stadt von 1786 hat man das alte Fort wiederaufgebaut, und auf einer 30-minütigen Rundtour wird erläutert, wie die ersten Siedler hier gelebt

Wie in der Pionierzeit: James White's Fort

haben. Neben einem kleinen Museum gibt es eine Räucherkammer, eine Schmiede und ein paar kleine Wohnhäuser zu besichtigen. Sicherlich eine gute Gelegenheit, die Geschichte einer Pionierstadt besser zu verstehen (*205 E. Hill Ave., Dez.–März Mo–Fr 10–16 Uhr, Rest des Jahres Mo–Sa 9.30 –17 Uhr, www.jameswhitesfort.org, $7*).

Old City (7)
Kreuzung Jackson Ave. und Central Street.
In diesem kleinen Areal am alten Bahnhof, welches früher einmal die Lebensader von Knoxville gewesen ist, hat man heute wieder Geschäfte, Nachtclubs und Restaurants angesiedelt. Das Ganze wirkt sehr provisorisch, was aber gerade den Reiz ausmacht. Die Häuser haben ihre alte Fassade erhalten, die Reklamen sind noch aufgemalt, und die Geschäfte müssen von den nur wenigen Besuchern leben, die den Weg hierher finden. Neben kleinen Läden gibt es Cafés, Boutiquen und die Bars sowie Nachtclubs, die den Bezirk am Abend erst richtig zum Leben erwecken. Wenn ein Zug die North Central Street kreuzt, lässt sich übrigens ein nettes Foto machen.

Cafés, Bars und Clubs

Frank H. McClung Museum (8)
Kleines Museum, das sich vor allem mit der Archäologie (weltweit) und der Geschichte der Indianer der Region beschäftigt. Keine große Ausstellung, aber für speziell Interessierte vielleicht einen Besuch wert (*1327 Circle Park Dr. (Universitäts-Campus), Mo–Sa 9–17 Uhr, So 13–17 Uhr, www.mcclungmuseum.utk.edu*).

Oak Ridge

20 km nordwestlich von Knoxville gelegen. Unscheinbar, inmitten großer Wälder, verbirgt sich diese Stadt, die die Amerikaner erst Ende 1942 gegründet haben. Grund dafür war der Zweite Weltkrieg und das Ziel, die Atombombe als Erste zu entwickeln. Die gesamte Operation trug den Codenamen „**Manhattan Project**". Binnen weniger Monate wurde aus mehreren kleinen Dörfern eine Stadt mit 75.000 Einwohnern. Und die Zeit reichte nicht einmal, Blaupausen für die Errichtung der Forschungsanlagen anzufertigen.

Oak Ridge wurde während des Krieges hermetisch abgeriegelt, selbst die meisten Angestellten im Atomlabor wussten nicht, woran sie arbeiteten. In Zusammenarbeit mit der Forschungsstation von Los Alamos in New Mexico und einiger anderer gelang es den Amerikanern bekanntlich, 1945 das Ziel zuerst zu erreichen und die erste Atombombe über Hiroshima abzuwerfen.

Auch heute ist Oak Ridge Zentrum der Atomenergieforschung. Mehrere Labors, Fabriken und ein Museum ernähren immer noch fast 30.000 Menschen.

Museum zum Thema Energiewirtschaft

Das idaktisch sehr eindrucksvoll gestaltete **American Museum of Science and Energy** beschäftigt sich allen Fragen der Energiewirtschaft. Hauptaugenmerk wird dabei aber auf den Sektor Atomenergie gelegt, der nach heutigem Stand der Dinge zwar etwas zu unkritisch betrachtet wird, aber durchaus sehenswert ist. In einer Extraabteilung werden die Geschichte von Oak Ridge und der Werdegang der Atombombe vorgestellt. Zu guter Letzt würdigt das Museum auch Albert Einstein – und nimmt das Genie dabei das eine oder andere Mal ganz schön „auf die Schippe". Kinder werden besonderen Gefallen finden an den „Geräten zum Ausprobieren", die gelungen physikalische Gesetze erläutern. Gleich daneben befindet sich übrigens das Visitor Bureau (*300 S.Tulane Ave. im „Energy House", Mo–Sa 9–17 Uhr, So 13–17 Uhr, www.amse.org, $ 5*).

Graphit Reactor

Etwa 8 Meilen vom Museum entfernt. Hierbei handelt es sich um den ersten Atomreaktor der Welt. Am 16. Oktober 1943 in Betrieb genommen, diente er 20 Jahre lang als Produzent von Plutonium, welches für den Bau der Atombomben benötigt wurde. Der Reaktor liegt immer noch inmitten eines Forschungs- und Entwicklungszentrums. Der Reaktor hat übrigens 4.000 kW Strom erzeugen können. Aus Sicherheitsgründen muss der Besuch angemeldet bzw. arrangiert werden. Hierzu erhalten Sie *Infos über x10visit@ornl.gov, ☎ (865) 574-7199, www.ornl.gov/ornlhome/visiting. Zudem bietet das o.g. Museum of Science and Energy Bustouren hierher an (nur Juni–Sept., Mo-Fr um 12 Uhr, „first come, first serve", Registrierung für denselben Tag ab 9 Uhr).* *Atomreaktor*

Reisepraktische Informationen Knoxville/TN

Information

Knoxville Convention & Visitors Bureau: *Ecke Summit Hill Dr., Gay St., Downtown, Knoxville, TN 37902, ☎ (865) 523-7263, www.knoxville.org. Im Gebäude befindet sich übrigens ein Country&Western-Radiosender: WDVX, 89.9 FM und ein kleiner Laden mit z.T. ganz ansprechenden Knoxville-Souvenirs.*

Wichtige Telefonnummern

Vorwahl: ☎ 865

Notruf Polizei/Feuer/Ambulanz: ☎ 911

Krankenhäuser: East Tennessee Baptist Hospital: 137 Blount Ave., ☎ (865) 632-5011, Fort Sanders Parkwest Medical Center: 9352 Park West Blvd., ☎ (865) 693-5151

Rundfahrten/Touren

„Star of Knoxville": *Mit einem kleinen Schaufelraddampfer können Sie auf dem Tennessee River Fahrten unternehmen. Es gibt täglich Lunch-, Sightseeing- und als besondere Empfehlung Dinnercruises. Auch die Brunchtour am Sonntag ist gut. Abfahrt ist am Star-Landing-Kai (300 Neyland Drive, Bicentennial Park). Infos ☎ (865) 525-7827, www.tnriverboat.com.*

Unterkünfte

Marble Grove Inn $$$ **(1)**: *8800 Westland Drive, Knoxville, TN 37923, ☎ (865) 951-2315 od. 690-9565, www.maplegroveinn.com. Schönes B&B-Haus von 1799 inmitten eines 7 ha großen Parks. Tennisplatz und Schwimmbad. Genau der richtige Ort zum Entspannen. 9 Meilen zur Innenstadt.*

Maplehurst Inn $$-$$$ **(2)**: *800 W. Hill Ave., Knoxville, TN 37902, ☎ (865) 851-8383, www.maplehurstinn.com. B&B nahe der Universität und Innenstadt. Mansion erbaut 1920. Von der $$$-Suite im Obergeschoss (Jacuzzi) haben Sie einen schönen Blick auf den Tennessee River.*

Hampton Inn & Suites Knoxville Downtown $$$ **(3)**, *618 West Main Street, Knoxville, TN 37902, ☎ (865) 522-5400, http://hamptoninn3.hilton.com. Zentral gelegenes, sauberes Motel, die Innenstadt kann bequem zu Fuß erreicht werden. Kostenlose Parkplätze und Frühstück.*

Restaurants

Die lebendigste Ecke für Nachtschwärmer ist ohne Zweifel die „Old City" nördlich der Innenstadt. Die verschiedenen kleinen Restaurants sind sehr ansprechend, und ihre Palette reicht von japanisch über Fondue bis hin zu traditionell amerikanisch.
Calhoun's (1): *Neyland Dr., direkt am Fluss, Innenstadt, ☎ 673-3355. Hier, mit Blick auf den Tennessee, soll es die besten BBQ-Gerichte in Tennessee geben. Gute Bierauswahl, Außenterrasse etc.*
Le Parigo (2): *416 W. Clinch Ave., ☎ 525–9214. Kleines, französisches Restaurant. Warum nicht einmal Foie Gras und Steak Tartare? Oft kommt der Chefkoch an den Tisch.*
Naples (3): *5500 Kingston Pike, ☎ 584-5033. Eine sehr schmackhafte italienische Küche.*
The Orangery (4): *5412 Kingston Pike, ☎ 588-2964. Exquisite französische Küche. Eingerichtet mit vielen Antiquitäten. Erstklassiger Weinkeller. Die Lounge (Bar) eignet sich für den Ausklang des Abends.*
The Lunch House (5): *3816 Holston Dr., Ecke E. Magnolia und Kirkwood, ☎ 637-5188. In einem kleinen Holzhaus wird noch nach traditioneller Art das deftige Südstaaten-Breakfast (inkl. Grits) und Lunch geboten. Rau, einfach, aber herzhaft gut.*

Pubs/Livemusik/Nightlife

Baker-Peters Steak Mansion & Jazzclub: *9000 Kingston Pike, ☎ 690-8110. Di–Sa Jazzmusik oder Entertainment. Restaurant.*
Patrick Sullivan's Saloon: *100 N. Central, ☎ 637-4255. Ehemals von einem Iren im Jahre 1853 eröffneter Saloon. Während der Prohibition geschlossen und nun in altem Stil (große Kirschholzbar u.a.) wieder eröffnet.*
Square Room: *4 Market Square, ☎ 544-4199. Live-Music Venue in der Innenstadt. Meist Rock, aber auch andere Musik. Im angeschlossenen Café 4 gibt es bis 21 Uhr (Sa+So 22.30 Uhr) Burger, Südstaaten- und Pastagerichte sowie Salate.*
Die Studenten gehen ansonsten gerne in die **Cumberland Avenue** *(Blocks 1700-2200) und ihre Nebenstraßen, wo sich Kneipen, Fastfood-Läden, Deli-Shops und kleine Restaurants gegenseitig Konkurrenz machen.*

Theater

Tennessee Theatre: *604 South Gay Street. Infos und Buchungen von Tickets: ☎ (865) 684-1200, www.tennesseetheatre.com.*

Öffentliche Verkehrsmittel

Überlandbusse: *Greyhound Bus Lines: 100 Magnolia Ave. N. E., ☎ (865) 524-0369*
Stadtbusse: *Knoxville Transit Authority. Ein Trolley-Bus verbindet die wichtigsten Punkte in der Stadt. Infos über* **Fahrpläne** *im Visitors Bureau oder ☎ (865) 637-3000, www.katbus.com.*

Von Knoxville nach Chattanooga

Routenhinweise

Die schnellste Verbindung ist entlang dem I-75. Sollten Sie aber 1–2 Stunden mehr Zeit haben, empfiehlt sich die Landstraße. Fahren Sie von Knoxville erst nach Süden bis Maryville auf dem US 129 und folgen Sie dann bis Ocoee dem US 441/411. Dort geht es dann auf dem US 64/74 weiter nach Cleveland, wo Sie schließlich auf den I-75 nach Chattanooga treffen.

Die zweite Alternative bietet eine z.T. sehr schöne Landschaft – ca. 7–10 Meilen unterhalb der Appalachen entlang. Es lohnt sich, auch mal auf den kleineren Straßen in die Berge zu fahren, so z.B. auf dem Foothills Parkway (südwestlich von Townsend oder später die TN 68, TN 39, TN 30 und den US 64). Eindrucksvoller als die Landschaft ist in dieser relativ armen Gegend aber die Siedlungsstruktur entlang der kleinen Straßen. Da die Böden nicht sehr gut sind und die meisten Farmen heute zu klein sind zum Überleben, hat sich hier während der letzten 40 Jahre ein sog. „**Backcountry**" entwickelt – eine Gegend, die wirtschaftlich vom Aussterben bedroht wäre, gäbe es nicht den Tourismus. Verlassene Tankstellen, vom Verfall bedrohte Häuser, verschlossene Fabrikanlagen, dafür aber neue Bed&Breakfast-Unterkünfte, Bootsverleihe etc. Dazwischen lassen sich immer noch kleine BBQ-Imbissbuden mit leckeren Fleischgerichten, billige Factoryshops und eine Reihe verschrobener Antiquitätengeschäfte auftreiben.

Zudem gibt es auch noch ein paar Sehenswürdigkeiten:

Sequoyah Birthplace Museum

Hier, an der Stelle, wo der Cherokee Sequoyah (1776–1843) geboren wurde, erläutert das neben dem Museum in Cherokee wohl beste Museum die Geschichte der Cherokee. Ein fast einstündiger Film erzählt, wie ihr großes Siedlungsgebiet, das sich ehemals bis nach Kentucky, Virginia, die Carolinas und weiter nach Alabama erstreckte, einst genutzt wurde, nämlich einzig als Jagdgebiet. Mit dem Eintreffen der ersten Europäer dann änderte sich im 17. Jh. ihre Lebensform. Sie jagten von da an das Wild, um anschließend die Felle an die Engländer, Franzosen und auch Spanier zu verkaufen. Abhängig vom Geld, wuchsen ihre Ansprüche und viel Geld wurde z.B. für den Kauf von Gewehren und Nahrungsmittel verwandt. Als im 17.

Tennessee over the Hills/Tennessee Overhill

info

Dieser Ausdruck für das Gebiet nördlich der Appalachen zwischen Maryville im Osten und Chattanooga im Westen bezieht sich ebenfalls auf die Cherokees. Für die nach dem „Trail of Tears" übrig gebliebenen Cherokee in den Appalachen gab es nur zwei Siedlungsgebiete. Zum einen das größere um den heutigen Ort Cherokee in North Carolina, zum anderen das derer, die hier „over the Hill" wohnten. Der erste ansässige Europäer in der Gegend war übrigens ein Pelzhändler, der seinen Stützpunkt Tanasee nannte.

und besonders 18. Jh. die Siedler vordrangen, verkleinerte sich das Stammesgebiet der Cherokee immer mehr, bis schließlich erste Gesetze in Washington gemacht wurden, die den Abzug der Indianer nach Westen forderten (Infos zum „Trail of Tears" S. 362f).

Sequoyah hielt in dieser Zeit zu den Fähigkeiten der Cherokee und schuf in nur 12 Jahren ein Alphabet aus 85 Zeichen, das sich vor allem auf Silben aufbaute. Nachdem die Schriftsprache 1821 von ihm publik gemacht wurde, lernten Tausende Cherokee das Lesen und Schreiben (*bei Vonore, 1 Meile südlich am TN 360, Mo–Sa 9–17, So 12–17 Uhr, www.sequoyahmuseum.org*).

Sehenswert ist auch das **Fort Loudon**, das kurz vor dem Museum auf der anderen Straßenseite liegt. Es wurde 1756–60 von den Engländern als Festung gegen die Indianer und Franzosen erbaut.

Lost Sea

Hier befindet sich der wohl größte unterirdische See der Welt, auf dem man mit Booten herumfahren kann. Für Höhlenfreunde sicherlich ein ausgefallenes Erlebnis, ansonsten aber gibt es schönere Höhlen (*zwischen Sweetwater und Madisonville an der TN 68 (I-75 Exit 60), tgl. Nov.–Feb. 9–17 Uhr, März, April, Sept. + Okt bis 18 Uhr, Mai, Juni + Aug. bis 19, Juli bis 20 Uhr, www.thelostsea.com, $ 18*).

In Ocoee, wo die Route nach Cleveland abzweigt, hat man auch die Möglichkeit, noch einmal nach Osten abzubiegen in die Berge. Hier befanden sich die Wildwasserstrecken für die Olympiade 1996, und hier kann man heute Schlauchboottouren unternehmen. Anbieter gibt es genügend vor Ort.

Auf der direkten Strecke von **Knoxville nach Nashville** gibt es nichts Besonderes. Für die 180 Meilen (228 km) über den I-40 benötigt man ca. 2½ Stunden.

Hinweis
Zu Chattanooga s. S. 453ff, Strecke Chattanooga–Nashville S. 466ff

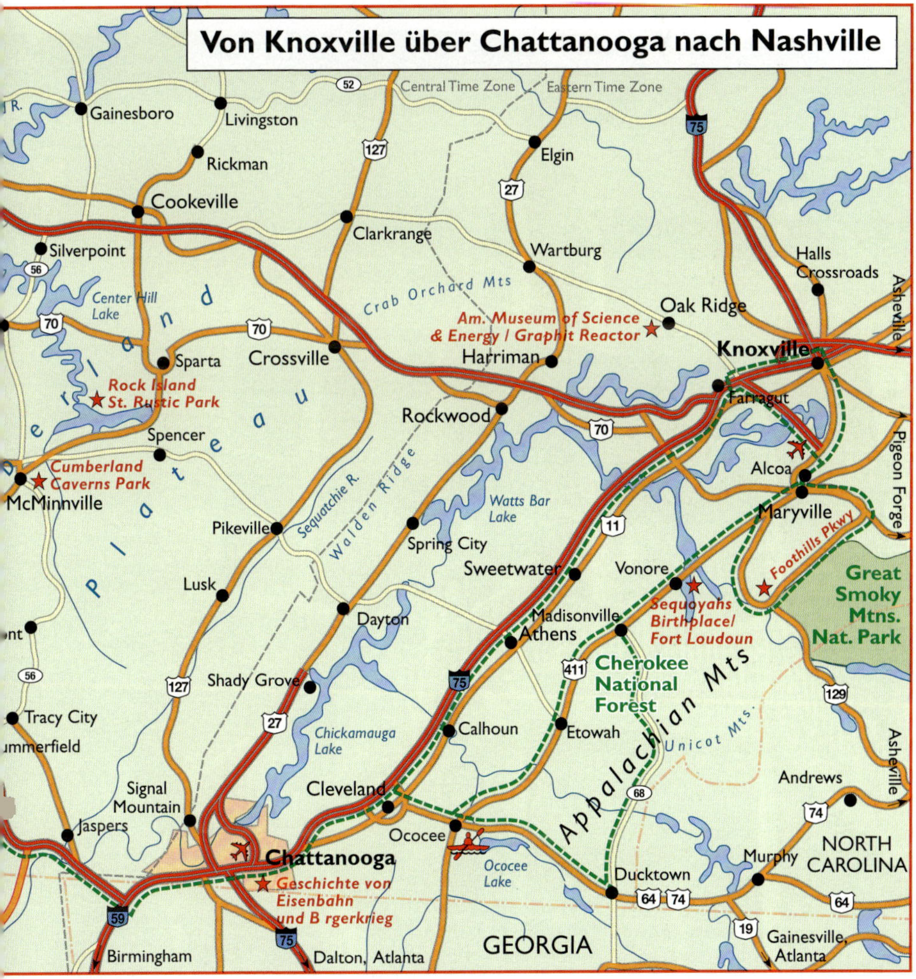

6. Die zentralen Südstaaten: Atlanta, der Norden Georgias und Route an die Golfküste

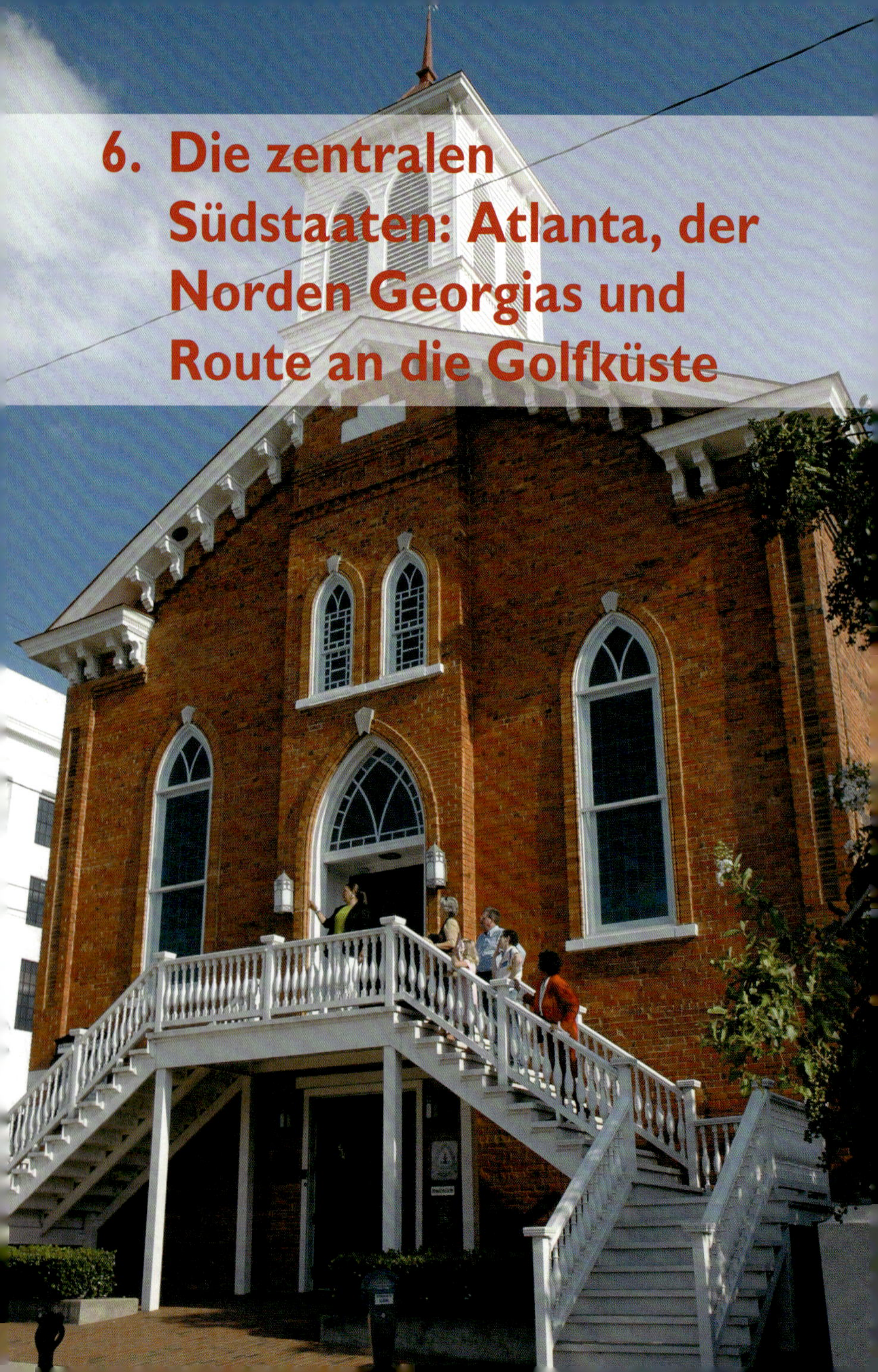

Atlanta

Entfernungen

Atlanta – Savannah: 256 mi/412 km
Atlanta – Chattanooga: 117 mi/ 188 km
Atlanta – Birmingham: 151 mi/242 km
Atlanta – Nashville: 248 mi/399 km
Atlanta – Cherokee (südl. des Great Smoky Mts. NP): ca. 180 mi/190 km

Über jeden Zweifel erhaben ist Atlantas herausragende Stellung im amerikanischen Süden. Das wird nicht nur deutlich an den nahezu 5,7 Millionen Einwohnern, die in der Metropolitan Area leben (Stadt selbst: 420.000) und Atlanta damit zur größten Stadt des sog. „Neuen Südens" machen, sondern vor allem an folgenden Punkten:

- Das friedliche Zusammenleben verschiedener Hautfarben und die hier bereits früh etablierte liberale Lebensauffassung. 54 Prozent der Stadtbevölkerung sind Schwarze (African-Americans), 5,3 Prozent Hispanics und 3,2 Prozent asiatischer Abstammung. In der Metropolitan Area wohnen bereits über 200.000 Menschen asiatischer Abstammung.
- Die einzigartige wirtschaftliche Bedeutung. 440 der 500 größten US-Konzerne haben eine Niederlassung hier, mehrere Trusts sogar ihren Hauptsitz. Mehrmals wurde Atlanta mit dem Titel „Best City to do Business" tituliert.
- Ein Verkehrsknotenpunkt, der sich bereits früh durch die verschiedenen Eisenbahnlinien herauskristallisierte und mit dem Hartsfield-Jackson Int. Airport, dem nach Passagierzahlen (93 Mio. Fluggäste/Jahr) größten Flughafen der Welt.
- Kulturell bietet Atlanta neben zahlreichen Theater-, Ballett- und Opernensembles auch viele Museen, von denen das High Museum of Arts eine herausragende Bedeutung in den USA hat.
- Die Architektur bietet eine bunte Mischung aus allem, was Amerika seit Mitte des 19. Jh. hervorgebracht hat. Von viktorianischen Häuschen bis hin zu hypermodernen Wolkenkratzern findet sich hier alles.

Wirtschaftliche und kulturelle Bedeutung

Skyline von Atlanta

Redaktionstipps

➤ Nachteulen: Atlanta ist zwar nicht New Orleans, aber ein paar nette Jazzkneipen gibt es trotzdem. Am urigsten ist es im „Blind Willie's" und den nahegelegenen Tavernen an der Highland Avenue. (S. 406)

➤ Alternatives Abendprogramm bietet das historische „Fox Theatre". (S. 406)

➤ Zeiteinteilung: 2 Tage. 1. Tag: Erkunden Sie die Innenstadt und die vollklimatisierte Welt der Geschäftshochhäuser um das Peachtree Center. Nachmittags besichtigen Sie das Martin Luther King Nat. Hist. Site. 2. Tag: Besuch des CNN-Senders und des High Museum of Arts. Anschließend gibt es folgende Alternativen: Stone Mountain Memorial State Park; Atlanta Historical Society in Buckhead oder das Cyclorama. Abends: Dinner oder zumindest Sundowner im 72. Stock des Peachtree Plaza Hotel.

Wirtschaftlich ist Atlanta seit Jahren eine aufstrebende Metropole. Populäre Firmen haben ihren Hauptsitz hier: **Coca Cola, CNN, AT&T Mobility, UPS, Delta Airlines, SunTrust, Home Depot, Ritz-Carlton, Days Inn** und, und, und...

Entscheidend für diese rasante Entwicklung während der letzten Jahrzehnte waren übrigens Martin Luther King Jr., der hier seine Predigten hielt, und später zwei schwarze Bürgermeister: Maynard Jackson und Andrew Young, die sich bis in die 1990er-Jahre hinein um das erste Amt der Stadt beworben – und dieses in steter Regelmäßigkeit abwechselnd in die Hand des anderen gegeben haben. Ihre vorausschauende Politik hat für Dynamik, Kreativität und das kultivierte Leben gesorgt, und in kaum einer Großstadt der USA wird die Gastfreundschaft so spürbar wie hier.

Atlanta weist ein **angenehmes Klima** auf – Dank seiner Lage im mittleren Teil von Georgia (Breitengrad von Kreta) auf einer Höhe von 320 Metern über dem Meeresspiegel. Dadurch gibt es vier voneinander klar abgrenzbare Jahreszeiten:

- Frühjahr (März–Mai) und Herbst (Sept.–November): angenehm warm mit Temperaturen von 11–21 °C.
- Sommer (Juni–August): sehr heiß. Das Thermometer erreicht schon mal 35 °C. Im Schnitt bleibt es aber zwischen 22 und 31 °C. Im Juli fallen starke Niederschläge, meist als Gewitter.
- Winter (Ende November–Februar): Die durchschnittlichen Tagestemperaturen liegen zwar bei 14 °C, doch kann das Thermometer auch mal unter den Gefrierpunkt rutschen und etwas Schnee fallen.

Lage des Hotels

Um Atlanta nun zu erkunden ist auch die Lage des Hotels wichtig: im ruhigeren Buckhead oder in der tagsüber belebten – nachts aber relativ ausgestorbenen – Innenstadt. Für ersteres spricht, dass man tagsüber die Innenstadt gut mit der S-Bahn, der MARTA, erreichen kann, um dort dann zu Fuß die Sehenswürdigkeiten abzulaufen. Abends liegt einem dann der „Peachtree Shuffle", das Restaurantviertel in Buckhead, zu Füßen. Für den zweiten Vorschlag spricht, dass man tagsüber immer wieder in das Hotel kann und für den Abend die Theater näher liegen. Diese Lösung wäre bei einem nur eintägigen Besuch vorzuziehen.

Die Innenstadt mit dem Auto zu erkunden ist nicht zu empfehlen. Besser ist es, zwischenzeitlich ein Taxi zu nehmen oder mit der MARTA bzw. den Stadtbussen zu fahren, deren Netz gut ausgebaut ist.

Hinweis
Es gibt in Atlanta 32 Straßenzüge, Plätze, Sackgassen etc. mit dem Namen Peachtree (St., Ave., Dr.). Vergewissern Sie sich also vorher, zu welcher Straße Sie fahren. „Peach" stammt übrigens nicht dem Wort für Pfirsich ab, sondern findet seinen Ursprung in „Pitch Tree", einem Kieferngewächs, das einstmals die Region bedeckte.

Geschichte

Junge Stadt

Atlanta ist eine sehr junge Stadt. Ursprünglich lebten Cherokee-Indianer in der Region (vor ihnen noch eine Kultur der „Mound Builders"), vornehmlich am Ostufer des Chattahoochee River. Als 1836 ein kleiner Bahnhof an einer Eisenbahnkreuzung angelegt wurde, entwickelte sich um ihn herum eine kleine Siedlung. Sie hieß zuerst Terminus und wurde 1843 umbenannt in Marthasville – nach der Tochter des damaligen Gouverneurs von Georgia. Doch bereits 1845 entschied man sich für Atlanta, der weiblichen Form von Atlantik.

Grundlage war, dass die **Atlantic-Pacific Railroad** durch die Siedlung führte. Der Bürgerkrieg bescherte der kleinen Stadt mit damals 10.000 Einwohnern eine harte Zeit: Da sie ein wichtiger Industriestandort war, wurde sie 1864 von General Sherman 107 Tage lang belagert, bevor er sie schließlich erobern ließ. Er ließ die Stadt evakuieren und seine Truppen verbrannten 80 Prozent der Häuser. Doch nur wenige Monate später kamen die Einwohner zurück und kein Jahr später stand die Stadt wieder. 1868 wurde Atlanta zur Hauptstadt von Georgia erklärt.1917 zerstörte ein großes Feuer erneut große Teile der Stadt, doch seitdem und besonders in der Zeit nach dem 2. Weltkrieg entwickelte sich Atlanta zur **Südstaaten-Metropole**. 1929 wurde Martin Luther King Jr. in Atlanta geboren.

Klassenausflug in die Südstaatenmetropole

Sehenswertes im Stadtbereich

Downtown

Die Einkaufsmall um das **Peachtree Center (1)** (dort gibt es auch ein Visitor Center) und die über- und unterirdi-

Beeindruckende Hochhausbauten

schen Gänge zwischen den Bürohäusern und Hotels sind einen Besuch wert. Acht Häuserblocks sind „luftdicht" miteinander verbunden und natürlich klimatisiert. Lassen Sie sich den Besuch des Hyatt und des Marriott nicht entgehen. Beide haben eine faszinierende Atriumhalle. Die vom Marriott reicht 47 Stockwerke hoch.

Das Westin Plaza dagegen ist mit 72 Stockwerken das höchste Hotelgebäude der USA, und in den drei obersten Stockwerken befinden sich ein **Observatory** (Aussichtsetage – kostenpflichtig) sowie ein Restaurant und eine Bar (kostenfrei) – alle drei drehen sich im 50-Minutentakt! Die genannten Hotels befinden sich alle nahe dem Peachtree Center an der W. Peachtree Street, Ecke Harris Street.

CNN Center (2)

Zentrale des Nachrichtensenders CNN

Dies ist die Hauptzentrale des berühmten Nachrichtensenders CNN (Cable News Network). Ted Turner hat es geschafft, innerhalb von nur 10 Jahren (1980–90) CNN zu einem weltweit beachteten und dem wohl bedeutendsten Nachrichtensender überhaupt zu machen. Bei der Führung kann man etwas hinter die Kulissen schauen und von einer Balustrade aus dem laufenden Programm zusehen. Im Gebäude befinden sich noch einige Geschäfte, unter anderem natürlich der Turner Store sowie ein Fanshop der „Atlanta Braves" (*Marietta St./Techwood Dr., http://edition.cnn.com/tour/, tgl. 9–17 Uhr alle 10 Min. Touren (Dauer: 55 min). Reservierung ist empfehlenswert, mind. einen Tag im Voraus*).

Centennial Olympic Park (3)

Der 9 ha große Park wurde für die **Olympischen Sommerspiele 1996** angelegt. Heute beeindrucken noch der Fountain of Rings, ein großer Springbrunnen in der Form der 5 Olympiaringe sowie die Flaggen aller Länder, in denen in neuerer Zeit

Sehenswürdigkeiten
1 Peachtree Center/Visitor Center
2 CNN Center
3 Centennial Olympic Park (Fountain of Rings, Georgia Aquarium, World of Coca-Cola)
4 Woodruff Park
5 Underground Atlanta (Visitor Center)
6 Apex Museum, Research Library, Atlanta Life Insurance Building
7 Atlanta Daily World
8 Martin Luther King Jr. Nat. Hist. Site (Visitor Center, Ebenezer Bapt. Church, Gravesite)
9 Martin Luther King Jr. Birth Home
10 Sweet Auburn Curb Market
11 Oakland Cemetery
12 Atlanta Cyclorama
13 State Capitol
14 Jimmy Carter Library & Museum
15 Margaret Mitchell House & Museum
16 Fox Theatre
17 High Museum of Art
18 Atlanta Botanical Gardens
19 Center of Puppetry Arts
20 Atlanta History Center
21 Fernbank Museum of Nat. History
22 Fernbank Science Center
23 Michael C. Carlos Museum
24 Stone Mountain Memorial

Unterkünfte
1 The Ritz-Carlton Atlanta
2 Hyatt Regency
3 Mariott Marquis
4 Westin Peachtree Plaza
5 Georgian Terrace
6 Inn at the Peachtrees
7 Quality Hotel
8 Holiday Inn Downtown
9 Hotels in Buckhead
10 The St. Charles Inn
11 The Shellmont

Restaurants
1 Restaurants Virginia-Highland
2 Thelma s Kitchen
3 Alfredo s
4 Restaurants in Buckhead
5 Sun Dial Restaurant & Bar
6 Ted s Montana Grill
7 Ray s on the River
8 The Varsity
9 Max Lager s American Grill & Brewery
10 Rolling Bones Drive Thru

Atlanta
Innenstadt und Midtown
N
0
1000m
N
Buckhead
Chattanooga
Dahlonega, Gainesville, Greenville
ATLANTIC STATION
ANSLEY PARK
Spring Street
Piedmont Road
17th Street
Arts Center
Monroe Drive
MORNINGSIDE
North Highland Avenue
Atlanta West
14th Street
Piedmont Park
MIDTOWN
State Street
Midtown
10th Street
Virginia Avenue
10th Street
Charles Allen Road
Peachtree Street
W. Peachtree Street
Spring Street
6th St.
VIRGINIA-HIGHLAND
St.Charles Av.
Ponce de León Ave
North Avenue
North Avenue
North Avenue
LITTLE FIVE POINTS
Mapleton
Courtland
Piedmont Avenue
Marietta Street
Alexander
Civic Center
Ralph McGill Boulevard
Glenliris Drive
Freedom Parkway
Simpson St.
Peachtree Center
Baker Street
Harris Street
INMAN PARK
WCC
Inter.
Boul.
SWEET AUBURN
Irwin Street
Jackson Street
Decatur
Georgia Dome
Peachtree Center
Ellis St.
Philips Arena
DOWNTOWN
Marietta Street
GWCC
Auburn Ave.
Edgewood Avenue
Dekalb Avenue
Five Points
Mitchell St.
Decatur Street
Piedmont Ave
Peachtree Street
Martin Luther King Drive
GA ST
King Mem
CABBAGE TOWN
Garnett
Central Ave.
Hill Street
EAST ATLANTA
Memorial Drive
Augusta, Columbia
Birmingham
Fulton Street
Capital Avenue
Hill Street
Glenwood Ave.
Macon, Montgomery, Savannah
Grant Park
GRANT PARK
©i graphic

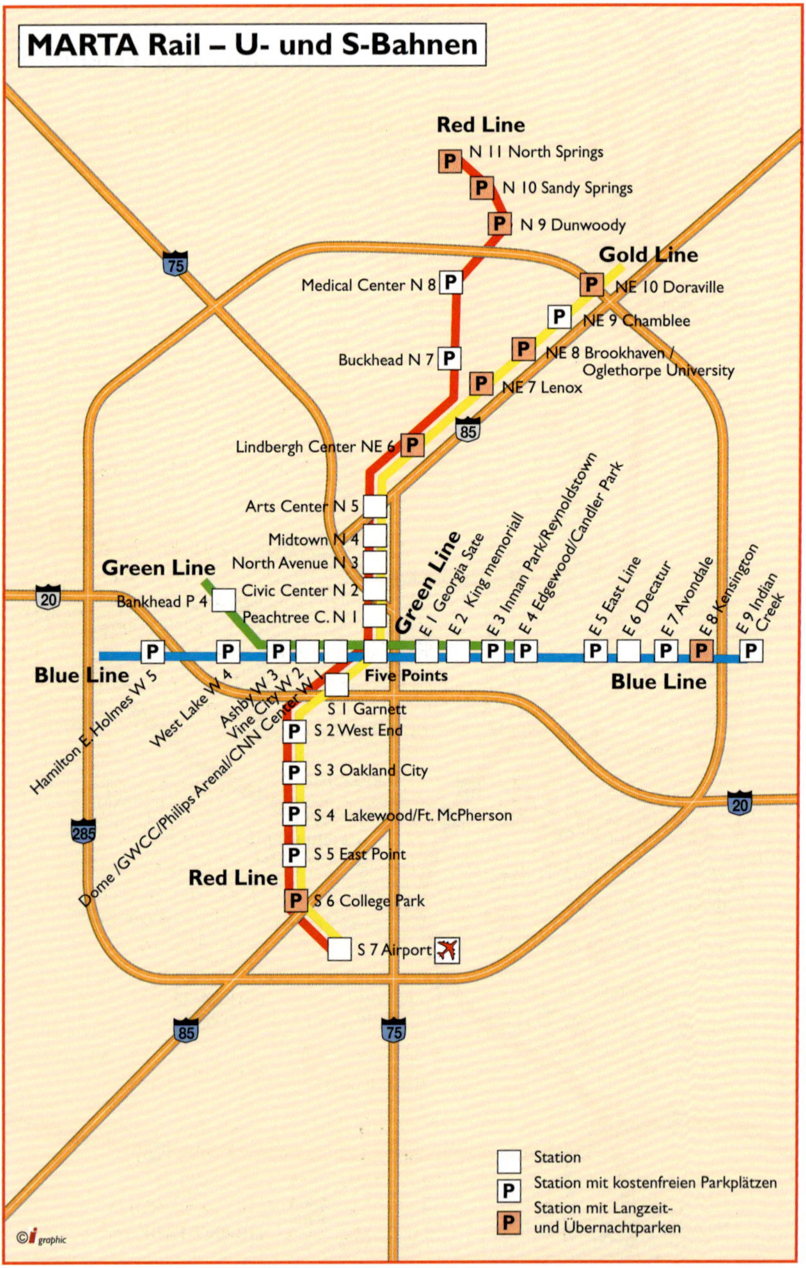
MARTA Rail – U- und S-Bahnen
Red Line
N 11 North Springs
N 10 Sandy Springs
N 9 Dunwoody
Medical Center N 8
Buckhead N 7
Lindbergh Center NE 6
Arts Center N 5
Midtown N 4
North Avenue N 3
Civic Center N 2
Peachtree C. N 1
Gold Line
NE 10 Doraville
NE 9 Chamblee
NE 8 Brookhaven / Oglethorpe University
NE 7 Lenox
Green Line
Bankhead P 4
Green Line
E 1 Georgia Sate
E 2 King memoriall
E 3 Inman Park/Reynoldstown
E 4 Edgewood/Candler Park
E 5 East Line
E 6 Decatur
E 7 Avondale
E 8 Kensington
E 9 Indian Creek
Blue Line
Hamilton E. Holmes W 5
West Lake W 4
Ashby W 3
Vine City W 2
Dome /GWCC/Philips Arenal/CNN Center W 1
Five Points
Blue Line
S 1 Garnett
S 2 West End
S 3 Oakland City
S 4 Lakewood/Ft. McPherson
S 5 East Point
Red Line
S 6 College Park
S 7 Airport
75
85
20
285
Station
Station mit kostenfreien Parkplätzen
Station mit Langzeit- und Übernachtparken
© graphic

Im Sommer beliebt: der Springbrunnen des Centennial Olympic Park

die Olympischen Spiele abgehalten wurden. Im Sommer finden im Park Konzerte statt und im Winter gibt es eine Eislaufbahn.

Am Park befindet sich noch das große **Georgia Aquarium** (*So–Fr 10–17, Sa 9–18 Uhr, im Sommer etwas länger, www.georgiaaquarium.org, ab $ 30*), das nahezu ausschließlich aus privater Hand finanziert wurde. Mit einer gesamten Wassermenge von über 30 Mio. Litern ist es eins der **größten Aquarien der Welt**, wenn nicht gar das größte. 100.000 Meerestiere (500 Spezies) aus aller Welt sind hier zu bewundern. Für sechs Abteilungen auf einer Gesamtfläche von 50.000 m² sollte man entsprechend Zeit einplanen. Ein 4-D-Kino gibt es übrigens auch noch.

Riesiges Aquarium

The World of Coca Cola

Coca Cola, seit 1886 in Atlanta, hat sich hier ein Denkmal gesetzt, an dessen Eingang sich ein überdimensionales Coca-Cola-Schild ständig dreht – eine Anspielung darauf, dass es kaum ein Land auf der Erde gibt, in dem es keine Cola gibt. Innen dann wird die Geschichte der einzigartigen Cola-Flasche und des süßen schwarzen Getränks erläutert. Wussten Sie, dass ein Apotheker Cola als Medizin gebraut hat **Robert W. Woodruff** – dessen Name überall in Atlanta auftaucht – schließlich war es, der während seiner 50-jährigen Laufbahn in den Chefetagen der Firma das Getränk weltweit vermarkten ließ. Im Museum kann man auch die verschiedensten Cola-Produkte aus aller Welt probieren. Coca Cola produziert heute aber nicht nur die braune Brause mit allen ihren Geschmacksvarianten, sondern auch das Root Beer, TAB, Fanta, Sprite u.v.m. (*121 Baker St., Centennial Park. tgl. 10–17 Uhr, im Sommer und an Wochenenden auch länger, www.worldofcoca-cola.com, $ 16*).

Zurück an der Peachtree Street liegt der **Woodruff Park (4)**. Hier sitzen Banker, Schachspieler, Kinder und Handwerker während der Lunchpause vereint auf Bänken und Steinen und halten einen Plausch. In der Hand – der in Atlanta allseits beliebte Chili Dog. Zwei Blocks südlich davon, an der MARTA-Haltestelle Five Points, befindet sich die mit jährlich 11 Millionen Gästen meistbesuchte „Attraktion“ von Atlanta:

Chili Dog zum Lunch

Underground Atlanta (5)
www.underground-atlanta.com
Underground Atlanta, gelegen zwischen Peachtree Street, Central Avenue, Wall Street und Hunter Street, ist der **alte Stadtkern** von Atlanta, der Mitte des 19. Jh. erbaut worden ist, heute aber unterhalb des modernen Stadtniveaus liegt. Während des Bürgerkrieges war hier ein Lazarett eingerichtet. Bis in die 1920er-Jahre hinein diente dieser Häuserblock als wirtschaftliches Herzstück der Stadt. Dann aber wurden neue und größere Häuser nördlich davon errichtet, Highways überspannten Teile dieses Stadtteils, und schließlich war das „Herz" begraben und vergessen. Erst 1969 entsann man sich wieder dieses historischen Gebietes und versuchte, es für Besucher attraktiv zu gestalten. Doch verkam es bald wieder aufgrund der hohen Kriminalitätsrate. 1989 wurde noch einmal alles umgebaut und restauriert, und mit Hilfe unzähliger Polizisten ist der alte Stadtkern wieder zum Leben erweckt worden. Man hat sich bemüht, vieles im Stil des 19. Jh. wiederherzurichten. Unzählige Restaurants, Touristengeschäfte und Boutiquen haben es zu einem lebendigen unterirdischen Markt gemacht. Zu touristisch vielleicht, aber einen Besuch wert.

Historischer Stadtkern

Im gleichen Gebiet, direkt hinter Atlanta Underground befindet sich das **Georgia Railroad Freight Depot** (1 Martin Luther King Jr. Drive). Hier liegt der Endpunkt („Zero Mile Post") der 1837 fertig gestellten Eisenbahnverbindung, die letztlich den Ausschlag für die Entwicklung der Stadt gab. Heute wird das Gebäude ausschließlich für Bankette genutzt.

Östlich und südlich der Downtown

„Sweet Auburn" und Martin Luther King Jr. National Historical Site

Dieses Gebiet (*www.sweetauburn.com*) ist einst die am dichtesten besiedelte schwarze Wohngegend gewesen. Vom Woodruff Park liegt es über 10 Blocks entfernt. Nicht nur die Gebäude, Museen und Kirchen hier sind interessant, sondern auch das Treiben auf der Straße. Die wichtigsten Gebäude sind:

Research Library: Hier befindet sich eine der größten Bibliotheken, die sich mit der Geschichte des schwarzen Befreiungskampfes beschäftigt. Jeder hat Zugang (Personalausweis mitnehmen!). Häufig finden in dem Gebäude auch Ausstellungen statt. (*Ecke Auburn Ave./Courtland Street, Mo–Do 10–20 Uhr, Fr u. Sa 12–18 Uhr, So 14– 18 Uhr, www.afpls.org/aarl*).

An der 100 Auburn Ave. liegt das **Atlanta Life Insurance Building**. Alonzo Herndon, ein ehemaliger Sklave, hat um die Jahrhundertwende an der 148 Auburn Avenue die heute große Versicherungsgesellschaft gegründet. Nebenbei war er auch Besitzer eine Kette von Barbershops.

Sehenswertes Museum

APEX Museum (6): Das **African American Panoramic Experience Museum** zeigt permanente und Wanderausstellungen zum Thema „Schwarze in Amerika". Der Besuch hier lohnt unbedingt, um einen ersten Eindruck zu erhalten.

Schauen Sie sich auch den ausgezeichneten Film „Sweet Auburn Avenue" an. Hier bekommen Sie auch Informationen über andere interessante Plätze betreffs der Geschichte der Schwarzen in Atlanta (*135 Auburn Ave., Di–Sa 10–17 Uhr, www.apex museum.org, $ 6*).

In der 145 Auburn Avenue befindet sich das Gebäude der **Atlanta Daily World (7)**, der ältesten schwarzen Zeitung Amerikas. Nicht weit von hier steht ein altes Gebäude mit der Aufschrift Royal Peacock Night Club. Hier haben in den 1960er-Jahren täglich bekannte Jazzmusiker gespielt. Heute ist im Untergeschoss ein Souvenirladen untergebracht, und im Club finden nur noch an einigen Wochenenden Musikveranstaltungen statt.

Einst berühmtes Jazzlokal

Ein paar Blocks weiter gelangt man zum **Visitor Center** der **Martin Luther King Jr. National Historical Site (8)**. Hier werden das Leben und die Ziele von Martin Luther King Jr. anschaulich aufgezeigt anhand von Berichten, Videos, Fotos und Aussagen von Zeitzeugen. Hier muss man sich auch für die Besichtigung von Kings Geburtshaus anmelden. (*Auburn Avenue zw. Jackson und Randolph Streets, tgl. 9–17, im Sommer bis 18 Uhr, www.nps.gov/malu/*).

Gegenüber dem Visitor Center liegt die **Ebenezer Baptist Church** (*407 Auburn Avenue, tgl. 9–17, So 13–17 Uhr*). Hier predigten Martin Luther King Senior und Junior. Und auch der Großvater war hier bereits als Geistlicher tätig. Die Kirche wurde 1922 erbaut und galt seit Ende der 1950er-Jahre als das Zentrum der Bürgerrechtsbewegung der unterdrückten schwarzen Minderheit. Kings Vater ging erst 1975 in den Ruhestand. Martin Luther King Jr. predigte hier das erste Mal als Siebzehnjähriger und diente seinem Vater von 1960–68 als Co-Prediger. Als King Jr. starb, nahmen hier Tausende Abschied von ihm. Was kaum jemand weiß: Die Mutter von Martin Luther King Jr. wurde in dieser Kirche 1974 beim Orgelspielen erschossen.

Nebenan ist im **King Center for Non-Violent Social Change** ein interessantes Museum untergebracht, das sich mit dem Leben und Schaffen des Martin Luther King Jr. beschäftigt. Hier sind u.a. sein Nobelpreis und seine Bibel zu sehen. Die **Martin Luther**

Das Martin Luther King Home

King Jr. Gravesite, die Grabstätte, wo King Jr. marmorner Sarg über einer Wasserfläche („Meditation Pool") aufgestellt ist, ist öffentlich zugänglich. Neben ihm liegt seine 2006 verstorbene Frau Coretta Scott King. (*449 Auburn Avenue, tgl. 9–17 Uhr, www.thekingcenter.org*).

Geburtshaus von Martin Luther King

Martin Luther King Jr. Birth Home (9):
Das Haus wurde 1895 im viktorianischen Stil erbaut und mittlerweile so restauriert, dass es ein authentisches Bild jener Zeit wiedergibt, in der Martin Luther King Jr. hier lebte, und zwar von 1929–1941. Das Haus wurde im Jahre 1909 vom Großvater Williams erworben. Am Thanksgiving Day 1926 heiratete King Sr., damals junger Geistlicher, Williams Tochter Alberta. Das junge Paar bewohnte das Obergeschoss. Die Abende verbrachte King Sr. meist im Morehouse College (das übrigens von Margaret Mitchell mitfinanziert wurde), um sein Theologiestudium zu beenden. Die drei Kinder aus dieser Ehe, unter ihnen Martin Luther Jr. (2. Kind), wurden in diesem Haus geboren. Erst 1941 zog die Familie King in ein Haus unweit dieser Stelle (*501 Auburn Avenue. Touren im Visitor Center des Nat. Historic Site (s.o.) anmelden. Beginn eine Stunde nach Öffnung*).

info

Atlantas berühmtester Bürger: Martin Luther King

Martin Luther King Jr. wurde am 15. Januar 1929 hier in der Auburn Avenue in Atlanta als Sohn einer Pastorenfamilie geboren. Seine Kindheit verlief wie die jedes anderen Kindes auch. Er wuchs als 2. Kind in einer Geschwisterreihe von 3 Kindern inmitten einer schwarzen Nachbarschaft auf. Mit 19 Jahren machte er seinen Abschluss am Morehouse College, im Alter von 27 Jahren beendete er seine theologischen Studien mit der Promotion. Er zog 1954 mit seiner Braut, Coretta Scott, nach Montgomery in Alabama, um Pastor an der Dexter Avenue Baptist Church zu werden.

Schon ein Jahr nach seinem Zuzug in Montgomery hatte er ein Schlüsselerlebnis: Rosa Parks, eine Schwarze, wurde verhaftet, da sie sich weigerte, im hinteren Teil eines Busses Platz zu nehmen. Es bildete sich spontan eine Gruppe, die es sich zum Ziel setzte, Rosa zu verteidigen und die Busgesellschaft zu boykottieren. Führer dieser jeder Gewalt entsagenden Gruppe wurde Martin Luther King. Redebegabt, gelang es ihm, sich Gehör zu verschaffen und sich für die Benachteiligten einzusetzen. Bald hörte man ihm nicht nur im heimischen Montgomery, sondern auch in anderen Teilen der USA zu. Ja, sogar in Übersee nahm man seinen Einsatz wahr. Sein Engagement nahm immer mehr politischen Charakter an.

Er zog zurück nach Atlanta und wurde Präsident der schwarzen Bürgerrechtsbewegung „Southern Christian Leadership Conference" (SLCL). Diese neue Organisation, die sich eines immensen Zulaufes erfreuen konnte, verschrieb sich von Anfang an dem passiven Widerstand. In den Folgejahren war er neben seinem Vater zweiter Geistlicher an der Ebenezer Baptist Church.

Martin Luther King Jr. setzte sich für **gewaltlosen Widerstand** und zivilen Ungehorsam überall dort ein, wo seiner Ansicht nach diskriminierende Gesetze galten. 1960 verurteilten ihn Richter wegen eines angeblichen Eindringens in ein Warenhaus und eines Verkehrsvergehens zu 4 Monaten Haft im Reidsville State Prison in Georgia. In Amerika herrschte damals der Wahlkampf zwischen dem Präsidentschaftskandidaten John F. Kennedy und dem Repulikaner Nixon (bis dahin Vize-Präsident). Kennedy ergriff Partei für die Ideen Martin Luther Kings, Nixon dagegen nicht.

In den Folgejahren rief King zu weiteren gewaltlosen Protesten und Boykotten auf, allerdings wurden diese von der Polizei z.T. mit Gewalt beantwortet. Weiße Radikale traten auf den Plan, Häuser und Kirchen der Schwarzen wurden niedergebrannt, Bürgerrechtsvertreter ermordet. Im Frühsommer 1963 wurde ein Protestmarsch nach Washington geplant, auf dem Gleichheit und Arbeitsplätze für Schwarze gefordert werden sollten. Diese Aktion, an der alle großen Bürgerrechtsbewegungen teilnahmen und dem sich 250.000 Menschen aller Hautfarben anschlossen, fand am 28. August statt.

An diesem Tage hielt Martin Luther King seine berühmte „I have a dream"-Rede („Ich habe einen Traum..."):
„I have a dream that one day on the red hills of Georgia, sons of former slaves and the sons of former slave owners will be able to sit down together at the table of brotherhood... I have a dream that my four little children will one day live in a nation where they will not be judged by the color of their skin, but by the content of their character. This is our hope. This is the faith I go back to the South with – with this faith we will be able to hew out of the mountain of despair a stone of hope."

Das Grab von Marin Luther und Coretta Scott King

info

Das Jahr 1963 war ein besonders wichtiges Jahr für Martin Luther King Jr.: Im Herbst erhielt er den **Friedensnobelpreis**, im Dezember des gleichen Jahres wählte ihn das Time-Magazin zum „Mann des Jahres". In den Folgejahren wurde seine Stimme immer mehr gehört. 1967 sprach er sich gegen das Vietnam-Engagement der Amerikaner aus, vor allem auch deswegen, weil es von den Problemen im eigenen Land ablenkte.

Im Jahre 1968 reiste er nach Memphis/Tennessee, um Arbeitern bei einem Streik beizustehen. Auf einem Motelbalkon wurde er am 4. April 1968 vom Attentäter James Earl Ray erschossen. In den darauffolgenden Tagen gab es in vielen Teilen der USA gewaltsame Rassenausschreitungen. Am Beerdigungszug durch Atlanta nahmen über 50.000 Menschen teil. Sie folgten dem Sarg Martin Luther Kings Jr., der aus einfachem Holz gezimmert, auf einer alten Eselskarre transportiert wurde. Dieses war Kings Wunsch, da er damit seine Achtung vor den Armen in Amerika symbolisieren wollte.

Buchtipp

Martin Luther King hat eine Reihe sehr lesenswerter Bücher geschrieben. Seine bekanntesten Werke sind: „Stride towards Freedom" (1958), „Strength to Love" (1963), „Why we Can't Wait" (1964).

Sweet Auburn Curb Market (10): Eindrucksvolle Markthalle, in der frisches Gemüse, Fleisch, Fisch und vieles andere angeboten wird. Hier gibt es auch einige Snackstände (*Edgewood Rd., zw. Jesse Hill Jr. und Bell Sts. Mo–Sa 8–18 Uhr, www.sweetauburncurbmarket.com*).

Grab von Margaret Mitchell

Oakland Cemetery (11) (*248 Oakland Avenue*): Dieser große Friedhof beherbergt die Gräber bekannter Bewohner Atlantas. U.a. finden Sie hier das Grab von Margaret Mitchell und einiger Generäle der Südstaatenarmee.

Im **Grant Park** liegt das **Atlanta Cyclorama (12)**: Ein 15 m hohes Rundgemälde mit einem Umfang von fast 120 m erzählt die Geschichte der Belagerung und Schlacht von Atlanta (1864). Erklärende Kommentare sowie dreidimensionale Figuren ergänzen die Darstellung. Ein Muss für „Vom Winde verweht"-Fans (*Grant Park, 800 Cherokee Avenue, Di-Sa 9.15–16.30 Uhr, www.atlantacyclorama.org, $ 10*).
Ebenfalls im Park liegt der parkähnlich angelegte und als fortschrittlich geltende **Atlanta Zoo** gleich nebenan (*800 Cherokee Ave. SE, www.zooatlanta.org, tgl. 9.30–18.30 Uhr, $ 21*).

Goldenes Dach

State Capitol (13): Äußerlich folgt auch dieses Capitol seinem Washingtoner Beispiel. Erbaut zwischen 1884 und 1889, glänzt seine 72 m hohe goldene Kuppel tagtäglich im Sonnenlicht. Und obwohl viel kleiner als die meisten anderen Gebäude in der Innenstadt, ist dieses goldene Dach fast von überall aus zu sehen. Das Gold spendeten übrigens die Bewohner der Stadt Dahlonega, wo es auch gefördert worden ist. Alle 20 Jahre muss die Legierung erneuert werden. Im obersten Stock des Gebäudes befindet sich das **Georgia Capitol Museum** (*www.libs.uga.edu/capitolmuseum*), das sich mit der Geschichte des Gebäudes und auch ein wenig der von Georgia beschäftigt (*Capitol Square. (Führungen) zu den üblichen Bürozeiten (stündlich)*).

Das State Capitol von Georgia

Nördlich der Downtown

Jimmy Carter Library and Museum (Carter Center) (14)

Jimmy Carter war der 39. Präsident der USA und von 1977–81 im Amt. Er war der erste Präsident aus den Südstaaten seit dem Bürgerkrieg, und es erscheint fast paradox, dass seine Amtszeit als die liberalste gilt. Trotz allem scheiterte seine Wiederwahl gerade an diesem Punkt und 1981 schlug ihn der konservative Ronald Reagan relativ deutlich. Carters Erfolg in der Weltpolitik wird ihm aber noch heute hoch angerechnet. Es gibt neben Ausstellungsstücken aus seiner Amtszeit sowie seinen Verdiensten danach den Nachbau des Oval Office im Weißen Haus, einen Film und eine gut ausgestattete Bibliothek zu sehen (*1 Copenhill/441 Freedom Pkwy., Little Five Points. Mo–Sa 9–16.45 Uhr, So 12–16.45 Uhr, www.jimmycarterlibrary.gov, $ 8*).

Margaret Mitchell House & Museum (15)

Unscheinbares Haus

Das unscheinbare Haus, mehrmals umgebaut, diente bis in die 1930er-Jahre als Apartmenthaus. Margaret Mitchell und ihr Mann lebten hier von 1925 bis 1932 in einem 2-Zimmer-Apartment im (damaligen) Erdgeschoss. Hier schrieb sie die wesentlichen Kapitel für ihr Buch. Später ließen die beiden das Haus umbauen und bewohnten den größten Teil des Anwesens.

Zwischen 1960 und 1992 verfiel das Gebäude immer mehr, bis man sich entschied, hier ein Museum einzurichten. Die erläuterte Führung durch das Haus dauert eine knappe Stunde. Hinterher können Sie noch ein kleines Museum auf der gegenüberliegenden Straßenseite besuchen. (*990 Peachtree St/Ecke 10th St., Mo–Sa 10–17.30, So 12–17.30 Uhr (letzte Tour um 16.30 Uhr), www.margaretmitchellhouse.com, $ 13*).

info

Margaret Mitchell

Margaret Mitchell wurde 1900 in Atlanta geboren, lebte hier bis zu ihrem 18. Lebensjahr, begann frühzeitig mit dem Schreiben von Kurzgeschichten und befasste sich bereits im Alter von 17 Jahren mit dem Studium der Journalistik am Washington Seminary. Ihr Hobby war es, kleine Bühnenstücke zu schreiben und diese auf der Schulbühne aufzuführen. Danach folgte ein Jahr an einer Journalistenschule in Washington, bevor sie zurückkehrte nach Atlanta, um von 1922–26 als Reporterin und Kolumnenschreiberin beim „Atlanta Journal" zu arbeiten. Eine langwierige Knöchelverletzung zwang sie schließlich, den Journalistenberuf nahezu aufzugeben.

In dieser Zeit entschied sie sich, einen wirklichen Roman zu schreiben, der sich mit der Geschichte ihrer Heimatstadt beschäftigen sollte: „Gone with the Wind" („Vom Winde verweht"). Dabei hatte sie aber gar nicht vor, diesen Roman später zu vermarkten. Vielmehr diente ihr das Schreiben als interessanter Zeitvertreib und viele der Charaktere in diesem Buch stammten aus ihrem näheren Umfeld. Ein New Yorker Verleger bekam das erste Manuskript durch Zufall zu lesen und entschied sich sofort, es herauszubringen. Dabei waren die beiden ersten Kapitel noch gar nicht geschrieben, nur die Höhepunkte und das Ende.

Margaret Mitchell

Die rührselige und zugleich dramatische Romanze auf einer Plantage bei Atlanta zur Zeit des Bürgerkrieges wurde wider Mitchells Erwarten („Ich hoffe, dass zumindest 5.000 Bücher verkauft werden") der Klassiker über den Bürgerkrieg – legt er doch die menschlichen Schwächen, das Fehldenken vieler Südstaatler, aber auch die Tragödien, die der Krieg mit sich brachte, schonungslos offen.

Scarlett und Rhett

Für dieses gewaltige Buch benötigte Margaret Mitchell ganze 10 Jahre. 1936 wurde es veröffentlicht, und 1937 erhielt Mitchell sogar den Pulitzer-Preis dafür. 1938 folgte die erste Übersetzung (ins Tschechische) und 1939 dann der Film mit Vivien Leigh und Clark Gable in den Hauptrollen. Auch dieser wurde ein Riesenerfolg.

„Gone with the Wind" wurde bereits im ersten Jahr mit über 1,5 Millionen Auflage verkauft, ein Rekord der erst durch Bill

info

Clintons Biografie und später dann die Harry-Potter-Romane gebrochen wurde. Mittlerweile sind an die 20 Millionen Bücher über den Ladentisch gegangen, und die Geschichte ist in 36 Sprachen übersetzt worden.

Der Roman sollte Mitchells einziges großes Werk bleiben. Zu sehr musste sie sich mit dessen Vermarktung und alles, was sonst so um das Buch passierte, kümmern. Margaret Mitchell starb am 17. August 1949 an den Folgen eines Autounfalls, nur 3 Blocks entfernt von ihrer Wohnung auf dem Weg zum Kino. Sie wurde von einem mit überhöhter Geschwindigkeit fahrenden Taxi überfahren.

Fox Theatre (16)

Berühmtes Theater

Das Theater wurde 1929 im maurischen Art-déco-Stil erbaut und war einst eine der bedeutendsten Stätten kultureller Veranstaltungen in Amerika. Während der 1960er- und -70er-Jahre verwahrloste das Gebäude. Doch schloss sich in den 1980er-Jahren eine Gruppe von kulturbegeisterten Bürgern von Atlanta zu einer Gesellschaft zusammen, deren Ziel es war, das Fox-Theater zu altem Ruhm zurückzuführen – mit Erfolg. Alleine die Innenarchitektur ist einen Besuch wert. Falls Sie eine Karte für eine Theater- oder Ballettaufführung ergattern können, würde dieses ein unvergessliches Erlebnis bedeuten. Mit über 4.600 Plätzen ist das Fox-Theater das zweitgrößte in Amerika. Nach der Vorstellung empfiehlt sich übrigens ein Cocktail in der an das Theater angeschlossenen Künstlerkneipe (Ecke Peachtree/ Ponce de León) (*660 Peachtree Street NE, www.foxtheatre.org. Reservierung von Führungen:* ***The Atlanta Preservation Center****, ☏ (404) 688-3353, www.preserveatlanta.com, Zeiten: Mo + Do 10, Sa 10 + 11 Uhr, $ 10).*

High Museum of Art (17)

Dieses Museum, in einem modernen, architektonisch eindrucksvoll gestalteten Gebäude untergebracht, bietet eine äußerst lohnende Gemälde-, Foto- und Kunstsammlung. Besonders die modernen amerikanischen Künstler werden hier gezeigt (bevorzugt die aus Georgia). Die afrikanische Ausstellung ist auch sehr gut. Für Kinder befindet sich im Erdgeschoss ein „Selbsterfahrungs-Museum" mit Animationen zu Experimenten (*1280 Peachtree Street NE, Di–Sa 10–17 (Do bis 20), So 12–17 Uhr, www.high.org, $ 20*).

Atlanta Botanical Gardens (18)

Botanische Raritäten

Der 12 ha große Botanische Garten ist Teil des Piedmont Parks. Neben vielen botanischen Raritäten sind vor allem der Japanische Garten, die Orchideen-Ausstellung sowie die erläuterten Pfade durch den 6 ha großen Hartbaum-Wald einen Besuch hier wert (*Piedmont Ave./Prado, Midtown. April–Okt. Di–So 9–19 Uhr, Rest des Jahres bis 17 Uhr, Mai–Okt. Do bis 22 Uhr mit Cocktailparty ab 18 Uhr, www.atlanta botanicalgarden.org, $ 19*).

Center of Puppetry Arts (19)

Das ausgefallene Museum beschäftigt sich ausschließlich mit Puppen aus aller Welt und ihrer Herstellung. Workshops und Puppenaufführungen (*1404 Spring St., Midtown, Mo–Sa 9–17 Uhr, So 11–17 Uhr, www.puppet.org, $ 8,50*).

Buckhead

Buckhead liegt 8 Meilen **nördlich der Innenstadt** und hat sich seit den 1980er-Jahren zu einem zweiten Standbein der Metropole entwickelt. Moderne Hochhäuser, das Shopping Center Lenox Square mit Geschäften wie Tiffany, Gucci, Saks Fifth Avenue und Macy's sowie große Hotels und edle Restaurants sind hier seither entstanden. Aber auch die Studenten erfreuen sich der Szene entlang der Peachtree Road im weiteren Umfeld der Kreuzung mit der Roswell Road.

Atlanta History Center in Buckhead (20)

Die große Museumsanlage widmet sich der Geschichte von Atlanta sowie der von Georgia. Das **Museum** erläutert die Stadtgeschichte, eine Bibliothek lädt zum Stöbern ein und der Naturpark ermutigt zum Wandern. Interessant ist der Besuch der **Smith Family Farm** (Tullie Smith House von 1840, Vorführungen alter Handwerkskünste) sowie des „**Swan House**", einer großen Villa aus den 1920er-Jahren. Auf diese Weise erhält man einen Eindruck über die Lebensweise zweier unterschiedlicher Gesellschaftsschichten von Georgia.

Das Swan House im Atlanta History Center

Eine weitere Ausstellung im **Centennial Olympic Games Museum** ist der Geschichte der Olympischen Spiele 1996 gewidmet. Für dieses Museum mindestens 2 Stunden Zeit nehmen (*130 West Paces Ferry Rd NW. Mo–Sa 9–17.30 Uhr, So 12–17 Uhr, www.atlantahistorycenter.com, MARTA: Busfahrt vom Lenox Square Station (Bus #23) bis zur Kreuzung Peachtree und West Paces Ferry Roads. Dann noch 3 Blocks laufen. Im Eintritt von $ 16,50 sind alle u.g. Museen enthalten*).

Sehenswertes in der Umgebung

Fernbank Museum of Natural History (21)

Großes, naturkundlichen Museen der USA. Zahlreiche Schwerpunkte werden auf den Staat Georgia und seine naturkundliche Geschichte gelegt. Im angeschlossenen IMAX-Kino werden zudem anschauliche Filme gezeigt (*767 Clifton Rd., Emory (östl. von Atlanta). Mo–Sa 10–17 Uhr, So 12–17 Uhr, www.fernbankmuseum.org, $ 17,50*).

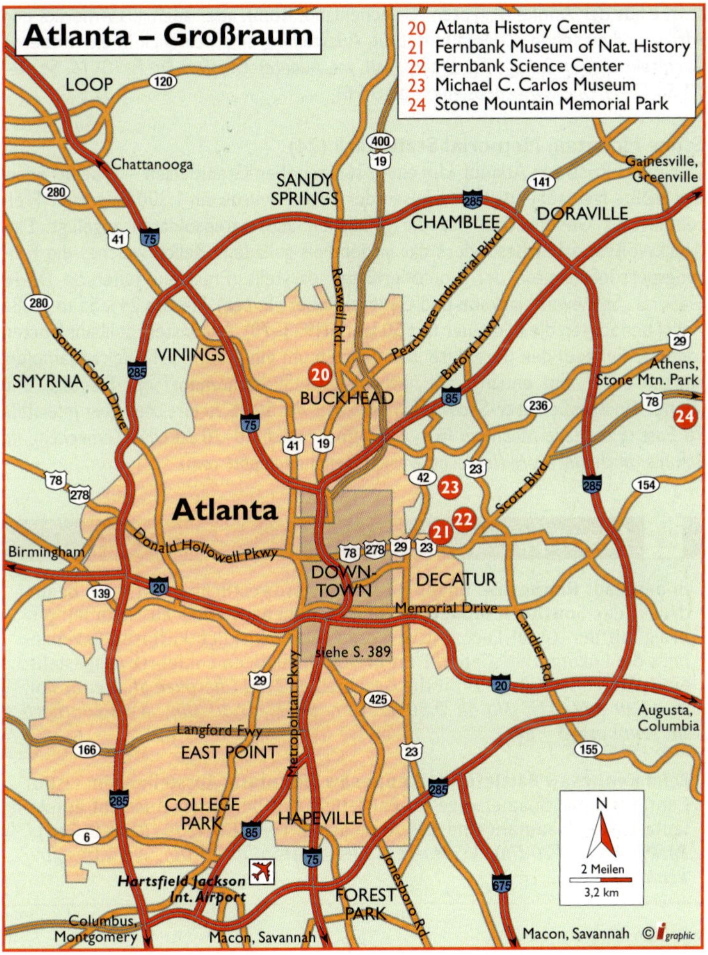

Fernbank Science Center (22)
Noch mehr als im Museum of Natural History wird hier auf die regionale Geologie und Ökologie eingegangen. Am eindrucksvollsten ist aber das Planetarium, in dem auf Führungen die Erforschung des Weltraums erläutert wird (*156 Heaton Park Dr., Emory (östl. von Atlanta). Exhibit Hall: Mo–Mi 12–17, Do+Fr bis 22, Sa 10–17 Uhr, http://fsc.fernbank.edu. Planetarium-Shows: Do 20, Fr 15 und 20, Sa 15 Uhr (Zeiten ändern sich oft, $ 5)*.

Michael C. Carlos Museum (23)
Das Museum wurde von dem berühmten Architekten Michael Graves entworfen. Zu sehen gibt es Kunstwerke aus der Zeit um 7000 v. Chr. bis heute. Ausstellungs-

stücke aus der Antike (Ägypten, Griechenland, Rom), aber auch aus Amerika und Afrika sind zu sehen. Zudem bietet die Ausstellung einen Einblick in die moderne Architektur (*571 S. Kilgo St., Emory (östl. von Atlanta). Geöffnet Di–Fr 10–16, Sa 10–17, So 12–17 Uhr, www.carlos.emory.edu, $ 8*).

Stone Mountain Memorial State Park (24)

Gedenkstätte als Freizeitpark

Der Ayers Rock von Atlanta. Um einen 263 m hohen Granitfelsen – es heißt, er sei der größte frei stehende Granitfelsen der Welt – wurde ein 1.300 ha großer Freizeitpark als Gedenkstätte für die gefallenen Südstaatensoldaten angelegt. Eindrucksvoll ist daher besonders das in den Fels gehauene Relief, welches die Führungspersönlichkeiten der Konföderierten darstellt (Präsident Jefferson Davis, General „Stonewall" Jackson und General Robert E. Lee). Für das 24 x 55 m große Relief benötigten die Bildhauer fast 50 Jahre (1923–70). Ansonsten: Seilbahnfahrten (oder zu Fuß) auf den Berg, Eisenbahnfahrten um ihn herum, Schaufelraddampferfahrten unter ihm entlang, ein nachgebautes Südstaatendorf mit Plantage und abends eine große Laser-Show (*18 Meilen östl. der Stadt, zu erreichen über Interstate 78 East (Exit Stone Mountain Pkwy.). Geöffnet täglich 10–20.30 Uhr (Kernzeiten), im Sommer auch mal bis Mitternacht, www.stonemountainpark.com*).

Lesertipp

In der Stadt **Kennesaw**, knapp 30 Meilen nordwestlich von Atlanta, beeindruckt das **Southern Museum**: gut Zusammengestelltes aus dem Bürgerkrieg mit der ‚Great Locomotive Chase', einer wirklich kuriosen Begebenheit; die Lokomotive ‚General' ist in der ehemaligen Lokfabrik ausgestellt, ein spannender Film erzählt die Geschichte (*2829 Cherokee St., Kennesaw, ☎ (770) 427-2117, Mo–Sa 9.30–17 Uhr, So 13–17.30 Uhr, www.southernmuseum.org, $ 7,50*).

Beim **Kennesaw Battlefield - Kennesaw Mountain**: Ausstellung im Visitor Center, schöne Spazierwege im Battlefield mit herrlicher Aussicht auf Atlanta, Stone Mountain und die Appalachen (*I-75 Exit 269 (Barrett Pkwy), Park tägl. 7.30-20 Uhr, VC Mo-Fr 8.30–17, Sa+So bis 18 Uhr, www.nps.gov/kemo*).

Reisepraktische Informationen Atlanta/GA

Information

Es gibt 4 Informationsbüros für Atlanta (ACVB Visitor Information Centers):

233 Peachtree Street: *Downtown, ☎ (404) 222-6688 bzw. 521-6600, www.atlanta.net.*

Underground Atlanta: *65 Upper Alabama St., Downtown, ☎ (404) 222-6688. Angeschlossen ist hier die „Heritage Row", ein Museum zur Stadtgeschichte. Dieses ist das beste Infocenter!*

Lenox Square Shopping Center: *3393 Peachtree Rd, Buckhead, ☎ (404) 266-1398.*

Hartsfield International Airport: *Im Atrium des „Main Ticketing Terminal". Hier erhalten Sie auch den „Atlanta Passport", der vergünstigten Eintritt in zahlreiche Attraktionen gewährt und auch viele aktuelle Infos bereithält.*
Die Tageszeitungen „Atlanta Journal" und „Atlanta Constitution" informieren in der Sonnabendausgabe über das aktuelle Veranstaltungsprogramm.

Wichtige Telefonnummern

Vorwahl: ☎ 404 und 770
Notruf Polizei/Feuer/Ambulanz: ☎ 911
Krankenhäuser (24-Std.-Dienst): Grady Memorial Hospital: 80 Jesse Hill Jr Dr., ☎ (404) 616-1000, Atlanta Medical Center: 303 Parkway Dr. NE, ☎ (404) 265-4000
Zahnarzt: Auskunft über ☎ (404) 636-7553

Touren

City Segway *Tours: ☎ (770) 588-2274, www.citysegwaytours.com/atlanta. Erläuterte Stadtbesichtigung. Dabei fährt jeder Teilnehmer auf einem Segway-Standroller mit Elektroantrieb.*
Atlanta Preservation Center: *327 St. Paul Ave. SE (Lemuel Grand Mansion), ☎ (404) 688-3353, www.preserveatlanta.com. Verschiedene themenbezogene Spaziergänge durch die historischen Gebiete der Stadt (April bis November).*

Hotels → Karte S. 388/389
(DOWNTOWN UND MIDTOWN)

Hinweis: *Während der Wochenenden bieten insbesondere die Innenstadthotels äußerst attraktive „Weekend-Rates". So kann von Freitag bis Sonntag ein Doppelzimmer in einem 3-4-Sterne-Hotel schon mal für US$ 80 zu bekommen sein.*

The Ritz-Carlton Atlanta $$$$-$$$$$ **(1)**: *181 Peachtree St. NE, Atlanta, GA 30303, ☎ (404) 659-0400, www.ritzcarlton.com. Das Luxushotel der Innenstadt. In plüschiger Atmosphäre befinden Sie sich bereits in den Aufenthaltsräumen der Lobbys, und die meisten Zimmer sind auch im Stil des 19. Jh. eingerichtet und haben ein Badezimmer aus Marmor. Übrigens hat der Hotelkonzern Ritz-Carlton sein Hauptquartier in Atlanta.*
Hyatt Regency $$$$ **(2)**: *265 Peachtree St. NE, Atlanta, GA 30303, ☎ (404) 577-1234, www.hyatt.com. Luxushotel in der Innenstadt. Die eindrucksvolle Atriumhalle (riesige Lobby, Glasaufzüge, Springbrunnen und Restaurant) geht über 23 Stockwerke.*
Mariott Marquis $$$$ **(3)**: *265 Peachtree Center Ave., Atlanta, GA 30303, ☎ (404) 521-0000, www.marriott.com. Modernes Luxushotel, dessen 48-stöckige Atriumhalle die größte Hotelhalle der USA bildet.*
Westin Peachtree Plaza $$$-$$$$ **(4)**: *210 Peachtree St./International Blvd., Atlanta, GA 30343, ☎ (404) 659-1400, www.westin.com. Imposanter Bau mit einer blitzenden Glasfassade, welche die Skyline von Atlanta beherrscht. Mit 73 Stockwerken ist es das höchste Hotelgebäude der USA. Gute Aussicht haben Sie ab dem 50. Stock. Auf dem Dach gibt es ein Schwimmbad, eine Lounge und ein Restaurant. Das sich drehende „Sun Dial Restaurant" (72. Stock) zählt zu den besseren Restaurants der Stadt.*
Holiday Inn Downtown $$$ **(8)**: *101 Andrew Young International Blvd., Atlanta, GA 30303, ☎ (404) 524-5555, www.holidayinn.com. Relativ modernes Motel inmitten der Innenstadt. Kein Luxus, aber sauber und ansprechend.*

Georgian Terrace $$-$$$ (5): *659 Peachtree St., Atlanta, GA 30308, ☎ (404) 897-1991, www.thegeorgianterrace.com. Historisches 320-Zimmer-Hotel gegenüber dem Fox Theatre. Nur Suiten. Tolle Lobby! Der Tipp für diejenigen, die einmal etwas anders wohnen möchten.*

Inn at the Peachtrees $$-$$$ (6): *330 W. Peachtree St., Atlanta, GA 30308, ☎ (404) 577-6970, www.innatthepeachtrees.com. Motel nahe der Stadtmitte. Relativ große Zimmer. Frühstück inbegriffen.*

Quality Hotel $$ (7): *89 Luckie St., N.W., Atlanta, GA 30303, ☎ (404) 524-7991, www.choicehotels.com. Ruhiges und einfacheres Innenstadthotel.*

***IN BUCKHEAD* (9)**

In Buckhead gibt es neben den unten genannten eine Reihe von $$$-$$$$-teuren Luxushotels.

Doubletree Hotel Atlanta/Buckhead $$-$$$: *3342 Peachtree Rd., Atlanta (Buckhead), GA 30326, ☎ (404) 231-1234, www.doubletree.com. Sauberes Hotel mit relativ geräumigen Zimmern. Nahe der MARTA-Station.*

Sierra Suites Lenox North $$-$$$: *3967 Peachtree Rd., Atlanta/Brookhaven, GA 30319, ☎ (404) 237-9100, www.extendedstayhotels.com. Einfache Studio-Suiten mit kleiner Küche. Nahe der Brookhaven-MARTA-Station.*

Bed&Breakfast-Häuser

Zentrale Buchungsstelle für Bed&Breakfast-Häuser in und um Atlanta ist: **Bed&Breakfast Atlanta**, *1801 Piedmont Ave., Suite 208, Atlanta, GA 30324, ☎ (404) 875-0525, www.bedandbreakfastatlanta.com. Empfehlenswerte Häuser wären:*

The St. Charles Inn (10), *1001 St. Charles Ave. NE, (404) 875-1001, www.thesaintcharlesinn.com; ungewöhnliches Inn in einem Haus von 1913, im Virginia Highlands-Viertel (Shops und Restaurants).*

The Shellmont $$-$$$$ (11): *821 Piedmont Ave., Atlanta, GA 30306, ☎ (404) 872-9290, www.shellmont.com. Das viktorianische Gebäude von 1891 steht unter Denkmalschutz. Zimmer mit Antiquitäten (bzw. Repliken) ausgestattet. Nur 5 Zimmer und 2 Suiten, daher oft ausgebucht. Einst von einem der besten Architekten Atlantas, W.T. Downing, erbaut. Der Name entstammt übrigens zwei Tatsachen: dem Muschelmuster an der Fassade und der Lage in Piedmont.*

Restaurants (→ Karte S. 388/389)

Restaurants aller Art (vom Coffee-Shop bis zu Fine-Dining) gibt es in **Virginia-Highland** (1) *(nördl. der Ponce de León Ave. bis zur Virginia Ave. entlang der N. Highland Ave.).*

Thelma's Kitchen (2): *302 Auburn Ave. ☎ (404) 688-5855. Authentische, teilweise ausgefallene Südstaaten-Küche. Okra-Pfannkuchen, Macaroni 'n Cheese, deftige Süßspeisen (lemon Cake, Sweet Potato Pie).*

Alfredo's (3): *1989 Cheshire Bridge Rd., ☎ (404) 876-1380. Unkomplizierte Atmosphäre und echte italienische Küche. Gute Weine aus der Karaffe. Der Tipp für italienisches Essen ohne Schnick-schnack. Pizza gibt es aber nicht, dafür umso bessere Pastagerichte.*

Maggiano's Little Italy (4): *3368 Peachtree Rd. N.E., Buckhead, ☎ (404) 816-9650. Großes, sehr gutes italienisches Restaurant. Etwas teurer als Alfredo's und vorneh-*

meres Ambiente. Unbedingt Tisch reservieren. Eine Empfehlung für diejenigen, die in Buckhead übernachten und nicht mehr fahren möchten. Schöne und belebte Bar.

Sun Dial Restaurant & Bar (5): *Im Hotel Westin Peachtree Plaza, 210 Peach St., Downtown, ☏ (404) 589-7506. Das Essen ist recht gut (amerikanisch), aber hervorzuheben sei hier vor allem die Aussicht vom 72. Stockwerk. Restaurant und Barlounge drehen sich (50 Minuten für eine ganze Umdrehung).*

La Grotta Ristorante Italiano (4): *2637 Peachtree Rd. N.E., in Buckhead, ☏ (404) 231-1368. Exquisite norditalienische Küche im Keller eines Apartmenthauses. Bewahren Sie sich unbedingt noch etwas Appetit für die erstklassige Tiramisu hinterher. Teuer. Zum Dinner Schlips und Jackett erwünscht.*

Buckhead Diner (4): *3073 Piedmont St. (Buckhead), ☏ (404) 262-3336. Großer Diner. Hier blitzt der Chrom und leuchtet das Neonlicht. Wenn auch modern, eine wirkliche Diner-Erfahrung!*

Dante's Down the Hatch (4): *3380 Peachtree Rd. N.E., Buckhead, ☏ (404) 266-1600. Gepflegte Atmosphäre. Das Dekor ist einem Schiff aus dem 18. Jh. nachempfunden, die Spezialität des Hauses sind dagegen ausgesprochen schmackhafte Fonduegerichte. Zu diesen beiden unterschiedlichen Punkten gesellt sich nun an 6 Tagen in der Woche noch Live-Jazz. Ist schon einen Besuch wert, aber auch recht teuer. Unbedingt reservieren.*

Ted's Montana Grill (6): *133 Luckie St., Downtown, ☏ (404) 521-9796. Komfortabel, ein bisschen auf alt getrimmtes Restaurant. Natürlich haben Fleischgerichte hier Vorrang und bekannt ist Ted's insbesondere für die Bison-Steaks. Benannt nach Ted Turner, der hier im Gebäude eine Wohnung besitzt.*

Ray's on the River (7): *6700 Powers Ferry Rd. am Chattahoochee (11 Meilen von der Downtown), ☏ (770) 955-1187. Täglich werden frische Meeresfrüchte eingeflogen. Zum Dinner gibt es Live-Jazzmusik (Di–Sa). Blick auf den Fluss.*

The Varsity (8): *61 North Ave., Midtown. Riesiger Drive-In-Fast-Food. Mehr als 150 Parkplätze und 300 Sitzgelegenheiten. Ein echter amerikanischer Hamburger-Tempel, der überregional bekannt ist. Der Chili Dog ist hier die Spezialität. Schmeckt auch gut – es bedarf nur eines gewissen Geschickes, ihn kleckerfrei zu vertilgen. Größter Drive-In der Welt!*

Max Lager's American Grill & Brewery (9): *320 Peachtree St., Downtown, ☏ (404) 525-4400. Großer Brewpub mit Grill- und Fischgerichten sowie Pizzas. Voll nach Büroschluss, ab 19.30 Uhr wird es leerer.*

Rolling Bones Drive Thru (10): *Ecke Edgewood/W. Holmes Borders Jr., Sweet Auburn. BBQ-Gerichte (geräuchertes Fleisch). Echt, authentisch. Gut für den Lunch-Snack nach Besichtigung der Martin Luther King Gedenkstätten.*

Pubs/Livemusik/Nightlife

Mit Stolz wird behauptet, es gäbe mehr Saloons in der Stadt als Kirchen. Um das Angebot wahrzunehmen muss man aber meist mit dem Auto fahren, denn die Tavernen, Saloons und Jazzkneipen befinden sich verstreut über die ganze Stadt. Zwei „zentrale" Gebiete fürs Nachtleben sind:

Die **Peachtree Road N.E.** *in Buckhead (nördl. des I-85, besonders dort, wo Peachtree Rd. und Roswell Rd. sich treffen). Für alle Geschmäcker, aber besonders die jüngeren Leute. Hier gibt es Thai-Restaurants, irische Pubs, das ESPN Sportsbar Center, Upscale Martini Bars u.v.m.*

Das Gebiet entlang der **Highland Avenue NE** *zwischen den Blocks 800-1100. Hier gehen eher die „Locals" und die Kenner hin.*

PUBS (SIEHE AUCH UNTER „RESTAURANTS")

Fadó: *273 Buckhead Ave. (Buckhead), ☎ (404) 841-0066, www.fadoirishpub.com Riesiger irischer Pub, dessen Atmosphäre besonders abends einen Besuch wert ist. Übrigens gibt es wirklich gute und authentische irische Pubgerichte hier.*

Manuel's Tavern: *602 N. Highland Ave., ☎ (404) 525-3447, www.manuelstavern.com. Ein alter Saloon, wie man ihn heute nicht mehr häufig findet in Amerika: mit Studenten, Möchtegern-Künstlern, Handwerkern und Bankern – alle vereint an einem Tresen. Alte Fotos dekorieren die Wände.*

Atkin's Park: *794 N. Highland Ave. N.E., ☎ (404) 876-7249. Sehr beliebter Neighbourhood-Pub. Oft voll und auch hier hängen historische Fotos aus.*

LIVEMUSIK

Blind Willie's: *828 N. Highland Avenue, ☎ (404) 873-2583, www.blindwilliesblues.com. Obwohl bereits oft in den Medien, ist diese urige „Schlauch-Kneipe" immer noch ein Geheimtipp für Urlauber. Bleibt nur zu hoffen, dass sie es bleibt. Blues, Jazz und tolle Stimmung.*

Eddie's Attic: *515 N.McDonough St. in Decatur, ☎ (404) 377-4976, www.eddiesattic.com. Fahren Sie die Ponte de León Ave. bis zum Zentrum von Decateur. Dort fahren Sie dann um das auffällige Courthouse herum, und gleich dahinter befindet sich der Musikclub. MARTA-Station: Decateur. ☎ 377-4976. Studentenkneipe mit verschiedenen Musikangeboten. Meist Jazz und Blues.*

Dante's Down the Hatch: *3380 Peachtree Rd. N.E., ☎ (404) 266-1600. Dinner in auf alt gemachtem Holzhaus (innen ein altes nachgebautes Segelschiff) mit Livemusik – meist Jazz. Fondues sind hier die Spezialität. Die Musik erinnert aber eher an eine Jazz-Combo – also kein klassischer bzw. Freejazz. Schade eigentlich, denn Dante's ist der älteste Musikclub der Stadt.*

Churchill Grounds: *660 Peachtree St., Midtown, ☎ (404) 876-3030. Jazzmusik an den meisten Abenden, oft Jam Sessions.*

Dark Horse Saloon: *816 N. Highland Ave. N.E., ☎ (404) 873-3607. Rock, Pop, Rockabilly, Jazz in einer über drei Geschosse gehende Bar. Die Livemusik wird aber unten gespielt.*

THEATER

Keine Stadt im Süden bietet eine solche Auswahl an Theatergruppen und Aufführungsorten. Aktuelle Ankündigungen finden Sie in der kostenlosen Wochenzeitung „Creative Loafing". Tickets gibt es bei Ticketmaster: ☎ (404) 249-6400, www.ticketmaster.com.

Fox Theatre: *660 Peachtree Street. Reservierungen: ☎ (404) 881-2100, www.foxtheatre.org. Mit über 4.600 Sitzen das zweitgrößte Theater der USA. Die abendländische Architektur allein ist den Besuch wert.*

Einkaufstipps

Es gibt einige interessante Einkaufsgebiete: Zum einen sind das das Gebiet um das **Peachtree Center** *(exquisit) und* **Underground Atlanta** *(touristisch) in der Innenstadt.*

Des Weiteren die vornehme **Lenox Square Mall**, *dort wo Peachtree und Lenox Streets in Buckhead (8 Meilen nördlich der City) aufeinandertreffen. Im Gebiet um die Lenox Square Mall gibt es weitere kleine Malls und Geschäfte des gehobenen Standards.*

Im Gebiet **Little Five Points** *(Inham Park, Euclid, North u. Moreland Aves.) bietet ausgesuchte kleinere Geschäfte, wie z.B. Boutiquen, Galerien, Buch- und CD-Läden (auch Second-Hand).*
Noch ausgefallener, aber oft auch teurer und erlesener sind die Boutiquen, Antiquitätenläden, Buchläden sowie Restaurants in **Virginia-Highland** *(u.a. nördl. der Ponce de Leon Ave. bis zur Virginia Ave. entlang der N. Highland Ave.). Hier lohnt sich das „Window-Shopping".*
Für die Selbstversorger lohnt sich der Besuch des täglich geöffneten **DeKalb Farmers Market** *(3000 E. Ponce de León Ave., Decatur, östl. von Atlanta). Hier finden Sie alles, was ein ausgesuchter Wochenmarkt in Europa auch bietet, und dazu auch Früchte aus aller Welt.*
Eine weitere gute Adresse für Selbstversorger ist der **Atlanta State Farmer's Market** *mit viel frischem Gemüse, Obst und Fleisch, aber auch guter Marmelade u.a. Nicht alle Stände bedienen Einzelkunden. 24 Stunden geöffnet, 16 Forest Pkwy., Forest Park: I-75 nach Süden, Exit 237.*
Etwas urig und nur wenig für europäische Geschmäcker, dafür aber ein interessantes Sortiment aus Handtaschen, Räucherstäbchen, Second-Hand-Elektrogeräten und vielem mehr finden Sie im Five Points **Fleamarket** *in der 82 Peachtree St. South (gleich südlich von Underground Atlanta).*
Die beste Outletmall im Umkreis ist **Discover Mills Mall**: *5900 Sugerloaf Pkwy., I-85 an der Rte. 120, Lawrenceville gut 25 Meilen nordöstlich der Stadt.*

Sportveranstaltungen

Der Besuch einer typisch amerikanischen Sportveranstaltung lohnt vor allem der Stimmung wegen.
Baseball: „Atlanta Braves": *Spiele auf dem Turner Field (755 Hank Aaron Dr., Ecke Capitol Ave./ Georgia Ave., südl. der Innenstadt), www.atlantabraves.com.*
Football: „Atlanta Falcons": *Spiele im Georgia Dome (1 Georgia Dome, östl. Magnum St.), www.atlantafalcons.com.*
Basketball: „Atlanta Hawks": *Spiele in der PhilipsArena (Andrew Young Int. Blvd.), www.nba.com/hawks.*

Flughafen

Anfahrt: Der **Hartsfield International Airport** *liegt 12 Meilen südlich der City und ist über den I-85 zu erreichen. www.atlanta-airport.com, ☏ (404) 530-7300. Info Ground Transportation (Mo-Fr): (404) 530-6674.*
Shuttlebus: *„The Atlanta Airport Shuttle Service" fährt alle 20 Minuten in die Stadt sowie nach Buckhead und zurück (große Hotels) – nachts nur nach Absprache, Infos: ☏ (404) 941-3440, www.taass.net.*
Stadtbusse/-bahnen: *Die MARTA Rail (Southline) bringt Fluggäste im 18-Minuten-Takt in die City und weiter bis Buckhead. Abfahrtsorte in der City sind u.a.: Five Points, Peachtree Center und der Civic Center. Eine sinnvolle Busverbindung gibt es nicht vom Airport in die Stadt mit MARTA. Infos: ☏ (404) 848-5000, www.itsmarta.com.*
Taxi: *Ein Taxi vom Flughafen in die City kostet ab US$ 25.*

Öffentliche Verkehrsmittel

Amtrak: *Brookwood Station, 1688 Peachtree St., NW, am I-85, 3 Meilen nördlich der Downtown. Tägliche Verbindungen nach New York, Washington, New Orleans und Chattanooga. Infos: ☎ (404) 881-3060 od. 1-800-872-7245.*

Überlandbusse: *Greyhound/Trailway, 232 Forsyth St., Downtown, Infos: ☎ (404) 584-1728 od. 1-800-231-2222*

Stadtbusse/Nahverk*ehr: In Atlanta sollten Sie im Innenstadtbereich auf die Benutzung eines Mietwagens verzichten. Auch von Buckhead in die Innenstadt sind die öffentlichen Verkehrsmittel die sinnvollere Alternative zum Auto. Atlanta verfügt über ein gutes U- und S-Bahnnetz, MARTA genannt (Metropolitan Rapid Transit Authority). Zentraler Knotenpunkt für die S-/U-Bahn in der Innenstadt ist Five Points (Innenstadt, am Atlanta Underground). Im Rhythmus von 9 Minuten sind die Bahnhöfe verbunden. Das Streckennetz verläuft in einer Nord-Süd- (vom Airport bis nach Buckhead, North Springs und Doraville) und einer Ost-West-Achse (von Hamilton E. Holmes und Bankhead im Westen bis Indian Creek im Osten). Daneben gibt es das MARTA-Bussystem, das quasi alle Stadtteile und Außenbezirke verbindet. Umsteigen von Bahn zu Bus bzw. andersherum ist kostenlos, aber an manchen Stationen schwer nachzuvollziehen. Es gibt vergünstigte 1–4- und 7-Tage-Tickets sowie Mehrfahrtentickets. Infos: ☎ (404) 848-5000, www.itsmarta.com.*

Taxis

Checker Cab: ☎ (404) 351-1111
Yellow Cab: ☎ (404) 521-0200

Mietwagen

Alle Mietwagenfirmen unterhalten Niederlassungen am Hartfield Int. Airport. Stationen in der Stadt befinden sich meistens in großen Hotels.

Von Atlanta durch den Norden von Georgia und weiter zum Great Smoky Mountains National Park

Athens

Georgia's „**Classic City**" zählt heute im weiteren Umfeld 115.000 Einwohner und liegt 80 Meilen östlich von Atlanta. Die kleine Stadt verdankt ihre Existenz alleine der Universität, deren Studenten die Hälfte der Bevölkerung ausmachen.

Als zum Ende des 18. Jh. die Politiker von Georgia über eine eigene Staats-Universität entscheiden mussten, wählten sie diesen Ort, da sich hier im Gegensatz zu Städten wie Charleston und Savannah keine „Gefahr" bot, die sich bildende Jugend vom rechten Pfad abzulenken. Kneipen und Amüsierschuppen sollten fernbleiben. 1785 wurde die Universität gegründet, aber erst 19 Jahre später erhielt Athens seine Gemeinderechte. Man wartete nämlich, bis die erste Studentenriege ihre Abschlüsse absolviert hatte. Heute ist Athens ganz eingenommen von den jungen Leuten, und das macht sich überall im Straßenbild bemerkbar. Kneipen, Kopierläden, Straßencafés, kleine Restaurants, Boutiquen aller Art und ganz allgemein das Flair von „Laisser-faire" sind bestimmend. Der kleine Citybereich um die College Avenue wird somit jungen und junggebliebenen Leuten gefallen. Ganz anders sehen dagegen die umliegenden Straßenzüge aus. Alte Häuser und Villen – einige noch aus der Zeit vor dem Bürgerkrieg – beherbergen heute Studentenwohnungen, und eine Atmosphäre wie in dem bekannten Film „Club der toten Dichter" kommt auf.

Studenten dominieren das Stadtbild

Sehenswert in Athens sind also die Innenstadt, die alten Häuser in ihrem Umfeld – besonders schöne Exemplare finden sich an der nach Süden führenden Milledge Avenue –, der mit großen Bäumen bestandene Universitäts-Campus gleich südlich der Innenstadt und das riesige, mit 13 großen Säulen „verzierte" **Taylor Grady House** (*634 Prince Avenue, Mo, Mi+Fr 9–15, Di+Do 9–13 Uhr, www.taylorgradyhouse.com, $ 3*), das von 1844 stammt. Eine ausgefallene Attraktion ist die doppelläufige Kanone, die am **Rathaus** in der College Street zu sehen ist. Sie sollte eine Überraschungswaffe im Bürgerkrieg werden, versagte aber bereits beim einzigen Probeschuss. Das Athens Visitor Center organisiert Touren und Shuttle-Services, besonders zu den historischen Häusern (*www.athenswelcomecenter.com/tours*).

Sehenswerte Innenstadt

Wer sich für Pflanzen interessiert, sollte noch den **State Botanical Gardens of Georgia** der Universität südlich der Stadt einen Besuch abstatten. Auf 130 ha gibt es u.a. einen Baumpfad und eine speziellen Garten mit Duftpflanzen (*2450 S. Milledge Rd., Apr.–Sept. Mo–Fr 8–20 Uhr, Rest des Jahres bis 18 Uhr, www.botgarden.uga.edu, freier Eintritt*).

Grundsätzlich lässt sich zu Athens sagen: Es ist eher eine Stadt für junge Leute, die der Studentenatmosphäre etwas abgewinnen können, und für Spaziergänger, die es genießen, unter den großen Bäumen zu flanieren. Der Bauten und Sehenswürdig-

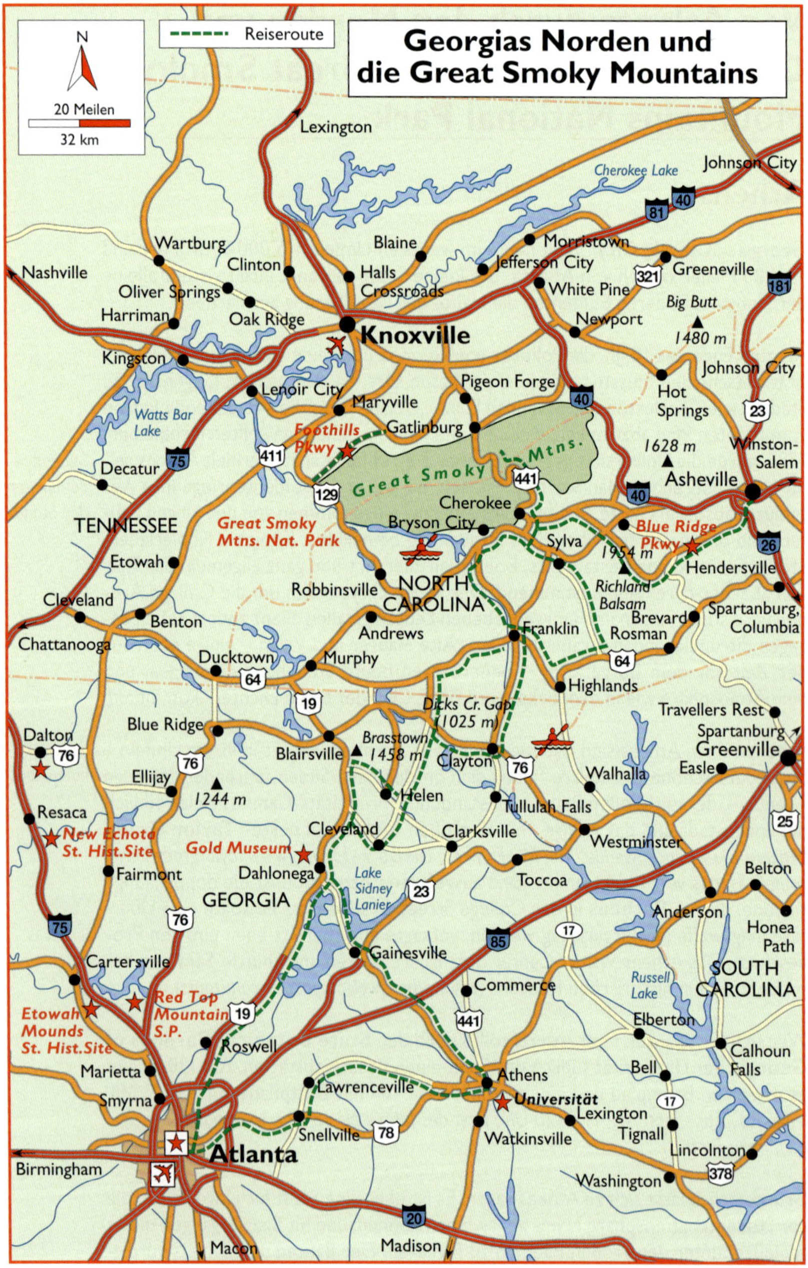
Georgias Norden und die Great Smoky Mountains
Reiseroute
N
20 Meilen
32 km
Lexington
Cherokee Lake
Johnson City
Nashville
Wartburg
Clinton
Blaine
Halls Crossroads
Morristown
Jefferson City
Greeneville
White Pine
Oliver Springs
Oak Ridge
Harriman
Knoxville
Newport
Big Butt
1480 m
Kingston
Lenoir City
Maryville
Pigeon Forge
Johnson City
Hot Springs
Watts Bar Lake
Foothills Pkwy
Gatlinburg
1628 m
Winston-Salem
Decatur
Great Smoky Mtns.
Asheville
Cherokee
Bryson City
TENNESSEE
Great Smoky Mtns. Nat. Park
Blue Ridge Pkwy
Sylva
1954 m
Etowah
Hendersonville
Robbinsville
NORTH CAROLINA
Richland Balsam
Cleveland
Benton
Brevard
Spartanburg, Columbia
Chattanooga
Andrews
Franklin
Rosman
Ducktown
Murphy
Highlands
Dicks Cr. Gap (1025 m)
Travellers Rest
Spartanburg
Greenville
Dalton
Blue Ridge
Brasstown
1458 m
Blairsville
Clayton
Easley
Ellijay
Walhalla
1244 m
Helen
Tullulah Falls
Resaca
New Echota St. Hist.Site
Cleveland
Clarksville
Westminster
Gold Museum
Fairmont
Dahlonega
Lake Sidney Lanier
Toccoa
Belton
GEORGIA
Anderson
Honea Path
Cartersville
Gainesville
SOUTH CAROLINA
Commerce
Russell Lake
Red Top Mountain S.P.
Etowah Mounds St. Hist.Site
Elberton
Roswell
Calhoun Falls
Bell
Marietta
Athens
Lawrenceville
Universität
Smyrna
Lexington
Snellville
Tignall
Watkinsville
Atlanta
Lincolnton
Birmingham
Washington
Madison
Macon
81
40
321
181
23
40
75
411
441
129
40
26
64
64
19
76
76
76
25
23
17
85
441
19
17
78
378
20

keiten wegen lohnt ein großer Umweg kaum, denn die meisten Häuser sind eher aus der Zeit des ausgehenden 19. Jh.

Reisepraktische Informationen Athens/GA

Information

Athens Welcome Center: *280 E. Dougherty St., ☎ (706) 353-1820, www.visitathensga.com.*

Unterkünfte

Rivendell Bed & Breakfast $$-$$$: *3581 South Barnett Shoals Rd., Watkinsville. 10 Meilen südöstlich von Athens, ☎ (706) 769-4522, www.rivendellbnb.com. Das Gebäude ist neu, aber geschmackvoll dem Tudor-Stil nachempfunden. In einem privaten Waldstück gelegen. Spazierwege.*

The Colonels on Angel Oaks Farm $$$-$$$$: *3890 Barnett Shoals Rd., Athens, GA 30605, ☎ (706) 559-9595, www.thecolonels.net. Wunderschönes Plantagen-Haus von 1860, mit großen Säulen. 7 Zimmer ($$$) und drei Suiten ($$$$). Mit vielen Antiquitäten eingerichtet. Großer, parkähnlicher Garten. Ca. 7 Meilen südöstlich von Athens, (15–20 Autominuten).*

Zudem gibt es u.a. noch zwei Mittelklassehotels, das **Holiday Inn** $$-$$$ *(197 E. Broad St., Athens, GA 30601, ☎ (706) 549-4433, www.hi-athens.com) sowie das* **Best Western Colonial Inn** $$ *(170 N. Milledge Ave., Athens, GA 30607, ☎ (706) 546-7311, www.bestwestern.com/colonialinnathens.*

Restaurants

Weaver D's: *1016 East Broad St. Ein von außen unscheinbarer Deli-Shop hat sich mit ehrlichen, billigen aber durchaus herzhaften Hamburgern, Sandwiches und Soulfood zum Treffpunkt bekannter (u.a. die Gruppe R.E.M.) und unbekannter Musiker gemacht. Kein Candlelight-Dinner, dafür aber echtes Flair. Nur Lunch von Mo–Sa.*

The Butt Hutt: *480 Macon Hwy., ☎ 850-8511. Super BBQ-Restaurant. Einfach.*

New Orleans 'N Athen *(NONA): 279 E. Braod St., ☎ 353-7065. Ob Gumbo, Oyster Rockefeller, Crawfish Cakes, Jambalaya oder Crawfish Ettouffée. Hier können Sie noch einmal deftige und leckere Louisiana-Gerichte zu sich nehmen.*

Musikclubs/Pub

Wider Erwarten ist die kleine Stadt Athens zu einer der (kleineren) Rockmusik-„Metropolen" Amerikas geworden. Zu verdanken hat sie dieses vornehmlich zwei mittlerweile weltbekannten Gruppen: R.E.M. und B 52's, die hier in alten Garagen ihre ersten Gigs gespielt haben. Ihre innovative Rockmusik war wegweisend für andere Bands, und noch heute versuchen sich immer wieder neue Bands in einem der zahlreichen Clubs.

U. a. der bekannteste Club ist der **40 Watt Club**, *285 W. Washington St., ☎ (706) 549-7871.*

Der bekannteste Pub ist ohne Zweifel das **Globe** *(199 N. Lumpkin St./nahe Clayton St.), wo es neben 160 Biersorten auch eine ausgesuchte Whisky-Kollektion sowie Pubfood gibt.*

Von Atlanta nach Chattanooga

Sehenswerter Military Park

Grundsätzlich sollten Sie sich an die Streckenführung des I-75 halten und so zeitig losfahren, dass Sie kurz vor Chattanooga noch den **Chickamauga & Chattanooga Military Park** besichtigen können, der vom Exit 141 aus zu erreichen ist (s. S. 461f). Ansonsten wären noch folgende Punkte entlang der Strecke von (untergeordnetem) Interesse:

Red Top Mountain State Park

Freizeitgebiet für Atlanta. Cottages, Bootsfahrten und Campinggelegenheiten. *(I-75 Exits 278 u. 285. Infos und Reservierung: ☎ 1-800-864-7275, www.gastateparks.org/RedTopMountain).*

Etowah Mounds State Historic Site

Zwischen 1.000 und 1.500 n. Chr. von Indianern angelegte Mounds (Hügel), die den Priestern als Zeremonienplatz gedient haben. Unterhalb befand sich damals eine große Siedlung, in der einst Tausende von Indianern gelebt haben. In einem Museum wird das Leben der Indianer zu dieser Zeit erläutert (*I-75-Exit 283. 3 Meilen südlich von Cartersville am GA 113/61. Mi–Sa 9–17 Uhr, www.gastateparks.org/EtowahMounds*).

New Echota State Historic Site

Hauptstadt der Cherokee

1828 gründeten hier die Cherokee-Indianer ihre Hauptstadt. Die Cherokee zählten zu den „5 zivilisierten Indianerstämmen", ihr Regierungssystem war ähnlich wie das englische parlamentarisch. Die Cherokee bewohnten einst weite Gebiete im Norden von Georgia, in Tennessee, West-Carolina, Virginia und Nord-Alabama. Doch wurden sie immer weiter zurückgedrängt, und auch in New Echota durften sie nur 10 Jahre leben (*I-75-Exit 317, 1 Meile östlich des Interstate am Hwy. 225. Do–Sa 9–17 Uhr, $ 6,50 www.gastateparks.org/NewEchota*).

Der Druck der weißen Siedler und vor allem der Goldrausch um Dahlonega zwangen sie schließlich auf den „Trail of Tears" (= „Weg der Tränen"), der sie nach Oklahoma umsiedeln ließ (s. S. 362f). Auf diesem Marsch starb über ein Viertel der Indianer. Wenige von ihnen konnten sich aber in die Berge retten und verstecken – dorthin, wo heute das Cherokee-Indianerreservat liegt, südlich des Great Smoky Mountains National Parks. In dem Park kann man heute ein paar restaurierte und hierher gebrachte Häuser der Cherokee besichtigen.

Dalton

I-75 Exits 328 u. 333. Selbst ernannte „Hauptstadt der Teppichfabriken". An die 40 Fabrikläden bieten ihre Teppiche an – in der Regel aber normale Auslegeware. Daher also kaum einen Stopp wert.

Von Atlanta nach Asheville bzw. zum Great Smoky Mountains National Park

Berge und Wälder

Die Bergwelt bietet eine willkommene Abwechslung zu der flachen bzw. hügeligen Agrarlandschaft, die sonst in den Südstaaten die Regel ist. Die Berge sind nicht gigantisch und auch in den seltensten Fällen schroff, doch sind es gerade die weitläufigen, abgerundeten Bergkuppen, die, fast durchweg noch von Wäldern bestanden, die Faszination dieser Landschaft ausmachen. Wasserfälle gibt es zuhauf.

Genug Zeit einplanen

Höhepunkte dieser für die Südstaaten so untypischen Landschaft sind die **Great Smoky Mountains**, eine Bergkette, die in den südlichen Appalachen liegt. Lohnend vor allem aber ist auch der **Blue Ridge Parkway**, der im Süden in Balsam beginnt, sich an Asheville vorbeischlängelt und bis Winchester, westlich von Washington DC, reicht. Nutzen Sie die Gelegenheit, zumindest den südlichen Abschnitt bis Asheville zu fahren (Beschreibung dieser Region ab S. 354). Und auch die Bergregion im Nordosten von Georgia bzw. im Westen von North Carolina hat ihre Reize. Es gibt nur wenige größere Siedlungen, wie z.B. Dahlonega, und viele davon haben ihre Gründung einzig dem Fund von Gold zu verdanken. Für die Agrarwirtschaft war das Gebiet zu unzugänglich, und nur in den größten Tälern finden sich heute ein paar kleine Farmen. Das aber macht gerade einen Abstecher hierher lohnenswert. Sollten Sie also mehr als 2 Tage Zeit haben (die alleine benötigen Sie für den Nationalpark und die Umgebung von Asheville) für diese Region, kurven Sie ein wenig durch die Berge. Vergessen Sie aber nicht: Die Straßen nehmen jeden Pass und jede Bergkrümmung mit, und Sie schaffen hier allerhöchstens eine Durchschnittsgeschwindigkeit von 35 Meilen pro Stunde – ohne Stopps! Das bedeutet: Bis Asheville benötigen Sie an reiner Fahrzeit einen ganzen Tag von Atlanta aus, oder aber Sie müssen ausgesprochen früh starten, dann können Sie einige der Sehenswürdigkeiten noch anschauen.

Hinweis zum Wildwasser-Rafting (Schlauchbootfahrten)

Es gibt drei Hauptgebiete fürs Wildwasserfahren in dieser Region:

- **Nantahale:** *Am US 19 in North Carolina, 13 Meilen südwestl. von Bryson City. Einfache und ruhige Strecken. Keine Stromschnellen. Hier können Sie ohne große Vorbereitungen eine Tour unternehmen. Dauer: ca. 3½ Stunden.*
- **Ocoee**: *Am US 64/74 in Tennessee, 10 Meilen östlich von Cleveland. Hier gibt es schwierigere Streckenabschnitte. Es handelt sich übrigens z.T. um die Gewässer für die Olympischen Spiele 1996.*
- **Chattanooga**: *Am SC 37/196, ab vom US 76, 13,5 Meilen östlich von Clayton, GA. Z.T. sehr schwierige Streckenabschnitte mit Stromschnellen. Für diese Region, die von allen dreien die schönste ist, sollten Sie präpariert sein. Es wird kein „gemütlicher“ Ausflug. Weitere Wildwasserstrecken gibt es nördlich von Asheville in Marshall, NC (US 70/25) und Nolichucky bei Erwin, TN (US 19W).*

Ein alteingesessenes und empfehlenswertes Unternehmen für diese Schlauchbootfahrten, das alle Gebiete „bedient“, ist Whitewater Rafting: **Nantahala Outdoor Center**, *13077 Hwy. 19 W., Bryson City, NC, ☎ (828) 488-2175 od. 1-888-905-7238, www.noc.com. Zu Chattanooga s. S. 453.*

Zwei Routenempfehlungen mit kurzen Erläuterungen

Die schnelle Variante
Fahren Sie entlang der folgenden Straßen: I-85, I-985, US 23. Danach weiter über Clarkesville auf der US 23/441. Diese führt bei Sylva, NC auf den US 74. Hier müssen Sie sich entscheiden, ob Sie gleich in den Great Smoky Mountains National Park oder ob Sie erst noch nach Balsam und von dort über den Blue Ridge Parkway nach Asheville fahren wollen. Den Blue Ridge Mountain Parkway können Sie natürlich auch in entgegengesetzter Richtung von Asheville zum Nationalpark nehmen. Diese Hauptroute ist besonders im Nordosten von Georgia ziemlich touristisch, und unzählige Souvenirläden, Motels und Fastfood-Restaurants können einem die ansonsten schöne Landschaft etwas vermiesen.

Die längere Variante
Verlassen Sie Atlanta im Norden über die GA 400/US 19. Der US 19 führt zuerst nach Dahlonega.

Dahlonega

Die Stadt wurde 1833 gegründet, 5 Jahre, nachdem man in den umliegenden Bergen Gold gefunden hatte. Es war der erste Goldrausch in den USA und der größte östlich des Mississippi überhaupt. Er forcierte die Vertreibung der Cherokee-Indianer. Bis 1861 hatte man hier für US$ 6.115.569 Gold gefunden, dann war es vorbei damit. Danach vegetierte Dahlonega dahin, nur unterbrochen von kleineren Goldräuschen – meist bedingt durch die Förderung mit besserer Technik. Der Ort verdankt seine „Wiederauferstehung" dem Tourismus und einer Handvoll abenteuerlustiger Rentner, die zum Zeitvertreib noch einmal die Pfannen in die Hand nehmen.

Am Wochenende läuft der kleine Ort mit weniger als 4.000 Einwohnern quasi über. Im Sommer kommen dann an die 100.000 Besucher und zu den Gold Rush Days (drittes Oktober-Wochenende) sollen es sogar 200.000 sein. Sehenswert ist in dem Touristenort das **Dahlonega Gold**

Das Dahlonega Gold Museum

Museum im alten Court House mitten im Zentrum auf dem Platz (*Mo–Sa 9–17 Uhr, So 10–17 Uhr, www.gastateparks.org/DahlonegaGoldMuseum, $ 6*), wo u.a. auch ein interessanter Film zur Geschichte gezeigt wird.

Consolidated Gold Mine: Hier können Sie eine echte Goldmine auf erläuterten Touren besichtigen (auch unter Tage), in der noch bis 1980 gefördert wurde. Nach der Besichtigung können Sie sich dann selbst „Goldpannen" (*185 Consolidated Rd., tgl. 10–17 Uhr, www.consolidatedgoldmine.com, $ 15*).

Kleine Weingüter

Recht neu in der Region sind die kleinen **Weingüter**. Noch nicht zur Spitzenklasse zählend, schmecken einige Weine aber ganz passabel. Wer ein Weingut besichtigen möchte, sollte sich in der Dahlonega-Touristeninformation dafür anmelden. Fahren Sie von Dahlonega weiter nach Norden, immer den Schildern in Richtung **Blairsville** folgend. Nur ein paar Meilen weiter nehmen Sie dann die GA 180 nach Osten und nach nur 2 weiteren Meilen die GA 348, einen „Scenic Way", nach Südosten. Dieser führt Sie durch ein eindrucksvolles Tal und über einen atemberaubenden Pass.

Auf der Alt 75 gelangen Sie schließlich nach **Helen**. Der kleine Ort, Anfang der 1970er-Jahre totgesagt, hat sich seither zu einem touristischen Rummelplatz entwickelt. Stilrichtung: bayerisches-schweizerisches Alpendorf. Zu sehen, wie so etwas in Amerika vermarktet werden kann, lohnt den Abstecher. „Oktoberfest every Saturday", Schwarzwaldkultur vermischt mit oberbayerischen Spezialitäten etc. Wer mal wieder deutsche Weißwurst, Kohlrouladen oder Hefeweizen zu sich nehmen will, hat hier an jeder Ecke Gelegenheit dazu. Sollte heißes Wetter herrschen und Sie haben auch noch Zeit, dann denken Sie mal über **Tubing** nach. Kurz vor Helen bieten mehrere Unternehmen Lkw-Schläuche an, mit denen Sie sich den Fluss hinabtreiben lassen können. Anschließend holt Sie ein Bus von der Aussetzstelle wieder ab.

Fahren Sie nun über die GA 365, GA 197 und den US 76 nach **Clayton**, dem Domizil der Wildwasser-Unternehmen. Einsetzpunkt ist am US 76, ca. 8 Meilen südöstlich von Clayton. Der Chattooga River ist mit Sicherheit einer der schönsten **Wildwasserflüsse** der USA und als solcher vom amerikanischen Kongress bereits seit 1974 unter Schutz gestellt (Infos zu Aktivitäten s.u.).

Wanderwege und Wasserfälle

Kurz hinter dem Touristenort **Dillard** überqueren Sie nun die Grenze nach North Carolina. Nehmen Sie die NC 106 nach **Highlands** – allein die Anfahrt dorthin ist sehenswert! Highlands ist mit seinen fast 700 Einwohnern und seiner Lage knapp 1.300 m über dem Meeresspiegel ein idealer Erholungsort, auch wenn der Ortskern im Sommer „überzulaufen" droht. Eine würzige Waldluft, viele herrliche Wanderwege sowie malerische Wasserfälle aber zeichnen den Ort und seine Umgebung aus. Nördlich an der US 64 liegen die **Bridal Veil Falls** (= Brautschleierwasserfälle) sowie die Dry Falls, hinter deren herabstürzendem Wasser man entlanggehen kann. Highlands ist ein Ort des „gehobenen" Tourismus. Erstklassige Bed&Breakfast-Häuser, gepflegte Hotels sowie gute Restaurants runden die Empfehlung ab.

Reiseprakische Informationen Dahlonega, Blairsville, Helen und Clayton/GA sowie Highlands/NC

Information

Dahlonega-Lumpkin County Visitors Bureau: *13 South Park St. S./ Dahlonega Square, Dahlonega, GA 30533, ☎ (706) 864-3513, www.dahlonega.org.*
Alpine-Helen Conv. & Visitors Bureau: *726 Brucken Strasse, P.O. Box 730, Helen, GA 30545, ☎ (706) 878-2181, 1-800-858-8027, www.helenga.org.*

Unterkünfte

The Smith House $$$: *84 S. Chestatee St., Dahlonega, GA 30533, ☎ (706) 867-7000, www.smithhouse.com. B&B im Countryhouse-Stil. Das Haus wurde 1885 fertiggestellt und 1922 in eine Herberge umgewandelt. Heute gibt es 25 schöne Zimmer, einen Pool und wer Lust hat, kann hier mal die Pfanne schwingen und Gold waschen! Restaurant im Haus.*
Forrest Hills Mountain Resort $$-$$$$: *Rt.3, 12 Meilen westlich von Dahlonega an der GA 52, ☎ (706) 864-6456, www.forresthillsresort.com. Ca. 5 Meilen nördlich der Abzweigung des US 129 (und 14 Meilen südlich von Blairsville) empfiehlt sich diese Unterkunft mit romantischen Cottages ($$$$, einige mit Hot Tubs), schönen B&B-Zimmern ($$-$$$) in der Hauptlodge sowie luxuriöseren Suiten in einem nahen Gebäude. Viele Waldwanderwege um die Lodge. Unbedingt vorher reservieren! Unter der Woche günstiger!*
Blood Mountain Cabins & Country Store $$-$$$ *(in der Woche günstiger): 12829 Gainesville Highway (= US 129/11), Blairsville, GA 30512, ☎ (706) 745-9454, www.bloodmountain.com. Idyllische, geräumige Holzhäuser (für bis zu 4 Personen), mit einer kompletten Kücheneinrichtung. Zentrale Lage für alle Erkundungen im Nordosten Georgias. Günstige Raten von Mo–Mi. Zahlreiche Wanderwege in der Nähe – besonders der Wanderweg zu den DeSoto Falls ist lohnenswert. Auf knapp 1.000 m Höhe gelegen. In dieser Region nördlich von Dahlonega finden Sie auch weitere Cottages.*

1 Meile nördlich der **Blood Mountain Cottages** *kreuzt der* **Appalachian Trail**, *ein Wanderweg, der ganz bis zum Staate Maine führt. Hier, am Neels Gap, führt der Weg nach Westen auf die Spitze des Blood Mountain, von wo aus Sie bei klarer Sicht sogar die Skyline von Atlanta erkennen können. Der Aufstieg ist z.T. beschwerlich. Dauer für Hin- und Rückweg: ca. 2,5 Stunden.*
Nur 2 Meilen weiter finden Sie weitere Hüttenunterkünfte ($$) im **Vogel State Park**, *der Gelegenheiten zum Angeln, Picknicken, Tretbootfahren und Baden bietet. Reservierungen: Vogel State Park, Superintendent, Rte. 1, P.O. Box 1230, Blairsville, GA 30534, ☎ (706) 745-2628, www.gastateparks.org/Vogel.*
Hofbrau Riverfront Hotel $$: *9001 Main St., Helen, GA 30545, ☎ (706) 878-2184, www.riverfronthotel.com. Einfaches Hotel, dessen Fassade natürlich auch bayrischen Charme versprüht. Beliebt ist auch das hauseigene Restaurant.*
Quality Inn $$: *15 Yonah St., Helen, GA 30545, ☎ (706) 878-2268, www.qualityinn.com. Motel mit äußerlichen Verzierungen im Alpenstil. Sauber und relativ preiswert.*
In Helen gibt es zudem noch viele andere B&Bs, Hotels und Motels, viele im Alpenlook. Unter der Woche sind diese gar nicht so teuer.

Colonial Pines Inn *$$$: Rt.1, P.O. Box 22B, 541 Hickory St., Highlands, NC 28741, ☏ (828) 526-2060, www.colonialpinesinn.com. Hervorragendes B&B-Haus. Sie wohnen in einem beispielhaft restaurierten „Südstaaten"-Stil-Haus, das mit ausgewählten Antiquitäten möbliert ist.*

Restaurants

Smith House: *202 S. Chestatee St., ☏ (706) 867-7000. Ausgezeichnete Georgia-Küche. Übrigens ist das Smith House auch ein empfehlenswertes Bed&Breakfast-Haus (siehe oben).*

On The Veranda: *2 Meilen nördlich, am US 64 West, Highlands, direkt am Lake Sequoyah gelegen, ☏ (828) 526-2338. Restaurant der gehobenen Klasse mit einer Reihe ausgezeichneter Fischspezialitäten, z.B. North Carolina Trout (Forelle). Exzellente Weinkarte.*

Aktivitäten

Wildwasserfahrten *auf dem Chattooga River bei Clayton*

Southeastern Expeditions: *7350 Hwy. 76 E, ☏ 1-800-868-7238, www.southeasternexpeditions.com.*

Natahala Outdoor Center: *Chatooga Ridge Rd., 13 Meilen von Clayton am US 76, ☏ 1-888-905-7238, www.noc.com. Grundsätzlich gilt: Die Flussstrecke ist recht lang. Eine vorzeitige Buchung daher ratsam. Zudem nicht geeignet für einen vergnüglichen, 2-stündigen Nachmittagsausflug. Die Streckenetappen dauern einen halben, 1 sowie 2 Tage.*

Kanu- bzw. Schlauchboottour südlich von Dahlonega (GA 60). Infos: **Appalachian Outfitters**: *2084 S. Chestatee/Hwy 60, ☏ (706) 864-7117, www.canoegeorgia.com.*

Zwei Alternativen für die Weiterfahrt

Weiter geht es auf dem US 64 North bis Cashier und von dort auf der NC 107 North, vorbei am malerischen Thorpe Dam nach Sylva, wo Sie sich, wie in der kurzen Variante weiter vorne beschrieben, für die weitere Zielrichtung entscheiden müssen.

Nehmen Sie den US 64 und später den NC 280 nach Osten, die Sie bis Asheville begleiten. Sie kommen übrigens dann von Süden in die Stadt und können bereits – bei genügend Zeit – am gleichen Tag noch die Biltmore Estate dort besichtigen (s. S. 359).

Hinweis

Der Eintritt zur Biltmore Estate ist sehr hoch. Jedoch gelten Tickets, die nach 15 Uhr erstanden werden, auch für einen zweiten Besuch am folgenden Tag. Die Anlage ist es wert.

Zu Asheville bzw. zum Great Smoky Mountains National Park S. 356ff.

Von Atlanta zurück an die Golfküste (New Orleans/Mobile)

Entfernungen

Atlanta – Birmingham: 150 mi/241 km
Birmingham – Meridian: 163 mi/ 262 km
Meridian – New Orleans: 184 mi/ 296 km
Atlanta – Montgomery: 167 mi/ 269 km
Montgomery – Mobile: 170/273 km

Streckenalternativen

Es gibt zwei Hauptalternativen: Entweder Sie fahren entlang dem I- 20/59 von Atlanta über Birmingham und Meridian nach New Orleans oder Sie nehmen von Atlanta aus den I-85 bis Montgomery und von dort dann den I-65 bis Mobile. Weiter bis New Orleans fahren Sie von Mobile auf dem I-10. Bei mehr Zeit fahren Sie erst nach Birmingham und dann über den I-65 nach Montgomery. Von dort dann weiter wie oben beschrieben.
Für die „Umwege" lesen Sie bitte in der folgenden Reisebeschreibung dieses Kapitels.

In diesem Kapitel werden **zwei Routenalternativen** vorgestellt, die wieder zurückführen von Atlanta nach New Orleans. Absolute Highlights gibt es kaum – sieht man einmal ab von dem äußerst interessanten und eindrucksvollen Civil Rights Institute in Birmingham. Wer Zeit hat kann den einen oder anderen kleinen Abstecher von dem langweiligen Interstate machen. Man durchfährt typisch amerikanische Agrargebiete – verschlafen und provinziell. Kaum vorstellbar, dass aus dieser Gegend ein ehemaliger amerikanischer Präsident, Jimmy Carter, stammt.

Redaktionstipps

- Die interessantesten Punkte entlang der Strecke sind: Die Geschichte der schwarzen Bürgerrechtsbewegung verfolgen in Birmingham, Tuskegee, Montgomery und Selma; die Provinz südlich von Columbus: z.B. Plains und Eufaula. (S. 438ff)
- Zeiteinteilung: 2 Tage: Fahren Sie einfach entlang den Interstates und übernachten Sie in Birmingham bzw. Montgomery. Sollten Sie die südlichere Route wählen, planen Sie für den 2.Tag einen Besuch von Selma ein und fahren Sie, falls Sie genügend Zeit haben, über die Nebenstraßen entlang dem Alabama River nach Mobile. Sie können die gesamte Strecke (Atlanta – New Orleans) auf dem Interstate auch in einem Tag schaffen, hätten dann aber keine Zeit für Besichtigungen und müssten früh losfahren.

Städte wie Montgomery, Selma und Birmingham bieten die Gelegenheit, sich mit der Geschichte der Bürgerrechtsbewegungen auseinanderzusetzen.

Im Folgenden eine kurze Erläuterung zu beiden Routen:
Als Stadt ist **Birmingham** interessanter als **Montgomery**, denn es bietet sowohl das Civil Rights Institute, das sich mit der Geschichte der schwarzen Bürgerrechtsbewegung auseinandersetzt, als auch etwas ganz Neues für den Süden: die Industriearchitektur und -landschaft des beginnenden 20. Jh., erläutert an einem alten Stahl-

werk und gut erkennbar am Stadtbild. Zudem ist Birmingham eine lebendigere Stadt als Montgomery: Ansonsten bietet die Nordroute nicht viel, Meridian oder Hattiesburg bieten keine Highlights.

Streckenalternativen

Landschaftlich ist die Südstrecke ansprechender und biete zudem noch einen Überblick über den amerikanischen Süden: Antebellum-Häuser in Eufaula und Montgomery und dazu auch hier die Geschichte der schwarzen Bürgerrechtsbewegungen – u.a. gut nachvollziehbar im Tuskegee Institute, sowie am Civil Rights Memorial und dem Rosa Parks Museum in Montgomery und auch dem fast vergessenen Städtchen Selma. Diese Route ermöglicht auch den Abstecher zu Jimmy Carters „Erdnuss-Flecken", dem Örtchen Plains.

Ein Einheimischer verglich Birmingham und Montgomery folgendermaßen: „Birmingham hat den Charme einer maroden Industriestadt, die gelernt hat, ums Überleben zu kämpfen – und das z.T. mit ansehnlichem Erfolg –, weist aber auch Nachteile auf, wie z.B. starre Sozialstrukturen, noch nicht überall überwundene Rassenprobleme und eine höhere Kriminalitätsrate. Montgomery dagegen musste als Hauptstadt und Verwaltungsmetropole niemals ums Überleben kämpfen, blieb deswegen aber konservativ, provinziell und langweilig."

Empfehlung

- *2 Tage Zeit: Über Birmingham die Nordroute. Übernachtung: Birmingham.*
- *2–3 Tage Zeit: Südroute über Montgomery, inkl. des vorgeschlagenen „Umwegs". Übernachtungen: Plains bzw. Eufala und Montgomery.*
- *3–4 Tage Zeit: Erst nach Birmingham, von dort dann nach Montgomery und anschließend über Selma nach Mobile. Übernachtungen hierbei: Birmingham, Montgomery und Selma.*

Hinweis

In Alabama gilt die Central Time, d.h. eine Stunde zurück (aus 12 Uhr wird 11 Uhr).

Sehenswertes entlang dem I-20/59

Birmingham

Überblick und Geschichte

Birmingham wurde 1870 als Verladebahnhof von Stahl, der aus den Bergen im Umland kam, gegründet. Bereits zur Jahrhundertwende überflügelte das „Pittsburgh des Südens" Montgomery als größte Stadt Alabamas. Ihr Ruf als „**Magic City**" gründete sich zu dieser Zeit. Erst zu Beginn der 1960er-Jahre wendete sich das Blatt, und das minderwertige Eisenerz konnte auf dem bereits stagnierenden Stahlmarkt nicht mehr konkurrieren. Die Atmosphäre der großen Zeit als Stahlzentrum hat Birmingham aber nicht verloren und erinnert in vieler Hinsicht an deutsche Städte im Ruhrgebiet. Dass die Zeit während der 1960er-Jahre hier stehen geblieben ist, gibt dem Stadtcharakter die „Würze": Hauswände mit alten aufgemalten Reklamen, alte Neonschilder, kleine Barbershops, Kinopaläste aus den 1920er-Jah-

Einstiges Stahlzentrum

Redaktionstipps

- Möglichst nahe am Five Points District (südl. vom Zentrum) übernachten. (S. 427)
- Lassen Sie sich nicht das gute Soulfood entgehen, am besten mit einer hauseigenen Sauce. (S. 422)
- Bedeutendste Sehenswürdigkeiten: das Civil Rights Institute und der gesamte District um die 4th Avenue; Sloss Furnace, das alte Stahlwerk. Das Barber Vintage Motorsport Museum. (S. 423ff)
- Zeiteinteilung: Kommen Sie möglichst am frühen Nachmittag in Birmingham an, sodass Sie 3 Stunden Zeit haben für das Civil Rights Institute und die umliegenden Straßenzüge. Abends gehen Sie entweder in eine Jazzkneipe oder schlendern durch den studentisch angehauchten „Five Points South District". Am nächsten Morgen, möglichst früh, wenn das Licht gut ist, besuchen Sie das Sloss Furnace Historic Site und/oder das Barber Vintage Motorsport Museum.

ren und Geschäftsgebäude aus dem beginnenden 20. Jh. prägen noch immer Teile der Innenstadt und bieten somit einmal einen ganz anderen Eindruck vom Süden… und der lohnt einen kurzen Besuch.

Dass der Stadt in kaum einem Reiseführer Beachtung geschenkt wird, ist wirklich schade, hat sie doch ein sehr eindrucksvolles Civil Rights Institute, ein

Chattanooga
Nashville
Chattanooga
ATLANTA
Augusta
Fayette
Center Ponit
Pell C.
Anniston
Douglasville
bus
Ehemalige "Stahlstadt"
Birmingham
Bessemer
Homewood
Carrollton
Newnan
Peachtree City
Tuscaloosa
Aliceville
Vance
Mercedes-Benz-Werk
Alabaster
Wedowee
Franklin
Griffin
Roanoke
Wadley
ALABAMA
Eutaw
Centreville
Clanton
Mitchell Lake
Rockford
Alexander City
Lafayette
La Grange
Woodbury
Greensboro
Maplesville
Lake Martin
Lanett
Thomaston
Macon
Demopolis
Opelika
Cataula
Auburn
Selma
Geneva
Linden
W. "Bill" Dannelly Res.
Phenix City
Butler
Tuskegee
Columbus
Benton
Tuskegee Institute N. H. S.
Cusseta
Buena Vista
Shepardville
"Civil Rights Movement"
Montgomery
Seale
Camden
Ellaville
Midway
Richland
Highland Home
Union Springs
Oak Hill
Plains
Americus
Eufaula
Georgetown
Greenville
Grove Hill
Troy
Jackson
Monroeville
Luverne
Clio
Dawson
W. F. George Reservoir
Cuthbert
"To Kill a Mockingbird"
Evergreen
Brantley
Elba
Albany
Alabama River
New Brockton
Abbeville
Ozark
Andalusia
Blakely
Brewton
Opp
Atmore
Enterprise
Columbia
Samson
Dothan
Colquitt
Elomaton
Florala
Geneva
Flint River
Crestview
De Funiak Springs
Donalsonville
Bainbridge
Milton
Cottondale
Valdosta
Foley
Lake Seminole
Amsterdam
Niceville
Pensacola
Freeport
Tallahassee
Ft. Walton Beach
Blountstown
Bristol
Gulf Shores
Crystal Lake
Jackson-ville
Hosford
Lynn Haven
Panama City Beach
FLORIDA
Crawfordville
Golf von Mexiko
Sumatra
Medart
Mexico Beach
St. Teresa
Port St. Joe
Carrabelle
Apalachicola
Eastpoint
Central Time Zone
Eastern Time Zone
Reiseroute
Alternativroute

Museum, das sich mit der Geschichte der schwarzen Bürgerrechtsbewegung beschäftigt und für speziell Interessierte das Barber Vintage Sports Museum aufzuweisen. Ganz nebenbei ist Birmingham übrigens auch die „**Saucenstadt**". Kaum ein Restaurant, das nicht seine eigene Mixtur auf dem Tisch hat, und des Öfteren passiert es z.B. beim – normalerweise schon fertigen – Cole Slaw, dass man geriebenen Kohl und eine eigene Sauce aufgetischt bekommt, um alles dann eigenhändig zu vermischen. Eine Eigenart, die bei vielen Gerichten noch Tradition gewesen ist im Amerika der 1960er-Jahre.

Berühmte Saucen

Ganz so ruhmreich war Birminghams Geschichte in den 1950er und 60er-Jahren aber leider nicht: Der übermäßig hohe Bevölkerungsanteil an Schwarzen, eine kleine, aber sehr konservativ eingestellte weiße Mittelschicht und die Arbeitsmarktlage in jener Zeit haben zu vielen Rassenkonflikten geführt, und zahlreiche **Bombenattentate** des Ku-Klux-Klan haben der Stadt damals den Beinamen „Bombingham" beschert. Mit dem 1993 eröffneten Civil Rights Institute hat die Stadt sicherlich einen großen Schritt in die richtige Richtung unternommen. Birmingham-Stadt hat übrigens einen schwarzen Bevölkerungsanteil von 64 Prozent. Auch ist die Jazz- und Bluesmusikszene der Stadt nicht zu verachten. Stammen doch bekannte Musiker wie Emmy Lou Harris, Lionel Hampton, Odetta und Diana Ross aus Birmingham bzw. seiner Umgebung. Birmingham zählt heute 212.000 Einwohner (Großraum: 1,1 Mio. E.)

Im Kelly Ingram Park fanden während der Bürgerrechtsbewegungen viele Kundgebungen statt

Civil Rights District

Civil Rights Institute (1): Mit Sicherheit gibt es kein besseres Museum in Amerika, das die Geschichte der schwarzen Bürgerrechtsbewegung erläutert. Absolut einmalig ist auch die didaktische Darbietung. Es beginnt mit einem kurzen Film, der die Zeit bis 1950 charakterisiert. Danach wird die Leinwand hochgezogen, und der Rundgang beginnt. Jeder Abschnitt der Zeit von 1950 bis 1970 wird auf eine andere Weise und sehr eindrucksvoll dargestellt. Unbedingt 2 Stunden Zeit nehmen! *(Ecke 6th Ave./16th St. N. Di–Sa 10–17 Uhr, So 13–17 Uhr, www.bcri.org, $ 12)*

Kelly Ingram Park: Der Park liegt gleich gegenüber dem Museum. Eine Statue von Martin Luther King Jr. bildet einen interessanten Kontrast zu den dahinterliegenden Hochhausbauten. Zudem gibt es hier noch andere Skulpturen zum Thema Bürgerrechtsbewegung bzw. deren Geschichte. Im Civil Rights Institute erhalten Sie ein Audiogerät mit Erläuterungen zum Park und den Skulpturen.

Demonstrationen im Park

Während der Zeit der Bürgerrechtsbewegungen war dieser Park Mittelpunkt der Kundgebungen, und viele friedliche Demonstrationen wurden hier niedergeknüppelt bzw. mit scharfen Hunden und Wasserwerfern gestoppt. Ein dunkles Kapitel in der modernen amerikanischen Geschichte hat sich hier abgespielt.

16th Street Baptist Church (2): Ebenfalls gleich neben dem Museum war diese Kirche oft der Schauplatz von Versammlungen. Nicht nur eine Bombe explodierte hier und verletzte Menschen: Die Bombe aber, die hier am 15. 9. 1963 explodierte, kostete vier schwarze Mädchen das Leben. Für alle Anschläge zeichnete der Ku-

Die 16th Street Baptist Church

Birmingham – Innenstadt
Huntsville, Nashville
Tuscaloosa, Jackson, MS, New Orleans, Mercedes-Benz-Fabrik
Chattanooga, Atlanta
Birmingham-Jefferson Convention Complex
Linn Park
Kelly Ingram Park
4th Avenue District
Amtrak
Railroad Park
University of Alabama at Birmingham
8th Ave North
7th Ave North
6th Ave North
5th Ave North
4th Ave North
3rd Ave North
2nd Ave North
1st Ave North
Morris Ave
1st Ave South
2nd Ave South
3rd Ave South
4th Ave South
5th Ave South
6th Ave South
7th Ave South
8th Ave South
9th Ave South
10th Ave South
11th Ave South
11th Ct. South
12th Ave South
10th Street North
11th Street North
14th Street North
15th Street North
16th Street North
17th Street North
18th Street North
19th Street North
20th Street North
Richard Arrington Boulevard
22nd Street North
25th Street North
26th Street North
14th Street South
15th Street South
16th Street South
17th Street South
18th Street South
19th Street South
20th Street South
22nd Street South
Montgomery
0,2 Meilen
0,32 km
1 Civil Rights Institute
2 16th Street Baptist Church
3 Alabama Jazz Hall of Fame
4 McWane Center
5 Birmingham Museum of Art
6 Sloss Furnace Nat. Hist. Site
7 Five Points South District
8 "Vulcan" und Vulcan Park
9 Arlington House
10 Barber Vintage Motorsports Museum
©graphic

Klux-Klan verantwortlich. Heute finden hier immer noch Gottesdienste statt, und der Pastor hat sogar einen eigenen Radiosender errichtet. An der Mauer erinnert eine Inschrift an die blutige Zeit: *„May Men learn to Replace Bitterness and Violence with Love and Understanding."* (*Di–Fr 10–15 Uhr, www.16thstreetbaptist.org*). *Kirche mit Radiosender*

4th Avenue District: (*4th Avenue zwischen 16th und 21st Street*) Hier haben die Schwarzen bereits um 1950 ihre kleinen Geschäfte eröffnet mit dem Ziel, eine Unabhängigkeit von den Weißen zu erreichen. Während der 1950er und 60er kauften nur Schwarze hier, und diese kauften auch nichts bei den Weißen in der Innenstadt. Heute findet man hier vor allem kleine Barbershops und Modesalons für die Dame. Alles im alten Stil. Ecke 4th Ave./17th Street ist am interessantesten.

Alabama Jazz Hall of Fame (3): Im legendären Carver-Theatre (Kino, Art-Déco-Architektur) untergebracht, finden sich im Museum eine Reihe von Memorabilia zur Geschichte des Jazz in Alabama – erläutert anhand der jeweils bekanntesten Musiker, die Alabama hervorgebracht hat. Z.B.: Nat King Cole, Sun Ra und Lionel Hampton (*Ecke 4th Ave./17th Street. Geöffnet wie Civil Rights Institute, www.jazzhall.com, $ 2*). *Bekannte Musiker*

McWane Center (4): Technikmuseum mit vielen „Hands-on"-Stationen. Eher etwas für Kinder, aber manchmal haben ja auch die Erwachsenen Spaß an so etwas. Im Hause gibt es zudem noch ein großes IMAX-Kino mit speziellen Filmen zum Thema Technik (*200 19th St. N. Mo–Fr 9–18 Uhr, Sa 10–18 Uhr, So 12–18 Uhr, www.mcwane.org, $ 12*).

Birmingham off the Beaten Path

Sollten Sie am Wochenende in der Stadt sein, lohnt sich eine Teilnahme an einem baptistischen Gottesdienst. Gospelchöre und ein allein durch die Gestik des Predigers eindrucksvolles Erlebnis. Eine sehr nette Kirche in einem schwarzen Wohnbezirk ist die **First Baptist Church Graymont** (100 9th Court West). Gottesdienste fangen i.d.R. am Sonntag um 10.30 Uhr an. Aber auch in der Innenstadt, unter der Woche, gibt es sog. „Lunch Services". Zeiten sind an den Kirchen angeschlagen, meist beginnen Sie um 12.30 Uhr und dauern etwa 30 Minuten.

Schauen Sie einmal, ob es im historischen **Alabama Theatre** (1817 3rd Ave., www.alabamatheatre.com) ein alter Filmklassiker gezeigt wird. Das Kino aus den 1920er-Jahren ist allein seiner Architektur wegen den Besuch wert.

Unterkünfte
1 Tutwiler Hotel
2 Hotel Highland at Five Points
3 Wynfrey Hotel at Riverchase Galleria

Restaurants
1 John's City Diner
2 Mrs. B's on 4th
3 22nd Street Jazz Café
4 Jim' N Nick's Bar-B-Q 5 Points
5 Café Dupont

Birmingham Museum of Art (5): Sicherlich kein besonderes Highlight, aber die bunte Mischung aus Kunstobjekten bietet eine Abwechslung, besonders an Regentagen. Bekannt ist es für die große Sammlung an Wedgewood-Porzellan sowie einen über mehrere Ebenen reichenden Skulpturengarten (*2000 8th Ave. N. Di–Sa 10–17 Uhr, So 12–17 Uhr, www.artsbma.org, freier Eintritt außer Sonderausstellungen*).

Sloss Furnace National Historic Site (6): Fahren Sie vom Zentrum entlang der First Ave. Auf der Brücke sehen Sie bereits rechter Hand das alte Walzwerk, und kurz hinter der Brücke folgen Sie einfach der Ausschilderung. Das alte Stahlwerk des Sloss-Konzernes wurde 1971 bereits geschlossen. Die meisten Anlagen ließ man aber stehen und überließ sie damit der Natur. Wo ehemals die Hochöfen rauchten, ranken heute Pflanzen.
Am Eingang befindet sich ein kleines Museum, in dem auch ein Film gezeigt wird. Oft (aber unregelmäßig) führen ehemalige Stahlarbeiter durch die Anlage. Die Halle der ehemaligen Walzstraße wird heute übrigens des Öfteren für Konzerte und Versammlungen genutzt. Das gesamte Objekt lädt zum Fotografieren ein (besonders Schwarz-Weiß) (*Ecke First Ave. N./ 32nd St., www.slossfurnaces.com, Di–Sa 10–16 Uhr, So 12–16 Uhr*).

Fotostopp

Five Points South District (7): Ehemals ein nobler Vorort von Birmingham, hat sich der Bezirk um eine Straßenkreuzung mit fünf Straßen (u.a. 20th St. und 11th Ave. S.) zum Unterhaltungsdistrikt der Stadt entwickelt, der regen Zulauf von den Studenten findet. Verschiedene Kneipen, Musiklokale und Straßencafés laden zu einem vergnüglichen Abend ein.

Vulcan und Vulcan Park (8): Fahren Sie die 20th Street in südlicher Richtung über den Berg. Kurz dahinter ist die Zufahrt gut ausgeschildert. Der „Vulcan" (der römische Gott der Eisenschmelze) ist die **größte eiserne Statue der Welt**. Selbst 18 Meter groß, steht sie auf einem 40 Meter hohen Sockel, auf dessen Spitze – und noch unterhalb der Statue – sich eine Aussichtsplattform befindet, von der aus man gut auf die Stadt schauen kann. Eine moderne Sage behauptet: Nachts, wenn alle Birminghamer schlafen, steigt der Vulcan von seinem Sockel und hüpft durch die Straßen der Stadt zu seiner Angebeteten, der „Eureka", die auf einem Häusersockel im Norden der Stadt thront. Ungeschickt, wie der Vulkan halt ist, hinterlassen seine Füße unzählige Spuren: die vielen Schlaglöcher auf den Straßen von Birmingham.

Riesige Eisen-Statue

Der „Vulcan" wurde 1904 von dem italienischen Künstler Guiseppe Moretti für die Weltausstellung in St. Louis entworfen, stand dort bis 1938 und wurde dann hier nach Birmingham gebracht und auf den Sockel gehoben.
Unterhalb des Sockels befindet sich ein Interpretive Center und im Park selbst zahlreiche Schautafeln, die die Geschichte von Birmingham und vor allem die Bedeutung des Eisenerzabbaus erläutern (*Valley Ave., www.visitvulcan.com. Das Interpretive Center Mo–Sa 10–18 Uhr, So 13–18 Uhr, der Park sowie die Aussichtsplattform auf dem Vulcan Sockel jeweils bis 22 Uhr, $ 6*).

Arlington House (9): Einziges Antebellum-Haus von Birmingham – wir erinnern uns, die Stadt wurde erst 1870 gegründet. Das Haus ist von 1840 und im griechischen Revival-Stil erbaut. Sehr ansehnlich, aber es gibt interessantere Häuser in den Südstaaten (*331 Cotton Ave. SW., Di–Sa 10–16, So 13–16 Uhr, www.informationbirmingham.com/arlington, $ 3*).

Barber Vintage Motorsports Museum (10): Auf vier Ebenen und 14.000 m^2 können Sie im Museum mehr als 600 der insg. 1.200 historischen und modernen Motorräder in der Sammlung sowie einige Autoklassiker bewundern. Die Motorräder stammen aus 17 Ländern und von 125 verschiedenen Herstellern. Ein absolutes Muss für Motorradfans.

Muss für Motorradfans

Wer nicht so sehr an Motorrädern hängt, sollte sich auf das Bewundern der alten Motorräder beschränken. Die Menge ist erdrückend. Der Barber Motorsport Park selbst wird vor allem für Motorradrennen genutzt. Die Strecke ist 2,4 Meilen lang und hat 16 Kurven (*Barber Motorsports Park, I-20, Exit 140 (nordöstl. der Stadt). Mo–Sa 10–17 Uhr, So 12–17 (Apr.–Sept. jeweils bis 18) Uhr, www.barbermuseum.org, $ 15*)

Reisepraktische Informationen Birmingham/AL

Information

Greater Birmingham Convention & Visitors Bureau: *2200 9th Ave. N., Birmingham, AL 35203, ☏ (205) 458-8000. www.birminghamal.org.*

Birmingham Visitor Center: *2600 Riverchase Galleria (südlich der Stadt, nahe I-459): ☏ (205) 402-2663.*

Informationen zu Veranstaltungen können Sie einer der beiden Zeitungen entnehmen: „Birmingham News" und „Birmingham Post-Herald".

Wichtige Telefonnummern

Vorwahl: ☏ 205
Notruf Polizei/Feuer/Ambulanz: ☏ 911
Wetter: ☏ 945-7000

Unterkünfte

Tutwiler Hotel $$$-$$$$ (1): *Park Place an der 21st St. N., Birmingham, AL 35203, ☏ (205) 322-2100, www.thetutwilerhotel.com. Luxushotel in einem 1913 als vornehmes Apartmenthaus errichteten Gebäude. Seit 1987 Hotel und mit viel Aufwand und geschmackvollen alten Möbeln eingerichtet. Gutes Restaurant im Hause und in der Bar oder Lobby wird auch „softer" Live-Jazz gespielt.*

Wynfrey Hotel at Riverchase Galleria $$$-$$$$ (3): *1000 Riverchase Galleria (US 31), südl. der Innenstadt, Birmingham (Hoover), AL 35244, ☏ (205) 987-1600 od. 1-800-996-3739, www.wynfrey.com. Luxushotel, eingerichtet mit Chippendale-Möbeln. Über einem Shopping Center. Gediegene Atmosphäre.*

Hotel Highland at Five Points $$$ (2): *1023 20th St., Birmingham Southside, AL 35205, ☏ (205) 933-9555, www.thehotelhighland.com. Schönes Boutique-Hotel in einem geschichtsträchtigen Haus von 1931. Zimmer und Suiten ($$$$). Günstig gelegen zu den Lokalitäten um Five Points.*

Entlang den Interstates gibt es zahlreiche **Motels**. *Günstig für die Weiterfahrt am nächsten Tag nach Montgomery ist die Ansammlung der Motels am I-65, Exit Lakeshore Drive 5 Meilen südwestlich der Innenstadt. Hier empfiehlt sich u.a. das* **Drury Inn & Suites** *$$ (160 State Farm Pkwy, ☎ (205) 940-9500, www.***drury***hotels.com) mit z.T. sehr geräumigen Zimmern und einem warmen (einfachen) Frühstück.*

Restaurants

John's City Diner (1): *112 Richard Arrington Blvd., ☎ 322-6014. Preislich günstiges Familienrestaurant, bekannt für seine frischen Fischgerichte (täglich eingeflogen). Aber auch einige Soulfood/ Alabama-Spezialitäten, wie z.B. Maiskolben in Butter und Cole Slaw, den Sie selber mit der hauseigenen Sauce „mixen".*
Mrs. B's on 4th (2): *328 16th St. N., ☎ 328-9327. Bekannt für seine Ribs und Südstaatenküche: Fried Chicken, Macaroni & Cheese, Cornbread aber auch leckere Süßspeisen wie Bananen-Pudding.*
22nd Street Jazz Café (3): *7th Ave., Ecke 22nd St., ☎ 252-0407. Gehört zum gleichnamigen Musikclub, der Eingang ist aber an der 7th Ave. Typische Südstaaten-Gerichte und auch Burger.*
Jim' N Nick's Bar-B-Q 5 Points (4): *1908 11th Ave. (Nahe Five-Points-Kreuzung), ☎ 320-1060. Südstaaten-BBQ-Gerichte, am besten ist das Pork-BBQ auf geröstetem Brötchen.*
Café Dupont (5): *113 20th St. N., ☎ 322-1282. Nettes Bistro-Restaurant mit Südstaaten-Speisen, vor allem aus der Region um New Orleans. Besonders gut sind die Gumbo sowie die leckeren, wenn auch heftigen Nachtischgerichte.*
Irondale Café: *1906 1st Avenue N., Irondale, ☎ 956-5258, www.irondalecafe.com. Dieses Café inspirierte die Autorin und Schauspielerin Fannie Flag zu dem späteren Filmhit „Green Fried Tomatoes". Auch heute noch schmecken die frittierten Tomaten. Mo–Fr 11–14.30 Uhr, Di–Fr auch 16.30–20 Uhr, Sa geschl., So 10.45–14.30 Uhr. Anfahrt von Birmingham: I-59 North zur I-20 East. Dort dann Exit 133. An der roten Ampel nach links abbiegen, dann noch 8 Blocks. Das Café liegt links an den Bahngleisen.*

Pubs/Livemusik/Nightlife

22nd Street Jazz Café: *710 22nd St., ☎ 252-0407. Frischgezapftes Bier und dazu guter Blues oder Jazz live. Angenehme Atmosphäre und Treffpunkt aller Bevölkerungsschichten. Um die Ecke gibt es auch etwas zu essen (s.o.). Neben Ona's (s.u.) die beste Musikkneipe in der Stadt.*
Ona's Music Room: *423 20th St., ☎ 322-4662. Mi–Sa Livemusik. Jazz, Rhythm & Blues, seltener Blues. Eine Institution in der Stadt!*
Dave's Pub: *1128 20th St. S, ☎ 933-4030. Lebendige, kleine Bar. Gute Bierauswahl, After Work-Parties und gerne besucht von den Einheimischen. Gelegentlich Livemusik.*
Im Gebiet um den „Five Points South" gibt es weitere zahlreiche Restaurants, Straßencafés und Musikclubs. Versuchen Sie es auch mal im **Zydeco** *(Ecke 20th St./15th Ave. South) von hier ein Stück den Berg hinauf, wo oft Blues, meist aber Rockmusik gespielt wird. Die Atmosphäre wird bestimmt durch die vielen Studenten.*

Verkehr

Amtrak: *Morries Avenue, ☎ (205) 324-3033 od. 1-800-872-7245*
Überlandbusse: *Der Busbahnhof befindet sich in der 19th Ave. North/Park Place. Infos: ☎ 1-800-231-2222.*

Stadtbusse: *Der „Metro Area Express" (MAX) bedient die wesentlichen Nahverkehrsrouten der Stadt und auf den drei DART-Routen werden alle wesentlichen Punkte in der Innenstadt angefahren. Infos: ☏ 521-0101, www.bjcta.org*

Taxis
Yellow Cab: ☏ 252-1131

Weiter auf dem Interstate 20/59 nach Südwesten

Auf halber Strecke nach Tuscaloosa, in dem kleinen Nest **Vance**, produziert Mercedes Geländewagen und SUVs für den amerikanischen Markt. Die hochmoderne Fabrik beschäftigt fast 1.500 Menschen und schaffte indirekt weitere 4.000 Arbeitsplätze. Nach dem Verkauf des Chrysler Konzerns tritt der Daimler-Konzern in Amerika jetzt wieder als Mercedes-Benz-US International (MBUSI) auf. Mittlerweile baut Mercedes hier neben der M- auch die R- sowie die GL-Klasse. Alabama musste immense finanzielle Zugeständnisse bieten, um Standortkonkurrenten auszuschalten.

Mercedes-Fabrik

Falls Sie einmal sehen wollen, was unter dem „Deutschen Stern" geschaffen wurde, können Sie die Interstate-Abfahrt 89 (etwa 30 Meilen hinter Birmingham) nehmen und dort an einer Werksführung teilnehmen. Außerdem sind eine Ausstellung mit historischen Mercedes-Fahrzeugen sowie eine Multimedia-Show über die Vergangenheit, Gegenwart und Zukunft der automobilen Technologie zu sehen (***Mercedes Benz Visitor Center & Museum****: 11 Mercedes Drive, I-20/59 Exit 89, Vance, AL, ☏ (888) 286-8762 oder (205) 507-2252, www.mbusi.com. Mo–Fr 8.30–16.30 Uhr, Factory Tours: Di/Do 9, 9.15, 12.30 und 12.45 Uhr. Da die Touren aber variieren bzw. produktionsbedingt auch mal ausfallen können, unbedingt vorher reservieren!*)

Eine kurze Snackpause lohnt **Tuscaloosa** selbst schon. Ein paar nette alte Häuser, eine Universität mit über 30.000 Studenten (ein Drittel der Einwohner-Zahl!), die der Stadt Leben verleihen, und die Geschichte, die Tuscaloosa von 1826–1846 als Hauptstadt von Alabama gesehen hat, bieten Anlass für eine Verschnaufpause.

Zwischenstopp

Jüngere Reisende mögen vielleicht auch über Nacht bleiben: Wenn nämlich die Studenten für Stimmung sorgen und in einigen Lokalen Livemusik gespielt wird (meistens Rock). Eine Ansammlung von Bars und Pubs findet sich am „Strip", entlang dem University Boulevard. Wessen Zeit aber knapp bemessen ist, kann Tuscaloosa auch getrost auslassen.

Reisepraktische Informationen Tuscaloosa/AL

Information
1900 Visitor Center *(Tourism & Sports Commision): Jack Warner Parkway, Tuscaloosa, AL 35401, ☏ (205) 391-9200, www.tcvb.org*

Unterkünfte

Hotel Capstone $$$: *320 Paul Bryant, Tuscaloosa, Alabama 35401, ☎ (205) 752-3200, 1-800-477-2262, www.hotelcapstone.com. Gemütliches Hotel auf dem University Campus. Hier kann man die Besichtigungstour des Mercedes-Werkes gleich mit buchen (Paket).*

Best Western Catalina Inn $$: *2015 McFarland Blvd., Northport, AL 35476, ☎ (205) 339-5200, www.bestwestern.com. Sauberes, einfaches Motel.*

Weitere Motels verschiedener Ketten befinden sich ebenfalls am **McFarland Blvd**.

Restaurants

Dreamland: *5535 15th Ave. E Tuscaloosa, (205) 758-8135 und 101 Bridge Ave Northport, (205) 343-6677. Seit über 50 Jahren bekannt für die tollen BBQ-Ribs!*

Evangeline's: *1653 McFarland Blvd., (205)752-0830. Frisch zubereitete Südstaatengerichte (Fisch und Fleisch, aber auch Salate). Gepflegte Atmosphäre. Leckere Cocktails an der Bar.*

Wer es nicht bis nach New Orleans schafft, könnte die von Agrar- und Holzwirtschaft lebende Stadt **Meridian** für die Nachtruhe nutzen. Hier wurde übrigens „The Father of Country Music", **Jimmie Rodgers**, geboren.

Der General Store in Meridian, Mississippi

Reisepraktische Informationen Meridian/MS

Information

Meridian/Lauderdale County Tourism Bureau: *212 Constitution Ave., P.O. Box 5313, Meridian, MS 39302, ☏ (601) 482-8001 oder 1-888- 868-7720, www.visitmeridian.com*

Unterkunft

Microtel Inn & Suites $$$: *518 Bonita Lakes Dr., Meridian, MS 39301, ☏ (601) 553-8100, www.microtelinn.com. Fahren Sie am Exit 154 hinaus. Gepflegtes Hotel mit einem kleinen Fitness-Raum.*

Century House B&B $$-$$$: *2412 9th St., Meridian, MS 39301, ☏ (601) 482-2345, www.centuryhousebnb.com. Sehr ansprechendes B&B in neoklassischer Stadtvilla. Nahe dem Zentrum.*

Sehenswertes entlang dem I-65/85

Über die I-85 geht es Richtung Montgomery über Tuskegee (s. S. 438).
Wer Zeit hat, dem empfiehlt sich an diesem Streckenabschnitt der im Folgenden beschriebene kleine „Umweg". An einem Tag schafft man diesen jedoch von Atlanta aus bis Montgomery kaum.

Abstecher über Columbus

Warm Springs

Den I-85 am Exit 41 (Newnan-South/Moreland) verlassen und der US 27-Alt nach Süden bis Warm Springs folgen. In diesem kleinen idyllischen Nest verbrachte US-Präsident **Franklin D. Roosevelt** seine letzten 13 Lebensjahre, und hier starb er auch am 12. April 1945, ohne das Ende des zweiten Weltkrieges miterleben zu dürfen.

Er besuchte das Örtchen zum ersten Mal 1924, um mit dem warmen Wasser der

Das Little White House von Roosevelt

Quellen seine Polio-Erkrankung zu lindern. Sein 1932 erbautes Little White House ist heute als **Little White House Historic Site** zu besichtigen (*401 Little White House Rd. Tgl. 9–16.45 Uhr, www.gastateparks.org/LittleWhiteHouse, $ 10*). Es beeindruckt durch seine relativ schlichte Einrichtung. Roosevelt galt als sehr genügsam. Im Ort hat man übrigens Gelegenheit, in dem alten Pullman-Waggon, der dem Präsidenten für Reisen zur Verfügung gestanden hatte, zu speisen. Das Essen ist zwar einfach, aber das Erlebnis ist es wert.

Reisepraktische Informationen Warm Springs/GA

Information

Warm Springs Welcome Center: *1 Broad St., Warm Springs, GA 31830, ☏ (706) 655-3322, www.visitmeriwether.com od. www.thecityofwarmspringsga.com. Alles liegt im Zentrum bzw. ist gut ausgeschildert. Vieles ist erhältlich, vom historischen Hotel bis hin zum Campground.*

Unterkünfte

Magnolia Hall $$$: *127 Barnes Mill Rd., Hamilton 31811, ☏ (706) 628-4566, www.magnoliahallbb.com. Kleines und hübsches Cottage im viktorianischen Stil mit einer schönen Veranda. Sehr elegant. Ca. 15 Meilen südlich von Warm Springs gelegen.*

Hotel Warm Springs B&B $$: *47 Broad St., Warm Springs, GA 31830, ☏ (706) 655-2114 oder 1-800-366-7616, www.hotelwarmspringsbb.org. Sehr schönes Bed-&Breakfast-Haus, Haus von 1907. Unbedingt die hausgemachte Pfirsich-Eiscreme probieren! In der Honeymoon-Suite gibt es eine herzförmige Badewanne.*

Pine Mountain Camp Ground $: *8804 Hamilton Rd. Hwy 27, Pine Mountain, GA 31822, ☏ (706) 663-4329, www.pinemountainrvc.com. Ordentlicher Camping-Platz, Swimmingpool, Minigolf und Kinderspielplatz. Außerdem Unterkünfte in kleinen Holz-Hütten sowie in Airstream-Wohnwagen.*

Restaurant

Oscars Steak and Seafood: *2 Meilen südlich des Ortes am GA 85 Alt. (4776 Nebula Rd), ☏ (706) 655-2563. Was der Name schon verspricht: Steaks und Seafood. Dazu noch Stubby's Pub im Hause für den Absacker danach.*

Pine Mountain

Der Touristenort liegt 17 Meilen südwestlich von Warm Sprungs. Hauptattraktion sind die **Callaway Gardens**. Hier hat der Textil-Tycoon Cason J. Callaway Anfang der 1930er-Jahre einen großen Park anlegen lassen, der heute als Erholungsstätte für Familien und Wander-Begeisterte sowie als Golfanlage genutzt wird. Auch an Geschäften und Restaurants mangelt es hier keinesfalls; für jeden ist etwas dabei.

Wandern, Radeln, Sonnen

Besuchenswert ist vor allem das „Butterfly Center", weniger das Gewächshaus mit seinen doch recht geradlinig angelegten tropischen Pflanzen. Für Erholungssuchende empfiehlt sich eine Rad- oder Wandertour durch die ca. 6.000 ha große Anlage oder ein Sonnenbad am größten Inland-Strand der Welt. In den Callaway Gardens gibt es zudem eine Auswahl an **Unterkünften** (*südl. von Pine Mountain Downtown, am US 27, www.callawaygardens.com*).

Zudem gibt es einen **Wild Animal Safari Park**, in dem man sich aus dem eigenen Fahrzeug heraus an vielen exotischen Tieren aus aller Welt erfreuen kann. Kamele, Giraffen, Lamas, Büffel, Elche und Antilopen dürfen sogar angefasst und gefüttert werden! (*1300 Oak Grove Rd., www.animalsafari.com, tgl. 10–17.30 (im Sommer bis 18.30) Uhr, $ 20*).

Reisepraktische Informationen Pine Mountain/GA

Information

Pine Mountain Tourism Association: *101 East Broad St., Pine Mountain, GA 31822, ☎ (706) 663-4000 oder 1-800-441-3502, www.pinemountain.org*

Unterkünfte

Pine Mountain Club Chalets $$$$: *14475 GA Highway 18 West, Pine Mountain, GA 31822, ☎ (706)-663-2211 oder 1-800-535-7622, www.pinemountain-clubchalets.com. Alpine Chalets (1–5 Schlafzimmer) an einem schönen See. Tennisplätze, Swimmingpool und Minigolf-Anlage vorhanden.*
Günstigere Cottages sowie einen schönen Campingplatz gibt es im **Franklin D. Roosevelt State Park**, *dessen Office an der GA 190 östlich der Callaway Gardens zu finden ist: FDR-State Park, 2970 Hwy. 190E, Pine Mountain, GA 31822, ☎ (706) 663-4858 (Park), 1-800 864-7275 (Reservierung), www.gastateparks.org/FDRoosevelt.*
Days Inn $$: *368 S. Main Ave. (US 27), Pine Mountain, GA 31822, ☎ (706) 663-2121 oder 1-800-325-2525, www.daysinn.com. Eine etwas günstigere Alternative zu den doch recht teuren Cottages und Chalets. Sauberes Haus mit dem üblichen Motel-Standard.*

Restaurant

San Marcos Mexican Restaurante: *352 Main St., Pine Mountain, ☎ (706) 663-8075. Recht authentische mexikanische Küche. Gut, lecker und preiswert. Die Fajitas schmecken einfach toll!*

Columbus

Der US 27 führt nun nach Columbus. Die Stadt wurde 1828 zunächst als Grenzposten angelegt, lebte danach aber schnell auf. Dank der starken Strömung und des Wasserfalls am Chattahoochee River konnte die Industrie der Stadt mit genügend Energie versorgt werden. Während des Bürgerkrieges wurden hier hauptsächlich Munition und Uniformen hergestellt, in der Friedenszeit eher Geräte für die Farmwirtschaft. Ausschlaggebend für den wirtschaftlichen Aufschwung nach dem Bürgerkrieg war auch der drei Meter tiefe Kanal im Flussbett, auf dem Waren bis zum Golf von Mexiko befördert werden konnten. Columbus entwickelte sich bis ins 20. Jh. hinein zu einer Metropole der **Schwerindustrie**.

Heute jedoch wirkt die Stadt mit ihren ca. 190.000 Einwohnern eher verträumt. Die meisten Eisenwerke sind geschlossen und das wirtschaftliche Leben wird vornehmlich durch die Soldaten der nahe gelegenen Army Base, dem **Fort Benning**, bestimmt. Die Innenstadt bietet dem Besucher daher nur „Vergangenes": Ein altes Eisenwerk, die alten Industriegebäude und Handelshäuser, ein paar leer stehende Geschäftshäuser aus dem beginnenden 20. Jh. und ein historisches Viertel mit viktorianischen Häusern (ansehen lohnt sich!), von denen aber nur einige zu besichtigen sind – vielleicht wollen Sie ja einen Blick auf das Haus des Coca-Cola-Erfinders, Dr. John Pemberton (712 Broadway), werfen. In diesem befindet sich heute allerdings ein Anwaltsbüro.

Haus des Coca-Cola-Erfinders

Das alles soll aber nicht heißen, dass es sich nicht lohnen würde, einmal in Columbus vorbeizuschauen! Ganz im Gegenteil, die Innenstadt hat durch ihre eigene Architektur einen sehr ansprechenden Charakter, und ein Spaziergang entlang des insgesamt über 20 Kilometer langen **Riverwalks** lohnt sich. Der Zugang befindet sich an der 1000 Bay Ave., täglich geöffnet 5–23 Uhr. Auch können Sie auf dieser Strecke bei Bedarf reichlich Sport treiben (Skating, Biking, Kanu). Ebenfalls lohnt ein kurzer Besuch des **Broadways**, der Hauptgeschäftsstraße der Stadt, welcher sich nach Süden hin bis in den historischen Distrikt hineinzieht. Für Stadterkundung am besten etwas abseits des Broadway parken, dann zum Columbus Convention & Visitors Bureau (900 Front Ave.) gehen und von dort aus den Spaziergang zu den oben genannten Punkten fortsetzen.

Einen Spaziergang wert

Der Broadway bietet auch abends etwas: Einige Restaurants und Pubs (einfach der Lautstärke in der ansonsten recht ruhigen Straße folgen), in denen sich nach Anbruch der Dunkelheit vornehmlich junges Publikum vergnügt und nach dem Dinner in einer der dortigen Rockkneipen an der – doch recht lauten – Livemusik erfreut. Für einen länger ausgedehnten Aufenthalt empfiehlt sich Columbus aber nicht, es sei denn, man möchte noch eines der folgenden Museen besuchen:

Museen von Columbus

Columbus Museum: Amerikanische Kunst und Geschichte sowie indianische Ausstellungsstücke auf fast 30.000m²! Fläche. Angeschlossen ist auch ein Restaurant, ein Shop sowie ein Spiel- und Lernbereich für Kinder (*1251 Wynnton Rd. Di–Sa 10–17 Uhr Do bis 20 Uhr, So 13–17 Uhr, www.columbusmuseum.com*).

National Civil War Naval Museum: Maritime Bürgerkriegsgeschichte, die sowohl anhand von nachgebildeten Modellen als auch originaler Kriegsschiffe audiovisuell aufbereitet wird (*1002 Victory Drive. Di–Sa 10–16.30, So+Mo 12.30–16.30 Uhr, www.portcolumbus.org, $ 7,50*).

Coca Cola Space Science Center: Planetarium, Observatorium und vieles mehr rund um die Raumfahrt. Speziell auf Kinder ausgerichtet (*701 Front Ave. Mo–Fr 10–16, Sa 10.30–20 Uhr, www.ccssc.org*).

Reisepraktische Informationen Columbus/GA

Information

Columbus Convention & Visitors Bureau: *900 Front Ave. (Riverwalk), Columbus, GA 31901, ☎ (706) 322-1613 oder 1-800-999-1613; www.visitcolumbusga.com.*

Unterkünfte

Rothschild Pound House Inn & Cottages *$$$$: 201 Seventh St., Columbus, GA 31909, ☎ (706) 322-4075, www.thepoundhouseinn.com. Klassische Zimmer in repräsentativer Südstaaten-Stadtvilla, zu der auch ein Restaurant gehört („Vintage 222"). Dinner nur Mi–Sa, So: Brunch. Mamie und Garry Pound haben zudem mehrere kleine Villen („Cottages") im Umkreis zu schönen Unterkünften ausgebaut. Sehr leckere Omelettes und hausgebackenes Brot. Zentral, am Historic District.*

Marriott Columbus *$$$: 800 Front Ave., Columbus, GA 31901, ☎ (706) 324-1800, www.marriott.com. Mitten in der Stadt fasziniert das Hotel durch das historische Ein-*

gangsgebäude, dem ein moderner Wohntrakt angesetzt wurde. Tolles Sonntagsbrunch-Buffet!
Magnolia Hall B&B *$$$: 127 Barnes Mill Road, Hamilton, GA 31811 (22 Meilen von Columbus), ☎ (706) 628-4566, www.magnoliahallbb.com. Prämiertes B&B in viktorianischem Haus von 1880. „Wrap-Around-Porch" samt Schaukelstühlen. Schöner Magnoliengarten. 5 Zimmer, reichhaltiges Frühstück. Viele Antiquitäten. Wenn auch außerhalb von Columbus, der Tipp!*

Restaurants

Houlihans*: 800 Front Ave., ☎ (706) 653-1898. Am Marriott-Hotel. Sehr feiner Laden mit ausgezeichneter Küche. Jackett erwünscht.*
Cannon Brew Pub*: 1041 Broadway, (706) 653-2337. Holzofenpizzen, Steaks, Burger, Pasta-Gerichte. In altem Backsteinbau. Brauerei kann besichtigt werden.*
Darlingwood Pharmacy*: 1939 Wynnton Rd, ☎ (706) 322-0616. Diner in einer Drogerie, so wie schon vor Jahrzehnten. Toll! Es gibt sogar noch eine Soda-Maschine. Mo-Fr bis 18, Sa bis 16 Uhr.*

Plains

Fahren Sie von Columbus aus weiter nach Südosten entlang des US 520/280 (bei Richland Richtung Osten abbiegen). Etwa fünf Meilen westlich von Americus, auf vielen Karten gar nicht erwähnt, befindet sich Plains. Von genau hier kommt aber Ex-Präsident **Jimmy Carter** und hier lebt er auch wieder (sonntags hält er gelegentlich Gottesdienste). Ob nun die Tankstelle, die seiner Familie einst gehört hat oder der Cousin, dessen „Antiquitätenladen" zum Treffpunkt der Neugierigen geworden ist: Alle scheinen seit 1976 Carter zu heißen, und selbst entfernteste Verwandte haben ihre Abstammung wiederentdeckt und an den Schaufensterscheiben deutlich platziert.

Geburtsort von Jimmy Carter

Trotz dieses kleinen Rummels bietet Plains aber noch etwas: das bodenständige, ländliche Amerika. Nichts als **Erdnussfarmen** überall und selbst größere benach-

Die Heimat Carters: Plains

barte Orte wie z.B. Americus, scheinen Welten entfernt zu sein von Atlanta und dem „Rest der Welt". Alleine diese Tatsache lohnt den Umweg nach Plains und in diese Region.

Übrigens wurde hier auf den **Erdnussfarmen** früher Baumwolle angepflanzt. Als diese sich nicht mehr absetzen ließ, sattelte man um. Die Farmer aber blieben in den Augen der Nordstaatler immer noch diese „verbissenen Haudegen der Konföderierten", die den anrückenden Unionstruppen während des Bürgerkrieges Kämpfe bis aufs Messer lieferten – selbst dann noch, als ihre Lage aussichtslos erschien. Mit Carter wurde also ein Präsident gewählt, dessen Vorfahren noch verbittert gegen die Union kämpften, und dieses wurde dem „Peanut-Präsidenten" selbst während seiner Amtszeit zur Genüge „aufs Brot geschmiert".

„Peanut-Präsident"

In Plains gibt es auch das **Jimmy Carter National Historic Site** (*300 N. Bond St., www.nps.gov/jica*), sowie das Georgia Welcome Center am Ortsausgang von Plains (Richtung Americus) zu besichtigen. Beides eine Art Touristenbüro, in denen anhand von Informationsmaterial, Bildern und Ausstellungsstücken der Person des ehemaligen Präsidenten reichlich gehuldigt wird. Zudem können Carter's Geburts- und sein Jugendhaus besichtigt werden. Seine Farm wird aber erst nach seinem Tod für die Öffentlichkeit freigegeben werden.

Südlich von **Lumpkin** (nach ca. einer Meile auf der linken Seite), wo es außer einem prächtigen Court House im Ortskern nichts weiter zu sehen gibt, können Sie noch den kleinen Ort **Westville** aufsuchen (folgen Sie einfach den Schildern), wo Familien in einem alten Dorf, dem **Historic Village**, das Leben vor dem Zeitalter der Elektrizität vorführen (*9294 Singer Pond Road, Do–Sa 10–17 Uhr, www.westville.org, $ 10*).

Historisches Dorf

Westlich von Lumpkin befindet sich der **Providence Canyon State Park**, dessen kleiner Canyon erst 150 Jahre alt ist und seine Entstehung der Bodenerosion zu verdanken hat – ausgelöst durch übermäßige Baum-Rodungen und offene Felder. Der Canyon ist bereits 50 m tief und wächst ständig. Ein Fußweg führt in den Grund hinunter (ca. 45 Minuten). Am Canyon-Rand lassen sich sehr schöne Aufnahmen machen: Kontraste bieten die rote und weiße Erde, dunkelgrüne Bäume sowie Kudzu-Pflanzen und dazu der blaue Himmel.

Reisepraktische Informationen Plains/GA

Information

Jimmy Carter National Historic Site: *300 N. Bond St., Plains, GA 31780, ☏ (229) 824-4104, www.nps.gov/jica*

Georgia Welcome Center: *Am Ortsausgang von Plains (Richtung Americus), GA 31780, ☏ (229) 824-7477 od. (229) 824-5373, www.plainsgeorgia.com.*

Unterkünfte

Windsor Hotel $$$$$: *Wenige Minuten von Plains entfernt in östlicher Richtung am US 280 gelegen, 125 W. Lamar St., Americus, GA 31709, ☏ (229) 924-1555* *oder 1-888-297-9567, www.windsor-americus.com. Edles Grandhotel von 1892 im Märchenschloss-Stil. Absolut feines Ambiente. Internationale Spitzenköche und ausgebildetes Fachpersonal runden das Ganze ab.*

Plains Historic Inn: *106 Main Street, Plains, GA 31780, ☏ (229) 824-4517, www.plainsinn.net. Gemütliches kleines, historisches Hotel in der Innenstadt. Die sehr schöne, aber überschaubare Presidential Suite kostet $$$.*

Eufaula

Großer historischer Stadtteil

Folgen Sie nun dem US 280 weiter nach Südwesten und dann dem US 82. Auf der Alabama-Seite (Uhr um eine Stunde zurückstellen!) liegt die kleine Stadt Eufaula, deren historischer Distrikt als der zweitgrößte in Alabama gilt. Beeindruckend sind vor allem die verschiedenen architektonischen Stilelemente, die hier Haus an Haus zu sehen sind. Vor allem entlang der nördlichen Eufaula Avenue und ihrer Nebenstraßen liegen wirklich schöne Häuser. Hervorzuheben ist das **Shorter Mansion**, dessen neoklassizistischer Stil mit seinen übermäßig verzierten Säulen seinesgleichen suchen dürfte. Innen befindet sich ein Museum, das sich mit den früheren Gouverneuren von Alabama befasst (*340 N. Eufaula Ave. Mo–Sa 10–16 Uhr, www.eufaulapilgrimage.com, $ 7*).

Von Eufaula geht es auf dem US 82 nach Montgomery bzw. nach Tuskegee. Dort endet der „Umweg".

Reisepraktische Informationen Eufaula/AL

Information

Chamber of Commerce: *333 East Broad St, Eufaula, AL 36027, ☏ (334) 687-6664, 1-800-524-7529, www.eufalachamber.com od. www.eufaulaalabama.com.*

Unterkunft

Jameson Inn $$: *136 Towne Center Blvd., Eufaula, AL 37027, ☏ (334) 687-7747, www. jamesoninn.com. Ein sauberes Motel mit relativ günstigen Preisen.*

Restaurant

River City BBQ: *1366 North Eufaula Ave, North Hwy 431, ☏ (334) 687-7594. Einer der besten BBQ-Joints in den Südstaaten (so auch die Meinung vieler Gäste, die extra dafür weit anfahren).*

Tuskegee

Kurz vor Tuskegee können sie noch in dem kleinen und etwas schäbig anmutenden Örtchen **Union Springs** anhalten. Vorausgesetzt, Sie verspüren Hunger. Es gibt dort nämlich eine ganze Reihe und für ein Dorf dieser Größe auffallend viele Fastfood-Restaurants der allgemein bekannten Ketten. Mehr als das gibt es jedoch nicht zu sehen. Außer vielleicht einer kurzen Durchfahrt durch den „Historic District", der bestimmt auch schon bessere Zeiten „gesehen" hat.

Interessanter Campus

Tuskegee selbst hat eine Universität (1212 W. Montgomery Rd.) mit einem wirklich großen und interessanten Campus, auf dem sich sehr schöne Gebäude befinden. Den eigentlichen Ortskern von Tuskegee mit seiner Durchgangsstraße können Sie getrost auslassen. Sollte Sie sich nach einer Übernachtungsmöglichkeit umsehen müssen, können Sie ca. zehn Minuten weiter in Richtung des I-85 fahren und sich in den unmittelbar vor und hinter der Autobahnbrücke liegenden zahlreichen Motels der bekannten Marken ein Quartier suchen. Restaurants gibt es dort auch eine ganze Menge.

Tuskegee Institute National Historical Site

Hier, in diesem kleinen unscheinbaren Städtchen im Osten von Alabama, verbirgt sich jedoch noch eine Sehenswürdigkeit, die mittlerweile etwas in Vergessenheit zu geraten scheint, aber einen kurzen Umweg wirklich lohnt – „off the beaten track" sozusagen. An der University of Tuskegee lehrten nämlich bereits zum Ende des 19. Jh. schwarze Professoren, und auch die Studenten waren schwarz. Einer der Universitätsgründer war **Booker Taliaferro Washington** (1855–1915), der als Kind noch auf dem Sklavenmarkt in Virginia für US$ 400 verkauft worden war (seine Nummer: „1 Negro Boy"). Nach dem Bürgerkrieg aber bis hin zu seinem Tod wurde Washington zu einem der berühmtesten und angesehensten Bürgerrechtler Amerikas. Er gründete und leitete über 30 Jahre lang die Universität – ein Werk, das dem Selbstbewusstsein des „dummen und faulen Neger" – wie die Weißen die Schwarzen damals bezeichneten – immensen Auftrieb gab. Einer seiner Angestellten war George Washington Carver (1864–1943), der sich als Agrarexperte einen Namen machte und ebenso berühmt wurde.

Booker T. Washington

Das **George Washington Carver Museum** hier ist sehenswert, und verpassen Sie auch nicht den Film. Der kleine Museumsshop führt sehr interessante Bücher zum Thema Bürgerrechtsbewegung sowie Biografien über schwarze Persönlichkeiten. Nehmen Sie dazu auf dem I-85 bei Tuskegee den Exit „State Route 81" und folgen Sie der Ausschilderung nach Tuskegee. Kurz vor dem Ortseingang nach rechts abbiegen und dem Verlauf der Straße folgen. Touren durch das **Booker T. Washington House** („The Oaks") bzw. durch das Museum sollten man vorher anmelden*: ☎ (334) 727-3200, www.nps.gov/tuin, tgl. 9–16.30 Uhr.*

Montgomery

Montgomery wurde 1819 als Handelsplatz am Alabama River gegründet und entwickelte sich schnell zu einer relativ bedeutenden Stadt. Den Konföderierten diente sie dann als Hauptsitz, und hier war es auch, von wo der Südstaaten-Präsident Jefferson Davis das berühmte Telegramm „Fire on Fort Sumter" abschickte. Ein Wunder eigentlich, dass die Stadt von den Unionstruppen größtenteils verschont worden ist und auch heute noch eine Reihe von älteren Wohnhäusern erhalten ist. Die schönsten davon finden Sie im Garden Historic District (Cloverdale: südlich des I-85). Nach dem Bürgerkrieg blieb die Stadt eine Verwaltungsmetropole, denn es zog die Industrie entweder an die Küste oder ins größere Birmingham.

Eines blieb Montgomery aber doch noch: die Hochburg der konservativen weißen Südstaatler. Dieses konnte nicht ewig gut gehen, zu deutlich waren die Rassendiskriminierungen. Am 1. Dezember 1955 platzte dann den Schwarzen der Kragen.

Redaktionstipps

- Wenn Sie es irgendwie einrichten können, versuchen Sie, ein Ticket für eine Shakespeare-Aufführung zu bekommen. Saison: November–September. (S. 442)
- Bedeutendste Sehenswürdigkeiten: State Capitol; Civil Rights Memorial & Center; Rosa Parks Museum & Library, Old Alabama Town; Dexter Patronage, First White House of Confederacy, Shakespeare Festival. (S. 442ff)
- Beachten Sie, dass die meisten Sehenswürdigkeiten in Montgomery am Sonntag geschlossen sind und auch am Samstag oft früher schließen.
- Zeiteinteilung: Ankunft am Nachmittag. Besichtigen Sie das Civil Rights Memorial und das Rosa Parks Museum & Library, am nächsten Morgen dann evtl. noch die Old Alabama Town und/oder eines der Regierungsgebäude.

info

Der Montgomery Bus-Boykott

Mit Rosa Parks hatte sich wieder einmal eine schwarze Frau in einem Bus geweigert, einem Weißen Platz zu machen – und die Busplätze, wie auch öffentliche Anlagen und viele private Geschäfte waren damals streng nach Ethnien getrennt. „Jim Crow Laws" wurden diese diskriminierenden Gesetze, die noch aus dem 19. Jh. stammten, genannt – paradoxerweise benannt nach einem kirchlichen Gesang von vor dem Bürgerkrieg.

Diesmal aber ließ sich die schwarze Buspassagierin nicht einfach so abspeisen. Nachdem ihre Personalien von der Polizei aufgenommen worden waren, eilte sie zu einem guten Freund, dem Pastor E. D. Nixon. Er fasste schnell einen Plan: Ein Bus-Boykott, dem alle Schwarzen folgen würden, wurde für den folgenden Montag, dem 5. Dezember 1955, angesetzt und in allen Zeitungen und Sonntag auf allen Kanzeln verkündet. Was aber kaum einer für möglich hielt, war die Tatsache, dass die Schwarzen diesem Boykott zu 100 Prozent nachkamen.

Obwohl die meisten von ihnen auf die Busse angewiesen waren, liefen sie meilenweit zur Arbeit, fuhren mit dem Fahrrad oder schlossen sich schnell zusammengestellten Fahrgemeinschaften an („Car Pools"). Schwarze Taxifahrer beförderten ihre Gäste zu Selbstkostenpreisen. Eine alte schwarze Frau, die sich mühsam auf einem Gehweg bewegte, antwortete auf die Frage eines Priesters, ob er sie mitnehmen solle: „My feet are tired, but my soul is at rest".

Dem gewaltlosen Aufstand in Montgomery schloss sich auch ein junger Priester an: Martin Luther King Jr., damals gerade 26 Jahre alt. Bereits bei seiner ersten Rede faszinierte er nicht nur die Schwarzen. Reporter aus ganz Amerika wurden auf ihn und den Aufstand aufmerksam, und bald auch trafen Journalisten aus aller Welt in Montgomery ein.

Der Boykott funktionierte also, nur zog er sich viel länger hin, als es jemals geplant war. Keine Seite wollte nachgeben. Die Busgesellschaft musste – um mehr als 70 Prozent ihrer Gäste „beraubt" – die Preise erhöhen, weißen Geschäftsinhabern in der Innenstadt blieben die schwarzen Kunden fern. Doch auch „die andere Seite" hatte schwere Einbußen: Die – selbst vergünstigten – Taxifahrten gingen an die Substanz, besonders da die weiße Regierungsschicht mit immer neuen Repressalien aufwartete: Schwarze Taxiunternehmen wurden bei Straßenkontrollen wegen kleinster Mängel am Fahrzeug aus dem Verkehr gezogen, und die Anführer des Boykotts, allen voran Martin Luther King, mussten sich vor Gericht wegen „Anstiftung zum Boykott" verantworten.

Rosa Parks bei ihrer Verhaftung

Seinen Höhepunkt erhielt die Geschichte, als am 30. Januar 1956 eine Bombe vor Kings Haus explodierte. Ein blutiger Aufstand war kaum noch zu verhindern. Doch wieder rettete King mit seinem Redegeschick und Charisma die Situation. Er sagte nur wenige Worte, die aber beruhigten nicht nur die schwarzen Gemüter, sondern brachten auch viele Weiße auf seine Seite: *„We cannot solve this problem through retalitory violence. We must meet violence with non-violence. Remember the words of Jesus:,He who lives by the sword will perish by the sword' and remember, if I am stopped, this movement will not stop, because God is with the movement. Go home for this glowing faith and this radiant assurance!"*

Der Boykott zog sich noch 10 weitere Monate hin. Dann erklärte am 13. November der US Supreme Court die Rassentrennung in öffentlichen Verkehrsmitteln für grundgesetzwidrig. Dieser Bus-Boykott in Montgomery bedeutete die Initialzündung für die schwarze Bürgerrechtsbewegung in Amerika. Die Masse der schwarzen Bevölkerung hatte nun Mut und Selbstvertrauen gefasst und war bereit, für ihre Rechte – gewaltlos – auf die Straße zu gehen. Bis zum Ende der 1960er-Jahre waren alle „Jim-Crow"-Gesetze in den Südstaaten aufgehoben.

Rosa Parks wurde mit ihrer Aktion zu einer der Symbolfiguren der Menschenrechtsbewegung, hielt Reden, ermutigte andere Bürgerrechtler und wurde später von Präsident Bill Clinton für ihr Lebenswerk ausgezeichnet. Sie starb 92-jährig im Jahre 2005.

Regierungsgebäude bestimmend

Montgomery hat heute etwas über 200.000 Einwohner (Großraum: 465.000 E.). Touristisch gibt es aber nicht sehr viel zu sehen. Wie z.B. Hauptstädte wie Columbia, Tallahassee oder Baton Rouge wird auch diese Stadt heute fast ausschließlich von den Regierungsgebäuden bestimmt. Am interessantesten ist das Civil Rights Memorial & Center sowie Rosa Parks Library & Museum sowie die Dexter Patronage oder die Alabama Old Town mit den historischen Gebäuden aus den letzten 250 Jahren. Eines aber würde alles in den Schatten stellen: eine Karte für das **Shakespeare-Festival**. Montgomery wurde selbst von englischen Fachleuten als die beste Shakespeare-Bühne Amerikas bezeichnet. Saison: November bis August.

Sehenswertes

Am besten beginnt man die Erkundung am **Visitor Center (1)** im alten und schön restaurierten Union Station in der Water Street. Von hier verkehrt Mo–Sa (*9–18 Uhr*) ein **Trolley-Bus** zu den Sehenswürdigkeiten der Innenstadt. Man kann die Innenstadt auch gut zu Fuß erkunden (nur die Dexter Patronage ist etwas weit). Durch das alte Geschäftszentrum der Stadt, der Commerce Street und nach dem u.g. Hank Williams Museum geht es entlang der unteren Dexter Avenue. Die alten Stadtgebäude mit ihren z.T. verfallenen Fassaden sind ein Indiz dafür, wie sich eine Stadt mit ihren Vorstadt-Malls wandeln kann. Wo vor 50 Jahren noch das Leben pulsierte und ausgesuchte Geschäfte zu finden waren, bemüht sich die Stadtverwaltung heute, zumindest wieder etwas Leben hineinzubringen. Bis zum Erfolg scheint es aber noch ein weiter Weg.

Hank Williams Museum (2)

Erinnerungen an den Country-Sänger

Der bekannte Country-Sänger war ein Kind der Stadt und verbrachte hier einen großen Teil seines Lebens. Er starb 1953 im Alter von nur 29 Jahren und wurde in Montgomery begraben (Oakwood Cemetery, Upper Wetumpka Rd., nordöstl. der Innenstadt). Zahlreiche Memorabilien aus Hank Willams' Leben sind hier zu bewundern (etwas wild zusammengestellt) und zwei Blocks entfernt (Ecke Madison/Perry Sts.) erinnert eine **Statue (3)** an ihn (*118 Commerce St. Mo–Fr 9–16.30, Sa 10–16, So 13–16 Uhr, $ 10*).

Old Alabama Town (4)

Auf 6 Häuserblocks verteilt, hat man über 20 Gebäude wieder aufgebaut, die jedes für sich eine Stil- bzw. Zeitepoche in der Geschichte von Alabama widerspiegeln sollen. An einigen Häusern werden alte Handwerkskünste vorgeführt, in anderen befinden sich Souvenirläden. Viele Häuser sind auch von Firmen besetzt und daher nicht von innen zu besichtigen. Einen guten Eindruck erhalten Sie aber schon, selbst wenn Sie nur von außen an den Häusern entlang spazieren (*Columbus St., zw. N. McDonough u. Hull Sts. Mo–Sa 9–16 Uhr, www.oldalabamatown.com. Im Infocenter gibt es eine genaue Beschreibung der Häuser – auch auf Deutsch – bzw. einen Audioguide, $ 10*).

State Capitol (5)

Einstiger Regierungssitz

Das stattliche Gebäude mit seiner typischen Kuppel wurde 1851 errichtet und beherbergte von 1860 bis 1865 die Regierung der konföderierten Staaten. Vor einigen Jahren wurde das gesamte Gebäude – welches heute nicht mehr für Senatssit-

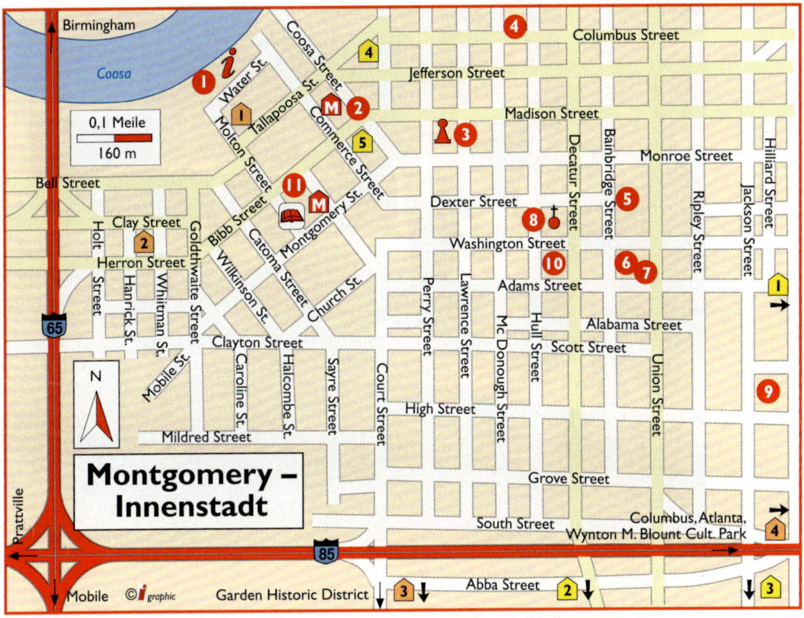

1 Visitor Center (Touristeninformation)
2 Hank Williams Museum
3 Hank Williams Statue
4 Old Alabama Town
5 State Capitol
6 Alabama Department of Archives and History
7 First White House of the Confederacy
8 Dexter Avenue King Memorial Baptist Church
9 Dexter Parsonage
10 Civil Rights Memorial & Center
11 Rosa Parks Library and Museum

Unterkünfte
1 Embassy Suites
2 Red Bluff Cottage
3 The Lattice Inn B&B
4 Ramada

Restaurants/Pups
1 Sophia's BBQ
2 The Chophouse Vintage Year
3 Jubilee Seafood Restaurant
4 Montgomery Brew Pub
5 Sous la Terre

zungen benutzt wird – kostenaufwendig renoviert. Der Besuch ist kostenlos, und Sie können einfach herumlaufen. Interessant sind vor allem die Gemälde in der Rotunde, die sich mit der Geschichte Alabamas befassen (*Bainbridge Street/Dexter Avenue, geöffnet Mo–Fr 9–16 Uhr, geführte Touren: Sa 9, 11, 13 u. 15 Uhr (Eingang 1 North Union St.) bzw. auf Anfrage unter der Woche, www.preserveala.org/capitol*).

Alabama Department of Archives and History (6)

Archiv zur Geschichte Alabamas

Das Museum zeigt Exponate zur Geschichte von Alabama, während Interessierte in den Archiven die Möglichkeit erhalten, sich anhand von speziellerer Literatur mit der Geschichte von Alabama, den Südstaaten und den Bürgerrechtsbewegungen auseinanderzusetzen. Als Archiv bietet diese Sammlung bestimmt den besten Einblick in Themengebiete, den Süden der USA betreffend (*624 Washington Avenue,*

Nachgestellte Szene im Rosa Parks Museum

Museum Mo–Sa 8.30–16.30 Uhr, Archiv: Di–Fr 8.30–16.30 und jeden zweiten Sa im Monat 8.30 –16.30 Uhr, www.archives.state.al.us).

First White House of the Confederacy (7)
In diesem Haus lebte der Südstaaten-Präsident Jefferson Davis mit seiner Familie von Januar bis Mai 1861. In dieser Zeit wurde das Staatswesen der Konföderierten Staaten im Capitol organisiert. Heute sind ein paar seiner Besitztümer hier zu sehen und einige Andenken aus der Zeit des Bürgerkrieges (*644 Washington Avenue, Mo–Fr 8–16.30, Sa 9–16 Uhr, www.firstwhitehouse.org, freier Eintritt*).

Dexter Avenue King Memorial Baptist Church (8)
Hier begann Martin Luther King Jr. 1954 seine Laufbahn als Prediger. An den Wänden finden Sie einige Erinnerungsstücke und Bilder aus Kings Leben bzw. betreffs der Bürgerrechtsbewegungen. Gewohnt hat er von 1954–60 in der **Dexter Parsonage (9)** (*309 S. Jackson St., 10 Minuten zu Fuß von hier*), das heute als kleines Museum zugänglich ist und die Geschichte der Gemeinde und die Bedeutung ihrer Pastoren für die Bürgerrechtsbewegung aufzeigt. Neben King war auch sein Vorgänger Pastor Johns (1947–52) sehr engagiert (*454 Dexter Avenue. Di–Fr 10–16 Uhr, Sa 10–14 Uhr. Gottesdienste können besucht werden: So um 11 Uhr, www.dexterking memorial.org*).

Engagierte Pastoren

Civil Rights Memorial (10)
Dieses kleine, aber eindrucksvolle Monument ist den 40 Menschen gewidmet, die während der „heißen Phase" der Bürgerrechtsbewegungen (1955–68) für ihre Idee ihr Leben lassen mussten. Die Gedenkstätte wurde 1989 errichtet. Designerin war

die Vietnamesin Maya Lin, sich auch das Vietnam War Memorial in Washington erdacht hatte. Angeschlossen ist das Civil Rights Memorial Center mit Erläuterungen zur Geschichte der Bürgerrechtsbewegungen (*Ecke Washington Avenue/Hull Street. 24 Stunden zugänglich*).

Geschichtsdaten der bekanntesten amerikanischen Bürgerrechtsgruppe, der NAACP

info

Die NAACP (National Association for the Advancement of Colored People) hat sich das Ziel gesetzt, sich für die Gleichheit der Bevölkerungsgruppen einzusetzen und dieses nicht nur in Amerika.

1909 Gründung durch W.E.B. Du Bois und ein paar weiße Liberale, nachdem in Springfield, ILL, 2 Schwarze von einem Mob gelyncht worden sind.
1915 Erfolgreich kämpft die NAACP vor dem Supreme Court für die Aufhebung des „Grandfather Device", eines alten Antebellum-Gesetzes, das die Rassentrennung immer noch legalisiert hatte. Dagegen verliert die Gruppe in einem Prozess um das Verbot des Ku-Klux-Klan-Filmes „Birth of a Nation", in dem die Schwarzen als gewalttätig und der Entwicklung des Landes hinderlich dargestellt werden.
1917 Erster Bürgerrechtsmarsch der NAACP in New York mit 15.000 Teilnehmern als Folge von Gewalttätigkeiten gegen Schwarze in St.Louis.
1919 Die NAACP veröffentlicht den Bericht „Thirty Years of Lynching in the USA 1889–1913", in dem 3.200 Fälle von Lynchjustiz an Schwarzen dokumentiert werden.
1939 Der Federal Court urteilt, dass ein Gesetz im Staate Maryland, das niedrigere Löhne für schwarze Lehrer vorsieht, gegen die Verfassung verstößt.
1941 NAACP übt Druck auf Präsident Roosevelt aus und zwingt ihn, diskriminierendes Verhalten von Kriegsfirmen zu unterbinden.
1954 Mit dem „Brown against Board of Education" (Brown gegen das Bildungsministerium)-Urteil setzt der Supreme Court fest, dass getrennte Schulen verfassungswidrig sind.
1955 Rosa Parks, eine Mitarbeiterin der NAACP, wird in Montgomery verhaftet, nachdem sie ihren Sitz nicht einer Weißen überlassen will. Der „Montgomery Bus Boycott" ist die Folge.
1956 Regierungen verschiedener Südstaaten erklären die NAACP zu einer „subversiven Vereinigung, die den Fortschritt der Nation behindert" und beginnen mit einer Reihe von Repressalien.
1957 Die NAACP hilft 9 schwarzen Schülern in Little Rock, AR, eine (bis dahin „weiße") High School zu besuchen.
1963 Bürgerrechtsmarsch in Washington mit über 200.000 Teilnehmern, darunter vielen Weißen. Im Staate Mississippi wird der NAACP-Führer Medgar Evers ermordet.
1964 Erfolgreicher Kampf der NAACP für die Gleichstellung aller Bevölkerungsgruppen bei Einstellungen, Besuch von öffentlichen Einrichtungen und bei Schulbesuchen.
1965 Der „Voting Rights Act" verbietet es Staaten, bei Wahlen diskriminierende Verhaltensweisen zu gebrauchen.
1970–1985 Verschiedene Initiativen der NAACP für die Gleichstellung aller Bevölkerungsgruppen – besonders was das Wahlrecht und die getrennten Schulen angeht.

info

1986 Die NAACP zwingt die Bundesregierung zu Sanktionen gegen Südafrika.
1994 Die NAACP gerät ins politische Schussfeld, nachdem ihr Verbindungen mit kriminellen Banden und dem antisemitischen Führer der Gruppe „Nations of Islam" nachgesagt werden.
2000 Am 17. Januar organisiert die NAACP einen „Great March" in Columbia, SC, bei dem gegen das Hissen der Flagge der Konföderierten an öffentlichen Gebäuden protestiert wird. 50.000 Menschen nehmen daran teil und in allen Südstaaten wird die Frage erneut zu einem Politikum.
2001 Unter dem Namen „Cincinnati Riots" beschließt der NAACP einen Strategieplan. Er beinhaltet verschärfte Vorgehensweisen gegen Menschenrechtsverletzungen.
2005 Rosa Parks stirbt 92-jährig.

Rosa Parks Library & Museum (11)
Das Museum wurde an der Stelle erbaut, an der Rosa Parks sich geweigert hat, ihren Sitzplatz im Bus aufzugeben (s. S. 440f). Im Museum wird auf die **Geschichte der Bürgerrechtsbewegung** eingegangen und eben besonders auf die Bedeutung von Rosa Parks und ihr Handeln. Zu sehen gibt es einen Nachbau des Busses und viele Dokumente und Filmausschnitte dokumentieren die unruhigen Jahre. Übersichtlich und gut zusammengestellt! (*252 Montgomery St. Mo–Fr 9–17 Uhr, Sa 9–15 Uhr, http://trojan.troy.edu/community/rosa-parks-museum/, $ 7,50*)

Wer noch Lust hat, etwas herumzufahren, dem bieten sich folgende Punkte an:
Der **Garden Historic District** südlich des I-85 (Cloverdale zwischen S. Court

Nachbau des Busses im Rosa Parks Museum, in dem der „Montgomery Bus Boycott" ausgelöst wurde

Street und S. Ripley Street) mit seinen schönen Wohnhäusern, die z.T. noch von vor dem Bürgerkrieg stammen. Das Shakespeare Theatre und das Museum of Fine Arts, die sich beide – miteinander verknüpft – im Osten der Stadt im Wynton M. Blount Cultural Park befinden. Nehmen Sie den I-85 bis zum Exit Eastern By-Pass und folgen Sie von dort den Schildern.

Reisepraktische Informationen Montgomery/AL

Vorwahl: ☎ 334

Information

Montgomery Visitor Center: *300 Water St., Montgomery, AL 36104, Innenstadt, im alten, schön renovierten Union Station. ☎ (334) 262-0013, www.visitingmontgomery.com. Von hier fahren auch die Trolley-Busse ab (Mo-Sa). Auf der Rundfahrt durch die Innenstadt („hop-on/hop-off") erklärt der Fahrer die Geschichte der Stadt und einige Dinge zu den Sehenswürdigkeiten.*

Unterkunft

In der Innenstadt empfehlen sich nicht allzu viele Hotels. Man kann auch auf die Hotels/Motels an den Interstates-Kreuzungen ausweichen.

Embassy Suites $$-$$$ **(1)**: *300 Tallapoosa St., Montgomery, AL 36104, ☎ (334) 269-5055, www.embassysuitesmontgomery.com. Das Hotel liegt direkt neben dem alten Union Station und liegt damit ideal zum Visitor Center und dem dort abfahrenden Trolley-Bus. Restaurant im Haus.*

The Lattice Inn B&B $$-$$$ **(3)**: *1414 S. Hull St., Historic Garden District (nahe Innenstadt), Montgomery, AL 36104, ☎ (334) 262-3388, www.thelatticeinn.com. Freundliches, erfrischend „buntes" B&B mit 3 Suiten. Salzwasser-Pool, Hot Tub und ein Gartengrill, auf dem man sein Steak zubereiten darf.*

Red Bluff Cottage $$ **(2)**: *551 Clay St., Montgomery, AL 36101, ☎ (334) 264-0056, www.redbluffcottage.com. Bed&Breakfast-Haus im Historic Cottage Hills District. Viele alte Möbel in altem Gebäude. Empfehlenswert wegen seiner umfangreichen Bibliothek, in der das Stöbern lohnt. Nur 4 Zimmer, daher unbedingt vorbuchen.*

Ramada $$ **(4)**: *1185 Eastern Blvd., am Exit 6 des I-85, Montgomery, AL 36117, ☎ (334) 356-3335, www.ramada.com. Motel im 1970er-Jahre-Stil, dafür aber mit etwas mehr „Charme" als die neuen Motels. Großer Pool, Spielflächen für Kinder. Nahe zahlreicher Restaurant-Ketten an großen Malls.*

Restaurants

Hinweis: *Viele Restaurants haben sonntags geschlossen. Vorher anrufen!*

Sophia's BBQ (1): *1055 Adams Ave, ☎ 269-1177. Klasse BBQ-Gerichte. Nur 7–19 Uhr. So geschlossen.*

The Chophouse Vintage Year (2): *405 Cloverdale Rd., ☎ 264-8463. Seafood und Steaks. So u. Mo geschlossen. Teuer.*

Jubilee Seafood Restaurant (3): *1057 Woodley Rd., Cloverdale Plaza, ☎ 262-6224. Südstaaten-Fischgerichte, oft auch mit karibischem Einfluss.*

Pubs/Livemusik/Nightlife

Montgomery Brew Pub (4): *12 W. Jefferson St., Innenstadt, ☏ 834-2739. Microbrews und Pubfood. Sonntags geschlossen.*

1048 East Fairview *Jazz & Blues Club: 1104 E.Fairview Ave., ☏ 834-1048. Kleine Kneipe in altem Holzhaus. An Wochenenden gibt's hier Jazz und Blues live. In der Woche eher Rockmusik. 3 Meilen zur Innenstadt.*

Ruddle's Pub: *3133 Bell Rd., ☏ 277-8710. Lebendiger englischer Pub. Amerikanische Küche mit Steaks, Burgern etc. sowie Shepherd's Pie und sogar ein paar deutsche Speisen Oft Livemusik. 7 Meilen östlich der Innenstadt.*

Gator's: *Shopping Mall Ecke East Blvd./Vaughn Rd. (Südost-Ecke), ☏ (334) 274-0330. Neighbourhood-Restaurant mit angeschlossenem Pub. Oft Livemusik. Gute Gumbo und auch Jambalaya, karibische Gerichte, ansonsten typisches Pubfood und einfach eingerichtet. 6 Meilen östl. der Innenstadt.*

Sous La Terre (5): *82 Commerce Street/Ecke Bibb St., ☏ (334) 265-2069, www.souslaterre.com: Keineswegs ein nobler Laden und auch sonst wird er nicht jedermanns Geschmack treffen. Hierbei handelt es sich um einen Jazz- und Blues-Club, dessen Räumlichkeiten in einem ehemaligen Bunker der Konföderierten untergebracht sind. Oft wird erst morgens um 0.30 Uhr – und das meist auch nur von Donnerstag bis Samstag – hier geöffnet. Dann aber starten prominente, aber auch junge Jazzmusiker ihre „Session". Was dabei herauskommt, ist nicht vorhersehbar. Mal ist es melodischer Dixieland, mal Freejazz, mal vielleicht nur wildes „Üben". Eines ist aber sicher. Die Stimmung ist gut, die Musiker wirklich erstklassig und das Jazzerlebnis perfekt. Im Obergeschoss gibt es noch die Pianobar (La Salle Bleu), die nur unter der Woche nachmittags und abends geöffnet ist.*

Öffentliche Verkehrsmittel

Überlandbusse: *Greyhound Station. 950 W. South Blvd., ☏ (334) 286-0658.*

Stadtbusse: *Montgomery Area Transit System (MATS). Die Busse fahren aber nur bis abends. Im Grunde für Reisende nur bedingt zu empfehlen. Infos: ☏ (334) 240-4012, www.montgomerytransit.com.*

Trolleybus *zu den Sehenswürdigkeiten der Innenstadt: Vom Visitor Center in der Water Street, Mo bis Sa 9–18 Uhr*

Taxis

Yellow Cab: ☏ 262-5225

Selma

Auf den Karten nur sehr klein eingezeichnet, ist Selma doch ein Ort, der wie kaum ein anderer die Geschichte des Südens widerspiegelt – mit allen ihren Höhen und Tiefen! Am 18. Oktober 1540 traf der spanische Eroberer **Hernando de Soto** hier mit dem Indianerhäuptling **Tuskaloosa** zusammen (der Ort Selma existierte zu dieser Zeit noch nicht). Ein Treffen, das mit einem Gemetzel an den Indianern endete. Nachdem Selma 1815 gegründet wurde, wuchs es schnell zu einer bedeutenden **Baumwoll-Metropole** heran, und das 9 Meilen entfernte Cahawba fungierte für wenige Jahre sogar als Hauptstadt von Alabama.

Viele Villen entstanden vor dem Bürgerkrieg, und während des Krieges diente die Stadt als wichtiges Versorgungszentrum für die Südstaatenarmee. 1865 wurde Selma eingenommen, doch die Baumwolle bescherte den Bewohnern auch nach dem Krieg einen soliden Wohlstand.

Anfang März 1965 dann geriet die kleine Stadt in die Schlagzeilen: Am „**Bloody Sunday**" machten sich Tausende von Schwarzen – und auch weiße Bürgerrechtler – auf, um über die **Edmund Pettus Bridge** nach Montgomery zu marschieren, wo sie eine Protestnote übergeben wollten. Kaum hatten sie die Brücke überquert, fanden sich die friedlichen Demonstranten im Kugelhagel der aufmarschierten Nationalgarde wieder, und viele wurden niedergeknüppelt. Es gab unzählige Verletzte. Am 21. März 1965 setzte sich daraufhin erneut eine Gruppe von Bürgerrechtlern in Marsch, angeführt von **Martin Luther King Jr**. Diesmal wurden sie durchgelassen und, angekommen in Montgomery, bewirkte diese Kundgebung das Passieren des „**Nation's Voting Rights Act**". Von nun an durfte jeder wählen, egal welche Hautfarbe er trug.

Demonstrationen für das Wahlrecht

Gleich hinter der Brücke in Selma liegt das **Slavery and Civil War Museum** (*1410 Water Ave., Di–Fr 11–17, Sa 11–15 Uhr (Dez./Jan. geschlossen), $ 5*), in dem auf den Bürgerkrieg und die Geschichte der Sklaverei und deren Zusammenhänge eingegangen wird. In der Water Avenue sind ein paar alte Stadthäuser zu sehen, zudem kann man sich den **Historic District** um die Lawrence Street anschauen.

Zudem gibt es die **Brown Chapel AME Church** (*410 Martin Luther King Street*) zu besichtigen. Im **Old Depot Museum** (*4 Martin Luther King Jr. St., Mo–Sa 10–16 Uhr, $ 4*) wird die Geschichte von Selma seit seiner Gründung erzählt. Das **National Voting Rights Museum** (*6 US 80 E., Mo–Sa, www.nvrmi.com, $ 6,50*) beschäftigt sich besonders mit dem Marsch der Bürgerrechtler und dem Recht zu wählen.

Selma kann man wirklich als „Off the beaten path" bezeichnen, und es ist durch seine Provinzialität, die beschauliche Südstaatenatmosphäre und seine interessante, aber zumeist heruntergekommene Architektur immer noch ein Geheimtipp! Eine Übernachtung in Selmas historischem St. James Hotel böte sich als Alternative zu Montgomery an.

Abseits der Touristenpfade

Falls Sie noch etwas Zeit haben sollten, fahren Sie nach **Cahawba**, um zu sehen, wie schnell eine einst bedeutende Stadt sich (fast) in nichts auflösen kann.

Weiter geht es nun in südlicher Richtung. Folgen Sie den Hwys.: 41, 47, 21, 1 und 59, also immer dicht entlang dem Alabama River. Die Landschaft hier ist bestimmt von Agrarflächen: Baumwolle, Reis und Getreide, die kleinen Orte wirken verschlafen und etwas trostlos.

Reisepraktische Informationen Selma/AL

Information

Selma Welcome Center: *132 Broad Street, Selma AL 36701, ☏ (334) 875-7241 (County CVB), www.selmaalabama.com.*

Übernachtung und Restaurant

St. James Hotel *$$: 1200 Water Ave., Selma, AL 36701, ☏ (334) 872-3234, http://historicstjameshotel.com/. Schön restauriertes Hotel aus der Zeit des beginnenden 19. Jahrhunderts. Direkt am Fluss gelegen und unter Denkmalschutz gestellt. Die Suiten ($$$) haben Jacuzzis. Restaurant und Bar im Haus. Zudem direkt im Zentrum nahe der Sehenswürdigkeiten gelegen.*

Hotels und Motels der bekannten Ketten findet man zur Genüge entlang des AL Hwy. East und der West Highland Ave.

Monroeville

Die kleine Stadt nennt sich heute gerne auch die „**Literature Capital of Alabama**", denn zwei berühmte Schriftsteller kommen von hier. Einer ist **Truman Capote** (u.a. „Breakfast at Tiffany's", „Grass Harp"), die andere **Nelle Harper Lee**,

Old Monroe County Courthouse Museum

deren erfolgreicher Roman „To kill a Mockingbird" (dt.: „Wer die Nachtigall stört") ihr 1961 den Pulitzer Prize einbrachte. Lee's Roman erzählt die Geschichte von einem Anwalt, der in den 1930er-Jahren einen Schwarzen verteidigt, dem vorgeworfen wird, eine weiße Frau vergewaltigt zu haben. Vorbild für den Ort der Geschehnisse war Monroeville, hieß im Roman aber Macomb. Das Gerichtsverfahren wird heute noch alljährlich im Mai im **Old Monroe County Courthouse Museum** (*Courthouse Sq., Di–Fr 10–16, Sa 9–12 Uhr, www.tokillamockingbird.com, freier Eintritt*) als Theaterstück aufgeführt.

Schauplatz des bekannten Romans

Sicherlich ist es interessant, einmal durch eine Stadt zu fahren, die Vorbild für so eine Geschichte gewesen ist und die stellvertretend für viele andere Kleinstädte im Süden der USA zu Zeiten der Bürgerrechtsbewegung stehen kann. Zu sehen gibt es sonst aber nicht viel. Das 15 Meilen entfernte **Alabama River Heritage Museum** (Claiborne Lock&Dam, Franklin) nordwestlich der Stadt, das die Geschichte der ehemals hier ansässigen Indianer, die des Countys sowie die der Flussdampfer beleuchtet hat, wurde leider bis auf weiteres geschlossen. *Infos: www.tokillamocking bird.com.*

Reisepraktische Informationen Monroeville/AL

Information

Monroeville Area Chamber of Commerce: *86 North Alabama Ave, Monroeville, AL 36460, ☏ (251) 743-2879, www.monroecountyal.com.*

Tour/Besichtigung

Für Interessierte gibt es im Touristenbüro eine Broschüre („Monroeville-in-the-1930s-Walking Tour") mit Erklärungen zu den einzelnen Stationen und geschichtlichen Hintergründen im Rahmen einer zu erlaufenden Wegstrecke durch den Ort. Die Touren finden jeden Freitag auch unter Anleitung statt und starten am Old Court House Museum.

Unterkunft

Days Inn $$: *4389 S. Alabama Ave., Monroeville, AL 36460, ☏ (251) 743-3297 oder 1-800-359-2522, www.daysinn.com. Sauberes und ruhiges Motel am Ortseingang mit einem kleinen Swimmingpool. Die indisch/englischen Manager sind sehr nett.*
Weitere Motels gibt es am Hwy. 21 South und an der South Alabama Ave.

Restaurant

Außer den üblichen Fastfood-Ketten gibt es nicht viel (diese aber dafür in stattlicher Anzahl). Lediglich eine Empfehlung etwas abseits des Ortskerns:
David's Catfish House: *145 Hwy. 84 E., Monroeville, ☏ (251) 575-3460. Saftig gegrilltes Seafood und Steaks zu fairen Preisen. Nur Di–Sa.*

7. Die nördlichen Südstaaten

Chattanooga

Entfernungen
Chattanooga – Knoxville: 112 mi/ 180 km
Chattanooga – Nashville: 129 mi/ 208 km
Chattanooga – Memphis: 322 mi/ 518 km

Hinweis
zur Route → Karte S. 383

Überblick und Geschichte

Gegründet wurde die Stadt am Tennessee River 1835 als Handelsposten von Cherokee-Indianern. Sie gaben ihr den Namen „Tsatanugi". Das bedeutet so viel wie: „Der Berg, der zu einem Punkt" kommt, womit der alles beherrschende **Lookout Mountain** gemeint war. Auch im weiteren Umland ist Chattanooga von mehreren Bergen umgeben, was es bereits früh zu einem beliebten Ausflugsziel gemacht hat. Nachdem die Indianer 1839 auf ihrem tragischen „Trail of Tears" die Stadt verlassen mussten, kamen die ersten Siedler.

Mehrere Eisenbahnlinien und Straßen machten den um 1860 erst 2.500 Einwohner zählenden Ort zu einem wichtigen Verkehrsknotenpunkt. Diese Tatsache erkannten dann während des Bürgerkrieges auch die Generäle der Unionsarmee. Sie bereiteten 1863, nachdem sie bereits zuvor bei Gettysburg und Vicksburg die Konföderierten vernichtend an den Flanken schlagen konnten, den Angriff auf Chattanooga vor, um dann von hier aus ihren **„Marsch zum Meer"** beginnen zu können. Mit dem Sieg auf diesem Schlachtfeld und den Siegen von Vicksburg und Gettysburg war die Niederlage der Südstaaten und die Aufsplitterung ihrer Truppen endgültig besie-

Redaktionstipps

- Übernachten Sie nach Möglichkeit in einem Waggon des „Chattanooga Choo-Choo"-Hotel (S. 463). Rechtzeitig reservieren!
- Dinieren: Wegen der einmaligen Atmosphäre eines luxuriösen alten Eisenbahnspeisewagens sollten Sie im „Dinner in the Diner" speisen (nur Fr u. Sa). Rechtzeitige Reservierung empfehlenswert. (S. 464)
- Ohne das Verständnis für den komplizierten Ablauf der Bürgerkriegs-schlachten lohnt der Besuch des gesamten Military Park nicht. Besuchen Sie daher das „Battles for Chattanooga Museum" und sehen Sie sich auch den Film im Visitor Center des Military Park an. (S. 460)
- Zeiteinteilung: 1 Tag: Am Ankunftsabend bzw. am Morgen zuerst den Chattanooga-Choo-Choo Bahnhof anschauen. Nächste Station sollte das „Battles for Chattanooga Museum" sein. Anschließend zum Lookout Mountain fahren. Am schönsten ist die Aussicht vom Point Park. Am Nachmittag steht der Abschnitt des Military Park am Chickamauga an.

gelt. 1876 wurde in Chattanooga die erste Coca-Cola-Abfüllanlage eingerichtet. Das brachte Startkapital für die wirtschaftliche Entwicklung der Stadt, und eine Reihe von Villen am Lookout Mountain wurde mit diesem Geld finanziert. Ein Geschäftsmann eines alteingesessenen Cola-Clans hat übrigens gut hundert Jahre später 30 Millionen Dollar gespendet für den Bau des Tennessee Aquariums.

Im beginnenden 20. Jh. entwickelte sich Chattanooga zu einer hässlichen Industriestadt. Bis in die 1980er-Jahre hinein galt die Stadt mit ihren zahlreichen Metall verarbeitenden Betrieben und Kraftwerken als die „Dreckschleuder der Nation". Moderne Filteranlagen und das langsame Aussterben der Schwermetall-Branche haben diesen negativen Effekt mittlerweile nahezu ausgemerzt. Heute hält vor allem der Tourismus Einzug, und besonders an den Wochenenden strömen Urlauber aus Atlanta, Birmingham und Nashville in die Stadt.

Wachsender Tourismus

Die Wirtschaft der 155.000 Einwohner (Großraum 660.000 E.) zählenden Stadt basiert auf der Metallindustrie, Kraftwerksanlagen (Kohle und Atomkraft), Keksfabriken sowie der Tatsache, dass die Stadt ein bedeutender **Eisenbahnknotenpunkt** ist. Architektonisch und strukturell aber befindet sich Chattanooga – eine Stadt mit überwiegend Lagerhäusern und mittelständischen Industriebetrieben – im Umbruch. Viele Wirtschaftsgebäude stehen leer, und noch bemühen sich viele Stadtteile um eine Neuentwickelung. Bleibt also abzuwarten, wo sich mittelfristig die interessanten Geschäfte und Restaurants ansiedeln werden. **Lohnende Gebiete** sind aber heute schon der Chattanoogaa Choo Choo District, der sich in und um den alten Bahnhof befindet, der Bluff View Art District, der Tennessee Riverwalk (um das Aquarium) und einige restaurierte Straßenzüge in der Innenstadt.

Stadt im Umbruch

Chattanooga ist eine besuchenswerte Stadt für Eisenbahnfans, Interessierte am Bürgerkrieg und Hobbyfotografen, welche sich begeistert für Schwarz-Weiß-Aufnahmen auf die alten Industrieanlagen und Lagerhausfassaden stürzen werden. Wen keiner dieser drei Punkte lockt, der sollte nur eine Nacht hier bleiben, sich

Der Chattanooga Choo-Choo im Bahnhof

kurz im Chattanooga Choo Choo District umschauen, den grandiosen Blick vom Point Park genießen und anschließend weiterfahren.

Tipp
Wer die ganze Stadt erkunden möchte, sollte dem dem „Scenic Drive" folgen, der gut gekennzeichnet ist mit kleinen Schildern, auf denen eine Dampflokomotive abgebildet ist. Eine Erläuterungskarte dazu gibt es im Visitor Center.

Entlang dem Scenic Drive

Geografisch lassen sich die touristisch interessanten Punkte in 4 Abschnitte einteilen:

Zentrum	Innenstadt, Riverfront und Chattanooga Choo Choo District
Südlich	Um den Lookout Mountain
Südöstlich	Chickamauga-Schlachtfeld, Gebiet des gleichnamigen Military Park
Östlich	Tennessee Valley Railroad

Sehenswertes

Innenstadtgebiet

Beim Visitor Center neben dem Aquarium gibt es u.a. die hilfreiche Karte mit der Erläuterung des „Scenic Drive". Wer nicht alles zu Fuß erlaufen möchte, dem sei der (elektrische) Shuttle-Bus empfohlen, der die wesentlichen Sehenswürdigkeiten der Stadt abfährt. Ein guter Startpunkt hierfür sind der Choo-Choo-Bahnhof (gute Parkplätze im Umfeld) bzw. das Visitor Center (Parkplätze am Aquarium).

Ross's Landing Park und Tennessee Riverwalk (1)

In den letzten Jahren wurde das Areal am Flussufer zwischen der I-75-Brücke im Westen und der Veterans Bridge im Osten zu einem attraktiven Viertel umgestaltet. Neben dem Aquarium gibt es zahlreiche Restaurants, Spazierwege nahe dem Ufer und über die Walnut Street Bridge (keine Autos, schöne Aussicht auf Tennessee River und Stadt!) sowie den Bluff View Art District mit dem Hunter Art Museum und weiteren Restaurants. Etwas modern an manchen Ecken, aber sehr beliebt auch bei den Einheimischen. Leider finden nur wenige Menschen am Abend den Weg hierher.

Attraktives Viertel am Fluss

Tennessee Aquarium (2)

Bereits der Bau fasziniert durch seine pyramidenähnliche Glasfassaden. Das Süßwasseraquarium – übrigens eines der größten seiner Art in der Welt – ist sehr eindrucksvoll gestaltet: Die Fauna von 6 Süßwasserflüssen wird erläutert und zudem wird in einem extra angelegten Hartholzwald die Biologie des Tennessee River veranschaulicht („Tennessee River Gallery"). Auch speziell über das Mississippi-Delta und den Golf von Mexiko gibt es einen Bereich. Angeschlossen ist ein IMAX-Kino, in dem Unterwasserfilme in 3D-Format gezeigt werden. Das Kino befindet sich Ecke Chestnut/2nd Sts. (*One Broad Street (am nördlichen Ende der Broad Street), tgl. 10–18 Uhr, www.tennis.org. $ 25, IMAX $ 10, auch Kombitickets*).

Bluff View Art District (3)

Auf einer Anhöhe östlich des Aquariums wurde dieses Viertel nett herausgeputzt. Alte Häuser mit Galerien, Cafés und Restaurants locken tagsüber viele Besucher

Chattanooga – Übersicht
Unterkünfte
1 Chattanooga Choo-Choo Hotel
2 Days Inn Rivergate
3 Chattanooga Doubletree Hotel
4 Bluff View Inn B&B
5 Delta Queen Hotel
6 Sky Harbor Bavarian Inn
7 Chanticleer Inn
Restaurants
1 212 Market St. Restaurant
2 Porkers Bar-B-Que
3 Dinner in the Diner
4 Big River Grille & Brewing Works
5 Tony´s
6 Mount Vernon
7 Boathouse Rotisserie & Raw Bar
Signal Mountain
Raccoon Mountain
Lookout Mountain
Missionary Ridge
WILLIAMS ISLAND
Tennessee River
Tennessee Riverpark
The Boat-house
DOWN-TOWN
Rhea Harbor, Dayton
Ashland Terrace
Access Rd.
Dupont Pkwy
Hixson Pike
Amnicola Highway
Wilcox Blvd.
Dodson Avenue
Market St.
Broad Street
3rd Street
McCallie Ave.
M.L.King Blvd.
Central Ave.
Holtzclaw
Main Street
23rd Street
Shallowford Rd.
Brainerd Rd.
Moore Rd.
Belvoir
Ringgold Rd.
Rossville Blvd.
Dodds Avenue
St. Elmo Ave.
Cummings Hwy.
Battlefield Pkwy.
Nashville, Birmingham
TENNESSEE
GEORGIA
8 Dragon
10 Incline
11 Rock
12 Battles
14 a)
b)
c)
d)
15
16
© graphic

N
1 Meile
1,6 km
Lake Resort Drive
Chickamauga Lake
Booker T. Washington State Park
58
153
Jersey Pike
Knoxville
Bonny Oaks Drive
15
Cromwell Rd.
Shallowford Rd.
Shepherd Rd.
Airport Rd.
75
Lee Highway
8
Atlanta
Dreams Museum
onal Towing & Recovery Museum
ahn (Railway) / Zahnradbahn
ty Gardens
or Chattanooga Electrical Map & Museum /
rk
ls
auga & Chattanooga National Military Park
amauga-Schlachtfeld
Point
Park
ard Knob
ee Valley Railroad – East Chattanooga
ee Valley Railroad – Grand Junction Depot

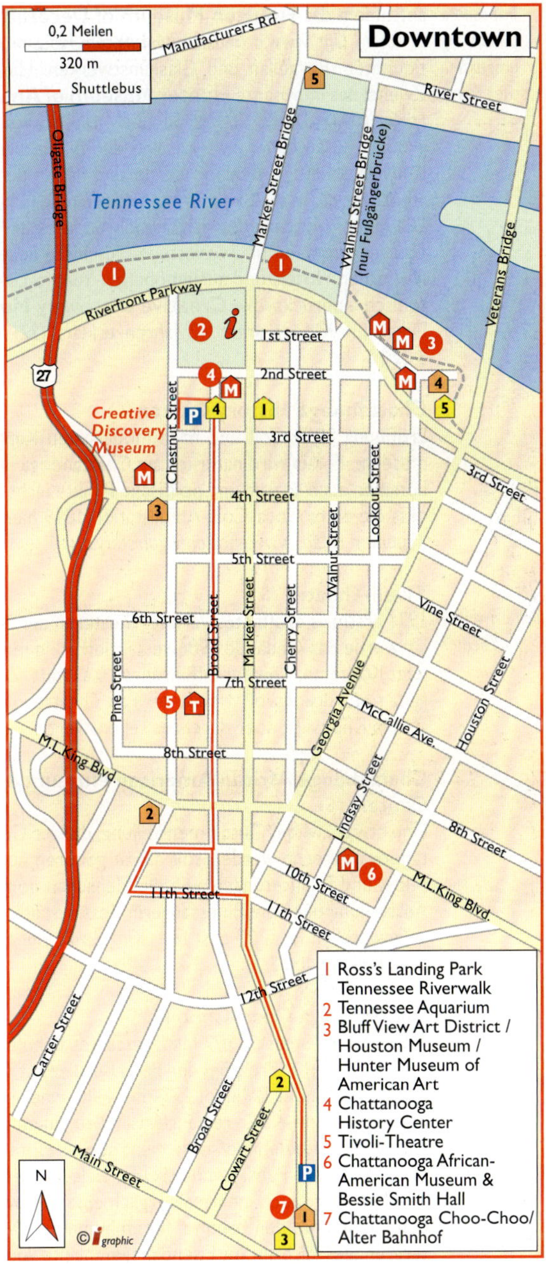
0,2 Meilen
320 m
Shuttlebus
Downtown
Manufacturers Rd.
River Street
Olgiate Bridge
Tennessee River
Market Street Bridge
Walnut Street Bridge (nur Fußgängerbrücke)
Veterans Bridge
Riverfront Parkway
1st Street
2nd Street
3rd Street
4th Street
5th Street
6th Street
7th Street
8th Street
27
Creative Discovery Museum
Chestnut Street
Broad Street
Market Street
Cherry Street
Walnut Street
Lookout Street
Pine Street
Vine Street
Georgia Avenue
McCallie Ave.
Houston Street
Lindsay Street
M.L.King Blvd.
10th Street
11th Street
12th Street
Carter Street
Main Street
Cowart Street
N
© igraphic
1 Ross's Landing Park
Tennessee Riverwalk
2 Tennessee Aquarium
3 Bluff View Art District /
Houston Museum /
Hunter Museum of
American Art
4 Chattanooga
History Center
5 Tivoli-Theatre
6 Chattanooga African-
American Museum &
Bessie Smith Hall
7 Chattanooga Choo-Choo/
Alter Bahnhof

Imposante Sammlung amerikanischer Kunst

an, zudem das **Houston Museum of Decorative Art** (*20 High St., zzt. nur Mi–Fr 10–14 Uhr, www.artmuseumtouring.com/Houston.html*) mit einer Sammlung an Antiquitäten, Porzellan und Glaskunstwerken. Hauptattraktion aber ist hier ohne Zweifel das imposante **Hunter Museum of American Art** (*10 Bluff View, Mo, Di, Fr+Sa 10–17, Do bis 20, Mi+So 12–17 Uhr, www.huntermuseum.org, $ 10*) mit einer großen Ausstellung, die sich, wie der Name bereits verrät, mit amerikanischer Kunst beschäftigt. Beeindruckend sind neben dem Gebäude, das auf einer Klippe steht, vor allem die Skulpturen im Umfeld des Museums.

Die Innenstadt befindet sich seit Jahren in einer Phase der Neuentwicklung. Heruntergekommene und verlassene Geschäfte liegen Tür an Tür mit Hochhäusern, modernen Hotels und aufgemöbelten Yuppie-Lokalen. Spannend ist das architektonisch eindrucksvolle **Creative Discovery Museum**, das vor allem technische Dinge für Kinder unter 12 Jahren erklärt *(321 Chestnut Street, www.cdmfun.org, $ 12)*.

Chattanooga History Center (4)

Eröffnung 2013: Toll und nach modernsten Kenntnissen gestaltetes Geschichtsmuseum. Fokus wird natürlich auf Chattanooga und seine Menschen gelegt. Dabei kommen auch soziale und politische Punkte nicht zu kurz. Interessant ist z.B. auch, dass die erste Coca-Cola-Abfüllstation 1899 hier in Chattanooga eröffnet wurde. *Aquarium Plaza, www.chattanoogahistory.org.*

Tivoli-Theatre (5)

Sehenswertes Theater

1921 erstmals eröffnetes Varieté-Theater in der 709 Broad St. Für 7 Millionen Dollar wurde das Gebäude 1986 restauriert, und in unregelmäßiger Folge finden hier jetzt Konzerte, Theateraufführungen u.ä. statt. Zwar ist die Innenarchitektur nicht ganz so eindrucksvoll wie die des Fox Theatre in Atlanta oder des Tennessee Theatre in Knoxville, aber durchaus sehenswert.

Chattanooga African American Museum & Bessie Smith Hall (Cultural Center) (6)

Eine etwas „wilde" Zusammenstellung, die der Geschichte der Schwarzen in Chattanooga gerecht werden soll. Dazu gehören auch Kunstgegenstände aus Afrika selbst und Erläuterungen, wie die Menschen dort leben. Interessant ist die kleine Ausstellung über die Bluessängerin Bessie Smith (1894–1937), die in Chattanooga aufgewachsen ist (*200 East M.L. King Blvd., Mo–Fr 10–17 Uhr, Sa 12–16 Uhr, www.bessiesmithcc.org, $ 5*).

Chattanooga Choo-Choo (7)

1400 Market Street. 1909 fertiggestelltes Bahnhofsgebäude, dessen Entwürfe bereits 1903 den 1. Preis bei der Paris Beaux Arts Competition erhielten. 1970 stillgelegt, wurde der Bahnhof 1974 mit Hilfe einer privaten Finanzierungsgruppe und der Holiday-Inn-Kette restauriert und zu einem attraktiven **Freizeitareal** umgestaltet. Die alte Bahnhofshalle dient nun als Hotelfoyer, die Bahnsteige bieten Restaurants, Cafés, Pubs, Livemusik und viele kleine Souvenirläden.

Lebendiger Bahnhof

Von hier fährt auch mehrmals täglich eine **historische Straßenbahn** ab, die auf den Gleisen um den Bahnhof herumbummelt. Der Fahrer erzählt dazu dann Hintergrundgeschichten zur Eisenbahngeschichte von Chattanooga. Die große Modelleisenbahn in einer ehemaligen Wartehalle sollte man sich auch nicht entgehen lassen. Es war einmal die größte Anlage dieser Art in der Welt. Viele der alten Schlafwagen auf den Gleisen sind umfunktioniert worden zu Hotelsuiten.

Legendärer Zug

Der „Chattanooga Choo-Choo" war übrigens der erste öffentliche Personenzug, der ab dem Jahr 1880 die Nord-Süd-Route fuhr und wurde von der Cincinnati Southern Railroad betrieben. Alles in allem eine gelungene Symbiose aus Geschichte, Freizeitanlage und modernem Hotel. Abends böte sich ein Drink in der eindrucksvollen Hotelbar (aus den 1930er-Jahren) an.

Im Umfeld des Bahnhofs entsteht ein interessantes Stadtviertel, das zzt. noch eine Mischung aus bereits vorhandenen Shoppingmalls (z.B. Warehouse Row) und kleinen Geschäften (entlang der Market Street) und alten, z. T. leeren Geschäften und Lagerhäusern ist.

Zwei ausgefallene Museen in Chattanooga:
Dragon Dreams Museum (8)

Hier dreht sich alles um die Welt der Drachen: Auf bzw. aus Porzellan, als Spielzeug, in Glas geblasen, aus Metall und Edelsteinen und und und... Wirklich eindrucksvoll, für manche aber auch nur kitschig (*6724-A E. Brainerd Rd. (I-75 Exit 3B), Mi–Sa 10–18, So 13–18 Uhr, www.dragonvet.com, $ 10*).

International Towing & Recovery Museum (9)

Kurioses Museum

Das einzige Museum auf der Welt, das sich mit der Geschichte der **Abschleppdienste** beschäftigt. U.a. sind Abschleppfahrzeuge aus der Zeit vor 1920 ausgestellt, aber auch neuere, zudem wird etwas erzählt über den besonders in den USA sehr lukrativen Markt der Abschleppunternehmen. Angeschlossen ist auch die Hall of Fame der Abschleppunternehmer. Übrigens hat Ernest W. Holmes Sr. den „Tow Truck" 1913 hier in Chattanooga erfunden und seine Firma für die Ausstattung von Abschleppwagen hat einst 80 Prozent des Weltmarktes bedient (*3315 Broad St., Mo–Sa 10–16.30 Uhr (Sommerhalbjahr 9–17 Uhr), So 11–17 Uhr, www.internationaltowingmuseum.org, $ 8*).

Um den Lookout Mountain und südlich der Stadt

Auf allen Karten etwas schlecht zu erkennen, ist die Rundfahrt zu den hier angegebenen Sehenswürdigkeiten dennoch kein Problem. Die Ausschilderung ist exzellent zu den im Folgenden aufgeführten Attraktionen.

Von der East Brow Road fährt die **Incline-Bahn (10)**, eine Zahnradbahn auf den Lookout Mountain. Das oberste Stück mit einer Steigung von 72,7 Prozent ist das steilste Bahnsegment der Welt. Oben angekommen, fährt ein Shuttlebus zu den wesentlichen Höhepunkten. Zu Fuß erreicht man das Battle of Chattanooga Museum sowie den Point Park und auch noch Ruby Falls. Die Rock City Gardens dagegen sind doch etwas weit zu Fuß. Die Bahnfahrt ist ein Erlebnis. Man kann auch mit dem eigenen Fahrzeug problemlos hinauffahren.

Tipp

Es gibt vergünstigte Kombi-Tickets für die Incline Railway, Ruby Falls und Rock City Gardens. Erhältlich an allen drei Attraktionen.

Blick vom Point Park, Lookout Mountain

Autofahrer erreichen die Sehenswürdigkeiten in dieser Reihenfolge:

Rock City Gardens (11)

Freizeitpark für die ganze Familie

In eine schöne Felslandschaft gesetzter Freizeitpark. Gute Aussichtspunkte: Bei guter Sicht kann man – mit viel Fantasie – von hier aus 7 Staaten sehen. Dazu gibt es nette Felsnischen und für Kinder sind in einer Höhle bunte Märchenlandschaften in Schaufenstern aufgebaut. Ein Labyrinth in einem Maisfeld („Enchanted Maize Maze") schließt das Ganze ab. An Wochenenden überlaufen und daher nicht zu empfehlen. Rock City gelangte übrigens während der 1940er- und 50er-Jahre zu einem überregionalen Bekanntheitsgrad. Über 400 Dächer (meist Farmscheunen), über die gesamten USA verstreut, waren mit der Aufschrift dieser Sehenswürdigkeit bemalt – so wie man es heute auch noch vorfindet im Umkreis von Chattanooga. Erst ein „Gesetz zur Verschönerung der Highways" unterband schließlich die Beschriftung von Dächern, und mittlerweile sind nur noch etwa 100 „Rock City Roofs" erhalten, zumeist in einem schlechten Zustand (*am Ende des Ochs Hwy. am Lookout Mountain, tgl. 8.30–Sonnenuntergang, im Sommer mind. bis 20 Uhr, www.seerockcity.com, $ 19*).

Battles for Chattanooga Electrical Map & Museum (12)

Anhand einer Reliefkarte (dreidimensional) mit über 5.000 Miniatursoldaten wird die Bürgerkriegsschlacht in und um Chattanooga in einer 25-minütigen Präsentation erläutert. Eine wirklich lohnende Sache, um die Ereignisse besser verstehen zu können (*1110 East Brow Rd., am Lookout Mountain, am Eingang zum Point Park, geöffnet Memorial Day–Labor Day tgl. 9–18 Uhr, sonst 10–17 Uhr, www.battlesforchattanooga.com, $ 8*).

Point Park (12)
Hier auf der nördlichen Spitze des Lookout Mountain wurde 1863 die „Schlacht über den Wolken" gefochten. Alte Kanonen und Monumente. Eigentlich aber fasziniert die Aussicht über die Stadt am meisten.

Ruby Falls (13)
Am Lookout Mountain, halbe Höhe unterhalb des Point Park. Bereits die Indianer lebten in einer Höhle unterhalb des Lookout Mountain, deren Zugang noch heute von der US 41 zu sehen ist. Als man versucht hatte, diese Höhle um 1940 von oben über einen Schacht zu erreichen, entdeckte man durch Zufall eine zweite Höhle, die keinen Ausgang hatte. Dieser Höhle folgend, gelangten die Forscher zu einem unterirdischen Wasserfall, der in dieser Form eine geologische Seltenheit bedeutet. Heute fährt man mit einem Fahrstuhl hinunter und erreicht nach einem ca. 35-minütigen Fußmarsch dieses eindrucksvolle Naturschauspiel. Schade, dass die Attraktion selbst total verkitscht worden ist. Rote, grüne und rosafarbene Lampen beleuchten Sehenswürdigkeiten, wie z.B. den „Elephant's Foot", die „Steak & Potatoes" und die „Beautiful Niagara Falls".Die Wasserfälle werden schließlich mit klassischer Musik und einem dramatischen „Lichtfinale" vorgestellt. Dauer für den gesamten Besuch: mind. 1½ Stunden (*tgl. 8–20 Uhr, www.rubyfalls.com, $ 18*).

Bunt angestrahlte Wasserfälle

Chickamauga & Chattanooga National Military Park (14)

Visitor Center: *US 27 in Fort Oglethorpe in Georgia, ca. 11 Meilen südlich von Chattanooga, tgl. mind. 9–17 Uhr, www.nps.gov/chch.*

Re-enactment im Chickamauga & Chattanooga National Military Park

Der Military Park erstreckt sich über mehrere Punkte im Umkreis von Chattanooga. Die wichtigsten sind:

- das Schlachtfeld am Chickamauga (beim Visitor Center) – das wichtigste Gebiet zum Thema **(14a)**
- Signal Point nördlich der Stadt **(14b)**
- Point Park am Lookout Mountain **(14c)**
- Orchard Knob östlich der Stadt **(14d)**

Entscheidende Schlacht

Die Schlacht um Chattanooge dauert ganze 66 Tage. Um den Kampf und seine Tragweite richtig verstehen zu können, kann man zuerst einmal das „Battles of Chattanooga Museum" am Point Park (s.o.) und die ausgezeichnete Multimediashow hier im Visitor Center besichtigen. Zudem bietet das Visitor Center eine interessante Waffensammlung.

Das Chickamauga-Schlachtfeld (14a)

Eine Rundtour mit nummerierten Schildern – eine Karte dazu gibt es im Visitor Center – begleitet den Besucher durch das ehemalige Schlachtfeld am Chickamauga. Chickamauga heißt bei den Indianern übrigens: „Fluss des Blutes". Die Autotour durch das Gelände dieser ersten Schlacht um Chattanooga führt durch eine schöne Landschaft mit unzähligen Gedenktafeln und Monumenten.

Östlich der Stadt: Tennessee Valley Railroad

Es gibt 2 Bahnhöfe:

East Chattanooga (15): *In der N. Chamberlain Avenue.* Hier befindet sich die Werkstatt der Eisenbahn.

Grand Junction Depot (16): *4119 Cromwell Road TN 153, Exit Jersey Pike.* Neben einem wiederaufgebauten Bahnhofsgebäude (mit Souvenirladen und Snackbude) ist hier vor allem das Eisenbahnmuseum von Interesse. Alte Waggons und Lokomotiven aus verschiedenen Epochen können besichtigt werden, und man kann diese nach Lust und Laune besteigen. Ein absolutes Muss für Eisenbahnfans.

Tour mit der Dampflok

Die Fahrt mit der historischen Eisenbahn lohnt sich auch (Abfahrt meist nur Grand Junction Depot). Sie führt vorbei an dem ehemaligen Schlachtfeld an der Missionary Ridge (Sherman Reservation) und durch einen 300 m langen Tunnel. Für eine Extragebühr darf man auch auf der alten Dampflokomotive mitfahren! *Fahrtzeiten: Im Sommer täglich ca. jede Stunde von 10.30–15.30 Uhr, in der Nebensaison aber nur zweimal täglich am Wochenende (aktuelle Zeiten vor Ort erfragen, www.tvrail.com). Im Sommer verkehren öfters Themen-bezogene Züge und es gibt auch halbtägige Fahrten bis nach Georgia hinein.*

Reisepraktische Informationen Chattanooga/TN

Information

Chattanooga Visitors Center: *215 Broad St., ☎ (423) 756-8687, www.chattanoogafun.com. Ein 25-minütiger Film, der hier gezeigt wird, gibt einen guten Überblick über die Geschichte von Chattanooga.*

In der Tageszeitung „Chattanooga Times" werden aktuelle Veranstaltungen angekündigt.

Wichtige Telefonnummern

Vorwahl: ☎ 423 – gleich südlich von Chattanooga liegt die Staatsgrenze zu Georgia liegt. Sehenswürdigkeiten und Hotels haben dort die Vorwahl 706
Notruf Polizei/Feuer/Ambulanz: ☎ 911
Krankenhaus mit 24-Stunden-Dienst: Memorial Hospital, 2525 de Sales Avenue, ☎ 495-2525

Rundfahrten/Touren

Incline Railway: *827 East Brow Rd., Lookout Mountain, TN, ☎ 821-9056 (Talstation), 821-4224 (Bergstation), www.lookoutmountain.com. Die steilste Bahn der Welt (bis zu 72,7 Prozent). Oben gibt es nicht nur eine schöne Aussicht, sondern auch die Gelegenheit, mit einem Shuttlebus zum Point Park, zu den Ruby Falls oder den Rock City Gardens zu fahren. Die Bahn fährt das ganze Jahr. Abfahrten: ca. 3-mal stündlich.*
„Southern Belle": *Kleiner Schaufelraddampfer, mit dem man Sightseeing-, Lunch-, Dinner- und vor allem Livemusiktouren unternehmen kann. Abfahrt ist am Southern Belle Dock (201 Riverfront Parkway, Pier 2), beim Tennessee Aquarium. Infos: ☎ 266-4488, www.chattanoogariverboat.com.*
Tennessee Valley Railroad: *Eine eindrucksvolle Fahrt mit einer historischen Eisenbahn zwischen dem Grand Junction Station und East Chattanooga Depot (North Chamberlain Ave.). Für eine Extragebühr darf man auch auf der alten Dampflokomotive mitfahren. Fahrtzeiten: Im Sommer täglich ca. jede Stunde von 9.30–16 Uhr (letzte Abfahrt); Rest des Jahres nur zweimal täglich (aktuelle Zeiten vor Ort erfragen). Der „Downtown Arrow" verkehrt am Wochenende sogar bis zum Chattanooga Choo-Choo (Innenstadt). Es gibt auch Halbtagstouren nach Georgia. Infos: ☎ 894-8028, www.tvrail.com.*

Unterkünfte

Chattanooga Choo-Choo Hotel $$$-$$$$ **(1)**: *1400 Market St., Chattanooga, TN 37402, ☎ (423) 266-5000, www.choochoo.com. Untergebracht im alten Terminal (Bahnhof) von Chattanooga. Übernachtung auch in alten Waggons (luxuriösen Suiten) möglich. Die „normalen" Zimmer haben eher (besseren) Motelcharakter.*
Delta Queen Hotel $$$-$$$$ **(5)**: *100 River St., Chattanooga, TN 37405, ☎ (423) 468-4500, www.deltaqueenhotel.net. Tolle, wenn auch meist sehr kleine Zimmer auf einem historischen Schaufelraddampfer. Special Rates beachten!*
Bluff View Inn B&B $$$-$$$$ **(4)**: *411 East 2nd Street, Chattanooga, TN 37403, ☎ (423) 265-5033 ext. 2, od. 1-800-725-8338 ext. 2, www.bluffviewartdistrict.com. Drei schöne Häuser aus den Zeiten 1889-1927 mit geräumigen Zimmern/Suiten, z.T. mit Blick auf den Tennessee River. Das Gebiet um das Aquarium liegt Ihnen hier zu Füßen.*
Chanticleer Inn $$-$$$ **(7)**: *1300 Mockingbird Lane, Lookout Mountain, GA 750 (Postadresse bereits auf Georgia-Seite), ☎ (706) 820-2002, www.stayatchanticleer.com. Kleines B&B direkt an den Rock City Gardens. Gemütliche kleine Zimmer in Steinhäuschen. Günstig gelegen zu den Attraktionen südlich der Stadt.*
Chattanooga Doubletree Hotel $$-$$$ **(3)**: *407 Chestnut St., Chattanooga, TN 37402, ☎ (423) 756-5150, www.chattanooga.doubletree.com. Modernes, typisch amerikanisches Motel in der Innenstadt. Günstige Preise und optimale Lage.*
Sky Harbor Bavarian Inn $$-$$$ **(6)**: *2159 Old Wauhatchie Pike (1 Block unterhalb der Ruby Falls, Chattanooga, TN 37409, ☎ (423) 821-8619, www.skyharborbavarianinn.com. B&B mit sauberen Zimmern. Aussicht und eigene Balkone. Einige Zimmer mit Whirlpool-Wannen. Pool.*

Days Inn Rivergate $$ **(2)**: *901 Carter St., Chattanooga, TN 37402, ☎ (423) 266-7331, www.daysInnrivergate.com. Mittelklassehotel, das sehr günstig in der Innenstadt liegt.*

Restaurants

212 Market St. Restaurant (1): *212 Market St., ☎ 265-1212. Amerikanische Küche mit einigen mexikanischen Gerichten. Empfehlenswert der Sonntags-Champagner-Brunch.*

Porkers Bar-B-Que (2): *Market St./Ecke Cowart St. Unkomplizierter BBQ-Diner, der in der Innenstadt als der beste seiner Art gilt. Gut für den Mittagssnack.*

Boathouse Rotisserie & Raw Bar (7): *1459 Riverside Dr. (eine knappe Meile östlich des Aquariums), ☎ 622-0122. Direkt am Fluss gelegen und bei warmem Wetter solltee man notfalls die Wartezeit für einen Platz auf dem Balkon in Kauf nehmen. Viele Meeresfrüchtegerichte (Spezialität sind Austern). Aber es gibt auch verschiedene Hühnchenspeisen. Große Bar.*

Dinner in the Diner (3): *1400 Market St., im Chattanooga-Choo-Choo-Bahnhof, ☎ 266-5000. Fine Dining in einem alten Eisenbahn-Speisewagen (der aber nicht fährt). Ein Erlebnis. Rechtzeitige Reservierung vornehmen. Leider nur Freitag und Samstag geöffnet!*

Big River Grille & Brewing Works (4): *222 Broad St., ☎ 267-2739. Großes Restaurant mit eigener Microbrewerie. Die üblichen Speisen wie Steaks, Burger, Salate und Sandwichs.*

Mount Vernon (6): *3535 S. Broad St., ☎ 266-6591, nur Mo–Sa. Südstaatenküche in Familienrestaurant. Die Preise sind günstig, und das Essen schmeckt. Spezialität: Amaretto-Pie als Nachtisch.*

Tony's (5): *212 High St., Bluff View Art District, ☎ 265-5033, ext. 6. Gute italienische Küche. Besonders die Pastagerichte sind zu empfehlen.*

Pubs/Livemusik

The Mountain Opry: *Im Civic Center von Walden am Signal Mountain. Zu erreichen über die I-124 N, dann abbiegen auf den Taft Hwy. 127 und noch durch den Ort Signal Mountain durch. 1,6 Meilen weiter, am Fairmount-Orchard-Zeichen nach rechts in die Fairmount Rd. einbiegen. Nach 600 m befindet sich das Civic Center auf der linken Seite. Nur Freitag von 19 bis 23 Uhr finden hier Livemusikauftritte von Bluegrass- oder Mountainmusicbands statt. Das Ganze ist kostenlos und hat sich zu einem Treffpunkt der Einheimischen entwickelt, und das Publikum ist absolut gemischt. Bevor man aber auf gut Glück dort hinfährt, solltee man sich beim Visitor Center erkundigen, ob wirklich etwas stattfindet! Oder anrufen: ☎ (423) 886-3252*

Im Gebiet entlang der Market Street (zwischen 5th St. und Aquarium) gibt es zahlreiche einfache Restaurants, bessere Fastfood-Läden sowie einige Kneipen. Wer es also unkompliziert mag, ist hier absolut richtig. Das Buck Wild hier ist eine etwas urige Bikerkneipe im irischen Stil mit gelegentlichen Livemusikauftritten. Erdnüsse gibt es gratis, und die Schalen gehören auf den Boden. Das Essen dreht sich vornehmlich um verschiedene Chiligerichte und amerikanische Kneipenkost (frittiert!).

Station House Restaurant: *Im Choo-Choo-Bahnhof, 1400 Market Street. Bar und Restaurant mit „Singing Servers". Wirklich, die Bedienungen singen und fordert zum Mitsingen auf. Nur Di–Sa geöffnet. Die Bar in der Bahnhofshalle (Hotel) ist auch ein Knüller. Restauriert im Schick der 1930er-Jahre!*

Rhythm & Brews: *221 Market St., ☎ (423) 267-4644, www.Rhythm-brews.com. Bar mit großer Livemusik-Bühne. Unterschiedlichste Musikveranstaltungen. Am Wochenende meist für junges Publikum, oft aber auch Jazz und Big Bands.*
Chattanooga Billard Club: *725 Cherry Street, ☎ (423) 267-7740, www.cbcburns.com. In Chattanooga wird Billard groß geschrieben, und viele Profis kommen von hier. Wer also etwas für Billard übrig hat, findet hier die richtigen Gegner und ausgezeichnete Tische. Snacks. Geöffnet täglich bis 3 Uhr. Als „Nur-Kneipe" aber weniger geeignet.*

Chattanooga off the Beaten Path

Chattanooga ist eine Stadt, die sich im Umbruch befindet. Das hat zur Folge, dass z.B. viele alte Lagerhäuser leer stehen bzw. von experimentierfreudigen Künstlern, Antiquitätenhändlern und Kneipenwirten belegt werden. Vieles mag kurzlebig sein, und daher möchte ich hier keine genauen Adressen nennen. Z.B. eine Erkundungstour durch den Innenstadtbezirk (Bereich Market Street) und im Kreuzungsbereich Main und Market Streets bietet mit Sicherheit die eine oder andere Überraschung. Weiterhin scheint sich meines Erachtens das Gebiet gleich nördlich des Tennessee River (Ecke N.Market Street und Frazier Street) zu einem kleinen avantgardistischen Stadtteil zu entwickeln: Barber Shops neben Boutiquen, Kunst- und Antikläden Tür an Tür mit Kneipen und 2nd-Hand-Shops.
Wer sich näher mit dem Bürgerkrieg beschäftigen mag, der sollte einmal abseits des Military Park die Gebiete der Schlachtfelder aufsuchen. In Gärten und versteckt hinter Bäumen finden Sie hier Friedhöfe und halbvergessene Gedenktafeln. Interessant wäre da z.B. das Gebiet entlang der Missionary Ridge, ein Blick vom Signal Point und das Tennessee Valley, dort, wo die historische Eisenbahn hindurchfährt (hier muss man laufen).
Um einen ausgefallenen Sonntag zu erleben, sollten Sie einmal in eine kleine Kirche in einer Schwarzengemeinde schauen. Z.B. nicht weit weg vom Chattanooga Choo-Choo in die Trinity Baptist Church (1600 Market St.) oder in die noch urigere **Missionary Baptist Independent Ushers Union Church** (1700 Carr St. – also gleich um die Ecke).

Einkaufstipps

Die **Warehouse Row Factory Outlets** *(1110 Market St.) bieten in renovierten, alten Lagerhäusern 30 Geschäfte von Markenfirmen mit Waren z.T. zu „Fabrikpreisen". U.a. Ralph Lauren und Perry Ellis.*

Busse

Der mit Elektromotoren angetriebene Shuttlebus verkehrt (alle 5 Minuten) kostenlos in der Innenstadt zwischen dem Tennessee Aquarium und dem Chattanooga Choo-Choo Hotel. Zeiten: Täglich 10–19 Uhr, im Sommer Fr–So 10–20.30 Uhr. Dieser und auch die anderen Stadtbusse werden von der CARTA betrieben. Infos zu den Fahrzeiten: ☎ 629-1473, www.gocarta.org.

Taxi

Checker Cab: ☎ 624-1410

Lynchburg, TN

Die Konkurrenz des „Jack" wird übrigens nicht weit von hier produziert: Der ebenfalls bekannte und recht gute George Dickel Whisky (wirklich ohne „e") wird seit 1870 in Cascade Hollow produziert. George A. Dickel erkannte damals, dass im Winter destillierter Whiskey weicher schmeckt, weil Whiskey, der bereits vor dem Filtern eisgekühlt wird, weniger „ölig" und „fettig" schmeckt (*Anfahrt: von Chattanooga I-24-Exit 111, dann TN 55 bis Tullahoma, ab dort ausgeschildert. Führungen Di–Sa 9–16 Uhr (letzte Tour 15.30 Uhr), www.dickel.com*).

Auf der weiteren Strecke nach Nashville gibt es nicht mehr viel zu sehen.

Reisepraktische Informationen Lynchburg/TN

Unterkünfte

Mittlerweile haben einige Bed&Breakfast-Unterkünfte in und um Lynchburg eröffnet. Hier zwei Empfehlungen:

Mulberry House $$: *8 Old Lynchburg Hwy. (Mulberry, TN); ☎ (931) 433-8461, www.bbonline.com/tn/mulberry. In schönem alten Haus (1883). Die Gastgeber können viel über die Gegend erzählen.*

Maplewood $$-$$$: *686 Motlow Barns Rd, Lynchburg, ☎ (931) 636-9254, www.maplewoodatlynchburg.com. Großzügiges Antebellum-Haus (1858) in ländlicher Gegend. Erbaut von einem Holzbaron, später übernommen von Daniel Evans, einem Whiskey-Produzenten. 1,5 Meilen außerhalb der Innenstadt.*

Nashville

Entfernungen

Nashville – Chattanooga: 129 mi/ 208 km
Nashville – Memphis: 210 mi/338 km
Nashville – Birmingham: 188 mi/ 241 km

„**Music City USA**" oder „Athens of the South". Beide Spitznamen sollen diese Stadt beschreiben, aber eigentlich trifft nur der erste zu.

Stadt in der Hand der Musikindustrie

Nashville gilt heute als die **Stadt der Countrymusik**, und bei einer Reise in die Südstaaten darf ein Besuch hier im Grunde nicht fehlen. Wer nun aber glaubt, überall auf alte Cowboypinten, schnuckelig-romantische Musikgigs in Hinterhöfen und Ähnliches zu treffen, der verkennt Amerika. Längst ist das Geschäft mit der Countrymusik – seit Jahrzehnten von langer Hand geplant – eine Goldgrube für das **Big Business**. Was für Dallas die Banken und für Atlanta die multinationalen Konzerne sind, das ist für Nashville die Countrymusik bzw. die Kultur, die um sie gesponnen wird – und dieses bringt eine Menge Geld in die Stadt. Gestresste Radiomanager, rotierende Filmagenturen, riesige Glaspaläste, Tausende von Musikern, die sich in zig Musikclubs die Klinke in die Hand geben und die **größte Showhalle der USA**, die Grand Ole Opry, bestimmen heute das Bild der Stadt. Und an diesem Bild wird immer noch weiter geputzt und restauriert. Der „Big Plan" ist noch lange nicht vollendet!

Redaktionstipps

- Konzentrieren Sie sich bei einem nur 1-tägigen Aufenthalt auf den Besuch der Innenstadt um Broadway und 2nd Street sowie das Opryland-Gebiet. (S. 472ff und S. 476)
- Whiskey-Trinker sollten sich in Nashville einmal fachkundig beraten lassen. Nirgendwo sonst in den USA ist die Auswahl an „Bourbon" und „Tennessee Sour Mash" so groß. Denn viele kleine Destillerien im Umkreis der Stadt produzieren gute Spezialsorten. (S. 467ff)
- Das Abendprogramm sollte das legendäre „Tootsie's" am Broadway einschließen. (S. 481)
- Zeiteinteilung: 2 Tage: Zuerst Music Row District mit Besuch des Studio B. Danach zum Music Valley östlich der Stadt fahren (Opryland-Hotel und dessen Umgebung). Abends: Grand Ole Opry, Ryman Auditorium oder ein Musikclub außerhalb der Innenstadt. Der zweite Tag sollte ganz der Innenstadt gehören, voran die Country Music Hall of Fame & Museum sowie das Johnny Cash Museum.

Waren es Ende des 19. Jh. noch die Vanderbilts, die das Geschehen der Stadt bestimmten, kamen in der ersten Hälfte des 20. Jh. die ersten Hillbilly-Musiker hierher und gründeten die ersten Countryclubs. Während der letzten Jahrzehnte des 20. Jh. aber waren es ein Mann, P.G. Gaylord, und sein Konzern, die Nashville fest im Griff hatten und noch haben. Der **Gaylord-Konzern** besitzt scheinbar die halbe Stadt: die gesamte Opryland-Hotel-Anlage, den Historic District, das Gaylord Entertainment Center, den bedeutendsten Fernsehsender „The Nashville Network" (TNN) und zahlreiche Studios und Radios. Ihm hat die Stadt ihren heutigen Reichtum zu verdanken – aber mit Sicherheit auch den Verlust des alten, ursprünglichen Flairs des Hillbilly. Heute treibt es viele Besucher zum modernen Music Valley District im Nordosten der Stadt. Viele sind hinterher enttäuscht, wenn sie einer (zu) durchgestylten Show in der Grand Ole Opry zugesehen haben und dafür viel bezahlen mussten.

Nashville ist heute also eine moderne Stadt und ganz nebenbei auch die Hauptstadt von Tennessee. Die **Musikproduktion** ist nach Los Angeles die zweitwichtigste in den USA. Aber auch Banken, Versicherungen und eine nicht unbedeutende Metallindustrie steuern zum Wohlstand bei. Und nicht zu vergessen die über 750 Kirchengebäude. Eine Reihe von Kirchengemeinschaften haben ihren Sitz in der Stadt, und das heilige Kreuz leuchtet nachts von nicht nur einem Hochhausgebäude.

Spannende Entwicklung

Nashville ist dabei durchaus eine Reise wert. Es ist interessant zu sehen, wie sich die Countrymusik entwickelt hat und wie das große Musikgeschäft das Bild einer Stadt verändern kann. Außerdem: Spaß und interessante Eindrücke werden hier überall geboten, und auch „musikunabhängige" Museen bieten sich an.

Geschichte

1779 kamen die ersten Pioniere in das Gebiet und siedelten sich am westlichen Ufer des Cumberland River an. Ihre Siedlung nannten sie Fort Nashborough. Nur ein Jahr später versetzte man 12 Richter in diese damals trostlose Region, um für die Siedler im „Heartland" von Tennessee eine gerichtliche Instanz einzurichten

Machte die Country Music populär: Grand Ole Opry

(„Cumberland Compact"). Damit wuchs die Bedeutung der kleinen Stadt, die zu dieser Zeit noch in den Zuständigkeitsbereich von North Carolina gehörte. 1845, fast 50 Jahre nach der Gründung des Staates Tennessee, wurde der Regierungssitz von Knoxville ins zentraler gelegene Nashville verlegt. Die Wirtschaft begann zu boomen, vor allem bedingt durch eine florierende Holzindustrie. Und da die Stadt bereits im März 1862, also zum Beginn des Bürgerkrieges, eingenommen wurde von den Unionstruppen und ihre Bewohner kaum Gegenwehr boten, überstand sie den Krieg mit wenigen Zerstörungen.

Boomende Holzindustrie

Ende des 19. Jh. dann kamen die Vanderbilts, die u.a. die Fisk-University mitfinanzierten. Von da an, bis in die zweite Hälfte des 20. Jh. hinein, tat sich nicht viel in der Stadt. Erst mit der Erstarkung und steigenden Popularität der Countrymusikbranche entwickelte sich die heute 630.000 Einwohner zählende Stadt (Großraum 1,67 Mio. E.) zu einer der **zukunftsträchtigsten Metropolen** der Südstaaten.

info

Wie fand die Countrymusik Einzug in Nashville?

Die Countrymusik fand ihren Ursprung wirklich auf dem Lande – in der tiefsten **Provinz**. Bluegrass und Hillbilly entstanden in den Bergen und Tälern der Smoky Mountains und auf den Farmen von Tennessee, Cajun am Unterlauf des Mississippi, Country auf den Ranchen von Texas, Arkansas und Kentucky, Zydeco an der Küste zwischen Florida und Texas und Gospel vornehmlich auf dem Lande in den abgetrennten Siedlungen der schwarzen Bevölkerung. Aus all diesen Stilrichtungen sollte die spätere Country&Western-Musik entstehen. 1925 fanden sich einige der Musiker in Nashville ein, und eine kleine Radiostation mit lokalem Charakter wurde gegründet: WSM auf Kanal 650. An Sonnabenden wurde die Sendung „WSM Barn Dance" ausgestrahlt, eine Musiksendung, die so manche Party anheizte, aber nur lokale Beachtung fand. Als der Radiosprecher George D. Hay 1927 nach einer klassischen „Grand Opera" diese Musiksendung mit „Und nun folgt die Grand Ole Opry" ansagte, ahnte noch niemand, welche Bedeutung diese Worte einmal haben würden. Über Jahrzehnte blieb die C&W-Musik unbeachtet, und nur der kleinen Gruppe von „Hill-Billies" – wie die Hinterwäldler (Die Bills hinter den Wäldern der Smoky Mountains) arrogant von den Nordstaatlern genannt wurden – vorbehalten.

Das sollte sich Anfang der 1950er-Jahre ändern: Der Rock' n'Roll wurde populär, und bekannte Musiker, wie z.B. Elvis Presley, nutzten die Musikstudios und -hallen von Nashville. Mit argwöhnischen Augen betrachteten die Countrymusiker diese neue Ära in Nashville, denn sie sahen sich ihrer Früchte beraubt. Es kam aber anders. Viele Musiker arrangierten sich mit den Rock n' Rollern und entwickelten eine Musikrichtung, die beide Stilelemente miteinander vermischte. Buddy Holly, eigentlich ein Texaner, und die Everly Brothers sorgten für den ersten Durchbruch und brachten die „Hinterwäldler-Musik" in die großen Städte an der Ostküste.

Johnny Cash war der Missionar auf der C&W-Seite und sorgte mit seinen Shows für die Resonanz bei den alteingesessenen Countryfans. Als Popgrößen, wie z.B. Bob Dylan und die Eagles, internationale Erfolge erzielten mit ihren Country-Rock-Klängen, war es vollbracht. Der C&W-Sound wurde in der ganzen Welt populär, und eine groß angelegte und von langer Hand geplante Kampagne hat seitdem dafür gesorgt, dass diese Musik einen wichtigen Platz auf der Weltbühne der Musik einnimmt – mit ihrem Zentrum Nashville. Die alten Hillbilly- und Cajun-Klänge aber sind seitdem ins Abseits gerückt und moderne Soundmaschinen und hochtechnisierte Shows haben ihren Platz eingenommen. Seit Neuestem versucht man übrigens in Nashville, religiöse Texte bzw. Gospelmusik mit einzubringen. Dabei geht die Tendenz aber in eine neue Richtung: alte religiöse Texte im Rhythmus von Rock, Rap und Trash zu verknüpfen – es sollen ja auch in den Ghettos der Großstädte Anhänger gefunden werden. Doch schreibt auch die Musik manchmal ihre eigene Geschichte. Nicht der Gospel hat in den letzten Jahren die Musikrichtung vorangetrieben, sondern Sängerinnen wie z.B. Shania Twain und die Frauen-Gruppe Dixie Chicks haben die wirklichen Erfolge eingefahren.

Wussten Sie...
- dass es über 5.000 Country-Songwriter in Nashville gibt
- dass über 4.000 Interpreten sich auf den Bühnen der Stadt versuchen
- dass in Nashville 70 Tonträgerfirmen, 130 Musikverlage und 200 Aufnahmestudios angesiedelt sind
- dass jährlich über 11 Millionen Countryfans den Weg nach Nashville finden
- dass die Countrymusik in Nashville eigentlich aus der Hillbilly- und Gospelmusik entstanden ist und erst 1925 begann, sich zu dem zu entwickeln, was wir heute als den typischen „Nashville-Sound" kennen, und
- dass die „Grand Ole Opry" die älteste noch ausgestrahlte Musiksendung der Welt ist, die ihren Anfang darin fand, dass eine Nashviller Versicherung Mitte der 1920er-Jahre eine Radiowerbung senden wollte und diese, ein Werbetrick, mit Countrymusik untermalen bzw. unterbrechen ließ, um die ländliche Bevölkerung am Radio zu halten bzw. dorthin zu „locken".

Sehenswertes in der Innenstadt

Im Innenstadtbereich ist das Gebiet 3–4 Blocks rechts und links von der 2nd Avenue und dem Broadway und entlang dem Cumberland River am interessantesten. Das **Visitor Center** befindet sich im Glasturm der **Bridgestone Arena (1)**.

Der Historic District („The District“)

Seit Anfang der 1990er-Jahre ist man bemüht, mit hohem Kostenaufwand den historischen Bezirk um die 2nd Street und den Broadway zu restaurieren. Viele alte Häuser sind seitdem wieder schön hergerichtet und eine Reihe von ansprechenden Restaurants und Lokalen hat Einzug gefunden. Schade ist nur, dass die alteingesessenen Musikclubs, die Plattengeschäfte und die Musikinstrumentenläden diesem neuen Boom teilweise weichen mussten. Es geht dadurch eine Menge an Atmosphäre verloren. Entlang der 2nd Ave. North, dem Broadway zwischen 5th Ave. und Riverfront sowie der Printers Alley (um Church St, zw. 4th Ave. N. und 3rd Ave. N.) haben sich die alten Baustrukturen aber erhalten. Südlich des Broadway aber wurden für den Bau der Country Music Hall of Fame & Museum, des Schermerhorn Symphony Center und andere moderner Gebäude viele alte Häuser abgerissen. Besuchenswert ist dieser Stadtteil allemal, und besonders am Abend kann man hier viel unternehmen. Am Broadway findet sich (noch) eine Reihe Relikte aus der Zeit, als Nashville noch ein unbekannter (Musik-) Flecken auf der Landkarte gewesen ist.

Printers Alley

Country Music Hall of Fame&Museum (2)
Das Museum zum Thema Country&Western-Musik. Um die Entwicklung dieser Musikrichtung verstehen zu können und einen Besuch in Nashville sinnvoll zu gestalten, ist ein Besuch hier unumgänglich. Didaktisch geschickt erläutert wird der Werdegang der Musik, ebenso die Geschichte der Grand Ole Opry interpretiert und bekannte Stars vorgestellt, unterbrochen von Gags, wie z.B. dem vergoldeten Lieblings-Cadillac von Elvis Presley. Hier kann man sich auch eine eigene Country-Musik-CD zusammenstellen lassen. Den Film am Anfang des Rundganges über 3 Etagen sollten Sie sich auch anschauen. Auch die äußere Gestaltung des Gebäudes lohnt einen Blick. Es erinnert ohne Zweifel an eine Tastatur (*222 5th Ave S./an der Demonbreun St., tgl. 10–17 Uhr, www.countrymusichalloffame.org, $ 22*).

1 Bridgestone Arena
2 Country Music Hall of Fame & Museum
3 Johnny Cash Museum
4 Ryman Auditorium
5 Fort Nashborough
6 Coliseum Stadium
7 State Capitol
8 Tennessee State Museum im Performing Arts Center
9 Music Row District / Studio B

N
0,1 Meilen
160 m

Unterkünfte
1 The Hermitage
2 Union Station
3 Best Western Downtown
4 Comfort Inn Downtown

Restaurants
1 Prime 108
2 Wildhorse Saloon
3 The Merchants

Schräg gegenüber beeindruckt das imposante **Schermerhorn Symphony Center**, wo vornehmlich klassische Konzerte und Opern aufgeführt werden. Nicht weit entfernt 119 3rd St., Ecke Broadway, soll Ende 2012 das **Johnny Cash Museum (3)** eröffnen. Hier dreht sich natürlich alles um einen der beliebtesten Country-Musiker aller Zeiten (Infos unter www.johnnycash.com).

Ryman Auditorium (4)

Kultstätte der Country-Musik

In diesem alten Gebäude für religiöse Chorgesänge fand die Grand Ole Opry, die bekannte Radiosendung, von 1943 bis 1974 statt. Hier erlebte die C&W-Musik ihre ersten großen Erfolge, und alle großen Stars sind hier aufgetreten. Erst als selbst dieses Gebäude zu klein wurde, zog der Sender weiter zum Music Valley District. Tagsüber kann man heute Memorabilien aus der Anfangszeit der Countrymusik und ihrer großen Stars anschauen. Allein der Architektur wegen und des ausgezeichneten Raumklanges ist diese „Kultstätte" einen Besuch wert (*116 5th Street, tgl. 9–16 Uhr, www.ryman.com, $ 13, geführte Tour $ 17*).

Fort Nashborough (5)

Nachbau der ersten Siedlung am Cumberland River. Die Gebäude sind eingerichtet, wie sie es vor über 200 Jahren gewesen sind (*170 1st Street im Riverfront Park, tgl. 9–16 Uhr, www.nashville.gov/parks*). Gegenüber, auf der anderen Flussseite ragt imposant das „neue Nashville" in Form des **Coliseum Stadium (6)** auf. Es hat 68.000 Plätze und beherbergt vornehmlich die Spiele der „Tennessee Titans" (Football).

Auch weniger bekannter Musiker wird gedacht

Das **State Capitol (7)** (*Charlotte Avenue, Touren: Mo–Fr 9–16 Uhr, www.capitol.tn.gov/about/capitolvisit.html*) wurde 1859, ganz im Gegensatz zu anderen Capitolen, im Greek-Revival-Stil errichtet. Ein schlanker, reich verzierter Turm steht auf seinem Dach, dort wo sonst eine riesige Kuppel zu sehen ist. 2 Blocks südöstlich befindet sich das **Tennessee State Museum (8)** (*im UG des Performing Arts Center, 5th Ave. zw. Union u. Deadrick Sts., Di–Sa 10–17 Uhr, So 13–17 Uhr, www.tnmuseum.org, freier Eintritt*) mit Ausstellungen zur Geschichte des Staates. Im nahen Municipal Auditorium (*417 4th Ave., www.musicianshalloffame.com*) wird in der **Musicians Hall of Fame** auch weniger bekannter Musiker gedacht.

Der Music Row District

Hier begann die große Zeit der C&W-Musik. Heute jedoch sind nur noch ein paar Lokale und im Gebiet um die 18th und 19th Avenues zahlreiche Aufnahmestudios übriggeblieben. Diese Studios werden aber nur noch bedingt genutzt, und größere Anlagen im Music Valley District oder in versteckten Industriegebieten haben ihnen den Rang abgelaufen. Viele scheinen nur noch eine Dependance darzustellen.

Studio B (9)

Historisches Studio

Tickets für die Country Music Hall of Fame haben auch hier Gültigkeit. In diesem historischen Studio hat u.a. Elvis Presley „Return to Sender" aufgenommen. Insgesamt wurden 35.000 Musikstücke hier auf Tonträger gebannt. Das Studio wird heute nicht mehr genutzt, dafür kann man aber alles besichtigen, und die verschiedenen Aufnahmetechniken werden vorgestellt – so z.B. das höchst eindrucksvolle

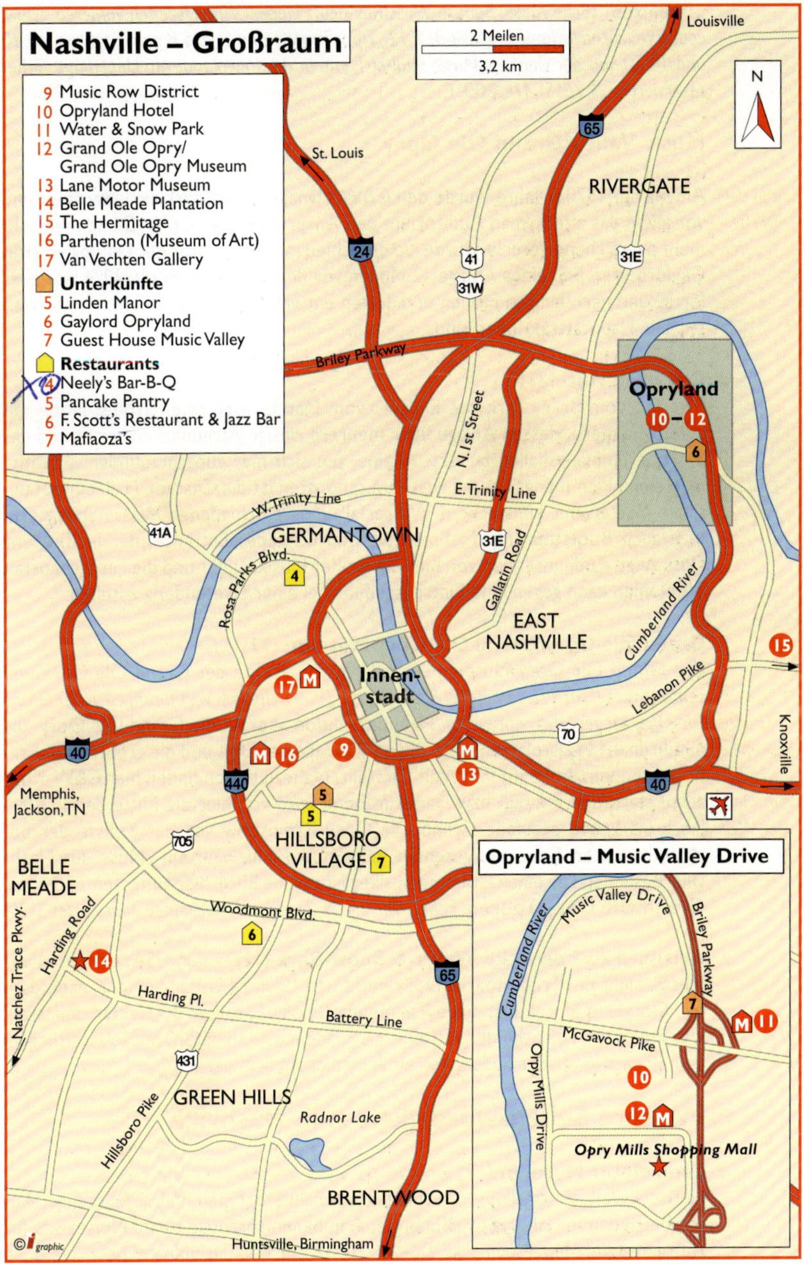
Nashville – Großraum
9 Music Row District
10 Opryland Hotel
11 Water & Snow Park
12 Grand Ole Opry/ Grand Ole Opry Museum
13 Lane Motor Museum
14 Belle Meade Plantation
15 The Hermitage
16 Parthenon (Museum of Art)
17 Van Vechten Gallery
Unterkünfte
5 Linden Manor
6 Gaylord Opryland
7 Guest House Music Valley
Restaurants
4 Neely's Bar-B-Q
5 Pancake Pantry
6 F. Scott's Restaurant & Jazz Bar
7 Mafiaoza's
2 Meilen
3,2 km
N
Louisville
St. Louis
RIVERGATE
Briley Parkway
Opryland
N. 1st Street
E. Trinity Line
W. Trinity Line
GERMANTOWN
Rosa Parks Blvd.
Gallatin Road
EAST NASHVILLE
Cumberland River
Innenstadt
Lebanon Pike
Knoxville
Memphis, Jackson, TN
HILLSBORO VILLAGE
BELLE MEADE
Woodmont Blvd.
Harding Road
Natchez Trace Pkwy.
Harding Pl.
Battery Line
Hillsboro Pike
GREEN HILLS
Radnor Lake
BRENTWOOD
Huntsville, Birmingham
Opryland – Music Valley Drive
Music Valley Drive
Briley Parkway
Cumberland River
McGavock Pike
Opry Mills Drive
Opry Mills Shopping Mall
© i graphic

„Tonmixen“ (*Ecke Music Square West/Roy Acuff Place, Öffnungszeiten variieren, www.countrymusichalloffame.org/visit-3, $ 12. Tipp: Touren zum Studio B gehen tgl. zw. 10.30 und 14.30 von der Country Music Hall of Fame in der Innenstadt ab. Unbedingt vorher reservieren: ☎ (615) 416-2001*).

Music Valley/Grand Ole Opry

Bau in den 1970er-Jahren

Anfang der 1970er-Jahre wurde den C&W-Managern klar, dass die Innenstadt und vor allem das alte Ryman Auditorium den Ansprüchen der C&W-Gemeinde nicht mehr ausreichend gerecht wurde. So entschied man sich, unter der Leitung von Mr. Gaylord, zum Bau einer Anlage 12 Meilen vor den Toren der Stadt. 1974 war alles fertig, und nach einigen Höhen und Tiefen entwickelt sich das Gebiet immer weiter. Die Hauptattraktionen sind:

Opryland Hotel (10)

Exit 12B vom Briley Parkway, Einfahrt vom Mac Gavock Pike. Großes Hotel mit 2.900 Zimmern, dessen Anlage über mehrere riesige Atriumhallen reicht und das 3 große Empfangshallen besitzt. Alleine, um sich hier zurechtzufinden, benötigt man einen Plan (hängt überall aus). Am schönsten ist die Cascade Hall, ein botanischer Garten mit künstlichem Wasserfall und verschiedenen Wasserspielereien (u.a. auch Bootstouren!). Nehmen Sie den Cascades Entrance, der in Richtung Fluss zeigt. Zudem senden von hier ein großer Musiksender und die Fernsehanstalt TNN. Man kann gegen eine Eintrittsgebühr bei einer Livesendung zusehen.

Grand Ole Opry/Grand Ole Opry Museum (12)

Größte Showhalle und Radiostation der Welt

Das Grand Ole Opry Museum erzählt die Geschichte der Grand Ole Opry und seiner Stars (*Exit 12b vom Briley Parkway, tgl. 10–17 Uhr, bei Vorführungen in der Grand Ole Opry länger, www.opry.com*). Hauptattraktion aber ist die Grand Ole Opry, die mit ihren 4.424 Sitzplätzen die größte Showhalle der USA und die größte Radiostation (Frequenz AM 650) der Welt darstellt. Nahezu täglich finden hier C&W-Konzerte statt, und Freitag- bzw. Samstagabend wird von hier die Mitte der 1920er-Jahre ins Leben gerufene Grand-Ole-Opry Radioshow vor der Kulisse der berühmten **roten Scheune** gesendet. Die Show ist fürwahr ein „Muss“ für Nashville-Besucher. Für einen Countrymusiker ist es eine Ehre, hier auftreten zu dürfen. **Grand Ole Opry-Touren**: *Febr.–Okt. tgl., $ 21, die VIP-Backstage Tour kostet $ 90!*

Neu ist ab 2014 der erste **Water & Snow-Park (11)** in den USA, ein gemeinsames Projekt des Freizeitparks Dollywood und Gaylord Entertainment, nahe dem o.g. Opryland Hotel. Der neue Themenpark soll 16, später 30 Hektar umfassen. Der Fokus wird im Sommer auf „energiegeladenen Aktivitäten“ mit Wasser liegen, im milden Winter der Südstaaten auf künstlichem Schnee.

Weitere Sehenswürdigkeiten in Nashville

Lane Motor Museum (13)

Eindrucksvolle Ausstellung verschiedenster Fahrzeugtypen: Militärfahrzeuge, Autos betrieben mit alternativer Energie, Amphibienfahrzeuge u.v.m. Nur etwas für Autofans (*702 Mufreesboro Pike, Do–Mo 10–17 Uhr, www.lanemotormuseum.org, $ 7*).

Belle Meade Plantation (14)
Ein Antebellum-Haus im Greek-Revival-Stil von 1853, eine Räucherkate von 1820 und ein Kutschen-Museum machen den Besuch dieser schönen Plantagenanlage lohnend. Hier wurden auch die ersten Vollblut-Pferde Amerikas gezüchtet. Nach der Besichtigung sollte man ssich noch etwas Zeit nehmen für einen Spaziergang durch die schattige Parkanlage (*5025 Harding Pike, Mo–Sa 9–17 Uhr, So 11–17 Uhr (die letzte Tour beginnt um 16 Uhr), www.bellemeadeplantation.com, $ 16*).

The Hermitage (15)
Hier, 15 Meilen außerhalb von Nashville, lebte der 7. Präsident der USA, **Andrew Jackson** (1767–1845). Jackson erlangte Ruhm und Ehre durch seine siegreiche Schlacht um New Orleans (1812). Jackson war aber auch für kurze Zeit Gouverneur von Florida und ein wohlhabender Baumwollfarmer, der später eher zurückgezogen mit seiner Frau Rachel bei Nashville lebte. Seine Freunde und Berater mussten ihn daher erst dazu überreden, sich als Präsident zur Wahl zu stellen. Der erste Anlauf misslang 1824, machte ihn aber bereits populär auf der politischen Bühne. 1828 – seine Frau starb ein Jahr zuvor – gewann er schließlich die Wahl und blieb bis 1837 im Amt. In dieser Zeit festigte er den Stand der Amerikanischen Staatsbank und entwickelte erste Ideen für eine staatliche Sozialpolitik. Diese Schritte brachten ihm natürlich viele Gegner in der betuchten Oberschicht ein, doch setzte sich „Old Hickory", wie er seit den Kriegstagen genannt wurde, in der Regel durch – wenn auch nicht immer mit konventionellen Mitteln (*4580 Rachel's Lane/Old Hickory Blvd., Hermitage. Anfahrt: Über den I-40 nach Osten. Am Exit 221 4 Meilen nach Norden auf dem Old Hickory Blvd. Tgl. 9–16.30 (April bis Mitte Okt. 8.30–17) Uhr, www.thehermitage.com, $ 19*).

Ideengeber für Sozialpolitik

Das Parthenon von Nashville

Parthenon (Museum of Art) (16)

Nachbau aus Athen

Der in Originalgröße reproduzierte Nachbau des Parthenon in Athen. 1898 aus Holz und Gips errichtet, entschied man sich 1922 dazu, das Gebäude aus Stein neu zu erbauen. Das dauerte über 8 Jahre, denn es war nicht einfach, entsprechende Handwerker dafür zu finden. Heute befindet sich in dem Gebäude das Museum of Art, eine große Athena-Skulptur und eine Galerie mit wechselnden Ausstellungen (*Ecke Westend/25th Ave. S, im Centennial Park, Di–Sa 9–16.30 Uhr, Juni–Aug. auch So 12.30–16.30 Uhr, www.nashville.gov/parthenon, $ 6*).

Van Vechten Gallery (17)

Oftmals unterschätztes Kunstmuseum mit Werken u.a. von Georgia O'Keefe sowie europäischen Meistern wie z.B. Picasso, Renoir und Cézanne (*Campus der Fisk University, Ecke Jackson St./18th Ave. N. (D.B.Todd Blvd.), Di–Sa 10–17 Uhr, im Sommer auch Mo, www.fisk.edu/CampusLife, $ 10*).

Reisepraktische Informationen Nashville/TN

Information

Es gibt zwei **Visitor Information Center**: *Fourth Ave. N./Commerce St., Lower Level of US Bank Bldg., ☎ 1-800-657-6910 u. (615) 259-4730 und Fifth Avenue S./ Broadway, Glass Tower of the Arena, ☎ (615) 259-4747, www.visitmusiccity.com. Ein weiteres Welcome Center gibt es am Flughafen.*

Parken: *Übersichtlich und aktuell: www.parkitdowntown.com.*

Die Tageszeitung „The Tennessean" bietet in der Freitagsausgabe den „Opry line-up" und am Sonntag im Showcase die gesamten Veranstaltungen für die folgende Woche. Die wöchentlich erscheinende, kostenlose „Nashville Scene" veröffentlicht das Veranstaltungsprogramm. Sie liegt in Cafés, Bars, Musikkneipen und im Visitor Center aus. Unter www.jazzblues.org erfährt man alles über Jazz- und Blues-Konzerte im Staate Tennessee.

Wichtige Telefonnummern

Vorwahl: ☎ 615

Notruf Polizei/Feuer/Ambulanz: ☎ 911

Krankenhaus: University Medical Center: 1211 22nd Ave. S, ☎ 322-5000

24-h-Apotheken: Super X: 303 East Thompson Lane, ☎ 361-3636, Walgreen's: ☎ 1-800-925-4733, um nach der nächsten zu fragen

Rundfahrten/Touren

Gray Line: *2416 Music Valley Dr., ☎ (615) 883-5555 od. 1-800-251-1864, www.graylinetn.com. Gray Line bietet verschiedene Touren an. U.a. Discover Nashville, Riverboat Dinner Cruises, Opry House Backstage Tour, Nashville Nightlife. Am beliebtesten ist aber die 3-stündige „Home of the Stars Tour", wo man zu den (z.T. ehemaligen) Häusern der großen Countrystars wie z.B. Dolly Parton, Hank Williams und Martina McBride fährt… besser gesagt, man fährt daran vorbei. Gray Line Touren können auch im Visitor Center an einem Schalter in der Country Hall of Fame & Museum sowie an der Ecke 2nd Ave. N/ Broadway gebucht werden.*

Trolleys (*„LunchLINE-Shuttles") verkehren zwischen den wesentlichen Punkten in der Innenstadt. Leider aber nur Mo–Fr von 11–13.30 Uhr!*

Tommy's Tours: *Bietet u.a. Rundfahrten zu den Häusern der Stars und den wesentlichen Sehenswürdigkeiten an. Tommy ist sehr unterhaltsam! ☎ (615) 335-2863, www.tommystours.com.*
Schaufelraddampfer „General Jackson": *Abfahrt am General Jackson Dock am Gaylord-Opryland (Music Valley), Tickets am Pier. Sightseeing Cruises, Dinner-Cruises etc. Und dazu viel Live-Musik an Bord. Infos: ☎ (615) 458-3900, 1-866-567-JACK, www.generaljackson.com.*
Johnny Walker Tours: *107 Music City Circle, Suite 100, ☎ (615) 834-8585, www.johnnywalkertours.com. Touren zu den Wohnhäusern und Museen der bekannten Countrymusik-Stars.*
Pferdekutschfahrten *beginnen an der Ecke 2nd/Commerce Street.*

Hotels und andere Unterkünfte (→ Karten S. 473 und S. 475)

The Hermitage *$$$$$ (1): 231 6th Ave., Nashville, TN 37219, ☎ (615) 244-3121, www.thehermitagehotel.com. Das Grandhotel der Stadt. Das komplett renovierte Gebäude wurde 1910–11 erbaut und beeindruckt heute durch seine großzügige Lobby (viel Marmor), die plüschigen, aber gemütlichen Zimmer und den sehr guten Service… wie immer, alles zu einem entsprechenden Preis. Innenstadt.*
Union Station *$$$-$$$$ (2): 1001 Broadway, Nashville, TN 3703, ☎ (615) 726-1001, www.unionstationhotelnashville.com. Im alten Union Station (1897) untergebrachtes Hotel. Sehr geräumige Zimmer. Kaum ein Zimmer gleicht dem anderen. Achten Sie aber darauf, dass Sie ein Zimmer mit großen Fenstern erhalten, viele Zimmer sind nämlich ziemlich dunkel. Manche Zimmer liegen zudem in Richtung Eisenbahnschienen – die einen mögen das, die anderen stört der Lärm der Züge. Beeindruckende Lobby (alte Bahnhofshalle). Stilvoll, Innenstadtlage und günstiger als das „The Hermitage".*
Gaylord Opryland *$$$$ (6): 2800 Opryland Drive, Nashville, TN 37214, 12 Meilen nordöstlich der Innenstadt: Briley Pkwy. (Exit 11 od. 12), neben der Grand Ole Opry, ☎ (615) 889-1000, www.gaylordhotels.com. 2900-Zimmer-Hotel. Eigens auf die Besucher der „Country- und Western-Welt Nashvilles" ausgerichtet, könnte dieses Gebäude mit seinen tropischen Imitaten – inkl. Wasserfall und Seen – ebenso in Las Vegas zu finden sein. Beeindruckend sind die 3 riesigen Atrien, in denen man auf künstlichen Wasserstraßen mit dem Boot herumfahren kann. Der Komplex beherbergt auch Veranstaltungsbühnen, Radiosender, Fernsehstudios u.Ä. und ist damit so groß, dass man sich leicht verlaufen kann.*
Best Western Downtown *$$-$$$ (3): 711 Union St., Nashville, TN 37219, ☎ (615) 242-4311, www.bestwestern.com. Mittelklassehotel in günstiger Innenstadtlage.*
Im **Music Valley**, *besonders im nördlichen Abschnitt gibt es mittlerweile zahlreiche Franchise-Hotels in der Preisklasse $$, so auch das* **Comfort Inn** *(2516 Music Valley Drive, ☎ (615) 889-0086, www.musicvalleyhotels.com) und das* **Guest House Music Valley** *(7) (2420 Music Valley Dr., ☎ (615) 885-4030, www.guesthouseintl.com).*
Best Western Plus Music Row *$$: 1407 Division Rd., Nashville, TN 37203, ☎ (615) 242-1631, www.bestwestern.com/musicrow. Einfaches Franchise-Motel im Music Row District. Sauber. Gutes Preis-Leistungsverhältnis.*
Comfort Inn Downtown *$$ (4): 1501 Demonbreun St. (I-40, exit 209B), Nashville, TN 37203, ☎ (615) 255-9977, 1 www.hotelsdowntownnashville.com. Typisches Franchise-Hotel. Sauber und günstig im Preis. Im Music Row-District.*

Bed&Breakfast-Unterkünfte *kann man zentral buchen über www.tennessee-inns.com und www.bbonline.com/tn.*

Eine B&B-Empfehlung: **1501 Linden Manor** $$$ **(5)**: *1501 Linden Avenue, Nashville, TN 37212, ☎ (615) 298-2701, www.Nashville-Bed-Breakfast.com. Viktorianisches Haus im Belmont-Hillsboro Historic District. Nur drei Zimmer, daher vorher buchen.*

Restaurants (→ Karten S. 473 und S. 475)

Prime 108 (1): *Union Station Hotel, 1001 Broadway, ☎ 726-1001. First-Class-Adresse, untergebracht im ehemaligen Union Station (1897) – heute ein Hotel. Das Ambiente ist sehr gepflegt und die Küche exquisit. Sie ist bekannt für die leckeren Steaks und die frischen, aus organisch-biologischem Anbau stammenden Zutaten. Keine Jeans, möglichst Anzug/Kleid. Teuer.*

The Merchants (3): *401 Broadway, ☎ 254-1892. Elegantes Dinnererlebnis über 3 Etagen (elegant im Obergeschoss) in historischem Gebäude in der Innenstadt. Die Böden sind alle aus Holz. Im Sommer kann man auch draußen speisen. Gemischte und ausgesprochen frische Küche. Häufig Jazz-Livemusik. Teuer.*

F. Scott's Restaurant & Jazz Bar (6): *2210 Crestmoor Rd., Green Hill (südl. der Innenstadt), ☎ 269-5861, Mo-Sa. Künstler-Café/Restaurant mit ständig wechselnden Ausstellungen. Etwas versnobt, aber dafür eine der ausführlichsten Weinlisten von Tennessee und eine Reihe von kleinen und großen Leckereien – frisch zubereitet aus Zutaten der Region. Bekannt für die allabendliche Jazz-Livemusik. Nicht ganz billig!*

Mafiaoza's (7): *2400 12th Ave. S., ☎ 269-4646. Leckere Pizzen auf dünnem Teig. Die Preise mögen zuerst als hoch erscheinen, aber dafür gibt es wirklich frische Beläge. Besonders der Käse ist super!*

Wildhorse Saloon (2): *120 Second Avenue North, ☎ 902-8200. Eine Institution in Nashville. Amerikanische Küche, Livemusik, Bar, Billard: Fun auf verschiedenen Ebenen. Laut, aber angesagt.*

Pancake Pantry (5): *1796 21st Ave. S., ☎ 383-9333. Der Pfannkuchen-Laden in Nashville. Nur von 6–15 Uhr geöffnet (am Wochenende bis 16 Uhr).*

Neely's Bar-B-Q (4): *2292 Rosa Parks Blvd., ☎ 251-8895. Die Empfehlung für Memphis-Style-BBQ (gilt immer noch als das beste BBQ in Amerika). Mehrfach prämiert.*

Pubs/Livemusik/Nightlife

In Nashville liegt wohl nichts näher, als den Abend in einem der vielen Clubs oder Bars zu verbringen und dem Livemusik-Programm zu folgen. Wer glaubt, überall werde nur Countrymusik gespielt, der täuscht sich. Alle Musikrichtungen sind vertreten. Trotzdem empfiehlt es sich, selbst wenn man kein Countrymusik-Anhänger sein sollte, hier dieser Musikrichtung den Vorzug zu geben. Jazz gibt es ja auch in New Orleans und Memphis zu hören. Blues und Rhythm&Blues (R&B) dagegen haben auch ihren Ursprung u.a. in Nashville gefunden und bieten selbst in der „großen Zeit der Countrymusik" für manchen eine willkommene Abwechslung. Das kommerzialisierte Erlebnis in der Grand Ole Opry bietet übrigens keinen Ersatz für einen guten Musikclub! Eine gute Webadresse um Livemusik-Lokale auszumachen ist: www.nashvillelife.com/entertainment.

Tipp: *Wer nun nur einen Abend unterwegs sein kann, dem sei nur zum Besuch der Clubs im Innenstadtviertel „The District" (entlang Broadway unterhalb der 5th Ave, entlang der 2nd Ave. N. und in der Printers Alley) zu raten. Hier gibt es ausreichend Musikclubs und auch Restaurants.*

COUNTRY/BLUEGRASS

Nashville Palace: *2611 McGavock Pike/ Music Valley, ☎ 889-1540, www.nashvillepalace.net. Country-Entertainment und große Disco. Das Restaurant bietet gute Steaks und andere „Western-Gerichte".*

Ernest Tubb Midnight Jamboree: *Am Eingang, Music Valley Village, 2416 Music Valley Dr., (Exit 12 vom Briley Pkwy.), ☎ (615) 889-2474, www.etrecordshop.com. Programme siehe in den Veranstaltungsblättern. Nur Sa, manchmal Fr. Dann wird von 0 bis 1 Uhr ein Countrymusikprogramm von hier gesendet. Es gibt nur 80 Plätze. Einlass ab 23.30 Uhr.*

Bluebird Café: *4104 Hillsboro Road, ☎ 383-1461. Kleines Lokal, in dem sich vor allem Songwriter treffen. Sozusagen ein „Geheimtipp" für Auswärtige, nicht aber für die „echten" Nashviller. Also voll! Hier versuchen sich auch begabte Neulinge der Branche. Erster Gig um ca. 19 Uhr (Anfänger und Songwriter), zweiter dann gegen 21 Uhr (etabliertere Bands).*

Station Inn: *402 12th Avenue South, ☎ 255-3307, nimmt keine Anfragen an. Gilt als eines der besten Bluegrass-Lokale von Nashville. Die Musik und die Stimmung sind gut, das Ambiente aber finster und rau.*

The Wildhorse Saloon: *120 Second Avenue North, ☎ 902-8200. Große Country-Disco mit Livemusik und Radiosender (FM 95). Laut, aber Stimmung. BBQ-Gerichte.*

Tootsie's Orchid Lounge: *422 Broadway, ☎ 726-0463. Einer der letzten legendären Clubs in Nashville. Es gibt 2 Bühnen. An den Wänden hängen alte, z.T. signierte Poster und Fotos von Musikstars. Von 17 bis 2 Uhr durchgehend Livemusik (Country, Bluegrass und Blues). Also auch ein Tipp für die Erfrischung am Tage.*

Legends Corner: *428 Broadway, ☎ 248-6334. Ebenfalls ein alteingesessener Country- und Bluegrass-Musikclub.*

Robert's Western World: *416B Broadway, ☎ 244-9552. Musiklokal mit Westernstiefelverkauf. Eine witzige Mischung. Bluegrassmusik.*

Tipp: *Im* **Cheekwood Botanical Garden & Museum of Art** *(1200 Forrest Park Drive, ☎ 353-2163, www.cheekwood.org) finden im Sommer gelegentlich Konzerte statt. Dazu kann man einen Picknickkorb mitbringen. Beginn in der Regel um 18 Uhr.*

ROCK/BLUES UND R&B

3rd&Lindsley: *Ecke 3rd Ave. und Lindsley Street, ☎ 259-9891. Musikclub mit ausgezeichneten Blues- und R&B-Bands.*

Douglas Corner: *2106-A 8th Ave. South, ☎ 298-1688. „Musik-Schuppen" mit gemischtem Programm, meist aber Rock und Blues, wobei auch gelegentlich Country gespielt wird.*

B.B. King's Blues Club: *152 2nd Ave. N., ☎ 256-2727, www.bbkingclubs.com. Der Name verrät alles und zu essen gibt es hier auch etwas. Schauen Sie mal in den Veranstaltungskalender.*

Open Air-Konzerte *(„Dancing in the District") finden übrigens im Sommer oft Donnerstagabend im Riverfront Park statt.*

TICKETS

Tickets für größere Veranstaltungen gibt es unter www.ticketmaster.com. Tickets für Country-Veranstaltungen sind oft weit im Voraus ausgebucht. Eine rechtzeitige Buchung, am besten über das Internet ist daher naheliegend. Alternative: Kurzfristig über das Visitors Bureau (s.o.)

Grand Ole Opry: *Man kann Tickets für die Radio-Shows am folgenden Freitag bzw. Samstagabend ab Dienstag erwerben. Telefonisch: ☎ (615) 871-6779 od. 1-800-733-6779, www.opry.com. Schalter: Am Ticket Office direkt an der Grand Ole Opry (Exit 11 vom Briley Pkwy.). Auch an anderen Abenden finden Countrymusik-Veranstaltungen statt,*

☞ Nashville off the Beaten Path

„Off the beaten track" bedeutet in einer Touristenstadt wie Nashville in erster Linie: Halten Sie sich fern von den 3 „Hauptgebieten" (Music Valley, Music Row und The District/2nd Avenue). Das heißt aber nicht, dass man die Grand Ole Opry, das Ryman Auditorium, die Clubs entlang des Broadway und die Country Hall of Fame nicht sehen sollte. Sie gehören einfach zu Nashville wie der Eiffelturm zu Paris.

Um sich nun abseits der ausgetretenen Pfade zu bewegen, werden zahlreiche Alternativen geboten in Nashville: In den Südstaaten bietet wohl nur New Orleans ebenso viele kleine und ausgefallene Museen, versteckte Kirchen mit Gospelgesängen, heruntergekommene – aber gute – Musikclubs und anderes Sehenswerte. Dieses hier alles aufzuführen, ginge zu weit, daher nur ein paar Ideen:
Beginnen Sie den Tag mit einem Sandwich bzw. einem echten BBQ oder Pfannkuchenfrühstück am Broadway (Blocks 200–400) oder weiter draußen im Pancake Pantry (s.o.).
Als nächstes sollten Sie sich das **Willie Nelson & Friends Museum & General Store** (*2613A McGavock Pike – Music Valley, Mo–Sa 8.30–21, So bis 20 Uhr, www.willienelsongeneralstore.com*) anschauen. Nicht nur ein Museum, sondern vor allem ein Country-Souvenirshop mit entsprechender Auslage.

Zum Lunch können Sie z.B. in die Lounge (Bar) des **Union Station Hotel** fahren, wobei man sich aich die alte Bahnhofshalle anschauen sollte. Alternativ dazu empfiehlt sich Jack's BBQ (334 Trinity Lane, Exit 78B vom I-65 oder am 416 Broadway).

Für den Nachmittag kann man zum wenig besuchten **Traveller's Rest** (*636 Farell Parkway, Mo–Sa 10–16.30 Uhr, So 13–16.30 Uhr, www.travellersrestplantation.org, $ 10*) fahren. Anfahrt über I-65 nach Süden, diesen am Harding Exit verlassen. Über die Harding Intersection und dann weiter nach Süden auf der Franklin Road fahren. Ab der Farell Road (linke Seite) auf Schilder achten. Das alte Haus (1799) wurde von einem Freund Präsident Andrew Jacksons, dem Richter John Overton gebaut und bewohnt, und an Wochentagen findet kaum jemand hierher. Daher bieten die Führungen durch das Haus die Gelegenheit, spezielle Fragen zu stellen. Am Wochenende aber ist es voller.

Am Nachmittag und frühen Abend bietet sich ein Besuch im Bereich **Hillsboro Village** an (21st Street South, Blöcke 1700–2000). Nette Cafés, Boutiquen, versteckte kleine Galerien und Studentenpinten liegen hier dicht beieinander, und viele der „Künstler" leben hier. Am frühen Abend können Sie dann die erste Musiksequenz im Bluebird Café (4104 Hillsboro Drive) miterleben und dann weiterfahren z.B. zum Station Inn (402 12th Ave. S.)

aber ohne Radioübertragung. Es gibt auch Combitickets: z.B. Parken, Grand Ole Opry Museum und eine Show in der Grand Ole Opry. Shows von März bis Oktober.
Ryman Auditorium: *Ryman Auditorium, 116 5th Ave., Nashville, TN 37219, ☎ (615) 889-3060, www.ryman.com. Schalter am Gebäude. Country- und Rock-Konzerte, oft mit Stars aus den 1970er- und 80er Jahren.*
Gibson Bluegrass Show: *Opry Mills Shopping Center, 161 Opry Mills Drive (Exit 11 vom Briley Pkwy.), ☎ (615) 514-2233, www.gibson.com. Für lange Zeit gab es Bluegrassmusik-Konzerte im Gitarrenladen der Firma Gibson. Zurzeit finden diese nicht statt, doch sollen sie evtl. wieder ins Leben gerufen werden.*

Einkaufstipps

In der Musikstadt Nashville liegt wohl nichts näher, als sich mit Country- und Westernmusik einzudecken. Geschäfte mit Platten und CDs gibt es ausreichend. Zu empfehlen wären:
Ernest Tubb Record Store: *2 Filialen: eine beim Opryland (2414 Music Valley Drive) und eine am 417 Broadway. Der CD-Laden der Stadt für Countrymusik!*
The Great Escape: *5400 Charlotte Avenue. Ein weiterer Laden befindet sich nordöstlich von Nashville in Madison: 111-B Gallatin Rd. North.*
In der **Music Row Area** *(Bereich 16th Ave. und Demonbreun St.) gibt es weitere Musikgeschäfte.*

GITARREN

Gruhn Guitars: *Ecke Broadway/4th Street. Hier gibt es alles, was das Gitarristenherz höher schlagen lässt. Gitarren von 100 Dollar bis 200.000 Dollar. Zudem hervorragende Beratung.*
Gibson Bluegrass: *161 Opry Mills Dr., Opry Mill, (Exit 11 vom Briley Pkwy.). Gitarren, Mandolinen, Banjos in riesiger Auswahl.*

WESTERN-BEKLEIDUNG

Stiefel: *Boot Country: 304 Broadway, Innenstadt.*
Kleidung: *Manuel Exclusive Clothier: 1922 Broadway. Hier kleiden sich die Countrystars ein – maßgeschneidert natürlich. Entsprechend exklusiv und teuer, aber unbedingt einen Besuch wert.*
Trail West: 219 Broadway, Innenstadt

Ole Opry Shop in Downtown Nashville

Antiquitäten gibt es über die gesamte Stadt verstreut. Wer gerne „kramt“, sollte einmal die kleinen Geschäfte an der 8th Street (21er Block) ausprobieren.

OUTLET-MALL
Die größte und zzt. beste Outlet-Mall in Nashville ist die **Opry Mills Mall** *im Music Valley: Briley Pkwy. (Exit 11)*

FLOHMARKT
Der große **Nashville Fairgrounds Fleamarket** *auf den Tennessee State Fairgrounds mit bis zu 1500 Händlern lohnt allemal einen Besuch. Jedes 4. Wochenende im Monat (außer September bis Dezember – dann evtl. spezielle Programme): Fr 8–17 Uhr (Dez.–Febr. 12–17 Uhr), Sa 7–18 Uhr, So 7–16 Uhr. Weitere Infos: ☏ 862-5016, www.nashvilleexpocenter.org/expo/fleamarket/ dates. Jedes Wochenende dagegen findet am (täglichen) Nashville Farmers Market ein Flohmarkt statt: 900 Rosa Parks Blvd.*

Veranstaltungen
International Country Music Association: *„CMA Music Festival“ (erstes volles Wochenende im Juni). Hier treten die ganz Großen der Countrymusik auf. Veranstaltungsorte in der ganzen Stadt, hauptsächlich aber im Coliseum. Infos und Kartenbestellung: ☏ (615) 263-3691, www.cmafest.com oder über www.ticketmaster.com.*

Öffentliche Verkehrsmittel
Greyhound: *Busbahnhof an der 1030 Charlotte Ave., ☏ (615) 255-3556 oder 1-800-231-2222.*
Stadtbusse: *Die MTA bedient den öffentlichen Nahverkehr. Infos: 862-5950, www.nashvillemta.org. Es gibt drei kostenlose Linien („Music City Circuit“), die die weitere Innenstadt und The Gulch bedienen. Zentraler Busbahnhof in der Innenstadt: Music City Central, neben Municipal Auditorium , zw. 4th und 5th Aves. North, an der Charlotte Ave.*

Flughafen
Der **Nashville International Airport** *liegt 9 Meilen südöstlich der Innenstadt. Infos: ☏ (615) 275-1675, www.flynashville.com. Alle Mietwagenfirmen haben hier eine Niederlassung. Größere Hotels bieten einen kostenlosen Shuttle-Service an.*
Der **Nashville Express Airport** *Shuttle (☏ (615) 335-6479) verkehrt zwischen Flughafen und Innenstadt bzw. ausgewähltem Hotel zu vergünstigten Taxipreisen und muss vorher reserviert werden.*
Und es gibt sogar einen günstigen Stadtbus der MTA (Linie 18, Elm Hill Pike Bus), Abfahrt in der Innenstadt: Music City Central (s.o.).

Taxis
Yellow Cab: ☏ 256-0101
Checker Cab: ☏ 256-7000

Alternativroute: von Nashville nach Birmingham

Hauptsehenswürdigkeit Space& Rocket Center

Die wenigsten werden diese Strecke wählen, denn sie würde Memphis bzw. den landschaftlich einmaligen Natchez Trace Parkway aussparen. Trotzdem soll dieser Abschnitt auch deswegen kurz vorgestellt werden, weil er eine ganz besondere Sehenswürdigkeit bietet: Das U.S. Space&Rocket Center und die NASA-Versuchsanlagen in Huntsville. Für einen lohnenden Besuch hier sollte man aber mindestens einen halben Tag einplanen. Der Rest der Strecke zwischen Nashville und Birmingham ist weniger interessant.

Alternative: Wer das Raketenmuseum besichtigen möchte, aber anschließend Memphis bzw. den Natchez Trace Parkway als Ziel hat, kann von Huntsville aus über den US 72 nach Westen fahren. Der Highway kreuzt den Parkway und führt bis nach Memphis. In **Florence** sollte man dabei aber das **W. C. Handy Museum** (Handy gilt als „Vater" des Blues) und die **Alabama Music Hall of Fame** (direkt am US 72) nicht auslassen (Infos S. 494 unter „Natchez Trace National Parkway").

Huntsville

Zentrum der Raketenforschung

Huntsville wurde bereits 1805 als kleine Farmerstadt inmitten weiter Baumwollfelder gegründet. Während des Zweiten Weltkrieges dann veränderte sich vieles, denn das Militär begann, hier eine groß angelegte Chemie- und Raketenversuchsanlage, einschließlich mehrerer wissenschaftlicher Labors, einzurichten. Als dann Ende der 1940er-Jahre der deutsche Raketenforscher **Wernher von Braun** (1912–1977) und sein 130-köpfiges Team aus Deutschland abgeworben werden konnte, begann der ganz große Boom. Von Braun brachte alle Pläne der V-2-Rakete aus Deutschland mit und sorgte dafür, dass die kleine Stadt im Norden von Alabama zur geistigen Hochburg der amerikanischen Raketenentwicklung aufstieg. Als das Militär dieser Aufgabe nicht mehr gewachsen war, wurde hier die NASA (National Aeronautics and Space Administration), eine zivile Behörde, gegründet. Hier war es dann auch, wo der Flug zum Mond vorbereitet wurde und wo später auch die Entwicklung des Spaceshuttle-Programms, des umstrittenen SDI-Programms und die Einrichtung der bemannten Raumstationen („Spacelabs") vorangetrieben wurden.

Auch heute noch ist Huntsville eine „**Stadt der Wissenschaftler**": Gut 10 Prozent aller Arbeitnehmer sind Ingenieure, etwa 20.000 der insgesamt 180.000 Einwohner zählenden Stadt sind angeworbene ausländische Fachkräfte. Die Raketen- und Weltraumindustrie bestimmt das gesamte Bild. Trotzdem haben sich mittlerweile auch andere große Firmen hier niedergelassen. Boeing hat ebenfalls eine große Dependance, vornehmlich weil der Konzern federführend am Ausbau der internationalen Raumstation mitwirkt. Abgesehen von den „Weltraum-Sehenswürdigkeiten" bietet die Stadt aber nicht viel. Der historische Innenstadtbereich („Old Town District" und der benachbarte „Twickenham District") sind zwar nett anzusehen, lohnen aber höchstens eine kurze Durchfahrt.

Reisepraktische Informationen Huntsville/AL

Information

Huntsville/Madison County Convention & *Visitors Bureau: 500 Church St., Suite One, Huntsville, AL 35801,* ☎ *(256) 551-2370 oder 1-800-843-0468, www.huntsville.org*

Visitor Information Center at International Airport Huntsville: *Box 20064, 1000 Glen Hearn Blvd., Huntsville, AL 35824,* ☎ *(256) 772-9470*

Tour

Tour Huntsville Department of Parking & Public Transport: *500 Church St., Suite Two, Huntsville, AL 35801,* ☎ *(256) 427-6811. Geöffnet: Mo–Fr 8–17 Uhr, www.hsvcity.com/PublicTran. Betriebszeiten des „Tourist Trolley Loop" sind Mo–Fr 7–18 Uhr. Das Büro befindet sich direkt neben dem des Huntsville/Madison County Convention & Visitors Bureau.*

Unterkünfte

Holiday Inn-Downtown $$$: *401 Williams Ave., Huntsville, AL 35801,* ☎ *(256) 533-1400, www.holidayinn.com/huntsvilleal. Geräumige Suiten zu akzeptablen Preisen. Liegt zentral in Downtown.*

Huntsville Embassy Suites Hotel: *800 Monroe St., Huntsville, AL 35801,* ☎ *(256) 539-7373, www.embassysuites.com. Modernes Hotel der Oberklasse mit ausgedehntem Fitness- und Spabereich.*

The Dogwood Manor B & B $$-$$$: *707 Chase Road Huntsville, AL 35811,* ☎ *(256) 859-3946, www.dogwoodmanorbandb.com. Falls Sie eher „old style" genießen möchten, ist dieses charmante B&B mit seinen 4 Zimmern genau das Richtige. Mit sehr leckerem Frühstück.*

Camping

U.S. Space & Rocket Center Campground $: *1 Tranquility Base, Huntsville, AL 35805,* ☎ *(256) 830-4987. Befindet sich direkt neben dem „Space&Rocket Center". Sehr zu empfehlen, um lange Anfahrtswege zum Center zu sparen.*

Restaurants

Greenbrier Restaurant: *27028 Old Hwy. 20, Madison (acht Meilen westlich von Huntsville),* ☎ *(256) 351-1800. Der Geheimtipp in Huntsville. Die Gäste fahren teilweise von weit her an, um in diesem rustikalen Restaurant, das seit 1952 von seinem Besitzer, Jack Webb, betrieben wird, zu speisen. Die Portionen sind sehr groß und besonders zu empfehlen ist das Hähnchen mit der berühmten weißen BBQ-Sauce. Auch Fisch und Spare Ribs sind im Angebot. Erkundigen Sie sich aber vorher telefonisch nach dem genauen Weg dorthin. Man kann sich leicht verfahren! Das Greenbrier Barb-B-Que-Restaurant befindet sich 15050 Hwy. 20 in Madison,* ☎ *(256) 353-9769*

Ol' Heidelberg: *6125 NW University Dr.,* ☎ *(256) 922-0556. Deutsche Küche. Zu empfehlen ist der leckere Sauerbraten.*

Café Berlin: *964 Airport Rd,* ☎ *(256) 880-9920. Empfehlenswert für ein gutes Stück Torte nach deutsch/österreichischer Art und eine Tasse Kaffee. Eher etwas für tagsüber.*

Am Washington Square von Huntsville finden Sie mehrere Lokale, so z.B. **Pauli's Cophouse** *(Steaks und Seafood);* **Humphrey's Bar&Grill** *(Burger, Südstaatengerichte) sowie die Sportsbar Mason's Pub (Pubfood).*

Von Nashville nach Memphis

Etwa auf halber Strecke zwischen Nashville und Memphis passieren Sie entlang des I-40 den **Natchez Trace State Park & Forest**, der seinen Namen dem Trail zwischen Natchez und Nashville verdankt. Der Park ist als großes Erholungsgebiet angelegt und bietet Outdoor-Fans eine willkommene „Verschnaufpause“ zwischen den Großstädten, die sie auf diesem Reiseabschnitt zu sehen bekommen. An Sommerwochenenden aber wird es aber hier teilweise sehr voll.

Die kleine und lang gezogene Stadt **Jackson, TN** – nicht zu verwechseln mit Jackson, MS – bietet eine weitere Möglichkeit, dem (abendlichen) Trubel von Memphis noch für eine Nacht zu entgehen und sich zudem von Nashville zu „erholen“. Im Schatten des „großen“ Memphis stehend, bemüht man sich hier sehr um Fremde, die sich für den überschaubaren Ort interessieren. Die Atmosphäre wirkt zwar recht verschlafen, ist aber sehr herzlich. Musikfans sollten sich hier keinesfalls die **International Rock-a-Billy Hall of Fame** (*105 N. Church St., Mo–Fr 10–14 Uhr, im Sommer länger, www.rockabillyhall.org*) entgehen lassen: Ein kleines und besonders liebevoll ausgestattetes Museum mit allen erdenklichen Erinnerungsstücken rund um den Rock'n'Roll und seiner berühmtesten Musiker. Hier finden auch abendliche Tanzkurse für jedermann statt, Freitagabend gibt es Livemusik. Gerne erzählt die Betreiberin der Galerie alles und man kommt so in der nicht sehr stark besuchten Einrichtung schnell in den Genuss einer individuellen Führung, während der natürlich besonders an den Stationen der aus Jackson, TN, stammenden Musiker die ausführlichsten Erläuterungen stattfinden.

Herzliche Atmosphäre

Ihren Namen verdankt die Stadt den vielen Nachfahren von Präsident Andrew Jackson, die sich hier niedergelassen haben. Bedeutung aber gewann Jackson durch

die Eisenbahnverbindungen, die sich hier kreuzen. Daran erinnert das nette **Casey Jones Home & Railroad Museum** (*30 Casey Jones Ln, I-40 & Hwy. 45 Bypass, Lab.–Mem. Day tgl. 9–17, Sommer bis 20 Uhr, www.caseyjones.com, $ 6,50*) im gleichnamigen historischen Village (56 Casey Jones Lane). Voller Stolz ist man hier auf ein Ereignis aus dem Jahre 1900.

In Gedenken an Casey Jones

In dem Museum werden Eisenbahnfans ihre wahre Freude an einer riesigen alten Dampflokomotive, einer Modellbahn und einer Reihe von Memorabilien von Casey Jones haben. Jones, seinerzeit Lokführer und Ingenieur, lebte Ende des vorletzten Jahrhunderts und gilt als die **Eisenbahner-Legende** Amerikas. Jones verhinderte nämlich am 29. April 1900 ein großes Eisenbahnunglück: Sein Zug fuhr damals durch einen kleinen Ort in Mississippi, als plötzlich mehrere Waggons auf seinen Schienen auftauchten. Jones konnte gerade noch rechtzeitig seinen Heizer anweisen, vom Zug zu springen, bevor er mit gekonnten Bremsaktionen die Lokomotive (mit der Nummer 382) von den Schienen beförderte und die mit Passagieren beladenen eigenen Waggons zum Stehen brachte. Jones war der einzige, der bei diesem Unglück ums Leben kam. Zudem laden historische Geschäfte und der rekonstruierte Old Country Store zum Shopping und zum (sehr leckeren und reichhaltigen) Speisen in rustikalem Ambiente ein. Ein kleiner Informationsschalter für Touristen ist dort auch vorhanden. Ab und zu finden auf der Veranda des antiken Krämerladens Folk- und Country-Musikveranstaltungen statt, bei denen sich jedermann, sofern er denn einigermaßen ein Instrument beherrscht, zu einer improvisierten Musik-Session zusammenfinden kann. Bis in die späten Abendstunden hinein wird dann am Banjo gezupft und in die Mundharmonika geblasen. Infos zu den abendlichen Konzerten im Convention&Visitors Bureau.

Nach Memphis sind es nun noch 85 Meilen.

Reisepraktische Informationen Jackson/TN

Information

Jackson Convention & Visitors Bureau: *197 Auditorium Street Jackson, TN 38301, ☏ (731) 425-8333 oder 1-800-498-4748, www.jacksontncvb.com.*

Unterkünfte

Highland Place B&B *$$$-$$$$: 519 N. Highland Ave., Jackson, TN 38301, ☏ (731) 427-1472, www.highlandplace.com. In Colonial-Revival Mansion von 1911. Vier Zimmer, individuell eingerichtet, großzügige Aufenthaltsräume, reichhaltiges Frühstück.*
Jameson Inn *$$: 1292 Vann Dr. (die Straße ganz bis nach hinten durchfahren!), Jackson, TN 38305, ☏ (731) 660-8651, www.jamesoninns.com. Ein sauberes, komfortables Hotel mit Pool und Fitnessraum. Tipp: ein der Autobahn abgewandtes Zimmer nehmen.*

Hinweis: *Wer auf dem Wege von Nashville nach Memphis die Gelegenheit nutzen möchte, abseits der (Groß-)Städte einmal „Ruhe einkehren zu lassen", dem empfiehlt sich eine Übernachtung im Natchez Trace State Park (www.tennessee.gov/environment/parks) in der* **Pin Oak Lodge** *$$$, 567 Pin Oak Lodge Lane, Lexington, TN 38351, ☏ (731) 968-8176 oder 1-800-250-8616, www.tennessee.gov/environment/parks/NatchezTrace/*

lodging, Zimmer und Cottages. Picknicktische und Angelgelegenheiten stehen zur Verfügung. Ideal, um einen Tag auszuspannen.

Restaurant

Old Country Store: *Direkt gegenüber vom Museum im Casey Jones Village, ☎ (731) 668-1223/4. Tennessee-Country-Küche. Man isst inmitten des Stores. Buffets, Salatbar. Die Einrichtung ist auf alt getrimmt und gibt dem Ganzen ein behagliches und rustikales Ambiente. Die drei Buffets (morgens, mittags, abends) alleine sind schon einen Stopp wert.*

Natchez Trace National Parkway

Entfernungen

Nashville – Meriwhether Lewis: 75 mi/121 km
Meriwhether Lewis – Colbert Ferry: 56 mi/90 km
Colbert Ferry – Tupelo Visitor Center: 61 mi/98 km
Tupelo Visitor Center – Kosciusko: 106 mi/171 km
Kosciusko – Jackson: 61 mi/98 km
Jackson – Natchez: 81 mi/130 km

Bereits vor über **8.000 Jahren** schlugen Indianer einem Trampelpfad durch die nahezu undurchdringlichen Wälder zwischen dem heutigen Natchez und den wildreichen Regionen des Gebietes nördlich des Tennessee River. Entlang dieses Pfades siedelten dann vor ca. 2.000 Jahren die Vorfahren der späteren Choctaw- und Chickasaw-Indianer. Ihre Siedlungen sind auch heute noch anhand der typischen Mounds (Erdhügel) zu erkennen. Im 18. Jh. folgten Bootsleute den ersten Weißen entlang dieses Pfades. Mit ihren Kähnen brachten sie Waren von Nashville nach Natchez, wo sie ihre Boote dann als Brennholz verkauften. Zurück nach Nashville zogen sie dann – meist zu Fuß! – auf dem Natchez Trace. Der Natchez Trace wurde zum bedeutenden Handelsweg, bis um 1840 die großen Flussboote, bzw. zwei Jahrzehnte später die Eisenbahnen, ihm den Rang abliefen.

Heute wird die etwa **450 Meilen lange Strecke** von der staatlichen Parkverwaltung unterhalten. Sie ist **landschaftlich wunderschön**, wenn sie auch keine einschneidenden Höhe-

Redaktionstipps

- Besorgen Sie sich bereits im Touristenbüro von Nashville die Karte des Parkway. (S. 478)
- Einzige Tankstelle direkt am Parkway ist in Jeff Busby (Meile 193,1). (S. 499)
- Die gleichmäßige Fahrweise auf dem Parkway führt leicht zu mangelnder Konzentration und verleitet sehr zu einer nicht allzu genauen Einhaltung der Geschwindigkeitsbegrenzung. Diese wird scharf kontrolliert.
- Die interessantesten Punkte abseits des eigentlichen Parkway: Das berühmte Bürgerkriegsschlachtfeld im Shiloh National Military Park und die Alabama Music Hall of Fame. (S. 494)
- Zeiteinteilung: 2 Tage/Am ersten Tag sollten Sie über Franklin auf den Parkway fahren und sich als Ziel mindestens Tupelo vornehmen, besser Kosciusko oder Jackson/MS. Am zweiten Tag gibt es mehr lohnende Punkte zum Anhalten – zudem die eine oder andere Sehenswürdigkeit in Jackson.

Sanfte Kurven und nichts als Natur

punkte zu bieten hat. Abwechslungsreich führt die modern ausgebaute und kaum befahrene Straße durch Farmland, Mischwälder, über Flüsse, durch Sumpfgebiete und vorbei an ehemaligen Indianerkulturen und frühen Siedlungen der Europäer. Dabei kreuzt sie das eine oder andere Mal den historischen „Old Trace". Am besten wäre es, man packt einen großen Picknickkorb zusammen und hält an einigen der sehr einladenden Plätze neben der Straße an.

Strecke durch die Natur

Der Natchez Trace Parkway ersetzt mit Sicherheit nicht einen Besuch von Memphis bzw. die Weiterfahrt von dort entlang des Mississippi, aber er gibt die Gelegenheit, ein bis zwei Fahrtage einzusparen, und manch einer wird es vielleicht begrüßen, etwas Natur und nicht nur Städte zu erleben. Tupelo und Jackson, MS, bieten eigentlich nichts Besonderes, wenn man nicht gerade ein Elvis-Fan ist. Denn Tupelo ist die Geburtsstadt des „King". Die kurz aufgeführten Strecken abseits des Parkways sind ebenfalls nur den speziell Interessierten zu empfehlen.

Sehenswertes abseits des Parkway

Hinweis

*Die **Meilenangaben** in den Kästen ab S. 495 decken sich mit den Straßenschildern. Meile „0" befindet sich in Natchez.*

Direkt entlang des Parkway gibt es eigentlich unzählige Punkte, an denen sich ein Anhalten lohnen würde. Häufig ist nicht viel zu sehen, aber überall erläutern Tafeln den geschichtlichen Hintergrund. Alle diese Stellen hier aufzuzählen ginge zu weit, und daher werden im Folgenden wenige lohnende Stopps kurz erläutert. Zudem

NASHVILLE
Chattanooga
Linton
Franklin
Old Trace
Water Valley Overview
Jackson, TN
Shady Grove
Old Trace
Columbia
Centerville
Tobacco Farm
Huntsville
Meriwether Lewis
Summerton
Hohenwald
Jacks Branch
Linden
Lawrenceburg
TENNESSEE
Tennessee R.
Waynesboro
Sweetwater Branch
Collinwood
Athens
State Line
Florence
Wilson Lake
Shiloh Nat. Military Park
W.C. Handy Museum & Alab. Music Hall of Fame
Colbert Ferry
Sheffield
Pickwick Lake
Tuscumbia
Pickwick Landing S.P.
J.P. Coleman S.P.
Cherokee
Corinth
Iuka
ALABAMA
Memphis
Bear Creek
Jasper
Tishomingo S.P.
Booneville
Pharr Mounds Exhibit Shelter
Twentymile Bottom Overlook
Baldwyn
Birmingham
Memphis
Tupelo
Tupelo Nat. Battlefield
Black Belt Overlook
Nettleton
Amory
Pontotoc
Chickasaw Council House
Owl Creek Mounds
Tombigbee R.
MISSISSIPPI
Houston
West Point
Old Trace
Columbus

West Point
Old Trace
Columbus
Calhoun City
Dancy
Starkville
Old Trace
Jeff Busby
Macon
Memphis
Winona
Big Black R.
Ethel
Kosciusko
Durant
Carthage
Myrick Creek
Robinson Road
Casey Jones Museum S.P.
Ratliff Ferry
Cypress Swamp
Indianola
Canton
Boss Barnett Reservoir
Meridian
Ridgeland
Mississippi Craft Center
Jackson
Clinton
Vicksburg National Military Park
Hattiesburg
Vicksburg
Utica
Georgetown
Tallulah
Mississippi
Rocky Springs
Hazlehurst
MISSISSIPI
Laurel
Sunken Trace
Summit
Grand Gulf Military Monum.
Port Gibson
Lorman
Fayette
Mount Locust
Natchez N.H.P.
Natchez
Natchez Indian S.H.P.
Baton Rouge

werden auch ein paar Alternativziele bzw. -strecken abseits des Parkways genannt, die sich bei Interesse für den einen oder anderen sicherlich lohnen werden.

Franklin

(südlich von Nashville)
Ansprechendes kleines Städtchen mit Antebellum-Häusern, Historic District und bewegter „Bürgerkriegsvergangenheit". Hauptattraktionen: **Carter House & Museum** (*1140 Columbia Ave.*) und Carnton Plantation (*1345 Carnton Lane, beide Mo–Sa 9–17, So 13–17 Uhr, www.carnton.org, je $ 15*).

Shiloh National Military Park

Etwa 16 Meilen südlich von Meriwether Lewis den US 64 (kurz vor Meile 370) in südwestlicher Richtung nehmen. Er führt zum Park. Bedeutsames Schlachtfeld, auf dem die Konföderierten vergeblich und z. T. mit Hilfe „Potemkinscher Dörfer" versucht haben, die Unionstruppen auf ihrem Weg nach Vicksburg aufzuhalten. Bei der Schlacht fielen 24.000 Soldaten. Touristenbüro, Autotour und Soldatenfriedhof (*Mo–So 8–17 Uhr, www.nps.gov/shil*).

W. C. Handy Home&Museum

Man verlässt den Parkway bei Meile 342 über den Hwy. 157, der nach Florence führt. **W.C. Handy** gilt als Gründervater des Blues und wurde hier 1873 geboren. Hier kann man sein ehemaliges Wohnhaus besichtigen, zudem eine Reihe von Memorabilien (*620 W. College St., Florence, AL. Geöffnet Di–Sa 10–16 Uhr*).

Von hier aus geht es weiter zur

Alabama Music Hall of Fame

Um direkt vom Parkway aus dorthin zu gelangen, fährt man entlang dem US 72 (Meile 321) nach Osten. Südlich von Tuscumbia, direkt am Highway, befindet sich das kleine Museum, welches sich mit der Geschichte der Blues- und Countrymusik von Alabama beschäftigt (*Do–Sa 11–17 Uhr, www.alamhof.org, $ 10*).

Oxford

(Abfahrt bei Meile 260, ca. eine Stunde westlich von Tupelo)
Hier lebte der Literaturnobelpreisträger **William Faulkner** (1897–1962) von 1930 an bis zu seinem Tode. Sein Haus, Rowan Oak, kann besichtigt werden (*Old Taylor Rd, Di–Sa 10–16 Uhr, So ab 13 Uhr, www.rowanoak.com*).

Columbus, MS

(von Tupelo über den US 45 nach Süden)
Das liebliche Antebellum-Städtchen gilt als Geheimtipp, da abseits der Haupt-Touristenrouten. Hauptattraktionen: **Tennessee Williams Home** (*300 Main St.,*

Mo–Sa 8.30–17 Uhr, www.muw.edu/tennesseewilliams), 100 weitere Antebellum-Häuser sowie nette Bed&Breakfast-Unterkünfte. Columbus ist die Geburtsstadt von Tennessee Williams (1911–1983), der eigentlich Thomas Lanier Williams III hieß (*Visitor Bureau: 402 2nd St., www.columbus-ms.org*).

Vicksburg

Am schnellsten über den I-20 von Jackson aus zu erreichen. Nach dem Besuch von Vicksburg über die MS 27 östlich der Stadt wieder zurück auf den Parkway. Eine besonders sehenswerte Stadt am Mississippi mit einem bedeutenden Bürgerkriegspark (zu Vicksburg s. ab S. 531ff).

Streckentelegramm Natchez Trace National Parkway

Siehe auch: www.natcheztracetravel.com/natchez-trace-mississippi

Über den US 31 geht es nach Franklin, ein liebenswertes kleines Städtchen mit Antebellum-Geschichte. Von dort aus über den Highway 96 nach Westen weiter zum Parkway.

Meile 411,8: Schöner Ausblick vom Water Valley Overlook.

Meile 403,7: Ein ca. 1,3 km langer Wanderweg führt den „Old Trace" entlang.

Meile 401,4: Auf einer alten Tabakfarm wird der Anbau von Tabak erläutert. Dazu gibt es einen ca. zwei Meilen langen Fahrweg entlang des „Old Trace" (Einbahnstrecke von Süd nach Nord)

Meile 385,9: Rastplatz Meriwether Lewis: Rangerstation, Camping, Picknicken.

→

Vicksburg Bridge

Meile 377,8: Schöner Picknickplatz bei Jack's Branch.
Meile 375,8: 2,5 Meilen-Fahrstrecke auf dem „Old Trace" (Einbahnstrecke von Süd nach Nord)
Meile 363,0: Sweetwater Branch. Naturwanderweg entlang eines Baches (ca. 20 Minuten).
Meile 328,6: John Coffee Memorial Bridge über den Tennessee River. Einen Parkplatz direkt an der Brücke gibt es nur auf der nördlichen Seite. Geeignet zum Picknicken.
Meile 327,3: Colbert Ferry: Ranger-Infostation. Der Fährmann Georg Colbert erhielt 1812 dort US$ 75.000 von Andrew Jackson, damit dieser seine Armee übersetzen konnte – damals immens viel Geld.
Meile 321: Der US 72 kreuzt. Nach Westen geht es zum schönen Coleman State Park, nach Osten zur Alabama Hall of Fame.
Meile 313,0: Bear Creek: Schönes Picknick-Areal. Kanueinsatzstelle.
Meile 302,8: Tishomingo State Park: Camping, Kanustrecke, Schwimmen.
Meile 286,7: Pharr Mounds. Acht historische Indianerhügel („Mounds") aus der Zeit um 100 n.Chr. Sehr gute Erläuterungen.
Meile 266,0: Tupelo Visitor Center (Hauptbesucherzentrum des Parkway). Sich hier zu informieren, sollte man nicht auslassen.

Reisepraktische Informationen Natchez Trace National Parkway/ MS/AL/TN

Information

Natchez Trace Parkway Visitor Center Tupelo: *2680 Natchez Trace Pkwy., Tupelo, MS 38804 (Meile 266 – 5 Meilen nördlich von Tupelo), ☎ (662) 680-4025 (nur Mo–Fr) oder 1-800-305-7417 (tägl.), www.nps.gov/natr. Haupt-Besucherzentrum des Parkways. Hier gibt es eine kleine Ausstellung zur Geschichte der Straße und einen Film zu sehen. Die Ranger stehen für alle Fragen zur Verfügung.*
Außerdem gibt es ein kleinere Information Center in **Clinton** *(bei Jackson, MS, Meile 88), in* **Kosciusko** *(dem ein kleines Museum mit Ausstellungsstücken rund um den Parkway angeschlossen ist; Meile 160) und am* **Colbert Ferry Site** *(südl. des Tennessee River; Meile 37, nur in der Sommersaison geöffnet). Weitere Infos in den Touristenbüros von Nashville, Jackson, MS und Natchez (Adressen siehe dort).*

Unterkünfte entlang der Strecke

Direkt an der Strecke gibt es keine Hotels/Motels (nur ein B&B im French Camp), dafür aber einige Franchiseketten-Motels in den Orten und Städten entlang der Straße. Für Nashville s. S. 478, für Tupelo S. 498 und für die Strecke von Port Gibson bis Natchez auf S. 546. Hier eine Auswahl von Motels (von Norden nach Süden):

COLUMBIA/TN *(ca. Meile 415)*
Jameson Inn of Columbia, *715 S. James M. Cambell Blvd., Columbia, TN 34801, ☎ (931) 388-3326, www.jamesoninns.com.*

SHEFFIELD/FLORENCE/AL *(ca. Meile 340, nach Osten abfahren)*
Hampton Inn & Suites – Downtown *$$-$$$: 505 South Court St., Florence, AL 35630, ☎ (256) 767-8282, www.hamptoninn.com.*

Key West *Inn $$: 1800 US Hwy 72 West, Tuscumbia, AL 35674, ☎ (256) 383-0700, www.keywestinn.net. Im Florida-Stil errichtetes, günstiges Motel. Sauber, Kühlschrank in Zimmern.*
J.P. Coleman State Park, *MS $$ (ca. Meile 326, nach Westen abfahren): Rt. 5, Box 504, Iuka, MS 38852, ☎ 1-800-467-2757, www.stateparks.com. Schöner Park am Tennessee River. 20 Hütten. Kanuverleih und schattige Campingplätze. Ideal, um den Shiloh Park bzw. die Alabama Hall of Fame zu besuchen. In Iuka gibt es zudem noch das Pickwick Pines Resort (472 Hwy 350, ☎ (662) 424-9865) und zahlreiche Motels.*

FRENCH CAMP ACADEMY/MS *(Meile 180,7)*
Bed&Breakfast Inn – French Camp *(Academy) $$-$$$: French Camp, MS 39745, ☎ (662) 547-6835, www.frenchcamp.org. Unterkunft in wunderschönem Holzhaus. 4 Zimmer. Zudem gibt es noch nette Blockhäuser zu mieten.*

PORT GIBSON/MS *(Meile 40)*
Oak Square Plantation *$$-$$$, 1207 Church St., Port Gibson, MS 39150, ☎ (601) 437-5300 oder 1-800-729-0240, www.oaksquarecountryinn.com. Restauriertes 30-Zimmer-Antebellum-Herrenhaus (12 Gästezimmer). Mit vielen Antiquitäten. Große Eichen und Magnolien im Garten.*
Rosswood Plantation *$$$-$$$$: 2513 Red Lick Rd, MS 552 (4 Meilen östlich des Trace auf MS 552), Lorman, MS 39096, ☎ (601) 437-4215, www.rosswood.net. Hochherrschaftliches Haus mit Säulen von 1857 auf ehemaliger Baumwollplantage. Vier Gästezimmer. Viele Antiquitäten. Geöffnet März-November.*

Es gibt zudem zahlreiche **Campingplätze** *in den Orten entlang der gesamten Strecke. Am besten ausgebaut direkt am Parkway sind:* **Meriwether Lewis Site** *(Meile 385),* **Tishomingo State Park** *(Meile 302,8),* **Jeff Busby Site** *(Meile 193) und* **Rocky Springs Site** *(Meile 54,8). Auch die anderen lohnen, sind aber nur mit dem Nötigsten ausgestattet.*

Hinweis
Die ***Reisepraktischen Informationen*** *zu den größeren Orten/Städten am Natchez Trace Parkway für* *Nashville/TN: S. 478; Tupelo/MS: S. 498; Kosciusko/MS: S. 499; Jackson/MS: S. 503 und Natchez/MS: S. 546.*

Tupelo

Elvis Presley erblickte hier am 8. Januar 1935 in einer zwei Zimmer kleinen Holzhütte das Licht der Welt. Sein Vater, ein einfacher Tagelöhner, erbaute seinerzeit die Hütte und nahm dafür US$ 180 Schulden auf. Als er diese Schulden nach drei Jahren immer noch nicht abzahlen konnte, mussten die Presleys die Hütte räumen. Heute kann der **Elvis Presley Birthplace** (*306 Elvis Presley Dr., Mai–Sept. Mo–Sa 9–17.30 Uhr, Okt.–April bis 17 Uhr, So 13–17 Uhr, www.elvispresleybirthplace.com, $ 12*) besichtigt werden, und in einem angeschlossenen kleinen Museum gibt es Elvis-Andenken zu sehen. Außerdem können sich „wahre" Fans mit allerlei Kitsch rund um Elvis im – natürlich nicht fehlenden – Gift Shop zur Genüge eindecken. Zum Ge-

In diesem bescheidenen Haus erblickte der Elvis das Licht der Welt

burtshaus fährt man entlang der Main Street einfach in östlicher Richtung durch die Stadt. Das Haus ist gut ausgeschildert. Außerdem kann man die ehemalige „Familienkirche" der Presleys besichtigen (Assembly of God Church), ebenso den Hardware Store, in dem Elvis seine erste Gitarre erstanden hatte (E. Main Street – kurz vor den Bahnschienen links) und Elvis' Grundschule (Lawhon Elementary School). Eine Karte zu den Pilgerstätten früherer Rockmusik gibt es im Tupelo Visitors Bureau (s.u.).

Reisepraktische Informationen Tupelo/MS

Information

Tupelo Convention & Visitors Bureau: *399 E. Main St., Tupelo, MS 38802, ☎ (662) 841-6521 oder 1-800-533-0611. www.tupelo.net.*

Unterkünfte

Aufgrund des „Rummels" um Elvis' Geburtsstadt ist man hier natürlich mit zahlreichen Hotels und Motels auf den Besucheransturm der „Pilger" gerüstet. Die meisten Übernachtungsmöglichkeiten befinden sich entlang der **North Gloster Street** *nördlich des Zentrums. Hier findet man insbesondere Hotels und Motels der bekannten Ketten. Man sollte hier darauf achten, ein möglichst ruhiges Zimmer etwas abseits der Straße zu bekommen.*

Restaurants

Park Heights: *343 East Main Street, ☎ (662) 842-5665. „Fine dining". Kreative Amerikanische Küche für den gehobenen Anspruch. Spezialisiert auf Fleischgerichte.*

Ichiban Japanese Grill: *603 N. Gloster St., ☏ (662) 842-3838. Nettes und erschwingliches japanisches Restaurant mit Schwerpunkt Seafood und Sushi. Hier sind aber natürlich auch Steaks erhältlich und die Qualität ist hervorragend.*
Cancun Mexican Restaurant: *201 N. Gloster St., ☏ (662) 842-9557. Das beste mexikanische Restaurant der Stadt bietet vor allem eine reiche Auswahl verschiedener Fajita-Gerichte. Familiäre Atmosphäre und moderate Preise.*

Streckentelegramm

Meile 261,8: Fundamente einer alten Chickasaw-Siedlung. Gute Erläuterungen zur Lebensweise der Indianer damals.
Meile 221,4: Kleiner Wanderweg zum „Old Trace".
Meile 198,6: Der „Old Trace" führt hier in den Wald.
Meile 193,1: Jeff Busby Rastplatz: Picknicktische, 20-minütiger Wanderweg, Tankstelle, Camping.
Meile 180,7: Das French Camp: Seit 1822 eine Schule. Dazu ein paar alte Gebäude und gelegentlich handwerkliche bzw. landwirtschaftliche Vorführungen. Bed&Breakfast-Unterkunft und gemütliches Café mit Terrasse.
Meile 176,3: Bethel Mission. Eine Holzkirche erinnert hier an eine ehemalige Missionsstation.
Meile 160,0: Kosciusko

Kosciusko

Das kleine Örtchen lohnt einen kurzen Abstecher ins ländlich verschlafene Ortszentrum oder vielleicht auch eine Übernachtung. Benannt wurde der Ort nach dem erfolgreichen General Tadeusz Kosciuszko, der als erster Fremder in der Armee von General George Washington dienen durfte. Kosciuszko stammte aus Polen. Das kleine **Kosciusko Museum & Information Center** (direkt an der Parkway-Zufahrt, Meile 160) bietet u.a. eine kleine Ausstellung über ihn. Am Courthouse Square in der Dorfmitte kann man eine Kaffeepause einlegen.

Ansonsten gibt es Antiquitätengeschäfte, kleine Südstaatenvillen, Bed&Breakfast-Unterkünfte und überall der stolze Hinweis auf die Herkunft eine der berühmtesten und reichsten Frauen Amerikas: In Kosciusko wurde nämlich der Fernsehstar **Oprah Winfrey** geboren. Ein Dorf mit viel Charme.

Reisepraktische Informationen Kosciusko/MS

Information

Kosciusko-Attala Chamber of Commerce: *124 N. Jackson St., Kosciusko, MS 39090, ☏ (662) 289-2981, www.discoverourtown.com/MS/Kosciusko.*
Kosciusko Museum & Information Center: *Mile Post 160, direkt am Parkway*

Unterkünfte

Maple Terrace Inn B&B *$$$: 300 N. Huntington St., Kosciusko, MS 39090, ☏ (662) 289-5353 oder 289-6898, www.mapleterraceinn.com. Kleines und familiäres*

Haus von 1912, aufgeführt im „National Register of Historic Places“. Nur vier Gasträume mit antiker Einrichtung und eigenem Bad. Abends kann die Küche zum Kochen benutzt werden und auf der schönen Terrasse lässt man anschließend den Tag bei einem kühlen Drink ausklingen.

Wer lieber in einem Motel der bekannten Ketten übernachtet, findet einige auf dem Veterans Memorial Drive (parallel zum Natchez Trace), z.B. das **America's Best Value Inn** *$$ (Nr. 1052), ☎ (662) 289-6252, www.americasbestvalueinn.com, ein* **Days Inn** *$$ (Nr. 1000), ☎ (662) 289-2271, www.daysinn.com, und das* **Super 8 Motel** *(Nr. 718), ☎ (662) 289-7880, www.super8.com.*

Streckentelegramm

Meile 124: Schöner Camping- und Picknickplatz bei Ratcliff Ferry.
Meile 122,0: Eine lohnende Wanderung (25 Minuten) durch das Sumpfgebiet der Cypress Swamps.
Meile 121–105: Links liegt der 123 km² große Ross-Barnett-Stausee, rechts tauchen hier und dort kleine Sumpfflüsse auf.
Meile 102,4: Ridgeland (Mississippi Crafts) Souvenirladen und Informationszentrum: Korb- und Tonwaren sowie Textilien.
Meile 101,5: Über die I-55, I-220 und I-20 weiter zur Meile 87 fahren oder direkt hinein nach Jackson (s.u.).

Jackson, MS

1821 gegründet, versammelte sich in Jackson – nicht zu verwechseln mit Jackson, TN – bereits 1822 das erste Parlament von Mississippi. Die zentral im Staate gelegene Stadt wurde damals als **Hauptstadt** ausgewählt und nach dem Präsidenten Andrew Jackson benannt. Ein Vorhaben, die Regierung später nach Port Gibson umzusiedeln, verlief im Sande. 1861 beschloss hier ein Konvent die Sezession der Südstaaten. Diese Tatsache und die strategische Lage an zwei wichtigen Eisenbahnlinien veranlassten 1863 die Unionsgeneräle, die Stadt zu belagern. Nach deren Einnahme brannten die Nord-Truppen fast alle Häuser nieder, was Jackson den Beinamen „Chimneyville“ einbrachte – die „Stadt der rauchenden Schornsteine“. Somit ist nicht viel übrig geblieben von der alten Pracht des Südens.

Rundfahrt zu historischen Punkten

Jackson (173.000 E.) zeigt sich heute eher von der volkswirtschaftlichen Seite: Banken, Versicherungen und mittelständische Betriebe. Außer den Regierungsgebäuden, allen voran das Haus des Gouverneurs und das State Capitol, gibt es keine architektonischen Sehenswürdigkeiten. Doch gerade hier wurden die Menschenrechte der schwarzen Bevölkerung in den 1960er Jahren oft verletzt. Mittlerweile werden Stadtrundfahrten zu historischen Punkten angeboten, so z.B. zum **Medgar Evers Home** (*2332 Margaret Walker Alexander Dr.*), vor dessen Tür der gleichnamige Bürgerrechtler erschossen wurde, oder zu **Brent's Drugs** (*Duling Ave.*), dessen Restaurant damals ein beliebter Treffpunkt gewesen ist. Am schmucken Art-Déco-Gebäude der **Greyhound Station** wurden 1961 Aktivisten der „Freedom Riders“ verhaftet.

Sehenswertes

Mississippi Museum of Art

Das größte Kunstmuseum des Staates mitten in Downtown Jackson bietet einen guten Überblick über amerikanische Kunst, u.a. mit Werken von Georgia O'Keeffe, Reginald Marsh und Arthur B. Davies. Zudem Wechselausstellungen. Zum Museumskomplex gehört auch **The Art Garden**, eine schöne Grünanlage mit zahlreichen Skulpturen (*380 South Lamar Street, Di–Sa 10–17, So 12–17 Uhr, www.msmuseumart.org, $ 5*).

Museum mit Grünanlage

Mississippi Agriculture & Forestry Museum/National Agricultural Aviation Museum

Das große Museum befasst sich vor allem mit der Geschichte der Farmwirtschaft in Mississippi. Sehr interessant sind neben dem eigentlichen Landwirtschaftsmuseum das Farmerdorf aus den 1920er-Jahren, ein Rosengarten, ein Luftfahrtmuseum und ein Waldlehrpfad (*1150 Lakeland Drive. Mo–Sa 9–17 Uhr, www.mdac.state.ms.us/departments/museum/index.html, $ 5*).

Mississippi State Capitol

Das Gebäude wurde 1903 von dem Architekten Theodore C. Link, Nachfahre deutscher Einwanderer, entworfen, der es – unverkennbar – dem State Capitol in Washington nachempfunden hat. Hauptsehenswürdigkeit im Gebäude ist ein Tiffany-Fenster (*400 High St. Mo–Fr 8–17 Uhr*).

The Old Capitol Museum

1833 erbaut, diente dieses Gebäude (Greek-Revival-Stil) bis 1903 als Regierungssitz des Staates Mississippi. Heute befindet sich darin das historische Museum des

Außenansicht des Kunstmuseums

Das Capitol von Jackson, der Hauptstadt von Mississippi

Staates Mississippi. Südlich angeschlossen sind die Staatsarchive, die neben denen in Montgomery als die umfangreichsten in den Südstaaten gelten. Mit einem gültigen Personalausweis darf man hier gerne stöbern (*100 S. State St. Di–Sa 9–17 Uhr, So 13–17 Uhr, mdah.state.ms.us/oldcap, freier Eintritt*).

Mississippi Governor's Mansion

1841 erbaut, dient diese Greek-Revival-Villa zwischen den Hochhäusern der Innenstadt auch heute noch als Wohnstätte für den jeweils amtierenden Gouverneur. Fantastische antike Möbel, aber vor allem die interessanten Hintergrundgeschichtchen, machen einen Besuch hier lohnend (*300 E. Capitol Street. Halbstündige Führungen Di–Fr 9.30–11 Uhr, www.mdah.state.ms.us/museum/govtour.html, freier Eintritt*).

Mississippi Museum of Natural Science

Überschaubares, naturkundliches Museum. In verschiedenen Dioramas (Schaukästen) werden die einzelnen Naturelemente des Staates Mississippi vorgestellt und erläutert. Hauptattraktionen sind ein großes Aquarium sowie eine Sumpflandschaft, in der Alligatoren, Schildkröten und andere Flusstiere zu sehen sind (*2148 Riverside Dr. Mo–Fr 8–17 Uhr, Sa 9–17 Uhr, So 13–17 Uhr, http://museum.mdwfp.com/, $ 6*).

Smith Robertsons Museum and Cultural Center

Das Museum, untergebracht in einer ehemaligen Schule für schwarze Kinder, beschäftigt sich mit der Kultur der schwarzen Bevölkerung in den Südstaaten. Interessante Diagramme, Gemälde, Fotos und Kunstwerke erzählen die Geschichte von frühester Zeit an. Dabei erfährt man, z.B. dass die ehemaligen Sklaven sich erst dann richtig frei gefühlt haben, als sie um 1872 ihre dicke Baumwollkleidung abgelegt hatten, um die Garderobe der Weißen anzunehmen. Oder dass 1860 von den ca. 440.000 schwarzen Menschen in Amerika nur ganze 1.700 frei waren In der Geschichtsschreibung geht diese Tatsache meistens unter. Für dieses Museum sollte man sich mindestens eine Stunde Zeit nehmen (*528 Bloom Street. Mo–Fr 9–17 Uhr, Sa 10–13 Uhr, www.jacksonms.gov/visitors/museums/smithrobertson, $ 4,50*).

Mynelle Gardens
Wunderschöner, ca. drei Hektar großer Blumengarten. Besonders im Frühjahr, wenn die Azaleen blühen, wirklich besuchenswert. Die Gärten können zwar einem Vergleich mit den Bellingrath Gardens bei Mobile nicht standhalten, bieten aber eine willkommene Gelegenheit für ein Picknick in wunderschöner Umgebung (*4736 Clinton Blvd. März–Okt. 9–17, So 12–17 Uhr. Nov.–Februar Mo–Sa 8–16 Uhr, www.jacksonms.gov/visitors/mynellgardens, $ 4*).

Reisepraktische Informationen Jackson/MS

Information
Convention & Visitors Bureau: *111 E. Capitol St., Suite 102, Jackson, MS 39201, ☎ (601) 960-1891, www.visitjackson.com.*
Vorwahl: ☎ 601

Rundfahrten/Touren
Jackson Tour & Travel: *1801 Crane Ridge Rd., Jackson, MS 39201, ☎ (601) 981-8415. Das Unternehmen bietet geführte Touren durch Jackson und zu den touristisch interessantesten Punkten im Süden des Staates Mississippi an.*

Hotels und andere Unterkünfte
The Old Capitol Inn *$$$, 226 North State Street, Jackson, MS 39201, ☎ (601) 359-9000 oder (888) 359-9001, www.oldcapitolinn.com. Mitten in der Altstadt gelegenes, liebevoll möbliertes Bed&Breakfast-Haus, gutes „Southern Style" Frühstück. Swimmingpool, zudem ein Roof-Top Garten mit Blick auf die Altstadt.*
Poindexter Park Inn *$$: 803 Deer Park Street, Jackson, MS 39203, ☎ (601) 944-1372, www.bbonline.com/ms/poindexter. Preiswertes B&B unter dem Motto „Mississippi-Blues". Haus von 1907 in einem der ältesten Viertel von Jackson. Fragen Sie nach dem „Blues-Spazierweg".*

Restaurants
Hal & Mal's Restaurant & Brewery: *200 S. Commerce St., ☎ (601) 948-0888. Mittelklasse-Restaurant in alter Lagerhalle. Spezialität: Austern. Gutes Bier. Im selben Gebäude gibt es auch gute Pizza in der Soulshine Pizza Factory.*
Sonny's Real Pit Bar-B-Q: *2603 Highway 80 West, ☎ (601) 355-7434, www.sonnysbbq.com. Sehr leckere BBQ-Gerichte. Besonders zu empfehlen sind die Baby-Back-Ribs sowie das Pulled Pork.*
Que Será Será: *2801 North State Street, ☎ (601) 981-2520. Erstklassige Südstaaten-Gerichte. Po-Boys, Seafood bis hin zum deftigen Steak.*
Scrooge's: *5829 Ridgewood Road, im Brookshire's Parking Lot, ☎ (601) 206-1211. Netter, auf britisch getrimmter Pub. Burger, Steaks, Seafood*
Miller's Downtown Grill: *224 E. Capitol Street, ☎ (601) 354-4044. Kleines Restaurant mit den „üblichen" amerikanischen Gerichten. Gut für den Lunch.*

Pubs/Livemusik/Nightlife

Poet's: *1855 Lakeland Drive (im Shopping Center an einer hinteren, vom Lakeland Dr. nicht einsehbaren Stelle), ☎ (601) 982-9711. Großer „Neighbourhood-Pub" und Restaurant mit täglichem Livemusik- und Entertainment-Programm (außer So u. Mo). Häufig sehr voll.*

Fenian's Irish Pub: *901 E. Fortification St., ☎ (601) 948-0055. Pubatmosphäre und leckere irische Gerichte (Shepherd's Pie, Stew etc.). Nahezu täglich Livemusik (Blues, Rock, irisch)*

Red, Hot & Blue: *1625 East County Line Road, Ste. 250, ☎ (601) 956-3313. BBQ-Restaurant mit Livemusik an Wochenenden.*

Verkehr

Greyhound Lines: *300 W. Capitol St., ☎ (601) 354-1913.*

Weiter auf dem Natchez Trace Parkway

Streckentelegramm

Meile 87: Wiederbeginn des Parkway. I-20, Exit 34.

Meile 54,8: Rocky Springs war ehemals eine kleine Siedlung am Natchez Trace. Heute erinnert nur ein kleines Kirchengebäude (sonntags Gottesdienste) noch daran. Pfad entlang des „Old Trace". Empfehlenswert sind der Campingplatz und die Picknickgelegenheiten.

Meile 41,5: 5-minütiger Wanderpfad entlang einem im Sumpf versunkenen Teil des „Old Trace" (Sunken Trace).

Meile 39: Abfahrt nach Port Gibson.

Meile 15,5: Mount Locust: Eine alte Holzhütte und ein Gemüsegarten erinnern an die Zeit um 1800, als hier eine Farmerfamilie lebte und das Haus als Herberge für Wanderer entlang des Natchez Trace diente.

Meile 0: Endlich Natchez! Siehe dazu S. 539ff.

Memphis

Entfernungen

Memphis – Nashville: 210 mi/ 338 km
Memphis – Little Rock: 137 mi/ 221 km
Memphis – New Orleans (über die Interstates): 430 mi/692 km

Überblick und Geschichte

Bereits vor 1.000 Jahren nutzten die Indianer die geographischen Vorteile des Gebietes am Zusammenfluss von Mississippi und Wolf River. Denn zum einen boten höhere Uferböschungen Schutz vor Überflutungen, zum anderen waren auch die

Böden von überdurchschnittlicher Qualität. 1541 war Hernando De Soto der erste Weiße, der hierher kam, und um 1740 errichteten die Franzosen unter Sieur de Bienville ein kleines Fort. 1819 dann – die Franzosen hatten mittlerweile ihren Einfluss am Mississippi verloren – erwarben die Generäle Andrew Jackson und James Winchester sowie John Overton die Rechte an diesem Landstrich und begannen mit der Errichtung einer kleinen Siedlung. Für sie boten nämlich der Zusammenfluss und die dazwischen gelagerte Halbinsel beste Möglichkeiten für den Bau eines Hafens. Winchester benannte die kleine Stadt nach einem gleichnamigen Ort am Nil, wozu ihn der Anblick des Mississippi inspiriert hatte (Memphis bedeutet übrigens „Der gute Wohnsitz").

Redaktionstipps

- Erleben Sie eine Blues-Jam in einem Lokal an der Beale Street mit. (S. 508)
- Genießen Sie den Sonnenuntergang in einer der Parkanlagen am Flussufer (Tom Lee Park) und schauen Sie sich dabei die einfallsreiche Architektur der noblen Stadtvillen mit Blick auf den Mississippi an. (S. 513)
- Zeiteinteilung: 1 bis 2 Tage: Das Mississippi River Museum auf Mud Island ist wirklich das beste im ganzen Süden zu diesem Fluss. Beginnen Sie hier ihre Tour. Danach besuchen Sie die Pyramide und fahren von dort mit dem Trolley entlang der Main Street zur Union Avenue, wo Sie lunchen. Weiter geht's mit dem Trolley zum Civil Rights Museum. Pünktlich um 16.55 Uhr (am besten ein wenig früher) sollten Sie in der Lobby des Peabody Hotels erscheinen, um den „Entenmarsch" mitzuerleben. Beginnen Sie das Abendprogramm im W.C. Handy Park an der Beale Street, wo im Sommer häufig Livemusik (Blues) geboten wird. Am nächsten Morgen besichtigen Sie dann Elvis Presleys Graceland und evtl. das Stax Museum.

Schon bald entwickelte sich Memphis zu einer **bedeutenden Hafenstadt**. Über die Baumwoll-Börse in Memphis „geht" auch heute noch mehr als die Hälfte der US-amerikanischen Baumwollernte. Nach einem Einbruch der Wirtschaft durch den Amerikanischen Bürgerkrieg wurde Memphis im Laufe des letzten Jahrhunderts die bedeutendste Stadt am Mittellauf des Mississippi, und vor allem sein Hafen brachte Wohlstand – zumindest für eine kleine Mittel- und Oberschicht. Es gab Zeiten, da lagen an die 300 Schaufelraddampfer dicht an dicht an den Sandbänken des Wolf River, und ein heute kaum noch vorstellbares, hektisches Treiben erfüllte die Innenstadt.

Landflucht nach Memphis

Memphis war zugleich die Metropole des Mississippi-Deltas, eines Landstriches, der von der Lobby des Peabody-Hotels bis hin zur Catfish Row in Vicksburg reicht. Verarmte Farmer und arbeitslose schwarze Landarbeiter strömten zu Tausenden in die Stadt auf der Suche nach dem großen Glück. Das Mississippi-Delta nämlich bot nur Entbehrungen, durch die Mechanisierung der Landwirtschaft immer weniger Arbeitsmöglichkeiten, und fortwährende Überflutungen ruinierten so manche Baumwollfarm.

Mit diesen Menschen kam dann auch eine neue Musikrichtung nach Memphis, von wo aus diese später den Weg nach New Orleans fand: Der Blues. In früheren Zeiten noch als „Hillbilly" oder „Landgesang" abgetan, war es schließlich W. C. Handy, der mit dem legendären „**Memphis-Blues**" den Durchbruch schaffte. Handy spielte seinen Blues in der Beale Street, der Amüsiermeile der Fluss-Schiffer. Seither ist die **Beale Street** als die Geburtsstätte des Blues bekannt, und auch heute bieten die zahlreichen Kneipen täglich Livemusik.

Schaufelraddampfer auf dem Mississippi, im Hintergrund die Glaspyramide

Mitte der 1950er-Jahre legte ein großer Sohn der Stadt den Grundstein für eine weitere neue Musikrichtung: Elvis Presley, der „**King of Rock 'n'Roll**". Er wurde zwar in Tupelo, MS, geboren, lebte aber bereits seit seiner Teenagerzeit in Memphis und wurde hier auch vom Besitzer der „Sun Studios" entdeckt. Elvis lebte bis zu seinem Tode 1977 in seiner Villa Graceland im Süden der Stadt. Heute pilgern jährlich hunderttausende Menschen zu seinem Haus und seiner Grabstätte, um ihm zu huldigen. Selbstverständlich ist der Besuch von Graceland für alle Memphis-Touristen ein „Muss"!

Hochhäuser bestimmen die Downtown Area, zahlreiche Galerien und Museen in der Innenstadt, gepflegte Parkanlagen und freundliche Menschen bestimmen das Bild. Memphis wurde übrigens mehrmals hintereinander zur saubersten Großstadt der USA gekrönt. Eine riesige Glaspyramide ist weithin sichtbar als Wahrzeichen. Das alte, der Mississippi, hat dabei aber nicht seine Stellung eingebüßt. In den letzten Jahren hatte Memphis aber unter der wirtschaftlichen Situation im Lande zu leiden und viele Bewohner sind abgewandert. Doch für Reisende bleibt das Motto für diese interessante, 650.000 Einwohner zählende Stadt (im Großraum Memphis leben 1,25 Million Menschen) hoffentlich noch lange dasselbe: Mississippi, Blues und Elvis Presley!

Sehenswertes

Innenstadtbereich

Memphis ist keine pulsierende Metropole mit allzu lebhaftem Großstadttreiben. Man lässt es hier ruhiger angehen, eben ganz nach Südstaatenart (natürlich abgese-

Unterkünfte
1 The Peabody
2 Hilton Memphis
3 Memphis Marriott Downtown
4 Homewood Suites
5 Doubletree Downtown
6 Lowenstein-Long House
7 Best Western Gen X Inn
8 Elvis Presley's Heartbreak Hotel
9 Comfort Inn Downtown
10 Meeman-Shelby Forest State Park
11 T.O. Fuller State Park

Restaurants
1 Beauty Shop
2 Hard Rock Café
3 Paulette's
4 Blues City Café
5 Dancing Pigs Bar-B-Q Shop
6 The Butcher Shop
7 Koocky Canuck
8 Thai Cuisine Sawaddii
9 Pho Sai Gon Restaurant

1 Auto Zone Park	9 Peabody Place und Hotel
2 Beale Street	10 The Pyramide
3 Civic Center Plaza	11 Rock'n'Soul Museum
4 FedEx Forum	12 South Main Historic District
5 Fire Museum of Memphis	13 Victorian Village Historic District
6 Memphis Queen Line Riverboat Rides	14 Church Park/First Baptist Church
7 Mud Island River Park/Mississippi River Museum	15 Cotton Exchange Building
8 National Civil Rights Museum	16 Tom Lee Park

hen vom bunten Treiben rund um die Beale Street bei Nacht). Doch keinesfalls hat Memphis einen provinziellen Charakter, ganz im Gegenteil! Es ist eben nur alles ein wenig „übersichtlicher". Alle Sehenswürdigkeiten der Innenstadt kann man deswegen auch sehr gut zu Fuß erreichen, die Downtown mit ihren angrenzenden Bezirken ist überschaubar und man kann sich kaum verlaufen. Wer aber eine gewisse Strecke überbrücken möchte, dem bietet sich die Trolley-Route entlang der Main Street an, die von der Pyramide im Norden bis zum Civil Rights Museum im Süden führt.

Gut zu Fuß zu erkunden

Für Autofahrer ist eine Rundtour durch die gesamte Stadt erdacht worden. Karten sind im Memphis Convention&Visitors Bureau (47 Union Avenue) erhältlich. Kleine – leider etwas zu kleine – grüne Schilder an Masten weisen von einem Punkt zum nächsten.

Hinweis

Rundgänge von Punkt zu Punkt sind in Memphis nicht immer sinnvoll, zumal einige Sehenswürdigkeiten etwas abseits liegen und überhaupt das Angebot insgesamt sehr groß ist. Daher ist nachfolgend eine alphabetische Auflistung der wichtigsten Stationen aufgeführt.

AutoZone Park (1)

Auf ein eigenes, mitten in der Innenstadt liegendes **Stadion** (eines der größten der zweiten US-Baseball-Liga) sind die Einwohner von Memphis besonders stolz. Ermöglicht wurde diese doch recht große Anlage durch den amerikanischen Automobilclub AAA. Hier kann man Spiele der „Memphis Redbirds" miterleben. Außerdem kann man im angegliederten Veranstaltungsbereich alles rund um Firmenveranstaltungen, private Partys und Hochzeitsfeiern arrangieren (*175 Toyota Plaza, www.ballparkreviews.com/memphis*).

Beale Street (2)

Der Straßenzug zwischen dem Mississippi und dem 300er-Block (*www.bealestreet.com*) war bereits in früherer Zeit die Amüsiermeile der Fluss-Schiffer, und neben der Musik stand besonders das Glücksspiel im Vordergrund. Anfang des 20. Jh. kam dann der damals noch unbekannte **William Christopher Handy** aus Clarksdale hierher, um Musik zu spielen. Seine Begabung wurde schnell erkannt, und E. H. Crump bestellte bei Handy für seine Kampagne zur Bürgermeisterwahl einen Song. „Boss" Crump gewann, und der Song wurde berühmt. Die ganz neue Stilrichtung faszinierte die Musikfreunde, und der Song wurde daraufhin umbenannt in „Memphis Blues". Damit war der Blues als „salonfähig" erklärt und setzte seinen Erfolgsweg von hier aus fort.

Geburt des Memphis Blues

In den späten 1940er-Jahren kam dann ein anderer junger Musiker hierher: **Riley Boy**, später als der „Beale Street Blues Boy" bekannt, und schließlich entschied Riley sich selbst für die berühmte Kurzform „B.(lues)B.(oy) King". King verband in seiner Musik Elemente des Blues mit denen des bis dahin noch unbekannten Rock'n'Roll. **Elvis Presley** schließlich war es, der wenige Jahre später in den Lokalen der Beale Street den eigentlichen Rock'n'Roll einführte – u.a. beeinflusst von B.B. King und Bill Haley. Während der 1960er-Jahre fiel die Beale Street beinahe der wirtschaftlichen Depression zum Opfer, und die Bulldozer sollten den gesam-

Elvis und B.B.King haben die Beale Street berühmt gemacht

ten Stadtteil niederreißen. Erst in letzter Minute entschied sich die Stadt zur Erhaltung des legendären Musikdistriktes, und mittlerweile steht die Beale Street auf der Liste der „National Historic Landmarks". Heute kann man hier entlangflanieren und hinter fast jeder Tür hört man den Klang des Blues und Rock'n'Roll. Viele Auftritte sind mittlerweile leider jedoch etwas eintönig und nur auf Touristen ausgelegt. Trotzdem aber finden sich immer wieder lohnende Gigs. Gut sind auch die Konzerte im direkt an der Beale Street gelegenen W. C. Handy Performing Arts Park, die im Sommer häufig stattfinden. Dann trifft sich dort – besonders an Wochenenden – jedermann zu einer großen Bluesparty.

Laufen Sie auch tagsüber bereits die Beale Street entlang, und besuchen z.B. **A. Schwab's General Store** (*163 Beale St. Mo–Sa 9–17 Uhr*). Ein riesiger Ramschladen auf mehreren Ebenen, der seit 1876 in Besitz der Familie Schwab ist. Hier findet man wirklich alles, von Voodoozubehör bis hin zu alten Wahlplakaten, und das Motto „If you can't find it at A. Schwab's, you're better off without it" hat auch heute noch seine Gültigkeit.

Nichts, was es nicht gibt

Civic Center Plaza (3)

Ein inmitten der Downtown gelegener und ansprechend gestalteter Platz (*Ecke Second St./Poplar Ave.*) mit einer interessanten Trolley-Haltestation und dem Verwaltungsgebäude von Memphis lädt zu kurzem Verweilen ein.

FedExForum (4)

Die mehr als 18.000 Menschen fassende, als Mehrzweckhalle für Sportveranstaltungen, Ausstellungen und Partys dienende Arena und „Heimat" der „Memphis Grizzlies", dem hiesigen Basketballteam, lässt ihren Sponsor (den weltgrößten Express-Paketdienst mit Hauptsitz in Memphis) bereits von weitem erkennen. Man sollte sich einmal ein Spiel anschauen. Dann „steppt" hier der Bär! (*195 Linden Ave./191 Beale St., www.fedexforum.com*).

Fire Museum of Memphis (5)

Heldenhafte Feuerwehrmänner

In der historischen Feuerwache von 1910 dreht sich alles rund um das Thema „Feuer". Neben Ausrüstungsgegenständen von Feuerwehrleuten früherer und heutiger Tage gibt es einen Informationsraum zur Brandverhinderung sowie eine Gedenkstätte für im Einsatz Umgekommene. Man muss dazu wissen, dass Feuerwehrleute in den USA eine Verehrung erfahren, wie wir sie zu Hause nur von verdienten Persönlichkeiten des öffentlichen Lebens her kennen. Erst recht, wenn ein „Firefighter" im Dienst starb. Wurde dafür bei einem Einsatz ein anderes Leben gerettet, wird der Verstorbene hierzulande als Nationalheld gefeiert (*118 Adams Ave. Mo–Sa 9–17 Uhr, www.firemuseum.com $ 6*).

Memphis Queen Line Riverboat Rides (6)

Memphis vom Wasser aus erleben! Das ist mit einem der historischen Schaufelraddampfer sowohl tagsüber und auch bei Dunkelheit möglich. Angeboten werden Fahrten mit Dinner, Musik und Tanz oder auch ganz privat – mehrtägige „Cruises" sind ebenfalls buchbar. Die Ansicht von der Wasserseite aus hat natürlich ihren ganz eigenen – wenn auch etwas kostenintensiveren – Charme und verleitet zum Träumen. Wenn sich übrigens eines der ganz großen Boote aus anderen Städten entlang des Mississippi zum Festmachen in Memphis ankündigt, scheint die halbe Stadt diesem Ereignis beiwohnen zu wollen – eine Hommage an vergangene Zeiten. (*Ecke Monroe Ave./Riverside Dr. November bis Februar keine Fahrten, www.memphisriverboats.net*).

Mud Island River Park (7)

Spaziergang entlang des Mississippi

Auf der Insel Mud Island im Mississippi gibt es einen Freizeitpark (Fahrradfahren, Tretboot, Kanu und Schwimmbad), das **Mississippi River Museum** sowie ein riesiges, auf einer Distanz von über sechshundert Metern ebenerdig verlaufendes **Mississippi-Modell** („River Walk") zu besichtigen. Das Flussmodell ist – dem „Original" bis ins kleinste Detail gleichend – aus Beton gefertigt. Naturgetreu fließt Wasser von seinem Ober- bis zum Unterlauf und man kann den gesamten Fluss von Cairo bis New Orleans entlangspazieren.

Besonders interessant ist vor allem aber das Museum, das sich in jeder Weise mit der Geschichte am und um den Mississippi beschäftigt. Teile des Museums sind auf einem rekonstruierten Schaufelraddampfer untergebracht, und visuelle sowie akustische Untermalungen sind hier didaktisch erstklassig aufgearbeitet. Das bezieht sich auch auf die vorhandene Ausstellung über – den Blues, Elvis und Rock'n'Roll natürlich! Am Ende des Rundganges durch das Museum werden noch die neuesten Forschungsmethoden und -ergebnisse in Bezug auf den „Ol' Man River" erläutert. Außerdem sieht man anhand einer Gedenktafel und eines Fotos mit einem gefangenen Fisch und dessen stolzem Besitzer, welch riesige Größe einige Fische im Mississippi erreichen können. Angler werden vor Neid erblassen. Das sich in unmittelbarer Nähe des Zuganges zur Monorail befindliche Welcome Center muss nicht sein: Außer guten Parkmöglichkeiten gibt es dort Interessantes, von überlebensgroßen Statuen aus Bronze von B.B. King und Elvis Presley einmal abgesehen, nicht zu sehen (*Zugang an der 125 N. Front St. April–Okt. Di-So 10–17 Uhr (im Sommer bis 20 Uhr), Rest des Jahres eingeschränkt. Fahrt mit einer Monorail oder zu Fuß über den Pedestrian Walkway zur Insel ab Front Street (zwischen Poplar und Adams Ave.), www.mudisland.com*).

National Civil Rights Museum (8)

Das Museum befindet sich im ehemaligen „**Lorraine Motel**", vor dessen Zimmertür Nr. 306 der schwarze Bürgerrechtler Martin Luther King Jr. am 4. April 1968 einem Attentat zum Opfer fiel. Heute ist eine groß angelegte und didaktisch gut aufgebaute Ausstellung zur Geschichte der schwarzen Bürgerrechtsbewegung hier untergebracht. Zudem kann man noch das Zimmer von MLK besichtigen, in dem er seine letzte Nacht verbracht hat. Gleich gegenüber dem Museum aber sitzt Jaqueline Smith, die seit 1987 dagegen protestiert, dass sehr viel Geld für ein Museum ausgegeben worden ist, das gesamte Hotel jedoch leer steht, obwohl es in Memphis und den USA viele bedürftige und obdachlose Menschen gibt. Ihrer Meinung nach ist dieses nicht im Sinne von Martin Luther King Jr. gewesen – auch nicht die Aufmachung seiner Todesstätte zu einem Pilgerzentrum.

Attentat auf Martin Luther King

Jaqueline sitzt seither nahezu täglich an diesem Platz seit 1987 und versucht, einen Boykott des Museums zu erreichen. Sie ist freundlich und freut sich sehr über ausländische Besucher, die für ihr Anliegen Interesse zeigen. Unterhalten Sie sich ruhig einmal mit ihr und entscheiden dann, ob Sie in das Museum gehen möchten oder nicht. Die Unterhaltung mit einem solch konsequenten Menschen beeindruckt jedenfalls und hinterlässt einen bleibenden Eindruck – wenngleich Jaquelines Beweggründe, sich über Jahre einer solchen Tortur auszusetzen, nicht gerade für jeden nachvollziehbar sein werden (*Mulberry St. Mo, Mi–Sa 9–17 Uhr, So 13–17 Uhr, www.civilrightsmuseum.org, $ 10. Hinweis: Bis Anfang 2014 wird das Motel renoviert und ist z. T. nicht zugänglich. Die Ausstellung im gegenüberliegenden Legacy Building bleibt geöffnet*).

Peabody Place und Hotel (9)

Dieses historische Grandhotel begeistert auch heute noch durch seine Größe und Eleganz, die vor allem in der riesigen Lobby deutlich wird. Hauptattraktion aber sind (seit über 60 Jahren!) die berühmten „**Peabody Ducks**": Tagtäglich um Punkt 11 Uhr werden die Enten durch einem „Enten-Trainer" von ihrer Behausung im Dachgeschoss mit dem Fahrstuhl in die Lobby gebracht, wo sie entlang eines roten Teppichs, begleitet von Piano-Klängen und den Blitzlichtern der Touristen, ihren kurzen Weg zum Lobby-Bassin fortsetzen. Dort planschen sie dann bis Punkt 17 Uhr, wenn der Trainer sie wieder abholt und – begleitet von demselben Szenario – wieder nach oben führt. Das kurze Schauspiel ist amüsant, aber nur ein rechtzeitiges Erscheinen sichert einen guten Fotoplatz (Tipp: die Balkon-Galerie im ersten Stock) (*149 Union Ave., www.peabodymemphis.com*).

Enten in der Hotel-Lobby

Pyramid Arena (10)

Direkt nördlich der Zufahrt zur Interstate-Brücke, 1 Auction Ave., ragt seit 1991 eine 32 Stockwerke hohe Glaspyramide in den Himmel und bietet besonders während der Nachmittagsstunden einen faszinierenden Fotokontrast zu den alten

Häusern des North-End-Distriktes. Man wählte die Form einer Pyramide für die einst 22.500 Menschen fassende Arena, um die Verbundenheit zum Nil und seiner Pyramiden zu unterstreichen. Dieses war den Stadtvätern damals US$ 66 Mio. wert, doch bereits 2005 wurde die Sportarena wegen immer wiederkehrender, technischer Probleme geschlossen und die große Ramses-Statue aus Stein, die an der Ostseite stand, wurde 2012 an die Universität ausgeliehen. Ab 2013 locken Geschäfte, u.a. der Bass Pro Store Besucher an.

Rock'n'Soul Museum (11)

Geschichte der Rockmusik

Dieses Museum befasst sich mit den Anfängen der Rockmusik und ihrer geschichtlichen Bedeutung für Memphis und die ganze Welt. Zu sehen sind auch zahlreiche originale Ausstellungsstücke, darunter Bühnenkostüme, Musikinstrumente und Juke Boxes aus den 1920er- bis 1970er-Jahren. Wertvolles Film-Material mit seltenen Aufnahmen zeigt die Anfänge des Rock und in einem Shop kann man sich bei Bedarf reichlich mit Memorabilien zu diesem Thema eindecken (*Ecke Beale St./Third St. tgl. 10–19 Uhr, www.memphisrocknsoul.org, $ 11*).

South Main Historic District (12)

Etwas südlich der Beale Street gelegen.

Dieser historische Distrikt mit seinen alten Häusern wird zwar keinen „vom Hocker reißen", eine kurze Besichtigung lohnt jedoch allemal. Zahlreiche Shops laden zum Flanieren ein und ein breit gefächertes Angebot an Galerien, Cafés und Restaurants mögen den einen oder anderen zu einem längeren Aufenthalt anregen.

Victorian Village (13)

In der Adams Avenue (600er-Block) rühmt sich Memphis mit diesem Viertel herrschaftlicher Villen. Mehr als eine Handvoll großer Villengebäude in dem für Memphis sonst untypischen britischen Queen-Viktoria-Baustil gibt es aber nicht zu sehen. Wer trotzdem einmal eine solche Villa von innen bewundern möchte: **Woodruff Fontaine House** (*680 Adams Avenue, Mi–So 12–16 Uhr, www.woodruff-fontaine.com, $ 10*).

Weitere Sehenswürdigkeiten

Church Park (14)

Östlich der Fourth Street, gegenüber dem FedEx Forum, war um die Jahrhundertwende der Versammlungsplatz der Schwarzen, denen der Zutritt zu öffentlichen Orten damals noch verwehrt war. Für sie hatten die Stadt und der reiche schwarze Kaufmann Robert Church eine Halle mit 2.000 Plätzen errichtet, in der auch Musikauftritte stattfinden konnten. Die Halle existiert nicht mehr, aber die an den kleinen Park angrenzende **First Baptist Church** an der Beale Street erinnert noch an die Tage der Rassentrennung. Sie war die erste „schwarze" Kirche in Memphis.

Zahlreiche Kirchenbauten

Überhaupt bietet das Stadtbild von Memphis eine stattliche Anzahl von Kirchen, die unvermutet hier und da zwischen den Häuserschluchten auftauchen und im Verhältnis zur doch etwas eintönigen Bauweise interessante architektonische Akzente setzen.

Cotton Exchange Building (15)
Sitz der großen Baumwollbörse in Memphis (Zutritt zur Börse allerdings leider nur für Bedienstete). Angegliedert ist ein Cotton Museum. (*Ecke Union Ave./Front Street, Mo–Sa 10–17, So 12–17 Uhr, www.memphiscottonmuseum.org, $ 10*)

Tom Lee Park (16)
entlang des Riverside Drive zwischen Jefferson Street und der südlich gelegenen Trasse des I-55 wird übrigens die Sportler erfreuen: Hier hat man die Möglichkeit, in einer gepflegten Anlage direkt am Mississippi-Ufer entlangzulaufen und dabei den Sonnenuntergang am Mississippi zu genießen.

Gospel in der Kirche

Tipp: *Ein Highlight bietet an Sonntagen der* **Full Gospel Tabernacle Choir**, *der in der gleichnamigen Kirche singt. Dazu die bebende Stimme des Reverend bei seiner Predigt. Ein zum einen ergreifendes und zum anderen auch Ehrfurcht einflößendes Ereignis. 787 Hale Rd., Stadtteil Whitehaven, (901) 396-9192, Infos und Termine http://www.algreenmusic.com/fullgospeltabernacle.html.*

Südlich der Innenstadt

Stax Museum
Das Museum, das sich in den Räumen der ehemaligen STAX-Studios befindet, beschäftigt sich vornehmlich mit der Geschichte bekannter Soulmusiker, die hier ihre Platten aufgenommen haben, unter ihnen Otis Redding, Johnnie Taylor, Carla Thomas, Albert King sowie die Staples Singers. Doch auch andere Soul-Musiker finden hier Beachtung. Zudem wird die Geschichte des Soul, der aus dem Gospel entstanden ist, erläutert (*926 E. McLemore Ave., ☎ (901) 946-2535, www.staxmuseum.com, April–Okt. Di–Sa 10–17, So+Mo 13–17 Uhr, Okt.–März Mo geschl., $ 12*).

Graceland

Tipp
Sollten Sie Elvis-Fan sein, müssen sich natürlich auch die **Sun Studios** *(706 Union Avenue, www.sunstudio.com, tgl 10–18 Uhr, $ 12 + tax) anschauen. Hier wurden die ersten Plattenaufnahmen des „King" produziert. Auch B.B. King, Muddy Waters, Howlin' Wolf, Ike Turner und Roy Orbison haben hier Platten aufgenommen. Das Studio ist auch heute noch in Betrieb (meistens nachts) und gibt die Gelegenheit, ein „echtes" Studio kennen zu lernen. Diese Tour ist als „Paket" auch von Graceland aus zu buchen.*

Pompöse Vermarktung des „King of Rock'n'Roll"

Kaum eine „Pilgerstätte" in den USA zieht mehr Menschen an als „Graceland", das ehemalige Wohnhaus von Elvis Presley, dem „King of Rock'n'Roll". Das Vermächtnis des 1977 verstorbenen Rockidols wird hier in groß angelegtem Pomp vermarktet. Bereits vor Erreichen der Anlage weisen zahlreiche Souvenirshops und gleichnamige Motels den vermeintlichen Elvis-Fan auf den bevorstehenden Rummel hin. Solange man aber nicht gerade an einem Wochenende oder während einer der Veranstaltungswochen (Geburtstag, Todestag etc.) hier ankommt, hält sich der Betrieb mittlerweile in Grenzen. Dank einer guten Organisation kann man in ca. 2½ Stunden alles angesehen haben, nur für das Wohnhaus sollte man ca. eine Stunde einplanen.

Vor allem bunt: das Wohnhaus von Elvis

Graceland Mansion

Von außen wirkt die Villa nicht so prunkvoll, wie man sich das vielleicht vorgestellt haben mag und vom „King" erwartet hätte. Das Gebäude wurde 1939 erbaut und nach einer Tante des ersten Besitzers benannt. 1957 erwarb Elvis das Haus und begann bald damit, es aufwendig umzugestalten. Jedes Zimmer hat seinen eigenen Charakter. Im Erdgeschoss (das Obergeschoss kann nicht besichtigt werden) beeindrucken Esszimmer, Wohnzimmer und Küche. Die Mischung aus Kristall-Leuchtern, bunten Farben und ausgefallenen 50er-Jahre-Möbeln hat ihren Reiz. Im Keller ist das Fernsehzimmer – mit mehreren Bildschirmen nebeneinander! – in knalligem Gelb und dunklem Blau gehalten, der Billardraum ist mit fast 700 Metern Stoffbahnen in bunten Mustern verkleidet. Das auffälligste Zimmer aber ist wohl der **Dschungelraum**, der mit Möbeln aus tropischem Holz eingerichtet ist und dessen Wände und sogar die Decke mit dickem, tiefgrünen Teppich ausgekleidet sind.

Bunt dekorierte Zimmer

Durch den Garten geht es dann zum Arbeitszimmer, wo ein kurzes Filminterview gezeigt wird, das hier 1960 gedreht wurde. Im Trophäenraum finden die echten Elvis-Fans dann allerlei Andenken, goldene Schallplatten, Trophäen, Bilder, originale Bühnen-Anzüge und vieles mehr, das ihr Herz höher schlagen lassen wird. Anschließend geht es an Schaukästen vorbei, die sich mit Stationen und Ereignissen im Leben des „King" befassen – von seiner Armee-Zeit in Deutschland über besonders wichtige Live-Konzerte bis hin zu einem Einblick in sein Privatleben. Hier darf man sich gerne länger aufhalten! Die audiovisuelle Aufbereitung ist gut gelungen und bringt einem Elvis als „Mensch" ein wenig näher. Auch ohne ein „echter" Fan zu sein, kann man sich dem Charisma und der musikalischen Anziehungskraft dieses großartigen Künstlers und bemerkenswerten Menschen kaum entziehen. Zum

Schluss geht es dann durch den Meditationsgarten, in dem Elvis zusammen mit Vater, Mutter und Großmutter begraben ist – direkt am Swimmingpool! Kränze, Dankschreiben und private Fotos kündigen dieses Zentrum der „Pilgerstätte" bereits schon aus einiger Entfernung an. Übrigens empfand Elvis sein Haus als zu klein, besonders da er gerne viele Gäste um sich hatte. Aber anstatt umzuziehen

Elvis Presley

info

Elvis Presley, der als Elvis Aron Presley am 8. Januar 1935 in Tupelo (Mississippi) geboren wurde, arbeitete sich vom armen Jungen auf dem Lande zum erfolgreichsten Rock'n'Roll-Star aller Zeiten hoch. Er ist Symbol der amerikanischen Legende, dass man in diesem Land vom Tellerwäscher zum Millionär aufsteigen kann. Presley erreichte alles und landete allein in den Vereinigten Staaten 18 Nummer-1-Hits. Als bekanntester Rock'n' Roll-Sänger und Gitarrist bestimmte er die Entwicklung dieser Musikrichtung und übte einen entscheidenden Impuls auf die Entstehung der Rockmusik aus. Der Rock'n'Roll war jedoch nicht das einzige musikalische Einflussgebiet von Elvis Presley. Er hatte auch großen Erfolg im Countrybereich.

Der große Durchbruch gelang 1956 mit seinem ersten Gold-Hit „**Heartbreak Hotel**", der wie viele seiner zahlreichen Titel auch heute noch als Klassiker des Rock'n'Roll gilt. Seine große Popularität verdankte Elvis jedoch nicht allein seinen Platten, sondern in großem Maße auch seinen Fernsehshow-Auftritten und Filmen. In Hollywood war er jahrelang einer der bestbezahlten Schauspieler. Er drehte insgesamt 31 Filme, von denen „Jailhouse Rock" (1957) und „King Creole" (1958) die erfolgreichsten waren. Die jeweilige Filmmusik erreichte auf den Hitlisten auch entsprechende Plätze. In den 1960er-Jahren trat Elvis hauptsächlich in Fernsehshows auf. Ab 1969 stand er regelmäßig in Las Vegas auf der Bühne. Er absolvierte zwischen diesem Jahr und seinem Tod 1977 ca. 1.100 Liveauftritte auf Touren durch die Vereinigten Staaten oder auf Bühnen in Las Vegas. Bis auf drei Konzerte in Kanada 1957 trat der populäre Rock'n'Roll-Star erstaunlicherweise nur in seinem Heimatland auf. Da seine Filme und Fernsehspecials jedoch weltweit gezeigt wurden, kamen auch die nicht-amerikanischen Fans auf ihre Kosten. Für Fernsehproduktionen, in denen er auftrat, bekam er insgesamt 14 „Grammys" verliehen, die höchste Auszeichnung in diesem Bereich.

Von 1957 bis zu seinem Tod 1977 wohnte Elvis in „Graceland". Ingesamt erhielt Elvis Presley 63 goldene Singles, 37 goldene Alben und 28 Platinalben. Er verkaufte bis zu seinem Tod insgesamt mehr als zwei Milliarden (!) Schallplatten, und die danach verkauften Tonträger dürften diese gewaltige Zahl noch wesentlich erhöht haben. Außer vielen Benefizkonzerten verschenkte Elvis einen Teil seines Vermögens und leistete somit einen großen Beitrag für den sozialen Bereich.

Als er 1977 starb, tragischerweise gezeichnet von Drogen, Kummer und Fettleibigkeit, wurde Elvis Presley, ohnehin schon zu Lebzeiten eine Legende, endgültig zur Ikone.

oder anzubauen, entschied er sich dafür, viele Spiegel anzubringen, um einen großräumigeren Effekt zu erzielen.

Die „Lisa Marie"

Nach Tochter benannter Düsenjet

Elvis' eigener **Düsenjet**, benannt nach seiner Tochter. Eingerichtet mit viel Luxus, wie z.B. vergoldeten Waschbecken, Queen-Size-Bett, einer Telefonanlage, mit der Elvis bereits Mitte der 1970er-Jahre in aller Welt herumtelefonieren konnte, und einer Hausbar, die vornehmlich mit Softdrinks bestückt sein musste. Elvis trank nicht gerne Alkohol, dafür musste sein Bordpersonal aber immer 16 verschiedene Softdrinktypen vorrätig haben. Nebenan steht noch ein weiteres, kleineres Düsenflugzeug, das auch Elvis gehörte. Im kleinen Sincerely Elvis Museum findet man weitere Memorabilien von Elvis, vor allem Plakate, Kleidungsstücke und alte Fotos.

Elvis Presley Car Museum

Elvis liebte bekanntlich Autos und seine Schwäche für luxuriöse „Cadillacs" ist weithin bekannt. Neben seinem bekanntesten Auto, dem rosaroten „Cadillac" von 1955, gibt es auch andere Automarken zu bewundern, u.a. einen rosafarbenen „Jeep", einen „Stutz" von 1973 und ein „Mercedes"-Cabriolet. In der Ausstellungshalle werden in einem Open-Air-Kino Szenen aus Elvis-Filmen mit tollen Autos gezeigt! Der grüne „Cadillac" vor dem Museum gehörte übrigens niemals Elvis, sondern diente einem Memphis-Restaurant als Salatbar.

(3734 Elvis Presley Blvd., Kernzeiten März–Okt. Mo–Sa 9–17, So 10–16 Uhr, Nov. tgl. 10–16, Dez., Jan+Febr. Mi–Mo 10–16 Uhr, www.elvis.com, $ 36).

Außerhalb von Memphis: Chucalissa Archaeological Museum

„Chucalissa" – was in der indianischen Choctaw-Sprache so viel wie „verlassenes Haus" bedeutet – diente zwischen 1000 und 1450 den Choctaws als eine ihrer wichtigsten Siedlungsstätten am Mississippi. Ausgrabungen der Universität haben alte Hausstrukturen wieder freigelegt. Einige dieser Ausgrabungen und ein kleines rekonstruiertes Dorf stehen zur Besichtigung frei. Besonders eindrucksvoll ist, dass man in den Hütten das Leben der Indianer nachempfinden kann. Schauen Sie sich aber zuerst das Museum und auch die dortige Filmvorführung an (*1987 Indian Village Dr., südwestl. der Innenstadt,* Anfahrt: *I-55, Exit 9- Mallory Ave, östl. zur Riverport Rd, dann links auf Plant Rd., Di–Sa 9–17 Uhr, sonntags ab 13 Uhr, www.memphis.edu/chucalissa, $ 5*).

Reisepraktische Informationen Memphis/TN

Information

Memphis Convention & Visitors Bureau: *47 Union Ave., Memphis, TN 38103, ☎ (901) 543-5300, www.memphistravel.com und auf deutsch: www.memphis-mississippi.de*

Memphis Visitor Center: *3205 Elvis Presley Blvd., ☎ (901) 543-5333. Die beste Anlaufadresse.*

Memphis/Shelby County Visitor Center: *12036 Arlington Trail, ☎ (901) 543-5333.*
Tennessee State Welcome Center: *119 N. Riverside Dr., ☎ (901) 543-5333.*

Wichtige Telefonnummern

Vorwahl: ☎ 901
Notruf: Polizei/Feuerwehr/Ambulanz: ☎ 911
Krankenhäuser: St. Josephs Hospital: 220 Overton Ave., ☎ (901) 577-2700; Baptist Memorial Hospital: 889 Madison Ave., ☎ (901) 522-5252

Touren

Hinweis: *Die Auswahl an Anbietern zu einzelnen Themen- bzw. allgemeinen Stadtrundfahrten ist groß. Ein Programm für Freunde der Blues-Musik bietet z.B. Rockin' Running Tours an. Hierbei joggt man zu den interessanten Plätzen der Memphis-Musik-Szene: ☎ (901) 569-4272, www.rockinrunningtours.com.*
Mata Trolley: *1370 Levee Rd., ☎ (901) 274-6282. www.matatransit.com. Rundfahrten mit der historischen Straßenbahn auf den Linien „Riverfront", „Main Street" und „Madison Avenue"*
Memphis Riverboats: *45 South Riverside Drive, ☎ 901-527-BOAT (2628) od. 1-800-221-6197, www.memphisriverboats.net, Abfahrt: Ecke Monroe Ave./Riverside Ave. Keine Fahrten im Dez./Jan., März–Nov. mind. eine Fahrt tgl. 90-min. Mississippi-Dampferfahrten.*

Unterkünfte

The Peabody (1) $$$$$: *149 Union Ave., Memphis, TN 38103, ☎ (901) 529-4000 oder 1-800-PEABODY, www.peabodymemphis.com. Ein Grandhotel, das seit seiner Gründung 1869 mehrfach umgebaut und renoviert worden ist. Die gediegene, plüschige Atmosphäre spricht für sich, hat aber auch ihren Preis. Sehr zentral gelegen zu allen Sehenswürdigkeiten. Günstigere Raten und der üppige Sonntags-Brunch empfehlen dieses Hotel besonders fürs Wochenende. Bekannt ist es übrigens auch wegen seiner Enten („Peabody-Ducks"), die täglich um 11 Uhr mit dem Fahrstuhl in die Hotellobby gebracht werden, wo sie sich im Springbrunnen erfrischen können. Um 17 Uhr geht es dann zurück zu ihrer „Dachwohnung".*
Hilton Memphis (2) $$$$: *939 Ridge Lake Blvd., Memphis, TN 38120, ☎ (901) 684-6664, www.memphis.hilton.com. Modernes Luxushotel in rundem Glaspalast. Bei 27 Stockwerken empfiehlt sich zwecks eines schönen Ausblicks die Reservierung eines Zimmers in den oberen Etagen. Günstige Wochenendraten, jedoch ca. 15 Meilen östlich der Innenstadt gelegen!*
Memphis Marriott Downtown (3) $$$$: *250 N.Main St., Memphis, TN 38103, ☎ (901) 527-7300, www.marriott.com. Modern aufgezogen, aber mit individuellem Touch, ist dieses Hotel der oberen Mittelklasse durchaus zu empfehlen. Die Lobby ist mit vielen Pflanzen bestückt (Pianomusik inklusive), und die Zimmer sind verhältnismäßig groß. Versuchen Sie, ein Zimmer in den oberen Etagen zu bekommen. Zentral gelegen.*
Homewood Suites (4) $$$-$$$$: *5811 Poplar Ave., Memphis, TN 38119, ☎ (901) 763-0500 od. 1-800-CALL-HOME, www.homewood-suites.com. Schöne, individuell eingerichtete und vor allem große Suiten, die alle um den Pool im Innengarten angelegt sind. Frühstück inbegriffen.*
Doubletree Downtown (5) $$$-$$$$: *185 Union Ave., Memphis, TN 38103, ☎ (901) 528-1800, www.memphisdoubletree.com. Innenstadthotel der oberen Mittelklasse. Die Ein-*

tragung ins Natural Register of Historical Places bezieht sich heute offensichtlich nur noch auf eine Fassade und einige wenige Relikte. Günstig gelegen zu allen Sehenswürdigkeiten.
Lowenstein-Long House (6) *$$-$$$: 217 North Waldron Blvd., Memphis, TN 38105, ☎ (901) 527-7174. Schönes Bed&Breakfast-Haus in einem viktorianischen „Schlösschen" von 1900. Die Zimmer sind geräumig und die Preise relativ niedrig. Zwei Meilen östlich der Innenstadt gelegen.*
Best Western Gen X Inn (7) *$$: 1177 Madison Ave., Memphis, TN 38104, ☎ (901) 692-9136 oder 1-800-780-7234, www.bestwestern.com. Günstiges Motel, ca. 1,4 Meilen zur Innenstadt.*
Elvis Presley's Heartbreak Hotel (8) *$$$: 3677 Elvis Presley Blvd., Memphis, TN 38116, ☎ (901) 332-1000, www.elvis.com/epheartbreakhotel. Vollkommen auf Elvis getrimmtes Hotel gegenüber von Graceland, das in Farben, Kitsch und Einfallsreichtum kaum zu überbieten ist. Noch toller sind die – ganz nach Elvis' Geschmack ausgestatteten – Suiten ($$$$$). Etwas für „wirkliche" Fans!*
Comfort Inn Downtown (9) *$$-$$$: 100 N. Front St., Memphis, TN 38103, ☎ (901) 526-0583, www.choicehotels.com. Relativ günstiges und zentral gelegenes Hotel. Teilweise Ausblick auf den Mississippi. Swimmingpool auf dem Dach.*

Camping

Im **Meeman-Shelby Forest State Park (10)**, *15 Meilen nordwestlich, am Mississippi, gibt es Campinggelegenheiten. Hier kann man auch Boote mieten, angeln und schwimmen. Visitor Center: Bluff Rd., Millington, TN 38053. Infos unter ☎ (901) 876-5201, www.tn.gov/environment/parks/MeemanShelby*
Ein weiterer Campingplatz befindet sich im **T.O.Fuller State Park (11)**, *südwestlich der Stadt. Folgen Sie vom US 61 aus der Mitchell Road nach Westen. ☎ (901) 543-7581, www.tn.gov/environment/parks/TOFuller.*

Restaurants

Chez Philippe: *im Peabody-Hotel (s. Nr. 1 der Unterkünfte), 149 Union Ave., ☎ (901) 529-4188. Fine Dining unter Marmorsäulen und mit Harfenmusik. Jackett und Schlips erwünscht. Die Küche bietet eine Mischung aus französischer Nouvelle Cuisine und regionalen Gerichten.*
Beauty Shop (1): *966 South Cooper St., ☎ (901) 272-7111. Exquisite internationale Küche (gute Salate) in dem Ambiente eines nachempfundenen 1940er-Jahre Schönheitssalons. Wer möchte, kann auch auf einem Friseurstuhl sitzen und dabei speisen. In, hipp, cool!! Sehen und gesehen werden.*
Hard Rock Café (2): *315 Beale St., ☎ (901) 529-0007. Ausgestattet mit vielen Memorabilien der Memphis-Musiker, allen voran natürlich Elvis. Essen: Typische Südstaaten-Gerichte (Burger, BBQ, Steaks, Cajun).*
Capriccio Grill: *149 Union Ave., im Peabody-Hotel (s. Nr. 1 der Unterkünfte), ☎ (901) 529-4199. Dem eleganten Stil des Hotels angepasstes Restaurant. Vornehmlich Steaks und Pasta, italienisch angehaucht.*
Paulette's (3): *50 Harbor Town Square (River Inn of Harbor Town), ☎ (901) 260-3300. Traditionelles Restaurant mit einer Reihe von Spezialitäten: Knackige Salate, Crepes, gute Steaks, Lachsgerichte. Besonders lecker sind die Desserts, der Sonntags-Brunch und das günstige Montags-Menü. Gutes Preis-Leistungsverhältnis.*
Blues City Café (4): *138 Beale St., ☎ (901) 526-3637. Unkonventionelles Hamburger-Restaurant im Beale Street Distrikt. Riesensteaks, saftige Hamburger, mexikanische*

Gerichte. Genau das Richtige für die Lunchpause.

Dancing Pigs Bar-B-Q Shop (5): *1782 Madison Ave., ☎ (901) 272-1277, www.dancingpigs.com. Erstklassiges BBQ-Restaurant. Seit Jahrzehnten in Familienbesitz. Mehrfach prämiert und die tollen Saucen können Sie hier auch kaufen.*

The Butcher Shop (6): *101 S. Front St., ☎ (901) 521-0856. Hier gibt es die wohl besten (und auf Wunsch auch größten) Steaks in Memphis. Bevor man bestellt, kann man sich sein Fleisch selbst auswählen. Salatbar!*

Kooky Canuck (7): *97 S. Second St. (zwischen Barboro Alley und Union Ave.), ☎ (901) 578-9800. Auf Kanada-Stil getrimmter Sportspub. Steaks, Sandwiches, Salate und Burger. Und hier wird jeder satt. So gibt es z.B. den Kookamonga Burger (Fleisch: 4 amerik. Pfund) sowie den King Kookamonga Burger (Fleisch: 6 amerik. Pfund). Wer letzteren zu zweit in einer Stunde verputzt, bekommt ihn umsonst!*

Thai Cuisine Sawaddii (8): *121 Union Ave, ☎ (901) 529-1818. Avantgardistisches und stilvolles Ambiente. Das Essen ist ein Genuss für das Auge und die Geschmacksnerven. Preise im normalen bis gehobenen Bereich.*

Pho Sai Gon Restaurant (9) *2946 Poplar Ave., ☎ (901) 458-1644. Kleines vietnamesisches Restaurant. Für wenig Geld gibt es hier leckere Nudelsuppen und auch gutes vietnamesisches Chow-Mein.*

Pubs/Livemusik/Nightlife

Es gibt zwar viele Blues-Bands in Memphis, aber meistens treten die Musiker nur an Wochenenden auf. In der Beale Street dagegen gibt es jeden Abend Livemusik, häufig beginnt sie aber erst um 22 Uhr. Als gelungene Überbrückung kann eine „Blues-Session" im W.C. Handy Park an der Beale Street angesehen werden. Sie beginnt nachmittags und geht bis 22 Uhr (nur während der Sommermonate).

IN DER BEALE STREET *(www.bealestreet.com)*

W. C. Handy Performing Arts Park: *Ecke Beale St./Third St.*

Blues Hall Coffe Shop/ Mr. Handy's: *182 Beale St., ☎ (901) 528-0150. Bluesmusik und Cajunküche (bekannt für die gute Gumbo). Mehrere Gitarren von Blues-Größen sind ausgestellt und hängen z.T. von der Decke.*

Blues City Café – Bar: *138 Beale St., ☎ (901) 526-3637. Kneipe, angeschlossen an den Hamburgerladen. Blues und Jazz. Blues-Jams!*

Black Diamond: 153 Beale Street, ☎ (901) 521-0800. Blues und dazu gibt es Pizza.

B.B. King's Blues Club: *147 Beale St., ☎ (901) 524-5464. Einer der Traditionsclubs, auch B.B. King ist hier früher häufiger aufgetreten (einige Memorabilien von King sind hier zu bewundern). Heute vornehmlich Blues, aber auch ab und zu Jazz und Rock. Das Restaurant bietet Cajungerichte (Red Beans, Fisch, Pickles), aber auch Steaks.*

New Daisy *Theatre: 330 Beale St., ☏ (901) 525-8979. Hier begann B.B.King seine Laufbahn. Heute spielen auf der Bühne (612 Zuschauersitze) vorwiegend Rockbands, manchmal aber noch Blues- und Jazzmusiker.*
Alfred's on Beale Street: *197 Beale St., ☏ (901) 525-3711, www.alfredsonbeale.com. Deftige Südstaatenküche, am Wochenende Brunch. Ansonsten eher eine Disco, in der am Freitag- und Samstagabend Bands auftreten (Rest der Woche DJs).*

NÖRDLICH DER DOWNTOWN

T.J. Mulligan's: *362 N. Main St., Irischer Sports-Pub. Deftig, Pubgerichte, Poker-Runden. Jeden 3. Sonntag im Monat Rock'n Roll-Party (14–18 Uhr).*
Westy's: *346 N. Main St. Kneipe und Restaurant. Unbedingt die Spare Ribs probieren!*
Highpoint Pub: 477 High Point Terrace Ste B. Nette Neighborhood-Bar, lebendig und mit Programmen wie z.B. Chili-Cook-Off.

Memphis off the Beaten Path

Wider Erwarten bietet Memphis gar nicht so viel, was „off the beaten track" liegt, besonders deswegen nicht, weil viele Bezirke als „No Go Areas" einzustufen sind bzw. zumindest so erscheinen. Das gilt vor allem für die Gebiete fünf Blocks südlich der Beale Street und südlich des I-55/240 (das Graceland-Areal ist hier eine Ausnahme). Nachts sollte man daher nicht auf das Auto verzichten und in unmittelbarer Nähe der abseits gelegenen Clubs parken. Dann ist es aber sicher.
Wenn Sie weniger nach Musik, dafür aber eher nach einer netten „Neighbourhood-Kneipe", in der es auch etwas zu essen gibt, suchen sollten, fahren Sie einfach zum Overton Square District (Ecke Madison Ave., Cooper St.) und schauen sich dort um. Innenstadtnäher aber sind:
Marmalade: 153 G.E. Patterson Ave., ☏ (901) 522-8800. Dunkler, aber gepflegter Jazz- und Bluesclub. Es gibt auch etwas zu essen. Musik meist nur an Wochenenden.
The North End: 346 N. Main St., ☏ (901) 526-0319. Einfaches Restaurant, vornehmlich Reisgerichte. Ab 22.30 Uhr gibt es häufig Jazz- und Bluesmusik. Hier im Gebiet des Northend befinden sich übrigens noch mehr Lokale, doch wird dort meist keine Musik geboten.
Joey's Crab Shack: 7990 Horizon Center Blvd, ☏ (901) 384-7478. Echte, deftige Südstaatenküche (Schwerpunkt: Seafood). Blick auf den Mississippi. Zu fortgeschrittener Stunde steigt die Stimmung zu den Rhythmen der Livemusik-Bands (alle Stilrichtungen). Tanzfläche vorhanden.
The New Club Paradise: 645 E. Georgia St., ☏ (901) 947-7144. Blues-Kneipe. Achten Sie auf Ankündigungen – es könnte gerade ein ganz bekannter Musiker hier auftreten. „Raue" Atmosphäre!

SÜDLICH BZW. ÖSTLICH DER DOWNTOWN

Gus' Chicken Restaurant: *310 S.Front St. Die besten Hähnchen der Stadt in einer gemütlichen Neighbourhood-Kneipe. Hier kehren viele Einheimische ein.*
The Blue Monkey: *2012 Madison Ave, zw. S. Morrison St. und N. Rembert St. Dunkler Schuppen mit freundlichen Gästen. Speisen: Po'Boys, Steaks, Südstaaten-Fischgerichte und Appetizer aller Art. Eine „ordentlichere" Filiale gibt es in der 513 S. Front St.*

Huey's: *1927 Madison Ave., ☏ (901) 726-4372. Kleines „Neighbourhood-Kneipenrestaurant". Jazzmusik an Wochenenden.*

Memphis ist auch bekannt für seine zahlreichen **Comedy-Theater**. *Hier wird leichte Kost, vermischt mit amerikanischem Humor, einem Hauch von Broadway und einigen Livemusik-Sequenzen geboten. Wer also nicht so gerne durch die Nachtclubs streift, für den wird hier mit Sicherheit eine gute Abend-Alternative geboten. Die bekanntesten Theater sind das* **Orpheum Theater** *(203 S. Main St., Infos und Tickets: ☏ (901) 525-3000, www.orpheum-memphis.com), in dem auch Musikkonzerte stattfinden, und das* **Playhouse on the Square** *(51 S. Cooper St., ☏ (901) 726-4656, www.playhouseonthesquare.org).*

Einkaufstipps

Boutiquen und erlesene Geschäfte gibt es im **Peabody Place**: *Ecke Peabody Place Ave./Third St., www. peabodyplace.com. In der wirklich ansprechend gestalteten Mall mit ca. 28.000 m² Fläche sind auf mehreren Ebenen Shops, Theater, Restaurants und Museen angesiedelt. Andenken an Elvis Presley kann man in verschiedenen Geschäften in und um Graceland erstehen.*
Ein besonderer Tipp für Memphis ist **A. Schwab's** *in der 163 Beale St.* *(s. S. 509)*.

Flughafen

Memphis International Airport *(2491 Winchester Rd.), ☏ (901) 922-8000, www.memphisairport.org*
Auto: *Dem I-240 in südlicher Richtung folgen. An dem Autobahnkreuz zur I-55 darauf achten, dass die I-240 nach Osten weiterführt. Am Exit „Airways Road" hinausfahren und dann der Ausschilderung zu dem gewünschten Terminal folgen. Alle größeren Mietwagenunternehmen haben eine Stützpunkt hier.*
Shuttlebus: *Das Unternehmen „Downtown Airport Shuttle" (DASH), ☏ (901) 522-1677, unterhält einen regelmäßigen Shuttlebetrieb in die Stadt. Ebenso bieten viele Hotels einen kostenlosen Shuttle an.*
Taxis: *Die Fahrt in die Innenstadt kostet ca. $ 30.*

Öffentliche Verkehrsmittel

Zug: **AMTRAK**. *Der Bahnhof befindet sich in der 545 S. Main St., ☏ (901) 526-0052.*
Überlandbusse: **GREYHOUND**-*Station. 3033 Airways Blvd., ☏ (901) 395-8770.*
Stadtbusse & Trolley: *MATA, ☏ (901) 274-6282, www.matatransit.com; bedient den Nahverkehr und auch den „Main Street Trolley", eine historische Straßenbahn, die einen 2,5 Meilen langen Abschnitt der Main Street entlangfährt (zwischen The Pyramid und dem National Civil Rights Museum). Jede Straßenbahn stammt übrigens aus einer anderen Zeit bzw. Stadt. Zudem gibt es in der Innenstadt noch den „Riverfront Loop Trolley" und eine Stichstrecke nach Osten („Madison Avenue Line").*

Taxis

Yellow & Checker Cab: ☏ (901) 577-7700 oder 1-800-796-7750.
City Wide Cab Company: ☏ (901) 722-8294.

8. Die westlichen Südstaaten

Von Memphis entlang des Mississippi (Rt 1/US 61)

Entfernungen
Memphis – Vicksburg: 243 mi/388 km
Vicksburg – Natchez: 90 mi/144 km
Natchez – Baton Rouge: 89 mi/ 143 km
Baton Rouge – New Orleans: 80 mi/ 129 km
Memphis – New Orleans (über Interstates): 393 mi/633 km

Streckenalternativen

Entlang dem I-55 bis kurz vor New Orleans, dann über den I-10 in die Stadt. Beschaulicher und um ein Vielfaches interessanter ist aber die nachfolgend beschriebene Strecke parallel zum Mississippi (südlicher Abschnitt der „Great River Road"). Hauptstraße ist dabei der Highway 61, wobei man von Helena bzw. Clarksdale aus einem Teil der Strecke auf dem US 1 noch näher am Fluss entlangfahren kann.

Von Baton Rouge nach New Orleans empfehlen sich 3 Alternativen:
- Direkt am Mississippi auf der Great River Road entlangfahren, um die Plantagen dort zu besichtigen (s.u.).
- Erst auf dem I-10 nach Westen bis LaFayette, der Hauptstadt der Zydeco-Musik, und von dort in südöstlicher Richtung über den US 90 nach New Orleans. Sümpfe, Fischerorte und die Tabasco-Fabrik sind hier die Highlights (ab S. 577).
- Für Eilige: einfach den I-10 nach Osten nehmen.

Überblick

Die nun folgende Strecke, der südliche Abschnitt der am gesamten Mississippi entlang führenden „Great River Road" bietet Gelegenheit, die Atmosphäre der **„ländlichen Südstaaten"** mit all ihren Höhepunkten, aber auch sozialen Problemen zu entdecken und zu erleben. Verlassene Dörfer, teilweise verkommene Innenstädte, überall Straßenhändler und Autowracks am Straßenrand wechseln sich ab mit fein herausgeputzten Antebellum-Häusern, aufwendigen Kirchengebäuden und modernen Farm- und Hafenanlagen.

Auch landschaftlich ist die Strecke sehr abwechslungsreich. Zieht sich der erste Abschnitt noch durch das flache,

von der Straße aus betrachtet nach einiger Zeit etwas eintönige Mississippi-Delta – nichts als endlose Reis-, Baumwoll- und Sojafelder –, ändert sich dieses schlagartig bei Vicksburg. Eine hügelige, immergrüne Waldlandschaft, deren Baumriesen von den ewig wuchernden Kudzu-Pflanzen erdrückt zu werden scheinen, belohnen für das anfängliche „Durchhalten".

Ab Vicksburg dann, bis hin nach Baton Rouge und New Orleans, gibt es die wohl schönsten und interessantesten **Antebellum-Häuser** des Südens überhaupt, sowohl was die Stadtvillen betrifft, als auch die ehemaligen Plantagendomizile. Jedes Haus hat seine eigene Geschichte zu erzählen, deren zentraler Inhalt sich schließlich immer wieder um den Bürgerkrieg bewegt: Der Mississippi bildete nämlich bis zum Ende des Krieges die Lebensader der konföderierten Armee. Über ihn wurden auf Schaufelraddampfern die Waren und das Kriegsgerät aus nördlicheren Staaten, die sich nur halbherzig der Unionsregierung unterordnen wollten, herbeigeschafft.

Erst mit der Belagerung und späteren Einnahme von Vicksburg wurde den Südstaaten dieser wichtige und alles entscheidende Transportweg genommen, und die Schlacht um diese Stadt bedeutete, gemeinsam mit der Niederlage bei Gettysburg, die Entscheidung über den Kriegsausgang.

Das Interessanteste an diesem Streckenabschnitt ist Vicksburg

und den Abschnitt südlich davon auf. Das Mississippi-Delta kann man in einem Tag durchqueren. Absolut Sehenswertes gibt es dort nicht – Hörenswertes dagegen eher – denn auch heute noch versuchen sich Musiker im Ursprungsgebiet von Blues und Jazz in kleinen Scheunen und heruntergekommenen Kneipen. Um diese Musik-Gigs aber zu erleben, bedarf es eines „guten Riechers" – und so einiges an Extrazeit. Das Deltagebiet ist eine der ärmsten Regionen in den USA.

Redaktionstipps

- In Vicksburg und in Natchez in einem klassischen **Antebellum-Haus** übernachten. (S. 535 u. S. 546)
- Die Hauptstraße trifft eher selten auf den **Mississippi** selbst, daher lohnt es sich, gelegentlich einen Abstecher über die kleinen Stichstraßen zum Fluss zu machen.
- Zeiteinteilung: 3–4 Tage/Tag 1: Am ersten Tag bis Vicksburg. Zwischenstopps am **Delta Blues Museum** (S. 527), in Greenville oder alternativ am **B.B. King Museum** (S. 530). Tag 2: Morgens **Vicksburg** erkunden. Über Port Gibson und die Windsor-Ruinen dann nach Natchez. 3. Tag: dann die kleine Stadt St. Francisville und dort vor allem die prachtvolle Anlage der **Rosedown Plantation**.

Das Mississippi-Delta und seine Geschichte

Von Memphis aus – um genauer zu sein, von der Lobby des Peabody Hotels nach Süden – erstreckt sich das weite Mississippi-Delta. Es handelt sich dabei um ein Binnendelta, das geologisch geformt wurde, lange bevor der Mississippi durch das Gebiet floss. Es waren vor allem Gletscher, welche kleine Inseln gebildet hatten, durch die später der große Fluss seinen Weg suchte und mit seinen Wassermassen für die „Feinarbeit" sorgte.

Lange vor den ersten Siedlern lebten einige Indianer am Rande des Deltas verstreut. Das Vordringen der Europäer aber vertrieb sie. Weitsichtige Farmer siedelten sich später am Rand des Deltas auf den Anhöhen an, obwohl der Boden hier

Baumwollernte im Mississippi-Delta

nicht so gut war. Die Deltafarmer in der Ebene aber mussten alle paar Jahre wieder gegen die Überflutungen des Mississippi ankämpfen, die in regelmäßigen Abständen ganze Erntejahre vernichteten, und nicht selten fielen Haus und Hof den Fluten zum Opfer.

Musik als Kommunikationsmittel

Das Delta steht vor allem für das **Leiden der Sklaven**, die unter schwersten körperlichen Entbehrungen das Land urbar machen mussten. Musik war für sie ein Kommunikationsmittel. So wurde mit der Zeit das Banjo entdeckt, in frühen Jahren noch ein Holzgefäß mit Stiel und einem Draht, und ganz allmählich entwickelte sich so der Delta-Blues, der zum musikalischen Vorreiter der Blues-, Jazz- und auch der späteren Rockmusik wurde. Seine Klänge und Rhythmen wurden von hier nach Memphis und von dort entlang des Mississippi auf den großen Schaufelraddampfern bis hin nach New Orleans getragen. Mit der Abschaffung der Sklaverei erhielten die Schwarzen als „Auszahlung" kleine Landpartien, die sie aber mangels Kapital und Fachwissen kaum sinnvoll bewirtschaften konnten. Für einen äußerst geringen Lohn fingen die meisten bald wieder an, auf den Plantagen der Weißen zu arbeiten.

Die erste auffällige Siedlung hinter Memphis ist **Tunica**. Bereits früh kündigen unzählige Reklametafeln die zahlreichen **Casinoschiffe** an, die sich von nun an entlang des Mississippi bis nach Natchez verteilen. Denn ein Gesetz erlaubt das „Gambling" im Staate Mississippi. Der ärmste Staat der USA erhofft sich damit eine lohnende Einnahmequelle. Einzige Bedingung: Das Casino muss im Mississippi selbst (bzw. im Golf von Mexiko) schwimmen. Kein Problem! Ein kleines Stück des Flusses wird eingedeicht, ein Ponton wird angelegt und das motorlose Casinoschiff darauf gesetzt. Ob sich nun auf dem ca. 500 km langen Uferabschnitt die zahlreichen Casinos alle rentieren werden, mag bezweifelt werden: Bereits innerhalb der letzten Jahre mussten viele der Casinos wieder aufgeben – dafür eröffnen aber auch neue. Erst einmal fließt zumindest eine Menge Geld in die Staats- und Countykassen – denn „Gambling" ist ein beliebter Zeitvertreib in den USA. Mit den großen Palästen und den bunten Shows von Las Vegas ist das hier aber längst nicht zu vergleichen.

Helena

Geisterstadt

Auf der westlichen Flussseite, in Arkansas, liegt das kleine Städtchen Helena. Ehemals ein bedeutender Flusshafen, verlor es seine Bedeutung, als der Mississippi sich einen neuen Flusslauf suchte und die Stadt „auf dem Trockenen" sitzen ließ. Helena rappelte sich zwar noch einmal auf, doch als schließlich auch der Baumwollhandel an Bedeutung verlor, begann die Stadt zu einer „Geisterstadt" zu werden und das verkehrstechnisch günstiger gelegene West-Helena wurde 1909 gegründet. Heute wird die schlechte wirtschaftliche Situation von Helena deutlich in der Innenstadt, in der viele Lagerhäuser zu Ruinen verkommen und nur wenige Geschäfte wirklich etwas zu bieten haben. Die arbeitsfähigen Männer sind zum größten Teil weggezogen oder verdienen ihr Geld mit den wenigen Geschäften, die sich besonders auf den (Aus-)Verkauf von **Antiquitäten** spezialisiert haben.

Seit geraumer Zeit ist aber bemüht, einen Teil der Innenstadt wieder herauszuputzen und für den Tourismus attraktiver zu machen. Lohnend ist hier der Besuch des

Delta Cultural Center (*141 Cherry St., Di–Sa 9–17 Uhr, www.deltaculturalcenter.com, freier Eintritt*), wo dem Delta-Blues gehuldigt wird, Bilder zur Geschichte des Mississippi-Delta aushängen, aber auch verschiedene typische Handwerkskünste der Region gezeigt werden. Wenn jedoch im Oktober das bereits seit 1986 stattfindende **King Biscuit Blues Festival** (*www.bluesandheritage.com*) abgehalten wird, steht die Stadt „Kopf". Bekannte Musiker und ihre Anhänger finden dann den Weg hierher zu einem der größten Festivals dieser Art in den USA. Auf der östlichen Seite des Mississippi folgt man dem US 61 bis Clarksdale.

Blues Festival

Clarksdale

Zu sehen gibt es hier nicht viel – dafür aber umso mehr zu „erkunden". Die Geschichte von Clarksdale hat uns allerdings die wichtigsten Bluesmusiker beschert, u.a. entwickelte **W. C. Handy** hier seinen eigenen Stil, um ihn dann als „Memphis Blues" in Memphis vorzuführen. Aber auch **Howlin' Wolf** und **Rufus Thomas** haben hier einige Zeit verbracht, genauso wie der Schriftsteller Tennessee Williams, der während seiner Kinderzeit den Großvater hier oft besuchte.

Viele Geschichten um die Entwicklung des Blues spinnen sich nun um die Stadt: Im **Delta Blues Museum** (*1 Blues Alley. März–Okt. Mo–Sa 9–17 Uhr, Nov.–Feb. 10–17 Uhr, www.deltabluesmuseum.org*) bekommt man eine kleine Karte, die zu den Ursprungsplätzen des Delta-Blues führt. Das Museum befindet sich in der alten Lagerhalle am Bahnhof. Da Clarksdale so bekannte Musiker wie Howlin' Wolf, Big Jack Johnson, Wade Walton, John Lee Hooker und Muddy Waters hervorgebracht hat, sammelte die Rockgruppe „ZZ Top" in den 1970er-Jahren Geld für dieses Blues-Museum in Clarksdale. Heute gibt es hier **Memorabilien** der bekanntesten Musiker sowie Bücher, Bilder, Tonbandaufnahmen und eine lebensgroße Wachsfigur von Muddy Waters zu sehen. Außerdem sind die Differenzierungen zu den einzelnen Musikrichtungen (u.a. Blues, Country, Jazz, Zydeco) sehr gut erläutert. Ein Shop mit vielen Blues-CDs ist angegliedert.

Auch finden hier ab und zu Live-Performances bekannter Bluesmusiker statt, deren aktuelle Auftrittstermine jeweils aktuell erfragt werden müssen. Und da der Blues in der Stadt so groß geschrieben wird, hat der Schauspieler **Morgan Freeman** hier mit zwei Geschäfts-

An der berühmten Kreuzung der Highways 61 und 49 in Clarksdale soll der legendäre „King of the Delta Blues" Robert Johnson dem Teufel seine Seele verkauft haben im Tausch für sein außergewöhnliches Talent.

Im Blues-Museum von Clarksdale

leuten den tollen **Ground Zero Blues Club** geründet (Sunflower Ave., nahe den Bahnschienen).

Von Clarksdale geht es über die Rt 1 weiter nach Rosedale, wo ein kleiner Aussichtsturm im nahen Great River Road State Park einen schönen Ausblick auf den Mississippi erlaubt.

Reisepraktische Informationen Clarksdale /MS

Informationen

Coahoma County Welcome Center: *17 Meilen nördlich von Clarksdale bei Lula an der Kreuzung US 61/49, (662) 627-7337, 1-800-626-3764, www.visitclarksdale.com.*

Unterkunft

Best Western $$: *710 State St., ☎ (662) 627-9292, www.bestwestern.com. Sauberes Motel. Einige Zimmer mit Balkon und Kühlschrank. An der State Street gibt es weitere Motels.*

Winterville Mounds Museum

Kurz vor Greenville hat man die Möglichkeit, das kleine, direkt an der Straße liegende Museum und mehrere freiliegende Erderhebungen im angrenzenden Museumspark zu besuchen. Außerdem werden Erläuterungen zu frühen Indianerkultu-

info

Musikclubs im Mississippi-Delta

s. auch Info „Geschichte von Jazz und Blues" auf S. 79ff.

Die Geschichte des Blues ist ohne das Mississippi-Delta nicht vorstellbar. Auch in der heutigen Zeit, in der sich die bekanntesten Musiker meist in den Großstädten aufhalten, finden trotzdem noch Gigs in kleinen Bars und abseits gelegenen Schuppen statt. Auch die „Großen" kommen gerne mal zurück zur „Wiege des Blues". Da die Musik in den heruntergekommenen Orten des Deltas aber nur noch „zum Spaß", nicht aber zum Geldverdienen gespielt wird, finden Auftritte nur sehr selten statt – meist an Wochenenden in versteckten, alten „Juke Joints".

Ein Juke Joint ist im Grunde eine „halblegale" Bierkneipe, in der nur dann Musik angeboten wird, wenn gerade ein Musiker auftreten möchte. Es ist also kein Club im eigentlichen Sinne. Die Besitzer warten höchstens auf „Angebote" von Musikern, suchen aber nicht danach. Entsprechend unprofessionell gehen die Vorstellungen dann auch manchmal vonstatten, doch gerade das macht ja den Reiz der Blues-Musik aus. Die Stimmung bzw. die Spontaneität der Musik lohnen allemal einen vielleicht nicht geplanten Übernachtungs-Stopp. Um an Adressen zu kommen, könnte man z.B. im Clarksdale im Delta Blues Museum nachfragen.

ren in dieser Gegend sowie die Ergebnisse archäologischer Forschungen geboten. *(2415 Rt 1 North, Museum Mo–Sa 9–17, So 13.30–17 Uhr, www.mdah.state.ms.us/hprop/winterville.php, freier Eintritt).*

Greenville

Vor dem Bürgerkrieg war Greenville einer der bedeutendsten **Baumwollhäfen** am Mississippi. Doch wurde die Stadt während des Krieges vollständig zerstört. Flutkatastrophen und Fieberepidemien verhinderten anschließend den Wiederaufbau immer wieder. Erst die moderne Fluss-Schifffahrt gab wieder Auftrieb, und heute ist der Hafen ein wesentlicher Stützpunkt für große Schubschiffe. Auch der Baumwollhandel hat erneut Einzug gefunden und ein paar Firmen operieren wieder in der ehemaligen **Cotton Row** (am nördlichen Teil der Main Street). Einen kleinen Boom gab es, als auch hier mehrere Casinoboote „angedockt" haben. Mit den daraus eingenommenen Steuergeldern hat die Countyverwaltung den alten Stadtkern wieder „aufpolieren" können. Doch alle Bemühungen genügen nicht, um der seit Jahren schrumpfenden Stadt (zzt. ca. 34.000 E.) wirklichen Auftrieb zu vermitteln.

Bedeutender Hafen

Lohnend ist der Besuch des **Greenville History Museum** (*409 Washington Ave. Mo–Fr 9–17, Sa 9–12 Uhr, http://gmbenji.webs.com, $ 5*), in welchem anhand von Fotos und Zeitungsartikeln das Ausmaß der großen Flutkatastrophe von 1927 eindrucksvoll veranschaulicht wird. Ebenso bietet die Stadt mehrere schöne Gebäude, darunter **die St. Joseph Roman Catholic Church** (*412 Main St.*), eine eindrucksvolle katholische Kirche, und den **Hebrew Union Temple** (*504 Main St. Mo–Fr 9–12 Uhr*), der Aufschluss über die Religion der früheren jüdischen Bewoh-

Walking Tour zu Greenvilles Sehenswürdigkeiten

ner von Greenville gibt. Außerdem gibt es einige imposante Plantagen-Villen zu sehen, die – neben zahlreichen anderen Sehenswürdigkeiten – im Rahmen einer durch das Touristenbüro zusammen gestellten „Walking Tour" erlaufen werden können. In Greenville hat auch eine Reihe bekannter Schriftsteller gelebt, von denen William Alexander Percy und Walker Percy am ehesten bekannt sein dürften. Eine kleine Ausstellung in der **William Alexander Percy Memorial Library** (*341 Main St.*), erinnert an die Zeit, als die Stadt die höchste „Schriftstellerdichte" der USA, bezogen auf die Einwohnerzahl, aufgewiesen haben soll.

Freunde der „Muppets Show" dürfen sich schließlich nicht den Besuch der **Birthplace-of-Kermit-the Frog-**Ausstellung im nahen Leland (*US 82 am Deer Creek. Mo–Sa 10–16 Uhr*) entgehen lassen. Jim Henson ist der „Erschaffer" der Muppets-Familie und wurde in Greenville geboren.

B.B.King Museum & Delta Interpretive Center

Indianola, 27 Meilen östl. von Greenville, Ecke Sunflower Ave., 2nd St, ☎ (662) 887-3009, www.bbkingmuseum.org, Di–Sa 10–18.30 Uhr, So 13–17 Uhr, $ 12. Hier wird vor allem King's Leben, seine Musik und sein Werdegang vorgestellt. Auch andere Bluesmusiker aus der Delta-Region finden hier Erwähnung. King wurde als Riley B. King im nahen Berclair geboren.

Wandmalerei in Indianola: B.B. King

Reisepraktische Information Greenville/MS

Information
Greenville/Washington County Convention & Visitors Bureau: *216 S. Walnut St., Greenville, MS 38701, ☎ (662) 334-2711 oder 1-800-467-3582, www.visitgreenville.org od. www.visitthedelta.com*

Tour
Historic Downtown Greenville Walking Tour *durch die Innenstadt (zwischen Highway 82 und Mississippi-River) entlang zahlreicher Sehenswürdigkeiten. Informationen dazu sind im Touristenbüro erhältlich.*

Unterkünfte
Linden on the Lake Bed&Breakfast $$$: *1262 Lake Washington Rd., Greenville, MS, ☎ (662) 839-2181. B&B in netter Colonial-Revival-Mansion.*
Motels und Hotels aller Ketten gibt es am Highway US 82 East.

Restaurant
Does: *502 Nelson St., ☎ (662) 334-3315. Unscheinbar und von der Aufmachung her recht einfach. Doch sind die Steaks hier gut (und groß). Das Restaurant ist vor allem bekannt für seine Salatdressings.*

Von Greenville nach Vicksburg sind es jetzt noch rund 90 Meilen. Etwa vier Meilen südlich von Rolling Fork, in dem kleinen Nest **Egremont**, befindet sich eine kleine, wenig einladende ehemalige Tankstelle, in der sich ein Geschäft und eine Kneipe verstecken.

Märchenhafte Waldgebiete

Nördlich von Vicksburg ändert sich das Landschaftsbild signifikant. Die Straße führt heraus aus dem eintönigen Deltagebiet und man passiert nun weiche Hügel und von Kudzu-Efeu behangene Waldgebiete, die etwas an eine Märchenlandschaft erinnern. Wer diese Waldgebiete fotografisch festhalten möchte, sollte bis Port Gibson und das Gebiet um Natchez herum warten. Dort bieten sich noch schönere Punkte.

Vicksburg

Erste Namen für diese Siedlung am Mississippi waren „Nogales“ und anschließend „Walnut Hills“. Ein Priester, Newitt Vick, gab ihr 1811 schließlich den heutigen Namen. Zu Beginn des 19. Jh. wuchs die Stadt schnell dank des florierenden Baumwollhandels und seiner günstigen Lage an einer Biegung des Mississippi. Bereits 1830 war Vicksburg die größte und bedeutendste Stadt am Mississippi nördlich von New Orleans.

Das Schicksal der Stadt wurde vor allem durch den **Bürgerkrieg** bestimmt. 1864 belagerten die Truppen der Nordstaaten unter General Grant die Stadt so lange,

Die Old Vicksburg Bridge

bis sie sich am 4. Juli 1864 ergab. Mit dem Fall von Vicksburg und der gleichzeitigen Niederlage bei Gettysburg am 3. Juli 1864 war der Krieg entschieden. Im Osten wurde die größte Südstaatenarmee zerschlagen und bei Vicksburg der wichtigste Nachschubweg abgeschnitten.

Vicksburg ist nach Natchez mit Sicherheit die **interessanteste Stadt** auf diesem Streckenabschnitt. Geschichte, Kultur und modernes Leben des Südens werden kaum woanders so deutlich wie hier.

Einst bedeutende Stadt

Nach dem Krieg vegetierte die Stadt vor sich hin und erreichte niemals mehr ihre ehemalige Bedeutung. Nachdem der Mississippi auch noch seinen Lauf geändert hatte und nicht mehr direkt an Vicksburg vorbeifloss, schien es um die Stadt geschehen zu sein. Ein großer Teil der Wirtschaft zog ab, selbst nachdem der Yazoo-Kanal ausgebaggert wurde und eine Hafenzufuhr ermöglichte. Heute hat Vicksburg 23.000 Einwohner und auch hier haben sich mittlerweile einige Casinoboote angesiedelt. Durch eine kluge Finanzpolitik hat es die Stadt in nur wenigen Jahren geschafft, ihr Erscheinungsbild deutlich zu verbessern.

Die Innenstadt erhielt wieder ihr **historisches Antlitz**, zahlreiche Bed&Breakfast-Häuser locken mit komfortablen Unterkünften, Bootstouren in die Seitenarme des Mississippi werden angeboten, und schließlich ermöglicht der National Military Park einen lohnenden Einblick in die für die Südstaaten so entscheidende Zeit des Bürgerkrieges.

Sehenswertes

In der Innenstadt lohnt ein Blick in die **Antiquitäten-und Ramschläden** (Pawn Shop) bzw. den Civil War Book Store entlang der Washington Street zwischen

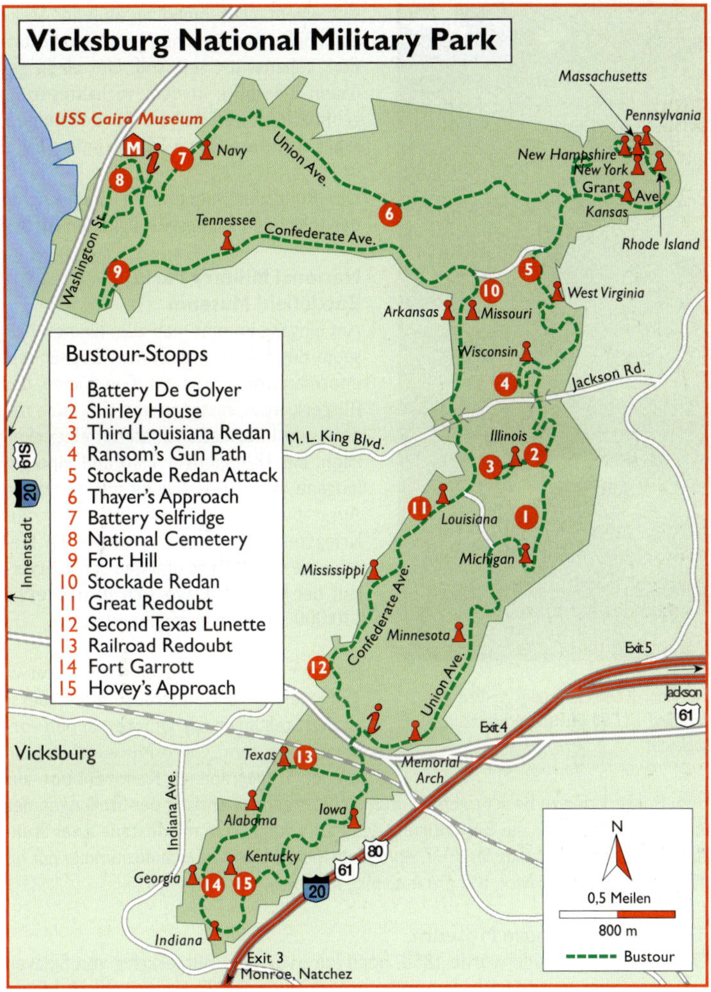

Clay und South Street. Außerdem hat sich an dieser Stelle die Stadtverwaltung etwas recht außergewöhnliches einfallen lassen: Entlang der Läden ragen an den Straßenecken überall kleine Lautsprecher aus dem Boden und untermalen das ohnehin schon nostalgische Szenario mit dezenten Klängen von alter Dixieland- und Jazz-Musik – ein wirklich gelungener „Stimmungsmacher"!

Verpassen sollte man in Vicksburg auch keinesfalls die Wegweiser des **Scenic Drive** (leider etwas klein geraten in Blau und Rot), die in der gesamten Innenstadt an den wirklich sehenswerten Gebäuden und Ausblicken entlang führt – auch wenn

Auf dem Vicksburg National Cemetery, dem größten Bürgerkriegsfriedhof, sind 17.000 Menschen begraben, davon 13.000 unbekannt

sich einem nicht unbedingt an jeder Stelle erschließt, was denn nun gerade so besonders sehenswert sein soll. Um einen genauen Überblick in dem verhältnismäßig großflächigen Städtchen zu bekommen, lohnt sich diese kleine Tour in jedem Falle.

Die Rundfahrt führt unter anderem an den folgenden Sehenswürdigkeiten vorbei:

National Military Park/ Battlefield Museum

Am Eingang kommt man zum kleinen Museum des Parks, in dem man Bücher und Informationsmaterial zur Geschichte des Bürgerkrieges erstehen und sich auch mit diversem Informationsmaterial eindecken kann. Ein 18-minütiger Film und eine gelungene kleine Ausstellung mit originalen Ausgrabungs- und Schaustücken aus Kriegszeiten erläutern in Kürze die Geschichte des Krieges und den Schlachtverlauf bei Vicksburg, wo sich damals etwa 130.000 Soldaten gegenüberstanden.

Eine mit dem Auto zu befahrende, etwa 15 Meilen lange Rundstrecke führt zuerst an den Stellungen der Unionstruppen vorbei, danach zum „Cairo Museum", wo ein wieder ausgegrabenes Kanonenboot aus dem Bürgerkrieg zu besichtigen ist. Zum Schluss geht es entlang der Stellungen der Konföderierten. Für die Besichtigung des Parks sollte man mindestens zwei Stunden einplanen (*3201 Clay St. 8–17, April–Sept. bis 19 Uhr (Museum aber immer nur bis 17 Uhr), www.nps.gov/vick, $ 8 pro Auto inkl. Insassen*).

The Old Courthouse Museum

Von Sklaven erbaut

Das protzige Gebäude wurde 1858, noch kurz vor dem Bürgerkrieg von Sklaven errichtet. Hier wurde nach dem Fall von Vicksburg die US-Flagge gehisst. Heute befindet sich ein regionalhistorisches Museum in dem Gebäude (*1008 Cherry St., Mo–Sa 8.30–16.30, So 13.30–16.30 Uhr. Im Sommer bis jeweils 17 Uhr, www.oldcourthouse.org, $ 5*).

Biedenharn Museum of Coca Cola

In diesem Gebäude wurde 1894 zum ersten Mal „Coca Cola" in Flaschen abgefüllt. Im jetzigen Museum finden sich zahlreiche Memorabilien aus der Geschichte dieses einzigartigen Getränks (*1107 Washington St., Mo–Sa 9–17 Uhr, So 13.30–16.30 Uhr, www.biedenharncoca-colamuseum.com, $ 3,50*).

Transportation Museum (the Old Depot Museum)
Das Museum zeigt 250 Modelle von Booten, Schiffen und Autos aus dem frühen 20. Jahrhundert sowie 6 Flugzeuge. Modelleisenbahn-Züge, Gemälde von Bürgerkriegs-Schlachten auf den Flüssen sowie im Civil War Room ein Diorama der Schlacht um Vicksburg runden das Bild noch ab (*129 Hoxie Rd, Mo–Sa 9–17 Uhr, So 13–17 Uhr, www.theolddepot.net, $ 5,50*).

Zahlreiche Modelle

Waterways Experiment Station
Wichtigste Station zur Erforschung der Wassergewalten am Mississippi. Schwerpunkte: Flussregulierung, Ökologie, Vorhersage von Flutkatastrophen und Küstenschutz. Die Anlage untersteht dem „Corps of Engineers", einer Spezialeinheit der Armee. Aus Sicherheitsgründen finden nur bedingt Führungen statt. Die lohnen aber! (*3909 Halls Ferry Road (Exit 1C vom I-20), Besucherinfos: ☎ (601) 634-2502, www.wes.army.mil/WES*).

Reisepraktische Information Vicksburg/MS

Information
Vicksburg Convention and Visitors Bureau: *Ecke Clay Street und Old Military Highway 27 (gegenüber der Zufahrt zum Vicksburg National Military Park), Vicksburg, MS 39181, ☎ (601) 636-9421 oder 1-800-221-3536, www.visitvicksburg.com*
Historic Downtown/Main *Street: 1309 Washington St, Vicksburg, MS 39183, ☎ (601) 634-4527, www.downtownvicksburg.org.*

Touren
Mississippi River Tours: *1108 Washington St., Vicksburg, MS 39183, ☎ (601) 883-1083 oder 1-866-807-2628, www.msrivertours.com. Eineinhalbstündige Gruppen- und Privatfahrten tagsüber sowie abends, Partys und Veranstaltungen auf der MS „Sweet Olive". Ganztagestouren auf Anfrage. Das Boot liegt direkt an der Downtown Waterfront (1208 Levee St.).*

Unterkünfte
Cedar Grove Mansion Inn & Restaurant $$$$: *2200 Oak St., Vicksburg, MS 39180, ☎ (601) 636-1000 oder 1-800-862-1300, www.cedargroveinn.com. Elegantes Südstaaten-Herrenhaus von 1840 – wie aus „Vom Winde verweht", allerdings etwas renovierungsbedürftig. Viele Antiquitäten und ein großer, parkähnlicher Garten mit Schatten spendenden Bäumen und schönem Springbrunnen. Die Suite ist unwesentlich teurer.*
Annabelle Bed&Breakfast $$$: *501 Speed St., Vicksburg, MS 39180, ☎ (601) 638-2000 oder 1-800- 791-2000, www.annabellebnb.com. Günstiges Bed&Breakfast-Haus im historischen Garden District. Die Atmosphäre ist ausgesprochen persönlich, Herr Mayer spricht fließend Deutsch und kann einiges über Vicksburg und die Umgebung erzählen. Das größte Zimmer in einem Nachbargebäude kann wahlweise auch mit einer Küche gebucht werden.*
Linden Plantation Gardens and Bed&Breakfast $$$: *505 Duncan Rd., Vicksburg, MS 39180, ☎ (601) 529-1148 oder 1-888-470-0304, www.lindenplantationgardens.com. Imposantes Plantagenhaus von 1820, umgeben von groß angelegten Gärten und Wanderwegen inmitten einer wahren Magnolien-Blütenpracht. Gewohnt wird in ei-*

nem rustikal hergerichteten Holzhäuschen, das auch über Küche, Bad, Kochstelle und Klimaanlage verfügt. Sehr schön!

Battlefield Inn *$$: 4137 North Frontage Rd., I-20-Exit 4B, Vicksburg, MS 39180, ☎ (601) 638-5811, www.battlefieldtraveler.com. Sauberes Motel mit Frühstücksbuffet.*

Hampton Inn *$$: US 80 und I-20, Exit 4B, 3330 Clay St.,Vicksburg, MS 39183, ☎ (601) 636-6100 oder 1-888-568-4044, www.vicksburghamptoninn.com. Sauberes und preiswertes Motel gegenüber des „National Military Park".*

Camping

Ein zentral gelegener Campingplatz befindet sich südlich des National Military Parks: **Vicksburg Battlefield Campground**, *4407 I-20/North Frontage Rd., ☎ (601) 636-2025.*

Restaurants

Goldie's Trail Bar-B-Que: *2430 South Frontage Rd, ☎ (601) 636-9839. Einfach, dafür aber leckere BBQ-Gerichte. Bekannt für die Ribs und das „Pulled Pork".*

Rowdy's Family Catfish Shack: *Hwy 27 and Hwy 80 Intersection, I-20, Exit 5B, ☎ (601) 638-2375. Südstaatengerichte und die werden bereits seit mehr als 50 Jahren serviert. Wirklich lecker. Das Ambiente ist aber recht einfach.*

Duff's Tavern & Grille: *1306 Washington St., (601) 638-8828. Rustikales, ansprechendes Bar-Restaurant mit ehrlicher Südstaaten-Küche: Po-Boys, Cajun, Seafood, aber auch Burger und Steaks.*

Walnut Hills: *1214 Adams St. (Ecke Clay St.), ☎ (601) 638-4910. Typische Südstaaten-Küche an runden Tischen. Preiswert. Gumbo, Burger, Po-Boys, Fried Chicken u.a. Samstags geschlossen.*

Einkaufstipps

Pemberton Square: *3505 Pemberton Square Boulevard, Halls Ferry Road, I-20 Exit 1c. Moderne und groß angelegte Shopping-Mall am Stadtrand.*

Washington Street: *Zahlreiche Geschäfte aller Art, insbesondere Antiquitäten- und Ramschläden innerhalb Vicksburgs historischer Downtown.*

(Factory) Outlets at Vicksburg: *I-20, Exit 4A od. 5B. Günstige Mall mit Shops von Bass, Gap, OshKosh B'Gosh, Reebok, Van Heusen u.a.*

Von Vicksburg nach Natchez

Der Streckenabschnitt zwischen Vicksburg und Natchez ist landschaftlich sehr reizvoll und reich an interessanten Sehenswürdigkeiten. Man sollte, Fotostopps eingerechnet, mindestens etwa drei Stunden für die Tour einkalkulieren.

Lohnender Stopp

Ein wirklich tolles Erlebnis und auch **lohnende Fotomotive** gibt es etwas nördlich von Port Gibson (erst nach Port Gibson hineinfahren und dann dem Schild „Downtown" folgen nach rechts bis zum großen Court House von 1802 an der Market/Ecke Anthony St.). Von dort aus führt ein Wegweiser nach Norden zum **Grand Gulf State/Military Park** (*12006 Grand Gulf Rd, www.grandgulfpark.state.ms.us*), der u.a. an die Zeiten großer Schlachten während des Bürgerkriegs erinnert. Der Weg alleine dorthin lohnt schon und führt über einen sehr reizvollen und einsamen Straßenabschnitt, gesäumt von endlosen Baumwollfeldern und wucherndem Kudzu-Efeu. Man trifft nach ca. acht Meilen auf das ehemalige Hafenstädtchen **Grand Gulf**, welches im Laufe seiner Geschichte alle nur erdenklichen Katastrophen ereilte: Überschwemmungen, Versandung des Mississippi, Epidemien, Feuersbrünste, Verwüstung durch Tornados und die vollständige Zerstörung während des Bürgerkrieges, als die Unionstruppen hier über den Mississippi übergesetzt sind, um dann, nach einer schweren Schlacht um Port Gibson, weiter nach Jackson und schließlich gen Vicksburg marschieren zu können. Es gibt dort außerdem einen großen Campingplatz.

Spannende Geschichte

Geradezu unheimlich aber sind die zugewachsenen Überreste, die an längst vergangene Zeiten erinnern. Um die alten Stadtreste zu sehen, muss man übrigens am Eingang des Grand Gulf Military Parks vorbeifahren und einfach dem Verlauf der zahlreichen und immer schmaler werdenden Sträßchen und Feldwege folgen.

Port Gibson selbst ist eine kleine und liebliche Stadt, die dank der Großmütigkeit von General Grant („So etwas Schönes darf man nicht niederbrennen") den Bürgerkrieg unbeschadet überstanden hat. Viele schöne zurechtgemachte Häuser und Schatten spendende Baumriesen machen diese Stadt zu einem kleinen Idyll. Zudem fällt Port Gibson durch seine zahlreichen Kirchen auf – alleine an der Church Street stehen vier (zzgl. einer Synagoge). Schauen Sie einmal hoch zur Kirchturmspitze der „**First Presbyterian Church**" (Ecke Church/Walnut St.): Ein vergoldeter Riesenfinger an einer vier Meter hohen Hand zeigt zum Himmel! Direkt zu besichtigen gibt es aber sonst nichts. Nur im Frühjahr, während der „Pilgrimage", lohnt ein ausgiebiger Halt. An der 1601 Church Street/Ecke Horton Drive gibt es außerdem ein kleines Visitor Center.

Idyllisches Städtchen

Die Windsor Ruins

Einst größtes Plantagenhaus des Südens

Zehn Meilen westlich der Stadt (entlang Old Rodney Rd./MS 552) kann man die Windsor Ruins besichtigen. 23 korinthische Säulen sind leider alles, was von dem einstmals größten Plantagenhaus des Südens übrig geblieben ist. Erst 1860 erbaut, fiel es bereits 1890 den Flammen zum Opfer. Eingeschlossen in das Dickicht der Kudzu-Pflanzen wird einem hier eine gespenstische und gleichzeitig beschauliche Atmosphäre vermittelt.

Von Port Gibson aus gibt es zwei Möglichkeiten, um nach Natchez weiterzufahren:

Die mehr besiedelte aber durch ihren schöneren Kudzu-Bewuchs eindrucksvollere Strecke weiter entlang des US 61.

Die **Rosswood Plantation** (*2513 Red Lick Rd. bei Lorman, Touren März–Nov. Mo–Sa 9.30–17, So 12.30–17 Uhr, www.rosswood.net*) – gegenüber vom „Old Country Store" nach Osten einbiegen (ist ausgeschildert) – sollte man unbedingt besuchen, man kann dort auch übernachten. Jean und Walt sind die stolzen Besitzer und gewähren gerne einen Einblick in die seit 1834 geführten, originalen Tagebücher des Anwesens. Hochinteressant! In diesen finden sich u. a. Aufzeichnungen über Sklavenkäufe, wichtige Ereignisse und menschliche Schicksale der Bewohner dieses imposanten Ortes im Wandel der Zeit. Auf der Plantage zu nächtigen, ist übrigens verhältnismäßig erschwinglich, wenn auch nicht unbedingt ein „Schnäppchen". Über deutsche Gäste freuen sich Jean und Walt ganz besonders, und unumgänglich wird man sich einige Geschichten über die Zeit von Walts Beteiligung an der Berliner Luftbrücke – auf die er sehr stolz ist – anhören müssen.

Präsidiale Hochzeit

Wer sich für diese Route entschieden hat, kann auf dem Wege nach Natchez noch die recht interessante und mithin älteste Plantage (von 1784!), die **Springfield Plantation** in Fayette besichtigen (vom US 61 in Höhe des Hwy. 553 S. nach rechts abbiegen, nach ca. sieben Meilen links gelegen). Der damalige US-Präsident Andrew Jackson feierte hier im Jahre 1791 seine Hochzeit, was diesem Haus einen Eintrag ins National Register of Historic Places bescherte. Innerhalb des Gebäudes befindet sich ein kleiner Shop, in dem man sich auch über die Geschichte der Plantage informieren kann.

Alternativ zu dieser Strecke kann man von Port Gibson aus den Natchez Trace Parkway (ab S. 491ff) nehmen, der durch eine parkähnliche Landschaft nach Natchez führt. Auch hier beeindruckt die Natur, nur hat sie eben den Charakter eines gepflegten Parks – auch sehr reizvoll! Der Parkway ist auf diesem Teilstück übrigens auch als „**Bike Route**" ausgewiesen.

Quartier am Natchez Trace

Am Meilenstein 15,5 gelangt man zum **Mount Locust**. Eine alte Holzhütte und ein Gemüsegarten erinnern an die Zeit um 1800, als hier eine Farmersfamilie lebte und das Haus als Herberge für Wanderer entlang des Natchez Trace diente. Die Gäste mussten auf der Veranda nächtigen. Mount Locust war das erste Nachtquartier hinter Natchez – man stelle sich vor, wie damals in feuchtheißem Klima die Reisenden die 20 Meilen (32 km) auf dem unwegsamen Pfad an einem Tag geschafft haben. Für den gesamten Pfad bis Nashville rechneten die Wanderer übrigens mit mindestens einem Monat!

Mount Locust

Kurz vor Natchez, östlich des Natchez Trace Parkway (Rural Rt.1, NT-143), liegt **Emerald Mound**, ein von den Vorfahren der Natchez- und Creek-Indianer um 1300 errichteter Erdhügel, der den Indianern ehemals als Pilgerstätte diente. Es handelt sich dabei übrigens um den zweitgrößten indianischen Erdhügel Amerikas (250 m lang, 140 m breit und 10 m hoch).

Natchez

Natchez wurde 1716 als **französisches Fort** von Sieur de Bienville gegründet. Es trug damals den Namen Fort Rosalie. Die Plantagensiedlung, die sich in den Folgejahren um das Fort herum entwickelte, erhielt den Namen Natchez, benannt nach dem gleichnamigen Indianerstamm der Region. Mit diesem gab es im beginnenden 18. Jh. häufig Auseinandersetzungen, da sich die Indianer immer mehr von den Siedlern in die Enge getrieben fühlten. Zur Eskalation kam es dann 1729, als die Natchez-Indianer fast alle Franzosen töteten. Beim Gegenschlag ein Jahr später wurden die Indianer nahezu ausgerottet. Doch blieb Natchez bis 1763 ein unbedeutender, kleiner Ort und erholte sich nicht mehr von dem Indianerüberfall.

Unbedeutende französische Siedlung

Dann kamen die Engländer, und nur 16 Jahre später übernahmen die Spanier die Macht. Beide bauten die Stadt aus, sodass die Amerikaner, die schließlich 1798 das Territorium übernahmen, eine leidlich intakte Infrastruktur vorfanden und kurze Zeit später Natchez zur Hauptstadt des Territoriums Mississippi erklären konnten.

Redaktionstipps

- Im Visitor Reception Center hängt eine ganze Reihe von Fotos mit den schönsten Villen, sodass man sich überlegen kann, welche man besichtigen möchte. (S. 540 u. S. 546)
- Essen und Bar-Atmosphäre wird in Natchez zur Genüge geboten – von elegantem Dinner- über Casino- bis hin zu einfachem Bar-Ambiente – dazu der Blick auf den „Ol' Man River"! Eine Konzentration von „Nightlife" in einer bestimmten Straße existiert jedoch nicht. (S. 546)
- Nehmen Sie sich mindestens einen halben Tag Zeit, um zumindest zwei bis drei Antebellum-Häuser hier zu besichtigen. Es lohnt sich! (S. 540ff)

Die Jahre bis zum Bürgerkrieg waren geprägt durch das feudale Leben der weißen Oberschicht: Baumwollhändler, Advokaten, hohe Regierungsbeamte und Plantagenbesitzer, alle errichteten sie in Natchez ihre prächtigen Residenzen. Zu Beginn des Bürgerkriegs bereits wurde Natchez von Unionstruppen eingeschlossen, blieb aber glücklicherweise weitgehend von Zerstörungen verschont.

Dieser Tatsache verdankt es die Stadt, dass nirgendwo in den Südstaaten so viele schöne Antebellum-Villen wie hier erhalten sind. Im Gegensatz zu vielen anderen Häusern handelt es sich aber nicht um Plantagenhäuser, sondern um Stadtvillen. Die Stadt selbst ist zwar kleiner als Vicksburg, versprüht aber wesentlich mehr Charme. Leider hat das „moderne" Leben auch bereits hier eine breite Schneise in das historische Ambiente gefressen. Mittlerweile ist man aber erfolgreich bemüht, die historische Innenstadt wieder herzurichten und die noch vorhandene Bausubstanz lässt einiges erhoffen.

Einen Besuch wert ist auch die Silver Street, auch als **Natchez Under the Hill (2)** bekannt. Von dort hat man einen schönen Ausblick auf den Mississippi, der sich vor allem abends lohnt. Hier unten am Fluss tobte vor dem Bürgerkrieg das Leben: Baumwollkontore, Schiffsmakler, Bordelle, Saloons und alles, was eine Stadt zu jener Zeit lebendig machte, gab es hier. Die Straße war flussauf- und flussabwärts in aller Munde. Heute stehen noch einige wenige Gebäude aus jener Zeit hier, außerdem natürlich das obligatorische Casino.

Sehenswertes

Alle Antebellum-Häuser der Stadt aufzuführen, würde den Rahmen dieses Buches sprengen, daher hier nur eine kurzer Überblick über die schönsten Anwesen. Weitere Infos im **Visitor Reception Center (1)** an der Kreuzung Highway 84/S. Canal St., direkt an der großen Mississippi-Brücke. Dort können auch komplette Tourenpakete gebucht werden, die einen guten Überblick über die lohnendsten Villen erlauben (*Abfahrt direkt am Touristenbüro, www.natchezpilgrimage.com*). Die Häuser selbst können nur durch Führungen besichtigt werden, die im Schnitt pro Haus 45 Minuten dauern und in der Regel zur vollen bzw. halben Stunde beginnen. Der schönen Möbel und der Architektur wegen lohnt dieses allemal. Für Liebhaber dieser Art von Baukunst werden Charme und Anmut dieser Anwesen teilweise hochinteressant sein!

Stanton Hall (3)
Das 1857 erbaute Haus gilt als eines der majestätischsten in den USA. Mehrere Stilrichtungen (Palladio, Greek-Revival und New Orleans) entfalten sich hier zu ei-

1 Visitor Reception Center
2 Natchez Under the Hill
3 Stanton Hall (A.B.)
4 Magnolia Hall (A.B.)
5 The Elms (A.B.)
6 Monmouth (A.B.)
7 Linden (A.B.)
8 D'Evereux (A.B.)
9 Dunleith (A.B.)
10 Longwood (A.B.)
11 Auburn (A.B.)
12 Rosalie (A.B.)
13 Melrose (A.B.)
14 Great Village of the Natchez Indians
15 Natchez National Historical Park
16 William Johnson House (A.B.)
17 Natchez Museum of Afro-American History and Culture
18 Frogmore Plantation

Unterkünfte
1 Monmouth
2 Natchez Eola Hotel
3 The Burn
4 Red Carpet Inn

Restaurants
1 Cock of the Walk
2 Magnolia Grill
3 Fat Mama's Tamales
4 Planet Thailand

ner einzigartigen Eleganz – fast mag man es für zu protzig halten. Das Gebäude wird unterhalten vom „Pilgrimage Garden Club“. Entsprechend gepflegt ist der Garten. Auch die Sammlung verschiedenster Natchez-Antebellum-Interieurs ist wirklich sehenswert (*401 High St, tgl. 9–16 Uhr. Führungen alle 30 Minuten, www.stantonhall.com, $ 12 (Kombitickets für andere Häuser möglich)*.

Stanton Hall

Magnolia Hall (4)
Ein Greek-Revival-Bau von 1858 mit monumentalem Einschlag, unterhalten vom „Natchez Garden Club". Ähnelt etwas der Stanton Hall, ist aber nicht so „herausgeputzt". Innen befinden sich u.a. ein Kostüm-Museum und ein kleiner Shop (*215 S. Pearl St./Ecke Washington St. Do–Sa 10–15 Uhr, Touren stdl. (die letzte startet um 14 Uhr, http://www.natchezpilgrimage.com/dailymagnolia.php, $ 12*).

The Elms (5)
Das Gebäude, in dem sich ein bezauberndes B&B befindet, kann als „Nicht-Gast" nicht von innen besichtigt werden. Aber allein die gespenstische Stimmung in dem zugewachsenen Garten, wo sich das 1804 erbaute Haus zu „verstecken" scheint, ist einen Besuch wert. Man darf den Garten betreten. Im Gegensatz zu den meisten anderen Häusern ist der Balkon hier noch mit schmiedeeisernen Gittern versehen (*Ecke Washington/S. Martin Luther King St. Nur während des „Pilgrimage" zu besichtigen, www.theelms-natchez.com*).

Monmouth (6)
1818 erbaut, wohnte hier lange Zeit General John A. Quitman, Held aus dem Mexiko-Krieg und Gouverneur von Mississippi. Das Haus erscheint von außen etwas schlichter, bietet aber eine Reihe schöner Interieurs und interessanter Geschichten. Luxuriöse Bed&Breakfast-Unterkunft (*36 Melrose Ave./John A. Quitman Pkwy. Tgl. eine Tour um 10 Uhr, www.monmouthplantation.com, $ 12*).

Linden (7)
Eines der ältesten Häuser der Stadt (um 1800) und noch im Federal-Stil erbaut. Ehemals wohnte hier der erste gewählte Senator von Mississippi. Sehenswert vor allem der riesige Fächer über dem Esszimmertisch. Lohnend auch der „Geist" ei-

ner früheren Zeitepoche. Geschichtsträchtige Bed&Breakfast-Unterkunft (*1 Linden Place. Nur während des „Pilgrimage" zu besichtigen, www.lindenbandb.com*).

D'Evereux (8)
Typische Greek-Revival-Villa von 1840. Die ehemaligen Besitzer liebten große, rauschende Feste, und man kann sich auch heute noch gut hineinversetzen, wie das damals wohl ausgesehen haben mag. Ein Hauch von „Vom Winde verweht" liegt über dem Haus (*160 D'Evereux Dr. Privates Wohnhaus, nicht von innen zu besichtigen*).

Dunleith (9)
Greek-Revival-Tempel von 1856, vollkommen umgeben von einer imposanten, zweigeschossigen Balkonfassade. Der 17 Hektar große Garten bietet Gelegenheit für einen Spaziergang unter Schatten spendenden Bäumen. Luxuriöser Hotelbetrieb. Bekannt für exzellente Weine (*84 Homochitto St., Touren tgl. 9–12 Uhr, www.dunleith.com, $ 12*).

Longwood (10)
Erbaut 1860–1861. Ein absolutes „Muss". Riesige Villa, deren Einzigartigkeit in ihrem Grundriss besteht: Das Haus ist nämlich achteckig. Der es umgebende, sehr große Park verleiht dem Gebäude zudem einen majestätischen Charakter. Eine Architektur, die ihresgleichen sucht. Von außen atemberaubend! (*140 Lower Woodville Rd., tgl. 9–16.30 Uhr, www.stantonhall.com/longwood.htm, $ 12*).

Weitere schöne Antebellum-Häuser

Auburn (11): Im Jahre 1812 erbaut, galt das prächtige Haus lange als eines der stilistisch und architektonisch ausgereiftesten seiner Zeit (*400 Duncan Ave. Touren Di–Sa 11–14.30 Uhr, www.auburnmuseum.org, $ 12*).

Ein Muss ist ein Besuch von Longwood

Rosalie (12): Während der Zeit des Bürgerkrieges diente die 1820 erbaute Villa als Hauptquartier der konföderierten Armee. Ein sehr geschichtsträchtiger Ort (*100 Orleans St. Touren März–Okt. tgl. 9–16, Nov.–Febr. 10–15 Uhr, www.rosaliemansion.com, $ 12*).

Melrose (13): Das Anwesen ist Teil des Natchez Trace und wurde um 1840 erbaut. Beeindruckend ist vor allem der riesige Garten drumherum, der durch seine enorme Größe besticht. Sehr gut organisierte Führungen und ab und zu stattfindende kulturelle Veranstaltungen. In der Bibliothek des Hauses darf geschmökert werden (*1 Melrose-Montebello Pkwy. Grundstück tgl. 8.30–17 Uhr. Haus-Touren 10, 12, 14, 15 u. 16 Uhr, www.nps.gov/natc, $ 10*).

Grand Village of the Natchez Indians (14)

Überreste der Natchez-Kultur

Die Kultur der Natchez-Indianer erreichte ihre Blütezeit im Laufe des 16. Jh. Zwischen 1682 und 1729 stellte das Grand Village den kulturellen Mittelpunkt dar. Schlachten mit den französischen Kolonialisten, deren Garnison in Fort Rosalie (heutiges Natchez) diesen Indianerstamm 1729 nahezu gänzlich zerschlug, führten schließlich zum völligen Untergang. Die Geschichtsschreibung setzt das Ende der Natchez-Indianerkultur im Jahre 1730 an. Heute sind hier archäologische Ausgrabungsstätten zu besichtigen, und ein kleines Museum bietet einen Einblick in Geschichte und Kultur dieses untergegangenen Volkes. Eine Strohhütte auf dem Gelände macht zudem deutlich, wie die Indianer früher gelebt haben (*400 Jefferson Davis Blvd. (südlich, nahe US 61). Mo–Sa 9–17, So 13.30–17 Uhr, mdah.state.ms.us/hprop/gvni.php*).

Natchez National Historical Park (15)

Hier kann man etwas über die frühere Lebensweise im Antebellum-Natchez erfahren. Zum einen gibt es das **Melrose House (13)** (1 Melrose-Montebello Pkwy.) zu besichtigen (s. o.), ein Plantagenhaus mit antikem Interieur, und – um einiges interessanter – das **William Johnson House (16)** (*212 State St., tgl. 9–17 Uhr geöffnet, freier Eintritt*). William Johnson lebte als Barbier in Natchez und war damals einer der wenigen freien schwarzen Bewohner. Geschichten, die er in seinem Barbershop aufschnappte, schrieb Johnson in sein Tagebuch, welches später eine hervorragende Chronik über die Zeit vor dem Bürgerkrieg darstellte. Heute ist sein Haus ein Museum, das sich um die Interpretation der Geschichte der Schwarzen in Natchez bemüht (*Headquarter and Reception Center: 640 S. Canal St., tgl. 8.30–17 Uhr, www.nps.gov/natc*).

Natchez Museum of African-American History and Culture (17)

Kleines, aber sehenswertes Museum

In diesem kleinen Museum wurden Bilder, Bücher und andere Memorabilien zusammengestellt, die sich mit Geschichte und Kultur der Schwarzen zwischen 1890 und 1960 beschäftigen. Wenn auch nicht viel zu sehen ist, lohnt sich der Besuch des Museums allemal, da er einen weitestgehend unbekannten Aspekt bezüglich des Lebens der Schwarzen im jungen Amerika näher bringt. Wer sich insbesondere für die Geschichte der Schwarzen in Natchez interessiert, dem bietet das Touristenbüro zu diesem Thema eine Broschüre an, die einen erläuterten Routenvorschlag durch die Stadt beinhaltet (*301 Main St. Di–Sa 13–16.30 Uhr*).

Außerhalb von Natchez

Frogmore Plantation (18)
Hier kann man eine historische Baumwollplantage sowie die Verpackungsanlagen besichtigen (mit Führung). Dabei wird u. a. die Arbeitersiedlung gezeigt und erläutert, wie und unter welchen Bedingungen im 19. Jh. die Baumwolle gepflückt wurde. Anschließend kann man dann die moderne Verpackungsanlage besichtigen. Jetzt arbeitet auf der ca. 720 Hektar großen Plantage nur noch eine Handvoll Leute. Gepflanzt wird im April, geerntet wird dann etwa vier bis fünf Monate später *(Westlich der Stadt, direkt am US 84. März–Nov. Mo–Fr 9–15 Uhr, Sa 10–14 Uhr, Sommer Mo–Fr 9–13 Uhr, www.frogmoreplantation.com, $ 10).*

Lesertipp

Auf der gegenüberliegenden Mississippi-Seite gibt es im 10 Meilen entfernten Ferriday das sehr liebevoll eingerichtete **Delta Music Museum** zu den Themen Rockabilly, Blues und Rock. Es geht in erster Linie um die drei Cousins Jerry Lee Lewis, Mickey Gilley und Rev. Jimmy Swaggart, die hier geboren wurden. Anderen Musikern sowie TV- und Radio-Stars aus der Gegend wird ebenfalls gehuldigt *(218 Louisiana Ave., Ferriday, Mi–Fr 10–16 Uhr)*.

Brücke über den Mississippi bei Natchez

Von Natchez folgt man wieder dem US 61, der durch **Woodville** führt, wo einst der selbsternannte Südstaaten-Präsident Jefferson Davis auf der 1810 erbauten **Rosemont Plantation** (*östlich, Hwy. 24*) seine Jugend verbracht hat *(Touren März–Dez. Di–Sa 10–16.30 Uhr, www.rosemontplantation1810.com, $ 10)*.

Reisepraktische Information Natchez/MS

Information

Natchez Visitor Reception Center: *An der Kreuzung Highway 84/S. Canal St., direkt an der großen Mississippi-Brücke, Natchez, MS 39121, ☎ (601) 446-6345 oder 1-800-647-6724, www.natchezontheriver.com und www.visitnatchez.org. Das Center ist wirklich gut strukturiert und verfügt neben einem kleinen Museum samt Filmvorführung über die Geschichte von Natchez, kostenlosen Erfrischungsgetränken und Kaffee auch über reichliche Parkplätze vor dem Gebäude. Hier kann man auch Stadtrundfahrten bzw. Touren zu den historischen Gebäuden buchen.*

Touren

Für die Besichtigung der verschiedenen Antebellum-Häuser lohnt sich allemal eine organisierte Tour, besonders auch deswegen, weil viele Häuser noch bewohnt und daher nur auf diese Weise zu besichtigen sind.

Natchez Pilgrimage Tours *(im Visitor Reception Center), www.natchezpilgrimage.com, ☎ (601) 446-6631. In der Regel werden drei Häuser auf einer Tour besichtigt ($ 30). Mehr kann man an einem Tag auch gar nicht „verarbeiten". Das Unternehmen führt zudem auch einstündige Stadtrundfahrten durch.*

Nicht versäumen sollte man in Natchez eine Stadtrundfahrt mit den **Pferdekutschen**. *Die Haltepunkte der Kutscher konzentrieren sich vor allem im Gebiet der Downtown und man spricht die Wagenlenker einfach an. Eine sehr individuelle und urtümliche Art, Natchez zu erkunden.*

Unterkünfte

Monmouth $$$$ **(1)**: *36 Melrose Ave., Natchez, MS 39120, ☎ (601) 442-5852 oder 1-800-828-4531, www.monmouthplantation.com. Elegantes und luxuriöses B&B-Plantagenhaus von 1818, in dem während der ersten Hälfte des 19. Jahrhunderts der ehemalige Gouverneur von Mississippi gewohnt hat. Die antike Einrichtung und die Gartenanlage bieten das richtige Flair, um die Geschichte von Natchez noch einmal nachzuvollziehen.*

Natchez Eola Hotel $$$$ **(2)**: *110 N. Pearl St., Natchez, MS 39120, ☎ (601) 445-6000 oder 1-866-445-3652. www.natchezeola.com. Erbaut 1920, war dieses Hotel einst eines der großen Häuser des Südens. Auch heute noch lässt die Eleganz wenig zu wünschen übrig, obwohl die Reproduktion einiger „antiker" Möbel und die z.T. recht kleinen Zimmer nicht jedermanns Sache sind. Versuchen Sie, ein Zimmer mit Balkon zum Fluss zu bekommen.*

The Burn $$$ **(3)**: *712 N. Union St., Natchez, MS 39120, ☎ (601) 442-1344 oder 1-800-654-8859, www.theburnbnb.com. Ansprechendes Bed&Breakfast-Haus (von 1834 – griechischer Renaissance-Stil) mit vielen Antiquitäten, einem guten Frühstück und einem schönen Garten.*

The Elms $$$: *801 Washington St., Natchez, MS 39120, ☏ (601) 445-5979, www.theelms-natchez.com. Einer der Klassiker des Städtchens. Bereits das Haus von 1804 ist eine Attraktion in sich. Eine große Veranda umgibt das Gebäude auf allen Etagen, große Bäume stehen im Garten und die drei Suiten versprühen eine echte, historische, Südstaaten-Atmosphäre. Super ist das 2-Tage-Paket: Wohnen und Südstaaten-Kochkurs.*
Red Carpet Inn $$ (4): *271 D'Evereux Dr. (US 61N), Natchez, MS 39120, ☏ (601) 442-3686. Normales Motel im mittleren Preisniveau. Etwas außerhalb der Stadt.*
Days Inn $$: *109 US 61S, Natchez, MS 39120, ☏ (601) 445-8291, www.daysinn.com. Einfaches Motel, sauber und vor allem eine preislich günstige Alternative zu den Häusern innerhalb der Stadt.*

Zudem vermittelt das Touristenbüro äußerst reizvolle Unterkünfte in den Antebellum-Häusern.

Camping
Natchez State Park: *US 61 N, 230 B Wickcliff Rd., ☏ (601) 442-2658, www.mississippistateparks.reserveamerica.com Neun Meilen nördlich von Natchez. Schattige Plätze. Weitere Campingplätze gibt es an der nördlichen Zufahrt nach Natchez (US 61).*

Restaurants
Cock of the Walk (1): *200 N. Broadway (am Mississippi), ☏ (601) 446-8920. Ein alter Bahnhof am Fluss. Von außen nicht besonders ansprechend, findet sich innen ein urig zurechtgemachtes Restaurant. Der Kellner serviert fliegende warme Maiskuchen am Tisch und man isst aus Blechtellern. Sehr rustikale und günstige Südstaatenküche.*
Magnolia Grill (2): *49 Silver St., ☏ (601) 446-7670. Restaurant, einem Saloon nachempfunden, im Under-the-Hill District. Burger, Steaks sowie eine große Auswahl an Südstaaten-Gerichten (gute Jambalaya). Das beste aber ist die Porch mit Blick auf den Fluss… samt Sonnenuntergang!*
Fat Mama's Tamales (3): *303 S. Canal St., ☏ (601) 442-4548. Hier gilt das Motto: „Let Fat Mama light your fire!". Leckere mexikanische Küche und ansprechendes Ambiente. Die Margaritas haben es in sich!*
Planet Thailand (4): *116 N. Commerce St., ☏ (601) 442-4220. Trotz des irreführenden Namens: Bekannt für gutes Sushi. Happy Hour von 17–21 Uhr.*

St. Francisville

Saint Francisville war einst ein wichtiges Zentrum der Baumwollplantagen des Südens und hatte auch als Umschlaghafen große Bedeutung. Vom Bürgerkrieg kaum in Mitleidenschaft gezogen, hat die Stadt ihren lieblichen Charakter und das für eine Südstaatensiedlung typische Erscheinungsbild beibehalten. Einzig die Hafenregion und die ehemalige Innenstadt wurden durch die Flutkatastrophe 1927 nahezu gänzlich zerstört. Besuchenswert in St. Francisville sind **zwei Plantagen**:

Rosedown Plantation and Gardens
Wer bereits einige Antebellum-Häuser gesehen hat, muss hier nicht halten. Einzig die Geschichten aus der Antebellum-Zeit, als genau in diesem Hause üppige Feste

abgehalten wurden und honorable Gäste sich hier ihr Stelldichein gaben, üben einen gewissen Reiz aus. Beeindruckend jedoch ist der parkähnliche Garten mit seinen imposanten Magnolienpflanzen und Rosensträuchern. Zudem hat man sich hier darum bemüht, die Gemüsefelder und die botanischen Zuchtanlagen zu erhalten bzw. wiederherzurichten (*Östlich des US 61 gelegen, 12501 LA 10. Tgl. 9–17 Uhr, http://www.crt.state.la.us/parks/irosedown.aspx, $ 10*).

Myrtles Plantation

Dem Plantagenhaus von 1796 hängt eine Reihe von mystischen Geschichten an, und eine Führung durch das Haus untermalt diesen Eindruck noch, da besonders auf die Darstellung von „Spukgeschichten" großen Wert gelegt wird. Eine Bed& Breakfast-Unterkunft ist auch vorhanden. Optisch fällt die Myrtles Plantation aber nicht wirklich auf. Wer in St. Francisville nur Zeit für eine einzige Plantage hat, dem bietet sich „Rosedown" eher für einen Besuch an (*eine Meile nördlich vom US 61 Nr. 7747. Tgl. Touren 9–17 Uhr, $ 8, Fr & Sa jeweils 18, 19 & 20 Uhr „Geistertouren" durch das Haus, $ 10, www.myrtlesplantation.com*).

Spukgeschichten

Bis Baton Rouge gibt es jetzt eigentlich nicht mehr viel zu sehen Die Großstadt kündigt sich bereits 15 Meilen vorher mit Industrieanlagen an, welche leider das bisher Gesehene ein wenig verdrängen.

Reisepraktische Information St. Francisville/LA

Information

West Feliciana Historical Society: *11757 Ferdinand St., St. Francisville, LA 70775, ☎ (225) 635-4224, www.stfrancisville.us, www.stfrancisville.net sowie www.audubonpilgrimage.info mit Infos direkt zum Festival im März. Die Society organisiert das Festival, bei dem viele Antebellum-Häuser ihre Türen öffnen.*

Unterkünfte

Barrow House Inn B & B *$$$: 9779 Royal St., St. Francisville, LA 70775, ☎ (225) 635-4791, www.topteninn.com. Das Gebäude stammt von 1809 und diente zuerst als Salzlager. Ein Zimmer hat noch ein originales Mississippi-Plantagenbett, und in einem anderen gibt es noch eine Moos-Matratze, so wie sie vor über 200 Jahren in dieser Region üblich war.*

Myrtles Plantation *$$$-$$$$: Eine Meile vom US 61 N., Nr.7747, St. Francisville, LA 70775, ☎ (225) 635-6277 oder 1-800-809-0565, www.myrtlesplantation.com. Schöne B&B-Unterkünfte auf einer alten Plantage. Achtung: Hier „spukt" es nachts! Restaurant um Haus.*

Greenwood Plantation and B & B Inn *$$-$$$: 6838 Highland Rd., St. Francisville, LA 70775, ☎ (225) 655-4475 oder 1-800-259-4475, www.greenwoodplantation.com. Schönes Antebellum-Haus von 1850. Auch das fantastische Frühstück überzeugt. Die 12 gut ausgestatteten Zimmer befinden sich in drei etwas langweiligen Nebengebäuden auf dem Gelände.*

Baton Rouge

Der Name der Stadt erklärt sich folgendermaßen: Als 1699 die ersten französischen Kundschafter unter Sieur d'Iberville dieses Gebiet erreichten, fanden sie auf einem Hügel einen roten Stecken, der die Grenze zwischen zwei Indianerstämmen markierte. D'Iberville benannte die Region in seinen Aufzeichnungen nach diesem Stecken „Le Baton Rouge".

Als die Stadt schließlich um 1719 gegründet wurde, erinnerte man sich dieser Aufzeichnungen und behielt den Namen bei. Seither hat Baton Rouge unter zehn verschiedenen Flaggen gestanden, ist heute die Hauptstadt des Staates Louisiana und zählt 230.000 Einwohner (Großraum: 770.000 E.). Ein großer Ölhafen, übrigens mit der sechsthöchsten Umschlagleistung in den USA, steuert maßgeblich zum Wohlstand der Stadt bei. Baton Rouge stand und steht jedoch kulturell weit im Schatten von New Orleans. Außer ein paar für Hauptstädte typischen Sehenswürdigkeiten (Staatsmuseen, State Capitol, etc.) gibt es hier nicht allzu viel zu sehen.

Hauptstadt von Louisiana

Ein paar Casinoschiffe haben aber dazu geführt, dass die ehemaligen Lagerhäuser im **Catfish Town** zu einem Pub- und Restaurantbezirk umgebaut worden sind. Auch ein aufgedockter Zerstörer aus dem 2. Weltkrieg mit zugehörigem Museum sowie ein Kunst- und Wissenschaftscenter können besichtigt werden. Im Grunde aber sollte man den Besuch höchstens auf die Besichtigung des State Capitol – dem immerhin höchsten der USA – und des Museums im Old State Capitol beschränken. Selbst die einladende Antebellum-Villa Magnolia Mound kann einem Vergleich mit den Häusern weiter unterhalb des Mississippi nicht standhalten.

Sehenswertes

Vom State Capitol kann man den kostenlosen **Downtown Trolley** nehmen, der die wesentlichen Punkte der Innenstadt abfährt.

Rund um das State Capitol (1)

Das neue State Capitol wurde 1932 errichtet und unterscheidet sich deutlich von den typischen Kuppelbauten anderer Hauptstädte. Von außen sieht es aus wie ein einfaches Hochhaus, innen aber zieren verschiedenste Marmorsteine das Gebäude, und der Boden der Memorial Hall besteht aus polierter Lava-Asche vom Vesuv. Mit 143 m ist es übrigens das höchste Capitol der USA.

Umstrittener Gouverneur

Diese Tatsache hat es dem damals hier residierenden – legendären – Gouverneur Huey P. Long zu verdanken, von dem behauptet wurde, er habe Louisiana regiert wie Al Capone seinerzeit Chicago. Die Ironie des Schicksals wollte es schließlich, dass Long gerade in diesem Gebäude 1935 einem Attentat zum Opfer fiel, dessen Hintergründe bis heute noch nicht ganz geklärt sind. Es wird sogar behauptet, dass der mutmaßliche Attentäter gar nicht der Todesschütze gewesen sei. Die Einschusslöcher sind übrigens noch erhalten. Am eindrucksvollsten aber ist die Aussicht vom „Observation Tower" im 27. Stock des Gebäudes. In der Eingangshalle

Baton Rouge
Innenstadt
0,5 Meilen
800 m
N
Capitol Lake
N 3rd Road
Capitol Lake Drive
Capitol Access Road
Arsenal Park
State Capitol Drive
State Capitol Park
St. Francisville, Natchez
110
Spanish Town Road
Spanish Town Road
University Walk
N 8th Street
N 13th Street
North Street
North Street
Lafayette Street
N 3rd Street
N 4th Street
N 5th Street
Main Street
Main Street
River Road
Laurel Street
Laurel Street
N 6th Street
N 7th Street
N 9th Street
N 10th Street
Florida Boulevard
Florida Boulevard
Convention Street
Convention Street
Mississippi River
North Boulevard
North Boulevard
St. Louis St.
America Street
America Street
St. Ferdinand Street
St. Charles Street
Napoleon Street
Grandpre St.
Louisiana St.
Spain Street
Government Street
France Street
Beauregard St.
Renalver St.
Europe Street
River Road
St. James St.
St. Philip St.
Maximilian Street
East Boulevard
Hart Street
Peach Street
Lafayette
Mayflower Street
St. Joseph St.
South Boulevard
South Boulevard
10
River Road
St. Louis St.
Myrtle Boulevard
10
New Orleans, Plantagenstrecke
LSU
1 Louisiana State Capitol
2 Governor's Mansion
3 Pentagon Barracks
4 Old State Capitol
5 Catfish District
6 "USS Kidd"/ Louisiana Veterans Memorial & Museum
7 Louisiana Arts & Science Center
8 Old Governor's Mansion & Museum
9 Magnolia Mound Plantation

des Gebäudes befindet sich auch ein kleiner Schalter für Touristen mit Informationen und Broschüren über Baton Rouge und Umgebung (*State Capitol Dr., tgl. 8–16.30 Uhr, www.crt.state.la.us/tourism/capitol*).

Nur zwei Blocks südlich davon befindet sich das **Capitol Museum** *(660 N. 4th St., Di–Fr 10–17, Sa 9–17 Uhr, lsm.crt.state.la.us/BR/br.htm, freier Eintritt)*, das sich mit der Geschichte und Kultur des Staates Louisiana befasst.

Nordöstlich des State Capitol steht das **Governor's Mansion (2)** (1001 Capitol Access Rd.), das Wohnhaus des Gouverneurs, erbaut 1930. Es kann nur zu speziellen Anlässen von innen besichtigt werden. Etwas südwestlich des State Capitol, zum Fluss hin gelegen, befinden sich die 1823 erbauten **Pentagon Baracks (3)** (959 Third St.), die aber nicht zu besichtigen sind. Doch beeindruckt bereits das Äußere: ein offener Achteckbau mit Säulengängen.

Old State Capitol Museum (4)
Auch dieses 1849 erbaute Haus fällt durch seine Einzigartigkeit aus dem Rahmen. Die Architektur im neugotischen Stil erinnert eher an ein Zauberschloss aus einem Märchen. Heute beherbergt das Gebäude das „Louisiana Center for Political and Governmental History", eine Art Institut für Geschichtsforschung, und ein Museum mit wechselnden Ausstellungen (*100 N. Blvd. at River Rd. Di–Sa 9–16 Uhr, www.louisianaoldstatecapitol.org)*.

Catfish Town (5)

Dieser alte Lagerhausbezirk um den südlichen Abschnitt der River Road/Ecke North Blvd. (hinter dem historischen Bahnhof), bietet eine gelungene Kulisse für Lokale und Restaurants. Nebenan befindet sich das **USS KIDD Louisiana Veterans Memorial&Museum (6)** (*tgl. 9–17 Uhr, www.usskidd.com, $ 8*), dessen Kernstück der gleichnamige 2.-Weltkriegs-Zerstörer darstellt, und etwas weiter nördlich das **Louisiana Arts&Science Center (7)** (*100 S. River Rd., Di–Sa 10–16, So 13–17 Uhr, www.lasm.org, $ 9*), welches u. a. eine historische Eisenbahn und das René-W.-Pennington-Planetarium bietet.

Einen Straßenblock östlich von Catfish Town finden sich übrigens noch eine Reihe alter Wohnhäuser – teils verfallen – die einen Eindruck über das Baton Rouge zur Zeit des Huey P. Long vermittelt.

Old Governor's Mansion & Museum (8)
Auch dieses Gebäude wurde unter dem Gouverneur Huey P. Long erbaut (1930). Ein paar antike Möbel sind aber das einzig Interessante hier (*502 North Blvd. Touren Di-Fr 10–15 Uhr, www.oldgovernorsmansion.org, $ 7*).

Magnolia Mound Plantation (9)
Ein Plantagengebäude aus der Zeit um 1790, als die (französischen) Kreolen das Land beherrschten. Bemerkenswert sind vor allem die Wirtschaftsgebäude. Von Mai bis Oktober werden im Küchenhaus immer dienstags und donnerstags in zeitgenössischen Kostümen Koch-Demonstrationen am offenen Herd gezeigt. Das

Haupthaus ist ein mit Antebellum-Möbeln eingerichtetes Museum. Auch ist ein kleiner Shop vorhanden (*2161 Nicholson Dr,. tgl. 10–16 Uhr, So ab 13 Uhr, www.magnoliamound.org, $ 10*).

Bis nach New Orleans sind es nun noch etwa 1½ Autostunden auf dem Interstate 10.

Wer allerdings über mehr Zeit verfügt, kann alternativ auch entweder entlang der Plantagenstrecke (s. S. 201ff) oder über LaFayette, New Iberia, Morgan City und Houma (s. S. 577) nach New Orleans weiterfahren.

Reisepraktische Information Baton Rouge/LA

Information

Baton Rouge Area Convention & Visitors Bureau: *359 Third St., Baton Rouge, LA 70801, ☎ 1-800-LA-ROUGE, (225)-383-1825, www.visitbatonrouge.com, www.baton-rouge.com sowie www.cajunradio.org (tolle Seite für Musikfans).*

Unterkünfte

Besondere Hotels sind in der Verwaltungsstadt Baton Rouge eher selten. Daher empfiehlt es sich, in St. Francisville oder in einem der Plantagenhäuser auf dem Wege nach New Orleans (lohnend: Nottoway Plantation oder Oak Alley Plantation) zu verweilen (S. 205ff.).

Stockade Bed&Breakfast $$$: *8860 Highland Rd., Baton Rouge, LA 70808, ☎ (225) 769-7358 oder 1-888-900-5430. www.thestockade.com. Ein ganz spezieller Tipp für Baton Rouge: Geschichtsträchtiges und familiär geführtes B&B-Haus im spanischen Stil, mit nur fünf Gästezimmern und einem sehr schönen „Great Room" in der Mitte des Hauses. Entzückender kleiner Garten mit Bistrotischen. Viele Stammgäste übernachten hier immer wieder und die Preise sind moderat gehalten. Allerdings etwas abseits, südlich der Downtown gelegen.*
La Quinta $$: *2333 S. Acadian Thrwy., I-10 Exit 157B, Baton Rouge, LA 70816, ☎ (225) 924-9600, www.lq.com. Sauberes und günstiges Motel. Südlich der Downtown.*

Camping

Etwa 15 Meilen östlich der Stadt (etwas südlich des I-12) gibt es den ordentlich geführten und sauberen **KOA Campground**: *7628 Vincent Rd., Denham Springs, LA 70726, ☎ (225) 664-7281 oder 1-800-292-8245, http://koa.com/campgrounds/baton-rouge/. Bei diesem recht idyllisch gelegenen Campingplatz ist insbesondere der große Swimmingpool mit Sonnendeck hervorzuheben. Auch ein Minipool für Kleinkinder ist vorhanden.*

Restaurants (alle außerhalb der Downtown gelegen)

Don's Seafood & Steakhouse: *6823 Airline Hwy., ☎ (225) 357-0601. Erstklassige Meeresfrüchte (täglich frisch) zu verträglichen Preisen.*
Ralph & Kacoo's: *6110 Bluebonnet Boulevard, ☎ (225) 766-2113. Sehr gutes Seafood und leckere Steaks. Auch Cajun-Gerichte.*

Juban's Wine Room: *3739 Perkins Rd. (im Acadiana Shopping Center), ☎ (225) 346-8422. Restaurant im Bistrostil. Cajunküche, Fleisch- und Fischgerichte. Gute Weinkarte.*

Louisiana Lagniappe: *9990 Perkins Rd., ☎ (225) 767-9991, www.louisianalagniapperestaurant.com. „Lagniappe" (ausgesprochen „lannjapp") bedeutet „ein kleines bisschen extra" und gilt als feststehender Begriff in Louisiana, wenn man sich ganz besonders verwöhnen lassen möchte. In dem etwas außerhalb der Innenstadt gelegenen Restaurant (vorwiegend Fisch) schmeckt eigentlich alles lecker. Eben „a little something extra".*

Pubs/Livemusik/Nightlife

Im Catfish District gibt es eine ganze Reihe von Lokalen und Restaurants.

Mulate's Cajun Restaurant: *8322 Bluebonnet Blvd., ☎ (225) 767-4794. Restaurant mit Cajunküche. Fast jeden Abend wird Cajunmusik gespielt, zu der auch getanzt werden kann. Das erste „Mulate's" wurde übrigens bei Lafayette gegründet und hat mittlerweile Weltruf.*

Teddy's Juke Joint: *17001 Old Scenic Rd./ Ecke Heck Young Rd, in Zachary, LA 70791. Fahren Sie Hwy. 61 nach Norden und biegen dann beim Gefängnis ab. Dann noch eine Meile auf einer Schotterpiste. ☎ (225) 892-0064 od. 658-8029, www.teddysjukejoint.com. Sie werden immer seltener, aber sie gibt es noch: die echten alten Holzhaus-Pinten, in denen der beste und echteste Blues gespielt wird. Teddy Johnson, der Besitzer, wurde in diesem Haus sogar geboren. Sonntagabend Blues-Jam. Rest der Woche auf Anfrage. Gute Soulgerichte werden auch geboten. Öffnet erst um 20 Uhr!*

Einkaufstipp

Mall of Louisiana: *Am I-10, 6401 Bluebonnet Blvd., Baton Rouge, LA 70836, ☎ (225) 761-0307. www.mallofla.com. Sehr große Shoppingmall mit weit über 150 Geschäften und dem üblichen Food Court. Modern und typisch.*

Veranstaltung

Baton Rouge Blues Festival: *Meist Mitte/Ende April. In der Innenstadt, hauptsächlich im Bereich North Blvd. Infos: www.batonrougebluesfestival.org. Es wird nicht nur Blues gespielt, sondern auch Jazz-, Zydeco-, Cajun- und Gospelmusik.*

Verkehr

Greyhound Lines: *1235 Florida Blvd, ☎ (225) 383-3811, www.greyhound.com.*

Stadtbusse: Capitol Transportation City Bus *(CATS), ☎ (225) 389-8282, www.brcats.com. Der kostenlose Downtown Trolley verkehrt zwischen dem Park nördlich des Louisiana State Capitol und dem South Boulevard am I-10 im Süden.*

Die Alternativroute über Little Rock, Shreveport und LaFayette

Entfernungen
Memphis – Little Rock: 137 mi/221 km
Little Rock – Hot Springs N. P.: 55 mi/86 km
Hot Springs N. P. – Shreveport: 180 mi/290 km
Shreveport – Natchitoches: 76 mi/122 km
Natchitoches – Alexandria: 55 mi/89 km
Alexandria – LaFayette – Baton Rouge: 130 mi/209 km
Alexandria – LaFayette – New Orleans (Interstate): 175 mi/282 km
Alexandria – LaFayette – New Orleans (Interstate, dann US 90): 210 mi/348 km

Streckenalternativen

- Von Memphis nach Little Rock einfach auf dem I-40 zügig nach Westen fahren. Von Little Rock weiter auf dem I-30 bis zum Exit 111 und von dort dem US 70 bis zum Hot Springs National Park folgen. Dort können Sie über den AR 7 wieder zurück zum I-30 fahren und diesem folgen bis Hope (Exit 31). Ab hier dann in südlicher Richtung entlang des AR 29 (später LA 3) bis Shreveport.
- Haben Sie nun nicht mehr allzu viel Zeit, fahren Sie von hier auf dem I-49 über Natchitoches (hier ein Stück entlang des LA 1 und LA 119 – der Plantagenhäuser wegen), Alexandria, LaFayette und von dort auf dem I-10, bzw. bei mehr Zeit, wie nachfolgend beschrieben, entlang des US 90 nach New Orleans.

Überblick

Um es vorwegzunehmen: Diese Alternativroute, um von Memphis nach New Orleans zu gelangen, kann sich nicht wirklich messen mit der Route entlang des Mississippi. Die Route durch **Arkansas und Nord-Louisiana** ist etwas für diejenigen, die vielleicht bereits das zweite Mal im Süden der USA sind oder die gerne einmal in Thermalbädern baden, abwechslungsreiche Naturlandschaften erleben und den Spuren des Bill Clinton folgen möchten. Sie ist nicht unbedingt uninteressanter – sie ist einfach anders.

Bill Clinton hat Little Rock berühmt gemacht

Der erste Abschnitt bis Little Rock ist relativ eintönig. Little Rock selbst gehört zu den Hauptstädten, die eigentlich nicht viel zu bieten haben und recht provinziell wirken – hätte nicht ein US-Präsident seine steile Politikerkarriere hier begonnen. Danach kann man am gleichen Tag noch weiterfahren bis Hot Springs. Hier kann man in einem heißen Thermalbad entspannen und die Atmosphäre eines amerikanischen „Kurortes" auf sich wirken lassen. Die Strecke bis Natchitoches dann ist wenig eindrucksvoll (Ausnahme (!): die auf S. 569 beschriebene Strecke von Hot Springs nach Hope). In Natchitoches aber erwartet den Besucher noch einmal die

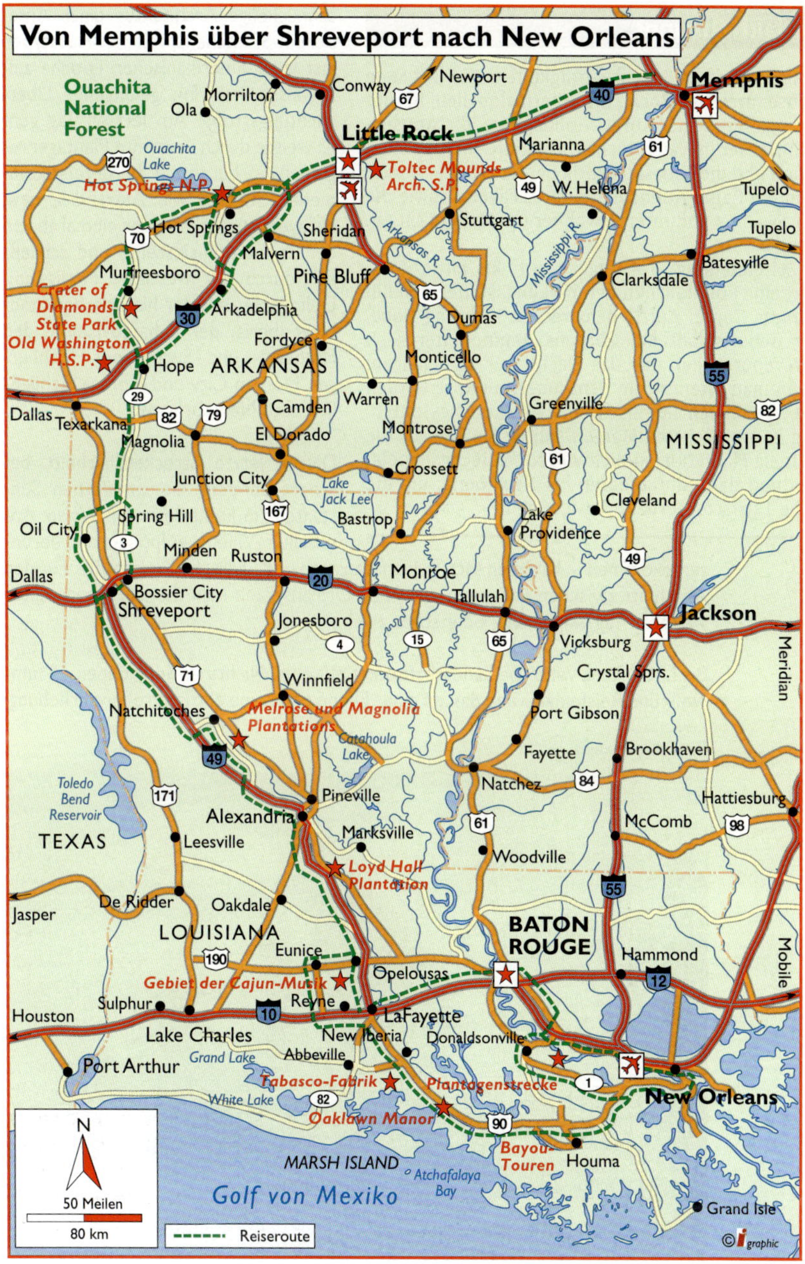
Von Memphis über Shreveport nach New Orleans
Ouachita National Forest
Morrilton
Ola
Conway
Newport
Memphis
Little Rock
Ouachita Lake
Hot Springs N.P.
Toltec Mounds Arch. S.P.
Marianna
W. Helena
Tupelo
Hot Springs
Sheridan
Stuttgart
Arkansas R.
Mississippi R.
Malvern
Pine Bluff
Murfreesboro
Batesville
Clarksdale
Crater of Diamonds State Park
Arkadelphia
Dumas
Old Washington H.S.P.
Fordyce
Monticello
Hope
ARKANSAS
Warren
Greenville
Dallas
Texarkana
Camden
Montrose
MISSISSIPPI
Magnolia
El Dorado
Crossett
Junction City
Lake Jack Lee
Cleveland
Spring Hill
Bastrop
Lake Providence
Oil City
Minden
Ruston
Monroe
Dallas
Bossier City
Shreveport
Tallulah
Jackson
Jonesboro
Vicksburg
Meridian
Crystal Sprs.
Winnfield
Natchitoches
Melrose und Magnolia Plantations
Port Gibson
Catahoula Lake
Fayette
Brookhaven
Toledo Bend Reservoir
Natchez
Pineville
Hattiesburg
Alexandria
McComb
TEXAS
Leesville
Marksville
Woodville
Loyd Hall Plantation
Jasper
De Ridder
Oakdale
BATON ROUGE
LOUISIANA
Eunice
Hammond
Mobile
Gebiet der Cajun-Musik
Opelousas
Sulphur
Reyne
Houston
LaFayette
Lake Charles
New Iberia
Donaldsonville
Port Arthur
Grand Lake
Abbeville
Tabasco-Fabrik
Plantagenstrecke
New Orleans
White Lake
Oaklawn Manor
Bayou-Touren
Houma
MARSH ISLAND
Atchafalaya Bay
Golf von Mexiko
Grand Isle
N
50 Meilen
80 km
Reiseroute
© graphic

Redaktionstipps

- Bedeutendste Sehenswürdigkeiten: Das Old State House in Little Rock, die Thermalquellen in Hot Springs mit seiner Kurort-Atmosphäre, die Antebellum-Häuser in Natchitoches sowie die Melrose Plantation und die Tabasco-Fabrik bei New Iberia. Außerdem die Cajun-Atmosphäre um LaFayette sowie die der Swamps und ihrer Bewohner um Morgan City u. Houma.
- Zeiteinteilung: 3–4 Tage/Tag 1: Bis Little Rock, dort eine Rundfahrt zu den Wirkungsstätten von Bill Clinton. Tag 2: Auf Nebenstrecken Richtung Hope, der Geburtsstadt Bill Clintons. Dann weiter nach Shreveport. Hier nur das Nachtlager aufschlagen, wenn man Interesse an dem American Rose Garden hat. Ansonsten fahren Sie bis Natchitoches durch. Tag 3: Am nächsten Morgen sollten Sie Zeit für die Melrose Plantation südlich von Natchitoches einplanen und dann durchfahren bis New Iberia, um die nahe Tabasco-Fabrik zu besichtigen.

schnuckelige Architektur eines Antebellum-Städtchens, welches Haustypen fast jeder amerikanischen Epoche aufzuweisen hat. Ein gelungener Übernachtungsstopp. Am letzten Tag geht es weiter durch verarmte Plantagenregionen, vorbei an z. T. heruntergekommenen Städten wie Alexandria bzw. LaFayette (sieht man hier einmal ab von der Zydeco-Musikszene) und schließlich durch das westliche Mississippi-Deltagebiet mit der historischen Stadt New Iberia, der Tabasco-Fabrik, den Fischerei- und Swamptour-Hochburgen Morgan City und Houma. Schließlich nach New Orleans.

Dieser letzte Streckenabschnitt beschert übrigens die „modernen Südstaaten" in komprimierter Weise: Antebellum-Villen – aufpoliert und heruntergekommen –, Krabben satt, Industrieanlagen und idyllische Kleinstädte. Für den Abschnitt zwischen LaFayette und New Orleans kann man durchaus noch einen weiteren Tag einplanen – oder sogar zwei.

Bis Little Rock wirkt die Landschaft recht eintönig. Nichts als Sojabohnen-, Baumwoll- und Reisfelder – und das auf einer Ebene ohne eine einzige größere Erhebung.

Die Toltec Mounds

Einen Abstecher lohnen höchstens – kurz vor Little Rock in Scott – der **Toltec Mounds Archeological State Park** (*490 Toltec Mounds Rd., Di–Sa 8–17 Uhr, So ab 13 Uhr, www.arkansasstateparks.com/toltecmounds, freier Eintritt*), eine Anhäufung alter Indianerhügel (Museum und Führungen) und das kleine **Plantation Agriculture Museum** (Kreuzung US 165 und AR 161), das sich mit dem Baumwollanbau, der Flutkatastrophe von 1927 und dem ehemaligen Sklaven und späteren Geschäftsmann Scott Bond beschäftigt. Verlassen Sie hierzu den I-440 am Exit 7 und folgen Sie dem AR 15 nach Süden bis Keo (alternativ: I-40 Exit 169 und dann nach Süden bis Keo). Dort fahren Sie dann in nordwestlicher Richtung auf dem US 165 Richtung Scott. Nach vier Meilen geht es links zum State Park. Vier Meilen weiter auf dem US 165 nach Nordwesten erreicht man Scott. Von Scott sind es dann noch gut zehn Meilen bis Little Rock.

Indianer-Gräber und Baumwoll-Museum

Little Rock

Franzosen waren die ersten Europäer, die an diesem Abschnitt des Arkansas River ihr Lager aufgeschlagen hatten. Wegen des verhältnismäßig kleinen Felsens am Nordufer des Flusses nannten sie die Stelle „La Petite Roche". Diese Bezeichnung übernahmen die ersten Siedler 1812, als sie ihre Holzhütten errichteten und übersetzten sie ins Englische. 1821 wurde dann der Regierungssitz von Arkansas hierher verlegt. Das war eigentlich alles Wichtige, was sich in dieser Stadt getan hat, die heute knapp 200.000 (Metrop. Area 700.00) Einwohner zählt. Die Innenstadt wirkt verschlafen und nur wenige Hochhäuser zieren die Skyline. Die historischen Sehenswürdigkeiten beschränken sich auf ein paar wenige alte Häuser – stolz von der Stadtverwaltung als „Quapaw Quarter" bezeichnet (eine etwas irreführende Anlehnung an die frühe Besiedlung durch die Indianer). Ansonsten finden sich hier die üblichen „Highlights" einer Hauptstadt, wie z.B. ein altes und ein neues State Capitol und ein paar kleinere Museen. Einige farbliche Akzente bilden in dieser städtischen Landschaft die bunt bemalten Busse.

Hätte nun nicht Bill Clinton, ehemaliger Gouverneur von Arkansas, den Sprung vom unscheinbaren Governor's Mansion ins Weiße Haus in Washington geschafft, wüsste wahrscheinlich kaum jemand, wo Little Rock liegt. Doch seit **Clintons Präsidentschaft** ist die Stadt aus ihrem Dornröschenschlaf erwacht und bietet heute zumindest einige kleine Attraktionen, die sich um den 42. Präsidenten der USA drehen.

Attraktionen zu Clinton

Sehenswertes

Im ansprechenden **Little Rock Welcome Center (1)** (*Ecke Markham St./Broadway*) gibt es zahlreiche Broschüren, um auf den Fußspuren" des ehemaligen Präsidenten zu wandeln.

Old State House (2)

Dieses schöne **Greek-Revival-Gebäude** diente von 1836 bis 1911 als Regierungssitz. Heute befinden sich hier eine interessante Ausstellung zur Geschichte von Arkansas und seinen Bewohnern sowie mehrere Wanderausstellungen, die

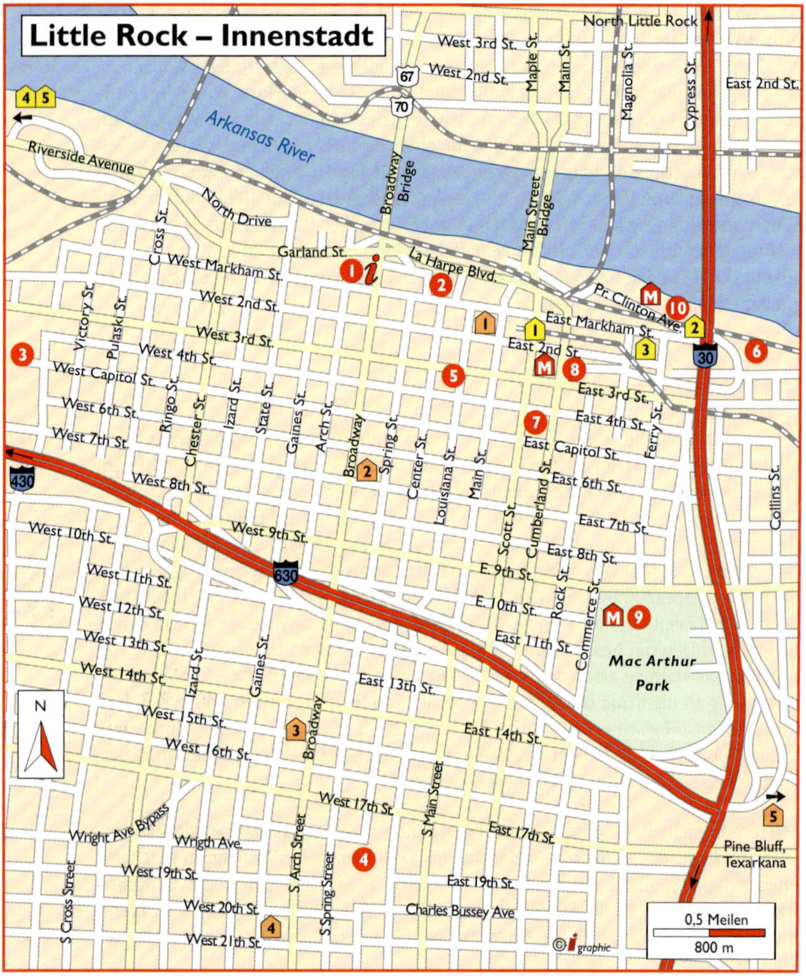

- 1 Welcome Center/Visitor Inform.Cent.
- 2 Old State House
- 3 Arkansas State Capitol
- 4 Governor's Mansion
- 5 Clinton/Gore Campaign HQ
- 6 Will. J. Clinton Presidential Center & Park
- 7 Rose Law Firm
- 8 Historic Arkansas Museum
- 9 Arkansas Arts Center
- 10 Museum of Discovery

Unterkünfte

- 1 The Capital Hotel
- 2 La Quinta Inn & Suites
- 3 Rosemont B&B
- 4 Robinwood B&B
- 5 Holiday Inn Express Little Rock Airport

Restaurants

- 1 River Market District
- 2 Juanita's Mexican Café & Bar
- 3 Sticky Rock'n Roll Chicken Shack
- 4 Cajun's Wharf
- 5 Arkansas Burger Company

sich ebenfalls mit den Geschicken des Staates und auch seiner Musik beschäftigen. Am eindrucksvollsten aber ist das Gebäude selbst, eingetragen als „National Historic Landmark". Vom ehemaligen Sitzungssaal im ersten Stock haben Sie eine schöne Aussicht auf den Arkansas River und hier war es auch, wo Clinton seine Wahl angenommen hat (*300 W. Markham St., tgl. 9–17 Uhr, So ab 13 Uhr, www.oldstatehouse.com, freier Eintritt*).

Das State Capitol von Little Rock

Arkansas State Capitol (3)
Am westlichen Ende der Capitol Avenue befindet sich ein dem Capitol in Washington nachempfundenes Kuppelgebäude. Mit dem Bau wurde 1899 begonnen. 1911 fand hier die erste Sitzung statt. Endgültiges Bauende war aber erst 1915. Ab und zu finden kleine Ausstellungen und gesellschaftliche Ereignisse statt (*Capitol Ave./Ecke Woodlane. Tgl. 7–17 Uhr, am Wochenende ab 10 Uhr*).

Governor's Mansion (4)
Wohnsitz des Gouverneurs. Das schlichte Gebäude von 1950 macht deutlich, warum viele Amerikaner die Tatsache belächelt haben, dass ein Gouverneur aus diesem „Provinzstaat" zu einem der mächtigsten Männer der Welt gewählt worden ist. (*1800 Center St., Touren nach Voranmeldung Di 10–11.30, Do 13–14.30 Uhr, ☏ (501) 324-9805, www.arkansasgovernorsmansion.com, frei*).

Weitere „Clinton-Stopps":
- **Clinton/Gore Campaign Headquarters (5)**. Hier startete Clinton seine Wahlkampagne (*112 W. 3rd Street, im alten Gebäude der „Gazette"-Zeitung*).
- **William J. Clinton Presidential Center (6)**. Großes Archiv über die Geschichte der amerikanischen Präsidentschaft im Wandel der Zeit. Umgeben von einem Park (*1200 President Clinton Ave, Mo–Sa 9–17, So 13–17 Uhr, www.clintonlibrary.com*).
- **Rose Law Firm (7)**. Das Rechtsanwaltsbüro, in dem Hillary Clinton arbeitete und das durch die „Whitewater-Affäre" zweifelhaften Ruhm erlangte (120 E. 4th Street). *Hillarys Büro*
- **5419 L. Street**, erstes Wohnhaus der Clintons in Little Rock, welches sie 1977 für US$ 35.000 erstanden.
- **816 Midland**, zweites Wohnhaus der Clintons ab 1980. Hierfür mussten sie bereits US$ 112.000 ausgeben.

Historic Arkansas Museum (8)
Kleine geschichtliche und kulturhistorisch geprägte Ausstellung über Arkansas sowie Exponate hiesiger Künstler und einige, auf zwei Häuserblocks verteilte, rekon-

struierte historische Arkansas-Gebäude verschiedenster Epochen (*200 E. 3rd St. Tgl. 9–17 Uhr, So ab 13 Uhr, 1-stündige Führungen, www.historicarkansas.org, $ 2,50*).

Arkansas Arts Center (9)
Auf insgesamt neun Galerien verteilt, können Gemälde, Bilder und Zeichnungen früherer und zeitgenössischer Künstler in dem modernen Gebäude bewundert werden. Darunter befinden sich nicht nur Werke amerikanischer, sondern auch bekannter europäischer Meister (*501 E. 9th St., im MacArthur Park. Di–Sa 10–17 Uhr, So 11–17 Uhr, www.arkarts.com, freier Eintritt*).

Museum of Discovery (10)

Modernes Museum

Alles rund um die Wunder der Natur, Wissenschaft und Technik. Zudem eine Ausstellung über die Geschichte Amerikas und von Arkansas. Interessant in diesem Zusammenhang ist übrigens, dass am 26. Januar 1880 der 2.-Weltkriegs-General Douglas MacArthur im Turmgebäude geboren wurde. Wechselnde Ausstellungen. Für Kinder und Jugendliche besonders geeignet (*500 President Clinton Ave., tgl. 9–17 Uhr, So ab 13 Uhr, http://museumofdiscovery.org/, $ 10*).

Abseits der Buchstrecken, doch eine Erwähnung wert ist das **Crystal Bridges Museum of American Art** in **Bentonville** im Nordwesten von Arkansas. Hier wurde mit den Geldern einer der beiden Walmart-Erben eines der bedeutendsten Museen für amerikanische Kunst errichtet. Alice Walton hat dafür 1,4 Mrd. Dollar ausgegeben, wobei ein Großteil der Baukosten von Staatsseite subventioniert wurde (und die Kunstwerke natürlich in ihrem Besitz bleiben). Die Ausstellung in dem auch architektonisch beeindruckenden Museum folgt chronologisch der Geschichte Amerikas seit der Kolonialzeit. Lücken gibt es bei nicht so ruhmreichen Kapiteln in der Historie.

Gründung eines Kunstmuseums der Walmart-Erben

Abgesehen davon kann man hier Werke von Warhol, Calder, O'Keefe, Hopper, Eakins, Rockwell und vielen anderen Berühmtheiten der amerikanischen Kunstszene bewundern. Kritisiert wird von anderen Museen, dass beim Aufkauf zahlreicher Gemälde Walton sehr rigoros vorging. Zum einen soll sie die Preise durch hohe Gebote verdorben haben, zum anderen hat sie finanziell kränkelnden Museen ihre kostbarsten Stücke abgekauft, sodass diese jetzt deutlich weniger zu bieten haben. Bentonville ist übrigens Sitz des Mega-Konzerns **Walmart** – der auch den Eintritt übernimmt (*600 Museum Way, Bentonville, Sa–Mo und Do 11–18, Mi+Fr 11-21 Uhr, www.crystalbridges.org, freier Eintritt*).

Von Little Rock ist es dann über den I-30 und den US 70 nicht weit bis Hot Springs (ca. 70 Meilen).

Reisepraktische Information Little Rock/AR

i **Information**
Little Rock Convention & Visitors Bureau: *Markham and Broadway, Little Rock, AR 72201, ☎ (501) 376-4781 oder 1-800-844-4781, www.littlerock.com, www.heartofarkansas.com.*

Wichtige Telefonnummern

Vorwahl: ☎ 501
Notruf Polizei/Feuer/Ambulanz: ☎ 911
Krankenhäuser (24 Std.): University of Arkansas Medical Center: ☎ (501) 686-7000

Touren

Little Rock Tours: *Das bekannte Unternehmen führt Stadtrundfahrten zu den bedeutendsten Sehenswürdigkeiten mit einem Tourbus durch. Informationen unter ☎ (501) 868-7287, www.littlerocktours.com.*

River Rail Electric Street *Car: Alternativ zu den geführten Touren unterhält das „Central Arkansas Transit Authority" auf mehreren Linien bunt bemalte Streetcars/Kleinbusse, die ebenfalls an allen wichtigen Punkten halten bzw. vorbeifahren. Die wesentlich preisgünstigere Variante zur erstgenannten. Informationen: ☎ (501) 375-6717, www.cat.org.*

Unterkünfte

In Little Rock findet sich eine unübersehbare Anhäufung von modern ausgerichteten (Oberklasse-)Hotels, die eigentlich alle einen hervorragenden Service bieten und vorzüglich ausgestattet sind. Besonders zentral gelegen:

The Capital Hotel $$$$-$$$$$ (1): *111 W. Markham, Little Rock, AR 72201, ☎ (501) 374-7474 oder 1- 877-637-0037, www.capitalhotel.com. Historisches Hotel (Gebäude von 1877), dekoriert im Antebellum-Stil. Bemerkenswert ist die große Lobbyhalle mit ihrer Glaskuppel.*

La Quinta Inn & Suites $$ (2): *617 S. Broadway, Little Rock, AR 72201, ☎ (501) 374-9000 oder 1-800-695-8284, www.laquinta.com. Unauffälliges, modernes Innenstadthotel am Arkansas River. Schöne Aussicht von den oberen Etagen. Die geräumigen Suiten (kl. Küche) kosten $$$.*

Holiday Inn Express Little Rock Airport $$ (5): *3121 Bankhead Dr., Little Rock, AR 72206, ☎ (501) 490-4000 oder 1-800-181-6068, www.hiexpress.com/lit-airport. Am Flughafen. Guter Service zu günstigen Preisen. Die Alternative zur 8 km entfernten Innenstadt (kostenloser Hotel-Shuttle).*

Alternativ zu den modernen Bauten zwei kleine B&Bs: **Robinwood B&B** $$ (4): *2021 S Arch St, ☎ (501) 312-0999, www.robinwoodbnb.com und das* **Rosemont B&B** $$-$$$ (3), *515 West 15th St., ☎ (501) 374-7456, www.rosemontoflittlerock.com. Beide mit persönlicher Atmosphäre. Einige Antiquitäten.*

Camping

Maumelle – Murray Lock & Dam *(verwaltet durch: U.S. Army Corps of Engineers): Am Lake Maumelle. Hwy. 10 nach Westen und dann noch drei Meilen auf der Pinnacle Valley Rd, ☎ (501) 868-9477, 1-877-444-6777, www.recreation.gov. Schwimmen, Bootsrampe und zeitweise auch Bootsverleih.*

Restaurants

Für eine Lunchpause bieten sich kleine Deli-Shops in der Innenstadt an bzw. eine Reihe kleiner Restaurants und Cafeterien (backen selbst – auch Brot!) im Bereich der Main Street, Blocks 1200 und 1300.

River Market District (1): *Im Bereich zwischen Spring und Commerce Streets (Höhe W. Markham und W. 2nd St.) finden Sie eine Reihe von guten Restaurants und Bars.*

Ashley's: *Im Capital Hotel, 111 W. Markham St., ☎ (501) 374-7474. Elegantes Restaurant (Silber, Porzellan, Kerzen). Spezialisiert auf Fischgerichte.*
Arkansas Burger Company (5): *7410 Cantrell Rd., ☎ (501) 663-0600. Der Name erklärt schon alles. Hier dreht es sich um den Burger… und die sind gut und vielseitig!*

Pubs/Livemusik/Nightlife

Juanita's Mexican Café & Bar (2): *614 President Clinton Ave., ☎ (501) 372-1228. In der Bar neben dem gleichnamigen Tex-Mex-Restaurant spielen häufig Livebands (Jazz, Rock, Blues).*
Cajun's Wharf (4): *2400 Cantrell Rd., ☎ (501) 375-5351. Unkomplizierte Atmosphäre in einem alten umgebauten Lagerhaus. Blick auf den Arkansas River. Fisch- und Steakgerichte mit Südstaaten-Charakter. Abends häufig Livemusik.*
Sticky Rock'n Roll Chicken Shack (3): *107 River Market Ave., ☎ (501) 372-7707. Laute Rock-Kneipe. Das Motto lautet hier: „Livemusik, gutes Essen (Fingerfood, Burger, Pizzen) und kaltes Bier".*

Hot Springs und der Hot Springs National Park

Hot Springs und der gleichnamige Nationalpark sind bereits seit dem beginnenden 19. Jh. das Ziel vieler **Erholungssuchender**, die sich in den vornehm gekachelten Badehäusern an den warmen Temperaturen der Quellen erfreuen. Bereits vor über 10.000 Jahren haben die ersten Indianer die heißen Quellen in den Quachita Mountains (auch „Wachita" geschrieben) entdeckt und sprachen den Wassern **heilsame Kräfte** zu. 1541 war es der spanische Eroberer Hernando De Soto, der mit seinen Mannen die „Vorhut" der Weißen bildete. Er blieb ein paar Wochen an den Quellen und ließ auch einige seiner Leute hier zurück, bevor er weiter zog. Zu dieser Zeit galten die Quellgebiete als „freies Land" und Indianer und Weiße lebten friedlich nebeneinander.

Redaktionstipps

- Der Nationalpark besticht vor allem durch seine warmen Mineralquellen, weniger aufgrund seiner Naturlandschaft. (S. 565ff)
- Besonders Sehenswertes: Die Bathhouse Row, mit ihren Badehäusern, das Park Museum im Fordyce Bathhouse, der Hot Springs Mountain Tower und allgemein die Atmosphäre dieses gemütlichen Kurortes. (S. 566ff)
- Bringen Sie leere Wasserflaschen mit, um diese mit dem wertvollen Mineralwasser aufzufüllen, so wie es die Einwohner von Hot Springs regelmäßig tun.
- Zeiteinteilung: 1–2 Tage/Sie kommen nachmittags an und genießen zuerst einmal ein warmes Thermalbad – möglichst im eigenen Hotel. Danach erkunden Sie die Innenstadt entlang der Central Avenue. Abends schlendern Sie nochmals entlang der Bathhouse Row und kehren in einem der Musikclubs ein. Für den nächsten Morgen sollten Sie noch eine Tour hinauf zum Hot Springs Mountain Tower einplanen. (S. 565)

200 Jahre später kamen die ersten Franzosen, meist Jäger und Pelzhändler. Mit dem Verkauf des damals viel größeren Louisiana-Territoriums an die amerikanische Regierung im Jahre 1803 sollte sich aber vieles ändern: Bereits ein Jahr später nämlich schickte Präsident Jefferson eine Expedition hierher, um die Quellen zu inspizieren. Der positive Bericht lockte schließlich

Die Bathhouse Row

die ersten Badegäste hierher. 1832 entschied sich die Regierung dazu, das Gebiet zu einem **Naturreservat** zu erklären – das erste in Amerika.

In den folgenden Jahrzehnten boomte Hot Springs enorm. Straßen und Eisenbahnlinien wurden gebaut, und reiche Heilungssuchende strömten in Scharen herbei. Hot Springs wurde zum Treffpunkt der „oberen Zehntausend". Ende des 17. Jh. schossen zahlreiche Badehäuser, eines eleganter als das andere, wie Pilze aus dem Boden. Dazu gab es Mode-Salons, Beauty-Shops und das luxuriöse **Arlington Resort Hotel & Spa (1)** an der Bathhouse Row. Der Hot Springs Creek aber musste dem „Ansturm" der Touristen weichen und wurde mit der Central Avenue bedeckt. 1921 erklärte man die Quellen und das ca. 2.000 ha große umliegende Gebiet zum Nationalpark.

Nach dem 2. Weltkrieg ging es bergab mit der Badelust, denn mit der Mobilisierung und dem Ausbau des Straßennetzes reisten die Amerikaner verstärkt auch in andere Regionen. Ein Badehaus nach dem anderen musste schließen, und heute gibt es nur noch eines an der **Bathhouse Row (2)**, das den Badebetrieb aufrecht erhält. Ansonsten bieten „nur" noch Hotels Thermalbäder an.

Badehaus-Straße

Die Stadt Hot Springs lebt mittlerweile von ihrer Legende und sonnt sich noch im Ruhm längst vergangener Zeiten. Trotzdem ist Hot Springs besuchenswert! Viele kleine Museen, nette Restaurants, ausgesuchte Boutiquen, Souvenirshops und ein Flair von Kurbetrieb und Urlaubsstimmung ziehen immer noch zahlreiche Gäste

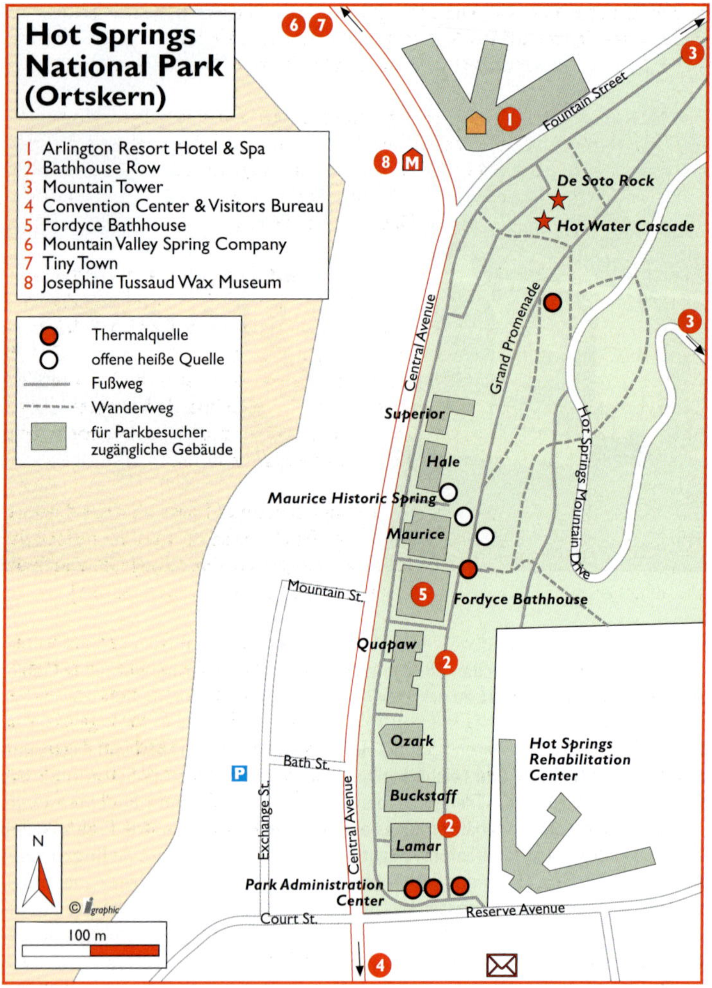

an, ohne dass der Rummel zu groß erscheint. Die kleine Stadt mit ihren ca. 36.000 Einwohnern wähnt sich noch immer als „**The Nation's Health Sanatorium**". Das mag bei der stark nachgelassenen Badegästezahl zwar etwas übertrieben sein, doch hat Hot Springs auch heute noch seine positiven Seiten und bemüht sich erfolgreich, davon loszukommen, allein vom Badetourismus abhängig zu sein.

Der Bereich um die Bathhouse Row entlang der Central Avenue wurde mit viel Aufwand wieder herausgeputzt, und die Besucherklientel ist inzwischen recht kosmopolitisch. Ein teurer Cadillac samt schnöseliger Besitzer wird von freakigen Harley-Fahrern überholt, während sich das Pensionärs-Ehepaar mit einer Zeitung auf die Terrasse des mondänen Arlington Hotels zurückzieht und junge Skateboardfahrer die eine oder andere abschüssige Straße für einen „heißen Ritt" nutzen.

Der **Nationalpark** selbst besteht größtenteils aus einem hügeligen Mischwald-Areal, das durchaus seine Reize hat, aber mit nur wenigen Höhepunkten aufwartet. Außer einer Fahrt zum **Mountain Tower (3)** und insgesamt 30 Kilometern Wanderwegen gibt es hier nicht viel zu erleben. Gebiete weiter nördlich in den Quachita Mountains eignen sich eher für Outdoor-Aktivitäten.

Wanderwege

Ebenso ist es mit der Tierwelt: Nur ornithologisch Interessierte werden diesbezüglich auf ihre Kosten kommen. Eine Vogelartenliste sowie selbstverständlich alle anderen touristischen Informationen gibt es im **Convention Center & Visitors Bureau (4)** am 134 Convention Blvd. im Innenstadtbereich. Nur wenige Gehminuten abseits der Bathhouse Row hat die Stadt hier einen riesigen und sehr modernen Gebäudekomplex errichten lassen, der auch als Kulisse für Konzerte, Sportveranstaltungen, Ausstellungen und andere gesellschaftliche Veranstaltungen dient. Ein großes und hochmodernes Hotel ist ebenfalls angeschlossen.

Ein weiteres Touristenbüro, das **Hot Springs National Park Visitors Center**, befindet sich direkt im historischen **Fordyce Bathhouse (5)** am 300er Block der Central Ave. (bis Herbst 2013 wg. Renovierung geschlossen, solange ist eine Stelle im Lamar Bathhouse am südlichen Ende der Bathhouse Row eingerichtet.).

Beste Reisezeit ist eigentlich das ganze Jahr, wobei es im Sommer recht heiß werden kann. Die Winter sind in der Regel trocken und nicht zu kalt. Empfehlenswert sind aber die Monate Mai, Juni und Oktober mit den angenehmsten Temperaturen und nicht ganz so vielen Touristen. Größere **Tiere** fehlen fast gänzlich, da der Park umgeben ist von Siedlungen bzw. Ferienresorts. Waschbär, Fuchs und Opossum zählen neben einer recht artenreichen Vogelwelt zu den interessantesten Tieren. Der Park ist geprägt durch einen **Mischwald** vorwiegend mit Eichen, Kiefern und Hickory-Nussbäumen. Das Unterholz ist sehr dicht und in feuchten Gebieten finden sich Farne und Moose.

Aktivitäten

Baden in den warmen Quellen: Das „Buckstaff Bathhouse" an der Bathhouse Row ist das einzige noch geöffnete Badehaus außerhalb eines Hotels. Die historische Aufmachung lohnt hier einen Besuch. Zentrale Hotels, wie z.B. das „Arlington", das „Downtowner", das „Park-Austin" und das „Majestic" verfügen auch über Thermalbäder, ebenfalls das etwas abgelegenere „Hot Springs Health Spa".

Historisches Badehaus

Aus beinahe 50 Quellen kommt etwa 62 °C heißes Wasser aus dem Boden, welches auf Niederschläge von vor bis zu 4.000 Jahren zurückzuführen ist. Das bedeutet, dass das Badewasser zur Zeit der alten Ägypter als Regen gefallen ist! Dieses Wasser erhitzt sich in tieferen Erdschichten und steigt von dort aus durch Spalten langsam wieder nach oben. Dass das Wasser gerade bei Hot Springs an die Erdoberfläche gelangt, liegt darin begründet, dass gerade an dieser Stelle Verwerfungen im Sandstein Ritzen und Poren verursacht haben, in denen es aufsteigen kann. Fast alle diese Quellen werden zur Speisung der Thermalbäder genutzt, nachdem das Wasser auf 32 °C abgekühlt worden ist. Nur noch wenige Quellen liegen offen. Am besten zu besichtigen ist die offene Quelle an der Ecke Central Avenue/Fountain Street, gleich gegenüber des Arlington Resort Hotels. Das Wasser weist eigentlich nur eine Besonderheit auf: Es ist ausgesprochen rein und wenig mineralhaltig, denn bereits in tiefen Bodenschichten wird es durch den Filterungsprozess im Boden und die Erhitzung stark gesäubert. Es ist wohl maßgeblich der Temperatur und auch der Legende zu verdanken, dass so viele Heilkraft suchende Menschen den Weg nach Hot Springs gefunden haben. Übrigens: Jährlich sprudeln weit über 3 Millionen Liter Wasser aus den Quellen.

Reines Wasser

Wandern: 30 km Wanderwege stehen zur Verfügung, wobei der Sunset Trail im westlichen Parkabschnitt am schönsten (und einsamsten) ist, während die Wege am östlichen Hot Spring Mountain am ehesten für kürzere Wanderungen geeignet sind. Hier können Sie z.B. zum Mountain Tower hinauflaufen und von oben mit dem Trolley-Bus zurückfahren – oder andersherum.

Sehenswertes

Das restaurierte **Fordyce Bathhouse (5)** (*369 Central Ave., bis Herbst 2013 wg. Renovierungsarbeiten geschlossen, http://www.nps.gov/hosp/planyourvisit/fordyce.htm, dann tgl. 9–17 Uhr*) wurde in seinen Zustand von 1915 gebracht und dient heute als Besucherzentrum und Museum. Auch die Aussicht vom **Hot Springs Mountain Tower (3)** (*am Hot Springs Mountain Dr., tgl. 9–18, im Sommer bis 21 und Nov.–Febr. bis 17 Uhr geöffnet*), zu dessen Füßen sich der Wald wie ein Teppich ausbreitet, lohnt.

Mountain Valley Spring Company (6)

Besuch in der Mineralwasserfabrik

Das Visitor Center ist untergebracht in einem ehemaligen Ballhaus. Heute finden Sie hier alles, was die Mineralwasserabfüllung des so begehrten „Mountain Valley Spring Water" betrifft. Die legendäre grüne Flasche mit dem roten Etikett hat wirklich einen illustren Kreis von Durstigen gefunden: Er reicht bis ins Weiße Haus. Abfüllanlagen und Bilder berühmter Liebhaber des Wassers sowie alle Flaschenformen sind hier ausgestellt. Übrigens wurden dem Wasser bestimmte Mineralien zugeführt, da das natürliche Quellwasser keine befriedigenden Werte aufwies. Heute enthält das Wasser 68 mg Kalzium, 8 mg Magnesium, 2,8 mg Natrium sowie 1 mg Kalium und erreicht einen pH-Wert von 7,0 (*Visitor Center: Bathhouse Row, Fabrik: 283 Mountain Valley Water Place. VC Mo–Fr 9–16.30, Sa 10–16, So 12–16 Uhr, Fabriktouren: Di 9 & 10 Uhr, www.mountainvalleyspring.com*).

Tiny Town (7)

Frank Moshinskie hat in mühsamer und liebevoller Weise in mehr als 50 Jahren eine kleine „**Spielzeugstadt**" aufgebaut, bei der nur die Eisenbahnen und Lichter technische Apparaturen darstellen. Ein Teil dieser Modellbahn ist mittlerweile 50 Jahre alt – eine echte Rarität also. Alle Häuser sind selbst gefertigt, und das „teuerste" hat US$ 4 an Material verschlungen. Es handelt sich also nicht um Modellbahn-Bastelsets! Mount Rushmore, ein Indianerreservat, eine Wildweststadt mit sich bewe-

Downtown Hot Springs

genden Figuren und einem ausgetragenen Duell sind weitere Höhepunkte dieser kleinen Fantasiewelt. Es ist nicht die Perfektion, die beeindruckt, sondern die Liebe zum Detail und die lustigen „Spielereien", die den Besuch dieses Museums empfehlenswert machen (*334 Whittington Ave. März–Nov Mo–Sa 10–16 Uhr, www.tinytowntrains.com, $ 5*).

Josephine Tussaud Wax Museum (8)
Mehr als 100 Figuren berühmter Persönlichkeiten, Märchengestalten, bekannte Gangster und Schauspieler sind hier in Wachs verewigt. Das Highlight bildet das nachempfundene Abendmahl mit Jesus (*250 Central Ave. Sommer: So–Do 9–20, Fr&Sa bis 21, Winter So–Do 9.30–17, Fr&Sa bis 20 Uhr, www.rideaduck.com/waxmuseum, $ 12*).

Reisepraktische Information Hot Springs/AR

Information

Hot Springs National Park Visitor Center & Museum: *Im Fordyce Bathhouse, 369 Central Ave., Hot Springs, www.nps.gov/hosp. Das Visitor Center ist bis Herbst 2013 geschlossen, solange ist eine Stelle im Lamar Bathhouse am südlichen Ende der Bathhouse Row eingerichtet.*

Convention Center & Visitors Bureau: *134 Convention Blvd., Hot Springs, AR 71901, ☎ (501) 321-2835 oder oder 1-800-SPA-CITY, www.hotsprings.org.*

Touren

National Park Duck Tours: *418 Central Ave., ☎ (501) 321-2911, www.rideaduck.com. Unternimmt Touren durch den Nationalpark und auch das Umland von Hot Springs.*

Unterkünfte

Tipp: *Fast alle Hotels in Hot Springs bieten günstigere Wochenendangebote. Es ist dann aber auch deutlich voller als unter der Woche.*

The Arlington Resort Hotel & Spa *$$$$: 239 Central Ave. (bei der Fountain St.), Hot Springs, AR 71901, ☎ (501) 623-7771 oder 1-800-643-1502, www.arlingtonhotel.com. Großes und mondänes „Kurhotel" mit Mineralquellen im Hause. Eines der eindrucksvollsten Unterkunftserlebnisse in den Südstaaten. Die Stuckdecken, Kandelaber und zahlreichen Antiquitäten erinnern an ähnlich gestaltete Hotels in europäischen Kurbädern.*

Clarion Resort on the Lake *$$$: 4813 Central Ave. (Hwy. 7), 7 Meilen südlich der Innenstadt von Hot Springs, AR 71913, ☎ (501) 525-1391, www.hotspringsclarion.com. Das moderne, familienorientierte Resorthotel am Lake Hamilton bietet Entspannung, Komfort und Bademöglichkeiten (Pool direkt am See). Restaurant und Sportsbar.*

Park Hotel of Hot Springs *$$: 211 Fountain St., Hot Springs National Park, Hot Springs, AR 71913, ☎ (501) 624-5323 od. 1-800-895-7275, www.parkhotelhotsprings.com. Recht preiswertes Boutique-Hotel mit einer Geschichte, die auf die 1920er-Jahre zurückführt. Der günstige Tipp am Ort.*

Americas Best Value Inn *$$: 2204 Central Ave, Hot Springs, AR 71901, ☎ (501) 624-5551 oder 1-800-493-5114, www.abvihotsprings.com. Von außen wenig attraktives Motel, aber zentral gelegen und günstig.*

Camping

Es gibt zahlreiche Campingplätze in und um Hot Springs.

Die schönsten liegen am **Lake Ouachita** *und dem* **Lake DeGray** *und werden von der der Ouachita National Forest-Behörde verwaltet: P.O. Box 1270, Hot Springs, AR 71902, ☎ (870) 867-2101.*

Der Campingplatz des **Hot Springs Nationalpark** *liegt zwei Meilen nordöstlich in der Gulpha Gorge (zu erreichen über den I-70). Keine Reservierungen. Kein Strom- und Wasseranschluss für Campmobile!*

Restaurants

Bohemia: *517 Park Ave., ☎ (501) 624-3903. Einfach eingerichtetes, aber gutes Restaurant mit deutschen und tschechischen Gerichten (Bohemia = Böhmen).*

The Brick House Grill: *801 Central Ave., ☎ (501) 321-2926. Gute Steaks zu akzeptablen Preisen in historischem Gebäude. Lockere Atmosphäre. Bar.*

Stubby's BBQ: *3024 Central Ave., ☎ 1-800-36-SAUCE. Seit vielen Jahren etabliertes BBQ-Restaurant. Bekannt für seine selbst hergestellte Sauce.*

Higdon Square Café: *706 Higdon Ferry Rd, ☎ (501) 623-7744. Hier gibt es leckere XXL-Xtreme-Burger (350 gr. Fleisch…).*

Lesertipp: *Das* **Red Lobster** *(4500 Central Avenue, ☎ (501) 525-7613) liegt zwar etwas außerhalb, man speist aber preiswert und gut. Besonders zu empfehlen ist der Lobster-Tail.*

Weiterfahrt nach Hope

Streckenalternativen

Für die Weiterfahrt von Hot Springs nach Hope hat man 2 Möglichkeiten:
- Über den AR 7 zum I-30, dem man dann bis Hope folgt.
- Wer mindestens einen halben Tag Zeit übrig hat, dem sei die folgende, sehr reizvolle Route empfohlen:

Von Hot Springs geht es zuerst auf dem US 70 in südwestlicher Richtung bis Kirby. Viele Ranches und Farmen, streckenweise unberührte Natur mit malerischen Wäldern, Auen und Flüssen, kaum Verkehr sowie ein Gefühl von Freiheit begleiten Sie auf dieser Strecke. Von dort geht es weiter über den AR 27 in das kleine und hübsche Städtchen **Murfreesboro**, das sich für eine Übernachtung im „Queen of Diamond Inn" (Hwy. 26/27, 1 Block North of Square) anbieten würde. Um diesen Ort herum wurden teilweise noch bis 1970 auf kommerzielle Weise Diamanten und Halbedelsteine abgebaut. Als dieses sich nicht mehr lohnte, begann Murfreesboro ein wenig zu veröden. Aber ein paar geschichtsträchtige schöne Häuser sind auch heute noch zu besichtigen. Auch lohnt sich hier der Besuch des gut eine Meile entfernten **Ka-Do-Ha Indian Village** (*den gelben Schildern folgen, tgl. 9–17, Sommer bis 18 Uhr, www.kadoha.com, $ 8*), einem über 1.000 Jahre alten Indianerdorf mit angeschlossenem Museum und interessanten Vorführungen.

Diamantenfunde

Crater of Diamonds State Park

Von Murfreesboro aus den AR 301 in südwestlicher Richtung nehmen. Zum State Park geht es nach ca. zwei Meilen rechts ab (ausgeschildert). In dem von Flussläu-

Buddeln nach Diamanten im Crater of Diamons State Park

fen und Sumpfgebieten umgebenen Waldgebiet gibt es auch einen Campingplatz, ein Amphitheater, ein kinderfreundliches Schwimm-Spaßbad (*Ende Mai bis Mitte Aug. tägl., bis Anfang Sept. Sa&So*) und einige schöne Wanderwege.

Schürfen nach dem großen Stein

Auf einem ca. 300 Hektar großen Areal können Sie hier eigenhändig nach Diamanten suchen und dürfen diese dann sogar behalten (viel Glück dabei!). Schaufeln und andere Geräte gibt es zu mieten. Auf diesem ehemaligen Minengebiet wurde von 1906 bis in die Nachkriegszeit hinein kommerziell nach Diamanten gesucht, und seit 1970 hat die Parkverwaltung das Gebiet für die Öffentlichkeit freigegeben. Seither wurden hier von Amateuren über 75.000! Diamanten gefunden – der größte „Amateur-Diamant" wog immerhin über 10 Karat. Ein professioneller Fund von 1924 belief sich sogar auf über 40 Karat, der größte jemals ausgegrabene Diamant in Nordamerika.

Interessant und ein wenig erheiternd dabei ist auch, mit welcher Ernsthaftigkeit und großem Eifer so manch einer bei der „Sache" ist, ausgerüstet mit Unmengen von Gerätschaften und Arbeitsutensilien. Das „große Glück" wurde jedoch nur wenigen bisher zuteil und einige Bewohner aus dem Umland kommen schon seit Jahren hierher und graben. Für die „Arbeit" auf dem Feld sollten Sie übrigens unbedingt einen Kopfschutz (starke Sonneneinstrahlung!) mitnehmen. Ausreichend Getränke und andere Erfrischungen hält die Parkverwaltung in einer überdachten Cafeteria bereit, welche sich gleich neben dem „Diamantenfeld" befindet und zum Ausruhen einlädt (*209 State Park Rd., Murfreesboro, tgl. 8–17, Ende Mai–Mitte Aug. bis 20 Uhr geöffnet, www.craterofdiamondsstatepark.com, $ 7*).

Zurück nach Murfreesboro folgt man dem AR 27 in südwestlicher Richtung bis Nashville (AR), von wo aus man weiter auf dem US 278 nach Süden fährt. Etwa acht Meilen vor Hope passieren Sie dabei den kleinen Ort **Washington**, ein historisches kleines Dorf, das im letzten Jahrhundert als Pferdewechselstation entlang eines Handelsweges gedient hatte und während des Bürgerkrieges sogar zeitweilig die Hauptstadt von Arkansas war. Heute hat man die alten Häuser als **Old Washington Historic State Park** (*www.historicwashingtonstatepark.com*) wieder restauriert, und einige stehen zur Besichtigung frei. Ein wirklich schönes kleines Örtchen, in dem Interessierte das **„South West Arkansas Regional Archives Historical Research Center"** (Franklin St./Ecke Gratiot St.) und das „**Park Office**" im Hempstead County Courthouse (*tgl. 8–17 Uhr*) direkt in der Ortsmitte zwecks Vertiefung der Materie besuchen können. In der alten Schmiede wurde übrigens das erste Bowie-Messer hergestellt, und in der „William's Tavern" (rechts von der Durchgangsstraße, nur Lunch) von 1832 werden heute leckere Snacks, Kuchen und Erfrischungen gereicht.

Sehenswertes Örtchen

Hope wurde zuerst bekannt als die Stadt der „größten Wassermelonen". Heute aber steht die Tatsache im Vordergrund, dass der ehemalige US-Präsident **Bill Clinton** hier geboren wurde und seine ersten Kinderjahre hier verbrachte. Zu sehen gibt es nicht viel, außer dem Wohnhaus seiner Großeltern und seines Stiefvaters, in dem Bill die ersten Jahre verbrachte. Eindrucksvoll ist eher, aus welchen Provinzflecken heraus es Leute zu solch machtvollen Ämtern bringen können.

Nur für echte Clinton-Fans: Besuch seines Geburtshauses in Hope

Von Hope folgt man dem fast schnurgeraden AR 29 (später LA 3) Richtung Süden bis nach Shreveport. Alternativ gibt es folgende **Nebenstrecke**:

Von **Plain Dealing** aus folgt man dem LA 2 in westlicher Richtung bis Vivian, und von dort geht es dann südwärts entlang des LA 1 bis Shreveport.

Das gesamte Gebiet hier ist bestimmt durch unzählige **Ölförderpumpen** – scheinbar wahllos aufgestellt in Gärten, auf Feldern, hinter Büschen und an Kirchen. Ausgefallene Fotomotive bieten sich also hier an. Der Nordwesten von Louisiana ist, wie die Mündung des Mississippi, ein noch immer einträgliches Erdölgebiet, und in der kleinen Stadt Oil City, südlich von Vivian, wurden um 1905 die ersten Fördertürme errichtet. Hier war es auch, wo im nahen Caddo Lake die erste Offshore-Bohrung (Bohrung im Wasser) der Erde vorgenommen wurde. Das kleine **Louisiana State Oil Museum** (ehemals Caddo-Pine Island Oil and Historical Museum) gegenüber dem Bahnhof (*200 S Land Ave, Mo–Fr geöffnet*) erinnert an diese Boom-Zeit. Das Öl fließt heute zwar spärlicher als damals, doch lohnt sich die Förderung dank moderner Techniken offenbar immer noch.

Erste Offshore-Bohrungen

Shreveport/Bossier City

Die Zwillingsstädte Shreveport und Bossier City zählen heute zusammen rund 260.000 Einwohner (Großraum: über 400.000 E.). Touristisch betrachtet ist die Stadt aber denkbar uninteressant und einzig bestimmt von unzähligen Ölfirmen und den entsprechenden Zulieferbetrieben. Lediglich bei Nacht bietet sich dem Besucher ein „Hauch“ von Las Vegas, dank zahlreicher Lichtspielereien in und um das Innenstadtgebiet entlang der Spring und Commerce Street mit ein paar Bars und Kneipen („Red River District“).

Dort befindet sich auch das ehemalige James Burton's Rock'n'Roll Café (heute: **Maggies Hanger**, 616 Commerce St.). Burton ist ein berühmter Gitarrist, der mit seiner Band, den „Corvettes" hier ab und zu abends die gute alte Rockmusik spielt.

Wenig bekannt

Dies und auch die drei großen Casinos am Red River können jedoch über diese städtische Einöde nicht hinweg täuschen. Der sogenannte „Historic District" ist bereits mit modernen Häusern und Geschäften zersiedelt. Die wenigen alten Häuser stehen großenteils zum Verkauf. Somit verwundert es kaum, dass selbst bekannte amerikanische Reiseführer diese Stadt teilweise nicht einmal erwähnen.

Eine bemerkenswerte Attraktion bietet Shreveport aber doch, zumindest für die Blumenfreunde:

The Gardens of the American Rose Center

Auf etwa 50 Hektar wurden hier 65 Gärten mit verschiedensten Rosenarten, die durch Spenden von Rosenzüchtern aus aller Welt zusammengetragen wurden, angelegt. Insgesamt sind es heute weit mehr als 20.000 Rosenbüsche, noch dazu eine ganze Reihe anderer Pflanzen. Jeder Garten beherbergt Pflanzen aus einer anderen Region der Erde und die Bepflanzung wird ständig erweitert. Hier befindet sich auch ein Forschungszentrum, in dessen Bibliothek Interessierte einen tieferen Einblick erhalten können *(8877 Jefferson Paige Rd. (I-20, Exit 5) Mo–Fr 9–17, im Sommer auch Sa 9–17, So 13–17 Uhr, www.ars.org, Spende)*.

Weiter geht es auf dem I-49 in südlicher Richtung bis Natchitoches.

Reisepraktische Information Shreveport/LA

Information

Shreveport-Bossier Convention & Tourist Bureau: *629 Spring St., Shreveport, LA 71101, ☎ (318) 222-9391 oder 1-888-458-4748, www.shreveport-bossier.org, www.louisianasotherside.com*

Unterkünfte

2439 Fairfield B&B $$$: *2439 Fairfield Ave., Shreveport, LA 71104, ☎ (318) 424-2424, 1-877-251-2439, www.bbonline.com. Bed&Breakfast-Haus im viktorianischen Stil (Haus von 1905). Mit Antiquitäten eingerichtet. Schön ist der Garten (Rosen, Kräuter, Eichenbäume) und überhaupt die Wohngegend den statthaften Villen.*

Bossier Hotel & Suites $$: *750 Diamond Jacks Blvd. (I-20, Exit 20A), Bossier City, LA 71111, ☎ (318) 746-8418, www.bossierinn.com. 274-Zimmer-Motel mit großem Outdoor-Pool. Die Zimmer sind zwar einfach, aber sauber und die Preise günstig.*

Restaurants

Superior Grill: *6123 Line Ave., Shreveport, ☎ (318) 869-3243. Gute (tex-) mexikanische Küche und eine ansprechende Bar.*

Don's Seafood and Steak House: *3100 Highland Ave., Shreveport, ☎ (318) 865-4291. Qualität: gut. Atmosphäre: ungezwungen.*

Natchitoches

Heute nur ein kleiner Punkt auf der Landkarte, ist Natchitoches (ausgesprochen „Na-ka-tisch" – Ursprung: Name eines Indianerstammes) doch die erste europäische Ansiedlung auf dem Gebiet des Louisiana Purchase gewesen. Bereits 1714 haben die Franzosen hier am Cane River einen Posten errichtet, um zum einen mit den Indianern Handel treiben zu können, zum anderen aber auch, um ein Bollwerk gegen die von Texas nach Westen hin drängenden Spaniern zu errichten. Die kleine Stadt erlebte niemals großen Reichtum, trotzdem aber bauten viele Plantagenbesitzer aus dem Umland hier schöne Stadtvillen, um von hier ihre Waren – meist Baumwolle oder Reis – vermarkten zu können.

Stadtvillen der Plantagenbesitzer

Hierin liegt auch der Ursprung begründet, dass die kleine Stadt heute zahlreiche, schöne **Antebellum-Villen** der verschiedensten Epochen aufzuweisen hat. Diese sind zwar nicht so groß und prächtig wie z.B. die in Natchez, aber dadurch hat sich Natchitoches bis heute den Charakter einer „schnuckeligen" kleinen Stadt erhalten und lädt seine Gäste zu einem entspannenden Aufenthalt ein, ohne dass großer Trubel die Atmosphäre stören würde. Neben den alten Häusern besticht auch die **historische Front Street**, die ehemalige Hauptstraße am Cane River, an der Bänke und schmiedeeiserne Stühle zu kleinen Pausen einladen. Dort befindet sich neben einigen Galerien, Restaurants und Pubs auch das Convention and Visitors Bureau (781 Front St.). Die Geschäfte hier bieten Antiquitäten und Souvenirs an und sind in Gebäuden untergebracht, die teilweise stark an New Orleans erinnern. Abends dann werden verschiedene Lichterspiele im Fluss geboten. Ein buntes Schauspiel, wenn auch etwas kitschig.

Reisepraktische Information Natchitoches/LA

Information

Natchitoches Convention and Visitors Bureau: *781 Front St., Natchitoches, LA 71457, ☎ (318) 352-8072 oder 1-800-259-1714, www.natchitoches.net*

Unterkünfte

Church Street Inn *$$$-$$$$: 120 Church st., Natchitoches, LA 71457, ☎ (318) 238-8888, www.churchstinn.com. Auf historisch getrimmtes, sehr angenehmes Gästehaus mit 20 Zimmern. Inmitten der historischen Innenstadt. Balkone.*

Queen Anne *B&B $$$$: 125 Pine St., Natchitoches, LA 71457, ☎ 1-800-441-8343, www.queenannebandb.com. Elegantes B&B in viktorianischem Haus. Große Verandaflächen („wraparound"). Die fünf Zimmer sind mit ausgesuchten Antiquitäten eingerichtet und vier haben einen Jacuzzi!*

Fleur-De-Lis *$$$: 336 2nd Street, Natchitoches, LA 71457, ☎ (318) 352-6621 oder 1-800-489-6621, www.fleurdelisbandb.com. Schönes B&B in einem Haus von ca. 1900. Die Veranda mit Swing lädt zum abendlichen Sundowner ein.*

Jefferson House *B&B $$$: 229 Jefferson St., Natchitoches, LA 71457, ☎ (318) 352-5834 oder 1-866-254-7279, www.jeffersonhousebandb.com. Weniger das Haus selbst, als vielmehr die Veranda (Schaukelstühle) mit Blick auf den Cane River bestechen. Rusti-*

kale, teilweise mit Antiquitäten eingerichtet. Supernette Gastgeber, die ein sehr reichhaltiges Frühstück in familiärer Atmosphäre anbieten. 5 Gehminuten zur Innenstadt.
Americas Best Value *Inn $$: 3 Meilen südl., 7624 Hwy. 1 S-Bypass, Natchitoches, LA 71457, ☎ (318) 357-8281, www.americasbestvalueinn.com. Gut geführtes und günstiges Motel. Weitere Franchise-Motels finden Sie u.a. am University Pkwy, im Bereich I-49.*

Restaurants

Merci Beaucoup: *127 Church St., ☎ (318) 352-6634. New-Orleans-/Cajun-Küche. Neben den deftigen Hühnchen-, Fisch- und Shrimpgerichten gibt es aber auch eine große Auswahl an Salaten und Kuchen.*
Antoon's Riverfront Restaurant: *805 Washington St., ☎ (318) 354-7767. Auch hier gibt es eine große Auswahl an Südstaaten-Gerichten. Als Tipp gilt hier aber eher die Möglichkeit, draußen zu sitzen, mit Blick auf den Fluss.*

Umgebung von Natchitoches

Ehemalige Plantagen neben ärmlichen Hütten

Südlich von Natchitoches befinden sich eine Reihe historischer Plantagen. Fahren Sie dazu erst auf die östliche Seite des Flusses und folgen dem LA 494 in südliche Richtung. Fahren Sie dann im weiteren Verlauf den LA 119 entlang. Von hier aus sind die Plantagenhäuser ausgeschildert. Neben den Häusern beeindrucken an dieser verkehrsarmen und sehr ländlichen Nebenstrecke die alten Baumwollfelder, die kleinen Holzhütten („Shugs") der ehemaligen Landarbeiter, die Wohncontainer, die als „Wochenendparadiese" am Cane River aufgestellt worden sind, und die alten Baumreihen, welche ehemalige Plantagenhäuser verraten.

Die interessanteste Plantage hier ist die an der Kreuzung des LA 119 und 493 liegende

Melrose Plantation

Bereits 1796 errichtet, ist vor allem die Tatsache von Bedeutung, dass eine Schwarze, Marie Thérèse Coincoin, die erste Besitzerin dieses Anwesens gewesen ist. Madame Coincoin war zuvor eine Sklavin und wurde von ihrem ersten „Besitzer", dem französischen Kommandanten von Natchitoches – nachdem sie ihm mehrere Kinder geboren hatte – an den französischen Plantagenbesitzer Thomas Pierre Metoyer verkauft. Dieser entließ sie schließlich aus der Sklaverei. Auch mit ihm hatte sie einige Kinder. Metoyer gab ihr und ihren Kindern Land,

Melrose Plantation

auf dem sie dann die heutige Plantage anlegte. Bemerkenswerterweise wollte auch Madame Coincoin auf ihrem Anwesen nicht auf Sklaven verzichten.

Künstlertreffpunkt

Im 19. Jh. gab es dann mehrere Besitzerwechsel, bis schließlich die Familie Henry die Plantage übernahm. Cammie Garrett Henry war es dann, die immer wieder Schriftsteller und Künstler zu sich einlud, unter ihnen William Faulkner, John Steinbeck und Francois Mignon, der letztendlich 32 Jahre hier verweilte. Auch heute noch liegt ein Hauch von Kunst über der Plantage. Die schwarze Hausköchin Clementine Hunter ist während der ersten Hälfte des vergangenen Jahrhunderts zu einer anerkannten Malerin der Naiven Kunst aufgestiegen, und einige ihrer Kunstwerke sind heute hier zu bewundern (*16 Meilen südlich von Natchitoches in der Cane River National Heritage Area, Touren Di–So 10–16.15 Uhr, www.melroseplantation.org, $ 10, nur Garten $ 5).*

Weiter auf dem LA 119 Richtung Süden liegt die von außen nicht besonders beeindruckende **Magnolia Plantation** (*nahe Derry, 18 Meilen südl. von Natchitoches, Touren tgl. 13–15 Uhr, www.nps.gov/cari*), die südlichste Plantage an dieser Strecke. Sie wird noch voll bewirtschaftet.

Von hier aus gelangt man in südlicher Richtung, entlang des LA 119, wieder zum I-49, an dem einige Meilen weiter die Stadt Alexandria liegt.

Alexandria

Alexandria zählt, zusammen mit seiner Zwillingsstadt Pineville heute ca. 60.000 Einwohner. Das Stadtbild wirkt mit seinen zahlreichen verlassenen Gebäuden ein wenig trostlos. Löchrige Straßendecken unterstreichen diesen Eindruck noch. Da erscheint die riesige und wohl zu groß geratene Trassenführung des I-49, welche die Innenstadt umringt, eher als Fluchtweg denn als „Stütze der Wirtschaft". Selbst das in der Innenstadt gelegene historische Bentley Hotel (200 De Soto Street) wurde bereits 2004 geschlossen (Wiedereröffnung aber in Planung) und das in Sichtweite liegende moderne Motel erweckt von außen den Eindruck, als ob es kurz vor seiner Schließung stünde. Auch der mit über 600 Tieren bestückte Alexandria Zoo (*3016 Masonic Drive, tgl. 9–17 Uhr*) lohnt kaum den Aufenthalt.

Interessantes Plantagenhaus

Als drittes sei nun noch ein Antebellum-Haus von 1800 erwähnt, das **Kent Plantation House** (*3520 Bayou Rapides Rd., Touren Mo–Sa 9–15 Uhr, www.kenthouse.org, $ 8*), im Westen von Alexandria liegend. Das Haus ist erbaut in einem „Mischstil" aus spanischen und französischen Elementen und gilt als das älteste seiner Art im zentralen Louisiana. Interessant hier sind vor allem das Sklavenhaus und das wegen der Feuergefahr abgetrennte Küchenhaus. Am besten verlässt man Alexandria entlang der Jackson Street auf der alten Eisenbrücke über den Red River nach Pineville. Nach nur etwa 200 Metern biegt man dann nach links in die unscheinbare Hartner Street ein. Ein großer **jüdischer Friedhof** lohnt diesen kleinen Stopp. Anhand der Grabsteine lässt sich schnell erkennen, dass zu Beginn des 20. Jh. viele Einwanderer ihr Glück in Alexandria versuchten, unter ihnen auch viele Juden aus Deutschland.

Nun geht es weiter auf dem I-49 in Richtung Süden. Nach 16 Meilen, am Exit 61 (links abbiegen!), liegt die 1820 gegründete **Loyd Hall Plantation** $$$$ (*292 Loyd Bridge Rd., www.loydhall.com*). Sie liegt nur 2,7 Meilen vom Interstate entfernt und ist ein richtiges „Schmuckstück", umgeben von weitläufigen Feldern und Wiesen. Eine der bemerkenswertesten B&B-Unterkünfte des Südens – untergebracht in einer kleinen Antebellum-Villa. Unterkünfte sind auch in einem der an das Plantagenhaus angrenzenden Cottages erhältlich. Die Baumwollplantage wird heute noch bearbeitet, und Gäste haben ausreichend Gelegenheit, sich den Arbeitsablauf auf einer modernen Südstaatenfarm einmal näher anzuschauen.

Hinweis

Zur Erläuterung der Cajun-Musik s. S. 83.

Reisepraktische Information Alexandria/LA

Information

Alexandria-Pineville Area Convention & Visitors Bureau: *707 Main St., Alexandria, LA 71309, ☎ (318) 442-9546 oder 1-800-551-9546. www.louisianafromhere.com.*

Unterkünfte

Holiday Inn (Alexander Fulton Hotel) $$-$$$: *701 4th Street, Alexandria, LA 71301, (318) 442-9000, www.holidayinn.com. Ein normales Konferenzhotel der Mittelklasse. Zentral gelegen. Entlang des MacArthur Drive finden sich Motels der üblichen Ketten.*

Alternativ: etwas außerhalb (16 Meilen südl.): **Loyd Hall Plantation** *(s.o.).*

Restaurants

Cucos: *2303 MacArthur Dr. (südlich am I-71), ☎ (318) 442-8644. Gute mexikanische Gerichte in einfachem, aber sauberem Restaurant.*

Cajun Landing: *2728 MacArthur Dr., ☎ (318) 487-4912. Ansprechendes Seafood-Restaurant in alt hergerichtetem Holzhaus. Auch die Bar ist zu empfehlen.*

Tunk's Cypress *Inn: Kincaid Lake, neun Meilen westlich entlang des Hwy. 28 W. (achten Sie auf das kleine Hinweisschild nach links und auf eine Coca-Cola-Reklame), ☎ (318) 487-4014. Alligator-Gerichte, Austern, Fisch und Steaks in rustikalem Ambiente. Man kann auch mit Blick auf den See draußen sitzen. Faire Preise.*

Weiter auf dem Weg nach Süden liegt **Opelousas**, ein kleines Städtchen, im **Cajun-/Acadian-Land**. Kleine Holzhäuser mit Veranden inmitten der Stadt sind ein typisches Merkmal dafür, aber auch der Einfluss der Cajun- und Zydeco-Musik, sowie die häufig auftretenden französischen Sprachreste.

In Opelousas' Touristenbüro (*828 East Landry, www.cityofopelousas.com*) gibt es Informationen über die mögliche Erkundung der Stadt und des Cajun-Landes. Viele kleine Museen, aber auch Kulturinstitute, Radiosender und kleine Musikinstrumentfabriken „verstecken" sich im Hinterland. Eine weitere Hochburg der Cajuns ist z.B. **Eunice**, 15 Meilen westlich von Opelousas. Eine detaillierte Beschreibung würde den Rahmen dieses Buches sprengen, für Cajun-Fans aber beginnt es ab hier, interessant zu werden! Informationen: *www.eunice-la.com.*

Ein paar Meilen südlich von Opelousas passiert man noch den kleinen Ort **Grand Coteau**. Ein echtes altes Cajun-Viertel mit alten Holzhäusern und die fotogene „Church of St. Charles Booromeo", eine große Holzkirche, sind einen kleinen Abstecher wert.

LaFayette

LaFayette wurde von Acadians aus der kanadischen Provinz Nova Scotia 1823 gegründet, und seither hat sich um diese Stadt herum die Kultur der den Acadians nachgefolgten Cajuns immer weiter ausgebreitet. Lafayette ist aber auch heute noch – trotz seiner über 120.000 Einwohner – ein großes Dorf geblieben. Überall in der Stadt finden Sie noch die alten, kleinen Holzhäuser, die für die Cajuns so typisch sind.

Typische Cajun-Bebauung

Wenig lässt darauf schließen, dass Lafayette mittlerweile zu einer relativ bedeutenden Industriestadt aufgestiegen ist, was jedoch spätestens durch die gewaltige Erscheinung des **John M. Shaw United States Court House** (LaFayette St./Ecke W. Vermilion St.) deutlich wird. Bemerkenswert ist aber auch, wie sehr der französische Sprachgebrauch auch heute noch in der Stadt verwurzelt ist. Viele Schilder sind zweisprachig, und auch die Schulen unterrichten teilweise bereits ab der zweiten Klasse Französisch.

Zu sehen ist in LaFayette für aber nicht viel, sieht man einmal ab von der historischen und sehr gemütlichen **Rue Jefferson** im Historic District, in deren Verlauf sich einige reizvolle Geschäfte, Musik-Clubs und Cafés in historischen Gebäuden befinden (man sitzt hier sogar draußen!). Außerdem lohnt sich ein Fotostopp an der **Cathedral of St. John the Evangelist** (914 St. John St.), einer besonders schönen und imposanten Kirche im Innenstadtbereich. Für Interessierte werden auch Führungen durch das Gotteshaus (Bauzeit 1912–1916) angeboten.

Lohnend ist ein Besuch der beiden historischen Dörfer:

Acadian Village

Hier hat man ein historisches Dorf aufgebaut, das das Leben der Acadians im 19. Jh. widerspiegelt. Angeschlossen sind ein kleines Museum, das sich auch mit der Geschichte der Indianer in diesem Gebiet beschäftigt, und ein Kulturinstitut, in dem ab und zu musikalische Darbietungen und Kochveranstaltungen stattfinden. Außerdem ist im Dorf das berühmte „Zydeco Pancake Breakfast" erhältlich, welches Sie sich nicht entgehen lassen sollten *(200 Greenleaf Dve., Di–Sa 10–16 Uhr, www.acadianvillage.org, $ 8). Anfahrt vom I-10, Exit 100. Von dort entlang des Ambassador Caffery Pkwy. nach Süden bis zur Ridge Road. Dieser folgen Sie nach Westen, um dann, den Schildern folgend, nach Süden über die W. Broussard St. und die New Hope St. zum Village zu gelangen).*

Historisches Dorf

Vermilionville/ Bayou Vermilion District

Im Gegensatz zum Acadian Village ein groß angelegtes historisches Dorf, das ebenfalls das Leben der Acadians bzw. der Cajuns erläutert. Dabei werden täglich Tanzvorführungen, Musikveranstaltungen, Erläuterungen alter Handwerkskünste und Unterhaltungsprogramme geboten. Die Gebäude sind immer frisch gestrichen, und die Umgebung ist in einen Park verwandelt worden. Damit ist dieses Dorf sicherlich ansehnlicher und fotogener als das Acadian Village, aber auch nicht mehr ganz so typisch.

Klassenzimmer in Vermilionville, an der Tafel hängt die Flagge der Cajuns

Auf dem Gelände befindet sich ein gutes Cajun-Restaurant. Außerdem finden im Village regelmäßig Kochveranstaltungen statt *(300 Fischer Rd., Di–So 10–16 Uhr, www.bayouvermilion.org). Liegt nicht weit entfernt vom US 90, nahe dem Flughafen, $ 10)*.

info

Die Flagge der Cajuns

Die drei silbernen Lilienblüten („Fleur de Lis") auf blauem Grund symbolisieren die französische Herkunft der Acadianer; der goldene Turm auf rotem Grund die spanische Kolonialmacht, die im 18. Jh. noch die Herrschaft in Louisiana hatte. Der goldene Stern im linken weißen Dreieck schließlich steht für Maris Stella, die Schutzgöttin der Acadians. Er soll auch daran erinnern, dass die Acadians während der amerikanischen Revolution unter Galvez gekämpft haben.

Streckenalternativen

Von hier gibt es **drei Möglichkeiten**, um nach New Orleans weiterzufahren:

- Am schnellsten geht es über den I-10, der an Baton Rouge vorbeiführt. Dauer: ca. 130 Meilen, gut 2½ Stunden.
- Über den Interstate bis Baton Rouge und von dort entlang der Straße an den Plantagenhäusern am Mississippi. Lesen Sie hierzu „New Orleans und Umgebung" ab S. 201ff. Dauer: ca. 160 Meilen, einen halben bis 1 Tag, je nachdem, wie viele Plantagenvillen man besichtigen möchte.
- Entlang des US 90 wie im Folgenden beschrieben. Dauer: ca. 170 Meilen (zuzüglich der Abstecher zu den Sehenswürdigkeiten), 1 Tag.

Reisepraktische Informationen LaFayette/LA

Information

LaFayette Convention & Visitors Commission: *1400 NW Evangeline Thrwy., P.O. Box 52066, Lafayette, LA 70505, ☏ (337) 232-3737 oder 1-800-346-1958, www.lafayettetravel.com.*

Unterkünfte

Travelodge $$: *1101 Pinhook Rd., Lafayette, LA 70503, ☏ (337) 234-7402, www.travelodge.com. Gut geführtes, sauberes Motel.*

Bois de Chenes $$: *338 N. Sterling St., Lafayette, LA 70501, ☏ (337) 233-7816, www.boisdechenes.com. Drei-Zimmer-Bed&Breakfast in einem ehemaligen Kutschenhaus der Charles Mouton Plantage (von 1890). Der Tipp für Lafayette.*

Es gibt noch zahlreiche andere B&B-Unterkünfte in Lafayette.

Restaurants

Pont Breaux's Cajun Restaurant: *325 Mills Ave. in Breaux Bridge (8 Meilen östlich am Hwy. 94), LA 70517, ☏ (337) 332-4648 oder 1-800-422-2586. Ehemals das legendäre Cajunrestaurant Mulate's (siehe New Orleans). Spezialisiert auf Cajungerichte. Täglich Livemusik und Tanz (auch Unterricht!). An den Wänden und Decken hängen Tausende von Visitenkarten, die von Gästen aus aller Welt stammen. Spezialität: die verschiedenen Gumbos.*

Prejean's: *3480 US 167N (NE Evangeline Trwy, bei den Evangeline Downs), ☏ (337) 896-3247. Untergebracht in einem Cottage, ist dieses ein weiteres empfehlenswertes Cajunrestaurant. Auch hier täglich Livemusik.*

Don's Seafood & Steakhouse: *301 E. Vermilion St., ☏ (337) 235-3551. Seafood und Steaks seit 1934. Durch mehrere Generationen traditionell geführtes Familienrestaurant in der Downtown von Lafayette. Der Fisch wird größtenteils noch selbst gefangen. Die Einheimischen gehen übrigens zu* **Don's Seafood Hut**: *4309 East Johnston St., ☏ (337) 981-1141.*

Cajunmusik-Tipps für diese Region

Slim's Y Ki-Ki: *8393 Hwy. 182, Opelousas (nördlich von Lafayette), ☏ (337) 942-9980. Tanzclub und Halle. Nur zu Veranstaltungen geöffnet.*

Randol's Restaurant & Cajun Dancehall: *2320 Kaliste Saloom Rd., ☏ (337) 981-7080. Täglich Livemusik. Außerdem wird jeden Samstagabend (18–19.30 Uhr, Einlass ab 16 Uhr) aus dem* **Liberty Center for the Performing Arts** *(Ecke Park Ave. & S. 2nd St. in Eunice, ☏ (337) 457-7389, www.eunice-la.com, die Radio & TV-Show „Rendezvous des Cajuns" live übertragen. Familiäres Rahmenprogramm, viel Cajun- und Zydecomusik, Tanz und Kultur. Die Moderation ist meist in Französisch.*

Außerdem finden in Eunice verschiedenste **Cajun-Festivals** *statt, an dem bekannte und weniger bekannte Musiker teilnehmen. Außerdem Kunsthandwerk, Kochwettbewerbe („Crawfish Etouffee Cook-off") und Theateraufführungen. Infos: ☏ (337) 457-7389 oder www.eunice-la.com.*

Zu den Begriffen Cajun, Acadian bzw. Zydeco s. S. 162 und S. 83.

Von LaFayette über New Iberia und Houma nach New Orleans

Der letzte Streckenabschnitt bis New Orleans bietet noch einmal die Südstaaten „pur". Zwischen endlosen Zuckerrohrplantagen tauchen immer wieder alte – leider nicht immer fein herausgeputzte – Antebellum-Villen auf, und kleine Städte wie New Iberia versprechen einige interessante Perspektiven, z.B. die Tabasco-Fabrik. Abseits der Hauptroute, dem US 90, verbergen sich zudem einige Südstaaten-Idyllen – so, wie man sie klischeehaft erwartet. Zwischen Morgan City und Houma passiert man mehrere Werften, die die verschiedensten modernen Mississippischiffe und Bohrinseln bauen. Vor Houma führt die Straße dann entlang eines kleinen Bayous (Flüsschen).

Südstaaten pur

Als Hauptroute für diesen Abschnitt nimmt man den US 90. Wer vorhat, besonders viele oder gar alle der unten aufgeführten Punkte anzufahren, benötigt mindestens zwei Tage dafür.

Der größte Teil dieses Reiseabschnittes nennt sich **„Bayou Teche"**. Teche kommt aus der Indianersprache und bedeutet „Schlange". Eine Indianerlegende behauptet, dass eine riesige alte Schlange während ihres Todeskampfes den Bayou (Fluss) hier geformt hat.

Sehenswertes zwischen LaFayette und New Iberia

St. Martinville

St. Martinville am LA 31 ist ein kleiner Ort, der zum Ende des 18. Jh. als das „Petit Paris" (das kleine Paris) von sich reden machte. Zu dieser Zeit flohen nämlich viele aristokratische Franzosen vor der Revolution in ihrem Heimatland und machten sich in St. Martinville ein schönes Leben. Ein Opernhaus und mehrere Tanzsäle befanden sich damals hier.

Französisch inspiriert

Heute bietet der Ortskern noch ein paar der alten Häuser, die man eher in einer Kleinstadt an der Loire vermuten würde. Auch finden sich hier einige kleine interessante Museen wie z.B. das **St. Martinville Cultural Heritage Center** mit dem African American Museum (Thematisierung der Sklavenzeit und des Bürgerkrieges) sowie dem **Museum of the Acadian Memorial** zur Historie und Kultur der Acadians (*125 South New Market St., tgl. 10–16.30 Uhr, www.stmartinville.org, $ 3*).

Reisepraktische Information St. Martinville/LA

Information
Tourist Information Center: *125 S. New Market St. St. Martinville, LA 70582, ☎ (337) 394-2233 od. 1-888-565-5939, www.cajuncountry.org und www.stmartinville.org.*

Unterkunft
The Old Castillo B&B $$$: *220 Evangeline Blvd., St. Martinsville, LA 70582, ☎ (337) 394-4010 oder 1-800-621-3017, www.oldcastillo.com. Günstige und ansprechende Bed&Breakfast-Unterkunft in einem historischen Haus direkt im Ortszentrum.*

New Iberia

New Iberia wurde bereits 1765 gegründet und ist damit eine der ersten und lange Zeit wichtigsten Städte der Acadians gewesen. Heute erscheint die Stadt in vielen Bereichen langweilig und auch zu kommerziell. Aber im Bereich der E. Main Street (über den LA 14 die Center Street bis dorthin ganz durchfahren!) im East Main Street Historic District finden Sie noch zahlreiche alte, sehr schöne und vor allem auch sehr ausgefallene Antebellum-Villen, wie z.B. das „Steamboat House" in Form des Aufbaus eines Schaufelraddampfers. Alle sehenswerten Häuser dieses Districts hier aufzuzählen, würde jedoch etwas den Rahmen sprengen. Also lohnt sich hier

In der historischen Innenstadt von New Iberia

ein Spaziergang oder auch nur eine Durchfahrt auf jeden Fall! Hingegen können Sie sich die angrenzenden Seitenstraßen aufgrund des teilweise schlechten Zustandes der Häuser getrost sparen. Das bekannteste Haus in New Iberia ist das **Shadows on the Teche** von 1834 (*317 E. Main St. Touren Mo–Sa 9–16.15 Uhr, www.shadowsontheteche.wordpress.com, $ 10*), zu dessen Innenansicht Sie sich unbedingt entschließen sollten. Informationen darüber sind im gleich gegenüberliegenden **Visitor Center** (320 E. Main St.) erhältlich, von wo aus die geführten Touren durch das außen wie innen sehr interessante und geschichtsträchtige Plantagenhaus starten. Lehrreich ist hier vor allem ein Einblick in die über 17.000 Dokumente und Aufzeichnungen, die die Geschichte dieses Ortes eindrucksvoll widerspiegeln.

Historische Gebäude

Weiterhin besuchenswert in New Iberia ist die **Konriko Rice Mill** (*307 Ann St. Mo–Sa 9–17 Uhr, www.conradricemill.com*), die älteste noch operierende Reismühle in Amerika. Führungen durch die Anlage werden angeboten zwischen 10 und 15 Uhr sowie recht interessante Louisiana-Kochutensilien aller Art im angeschlossenen Countrystore verkauft.

Rip Van Winkle Gardens

Auf einer Salzinsel inmitten der Bayous hat sich hier um 1870 der damals sehr bekannte Schauspieler Joseph Jefferson eine prachtvolle Villa eingerichtet und um diese einen farbenprächtigen Garten angelegt. 1980 wurde die Insel beinahe vollständig zerstört, aber letztendlich doch wieder aufgebaut. Ein kleines Museum erinnert an die Naturkatastrophe von 1980.

Eine 45-minütige Rundfahrt mit einem Boot ist im relativ hohen Eintrittspreis enthalten, sowie die Besichtigung der Jefferson Mansion. Ein Café bietet zudem eine Gelegenheit für einen leckeren Snack (*5505 Rip Van Winkle Rd. Anfahrt: von New Iberia die LA 14 und 675 in westlicher Richtung. Nach ca. sechs Meilen weist ein großes Schild zu den Gärten. Touren tgl. 9–16 Uhr, Haustouren, Café, www.ripvanwinklegardens.com, $ 10*).

Die Tabasco-Fabrik auf Avery Island

„Tabasco" wird mittlerweile in 130 Länder der Erde exportiert wird. Die Pfeffersauce wird drei Jahre lang in ehemaligen Weinfässern gelagert, wobei Salz auf die Fässer gelegt wird, welches sich während dieser Zeit mit der Flüssigkeit verbindet. Erst nach der Lagerzeit wird unter anderem Essig dazugegeben. Auf einer kleinen Rundtour können Sie den Herstellungsprozess von Tabasco verfolgen sowie in einem kleinen Geschäft die verschiedensten Tabasco-Produkte zu ausgesprochen günstigen Preisen erstehen. Nahebei kann die Pfefferplantage besichtigt werden, wobei der größte Anteil des Pfeffers heute in Mittel- und Südamerika angebaut wird.

Weltberühmte Pfeffersauce

Ein kleines Theater mit einem kurzen Film über die Firma und ihre Produkte gibt es auch zu sehen (*Tabasco-Fabrik auf Avery Island, Avery Island Rd. Anfahrt: von New Iberia auf der LA 329 ca. acht Meilen in Richtung Süden. Tgl. 9–16 Uhr, ☎ 1-800-634-9599, www.tabasco.com*).

Reisepraktische Information New Iberia/LA

Information

Iberia Parish Convention & Visitors Bureau: *2513 Hwy. 14, New Iberia, LA 70560, ☎ (337) 365-1540 oder 1-888-942-3742, www.iberiatravel.com. Etwas außerhalb des Ortes gelegen.*

Unterkünfte

Bayou Teche Guest Cottage $$$: *100 Teche St., New Iberia, LA 70560, ☎ (337) 364-1933, www.bayoutechecottage.com. Der Slogan „Rustic Charm in the Heart of Town" sagt eigentlich alles. Nur wenige Blocks von der Ortsmitte entfernt kann man hier „wie im Wald" in einem Cottage mit Blick aufs Wasser wohnen. Sehr gemütlich, jedoch kein „Schnäppchen".*

Estorge-Norton House $$$-$$$$: *446 E. Main St., New Iberia, LA 70560, ☎ (337) 365-7603, www.estorge-nortonhouse.com. Schönes B&B-Antebellum-Haus, nahe zu allen Sehenswürdigkeiten gelegen. Nur fünf individuell eingerichtete Gästezimmer. Tolles Frühstück !*

Le Rosier Country Inn B&B $$$: *314 E. Main St., New Iberia, LA 70560, ☎ (337) 367-5306 oder 1-888-804-ROSE, www.lerosier.com. Schnuckeliges Häuschen mit einem liebevoll gestalteten Garten und Veranda. Die Gastgeber sind sehr herzlich und das Frühstück ist fantastisch. Zentral gelegen gegenüber der „Shadows on the Teche".*

Restaurants

Bon Creole: *1409 E. St. Peter St., ☎ (337) 367-6181. Alles rund um Seafood, gefüllt, gebraten oder gegrillt. Hausgemachte Zutaten nach kreolischer Art. Fragen Sie als Vor- oder auch als Hauptspeise nach einer Platte mit einer gemischten Auswahl der Gerichte.*

Clementine's Dining & Spirits: *113 E. Main St. ☎ (337) 560-1007. Eine preisgekrönte Küche und das antike Ambiente zeichnen dieses traditionelle Restaurant aus. Es ist auch eine gemütliche Bar mit leckeren Cocktails vorhanden, und oft wird Livemusik geboten.*

Teche Café: *105 N. Main St., Loreauville, ☎ (337) 229-9244. Hausgemachte Cajun-Speisen nach traditioneller Art in rustikaler Atmosphäre. Hier schmeckt eigentlich alles, wobei Sie besonderes Augenmerk den Nachspeisen schenken sollten.*

Etwas für tagsüber ist das **Lagniappe Too Café**: *204 E. Main St., ☎ (337) 365-9419. Das Café bietet neben leckeren Suppen, Salaten und Sandwiches auch wechselnde Kunstausstellungen lokaler Künstler. Sehr freundliche und lockere Atmosphäre.*

Sehenswertes zwischen New Iberia und Morgan City

Es geht zurück auf den US 90, diesem folgt man bis zur LA 3211, welche man dann bis zur LA 182 durchfährt. Viereinhalb Meilen nördlich des kleinen Städtchens Franklin liegt, gut ausgeschildert am Hwy. 28 das **Oaklawn Manor** (*3296 E. Oaklawn Dr., Di–So 10–16 Uhr, www.oaklawnmanor.com, $ 15*), eine schöne Antebellum-Plantage von 1837. Das Haus ist mit eindrucksvollen Antiquitäten ausgestattet, aber besonders der Garten ist sehenswert – obwohl der oft angeführte Vergleich mit den Gärten von Versailles doch etwas übertrieben erscheint.

Schön angelegter Garten

Franklin beeindruckt durch einen historischen Ortskern mit einer Reihe von exklusiven Antebellum-Villen in der Main Street (ganz durchfahren!), deren Anblick sich lohnt. Ebenfalls sehenswert und ein schönes Foto-Motiv ist der Blick auf den Bayou von der Brücke an der Willow Street.

Man verlässt Franklin südlich entlang des LA 182. Die Strecke führt bei Patterson wieder auf den US 90, bietet aber vorher einige Plantagenvillen entlang dem Bayou Teche. Diese sind nicht nur protzig und groß, sie gleichen auch das eine oder andere Mal eher einem Spukschlösschen.

Morgan City

Bevor man das Zentrum von Morgan City erreicht, überquert man auf dem US 90 die **Bay Berwick** über eine eindrucksvolle Brücke, von der aus man gut die alte Innenstadt, den Historic District entlang der Front Street sehen kann. Die Gemeinde hat in der letzten Zeit diesen Stadtteil komplett restauriert und man findet hier in historischen Häusern zahlreiche interessante Läden und Restaurants, wobei die Szenerie durch die Präsenz der von unten noch gewaltiger wirkenden Brücke „verschluckt" zu werden scheint. In der Front Street, an der historischen Atchafalaya Waterfront, befindet sich zudem das Visitor Center des u.g. Rig Museums

Öl-Museum

Man kann hier im Hafengebiet sehr gut frisch zubereitete Shrimps in einem der zahlreichen Imbisse zu sich nehmen. Interessierten sei das **Rig Museum/International Petroleum Museum & Exposition** empfohlen, in dem eine alte Ölplattform (Rig) mit dem Namen „Mr. Charlie" besichtigt und auch einiges zum Thema „Offshore-Ölförderung" an der Mündung des Mississippi in Erfahrung gebracht werden kann. Mr. Charlie war eine der ersten Offshore-Förderanlagen überhaupt und wurde zwischen 1954 und 1986 vor der Küste Louisianas eingesetzt. Das „Urtier" der Offshore-Bohrungen konnte gerade einmal bis zu einer Wassertiefe von 12 Metern bohren. Im Vergleich: Bei dem verheerenden Unglück der „Deepwater Horizon" 2010 wurde der Bohrer in 1.500 m Tiefe angesetzt und die Bohrung selbst ging noch einmal 5.500 m tiefer! (*111 First St., Mo–Sa 10–14 Uhr, 1 ½-stündige Touren, www.rigmuseum.com, $ 5*).

Zwischen Morgan City und Houma passiert der US 90 eine Reihe von Flusswerften, die in ihrer Schlichtheit und dem provisorischen Eindruck in keiner Weise ahnen lassen, dass hier hochmoderne Bohrinseln, Schleppkähne und Schaufelraddampfer hergestellt werden. Manchmal aber sieht man doch eine Ölplattform hervorragen bzw. ein Casinoboot im Rohbau. Später führt der US 90 vor Houma an einem kleinen Bayou entlang. Hier wechseln sich Wohncontainer, kleine „Shugs" (Kneipen) und Baumwoll- bzw. Reisfelder ab. Gehen Sie einmal in einen Shug, die Atmosphäre ist gewöhnungsbedürftig – aber herzlich.

Reisepraktische Informationen Morgan City/LA

Information

Morgan City Tourist Center: *725 Myrtle Street (Ecke US 90), Morgan City, LA 70380, ☏ (985) 384-3343, www.cityofmc.com, www.cajuncoast.com und www.morgancitylouisiana.com.*

Unterkünfte

The Fairfax House B&B $$$-$$$$: *99 Main Street, Franklin, LA 70538 (also gut 15 Meilen nordwestl. von Morgan City), ☏ (337) 828-1195, www.thefairfaxhouse.net. Wunderschönes B&B in einer Plantagenvilla von 1852.*

Holiday Inn $$$: *520 Roderick Street, Morgan City, LA 70380, ☏ (985) 385-2200, www.holidayinn.com*

Morgan City Motel $$: 505 Brashear Ave., Morgan City, LA 70380, ☏ (985) 384-6640.

Restaurant

Noch vor Houma liegt auf der linken Seite das **Bayou Delight Restaurant** *der berühmten, 2004 verstorbenen „Alligator Annie": 4038 Bayou Black Dr., Houma, LA, ☏ (985) 876 4879. Auch die Bootstouren von hier durch die Bayous sind wirklich klasse und werden von Annie's Sohn durchgeführt (☏ (985) 868-4758, www.annie-miller.com). Im Restaurant gibt es authentische (und damit mächtige…) Cajun-Gerichte: Seafood (deep-fried), Bread Pudding, Staffed Crabs etc. Fr + Sa Cajun-Dancing, Zydeco-Musik am Abend.*

Houma

Die Stadtgeschichte von Houma geht zwar auf 1795 zurück, doch sind viele der alten Häuser recht heruntergekommen bzw. in renovierungsbedürftigem Zustand. Heute lebt Houma von der Krabben- bzw. Austernfischerei und von Touristen, die eine Bootstour durch die Bayous unternehmen. So eine Tour lohnt sich, dauert aber auch ein paar Stunden und erfordert eigentlich eine Übernachtung in der Umgebung oder in Houma selbst.

Ein wirklicher Höhepunkt in Houma ist aber eine Übernachtung inmitten eines der zahlreichen Swamps, der **Sumpfgebiete** in dieser Gegend. Hier erleben Sie ein absolut rustikales und urtümliches Flair. Verpassen Sie keinesfalls – sollten Sie in oder um Houma herum übernachten wollen – sich abends auf die Veranda der kleinen Hütte zu setzen und den Geräuschen hunderter Tiere, darunter Reiher, Alligatoren, Wildkatzen und selbstverständlich unzähliger Insekten, zu lauschen.

Selbstverständlich ist auch das für diese Region typische Angebot an Cajun-Musik und typischer Speisen besonders groß.

Neben ein paar Museen ist das einzig besichtigungswürdige Haus hingegen das **Southdown Plantation House** (*St. Charles St./Ecke Museum Dr., Touren Di–Sa 10–15 Uhr, www.southdownmuseum.org*) eine alte Zuckerrohrplantage, deren originaler Greek-Revival-Stil von 1859 im Jahre 1893 umgewandelt wurde in ein viktorianisches Queen-Anne-Schlösschen – mit rosafarbenen Außenwänden! Ein paar alte Möbel eines ehemaligen Senators schmücken die gediegenen Innenräume. Außerdem ist ein Museum angeschlossen, welches lokale Geschichte und Kultur thematisiert.

Rosafarbenes Schlösschen

Bis New Orleans gibt es nichts Besonderes mehr zu sehen.

Reisepraktische Informationen Houma/LA

Information

Houma Area Visitors Center: *114 Tourist Drive, Gray, US 90 Exit 202, ☎ (985) 868-2732 oder 1-800-688-2732, www.houmatourism.com.*

Hinweis: *Das Angebot an Swamp-Touren und -Cruises ist schier unüberschaubar. Im Visitor Center kann man sich in Ruhe informieren. Die Touren sind nämlich – je nach Dauer und Streckenlänge – nicht gerade günstig. Auch würden an dieser Stelle Anfahrtsbeschreibungen und Ablegeorte für die meist mit Booten durchgeführten Touren den Rahmen deutlich sprengen. Die Sumpfgebiete und die sich durch sie hindurch ziehenden Straßen und Örtchen sind sehr weit verzweigt und die Gefahr, sich hier zu verfahren, ist groß. Einige zuverlässige Veranstalter werden daher im Folgenden nur namentlich und mit Telefonnummer bzw. Internetadresse auf. Bei mehr Zeit kann man den Weg zu den Veranstaltern natürlich auch selbständig suchen und finden.*

Touren in die Swamps

A Cajun Man's Swamp Cruise: *☎ (985) 868-4625, www.cajunman.com.*
Annie Miller's Son's Marsh and Swamp Tours: *☎ (985) 868-4758 oder 1-800-341-5441, www.annie-miller.com.*
Bayou Black Airboat Swamp Tours: *251 Marina Dr., Gibson (westl. von Houma), ☎ (985) 665-8571, www.bayoublackairboattours.com*
Munson's Swamp Tours: *979 Bullrun Rd, Shriever, ☎ (985) 851-3569, www.munsonswamptours.com.*
Canoe 2: *☎ (985) 446-6997; Kanu-Touren durch die Swamps.*
Hammonds Cajun Air Tours: *☎ (985) 876-0584, www.hammondsair.com.*

Unterkünfte

Plantation Inn $$$: *1381 W. Tunnel Blvd., Houma, LA 70360, ☎ (985) 868-0500 oder 1-800-373-0072, www.plantationinn.net. Der Name täuscht etwas: Hier handelt es sich nicht etwa um die Unterkunft in einem Plantagenhaus sondern um ein modernes, kleines Hotel. Es überzeugt jedoch durch den guten Service und eine gemütliche Bar.*

Audrey's Little Cajun Mansion B & B $$-$$$: *815 Funderburk Ave., Houma, LA 70364, ☎ (985) 879-4643 bzw. 879-3285, www.innsite.com/inns/A003500.html. Audrey spricht auch fließend Französisch, ist sehr gastfreundlich und gibt jede Menge gute Tipps über Houma und Umgebung. Das Haus ist sehr einfach eingerichtet und völlig vollgestellt, die herzliche und warme Atmosphäre tröstet jedoch darüber locker hinweg. Gegessen wird zusammen mit der Familie in der Küche und man wird von Audrey mehr als reichlich nach Cajun-Art bekocht.*

Eine weitere, ganz besondere Übernachtungsempfehlung befindet sich etwas außerhalb von Houma: **Wildlife Gardens** $-$$: *5306 N. Bayou Black Dr., Gibson, LA 70356, ☎ (985) 575-3676, www.wildlifegardens.com. Anfahrt: Von Houma auf dem US 182 ca. 14 Meilen nördlich bis Exit „Gibson". Hier wurde durch Betty Provost im Laufe der letzten Jahrzehnte ein kleines Paradies „erschaffen": Man übernachtet in sehr einfachen und rustikalen Cottages inmitten des Sumpfgebietes, umgeben von einer atemberaubenden Fauna und Flora. Abends auf der Veranda des Häuschens zu sitzen und den Geräuschen des Sumpfes zu lauschen, ist ein unvergessliches Erlebnis. Auf dem Gelände befinden sich auch mehrere Gehege mit Wildtieren, darunter Raubkatzen und seltene Vögel. Spazier- und Wanderwege laden zum Erkunden der Umgebung ein.*

Restaurants

Mike's Steak House: *1023 W. Tunnel Blvd., ☎ (985) 876-3821. Neben saftigen Steaks auch gutes Seafood.*

A-Bear's Café: *809 Bayou Black Drive, ☎ (985) 872-6306. Cajun-Gerichte. Freitags oft Livemusik.*

Bayou Delight Restaurant: *4038 Bayou Black Dr., ☎ (985) 876 4879. Cajun-Gerichte. Freitags und samstags oft Livemusik.*

Pubs/Livemusik/Nightlife

Jolly Inn: *1507 Barrow St., ☎ (985) 872 6114. Cajun-Tanzhalle und Lounge. Größere Musikveranstaltungen mit traditioneller Musik.*

Uptown Sports: *7812 Main St., ☎ (985) 868 7744. Mainstream-Sportsbar, die sehr große Hamburger- und Grillgerichte jeder Art bietet. Laut, aber unterhaltsam. Sehr freundliche Bedienung!*

Anhang

American/British English: kleines Wörterbuch

American	Britisch	Deutsch
after	past	nach (zeitlich)
aisle	gangway	Durchgang
apartment	flat	Wohnung
baggage	luggage	Gepäck
billion	milliard	Milliarde
booth	kiosk	Kiosk
to call	to ring up	anrufen
can	tin	Konservendose
candy	sweets	Süßigkeiten
check	bill	Rechnung
closet	cupboard	Schrank
comforter	eiderdown	Daunendecke
cookies	biscuits	Plätzchen
cop	policeman	Polizist
corn	maize	Mais
date	appointment	Verabredung, Termin
diaper	nappy	Windel
drugstore	chemistry	Drogerie
elevator	lift	Fahrstuhl
fall	autumn	Herbst
faucet	tap	Wasserhahn
first floor	ground floor	Erdgeschoss
first name	Christian name	Vorname
to fix	to repair	reparieren
flashlights	torch	Taschenlampe
freeway	motorway	Autobahn
french fries	chips	Pommes Frites
gas (gasoline)	petrol (diesel)	Benzin (Diesel)
grain	corn	Weizen
guy	chap	Kerl
hood	bonnet	Motorhaube
icebox	refrigerator	Kühlschrank

kid	child	Kind
last name	surname	Nachname
line	queue	Menschenschlange
long distance call	trunk call	Ferngespräch
mail	post	Post
movie	cinema	Kino
observatory	view tower	Aussichtsturm
one way ticket	single ticket	einfache Fahrt
pants	trousers	Hose
pavement	road surface	Straßenoberfläche
purse	handbag	Handtasche
round trip ticket	return ticket	Rückfahrkarte
sidewalk	pavemant	Bürgersteig
stick shift	gear stick	Schaltknüppel
store	shop	Geschäft
streetcar	tram	Straßenbahn
subway	underground	U-Bahn
tenderloin	undercut	Rinderfilet
thread	cotton	Baumwolle, Garn
trailer	caravan	Wohnwagen
truck	lorry	Lastwagen
trunk	boot	Kofferraum
underpass	subway	Unterführung
vacation	holiday	Ferien, Urlaub
vest	waist coat	Weste
wholewheat bread	brown bread	Graubrot, Schwarzbrot
wrench	spanner	Schraubenschlüssel
zip code	post code	Postleitzahl

Literaturverzeichnis

Flannery O'Connery • Flannery O'Connery spielt für die Literatur der Südstaaten eine nicht unerhebliche Rolle, weil bei ihr das Thema „Religion" im Vordergrund steht. In „Wise Blood" versucht ein junger religiöser Fanatiker, in seiner Heimat Georgia eine „Kirche ohne Christus" aufzubauen. Noch makabrer wird es in „The violent bear it away", wo in den Hinterwäldern von Georgia ein kleiner Junge versucht, einen noch jüngeren Knaben zu bekehren.

Ralph Ellison • „The Invisible Man", Ellisons zweiter Roman, der 1953 u .a. mit dem „National Book Award" ausgezeichnet wurde, zählt spätestens seit Mitte der sechziger Jahre zu den anerkannten Klassikern der amerikanischen Literatur. Er verfolgt das Leben eines jungen Schwarzen, der auf der Suche nach seiner Identität als Individuum und seiner Beziehung zu seiner Rasse sowie der Gesellschaft ist. Nachdem er aber merkt, dass er in den Augen der Weißen „unsichtbar" ist, zieht er sich von der Gesellschaft zurück.

William Faulkner • Spätestens mit dem Erhalt des Literatur-Nobelpreises 1950 gilt Faulkner als der zeitgenössische Autor des Südens. In loser Folge veröffentlichte er seit 1929 „Sartoris", „The Sound and Fury" und „Absalom, Absalom" sowie viele andere Romane, von denen viele in der erfundenen Gegend von Yoknapatawpha angesiedelt sind. Sie handeln von dem Abstieg der Sartoris, der Benbows und der McCaslins, Familien, die den alten Süden repräsentieren, und dem Abstieg der skrupellosen Snobs, die an deren Stelle treten. Somit bieten diese Romane eine ausführliche, detailfreudige und fast barocke Abhandlung der Geschichte des Südens von der indianischen bis in die moderne Zeit. Auch zu empfehlen ist der Roman: „Schall und Wahn".

Alan Gurganus • Gurganus Werk „Oldest living Confederate Widow tells all" („Die älteste noch lebende Rebellenwitwe erzählt") von 1989 kann als ein Kompendium zur Kulturgeschichte der Südstaaten angesehen werden. In diesem internationalen Bestseller findet man Hinweise auf die Geschichte der Südstaaten allgemein, auf Lokalgeschichte, auf persönliche Geschichte(n) sowie auf die Literatur der Südstaaten. In dem Roman versucht Gurganus, das Trauma des Südens, den verlorenen Bürgerkrieg, aufzuarbeiten, und erzählt dabei die Geschichte einiger Frauen aus verschiedenen Gesellschaftsschichten, während und nach dem Bürgerkrieg.

Eudora Welty • E. Welty schreibt Geschichten, die in der Gegend um den Mississippi spielen und die Menschen dieser Region charakterisieren. Eudora Welty kann zu den bedeutendsten Autoren der Südstaaten des 20. Jahrhunderts gezählt werden. „Loosing Battles" handelt von einer Familie in den dreißiger Jahren, die versucht, ihre traditionellen Lebensformen zu erhalten. „The Optimist's Daughter" („Die Tochter des Optimisten") beschreibt den Konflikt zwischen der Tochter eines alten Richters aus New Orleans und dessen zweiter Frau, die nicht dem Südstaaten-Milieu entstammt. Dieser Roman erhielt 1972 den Pulitzer-Preis.

Tennessee Williams • Voller Nostalgie für den „Alten Süden" ist das literarische Schaffen von Tennessee Williams. „A Streetcar named Desire" („Endstation Sehnsucht") spielt in den Slums von New Orleans und beschreibt die Auseinandersetzung einer neurotischen Frau und ihrer Traumwelt mit dem triebhaften Realismus ihres Schwagers. Andere wichtige Stücke von Williams sind „A Cat on a hot Tin Roof" („Die Katze auf dem heißen Blechdach") und „The Glass Menagerie" („Die Glasmenagerie"). Williams ist der wohl bedeutendste Dramatiker der Südstaaten und verschafft seinen

Lesern vielfältige Einblicke in das Leben und die Charaktere der Menschen hier.

Loel Chandler Harris • Harris' besonderes Verdienst für die amerikanische Literatur ist das Sammeln und schriftliche Festhalten von Teilen der afroamerikanischen Erzähltradition. Aus Harris' besonderem Interesse an der darin verankerten Tiermythologie entstanden seine Sammlungen „Uncle Remus: His Songs and Sayings" und andere Sammlungen über Br'er Rabbitt, Br'er Fox, die – mit menschlichen Eigenschaften belegt – aus der amerikanischen Literaturgeschichte nicht mehr wegzudenken sind und zumindest ein kurzes Anlesen von einigen dieser Geschichten fast unumgänglich machen.

DuBose Heyward • Heyward veröffentlichte 1925 den Roman „Porgy" über das Leben der schwarzen Bevölkerung in South Carolina (vornehmlich in Charleston). Interessant wird dieser durch die Beschreibung regionaler Themen und Motive sowie den Gebrauch der lokalen Folklore. 1927 vom Autor und seiner Frau umgeschrieben, bildete das Buch die Grundlage für George Gershwins Oper „Porgy and Bess".

Chester Himes • Chester Himes wurde bekannt durch die Beschreibung des Lebens seiner schwarzen Mitbürger in den Vereinigten Staaten. „Lonely Crusade" ist z. B. die Geschichte eines schwarzen Wanderarbeiters, der selbst in den Gewerkschaften und der Kommunistischen Partei auf Diskriminierung stößt. „Third Generation" beschreibt das Leben einer schwarzen Familie von der Sklaverei bis in die Mitte des 20. Jahrhunderts. Einem breiteren Publikum bekannt sein dürften jedoch die Romane, die Himes aus dem selbstgewählten Pariser Exil veröffentlichte: „The Heat is on", „Rage in Harlem", „Real Cool Killers" und andere Kriminalgeschichten um die beiden schwarzen Polizisten Grave Digger Jones und Coffin Ed Johnson, die im Harlem der 1930er- und -40er Jahre spielen und sehr anschaulich Gewalt und Rassismus dieser Zeit schildern.

Harper Lee • Harper Lees erster und einziger Roman, „To kill a Mockingbird" („Wer die Nachtigall stört"), gewann 1961 den Pulitzer-Preis, ist in Deutschland aber eher durch die mit einem Oscar ausgezeichnete Verfilmung mit Gregory Peck bekannt. Die Geschichte spielt in einer Kleinstadt in Alabama (Vorbild war Monroeville) und beschreibt den alltäglichen Rassismus in den Südstaaten vor der Bürgerrechtsbewegung. Erzählt wird von einem Prozess gegen einen Schwarzen, der angeklagt ist, eine weiße Frau vergewaltigt zu haben. Der Anwalt Atticus Finch übernimmt die Pflichtverteidigung und wird so zum Gewissen der Gesellschaft, deren Rassismus er anprangert.

Carson McCullers • „The Heart is a lonely Hunter" („Das Herz ist ein einsamer Jäger") ist die Geschichte eines Taubstummen im Süden, der seinen einzigen Freund, einen anderen Stummen, verliert und sich neuen Menschen anvertraut: Einem schwarzen Arzt, einem jungen Radikalen und einem von Musik schwärmenden Mädchen. „Reflections in a Golden Eye" („Der Soldat und die Lady") schildert die Erfahrungen aus einem im Süden liegenden Militärcamp kurz vor dem Zweiten Weltkrieg. Im Vordergrund steht bei der Autorin fast immer die Entdeckung des eigenen Ichs.

Mark Twain • geboren als Samuel Longhorne Clemens, schrieb Mark Twain die wohl bekanntesten Werke, die der Süden literarisch jemals hervorgebracht hat: In „The Adventures of Tom Sawyer" („Tom Sawyers Abenteuer") präsentiert Twain nostalgische Lausbubengeschichten vom Mississippi. In „Life on Mississippi" („Leben auf dem Mississippi") und „The Adventures of Huckleberry Finn" („Die Abenteuer des Huck Finn") beschreibt er das Leben der Menschen am Mississippi während der Zeit der großen Mississippidampfer. Über das Jugendbuch hinaus beinhalten gerade Tom Sawyers und Huck Finns Abenteuer aber auch beißende Ironie und eine tiefe moralische Dimension. Wer sich an die Originale heranwagt, wird in den Genuss von Mark Twains wahrem Verdienst kommen, der den Missouri-Dialekt in die Schriftsprache umsetzte.

Alice Walker • Alice Walker ist eine der bekanntesten schwarzen Autorinnen der Südstaaten. In „The third Life of Grange Copeland" („Das dritte Leben des Grange Copeland") beschreibt sie die Gewalt zwischen drei Generationen einer schwarzen Familie armer Landhilfsarbeiter. „Meridian" („Meridian") stellt den Interessenkonflikt einer schwarzen Frau dar, die zwischen der revolutionären Bürgerrechtsbewegung im Norden und dem ruhigen, fast sorgenfreien – weil eher unreflektierten – Leben der Schwarzen im Süden hin- und her gerissen ist. Durch eine Verfilmung international bekannt wurde „The Color Purple" („Die Farbe Lila"). Der Roman erzählt die Geschichte einer schwarzen Frau im ländlichen Georgia: Celie, die von ihrem Vater vergewaltigt, gegen ihren Willen verheiratet wird und ihren Trost erst in dem Briefwechsel mit ihrer Schwester in Afrika und in ganz persönlichen Briefen an Gott findet. Diese Mischung von feministischen, afroamerikanischen und spezifisch südstaatlichen Themen wurde von der Kritik hoch gelobt und erhielt sowohl den „National Book Award" als auch den Pulitzer-Preis.

John Kennedy Toole • „A Confederacy of Dunces": Dieses mit dem Pulitzer-Preis gekrönte Buch lebt in eingängigster Weise von der Darstellung der verschiedenen New-Orleans-Charaktere: ihre Arbeit, ihre Probleme und vor allem ihre Sprache.

Booker T. Washington • „Up from Slavery". Autobiografisches Werk über das Leben von Booker T. Washington, der als einer der ersten Schwarzen in den USA Ende des 19. Jahrhunderts zu wissenschaftlichen Ehren gelangt ist. Ein sehr lohnendes Buch zum Verständnis der Schwierigkeiten, die Schwarze selbst nach ihrer „Befreiung" hatten und mit welchen Mitteln sie sich durchsetzen mussten.

John Berendt • „Midnight in the Garden of Good and Evil": Handelt in Savannah und beschreibt in Romanform u.a. die Entwicklung des Voodoo-Kultes in der Stadt. Gut geschrieben und eine hervorragende Lektüre für unterwegs. In Savannah nur als „The book" bezeichnet.

Karten

Hildebrands Road Atlas• „USA/The East". Für bestimmte Gebiete ausführlichere Karten als im Rand McNally. Gute touristische Hinweise im Textteil.

Hildebrands Urlaubskarte • „USA-Ost". Gute Übersichtskarte über das gesamte Reisegebiet mit Eintrag der wesentlichen Sehenswürdigkeiten. Gute Karte für die Vorabplanung zu Hause. Für unterwegs zu ungenau.

Hallwag/Rand McNally • Road-Guide-Reihe. Die Karten „Deep South" und „Florida" im Maßstab 1: 1.200.000 sind wohl das übersichtlichste, was Sie zurzeit auf dem deutschen Markt erhalten.

Rand McNally • „Distoguide USA". In Europa herausgegeben vom Hallwag Verlag Bern. Gesamtkarte der USA. Übersichtlich gestaltet, mit Sehenswürdigkeiten. Gut geeignet für die Vorabplanung zu Hause. Für unterwegs zu ungenau.

Rand McNally • in Europa herausgegeben vom Hallwag Verlag Bern. Das Standardwerk (Straßenatlas) der USA. Karten nach Bundesstaaten gegliedert. Kurzer touristischer Einleitungstext.

Stichwortverzeichnis

A

B

T

U

V

W

Z

Abbildungsverzeichnis

Alle Bilder Andreas Iwanowski, außer:

Alabama Tourism: S. 70, 71, 384, 444, 446; Arkansas Department of Parks & Tourism: S. 44, 66, 556, 559, 563, 567, 569, 571; Atlanta CVB: S. 385, 391, 393; Charleston CVB: S. 338; Chattanooga Convention & Visitors Bureau (CVB): S. 454, 460, 461; Dirk Kruse-Etzbach: S. 35, 146, 387, 470, 509, 514; Flickr.com: S. 75 (Leoncillo Sabina), 324 (Roger Kirby), 345 (Ed Siasoco), 346 (anoldent), 349 (Stephen Drake), 395, 397, 422, 423 (Ken Lund), 400 (skunks), 414 (John Trainor), 431 (janineomg), 436 (Jim Bowen), 467 (Serge Melki), 506 (ilovememphis), 519 (David Jones), 574 (M. Howry), 578 (Jill Meaux), 581 (JC Winkler); Fotolia.com: S. 30 (vacclav), 38 (Katrina Brown), 58 (mtrommer); Fran Priestley: S. 472; Great American Steamboat Company: S. 208, 210; Knoxville Tourism: S. 375, 377; Macon Bibb County CVB: S. 313, 314; Michael Iwanowski: S. 73; Mississippi Development Authority, Tourism Division: S. 214, 218, 221, 223, 430, 452, 492, 495, 498, 501, 502, 522, 525, 527, 528, 530, 532, 534, 537, 539, 542, 543, 545; Monroe County Heritage Museum: S. 450; National Park Service: S. 124, 366, 368; North Carolina Tourism: S. 357, 359; Ole Opry: S. 483; Pigeon Forge Tourism: S. 371; Savannah Area CVB: S. 299; Thomas Tobischka: S. 305

Amerika individuell

„Bekannte und auch weniger bekannte Reiseziele in den USA hat sich Verleger Michael Iwanowski für seine 101 Geheimtipps für Entdecker ausgesucht. Faszinierende Berichte über Städte und Architektur, Natur und Landschaft oder auch Essen, Kultur, Geschichte und Outdoor-Aktivitäten geben einen umfassenden Überblick. Von Boston über die Niagarafälle bis ins Weinbaugebiet des Napa-Valley nimmt Iwanowski den Leser mit. Individualtouristen erhalten so ideale Anregungen für eine eigene Amerikareise. Ob mit Auto oder Zug, mit Motorrad oder Camper: Der Autor liefert gleich verschiedene Vorschläge für die Planung und stellt seine Favoriten auf jeweils einer Doppelseite vor. Viele Farbfotos machen Lust aufs Schmökern und einen Trip ins Land der unbegrenzten Möglichkeiten.“ **Fränkische Nachrichten**

„101 USA: ‚Geheimtipps für Entdecker' untertitelt Iwanowski's Reisebuchverlag den neuen 256 Seiten starken Reiseführer für die USA. Jeder der 101 Tipps wird auf einer Doppelseite vorgestellt. Da geht's um die fünf großen Sinfonieorchester, um Amish People, B.B. King, Baseball, Eishockey und vieles mehr. Ein Extrakapitel widmet sich den wichtigsten Smalltalk-Regeln.“ **Touristik aktuell**

Das komplette Verlagsprogramm unter:

www.iwanowski.de

IWANOWSKI'S REISEBUCHVERLAG

FÜR INDIVIDUELLE ENTDECKER

REISEHANDBÜCHER

Europa
Barcelona und Umgebung ▤
Berlin*
Dänemark*
Finnland*
Irland*
Island*
Liparische Inseln *
Lissabon
Madeira*
Moskau & Goldener Ring
Nordspanien & Jakobsweg*
Norwegen*
Paris und Umgebung*
Piemont & Aostatal*
Polens Ostseeküste & Masuren*
Provence mit Camargue*
Rom*
Schweden*
Tal der Loire mit Chartres*

Asien
Hong Kong
Oman*
Peking
Rajasthan mit Delhi & Agra*
Shanghai
Singapur ▤
Sri Lanka/Malediven*
Thailand*
Tokio mit Kyoto
Vereinigte Arabische Emirate mit Dubai & Abu Dhabi *
Vietnam*

Afrika
Äthiopien*
Botswana* ▤
Kapstadt & Garden Route*
Kenia/Nordtanzania*
Mauritius mit Rodrigues* ▤
Namibia* ▤
Nambia/Naturschutzgebiete*
Südafrikas Norden & Ostküste*
Südafrika* ▤
Uganda/Ruanda*

Amerika
Chile mit Osterinsel*
Florida* ▤
Guadeloupe und seine Inseln
Hawaii*
Kalifornien*
Kanada/Osten*
Kanada/Westen*
Karibik/Kleine Antillen*
New York
USA/Große Seen*
USA/Nordosten*
USA/Nordwesten*
USA/Ostküste*
USA/Süden*
USA/Südwesten*
USA/Texas & Mittlerer Westen*
USA/Westen* ▤

Australien / Neuseeland
Australien mit Outback*
Neuseeland*

101... - Serie: Geheimtipps und Top-Ziele
101 Berlin ▤
101 China
101 Florida
101 Hamburg ▤
101 Indien
101 Inseln
101 Kanada-Westen
101 London ▤
101 Mallorca ▤
101 Namibia – Die schönsten Reiseziele, Lodges & Gästefarmen
101 Reisen für die Seele – Relaxen & Genießen in aller Welt
101 Safaris – Traumziele in Afrika
101 Skandinavien
101 Südafrika – Die schönsten Reiseziele und Lodges ▤
101 USA

REISEGAST IN...
Ägypten
China
England
Indien
Japan
Korea
Polen
Russland
Südafrika
Thailand

*** mit herausnehmbarer Reisekarte**
▤ auch als ebook-Reiseführer (epub)

Iwanowski's Reisebuchverlag GmbH • Salm-Reifferscheidt-Allee 37 • D- 41540 Dormagen
TEL: 02133/260311 • FAX: 02133/260333 • E-MAIL: INFO@IWANOWSKI.DE
www.iwanowski.de • www.facebook.com/Iwanowski.Reisebuchverlag
www.twitter.com/Iwanowskireisen